KB073908

장자와 곽상의 철학

This book is translated into Korean from the original
≪从庄子到郭象—≪庄子≫与≪庄子注≫比较研究≫ with financial support from
the Chinese Fund for the Humanities and Social Sciences.

从庄子到郭象—≪庄子≫与≪庄子注≫比较研究

Copyright © People's Publishing House, 2013
This translation is published by arrangement with People's Publishing House
Korean translation copyright © 2017 by Yemoonseowon Publishing Company
all rights reserved

이 책의 한국어판 판권은
People's Publishing House와 독점 계약한 예문서원에 있습니다.
저작권법에 의해 한국 내에서 보호를 받는 저작물이므로
무단 전재와 무단 복제를 금합니다.

노장총서 13
장자와 곽상의 철학

지은이	康中乾
옮긴이	황지원 · 정무
펴낸이	오정혜
펴낸곳	예문서원
편 집	송경아
인쇄 및 제책	주) 상지사 P&B
초판 1쇄	2020년 12월 10일
주 소	서울시 성북구 안암로 9길 13 4층
출판등록	1993년 1월 7일 (제307-2010-51호)
전화번호	925-5913~4 / 팩시밀리 929-2285
E-mail	yemoonsw@empas.com

ISBN 978-89-7646-412-5　93150

YEMOONSEOWON 13, Anam-ro 9-gil, Seongbuk-Gu Seoul KOREA 02857
Tel) 02-925-5913~4, Fax) 02-929-2285

값 45,000원

노장총서 13

장자와 곽상의 철학

康中乾 지음 / 황지원 · 정무 옮김

예문서원

저자 서문

　전국 시기 중후기에 완성된『장자莊子』라는 책은 이후 위진 시기의 사람들, 특히 죽림칠현竹林七賢과 당시 조정의 명사들이 정묘하게 밝히고 은미한 뜻을 풀이하여 그 오묘한 경지를 드러낸 후부터 사상적 가치가 세상에 밝게 드러났으며, 이때부터『장자』는 사회의 상류 인사들이 반드시 읽어야 하는 필독서가 되었다. 책의 핵심을 찾아낸 사람들은 물론 오래도록 완미하였거니와 그 나머지 향기라도 맡은 사람이라면 잠깐을 맛보더라도 그 맛이 흘러넘쳐 모두 "활연하게 형상을 잊고서 자득하는 회포가 족할 것이다."(郭象,「莊子序」) 당대唐代에 이르러서『장자』는 경전의 지위에까지 올랐다. 당나라 현종玄宗 천보天寶 원년(742) 2월 장주莊周를 남화진인南華眞人으로 추증하는 천자의 조서가 내려『장자』도 마침내『남화진경南華眞經』으로 불리게 된 것이다. 이때부터『장자』는 불교의 경장經藏 및 유교의 오경五經과 동등한 지위와 의미를 지니게 되었다. 송명 시기의 학자들이 탐구한 것은 당연히 유가의 경전이었으므로 겉으로는 불교와 노장을 비판하고 배척하였지만 실제로는 송명의 리학자들 역시『장자』를 읽지 않을 수가 없었다. 왜냐하면『장자』를 폄하하고 배척하기 위해서라도 먼저 그 책을 읽어야 했기 때문이다. 이 때문에 송명의 학자들도『장자』를 읽으며 그 뜻을 완미하였다. 근·현대 이후 사람들은 새로운 사상과 새로운 방식으로『장자』를 연구하고 있으며, 그 강력한 기풍은 오늘날에도 여전하다.

『노자老子』는 한漢나라 초기에 중시를 받았다. 『노자』와 한나라 초기에 흥기한 '무위로써 다스리는'(無爲而治) 사상을 기본 원칙으로 삼았던 황로학黃老學이 세상에 널리 퍼진 것은 어느 정도 연관성이 있다. 이 이후에 『장자』는 300년 동안 쇠약해져 제대로 논의조차 되지 않았다. 이것은 대체로 장자가 말한 도道, 그것이 본원의 도이든 아니면 소요逍遙의 도이든 간에 한나라 지식인층의 입맛에 맞지 않았기 때문이다.

위진이 교체될 즈음에 이르러 "천하에 변고가 많이 일어나 온전하게 살아가는 명사가 적었던"(『晉書』, 「阮籍傳」) 사회적 기풍에서 장자의 사상은 오히려 위진의 학자들에게 사뭇 중시를 받았다. 한나라 초기 이후 형성된 황로黃老라는 명칭은 이때에야 비로소 노장老莊, 심지어는 장로莊老로 바뀌었다. 만약 위나라 정시正始 연간에 왕필王弼과 하안何晏으로 시작된 현담玄談의 기풍이 『노자』에 주석을 다는 방식으로 전개되고 무無를 근본으로 하는 무 본체의 현학 이론의 구조를 완성하는 역할을 담당하였다고 한다면, 그에 비해 죽림의 청아한 기풍은 『장자』에서부터 사회에 대한 비판적 정신을 발굴하고, 명교를 초월하여 자연에 맡긴다(越名教而任自然)는 자연론을 제시하여 현학사상을 초월적이면서 세속에 구애됨이 없이 나아가게 하였다.

서진西晉 시기 중엽에는 배위裴頠 등과 같은 사람들이 나와 죽림의 현학을 말류末流라고 비판하였다. 배위는 죽림 현학이 사회의 명교名教를 뒤바꾸기 위해 일부러 통달했다고 거짓으로 꾸며냄으로써 사회에 커다란 해를 끼쳤다고 주장했다. 이러한 주장을 비판하고 다시 바로잡은 후, 곽상郭象에 이르러서 『장자주莊子注』가 저술됨으로써 현학의 유와 무, 자연과 명교에 대한 이론을 조정하고 통일하는 임무가 완성되었다. 이에 따라 우주 본체를 구조하는 현학사상의 논리적 과정이 완성되었다.

위진 시대에『장자』를 주석한 사람은 적지 않다. 당나라 육덕명陸德明은
『경전석문經典釋文』「서록序錄・장자莊子」에서 당시에는 최선崔譔, 상수向秀,
사마표司馬彪, 곽상郭象 등의『장자』주본注本이 있었고, 이이李頤의『장자』
집해본集解本이 있었으며, 왕숙지王叔之의『장자』의소본義疏本이 있었고, 또
한 이궤李軌 등의『장자』음본音本이 있었음을 밝히고 있다. 그러나 육덕명
은 이러한 주해본 가운데서 "오직 자현子玄(곽상의 자)이 주석한 것이 특히
장자의 뜻을 잘 드러내므로 세상에서 귀히 여겼다"라고 평가하였다. 그는
『장자』에 대한 석문釋文을 지었는데, 그 스스로도 곽상을 위주로 하였다고
언급하였다. 여기서 육덕명의 시대에 이미『장자』의 여러 주석본이 세상
에 전해지고 있었음을 알 수 있다. 그러나 당대唐代 이후에는 다만 곽상의
『장자주』만 전해지게 되었다. 그러므로 이『장자주』는 위진현학 사상 이
론의 매우 중요한 자료라고 할 수 있다.

근 이천 년 동안『장자』에 대한 연구는 중단된 적이 없다. 사람들은
경經, 소疏, 인因, 해解, 의義, 고故, 음의音義, 구의口義, 정의正義, 장의章義, 의증
義證, 의역義繹, 핵석核釋, 주석注釋, 보정補正, 차이劄迻, 차기劄記, 점감點勘, 집해
集解, 집석集釋, 각보斠補, 신증新證, 습유拾遺, 잡지雜志, 신전新箋 등의 방식과
방법으로『장자』를 해석하였는데, 연구된 저작만 하더라도 양을 헤아릴
수 없을 만큼 많다. 근대 이후『장자』연구의 방향은 곽경번郭慶藩의『장자
집석莊子集釋』, 왕선겸王先謙의『장자집해莊子集解』등 집류集類에 해당하는 이
전 연구 성과를 대대적으로 모아놓은 저작을 비롯하여, 손이양孫詒讓의『장
자차이莊子劄迻』, 유사배劉師培의『장자각보莊子斠補』, 마서륜馬敍倫의『장자의
증莊子義證』, 왕숙민王叔岷의『장자교석莊子校釋』등과 같이 고증에 뛰어난 저
작도 있으며, 또한 장항수張恒壽의『장자신탐莊子新探』, 유소감劉笑敢의『장자

철학 및 그 변천(莊子哲學及其演變)』, 최대화崔大華의 『장학연구莊學硏究』 등과 같이 서양 철학의 이념과 방법을 차용하고, 고고학 연구의 재료 및 성과를 흡수하여 역사 고증과 의리 발휘를 결합시켜 연구를 진행한 저작들도 있다. 그러나 그 연구 내용은 대체로 두 가지 측면에 국한되어 있다. 하나는 역사와 고증에 대한 연구이고, 다른 하나는 사상과 의리에 대한 발휘이다. 전자는 역사적 고증을 위주로 하여 장자와 『장자』의 역사적 진면목을 소환하는 것이고, 후자는 『장자』의 사상에 대해 그 미미한 뜻을 밝히고 오묘한 뜻을 천명함으로써 『장자』 사상의 철학적 의미를 밝히는 것이다. 그러나 이 두 측면의 연구는 분명하게 나눌 수도 없으며 나누어지지도 않아서 종종 두 가지가 결합되어 연구가 진행되었으며, 다만 여러 연구자들 가운데 중점을 둔 것이 다를 따름이다. 그러나 어떠한 연구를 막론하고 그 목적은 모두 『장자』의 기묘한 흥취를 밝혀 현시대에 선양하는 데 있다.

지금 우리가 연구하려는 『장자』와 『장자주』의 사상, 특히 이 두 경전의 사상에 대한 비교 연구를 진행하려면 어떠한 연구를 해야 하며, 또 어떻게 연구를 진행해야 하는가? 우선 『장자』와 『장자주』의 주된 문제를 확정해야 하고, 이미 양자의 사상에 서로 같은 점이나 비슷한 점에 주의를 하였다면 또한 양자 사상의 차이를 확인해야 한다. 곽상이 『장자』를 주석할 때 모두 32편을 주석하였고, 그 양은 2,971조항에 이른다. 이러한 주석문은 당연히 장자의 사상을 해설하고 발휘하는 것이므로 분명 장자사상과 일치하는 곳이 있다. 적어도 큰 사상적 방향에서는 서로 일치하고 있는 곳이 많을 것이다. 그러나 곽상이 『장자』를 주석할 때는 분명 그 시대의 사상적 요구와 임무가 결합되어 있었을 것이고, 위진현학의 사상적 관점이 녹아 있었을 것이며, 자기 자신의 관점을 제시하였을 것이다. 왜 하필이면 곽상이 『장자』 주석을 통해 현학의 기풍을 진작시켜 장자사상을 밝히고 해독하며 천명하는 것으로 자신의 현학사상과 주장을 삼았겠는가! 장자의 사상과 곽상의 사상은 분명히 다른 시대의 사상 이론이며, 둘 사이에는 반드시 차이가 존재할 수밖에 없다. 그러므로 『장자』와 『장자주』 사이에는 객관적으로 비교 연구를 진행할 수 있는 근거와 가능성이 있다.

『장자』라는 책이 이야기의 기세가 높고 내용이 풍부하며 오묘한 내용과 세상에 없을 것 같은 내용들이 있지만, 그것은 분명 시대의 산물이다. 이 책은 장자와 그 후학들이 당시의 사회현실에 대해 느끼고 깨달으면서 자신만의 관점으로 처세의 도를 찾아가는 과정에서 표현된 담론이다. 그러므로 사회와 인생에 대한 사상이 『장자』라는 책의 기본적인 내용이다. 결국 어떻게 사회와 인생을 바라볼 것인가 하는 문제에 대해 장자는 사회현실에 대한 체험과 깨달음에 근거하여 당시 사회현실에서 사람이 어떻게 인생에 대처해야 하는지를 제시한 것이다. 게다가 한 사람의 사상가이자 철학자로서 장자는 사람의 처세의 도를 권모술수로 변모시키지 않았다. 그가 말한 것은 철학이며, 이는 인간 정신의 자유경지이다. 이것이 바로 장자의 소요설逍遙說이다.

장자의 소요설은 인간 정신의 자유경지이자 일종의 득도得道인데, 이는 도론道論이라 할 수 있다. 다시 말해 장자의 사회사상과 인생사상은 그의 도론과 긴밀히 연관되어 있으며, 이런 점에서 도론은 그의 인생사상과 사회사상의 기초라고 할 수 있다. 도가 있다고 하거나 도를 제시한 다음에 사람들은 이 도를 파악해야 하는데, 이것이 득도이다. 만약 사람이 도를 얻지 못하면 그것은 곧 존재의 의미를 잃어버리는 것이다. 그러므로 장자는 도를 제시한 후나 도를 말할 때는 어떻게 도를 얻을 것인가 하는 문제를 함께 이야기하였다. 어떻게 도를 얻는가? 이는 이미 인식의 문제이자 동시에 깨달음의 문제이다. 이것은 인식론과 방법론 측면의 내용을 다루는 것이다. 여기에서 우리가 『장자』 사상을 연구할 때는 사회사상과 인생사 상에서 출발하여 도론을 중추로 삼고 인식론과 방법론을 두 날개로 하여 연구를 진행해야 함을 알 수 있다.

곽상이 『장자』를 주석할 때, 설령 목적이 다르고 취지가 달랐다고 하 더라도 그가 먼저 관심을 가진 것 역시 사회와 정치, 그리고 인생 문제였 다. 곽상은 서진西晉 사회라는 특정한 시대를 살았던 사람으로서 당시의 현 실 및 사회·인생의 문제에 대한 견해를 드러내지 않을 수가 없었다. 방립 천方立天은 "진인각陳寅恪 선생은 현학자와 정치의 내재적 연관성을 매우 강 조하였고, 현학이 일단 정치를 벗어나면 그것의 생명은 끝난다고 지적하였 는데, 이것은 매우 중요한 지적이다"라고 말하였다. 방립천은 바로 현학과 정치가 연관되어 있다는 것에 기초하여 현학에서 명교와 자연의 관계를 어 떻게 다루고 있는가 하는 문제에서부터 출발하여, 위진현학의 발전단계를 세 시기로 구분하였다.1) 곽상은 분명히 사회·인생과 연결된 수많은 이론 을 개진하였고, 아울러 이른바 성인의 처세방략을 제시하였다. 우리는 이 러한 사상을 곽상의 '내성외왕의 도'(內聖外王之道)라고 통칭할 수 있다.

장자와 마찬가지로 곽상 또한 한 사람의 철학자이자 현학자로서 사회 현상에 대해 단지 표면적이고 고립적으로만 논하지는 않았으며, 사회와 인 생에 대한 문제의 처리를 다만 권모술수로 해결하려 하지 않았다. 그가 말

---

1) 方立天, 「玄學的範圍主題和分期(현학의 범위와 주제, 그리고 분기)」, 『文史哲』, 1985, 第4期.

한 것은 현학이며, 그는 인생 문제를 형이상학적 본체론으로까지 끌어올렸는데, 이것이 바로 그의 독화獨化 사상이다. 독화론은 곽상현학 사상의 빼어난 점이자 특색이 있는 곳이다. 곽상이 이미 독화를 논의했다면 그는 이것을 파악해야 했을 것이다. 만약 파악하지 못했다면 이 독화라는 것은 그 의미를 잃고 만다. 어떻게 독화를 파악하는가? 이것은 우선 인식론적인 문제이다. 동시에 진정으로 독화를 파악할 수 있다면 이것은 인식하는 것에서 그치는 것이 아니라 여전히 깨달음의 문제를 포함하고 있으며, 이것은 또 방법론의 문제와도 관련된다. 그러므로 곽상의 『장자주』 사상을 연구할 때, 마땅히 그 사회와 인생 사상을 기점으로 삼고 독화론 사상을 중심으로 인식론과 방법론이라는 두 날개로 전개해야 한다.

이렇게 되면 우리는 『장자』와 『장자주』 사상을 비교 연구를 할 때, 장자와 곽상의 생애와 저작 등을 적당하게 소개하는 것 이외에도 중점적으로 네 가지 문제를 세밀히 분석할 수 있어야 한다. 첫째는 장자의 소요론逍遙論과 곽상의 내성외왕의 도에 대한 이론이다. 이것에는 장자와 곽상의 사회·정치·인생 등의 사상이 담겨 있다. 둘째, 장자의 도론道論과 곽상의 독화론이다. 이것은 장자와 곽상의 철학에 있어서 본체론적 측면의 사상이며, 그들의 이러한 사상은 중국 고대 철학 사상에 많은 영향을 끼쳤다. 셋째, 장자의 상대설相對說과 곽상의 상인설相因說이다. 이것은 장자와 곽상의 철학에서 방법론에 관련된 것이며, 그들의 본체 사상의 사상적 진로를 파악하는 것이다. 게다가 그들의 방법론은 중국 고대 철학에 많은 영향을 주었다. 넷째, 장자의 망설忘說과 곽상의 현명설玄冥說이다. 이것은 장자와 곽상의 경계론(경지론) 사상이며, 이는 도와 독화 이후의 경지와 동시에 인생의 경지와 수양의 공부 등을 파악할 수 있게 한다. 이 네 번째는 장자와 곽상의 사상, 특히 그들의 본체 사상에 대해 평가하고 최종 결론을 내릴 수 있는 부분이다. 이러한 총결은 단지 표면이나 외형만 묘사하는 것이 아니라 중국 고대 철학 가운데 형이상학과 본체론 사상의 논리적 발전과정을 통해 장자와 곽상의 본체론 사상을 정립시키는 것이기도 하다.

역자 서문

　장자에 대해서는 이미 많은 연구 자료들이 나와 있고, 지금도 끊임없이 관심을 받고 있지만 상대적으로 곽상의 사상은 그 중요성에도 불구하고 상대적으로 소홀하게 취급되어 왔다. 어쩌면 장자에 대한 사람들의 관습적이고 일반적인 이해와 상충되는 요소가 많은 탓이 아닐까 싶다. 대부분의 사람들은 자신이 보고 싶은 것만 보고, 믿고 싶은 것에 더 열광한다. 이들에게는 곽상이 본 장자의 모습이 너무 이질적이어서 받아들이기 어려웠을 것이다. 하지만 이 역시 장자에 대한 중요한 해석이며, 장자의 사상을 더 풍부하게 할 수 있는 소중한 자양분이기도 하다. 만약 흥미와 재미를 넘어서 학문적 객관성과 엄밀성을 추구한다면 더더욱 곽상의 철학 사상에 대한 세밀한 연구와 평가가 필요할 것이다.

　강중건康中乾 선생의 저작『장자와 곽상의 철학』(원제: 從莊子到郭象—≪莊子≫與≪莊子注≫比較硏究)는 춘추전국시대부터 위진 시기에 이르기까지 도가사상을 중심으로 각 시대별 문제의식과 철학적 흐름을 분석하고 있으며, 형이상학적 본체론의 관점에서 그 특징과 의미를 설명하고 있다. 제목에서도 드러나 있는 것처럼 이 책의 핵심은 장자와 곽상의 철학사상을 심층적으로 비교·분석하는 것으로 전문 학술저작으로서 매우 중요한 학술적 의미를 지니는데, 특히 곽상의 철학적 체계를 정립하고 그 의미를 적극적으로 평가하는 데 초점을 맞추고 있다. 전체적인 구성을 살펴보면 인간과 사회에 대한 장자와 곽상의 이해방식과 삶의 태도에 대한 분석에서 출발하여 인생의 최종 목표를 설정하고, 아울러 그 정당성을 확보하기 위한 인식론적 탐색을 진행하며, 이러한 목표와 이상을 실현하기 위한 구체적인 방법론을 전개하는 순서로 진행된다. 책에서는 이러한 내용을 장자와 곽상 철학의 주요 개념들, 즉 소요逍遙와 내성외왕內聖外王, 도道와 독화獨化, 제물齊物과 상인相因, 망忘과 현명玄冥 등에 대한 분석을 통하여 집중적으로 다루고 있으며, 그 동질성과 차별성을 보다 명확하게 규정하고 있다.

또한 이 책이 지닌 중요한 특징 가운데 하나는 장자와 곽상의 사상 체계를 형성하는 중요한 기초로서 각 시대의 현실 상황과 문제의식의 차이를 명확히 하고, 그에 따른 시대적 요구를 어떻게 수용하였는지를 잘 설명하고 있다는 점이다. 주지하다시피 철학사상은 시대의 변화에 따른 사회경제적 구조와 생활 문화, 의식의 변화 등을 반영하는 것이며, 그래야만 비로소 현실의 제한을 극복하고 이상을 실현하고자 하는 생명력을 지닐 수 있게 된다. 결국 우리가 장자와 곽상의 철학에 주목하고, 이를 통해 얻고자 하는 가장 중요한 가치는 바로 시대적 요구를 적극적으로 수용하여 현실을 극복하고자 하는 치열한 철학적 태도이다. 이 책은 장자와 곽상 철학의 난해하고 복잡한 개념에 대한 정확하고 명쾌한 분석뿐만 아니라 우리가 현재 사회의 여러 문제들에 대해 어떻게 접근해야 할 것인지에 대한 방향을 제시하고 있다는 점에서도 중요한 의미가 있을 것이다.

이 책을 번역하기까지 제법 많은 시간이 걸렸다. 지금까지 몇 권의 책을 번역한 경험이 있기는 했지만 이번 책은 분량은 물론이고 원문의 방대함과 분석 내용의 전문성으로 인해 특히 애를 먹었다. 참고할 만한 자료가 빈약하여 오역誤譯에 대한 부담감도 떨치기 어려웠다. 이미 모든 일정이 잡혀 있어 포기할 수도 없는 상황이기도 했지만 함께 작업을 진행한 정무 선생의 열정과 끈기가 아니었다면 이렇게나마 마무리하기도 어려웠을 것이다. 이 지면을 빌어 그동안의 노고를 치하하며, 아울러 현실적인 어려움과 더딘 진행에도 불구하고 재촉하지 않고 꼼꼼하게 내용을 살펴주신 예문서원에도 감사드린다.

2020년 9월
보현산 아래에서 번역자를 대표하여
황지원 쓰다.

장자와 곽상의 생애와 저술 I

장자라는 인물과 『장자』

곽상이라는 인물과 그 저술

위진남북조 시기 장자사상의 부흥

"나는 차라리 더러운 시궁창에서 노닐며 스스로 즐길지언정
나라를 가진 제후들에게 얽매이지는 않을 것이오.
죽을 때까지 벼슬하지 않고 내 뜻대로 즐겁게 살고 싶소."
-『사기』, 「노장신한열전」

제1장

장자라는 인물과 『장자』

1. 장자라는 인물

장자莊子가 중국 고대 전국시대의 사람이라는 점에 대해서는 아무런 문제가 없다. 그러나 그가 도대체 전국시대의 어느 시기에 살았고 그 구체적인 생몰연월은 언제인가에 관해서는 많은 논쟁이 있다. 또한 『장자』라는 책이 선진시대의 자서子書 중의 하나임에는 틀림없다. 그러나 『장자』라는 저술이 언제 완성되었고, 몇 편으로 구성되었으며, 그것이 장자라는 인물에 의한 단독 저술인지 아니면 장자를 포함한 여러 사람들의 공동 저술인지에 대해서, 그리고 그것의 체계는 언제 편성되었고, 각 편의 편명이 어떻게 지어졌는가 하는 문제들에 대해서는 많은 이견들이 존재하고 있으며, 아직 하나로 합치되지 않은 것이 현실이다.

우선 사마천은 『사기』 「노장신한열전老莊申韓列傳」에서 장자라는 인물에 대해 다음과 같이 기술하고 있다.

장자는 몽현蒙縣 출신이고 이름은 주周이다. 그는 일찍이 몽현에서 칠원漆園지기의 벼슬을 했고 양혜왕梁惠王과 제선왕齊宣王과 동시대 사람이며, 그의 학문은 살펴지 않은 곳이 없고 그 요점은 노자의 말로 귀결된다.…… 초위왕楚威王이 장주의 현명함을 듣고 사신으로 하여금 후한 금품을 보내 재상으로 삼고자 했다. 장주는 웃으면서 초나라 사신에게 이렇게 말했다. "천금은 막대한 이익이고 재상이란 높은 지위지요. 하지만 그대는 교제를 지낼 때 희생물로 바쳐지는 소를 보지 못했소? 그 소는 여러 해 동안 잘 먹다가 화려한 비단을 입고 결국 종묘로 끌려 들어가게 되오. 이때 그 소가 작은 돼지가 되고자 한들 어찌 그렇게 될 수 있겠소? 그대는 빨리 떠나버리고 나를 어지럽히지 마시오. 나는 차라리 더러운 시궁창에서 노닐며 스스로 즐길지언정 나라를 가진 제후들에게 얽매이지는 않을 것이오. 죽을 때까지 벼슬하지 않고 내 뜻대로 즐겁게 살고 싶소."

당나라 때의 육덕명陸德明은 『경전석문經典釋文』 「서록序錄·장자莊子」에서 다음과 같이 말했다.

장자라는 인물은 성이 장莊이고 이름은 주周이며(太史公에 따르면 자는 子休이다) 양梁나라 몽현蒙縣 사람이다. 육국六國 시기에 칠원漆園지기 벼슬을 했고, 위혜왕魏惠王, 제선왕齊宣王, 초위왕楚威王과 동시대 사람이다.(李頤에 따르면 齊愍王과 동시대 사람이다) 제나라와 초나라가 일찍이 그를 재상으로 삼으려고 했으나 그는 거절을 했다. 당대 사람들은 모두 유세하는 것을 선호했으나 장자만이 스스로 고상함을 일삼으며 자유롭게 노닐고 있었다.

위에서 제시된 두 자료를 통해 우리는 장자에 관한 대략적인 정보를 얻을 수 있다. 첫째, 그의 성은 장莊이고 이름은 주周이며 자는 자휴子休이다.(장자의 자에 대해서 육덕명은 단지 주석에서만 그것을 언급했을 뿐 구체적인 사료를 제시하지는 않았다) 둘째, 그는 양혜왕, 제선왕, 초위왕과 동시대 인물이다. 셋째, 그는 양나라 몽현 사람이고 칠원지기 벼슬을 한 적이 있다. 넷째, 그는 생전에 엄청난 명망을 지녔으며, 초나라 위왕이 그를 재상으로 삼고자 했으나 그 제안을 거절하고 일생 동안 벼슬자리에 오르지 않았으며, 은자로서의 삶을 영위했다.

이와 같이 장자의 전기(傳記)들로 보면 역사적 자료가 상대적으로 부족한 선진 시기의 인물을 규정한 것 치고는 꽤 분명한 편이기는 하지만 아직도 모호한 점이 많다. 중국 사상의 역사에 심원한 영향을 끼친 장자에 대해서 후세의 사람들은 그의 생애에 관한 이러한 개괄적인 이해에 만족하지 않고 어떻게든 구체적인 자료와 사적을 더 많이 발굴하려고 노력했는데, 장자라는 인물을 둘러싼 문제는 다음과 같은 것들이 있다.

1) 장자의 생몰 시기에 관한 문제

양혜왕, 제선왕, 초위왕과 동시대 인물인 장자는 도대체 언제 태어났을까? 이에 관해 지금까지는 다음과 같은 몇 가지의 논의가 있다. 즉 장자가 기원전 369년에서 기원전 286년 사이,[1] 또는 기원전 375년에서 기원전 300년 사이,[2] 또는 기원전 328년에서 기원전 286년 사이,[3] 또는 기원전 328년에서 기원전 295년 사이,[4] 또는 기원전 335년에서 기원전 275년 사

---

[1] 이는 중국 학계에서 가장 널리 받아들이는 설이다. 馬敍倫의 『莊子年表』, 候外蘆 外, 『中國思想通史』 제1권, 馮友蘭, 『中國哲學史』(上)와 『中國哲學史新編』(上), 『中國 大百科全書・哲學』 등에서 모두 이와 같은 관점을 지지한다.
[2] 崔大華, 『莊子硏究』, 人民出版社, 1992, p.3.
[3] 崔大華, 『莊子硏究』, p.6.(이는 저자인 최대화가 范文瀾의 의견을 인용한 것이다)
[4] 任繼愈 主編, 『中國哲學發展史』(先秦), 人民出版社, 1979, p.153.

이[5]의 사람이라는 것이다. 현재 대부분의 학계 사람들은 장자가 기원전 369년(周烈王 7, 魏惠王 2, 楚宣王 원년)에 태어났고, 기원전 286년(周赧王 29, 이 해에 齊나라가 宋나라를 멸망시킴)에 죽었다는 설에 동의한다. 이는 마서륜馬敍倫이 『장자연표莊子年表』에서 고증한 결과이다.

그러나 확실한 것은 장자의 생몰 시기 문제에 관한 고증과 연구는 아직 끝나지 않았다는 점이다. 이에 관하여 우리에게 긍정적 의미를 주는 것은 어떠한 개별적인 결론이 아니라 그 결론을 도출할 수 있는 근거와 방법일 것이다. 풍우란馮友蘭은 "역사연구에 있어서, 그 어떠한 단계에서든지 반드시 해당 분야의 대가들에게서 인정된 신뢰할 만한 근거 자료가 있어야 하며, 그것을 기준으로 삼아 다른 사료들을 감별해야 한다. 그렇지 않으면 연구는 아예 진행될 수 없다"[6]고 하였다. 장자의 생몰 시기에 관한 문제도 역시 이렇게 연구되어야 한다. 사람들이 이에 관해서 그 어떠한 결론을 내놓든지 간에 반드시 역사적인 지점이 있어야 하는데, 그것은 또한 우리가 분석하고 판별할 수 있는 기준이 될 만한 역사자료여야 한다. 그렇지 않다면 연구는 아예 시작할 수조차 없을 것이다.

그렇다면 사람들이 장자의 생몰 시기의 문제에 관해서 연구할 때, 의존할 만한 역사적 지점은 어떤 것이 있는가? 최대화崔大華가 『장자연구莊子硏究』에서 수행한 장자 생몰 시기의 고증은 바로 이러한 문제와 관계가 있다.[7] 최대화에 따르면 사람들이 장자의 생몰 시기를 판정하는 근거는 다음의 세 자료에 의존한다.

---

5) 任繼愈 主編, 『中國哲學史』(제1권), 人民出版社, 1965, p.367.
6) 馮友蘭, 『中國哲學史新編』, 人民出版社, 1965, p.367.
7) 崔大華, 『莊子硏究』, pp.2~6.

첫째는 『사기』 「노장신한열전」에서 제시된 자료이다. 『사기』에 따르면 장자는 양혜왕, 제선왕과 동시대 사람이며, 또한 초위왕의 초빙을 받았다. 또한 『사기』 「육국연표」와 출토된 『죽서기년竹書紀年』에 따르면 양혜왕과 제선왕, 그리고 초위왕의 재위 기간은 각각 기원전 370년~기원전 319년, 기원전 320년~기원전 302년, 기원전 339년~기원전 329년이다. 이러한 자료로 미루어보면 장자의 실제 생몰 시기는 대략 기원전 375년에서 기원전 300년 사이일 것이다. 양계초梁啓超는 『선진학술연표先秦學術年表』에서 장자의 생몰 시기에 대한 판정을 이와 같이 했다.

둘째는 『장자』라는 저술에서 나오는 사건들을 근거로 삼는 것이다. 비록 『장자』가 "열 가지 가운데서 아홉 가지가 우화로 이루어진 것이고"(『장자』, 「寓言」, 이하 『장자』의 인용은 편명만 기재함), "종잡을 수 없는 큰 소리와 터무니없는 말과 밑도 끝도 없는 언사로 말을 하고, 제멋대로 하면서도 한쪽에 기울지 않고 일의 한 부분으로 스스로의 견해를 내보이지 않는다"(「天下」)는 자의성이 충만한 책이지만, 그 속에 포함된 장자 언행에 관한 기록에는 믿을 만한 것이 있기 마련이다. 그래서 그것들에 근거해서 장자의 생몰 시기를 추측하는 것이 가능하다. 『장자』 속 장자의 언행에 관한 기록은 29군데가 있는데,[8] 그 중에 다음과 같은 것들이 있다.

(1) 혜자惠子가 장자에게 말했다. "위왕이 나에게 큰 호박씨를 주었다."(「소요유」) (2) 장자가 누더기로 기운 남루한 옷을 입고 삼끈으로 신발을 얽어 묶은 채 위왕을 찾아갔다.(「산목」) (3) 장자가 장례에 가다가 혜자의 묘

---

8) 이에 관한 구체적 통계는 劉笑敢, 『莊子哲學及其演變』, 中國社會科學出版社, 1988, pp.14~16 참조.

앞을 지나게 되었다.(「서무귀」) (4) 지금 송나라의 위태로움은 다만 아홉 길의 못 정도가 아니며, 송나라 왕의 사나움은 흑룡에 비기지 못할 정도이다.(「열어구」) (5) 장자가 말하기를 "그렇다면 유·묵·양·병의 네 학파에 당신을 덧붙이면 다섯 학파가 된다."(「서무귀」) (6) 혜시가 아내가 죽은 장자에게 문상을 하러 갔는데, 그가 질그릇으로 북을 치면서 노래하는 모습을 보고 말했다. "아내와 함께 살고 자식을 키워 함께 늙은 처지에 그 아내가 죽었는데 곡조차 하지 않는다면 그것도 무정하다고 하겠는데, 또 질그릇으로 북을 치고 노래를 하다니 너무 심하지 않은가!"(「지락」)

여기에서 (1)과 (2)에 나오는 위왕은 바로 양혜왕梁惠王을 말하며(司馬彪의 주 참조) 여기서 양혜왕에게 왕이라는 칭호를 붙인 것에 주목해야 한다. 그 외에도 『장자』「칙양」에 나오는 "위나라의 영이 제나라 위왕과 맹약을 맺었다"에서 영罃이 바로 양혜왕을 가리키며(사마표의 주 참조) 이는 양혜왕의 이름을 지칭한 것이다. 따라서 장자의 출생연도는 양혜왕 원년이거나 그가 개원改元을 한 기원전 335년보다 늦을 수는 없다. 그렇다면 장자의 출생이 양혜왕이 개원을 한 것보다 얼마나 앞설 수 있을까? 『장자』「전자방」에 "전자방田子方이 위문후魏文候의 옆에 앉아 있다"는 내용이 서술되어 있고, 「서무귀」에는 "서무귀徐無鬼가 여상女商의 소개로 위무후魏武候를 만났다"라는 내용이 있다. 위문후의 재위 기간은 기원전 446년에서 기원전 397년 사이이고, 위무후의 재위 기간은 기원전 396년에서 기원전 371년 사이이며, 문후와 무후는 모두 그들의 시호이기 때문에 장자의 출생년도는 위문후와 위무후 이후로 잡아야 한다.

그리고 (3), (4), (5), (6)을 바탕으로 장자가 죽은 시기를 판정할 수 있다. (3)에 따르면 장자는 혜시가 죽은 뒤에 죽었고, 혜시의 사적이 가장 늦게 기록된 것은 위양왕魏襄王 5년(기원전 314)이다.(『戰國策』,「趙策 3」 참조) 또한 (4)에 의하면 장자는 송나라의 멸망을 보지 못했는데,『사기』「육국연표」의 기록에 따르면 제나라가 송나라를 멸망시킨 것은 제혼왕齊湣王 15년(기원전 286)의 일이다. 그리고 (5)에 관한 당나라 성현영成玄英의 『장자소莊子疏』에 따르면 병秉은 공손룡公孫龍을 가리킨다. 공손룡의 사적에 관해서 가장 일찍 나오는 기록은 연소왕燕昭王 28년에 소왕에게 전쟁을 그만두도록 권하는 것이고, 가장 늦은 것은 조나라 효성왕孝成王 9년에 평원군平原君에게 분봉을 거절하라고 권하는 사건이다.(『전국책』,「조책 3」과 『사기』,「평원군열전」 참조) 이러한 자료들을 근거로 삼으면 장자는 송나라가 멸망한 이후에 죽었다는 사실이 드러난다. 그러나 이와 같은 자료의 신빙성은 상대적으로 빈약하다. 왜냐하면 이 자료에서 언급된 병이 공손룡을 가리키는 것인지가 분명하지 않기 때문이다. (6)에 따르면 장자의 아내는 늙어서 노환으로 죽었는데,『예기』「곡례曲禮」에 따르면 "70세를 일컬어 늙었다고 한다"라는 구절이 있다. 그래서 장자의 아내가 죽었을 때 나이는 70세 이상이고, 장자가 그 뒤로 10년가량 더 살았기 때문에 80세 정도에서 삶을 마감했다고 할 수 있다. 이러한 자료들을 종합해 보면 장자는 양혜왕 원년에 태어났고, 그가 죽을 때까지 송나라는 멸망되지 않았다는 것을 알 수 있다.

마서륜馬敍倫이 장자는 송나라 사람이고 그의 생몰 시기가 송군척성宋君剔成 원년부터(周烈王 7, 양혜왕 2, 기원전 369) 제나라가 송나라를 멸망시킨 사이(周赧王 29, 제혼왕 25, 기원전 286)라고 규정한 것도 이러한 자료에 근거한 것이다. 전목錢穆이 『선진제자계년先秦諸子繫年』의 통표通表에서 장자의 생몰 시기를 기원전 368년에서 기원전 268년 사이로 규정했는데, 이는 비록 구체적인 연도에 있어서 마서륜의 고증과 약간의 차이가 있지만 같은 자료에 근거한 것이다.

셋째는 다른 단서들에 근거를 두는 것이다. 예를 들어 당나라 때의 육덕명陸德明은 『경전석문經典釋文』 「서록序錄・장자莊子」에서 "장자는 위혜왕, 제선왕, 초위왕과 동시대 인물이다"라고 말하는 동시에 주를 달아 "이이李頤에 따르면 제혼왕齊楷王과 동시대 사람이다"라고 언급했다. 『사기』 「육국연표」에 따르면 제혼왕의 재위 기간은 주선왕周宣王 46년(기원전 323)에서 주난왕周赧王 31년까지이고, 이는 송군언宋君偃의 재위 기간과 비슷하다.(기원전 328~기원전 286) 이러한 자료에서 알 수 있듯이 장자의 생몰기간은 대체로 기원전 328년에서 기원전 286년 사이이다. 이 기간은 단지 42년에 불과하기 때문에 장자는 그 정도밖에 살지 않았을 것이다. 또한 사람들은 장자를 맹자와 같은 시대를 살았으며 맹자보다 약간 뒤의 인물로 알고 있다. 예를 들면 『주자어류』 권125에서는 "맹자와 장자는 동시대 인물인가? 답하기를 장자는 몇 년 뒤의 사람이지만 그렇게 차이가 많이 나는 것은 아니다"라는 서술이 있다. 맹자의 생몰 시기에 대해서도 여러 가지 설이 있지만 대부분 학자들은 맹자가 주난왕周赧王 26년(기원전 289)에 84세의 나이로 죽은 것으로 보고 있으며, 따라서 그의 출생년도는 주열왕周烈王 4년, 즉 기원전 372년이다. 이러한 자료들을 바탕으로 장자의 생몰 시기를 추측할 수 있다. 범문란范文瀾은 『중국통사간편中國通史簡編』 제1편에서 이와 같은 자료에 근거하여 장자의 생몰 시기를 확정했다.

지금까지 장자의 생몰기간을 판정하는 세 가지 지점에 대해서 논의했는데, 과연 그 중 어느 것이 가장 신빙성이 있고 또한 역사적 사실에 부합하는지에 대해서는 단언하기 어렵다. 향후의 고고학적 발굴에 의한 새로운 발견으로 장자를 비롯한 선진제자들의 생몰기간을 확정지을 수 있을지 모를 일이다.

2) 장자가 어느 나라 출신인지에 관한 문제

사마천은 『사기』에서 "장자는 몽蒙 지역 사람이다"라고 언급했다. 그러
나 여기에서의 몽이 어느 나라에 속하는지에 관해서는 분명하게 밝히지 않
았다. 그러므로 현재 장자의 고향이나 국적에 관해서 다음과 같은 몇 가지
설이 있는데, 송宋나라 사람이라는 설, 초楚나라 사람이라는 설, 제齊나라
사람이라는 설, 그리고 노魯나라 사람이라는 설이 그것이다.9)

현재 대부분의 학자들은 몽이 전국시대에 송나라에 소속되어 있었다고
보고 있으며, 그래서 장자를 송나라 사람으로 규정한다. 예를 들면 『사기』
「장자열전색은莊子列傳索隱」은 유향劉向의 『별록別錄』을 인용하여 "장자는 송
나라의 몽 지역 사람이다"라고 주장한다. 그리고 『회남자淮南子』「수무훈修
務訓」에 대한 고유高誘의 주에서는 "장자의 이름은 주이고, 송나라 몽현蒙縣
사람이다"라고 말하고 있다. 또한 『한서』「예문지藝文志」에 의하면 "『장자』
에는 52편이 있다"라는 기술이 있고, 이에 대해 반고班固는 "장자의 이름은
주이며 송나라 사람"이라고 주를 달았다. 전국시대의 송나라 땅은 서한 시
대에는 양梁나라에 속하게 되었다. 예를 들면 『한서』「지리지」에 "양나라
에는 여덟 개의 현이 있으며, 그 세 번째가 몽현이다"라는 기록이 있기 때
문에 당나라 사람들은 장자를 양나라 사람으로 본다. 『수서』「경적지經籍志」
에서 "『장자』에는 20권이 있다"고 서술하고, 또 이에 대해 "양나라 칠원지

---

9) 장자의 고향에 관해서는 崔大華, 『莊子硏究』, pp.6~9 참조.

기인 장주가 저술했다"라고 주를 달았다. 또한 육덕명陸德明은『경전석문』
「서록·장자」에서 "장자라는 인물은 성이 장이고 이름은 주이며(태사공에 따
르면 자는 자휴이다), 양나라 몽현 사람이다"라고 기록하였다.

　　이렇게 한대漢代의 사람들은 장자를 송나라 사람으로 보고, 당대唐代의
사람들은 그를 양나라 사람으로 보지만 사실상 이 두 가지는 똑같은 설이
다. 즉 장자를 전국시대 송나라 사람으로 규정하는 것이다. 현대 학자인
마서륜은『장자의중莊子義證』의 부록「장자송인고莊子宋人考」에서 두 가지 유
력한 논거를 제시했다. 하나는『사기』「송세가」가 근거로 삼는『좌전』'장
공莊公 12년' 조에 나오는 "송만宋萬이 몽 지역에서 제혼공齊潛公을 살해했다"
는 것이고, 다른 하나는『사기』「송세가색은」이 근거로 삼는 장자의 일문
佚文에 "환후桓侯가 가고 있는데 성문을 채 나서지 못할 때, 앞에서 그를 불
렀다. 몽 지역 사람이 그를 세웠고, 그 후에 난을 일으켰다"라는 기록이
모두 장자가 송나라 사람임을 시사한다는 것이다. 송나라의 몽은 대체로
지금의 상구시商丘市 내에 있으며 전국 시기의 이곳은 위魏나라의 동남쪽,
초楚나라의 동북쪽과 접하고 있었다.

　　이와 달리 장자를 초나라 사람이라고 규정하는 설이 처음 제기된 것은
송대宋代부터이다. 악사樂史는 읍리를 귀속시키면서 몽 지역을 초나라로 편
입했다고 한다. 가령『태평환우기太平寰宇記』권12「송주宋州」에는 "소몽小蒙
의 원래 성은 현(宋州縣을 말하며, 지금의 河南省 商丘市 지역이다)의 남쪽 15리 떨어
진 곳에 있었으며, 육국 시기에 초나라에 몽현이라는 곳이 있었고, 사람들
은 흔히 소몽성이라고 불렀는데, 이곳이 바로 장주의 고향이다"라는 기록
이 있다. 또한 주희는 사상적인 측면에서 장자를 초나라 문화를 계승한 인
물로 보고『주자어류』권125에서 "장자는 본래 초나라 사람이다.…… 대개

초나라에는 이와 같은 기이한 사상을 가진 사람들이 많다"고 하였다. 그러나 다만 이런 근거로 장자를 초나라 사람으로 규정하는 것은 증거가 빈약하다고 하지 않을 수 없다. 악사의 설에 대해서는 선진 시기의 문헌을 통해 그것을 증명할 수 있는 근거가 없다. 이에 대해 마서륜은 『장자송인고』에서 "송나라가 멸망한 후, 위나라와 초나라, 그리고 제나라 사이에서 그 땅을 놓고 쟁탈이 벌어졌는데, 혹시 이 시기에 몽 지역이 초나라에 귀속되어 몽현으로 불리고, 한나라 때 양나라로 귀속된 것이 아닐까? 그런데 장자가 죽을 때까지는 송나라가 곧 망할 지경이기는 하였으나 아직 완전히 멸망한 것은 아니었으니, 그를 송나라 사람으로 보는 것이 타당하다"고 주장했다.

주희의 주장처럼 장자가 초나라의 문화적 특질을 지닌다는 설도 일리가 있다. 하지만 그렇다고 해서 이를 근거로 장자가 초나라 사람이라고 단정지울 수는 없다. 실제로 『장자』 속에는 송나라에 대한 언급이 적지 않게 있다. 예를 들면 「소요유」에 "송나라에 손이 트지 않는 약을 잘 만드는 사람이 있다"는 구절과 "송나라 사람이 장보라는 모자를 팔기 위해 월나라에 왔다"는 구절이 있고, 「인간세」에는 "송나라에 경씨라는 사람이 있다"는 구절과 "남백자기가 상구를 노닐면서"라는 구절이 있으며, 「천운」에는 "상의 태재 탕이 인에 대해 장자에게 물었다"는 구절이 있고, 「전자방」에는 "송의 원군이 그림을 그리려고 했는데"라는 구절이 있으며, 「열어구」에는 "송나라 사람 중에서 조씨라는 장사꾼이 있다"는 구절과 '송나라의 위태로움'이라든가 '송왕의 사나움'과 같은 구절 등이 있는데, 이는 모두 장자가 송나라 사람일 가능성이 크다는 것을 시사한다.

또한 장자가 제나라 사람이라는 설도 있다. 육조시대 진나라의 석지장

釋智匠이 『고금악록古今樂錄』에서 장자에 관해서 "장주는 제나라 사람이다"라고 기록했다. 장자를 제나라 사람으로 규정한 것은 제나라에도 몽이라는 지역이 있었기 때문이다. 『좌전』 '애공 17년' 조에 따르면 "공이 제나라 왕을 몽에서 만나 맹약을 맺었다"라는 기록이 있는데, 두예杜預의 주에 따르면 "몽은 동완東莞 몽음현의 서쪽에 있으므로, 몽음성蒙陰城이라 부른다"라고 하였다. 청나라 때, 양수경楊守敬의 『전국강역도戰國疆域圖』에는 이 몽음성이 제나라의 영역으로 귀속되어 있다. 그러나 여기에서 말하는 몽은 장주의 고향인 몽이 아니다. 청나라 때 마숙馬驌이 저술한 『역사繹史』 권120 「열장지학列莊之學」에 따르면 "장주는 몽 지역 사람이고, 이 지역은 송나라에 속하지 제나라에 속하지 않는다"고 하였고, 염약거閻若璩의 『잠구찰기潛邱札記』 권6 「우여석기재서又與石企齋書」에서도 "몽 지역은 송나라에 속하지 제나라에 속하지 않는다"라고 하였다. 그러므로 장자가 제나라 사람이라는 설은 받아들일 만한 것이 아니다.

장자가 노나라 사람이라는 설은 현대 학자인 왕수영王樹榮이 「장주즉자막설莊周卽子莫說」(『古史辨』 제4권 참조)에서 제기한 것이다. 그의 주장처럼 노나라에도 몽이라는 지역이 있는 것은 사실이다. 하지만 청나라 유보남劉寶楠의 『논어정의論語正義』에 "몽산은 바로 동몽산東蒙山이며, 노나라 동쪽에 있기 때문에 그렇게 불린다. 읍인 공정이 몽산에는 높은 봉우리가 많이 있는데, 흔히 동쪽에 있는 것을 동몽이라 하고, 중앙에 있는 것을 운몽雲蒙이라 하며, 서북쪽에 있는 것을 구몽龜蒙이라 하는데 실제로는 하나의 산이다"라는 기록이 있는 것으로 미루어보면 노나라 동쪽에 있는 몽산은 『장자』에 등장하는 장자의 활동 지역과 실제로 거리가 멀고, 따라서 장자의 고향일 수 없다는 것이 분명해진다.

위에서 논의한 것을 종합해 보면 장자가 전국 시기 송나라 몽 지역의 사람이라는 설이 가장 받아들일 만하다.

3) 장자의 사적事跡에 관한 문제

『사기』「노장신한열전」에는 장자의 생애에 있어 중요한 두 가지 사적이 기재되어 있다. 하나는 "일찍이 몽현의 옻나무 밭을 지키는 관리를 지낸 적이 있다"는 것이고, 다른 하나는 "초나라 위왕이 재상으로 삼으려 하였으나 그 요청을 거절하고 평생 관직을 맡지 않았다"는 것이다. 그런데 단순해 보이는 이 두 가지 사적 또한 여전히 집중적으로 검토해야 할 필요가 있다.

옻나무 밭을 지키는 관리(漆園吏)는 어떤 관직인가?

리吏는 소리小吏, 관리官吏를 말한다. 이에 대해서는 옛날부터 지금까지 줄곧 아무런 문제가 되지 않았다. 그러나 옻나무 밭(漆園)에 대해서는 사람들의 견해가 일치되지 않는다. 한대漢代 이래로 사람들은 보통 칠원을 하나의 동네 명칭으로 보려고 한다. 즉 『사기』의 언급에 대해 장자는 일찍이 몽 지역 칠원이라는 곳의 관리를 맡았다고 보는 것이다. 『사기정의史記正義』는 『괄지지括地志』를 인용하여, "칠원고성은 조曹나라의 행정구역인 원구현冤句縣의 북쪽 70리에 있다"고 설명하였다. 물론 칠원은 몽蒙(지금의 하남성 商丘)에도 있고, 또 조曹(지금의 산동성 曹縣)에도 있는데, 아무튼 모두 그것을 구체적인 장소라고 여기고 다루고 있다. 현대 학자들은 칠원을 옻나무 밭,

즉 옻나무를 심는 밭으로 여긴다.[10] 그러나 이것은 여전히 생각해 볼 여지가 있다. 칠원을 옻나무를 심는 밭으로 여길 수는 있지만, 옻을 가공하는 장소로 여길 수는 없지 않은가? 다시 말해서, 리吏는 소리小吏로서 단지 총칭하는 관직이고, 그래서 장자가 이 칠원리, 즉 칠원을 관리하는 하급관리로 일했다고 여긴다면, 그것의 구체적 명칭은 또 무엇인가 하는 것이다.

최대화崔大華는 『장학연구莊學硏究』라는 책에서 "장주는 일찍이 몽의 칠원 관리가 되었다"는 문제에 대해 새로운 고증을 하였는데, 나름대로 합리적인 견해이다. 그는 1975년 호북 운몽 수호 지역 11호 진묘秦墓에서 출토된 진나라 죽간竹簡 사료를 연구한 자료를 내놓았다. 이에 따르면 첫째, 이진나라 죽간이 출토된 묘의 주인이 살았던 연대를 볼 때, 비록 그가 살았던 시대가 장자보다 조금 늦을지라도, 전국시대의 계급구조, 국가제도, 사회생활 등의 변화 추세에 따르면 장자와 진간묘 주인이 살았던 시대의 배경은 일치한다. 그래서 우리는 장자가 맡은 송의 칠원리가 진秦의 '칠원색부漆園嗇夫'라는 관직과 비슷하다고 단정할 수 있다.

둘째, 관장의 칭호인 색부嗇夫는 춘추전국시대에도 이미 유행했던 명칭이다. 예를 들면 『좌전』 「소공昭公 17년」에 보면 "『하서夏書』에 이르기를 해와 달이 제자리에 편안하지 않아 일·월식이 되면 악사는 북을 치고 연주하고, 관원인 색부는 거마로 달리며, 서민들은 맨발로 달리고……"라는 기록이 있다. 『관자管子』 「군신君臣」 편에서는 "리색부吏嗇夫는 업무를 담당하고 인색부人嗇夫는 가르침을 담당한다"고 하였고, 『한비자韓非子』 「설림하說林下」

10) 楊寬, 『戰國史』, 上海人民出版社, 1980, p.54과 張恒壽, 『莊子新探』, 湖北人民出版社, 1983, p.12, 그리고 馮友蘭, 『中國哲學史新編』 上, 人民出版社, 1998, p.397 등에서 모두 이와 같은 견해를 보이고 있다.

에서는 "진나라의 문자가 조정에서 물러나 어느 지방의 고을을 지나가고 있었다. 그때 그의 시종이 말하기를 '이곳의 색부는 공자와 친분이 있으니 휴식을 하시다가 다음 수레를 기다리는 것이 어떻겠습니까?'라고 하였다"는 내용이 나온다. 『전국책戰國策』「위책魏策 · 4」에서는 "주周는 제나라에서 가장 착하고, 구瞗는 초나라에서 가장 힘이 세다. 두 사람은 위나라에서 장의張儀를 해치려 하였다. 장자張子가 그것을 듣고 진실로 그 사람으로 하여금 색부를 만나게 한다면 만나는 자는 감히 장자를 해칠 수 없을 것이다"라는 내용이 있다. 또 『갈관자鶡冠子』「왕철王鐵」에서는 "다섯 향鄕은 현縣이 되고, 현은 색부가 다스린다. 열 개의 현은 군郡이 되고, 군은 대부大夫가 지킨다"고 하였다. 『장학연구』에 따르면 이처럼 진秦나라로부터 제齊나라와 노魯나라까지, 삼진三晉의 중원구역과 남방의 초나라 땅에 이르기까지 모두 '색부'라는 칭호가 통용되었음을 알 수 있으며, 송宋은 중원에 있었으므로 자연히 색부라는 관직이 있었을 것이라고 한다. 이 두 방면의 연구를 기초로 최대화는 또한 『상서』와 『시경』 속에서 이와 관련한 자료를 고찰하였고, 옻칠의 이용은 춘추시대 이전부터 이미 있었음을 증명하였다.

전국시대에는 경제가 발전함에 따라서 칠기의 수요량이 증가하였고, 옻칠의 응용 범위가 확대되어 중원지역의 옻나무 재배 또한 더욱 확대되어 갔다. 이것은 바로 옻나무의 재배와 칠기 제작이 송나라를 포괄한 중원 각국에 내재된 수공업 생산 중에서 중요한 지위를 갖추고 있었다는 것을 반영한다. 그리고 이것은 모두 장자가 당시의 수공업 생산을 익히 알고 있었고, 송나라에서 옻나무 재배와 칠기 제작을 관리하는 리색부를 역임했음을 인정할 수 있게 한다.

어느 나라의 제후와 왕이 장자를 재상으로 초빙하였는가?

이 문제에 관해서는 세 가지 설이 있다. 첫 번째 설은『장자』「추수」편에 나온다. "장자가 복수에서 낚시를 하고 있는데, 초나라 왕이 보낸 두 대부가 찾아와 왕의 뜻을 전달하기를, '부디 나라 안의 정치를 맡기고 싶습니다'라고 했다"는 것이다. 진晋의 사마표司馬彪의 주에 따르면 이 초나라 왕은 곧 위왕이다. 당나라 때 성현영成玄英의 소 또한 "초왕은 초나라 위왕이다"라고 하였다. 이처럼 초나라 위왕이 일찍이 장자를 재상으로 초빙했다는 것은 일반적으로 통용되는 학설이다. 그런데 이 외에도 두 가지 설이 더 있다.

두 번째는 육조 시기 남조南朝 진陳의 지장智匠이 해석한『고금악록古今樂錄』에 나오는 설명이다. 즉 여기서 지장은 "장주는 유학을 하는 선비이고, 때와 합치되지 않았다. 스스로 쓰이지 않아서 어지러움을 피하고자 하였고, 스스로 산속에 숨었다. 나중에 장주의 이름이 민왕湣王에게 전해지자, 민왕은 황금 백 일鎰을 보내어 재상의 자리에 초빙했으나 장주는 나아가지 않았다"라고 하였는데, 이것은 제齊나라 민왕이 일찍이 장자를 재상으로 초빙하였다고 보는 것이다.

세 번째는 당대唐代 육덕명陸德明의『경전석문經典釋文』「서록序錄·장자」에서 제기된 주장이다. 즉 육덕명은 "제나라와 초나라가 일찍이 장자를 재상으로 삼고자 초빙하였으나 응하지 않았다"고 하였는데, 실제로 육덕명의 견해는 사마천과 지장의 설을 종합한 것일 뿐이다. 지장의 설도 근거가 부족하기 때문에 후세 사람이 이에 대해 수용하는 경우는 드물다. 사람들은 대체로 장자의 생애를 말할 때, 일찍이 초나라 위왕이 재상으로 초빙했으나 장자가 거절했다고 여긴다.

그러면 장사가 초나라 위왕의 초빙을 거절한 것이 진짜일까? 초나라 위왕이 장자를 재상으로 삼으려고 초빙했다는 것은 과연 역사적 사실인가? 아니면『장자』라는 책 속에 포함된 하나의 우화에 불과한 것일까? 대체로 사람들은 모두 사마천이『사기』에서 말한 것을 믿으며, 그것을 사실이라고 여기고 대한다. 다만 어떤 사람은 이 일에 대해 회의를 표시한다. 송대의 황진黃震은『황씨일초黃氏日抄』54권에서 이에 대한 기록을 남겼는데, 그는『동래대사기東萊大事記』의 "주나라 현왕 30년에 초나라가 장주를 재상으로 삼으려고 초빙하였다"는 조를 읽고 말하기를, "역사적으로 그런 일은 없었다. 열어구列禦寇나 자화자子華子는 모두 속세를 떠난 횡의지사橫議之士로 각자 임금이 자기를 재상으로 삼으려고 초빙하자 도망갔다고 과시하는데, 이는 하나의 우화일 뿐이지 알 수 없는 것이다"라고 하였다. 이것은 장주가 재상으로 초빙을 받았다는 설 역시 하나의 우화에 불과하다고 보는 것이다. 현대의 철학자인 전목은『선진제자계년고변先秦諸子系年考辨』「장주생졸고莊周生卒考」에서 초나라 왕이 재상으로 초빙한 사람은 장신莊辛이지 장주가 아니라는 다른 관점을 제기하였다. 전목은 "내가『한시외전韓詩外傳』의 '초나라 양왕이 장자를 재상으로 초빙하고자 사신을 보냈으나 장자가 말하기를 그대는 태묘太廟에서 제를 지낼 때 사용하는 소를 보지 못했는가? 라고 하였다'는 말을 인용한『태평어람』권474를 고증한 결과 여기에서 말하는 장자는 장신을 가리키는 것이지 장주를 말하는 것이 아니다"라고 하였다.

최대화는『장학연구』에서 이 두 가지 관점에 대해 언급하면서 전목의 주장에 대해 타당하지 않다고 하였다. 왜냐하면 초나라 양왕이 장신을 재상으로 초빙한 것은 역사적 사실(『戰國策』,「楚策 4」에 기재되어 있다)이기 때문이다. 그리고 장신은 초나라의 오랜 신하로서 초왕의 부름에 대하여 적극적으로 나서서 수용하였지, "그대는 태묘에서 제를 지낼 때 사용하는 소를 보지 못했는가?"와 같은 말을 하지 않았다. 이에 비해 황진의 주장은 어느 정도 신뢰성이 있다. 왜냐하면 "장자는 세상의 일에 대하여 깊이 통찰하였고, 인생에 대해서도 매우 깊이 체험하고 있었기 때문이다. 하지만 장자는 군사적인 책략도 전혀 없고 또한 권술權術도 없다. 그는 왕공의 찬란한 영화를 아주 비루하고 천박하게 여겼고, 권력자들 또한 그의 맑고 고원한 성품을 제대로 보지 못했다. 수완을 부려 연합하기도 하고 분열하기도 하며, 위세나 형세가 당당하고, 군대를 잘 통솔하고, 치국과 유세의 능력이 요구되는 전국시대의 시대적 상황 속에서 장자가 이처럼 원대한 말과 자유롭고 활발한 태도를 가진 사람이라면 어떻게 초나라 위왕이나 제나라 민왕처럼 전쟁을 일으켜 영토를 확대하는 것을 숭상하는 군왕이 재상으로 초빙하려 했겠는가? 그러므로 그들이 예를 갖추어 초빙한 것을 참을 수 없는 부담과 고난으로 여기고 가볍게 거절한 이야기는 장자의 고결함을 표현하여 정리하기 위해 만들어진 허구인 것이다."[11] 이러한 최대화의 분석은 충분한 하나의 학설로 수용될 수 있다. 하지만 초나라 위왕이 장자를 재상으로 초빙했다는 내용이 끝내 하나의 우화에 불과한 것인지, 아니면 역사적 사실인지에 대해서는 여전히 연구해 볼 필요가 있다.

장자는 평생 동안 무슨 일을 했는가?

『사기』「노장신한열전」에서는 장자가 종신토록 벼슬길에 나아가지 않

---

11) 崔大華, 『莊子硏究』, p.14.

았다고 설명한다. 장자가 관직을 맡도록 초빙된 일에 대해서는 『장자』「추수」편과 「열어구」편에 기록된 내용이 있다. '종신토록 벼슬길에 나아가지 않았다'는 것은 장자가 일생 동안 출사하여 관직을 맡은 적이 없음을 표명하는 것이다. 다만 이것이 결코 장자가 일생 동안 아무런 일도 하지 않았다고 말하는 것은 아니다. 그렇다면 그는 평생 무슨 일을 하며 살았던 것일까? 자신의 주장을 세워서 책을 저술한 것에 대해서는 별다른 설명이 필요하지 않다. 저술 활동을 한 것을 제외하고 장자의 언행에 관한 기록을 『장자』에 의거해 보면 그의 생애는 다음과 같이 정리될 수 있다.

첫째, 가난하고 빈궁한 날들을 보냈다. 장자는 일생 동안 재상을 지내는 벼슬에는 나아가지 않았으므로 높은 봉록에 대해서는 말하지 않았다. 그는 비록 칠원리를 지냈을 뿐이며, 이것은 봉록이 제한적인 작은 관리직이었으므로 장자는 평생 동안 생계를 꾸려나가기 어려울 정도로 매우 가난한 상황에 시달렸다. 장자의 생활에 대하여 『장자』에는 몇 가지 기록이 나온다. 가령 「외물」편에는 "장주의 집은 가난하였으므로 감하후監河候에게 곡식을 빌리러 갔다"는 내용이 있고, 「열어구」편에는 "송나라 사람으로 조상曹商이라는 자가 있었다.…… 그는 장자를 보고 말했다. '대체 이 비좁고 지저분한 뒷골목에 살며 가난해서 신을 삼고 있고, 목덜미는 비쩍 마른 채 두통으로 얼굴이 누렇게 뜬 꼴이 되는 일에는 나는 서투르오. 그보다는 한 번에 만승의 천자를 깨우쳐주고, 백 대의 수레를 따르게 하는 일에 나는 능하오'"라는 내용이 나온다. 「산목」편에는 "장자가 누더기로 기운 남루한 옷을 입고 삼끈으로 신발을 엮어 묶은 채 위나라 왕을 찾아갔다. 위나라 왕이 묻기를 '어째서 선생은 그처럼 병들고 지쳤소?'라고 물었다. 장자가 대답하기를 '저는 가난한 것일 뿐, 병들고 지친 것이 아닙니다'라고 하였다"

라는 내용이 나온다. 이러한 기록을 통하여 우리는 장자가 평생 가난하고 빈곤하게 살았음을 알 수 있다. 그는 비좁고 지저분한 골목에서 신을 삼으며 날을 보냈고, 얼굴은 황달에 걸린 것처럼 누렇게 뜬 모양으로 지냈다.

둘째, 권력과 부귀를 멸시했다. 장자는 투기와 독점의 방식으로 부귀를 구하거나 공명을 추구하는 것을 멸시했다. 장자가 감하후에게 먹을 양식을 빌리고자 하였을 때, 감하후가 야유하면서 거절하자 장자는 분연히 화를 내며 수레바퀴 자국에 갇힌 붕어의 상황을 묘사하는 '학철지부涸轍之鮒'의 우화와 고사를 강설하면서 감하후의 조소에 반격하였다.(『장자』, 「외물」편 참조) 이것은 장자의 기상과 인격을 잘 표현한 사건이다. 송나라 사람인 조상이 장자의 빈궁함을 조롱하면서 자신의 부귀를 자랑했을 때, 장자는 오히려 이렇게 대답했다. "진나라 왕은 병이 나서 의사를 부르면 종기를 터뜨려 고름을 뺀 자에게 수레 한 대를 주고, 치질을 입으로 핥아서 고치는 자에게는 수레 다섯 대를 준다고 하니, 치료하는 곳이 아래로 내려갈수록 주어지는 수레가 많아지는가 보오. 당신도 그 치질을 고친 것이 아닌가? 어찌 이 많은 수레를 얻었는가? 당신은 그냥 꺼지시오."(『장자』, 「열어구」편 참조)

장자는 투기와 독점의 방식으로 부귀를 추구한 조상에 대해 '혀로 치질을 핥아서 고친 자'로 비유했는데, 이것은 부귀에 대해 극단적으로 멸시하는 그의 태도를 표현한다. 장자가 누더기 옷을 입고 삼끈으로 묶은 신발을 신고 위나라 왕을 만났는데, 위나라 왕이 '그대는 어찌 그렇게 병들고 지쳤는가?'라고 묻자 장자는 오히려 나는 가난한 것일 뿐이지 병들고 지친 것이 아니라고 하면서 가난한 것과 병들고 지친 것을 구별하면서 이렇게 말하였다. "선비가 도와 덕을 지니고서도 실행하지 못하면 병들고 지쳤다고 합니다. 옷이 해어지고 신발에 구멍이 난 것은 가난한 것이지 병들고 지친 것이 아닙니다. 이것은 이른바 아직 때를 만나지 못했을 뿐이라는 것입니다. 왕께서는 저 나무에 오르는 원숭이를 보지 못했습니까? 원숭이는 녹나무나 가래나무에 올라가 그 가지를 잡고 그 사이에서 의기양양할 때면 비록 예羿나 봉몽逄蒙과 같은 활의 명수라 하더라도 겨냥을 할 수가 없습니다. 그러나 원숭이가 산뽕나무나 가시나무, 탱자나무 사이에 올라갔을 때는 위태롭게 걷고 이리저리 살펴보며 두려워서 몸을 부들부들 떱니다. 이것은 원숭이의 힘줄이나 뼈가 위급함을 만나 부드러움을 잃었기 때문이 아니라 있는 곳이 불편해서 그 기능을 충분히 발휘하지 못했기 때문입니다. 지금처럼 어리석은 군주와 탐욕스러운 신하가 있는 사이에서는 병들고 지치지 않으려 해도 어찌 그럴 수가 있겠습니까? 이것은 충신인 비간比干이 심장을 찢긴 일을 보아도 분명하지 않겠습니까?"(『장자』, 「산목」편 참조) 가난한 것은 단지 하나의 생활현상일 뿐이지만 병들고 지친 것은 사람의 생활품질의 문제인 것이다. 장자는 이로써 당시 선비들이 병들고 지친 사회적 원인을 말하고자 하였다. 즉 이는 사회적 환경이 만들어낸 것이지 선비 개인의 잘못이나 무능함의 문제가 아니라는 것이다.[12]

셋째, 친우들과 논쟁하면서 지냈다. 전국시대의 여러 학자들 중에 장자와 동시대를 살았던 인물은 송견宋銒, 맹자孟子, 양주楊朱, 혜시惠施 등 네 사람이다.[13] 그러나 장자는 맹자와 송견, 양주 등 세 사람과는 직접적인 왕래나 논변을 하지 않았고, 혜시와는 많은 논변을 벌였다. 혜시와의 논변은 장자의 생애에서 중요한 학술활동이었다. 『여씨춘추呂氏春秋』 「음사淫辭」의

---

12) 장자가 권력이나 부귀에 대해 멸시하는 모습은 『장자』 「추수」와 「열어구」편 등에 기술되어 있다.
13) 崔大華, 『莊子硏究』, p.17 참조.

고유高誘 주注에 따르면 혜시는 송나라 사람이다. 혜시와 장자는 같은 나라 출신으로 두 사람은 평생 밀접한 관계를 맺었다. 『장자』「서무귀」편에서는 "장자가 장례식에 가다가 혜시의 묘 앞을 지나게 되자 시종을 돌아보며 말하기를 '선생이 죽고 난 다음에는 나의 바탕이 없어졌으니 내가 더불어 이야기할 사람이 없구나!'라고 하였다"는 언급이 나온다. 장자는 혜시의 죽음에 대해 진정으로 안타까워하고 애석하게 여겼던 것이다.

장자는 이런 마음을 장석匠石이 도끼를 휘두르는 우화로 설명하였다. 초나라 영郢 지역에 있는 어떤 사람이 백토를 아주 얇게 펴서 자신의 코끝에 파리의 날개만큼 얇게 바른 다음 석石이라는 이름의 유명한 장인을 청하여 도끼로 이 진흙을 깎아내게 했다. 장석은 도끼를 휘둘러 코끝에 붙어 있는 진흙을 깎아냈는데, 코는 조금도 상하지 않았다. 영 지역의 사람 또한 선 채로 움직이지 않고 불안한 기색을 보이지도 않았다. 뒷날 송나라 원군元君이 장석을 부른 다음 자신을 위해 그의 고절한 기술을 보여줄 것을 청하였으나 장석은 "이전의 나는 도끼를 휘둘러 코끝의 진흙을 잘라낼 수 있었지만 현재는 그렇게 할 수 없으니, 이는 나의 짝이 되는 상대가 이미 죽어버렸기 때문입니다"라고 하였다. 장자는 혜시가 바로 자신의 학문을 세울 수 있는 상대라고 생각했던 것이다. 혜시가 죽고 나자 그의 사상 역시 제대로 발휘하여 토론할 기회가 사라져버렸다. 여기에서 혜시와 장자의 논쟁이 장자사상의 발전에 얼마나 중요한 것이었는지를 알 수 있다.

『장자』에 따르면 장자와 혜시의 학술 논변은 세 가지 측면에서 이루어졌다. 하나는 큼(大)이란 무엇인가에 대한 논쟁으로『장자』「소요유」편에서 볼 수 있다. 두 번째는 사람의 감정에 대한 논쟁으로『장자』「덕충부」편에서 볼 수 있다. 세 번째는 인식의 문제에 대한 논쟁으로『장자』「추수

」편에서 볼 수 있다. 장자와 혜시의 논쟁이 학문적인 발전에 중요한 의미가 있었음은 의심할 여지가 없을 정도로 분명하다. 그러나 전체적인 측면에서 본다면 장자의 사상적 핵심 요지와 혜시의 논리적 변설의 분위기는 전혀 다르다. 그러므로 장자는 자주 혜시의 학문에 대해 비판하는 태도를 취했다. 예를 들어 "(혜시는) 뚜렷이 밝힐 수 없는 것을 밝히려 했으므로 견백론堅白論과 같은 어리석음으로 끝나버렸다"(「제물론」), "지금 자네는 자기 마음을 밖으로 향한 채 자신의 정력을 지치게 하고, 나무에 기대어 서서는 신음하며, 책상에 기대어 졸고 있네. 자연이 자네의 형체를 가려내어 만들어주었는데, 자네는 견백론과 같은 쓸데없는 변론을 떠들고 있네"(「덕충부」) 등으로 혜시를 비판하는데, 결국 장자에 따르면 혜시는 "스스로의 덕을 가꾸는 데 약하고, 사물에 대한 욕망이 강하므로 그 길이 좁고 구불구불하며", "만물에 정신을 분산하여 지칠 줄을 모르고", "만물을 좇으면서 도의 근본으로 돌아올 줄 모르고", "끝내 변설을 잘하는 것으로만 이름을 날리는" 사람인 것이다.(「천하」편 참조)

넷째, 제자들을 가르치고 이끌었다. 장자는 평생 계속해서 제자들을 가르치고 이끌었는데, 장자에게 얼마나 많은 제자들이 있었는지는 알려져 있지 않다. 장자가 제자를 가르치는 방식은 공자가 제자들을 모아놓고 강학하는 것이나, 맹자가 제자들과 함께 자신의 뜻을 받아줄 제후를 찾아다니다가 물러나 책을 지어서 학설을 세운 것과는 다르다. 장자에게 제자들이 있었음은 분명하며 나름대로의 가르침을 형성하고 있었다. 『장자』에 기재된 내용에 따르면 장자는 제자들에 대하여 세 가지 방면의 가르침을 내리고 있다. 첫 번째는 제자들로 하여금 어떻게 처세해야 할지를 가르치고 인도하였는데, 이것은 바로 『장자』「산목」편에서 말하는 "나는 쓸모 있음과 쓸모없음의 사이에 처하고자 한다"는 언급에서 나타난다. 두 번째는 제자들로 하여금 각자의 일에 어떻게 대처해야 하는지를 알려주는 것인데, 이것은 『장자』「산목」편의 "사마귀가 매미를 잡으려 기회를 노리는데, 그 뒤에는 까치가 사마귀를 노리고 있다"는 고사에서 나타난다. 세 번째는 죽음에 대해 어떻게 대처해야 할지를 가르치고 인도하는데, 이것은『장자』「열어구」편에서 말하는 "장자가 바야흐로 죽음을 앞두었을 때, 제자들이 후하게 장사지내고 싶어 한" 고사에서 나타난다. 여기에서 장자는 제자들에게 자신의 좁은 견해에만 갇혀 편협한 인간사에 빠지지 말고 신명한 지혜를 지녀 천지자연에 감응할 것을 가르친다.

이것이 바로 장자의 전체 삶이다. 그는 부귀와 권력을 멸시했으며, 종신토록 출사하지 않고 빈곤한 삶을 살았다. 하지만 그는 결코 인생을 허비하며 죽음을 기다리지 않았고, 친우들과 논쟁을 벌이고 제자들과 학문을 토론하면서 위대한 사상가로 우뚝 섰으며, 책을 써서 학설을 세우고 그 사상이 후대에 전승되도록 하였다.

2. 『장자』라는 책

장자라는 인물과 비교해 보았을 때, 『장자』라는 책은 의심스러운 점이 더욱 많이 있다. 『장자』에 대해 사마천은 『사기』「노장신한열전」에서 상세하게 서술하고 있다.

그 학문은 막히는 것이 없었는데, 그 요체는 노자의 가르침에 근본을 두고 있었다. 그 저서는 십만여 글사에 달하였는데, 대개 우화로 되어 있었다. 「어부」, 「도척」, 「거협」과 같은 편을 지어 공자의 무리를 비판하고 노자의 학설을 밝혔다. 외루허畏累虛와 항상자亢桑子에 관한 이야기는 모두 허황한 것으로 사실이 아니다. 그러나 빼어난 글로 세상의 일과 사람의 정을 살피며, 이를 통해 유가儒家나 묵가墨家를 공격했으니 당시의 대학자들도 그 예봉을 피할 수 없었다. 그의 언사는 큰 바다처럼 거침이 없고 다함이 없었기 때문에 왕공이나 대인들은 오히려 그를 등용하지 않았다.

사마천의 기록은 다음과 같은 몇 가지 의미를 함축한다. 첫째, 『장자』라는 책의 주된 요지는 노자의 학술을 밝히는 것이고 공자의 무리를 비판하는 것이다. 사마천은 『장자』 가운데 「어부」, 「도척」, 「거협」 등과 같은 몇 편을 들어 그 사상을 대표하고 있다. 둘째, 『장자』의 풍격은 바다처럼 거침이 없고 다함이 없으며, 우화의 방식이 많이 활용된 저작이다. 셋째, 십만여 자의 글자로 이루어져 있다. 이러한 상황에서 볼 때, 『장자』는 매우 방대한 정치이론 저작임을 알 수 있다. 여기에서 중요한 것은 『장자』가 원래 10만여 자가 넘는 거대한 책이었다는 점이다. 『한서』 「예문지藝文志」의 기록에 의하면 『장자』는 52편으로 구성되어 있었으며, 이는 사마천이 말하는 글자 수에 거의 부합한다. 하지만 현재까지 전해지는 『장자』는 33편으로 송대의 진경원陳景元이 『남화진경장구음의서南華眞經章句音義予』에서 일컬은 65,923자이다.[14] 현대 학자인 유소감劉笑敢은 『장자철학과 그 변천(莊子哲學及其演變)』에서 "내편의 총 글자 수는 약 15,980자이고, 외편과 잡편은 약 58,430자로, 전체 책의 글자는 74,410자이다"[15]라고 하였다. 이처럼

---

14) 崔大華, 『莊子硏究』, p.43 주1) 참조.
15) 劉笑敢, 『莊子哲學及其演變』, p.18.

『장자』는 적지 않은 문제를 안고 있다. 현재 학술계의 연구 성과를 종합해 보면 『장자』라는 책은 다음의 세 가지 점이 논란의 대상이 된다.

1) 『장자』의 진위 문제

『장자』라는 책은 중국사상사와 철학사에 지대한 영향을 끼쳤다. 그렇다면 『장자』는 장자 본인의 저작인가? 이 문제는 매우 어려운 논의이다. 그것은 사실상 현재 전하는 『장자』 33편 가운데 어느 편이 장자 본인의 작품인가 하는 문제를 담고 있다. 이에 대해 사람들은 다음과 같은 견해를 보이고 있다.

첫째, 내편은 장자가 직접 저술한 것이고, 외편과 잡편은 장자의 작품이 아니라고 여기는 것이다. 이것은 위진남북조 이래 다수의 학자들이 가진 견해이다. 내편이 장자가 지은 것이라고 보는 근거는 내편에 해당하는 일곱 편의 문장과 사상이 일관되고, 풍격이 일치하며, 또한 논리적으로도 연결 구조를 갖추고 있기 때문이다. 가령 당나라 때의 성현영成玄英은 『장자서莊子序』에서 "내편은 리理의 근본을 밝힌 것이고, 외편은 그 흔적을 말한 것이며, 잡편은 리의 일을 잡다하게 밝힌 것이다"라고 하였다. 그렇다면 내편은 무엇 때문에 리의 근본을 밝힌 것이라고 하는가? 성현영은 이렇게 말하였다.

「소요유」를 맨 앞에 세운 것은 도에 통달한 선비가 지혜와 덕성이 명민하여 조작하는 것이 모두 합당하고 사물과 합하여 소요하므로 소요로써 사물의 명을 다함을 말하는 것이다. 무릇 의지하는 바가 없는 성인은 거울과 같이 모든 것을 비추므로 이미 경중과 허실을 밝히는 지혜가 있어 능히 모든 경계를 크게 가지런하게 할 수 있으므로 「제물론」을 그 다음에 놓았다. 이미 천지의 위대함을 가리키고 뭇 사물을 뒤섞어 심령이 응취되어 담박하므로 생명을 지키고 기를 수 있으므로 「양생주」를 그 다음에 놓았다. 이미 선과 악을 모두 잊어버리고 궁극의 지혜로 오묘함을 갖추어 변화에 따라 순응하므로 사람들 사이에 거처하여 이르니 「인간세」를 그 다음에 두었다. 내면의 덕이 원만하므로 그 덕을 나누어 외부의 사물에 응접하고 이미 사물의 변화에 따라 안과 밖이 그윽하게 맺어지니 그러므로 「덕충부」를 그 다음에 놓았다. 물의 흐름이 멈추는 것을 살피고, 사물에 접하여도 무심함을 이루어 덕을 잊고 형체를 잊어 외부와 내면이 결합하여 지극한 상태에 이르니 모든 것의 우두머리가 되므로 「대종사」를 그 다음에 두었다. 옛날의 참된 성인과 무지의 지혜를 가진 사람은 우주의 조화와 공을 함께하므로 고요하면서도 모든 변화에 응하여 이미 모든 사물을 부리게 되므로 「응제왕」을 그 다음에 두었다. 「변무」편 이하는 모두 편 머리의 두 글자를 제목으로 한 것으로 이미 별다른 뜻이 없다.(성현영, 『장자서』)

성현영은 이것이 『장자』 내편에 담긴 뜻을 해석한 것이라고 하였다. 내편이 하나의 사상적 체계와 논리적 일관성을 갖춘 작품임을 표명한 것이다. 성현영은 내편이 장자가 지은 것이라고는 하지 않았으나 내편의 논리적 관계를 연결시켜 보고자 한 것에서 그가 내편을 장자가 지은 것으로 보고 있음을 알 수 있다.

내편이 장자가 지은 것이라고 분명하게 주장한 사람은 청나라 초기의 왕부지王夫之이다. 그는 『장자해莊子解』 권8에서 다음과 같이 말하였다.

내편은 비록 서로 어긋나는 내용이 섞여 있고 두루 끌어온 것처럼 보이지만 그 의미는 모두 연속되어 있으며, 외편은 그 내용이 뒤섞이고 어긋나서 이어지지 않는다. 내편은 넓은 바다처럼 막힘이 없으나 도에 귀일하는 것을 가리키므로 하나로 묶이는 데 비해 외편은 말이 지극하고 뜻이 극진하지만 번잡한 말을 좇아가므로 신명한 리에 이르지 못한다. 내편은 비록 지극한 뜻을 형용하지만 그 언설이 저절로 깨끗하게 드러나서 막히는 바가 없으나 외편은 억지로 조악한 말들을 고집하여 죽어버리고 삶은 얻을 수가 없다. 내편은 비록 요순을 가볍게 여기고 공자를 억누르며 외부를 격하여 서로 구하려 하지만 사악함에 빠지지 않고 바름을 얻는다. 하지만 외편은 성내고 어그러지며 헐뜯고 원망하니 경박한 것을 좋아하여 목소리만 높이는 무리들이다. 내편은 비록 『노자』와 서로 가까운 것 같지만 별도로 하나의 종지가 되어 거스르고 속이는 잘못을 풀어서 벗어나지만 외편은 단지 『노자』의 훈고에 불과하여 신묘한 리의 현미함을 찾지 못하므로 내편과 서로 발명해야만 십 중의 이나 삼을 얻을 수 있을 뿐이니, 천박하고 헛된 학설이 뒤섞여 제대로 볼 수 없는 것으로 대개 한 사람의 손에서 나온 것이 아니며, 곧 장자의 학설을 배우는 사람들이 잡다하게 모아 완성한 것이다. 그 사이에 「변무」, 「마제」, 「거협」, 「천도」, 「선성」, 「지락」 등과 같은 여러 편은 더욱 조급하고 졸렬하다. 『장자』를 읽는 사람은 장자의 뜻이 말과 상象을 초월해 있음을 깨닫고 이것의 부족함을 알아야 할 것이다.

왕부지는 이처럼 내편과 외편(잡편)의 차이를 세밀하게 비교하였고, 그리하여 내편에 대해 장자가 직접 저술한 작품이라고 생각했다.

한편 명대의 초횡焦竑 역시 『초씨필승焦氏筆乘』에서 "내편은 분명히 장자가 지은 것이고, 외편과 잡편은 후인들이 첨입한 부분이 많이 있다"라고 하였다. 이것은 내편의 문장이 외편과 잡편에 비해 매우 뛰어나므로 장자가 직접 저술하였다고 보는 것이 마땅하다는 말이다.

둘째, 외편과 잡편이 장자의 저작이고 내편은 장자 후학의 저술이라는 주장도 있다. 이러한 관점을 제시한 사람으로는 임계유任繼愈가 대표적이다. 그가 주편主編한 『중국철학발전사中國哲學發展史』(先秦)의 「장주莊周의 유물주의唯物主義 철학哲學」에서는 이 문제에 대하여 분명하게 밝히고 있다. 임계유는 문장의 수려함, 의미의 연속, 논리성이 강한 것 등을 기준으로 삼아 장자의 저작임을 판단하는 것은 객관적인 근거가 부족하다고 주장하면서 장자 이외의 사람은 수려한 문장을 쓸 수 없는 것인지를 반문하였다. 대신에 임계유는 어떤 편이 장자의 저작이라고 확정하는 문제에 대해서는 마땅히 사마천이 기록한 내용이 중시되어야 한다고 하였다. 그는 『사기』 「노장신한열전」의 언급을 끌어와서 다음과 같이 분석하였다.

> 사마천은 '노자의 학설을 밝히고', '공자의 무리를 비판하는 것'이 장자의 기본적인 사상 경향임을 분명하게 지적하였고, 또한 이것은 『장자』를 읽으면서 「어부」 등과 같은 몇몇 편명을 열거하는 데에서도 명백하게 드러나는 점이다. 사마천은 역사적 사실에 충실하면서도 탁월한 학문적 지식을 지니고 있었으므로 그의 기록은 당연히 신뢰할 수 있다. 전체적으로 보면 『장자』에서 '유가와 묵가의 학설을 비판하고', '노자의 학술을 밝히는' 일련의 내용들은 다수가 외편과 잡편에 집중되어 있다. 그러므로 외편과 잡편에 반영된 기본 사상이 곧 장자의 사상이라고 할 수 있을 것이다. 오히려 내편은 장주의 저작이 아닌데, 그것은 후기 장학莊學의 작품이다. 여기에는 이미 유심주의唯心主義가 상당히 완비된 체계를 형성하고 있는데, 곧 후기에 장자의 학설을 연구한 자료인 것이다.[16]

셋째, 『장자』 가운데 여러 편은 장자의 저작이 될 수 없다는 관점이다. 어떤 편들이 이에 해당하는가? 당나라 때의 한유韓愈는 일찍이 "「설검」편은 전국시대의 책사들의 과장된 웅담雄談에 불과하며, 그 속의 의미가 천박하

---

16) 任繼愈 主編, 『中國哲學發展史』(先秦), pp.383~386.

고 이치도 모자라기 때문에 장자의 저작일 수 없다"고 말했다.[17] 송대의 소식蘇軾은 "「도척」편과 「어부」편은 공자의 무리를 비판하는 것이라고 할 수 있으나, 「양왕」편과 「설검」편은 천박하여 수준에 이르지 못한다"라고 했다. 같은 송대의 황진黃震은 『황씨일초黃氏日抄』 55권에서 "'육경六經'이라 는 이름은 한나라 때 만들어졌는데, 『장자』에도 '육경'이라는 말이 나오기 때문에 그것이 모두 장자에 의해서 저술되었다고 볼 수 없다"고 주장했다. 청대의 왕부지는 『장자해莊子解』 「천도天道」에서 "「천도」편에는 장자의 취 지와 전혀 다른 사상들이 들어 있고, 그것들은 노자의 고요함을 지키는 사 상에서 파생되었다고 할 수 있지만 노자의 사상과도 정확히 부합하지 않는 다. 아마도 진한 시기의 황로학黃老學을 주장하는 사람들에 의해서 저술된 것일 가능성이 크다"고 기술했다.

또한 청대의 요정姚鼐은 『장자장의莊子章義』 「각의刻意」에서 "이 편은 사 마담司馬談의 『육가요지六家要旨』와 유사하므로 한나라 때의 저술임이 틀림 없다"고 말했다. 그리고 청대 왕선겸王先謙은 『장자집해莊子集解』 「변무駢拇」 에서 같은 시기 소여蘇輿의 관점을 인용하여 「변무」, 「마제」, 「거협」, 「재 유」 네 편에 대해 "신불해申不害나 노자의 사상을 넘어설 만한 부분이 없고 아마 장자학을 따르는 사람들이 노자의 사상을 모방하여 꾸며낸 것일 가능 성이 크다"고 평가했다.

근대에 들어서서 엄복嚴復은 『장자평점莊子評點』 「대종사大宗師」에서 "「대 종사」편의 '무릇 도에는 정이 있고 신이 있으니'로 시작하는 한 부분은 경 지가 천박하고 표현이 투박하며, 장자의 문장에서 가장 내실이 없는 것"이

---

17) 崔大華, 『莊子研究』, p.69. 여기서 활용한 자료들은 이 책을 참고한 것이다.

라고 주장하였고, 전목錢穆은 『장자찬전莊子纂箋』「대종사大宗師」에서 「대종사」편의 도道에 대해 언급하는 문단이 주나라 말기에 성행한 신선가神仙家나 음양가陰陽家의 학설이 혼입된 것이라고 판정했다. 이러한 견해들은 『장자』 내편에 수록된 「대종사」조차도 의심의 여지가 있다는 것을 말해준다. 풍우란馮友蘭은 『중국철학사신편中國哲學史新編』 14장에서 다음과 같이 말했다. "장자를 장자이게끔 하는 것은 주로 「소요유」와 「제물론」인데, 여기에는 두 가지 이유가 있다. 하나는 후세에 미치는 영향의 측면에서 말하자면 소요와 제물이 장자 이후의 봉건사회에서 가장 큰 영향력을 끼쳤는데, 이러한 영향력은 위진남북조시대에 정점에 올랐다. 다른 하나는 전국시대 당시의 사람들조차도 장자를 평가할 때 주로 소요와 제물을 근거로 삼았고, 「천하」편이 그 유력한 증거라고 할 수 있다. 그러나 나는 곽상郭象 본本의 내편 중에서도 특히 「인간세」편은 장자를 장자이게끔 하는 것에 미치지 못한다고 본다. 「인간세」에 나오는 심재心齋는 「대종사」에서 말하는 좌망坐忘과 다르고, 후자가 장자의 사상을 대표하는 반면 전자는 그렇지 않다." 여기에서 풍우란은 『장자』에서 「소요유」와 「제물론」을 제외한 다른 내편들도(특히 「인간세」) 장자의 저술이라고 신뢰할 수 없다고 단언한 것이다.

요컨대 당송시대부터 사람들은 『장자』 속의 「변무」, 「마제」, 「거협」, 「재유」, 「천도」, 「천운」, 「각의」, 「양왕」, 「도척」, 「설검」, 「어부」 등 편들에 대해 장자의 저술이 아닐 가능성이 크다고 보았고, 그 중에서도 「양왕」, 「도척」, 「설검」, 「어부」의 네 편이 가장 의심스러우며, 특히 「설검」은 장자의 저술이 아님이 분명하다고 생각했다.

넷째, 『장자』를 선진도가先秦道家 사상의 총결집으로 보는 견해이다. 위에서 논의한 세 가지 견해는 나름대로 합리적인 면이 있지만 그 판정 기준이 일관되지 않다. 특히 그들은 『장자』라는 책을 하나의 사상 전체, 즉 사상사적 발전 전체로 보지 않았다는 점에서 나무만 보고 숲을 보지 못하는 잘못을 범하고 있다. 그래서 현대 학자들은 이와 같은 기왕의 연구방법을 수정하여 『장자』를 하나의 사상 체계로서 고찰하기 시작했는데, 『장자』가 선진도가의 사상적 총결집이라는 견해가 그 중의 한 학설이다. 이러한 관점에 따르면 『장자』는 선진도가 사상의 총합이고, 그 중에서 내편은 장자 본인의 작품이며, 외·잡편은 장자의 후학에 의해 저술된 것이다.

이러한 관점에서 대표적인 성과를 보인 것은 라근택羅根澤이 1930년대에 발표한 「장자외잡편탐원莊子外雜篇探源」[18]이라는 글이다. 이 글은 『장자』 외·잡편의 사상에 근거하여 그 내용을 12가지로 분류하였는데, 즉 도가좌파道家左派, 도가우파道家右派, 신선가神仙家, 장자파莊子派, 노자파老子派, 도가잡조道家雜組, 노장혼합파老莊混合派, 도가은일파道家隱逸派, 도가격렬파道家激烈派, 종횡가縱橫家, 장자자찬莊子自撰 등이 그것이다. 더 나아가서 이 글은 외·잡편에 나오는 명물제도名物制度를 근거로 삼아 그 속에 있는 문장들이 대부분 전국 말기나 진한 초기에 저술되었으며, 심지어 서한 한무제漢武帝 시기에 작성된 것도 있다고 보았다.

1960년대에 관봉關鋒은 「장자외잡편초탐莊子外雜篇初探」[19]이라는 글을 발표하였는데, 이글은 라근택의 연구방법과 결론을 계승한 부분도 있었지만, 라근택이 주장한 도가우파와 신선가의 편들을 송윤宋尹 후학의 작품으로 규정했고, 또한 도가은일파와 도가격렬파의 문장들을 양주楊朱 후학의 저

---

18) 이 글은 원래 1936년 『燕京學報』 第39期에 실렸다가 『諸子考索』에 수록되었다.
19) 이 글은 1961년 『哲學硏究』 第2期에 실렸다가 『莊子內篇詳解和批判』에 수록되었다.

술로 규정했다. 1983년 장항수張恒壽의 『장사신탐莊子新探』이 호북인민출판사에서 출판되었는데, 이 책에서는 사상 내용, 명물제도, 그리고 문체라는 세 가지 기준을 종합하여 『장자』 내편의 저술연대와 작가를 고증했을 뿐만 아니라, 외·잡편의 문장들에 대해서 그것이 실제로 도가좌파, 도가우파, 송윤파, 장자파, 신선가, 은일가, 전국책사, 유가 등 각 학파의 저술에 속한다는 것을 고증했다. 더 나아가서 이 책에서는 외·잡편의 저술연대를 전국 중기, 전국 말기, 진한 교체기, 그리고 한나라 초기에 걸친 것이라고 규정했다.[20]

다섯째, 『장자』를 선진 시기 장자학파의 저술 결집이라고 보는 견해이다. 유소감劉笑敢과 최대화崔大華가 이러한 견해의 대표자라고 할 수 있다. 유소감은 『장자철학과 그 변천(莊子哲學及其演變)』에서 『장자』의 내·외·잡

---

[20] 『장자』를 선진도가의 총결집으로 간주하는 관점은 하나의 획기적인 성과이다. 그러나 라근택을 비롯한 학자들의 연구 결론과 방법에는 아직 부족한 점이 있다. 1992년 人民出版社에서 崔大華의 『莊子硏究』를 출판했는데, 이 책에서 그는 라근택을 비롯한 학자들의 연구 결론을 나열하고 소개하였으나 동시에 면밀한 분석을 통해 그들의 연구 방법과 결론의 한계점을 지적했다. 우선 崔大華는 라근택의 한계점을 세 가지로 요약했다. 첫째, 라근택에 의해 규정된 사상학파에는 명확하고 통일적인 기준이 없기 때문에 정확하지 않다. 둘째, 라근택이 구분한 『장자』 외·잡편의 사상학파와 저술연대의 근거들이 엄밀한 고증을 소홀히 했기 때문에 건전하지 못한 것이다. 셋째, 라근택의 가장 엄중한 착오는 章으로써 篇을 혼동하여 대체하는 것이다. 그리고 최대화에 따르면 장항수의 연구에도 두 가지 결점이 있다. 첫째, 장항수가 『장자』 각 篇과 章의 저술연대를 판정할 때, 특히 장자의 초기 작품을 확정할 때 『회남자』 이전의 저술에서 언급된 '莊子曰'이 있는 구절이 지금의 『장자』 속에도 있는 부분들을 기준으로 삼는 것은 정확하지 않다. 둘째, 『장자』 각 편이 구체적으로 어느 사상학파에 귀속되느냐에 문제를 다룰 때, 장항수는 라근택의 견해에 따라 외·잡편을 도가좌파, 도가우파, 신선가, 은일파 등의 저술로 규정하는데, 이것은 선진 시기의 기록에서 찾아볼 수 없는 것이기 때문에 근거가 없다. 따라서 최대화는 『장자』를 선진도가의 사상적 총결집이라고 주장하는 관점이 아직 건전한 것이 아니며, 더욱 발전시킬 필요가 있다고 강조했다.

편의 저술연대에 대해 상세하게 고증하여 내편은 저술 시기가 외·잡편보다 빠르며, 장주 본인의 저술이라고 규정했다.[21] 그는 "전체적인 개념의 사용과 사상의 원류, 그리고 문체와 특수어휘의 사용 등 여러 방면에서 『장자』 내편과 외·잡편에 대해 고찰한 결과, 내편과 외·잡편 중에서 오직 내편만이 큰 틀에서 장자의 저술이라고 할 수 있으며, 비록 외·잡편에도 장자의 일문(佚文)이 있을 수 있지만 전체적으로 장자의 작품이 아니라는 것이 증명되었다"[22]라고 말했다. 유소감은 또한 『장자』 외·잡편의 저술 연대에 대해 상세하게 고찰했는데, 그에 따르면 외·잡편이 저술된 연대의 상한선은 전국 중기보다 이를 수 없으며, 하한선은 전국 말기보다 늦을 수 없다. 그러므로 외·잡편은 장자 후학이 장자사상을 계승하고 발전시킨 작품이라고 보는 것이 타당하다.

그렇다면 이러한 작품들은 어떻게 장자의 사상을 계승하고 발전시켰는가? 이에 대해 유소감은 외·잡편을 세 부류로 나누었다. 첫째 부류는 내

---

21) 이 책은 개념의 사용, 문체, 사상원류, 그리고 특수어휘의 사용방법 등의 측면에서 이러한 결론을 증명했다. 그 중에서 특히 설득력을 지닌 것은 '개념의 사용'의 측면에서 이루어진 증명이다. 작가는 고대 중국어의 발전사에서 항상 단일개념으로부터 복합개념으로 발전한다는 현상을 전제로 삼아, 『장자』에 나오는 '道', '德', '性', '命', '精', '神'과 '道德', '性命', '精神' 등 개념의 사용 상황을 고찰하여 다음과 같은 결론을 제시했다. 내편의 7편 글에서는 道가 42회, 德이 34회 나오고, 이 두 글자로 이루어진 개념들, 즉 '大道', '妙道', '人道', '道術', '全德', '大德' 등도 나왔는데 유독 '道德'이라는 말이 없다. 그러나 외·잡편에서 '道德'이라는 개념의 사용 횟수는 16번이나 된다. 그리고 내편에서는 '性'이 16번 나오는 데 비해 '命'과 '性命'이라는 글자가 보이지 않는다. 반면에 외·잡편에서는 '性命'이라는 말이 12번 나온다. 마지막으로 내편에서 '精'은 2회, '神'은 20회 보이고 '精神'이라는 말이 없는가 하면, 외·잡편에서는 '精神'이라는 용어가 8회 나온다. 따라서 내편의 저술 시기가 외·잡편보다 이른 것이라고 할 수 있다.
22) 劉笑敢, 『莊子哲學及其演變』, p.20.

편의 문장 뜻을 더욱 명확하게 밝히는 것들인데, 외편의 「추수」, 「지락」, 「달생」, 「산목」, 「전자방」, 「지북유」와 잡편의 「경상초」, 「서무귀」, 「칙양」, 「외물」, 「우언」, 「열어구」 등 12편이 이에 속한다. 둘째 부류는 유가와 법가의 사상을 수용하는 부류인데, 외편의 「재유하」(유소감은 「재유」를 상·하편으로 구분했다), 「천지」, 「천도」, 「천운」, 「각의」, 「선성」과 잡편의 「천하」가 이 부류에 속한다. 셋째 부류는 유가와 묵기의 사상을 비판하는 부류인데, 외편의 「변무」, 「거협」, 「재유상」과 잡편의 「양왕」, 「도척」, 「어부」편이 이에 속한다. 유소감에 따르면 이 세 부류의 문장들이 장자 후학의 세 학파, 즉 술장파述莊派, 황로파黃老派, 무군파無君派를 대표한다. 그리고 『장자』 잡편에 있는 「설검」은 문체나 내용적인 면에서 분명히 장자나 그 후학들의 작품일 수 없다.

최대화는 『장학연구莊學研究』에서 『장자』가 전체 장자학파의 저술집이라는 것을 논증했다.[23] 그는 수많은 예시를 나열하여 『장자』 내편이 장자

---

23) 최대화는 다음과 같이 말했다. "대체적으로 『장자』 내편의 사상이 장자 본인의 사상, 또는 장자사상의 핵심이라고 단정할 수 있는 근거로는 세 가지가 있다. 첫째, 『장자』 각 편에서 묘사되는 장자의 일상적 언행이다.…… 둘째, 『장자』 「천하」에 실린 장자사상의 요약이다.…… 셋째, 순자의 장자사상에 대한 평가이다." 이에 따르면 "『장자』 내편에 반영된 사상, 특히 인생철학 사상은 장자사상의 핵심이고, 장자 본인의 사상이며, 또한 장자학의 근원이다. 이러한 생각을 기준으로 삼으면 『장자』 외·잡편의 사상들 중에 어떤 것이 장자의 사상을 벗어난 것이고, 어떤 것이 장자의 후학들이 그 사상을 계승·발전하여 변모시킨 것, 즉 장자학의 지류인지를 대체적으로 확정할 수 있다. 『장자』 내편에서 외·잡편에 이르는 과정은 실제로 선진 시기 장자학파의 역사적 발전과정을 말해주고 있으며, 그 구체적 표현은 장자의 이론적 내용이 장자의 핵심 사상으로부터 밖으로 확장되고 유가와 법가의 사상을 흡수하여 절충을 이루는 것이다." 내편과 외·잡편의 관계를 이렇게 규정하는 최대화의 핵심 근거는 "외·잡편의 거의 모든 편에서 내편에 언급된 사상이나 명제, 그리고 개념과 용어를 상당수 찾을 수 있기" 때문이다.

본인의 저술이라는 점과 외·잡편이 내편과 연결되는 점을 증명했다. 그뿐만 아니라 그는 「설검」편에 대해서 상세하게 분석하고 논증하여 그것이 장자 후학의 작품이 아니라 장자 후학을 모방한 책사들의 문장이라는 것도 밝혔다.

지금까지 『장자』의 진위 문제에 관한 학자들의 관점을 다루었는데, 비교적 일치된 관점은 다음과 같다. 즉 『장자』는 선진 시기 장자학파의 저술집이고, 그 중 내편이 장주 본인의 작품이며, 외·잡편은 다른 학파의 사상적 영향을 받은 장자 후학이 장자의 사상을 계승하여 발전시킨 것이다.

2) 『장자』의 판본 문제

『사기』에는 장주가 "10만여 자의 문장을 저술했다"는 기록이 있고, 『한서』 「예문지」에는 "『장자』가 52편으로 이루어졌다"는 기술이 있다. 그러나 현행본 『장자』는 33편이며, 통계에 따르면 약 7만 4천여 자로 이루어져 있다. 그러므로 『장자』의 판본은 분명히 어떤 변화의 과정을 거친 것이 틀림없다. 『장자』의 판본에 관한 논의는 두 가지 문제와 연관되는데, 하나는 『장자』라는 책이 어떻게 변화했는가 하는 것이고, 다른 하나는 『장자』 원본 중에서 삭제된 편들이 어떤 것들인가 하는 것이다.

『한서』 「예문지」에 수록된 52편의 『장자』는 고본古本 『장자』이며, 약 10만 자로 이루어졌다. 이 판본의 『장자』는 한대漢代에 통용된 것으로 추정된다. 『한서』 「예문지」에 기술된 바를 제외하고도 후한 시기의 고유高誘가 『여씨춘추』 「효행람孝行覽·필기必己」에 주해를 달 때, "장자의 이름은 주이고, 송나라 몽 지역 사람이다. 천하를 가벼이 여기고 만물을 세밀하게 관찰

하였으며, 그 학술은 허무를 숭상한다. 그는 52편의 글을 지었고, 그것을
『장자』라고 부른다"라는 말을 남겼다.[24] 그러나 이러한 상황은 위진남북
조시대에 이르러 변화를 맞이하게 되었다. 위진남북조시대에서 한당시대
에 이르는 과정에 일어난『장자』판본 유행상황의 변화에 관해서 당나라
의 육덕명陸德明은『경전석문經典釋文』「서록序錄·장자莊子」에서 다음과 같이
기술했다.

> 『한서』「예문지」에는 "장자가 52편으로 이루어졌다"고 했고, 여기에 사마표司
> 馬彪와 맹씨孟氏가 주석을 달았다. 그것에는 황당하고 괴이한 문장들이 많아 마
> 치『산해경山海經』이나『점몽서占夢書』와 비슷하여 주석자들은 자신의 뜻에 따
> 라 내용을 보태기도 하고 빼기도 했다. 그 내편에 관해서는 주석자들의 뜻이
> 거의 같았다. 나머지 편에 관해서 외편의 내용은 있었으나 잡편은 없었다. 그
> 중에서 오직 자현子玄(郭象의 字)의 주석만이 특히 장자의 취지를 잘 이해하였기
> 때문에 세간의 존숭을 받았다. 서선민徐仙民과 이홍李弘은『음音』을 저술하였는
> 데 모두 이 곽상의 판본에 의거했다. 지금의 주석도 곽상의 판본을 중심으로
> 삼고 있다.
> 최선崔譔은 10권, 27편에 주석을 달았다.(최선은 淸河 사람이고 晉의 議郞이다. 그가
> 주석을 단 것은 내편 7편과 외편 20편이다)
> 상수向秀는 20권, 26편에 주석을 달았다.(그는 한 번은 27편, 한 번은 28편에 주석을
> 달았는데, 그 중에서도 잡편은 없었고 爲音이 3권 있었다)
> 사마표司馬彪는 21권, 52편에 주석을 달았다.(사마표는 자가 紹統이고 河內 사람이

---

24) 高誘가『여씨춘추』를 주석하기 전에『회남자』에 주석을 단 적이 있다. 그가『회
   남자』「脩務訓」에 나오는 "惠施死而莊子寢說言, 見世莫可爲語者也"를 주석할 때,
   "莊子, 名周, 宋蒙縣人, 作書廿三篇, 爲道家之言"이라는 말을 남겼는데, 여기서의
   '廿三'에 대해서 학자들 사이에 다양한 견해가 있지만 그 중에서 사실 그것이 '五十
   二'를 잘못 기입한 것으로 보는 경우가 있는데, 이는 꽤나 설득력이 있는 주장이다.

며, 晉의 秘書監이다. 그는 내편 7편, 외편 28편, 잡편 14편에 주석을 달았고, 해설 3편과 위음 3권을 남겼다)

곽상郭象은 33권, 33편에 주석을 달았다.(곽상은 자가 子玄이고 하내 사람이며, 진의 太傅主簿이다. 그는 내편 7편, 외편 15편, 잡편 11편에 주석을 달았고 위음 3권을 남겼다)

이이李頤는 30권, 30편에 집해를 하였다.(이이는 자가 景眞이고 潁川襄城 사람이며, 진의 丞相參軍으로 자호가 玄道子이다. 그는 35편에 주를 달았고 위음 1권을 남겼다)

맹씨孟氏는 18권 52편에 주석을 달았다.(맹씨의 생몰연대는 미상이다)

왕숙지王叔之는 의소義疏를 3권 남겼다.(왕숙지는 琅邪 사람으로 宋의 處士이다. 그 또한 주를 달았다)

이궤李軌는 위음 1권을 남겼다.

서막徐邈은 위음 3권을 남겼다.

이로 미루어보면 위진남북조시대부터 남조의 송나라 시기까지의 『장자』 판본에는 다음과 같은 4종류가 있다. ① 사마표와 맹씨의 52편 주석본이다. 이 두 주석본은 권수가 다르지만 편수가 같기 때문에 한대부터 유행했던 『장자』 고본일 가능성이 높다. 그리고 이 52편의 주석본은 구체적으로 내편 7편, 외편 28편, 잡편 14편, 그리고 해설 3편으로 이루어졌다. ② 최선25)과 상수가 주석한 27편의 주석본이다. 이 두 판본의 주석본은 권수가 다르지만 편수가 같고, 모두 잡편이 없는 내편과 외편으로 구성되어 있

---

25) 晉史에는 崔譔에 대한 傳이 없는데, 陸德明은 여기서 그를 晉의 議郎이라고 하였고, 『수서』 「經籍志」에서는 그를 東晉議郎이며, 向秀보다 후대의 사람이라고 기술했다. 그러나 『世說新語』 「文學」에서는 『向秀別傳』의 주석을 인용하면서 "상수는 여러 곳을 노닐면서 현자를 찾아다녔다. 그는 처량하게 평생을 보내고 저술을 남기지 않았지만 유독 『장자』를 선호했고, 그것을 잊는 일이 두려워서 수시로 최선의 주석을 낭송했다"라고 하였는데, 이는 최선이 상수보다 이른 시기의 인물임을 시사한다.

다. 최선의 주석본과 상수의 주석본은 마땅히 동일한 주석본으로 보아야 하며, 그것은 모두 고본『장자』중에서 선택적으로 주석한 것이다. ③ 이이[26])의 30권, 30편 집해본이다. 이 집해본은 또한 35편으로 재구성되기도 했는데, 그것도 실제로 고본『장자』에서 선택적으로 주석한 다른 판본이다. ④ 곽상의 33권, 33편 주석본이다. 이 주석본은 구체적으로 내편 7편, 외편 15편, 잡편 11편으로 구성되어 있다. 이 곽상의 주석본이 바로 지금까지 전해지고 있는『장자』이며, 이 또한 52편인『장자』고본을 선택적으로 주석한 것이다.

육덕명은 사마표의 52편 주석본에 관해서 기술하면서 특별히 52편이라는 구성, 즉 내편 7편, 외편 28편, 잡편 14편, 해설 3편에 대해서 설명했다. 이 해설에 관해서는『장자후해莊子後解』와『장자약요莊子略要』에 기재된 내용을 인용하였는데, 이를 테면 다음과 같은 방식이다.

장자가 말한 "경시자庚市子가 옥을 짊어지고 깼다"는 것에 대해『회남자장자후해淮南子莊子後解』는 "경시자는 사사로운 욕망을 제거한 성인이다. 사람들이 재화를 쟁탈하기 위해 싸우고 있을 때, 그는 그 사이에서 옥을 깨뜨렸는데, 그러자 싸움이 그쳤다"라고 기재했다.
『회남왕장자약요淮南王莊子略要』에서 "강호에서 노니는 사람과 산에서 은거하는 사람은 천하를 가벼이 여기고, 만물을 세밀하게 살피면서 홀로 오가는 사람들이다"라는 말이 있는데, 이에 대해 사마표는 "홀로 오가는 것은 자연에 맡긴 채 세간의 일에 얽매이지 않는 것이다"라고 말했다.

26) 역사서에서 李頤에 관한 傳이 없음에도 陸德明은 그를 晉의 丞相參軍이라고 칭했다.

여기서 알 수 있듯『장자후해』등 3편의 해설은 실제로『회남자』의 작가가『장자』에 대해서 저술한 해석이나 개괄적 서술이며, 그것은『장자』의 고유한 편이 아니라『회남자』에 있는 내용이다. 그러므로 청대의 요진종姚振宗은『한서예문지조리漢書藝文志條理』권2에서 "지금『회남』내편에는『장자후해』와『장자약요』가 없는데, 그것은『회남』외편 33편에 있을 것이다"라고 기술했다. 이렇게 되면 고본『장자』는 49편이 된다. 따라서 현행본 33편의『장자』와 49편의 고본『장자』를 비교하면 16편이나 소실된 셈이다.

당나라의 육덕명이『경전석문』을 저술할 때에는 분명히 52편으로 되어 있는『장자』를 보았을 것이다. 그리고 당나라 이후부터는 고본『장자』가 유실되었고, 전해진 것은 곽상이 주석한 33편의『장자』이다. 그리고 송대부터 학자들은 당 이전의 학자들의 저술이나 인용문에서 고본『장자』의 유실된 글들을 찾기 시작했다. 이러한 작업을 가장 이른 시기에 시작한 사람은 남송의 왕응린王應麟인데, 그는『세설신어世說新語』,『문선文選』,『후한서後漢書』의 주석과『예문류취藝文類聚』,『태평어람太平御覽』에서『장자』일문佚文 39조를 찾았다.(『國學紀聞』권10) 또한 청대의 염약거閻若璩가『곤학기문困學紀聞』을 교정하고, 손지조孫志祖가『독서좌록속편讀書脞錄續編』을 편찬하며, 옹원기翁元圻가『곤학기문』을 주석하는 과정에서, 왕응린이 찾은『장자』일문의 기초 위에서 각각 8조, 12조, 2조의 일문을 추가했다. 그러나 이러한 일문들은 명확한 고증이 결여되어 있기 때문에 따로 삽입된 글이 있을 수도 있다. 현대 학자 마서륜馬敘倫과 왕숙민王叔岷은『장자』의 일문에 대해 자세한 집록輯錄 작업을 했다. 마서륜은『장자의증莊子義證』「장자일문莊子佚文」에서 일문 128조를 되찾았고, 왕숙민은『장자교석莊子校釋』의 부록인『장자일문莊子佚文』, 『장자일문보유莊子佚文補遺』, 『장자일문속보유莊子佚文續補遺』에서 『장자』 일문 150조를 집록했다. 이렇게 집록된 일문들은 유실된 고본 『장자』에 대한 대략적인 정보를 조금이나마 제공해 줄 수 있다.

3) 『장자』의 구조 문제

현행본 『장자』는 33편의 문장이 있고 내편 7편, 외편 15편, 잡편 11편으로 구성되어 있다. 그렇다면 이러한 구조는 어떻게 만들어졌는가? 많은 사람들이 이를 곽상이 만들었다고 생각했는데, 예를 들면 왕숙민은 『장자교석莊子校釋』 「자서自序」에서 "현행본 『장자』의 내편, 외편, 잡편이라는 구조는 실제로 곽씨에 의해 정해졌다"고 말했지만, 이러한 관점이 확실한 것은 아직 아니다. 당나라의 육덕명은 『경전석문經典釋文』 「장자음의莊子音義」에서 '도는 본래 한계가 없다'(『장자』, 「제물론」)는 구절에 대한 진대晉代 최선崔譔의 주석을 인용하여 "최선은 「제물론」 제7장이 앞선 장과 이어지는 것이라고 했고, 반고班固는 이를 외편에 속한 것이라고 주장했다"고 기술했다.

실제로 반고는 『장자』를 주석한 적이 있었고, 『경전석문』에도 「제물론」에 대한 그의 주석이 세 구절 남아 있다. 그런데 이러한 반고의 주장에 대해서 현대 학자들은 서로 이해하는 방식이 다르다. 예를 들면 장태염章太炎은 『제물론석齊物論釋』에서 "최선이 「제물론」 제7장은 앞선 장과 이어지는 것이라 하고, 반고는 이를 외편에 속한 것이라고 주장한 것은 이 장이 독립된 장이라는 것을 말해준다"고 기술했다. 이와 같은 장태염의 견해에 따르면 「제물론」 중의 '도는 본래 한계가 없다'는 부분은 독립된 장이고, 반고가 그것이 외편에 속해 있는 다른 판본을 보았다는 결론이 나온다. 한편

장석창蔣錫昌은 『장자철학莊子哲學』에서 "반고가 그것이 외편에 속한 것이라고 말하는 것은 그것이 내편에 있음에도 불구하고 의미상으로 외편에 속해야 한다는 뜻이다"라고 말했다.

장석창의 관점에 따르면 '도는 본래 한계가 없다'는 내용은 실제로 내편에 있는데, 반고가 그 문맥을 분석하면서 그것이 마땅히 외편에 있어야 한다고 생각했다는 결론이 나온다. 이와 같이 두 가지 관점은 서로 다르지만 모두 하나의 사실, 즉 동한東漢시대의 반고가 본 『장자』는 이미 내편과 외편으로 구분되어 있었다는 것을 시사한다. 그러므로 『장자』의 구조 문제에 관해서 다음과 같은 문제들이 발생한다. 『장자』의 내편과 외편, 잡편은 언제 어떻게 확정되었는가? 각 편의 제목은 어떻게 지어졌는가? 내편과 외편, 잡편의 구분 기준은 무엇인가?

『장자』의 내편과 외편, 잡편의 구분 과정에 관하여 앞서 진대晉代 최선의 『장자』주석을 인용한 바가 있다. 그에 따르면 한나라 시기의 『장자』는 이미 내편과 외편으로 구성되어 있었으나 잡편은 아직 없었다. 그렇다면 한나라 때의 누가 『장자』를 구분했는가 하는 문제가 제기된다. 이에 대해 기존의 학계에는 두 가지 관점이 있다. 하나는 장항수가 『장자신탐』에서 논의한 것으로 회남왕淮南王 유안劉安과 그 문객들이 내편과 외편을 구분했다는 관점이다.27) 그리고 다른 하나는 최대화가 『장학연구』에서 제기한

---

27) 이러한 견해에 관해 張恒壽는 세 가지 논거를 제시했다. 첫째, 淮南王 劉安과 그 시대의 학자들은 모두 자신의 저술을 내편과 외편으로 나누는 성향이 있었다. 둘째, 『장자』제목의 내용(특히 내편)은 신비로운 색채가 농후하여 유안이 살았던 시대적 성향과 유사하다. 셋째, 『장자』 내편의 제목에서 암시적으로 드러나는 정치적 목적은 유안과 그 문객들의 정치적 야망과 부합한다. 그러나 이러한 논거들에 대해 崔大華는 두 가지 측면에서 반박을 제기했다. 첫째는 淮南王이 문객들을 모아서 『장자』를 편찬했다는 것에 관한 역사적 기록이 없으므로 그것은 단지

것인데, 유향劉向이 경전을 교정하는 과정에서 『장자』를 내편과 외편으로 구분했다는 견해이다. 『한서』 「유향전劉向傳」이나 『한서』 「예문지藝文志」에 따르면 유향은 서한 성제成帝 시기에 교중비서校中祕書를 맡으면서 경전과 제자의 저술, 그리고 시부詩賦를 교정하는 일을 겸했다.

최대화는 다음과 같이 말했다. "유향이 『장자』를 정리했다는 사실에 대해 두 가지 증거를 내세울 수 있다. 첫째, 유향은 『장자』에 대해 지극히 익숙했다는 것이다. 이는 「별록別錄」에 남아 있는 10편의 글 중, 3편이 장자에 관해 논의하고 있다는 사실에서도 알 수 있다. 둘째, 유향은 『장자서록 莊子書錄』을 저술한 적이 있다. 『사기』 「장자열전색은莊子列傳索隱」에서는 유향의 글에서 소실된 두 문장, 즉 '송나라 몽 지역 사람이다'와 '인물의 이름을 지어내고 그들로 하여금 서로 이야기하게 하며, 자신의 뜻을 그 속에 투영시키기 때문에 장자에는 「우언」편이 있기 마련이다'라는 문장을 인용하였는데, 이러한 문맥을 살펴보면 그것이 『장자서록』의 일문佚文임에 틀림없다." 그래서 최대화는 "유향이 『장자』를 정리하는 과정에서 중복되는 문장을 삭제하고 글자를 바로 고치는 작업 외에도 『장자』를 내편과 외편으로 구분했을 가능성이 매우 크다"고 하면서, "유향에 있어서 『장자』를 구분하는 것은 실제로 종류에 따라 문서를 범주화하는 것이고, 이는 마치 그가 『안자晏子』의 앞의 6편을 한 종류로, 뒤의 2편을 한 종류로 묶는 것과 비슷하며, 『회남자』를 내외로 나누는 것과 유사하다. 사실 『장자』에 대한

추측에 불과하다는 것이다. 둘째는 張恒壽가 서한 중후기에 형성된 편목을 구분하는 학술적 관행과 讖緯思潮를 서한 전기로 옮기는 시대적 착오를 범했다는 것이다. 그래서 崔大華는 한나라 초기에 살았던 유안이 『장자』를 내편과 외편으로 구분했다는 주장은 사실상 성립될 수 없는 것이라고 하였다.

내편과 외편의 구분은 내용적 특징에 따른 대략적인 구분이고,…… 거기에는 엄밀한 의미가 없으며 구체적인 설명도 없다"고 주장했다.[28] 이러한 최대화의 견해는 어느 정도 합리성을 지닌다고 할 수 있지만, 유향이 처음으로 『장자』를 내편과 외편으로 구분했다는 결론에 관해서는 더욱 세밀한 연구가 필요하다.

『장자』는 서한 말에 이미 내편과 외편이라는 구조를 가지고 있었다. 그렇다면 그것을 내편과 외편, 잡편으로 구분한 것은 언제 누구에 의해서인가? 당나라 육덕명의 『경전석문』 「서록·장자」에 이에 관한 내용이 실려 있다. 그는 우선 최선의 주석본 10권과 상수의 주석본 20권을 예로 제시했다. 그에 따르면 최선의 주석본은 27편으로, 내편 7편과 외편 20편으로 구성되어 있고, 상수의 주석본은 26편(27편과 28편으로 이루어진 판본도 있음)인데, 역시 잡편이 없다. 그러므로 최선과 상수가 주석할 당시의 『장자』는 역시 내편과 외편만으로 구성되었다는 것을 알 수 있다.

그러나 사마표의 주석본에 이르면 상황이 달라진다. 그의 주석본은 총 21권 52편이 있는데, 내편 7편, 외편 28편, 잡편 14편, 그리고 해설 3편으로 이루어져 있다. 따라서 『장자』를 내편과 외편, 잡편으로 나누기 시작한 것은 마땅히 진대의 사마표부터라고 하는 것이 타당하다. 그는 먼저 『장자』를 해설한 회남淮南 학자의 3편의 글을 외편에서 배제하고, 다음으로 외편에 있는 파편적이고 괴이한 편을 잡편으로 귀속시켰다.

일설에 의하면 곽상이 『장자』를 주석할 때 상수의 주석을 기초로 삼았다고 하는데,(『晉書』, 「向秀傳」과 「郭象傳」 참조) 실제로 그가 『장자』의 편을 구분

---

28) 崔大華, 『莊學硏究』, p.54 참조.

하고 수정할 때는 사마표의 주석본을 기초로 삼았다는 사실이 분명하다. 『장자』는 원래 "황당하고 괴이한 문장들이 많아 마치『산해경』,『점몽서』와 비슷하기 때문에 주석자들은 자신의 뜻에 따라 취사선택하여 내용을 보태거나 빼기도 했다."(『경전석문』,「서록·장자」참조) 그렇다면 주석자들은 어떻게 자신의 뜻에 따라 취사선택을 했는가? 곽상은『장자』속에 있는 황당하고 괴이한 내용들, 예를 들면「위언危言」,「유부游鳧」,「자서子胥」편 전체를 삭제하고,「알혁閼奕」,「의수意脩」편 등의 편명과 내용을 가감하여 그것들과 다른 편을 합치시켰다. 이와 같은 작업을 통해 곽상은 사마표의『장자』주석본에서 3편의 글을 삭제하여 지금의 곽상본『장자』를 편집해 냈다.

　『장자』의 내편과 외편, 잡편의 구조 문제를 다룰 때, 각 편의 제목에 관한 문제에 대해서도 논의할 필요가 있다. 선진 시기의 자서子書 중에서 전국 후기의 몇몇 작품은 저자가 직접 제목을 정하기도 했지만(『한비자』,『순자』등) 이를 제외한 대부분의 저술 제목은 후세에 그것을 정리하는 사람이 추가한 것(『논어』,『맹자』등)이다. 『장자』각 편의 제목도 대체적으로 그러하다. 현행본『장자』33편 중에서 외편과 잡편 26편의 제목은 분명히 후세의 정리자에 의해 추가된 것으로 보인다. 그리고 이렇게 편의 제목을 제정하는 구체적인 방법은 대체로 각 편의 중심 내용을 개괄하는 것이 아니라 시작 부분에 있는 두세 글자나 한 문장, 또는 문단에서 나타나는 실제적 의미를 지닌 사물의 이름을 사용한다.

　육덕명은『장자』외편과 잡편의 명제命題 기준을 세 가지 부류로 구분했다. 첫째는 사물로써 편의 제목을 다는 것이다. 외편의「변무」,「마제」,「거협」,「천지」,「추수」,「산목」편과 잡편의「양왕」,「설검」편이 이 부류에 속한다. 둘째는 의미로써 편의 제목을 제정하는 것이다. 외편의「재유」,

「천도」,「천운」,「각의」,「선성」,「지락」,「달생」편과 잡편의 「외물」,「우언」,「천하」편이 이에 속한다. 마지막으로 셋째는 인물로써 편의 제목을 확정하는 것이다. 외편의 「전자방」,「지북유」편과 잡편의 「경상초」,「서무귀」,「칙양」,「도척」,「어부」,「열어구」편이 이 부류에 포함된다. 이처럼 『장자』외·잡편에서 각 편의 제목 제정방식은 상대적으로 명확하다.

그러나 『장자』내편 제목들의 제정방식은 그리 명확하지 않다. 그것들은 전국시대 저술들의 제목 특징처럼 시작 부분의 두세 글자나 문단에 나오는 사물로 지어진 것이 아니다. 『장자』내편의 제목들은 모두 세 글자로 되어 있는데, 분명히 어떤 고유사상을 벗어난 특수한 의미를 내포하고 있으며, 심지어 특정 이론을 배경으로 해야만 이해될 수 있는 제목들이다. 그렇다면 『장자』내편의 제목들은 어떻게 지어졌는가?

어떤 사람들은 그것이 장자 본인이 제정했다고 주장한다. 송대의 진경원陳景元은 『남화진경장구음의南華眞經章句音義』에서 "내편 7편은 칠원漆園, 즉 장자가 직접 제목을 달았다"고 주장했다. 또한 청대의 임운명林雲銘은 『장자인莊子因』「총론總論」에서 "내편은 본래 제목이 있는 글들이고, 그것은 장자가 손수 지은 것이다"라고 말했다. 그러나 이러한 견해에는 아직 건전하지 못한 점이 있다. 왜냐하면 『장자』내편의 제목들은 그 내용에 담긴 사상과 일치하지 않는 점들이 있기 때문이다. 예를 들면 「제물론」의 뜻은 만물을 가지런히 함(齊萬物) 또는 사물과 같게 가지런히 함(齊同物)인데, 실제로 그 논의의 핵심은 만물에 맡김(任萬物)에 관한 것이다. 또한 「덕충부」의 뜻도 덕德과 형形의 알맞음을 의미하는데, 실제로 그것의 내용은 형체적 결여와 도덕적인 숭고함의 통일을 논의하고 있다. 따라서 내편의 제목도 장자가 직접 정한 것은 아니라는 결론이 나온다. 그렇다면 『장자』내편의 제목은 도대체 누가 정했는가?

최대화가 이에 대해 한 가지 관점을 제시했는데, 그에 따르면 "유향이 『장자』를 교정하고 정리할 때 내편의 제목까지 지었을 가능성이 있다." 구체적으로 그는 "『장자』 내편의 제목은 참위사조가 범람한 시기에 응보 관념과 왕권 관념을 지니면서도 『장자』에 대해 지극히 익숙한 학자에 의해 지어졌을 것이다. 그리고 이 시기에 『장자』를 정리한 유향이 이러한 작업을 수행했을 가능성이 가장 높다"고 보았다. 이러한 견해를 뒷받침하기 위해 최대화는 두 가지 증거를 내세웠다.

첫째, 그는 『후한서』 「번영전樊英傳」을 주석하면서 이현李賢이 열거한 「칠위七緯」의 35편 제목을 나열하고, "『장자』 내편의 제목들이 모두 의미가 모호한 세 글자로 이루어져 있는데 그것들은 장자가 살았던 전국 중기 저술들의 제목과는 어긋나지만 한대 위서緯書들의 제목이 가진 특징과는 상당히 유사하다"고 주장했다.

둘째, 최대화는 "사서史書에 기록된 바에 따르면 유향은 실제로 한대에서 음양재이설陰陽災異說에 정통하고 동중서董仲舒와 이름을 나란히 한 유학자이다. 단지 동중서에 비해서 그 학술의 내용이 의리적인 면보다 역사적인 면에 치중되어 있었다. 그러므로 유향도 그 당시 참위讖緯사조의 대표자이다"라고 평가하고, 『후한서』 「장형전張衡傳」에는 "참서讖書가 처음 나타날 때 그것에 대해 아는 이가 거의 없었다. …… 그리고 그것이 성제成帝와 애제哀帝 이후에 많이 알려지기 시작했다"라는 말이 있는데, 바로 이러한 성제와 애제 시기는 유향이 교중비서를 맡았고, 자신의 학술 활동의 황금기를 맞이할 무렵이었다. 유향과 유흠劉歆 부자는 재이災異와 응보설에 관심이 많았을 뿐만 아니라 실제로 재이와 응보 사태에 관해 182회나 추측했으며,

그것들에 관한 이론을 226조나 저술했다고 한다.[29] 동시에 유향은 황족의 후대로서 정치와 왕권에도 관심을 가졌다. 이런 점을 근거로 최대화는 "유향이 『장자』를 정리할 때 그 내편의 제목을 지었을 가능성이 가장 높다. 『장자』 내편의 제목은 위서의 제목이 갖는 기이한 문자적 외연뿐만 아니라 응보와 관련된 내포를 지니면서도 그 속에 왕족 의식까지 반영되어 있기 때문에 참위사조의 영향을 받으면서도 『장자』에 대해 익숙한 유씨 가족만이 그것을 지어낼 수 있다"라고 결론지었다.[30] 이와 같은 최대화의 견해는 일리가 있으므로 학술적 의미를 지닌 설명으로 간주할 수 있다.

『장자』의 구조에 관해서 또 다른 하나의 문제는 내편과 외편, 잡편이 어떤 기준으로 나누어졌는가에 관한 것이다. 이러한 문제에 관한 견해를 가장 먼저 내세운 사람은 당나라의 성현영成玄英인데 그는 「장자서莊子序」에서 다음과 같이 말했다. "『장자』의 내편은 이치의 근본에 대해서 말하고, 외편은 그 구체적 사적事跡을 묘사하고 있다. 사적이 비록 생동할지라도 이치가 없으면 통할 수 없고, 이치가 비록 은미할지라도 사적이 없으면 그 자체를 드러낼 수 없다. 그러므로 오묘한 이치를 밝히려면 내편을 앞부분에 배치할 필요가 있다. 또한 내편의 이치가 아주 심오하기 때문에 문장 이외에도 편의 제목을 정해놓을 필요가 있다. 그래서 곽상은 제목의 범위 내에서 주석을 달았는데 「소요」와 「제물」이 모두 그러하다. 외편 뒤로부터는 편의 앞에 나오는 두 글자를 따서 제목으로 삼기 시작했는데, 「변무」와 「마제」 등이 그러하다." 나아가서 그는 또한 "내편은 이치의 근본에 대

---

29) 劉修明, 「經·緯與西漢王朝」, 『中國哲學』 第9輯.
30) 崔大華, 『莊學研究』, pp.55~60 참조.

해 밝히고, 외편은 그 사적에 대해 논의하며, 잡편은 이치와 사적을 함께 서술하고 있다. 내편에서는 이치의 근본에 대해 밝히고 있지만 또한 사적에 관해서도 언급하고 있다. 그리고 외편은 사적에 대해 말하고 있음에도 이치를 포함하고 있는데, 다만 그것이 교화적인 뜻을 세우고 편을 나누며, 논의보다는 구체적인 증거가 많다"고 말했다.

이러한 성현영의 견해에 따르면 『장자』가 내편과 외편, 잡편으로 나누어진 이유는 두 가지이다. 하나는 내편에는 본래 제목이 있는 데 반해 외편과 잡편에는 제목이 없었고 나중에 후대 사람들이 시작 부분의 두 글자를 따서 제목을 제정했기 때문이다. 다른 하나는 내편은 이치를 밝히고, 외편은 사적을 묘사하며, 잡편은 이치와 사적을 모두 언급하므로 내편이 외편이나 잡편보다 먼저 나왔다는 것이다. 이와 같은 성현영의 견해는 일리가 있으며, 사람들 역시 오랫동안 『장자』의 구조 문제에 대해 그렇게 인식해 왔다.

송대의 라면도羅勉道는 『남화진경순본南華眞經循本』 「소요유逍遙遊」에서 "내편은 모두 제목을 먼저 세우고 그 속의 뜻이 제목에서 벗어나지 않도록 하는 데 비해 외편과 잡편은 시작 부분의 두 글자만 가지고 제목을 정했다. 그러므로 내편은 뜻이 충분하지만 외편과 잡편은 이에 대한 부연 설명에 불과하다"고 말했다. 명대의 육장경陸長庚은 『남화진경부묵南華眞經副墨』 「변무駢拇」에서 "내편 7편의 글은 『장자』에서 본래 제목이 있는 부분인데 그것은 성명性命과 도덕道德, 그리고 내성외왕內聖外王에 대해 논하기에 충분하다. 한편 외편은 시작 부분의 두 글자로 제목을 달아서 편집된 것이고, 내편에서 구체적으로 설명되지 않았던 부분을 보충한 것이다"라고 말했다. 현대 학자인 풍우란은 「장자내외잡편분별지표준莊子內外雜篇分別之標準」에서 "진한 시기 이후로부터 『장자』에는 제목이 있는 부분과 없는 부분이 있었는데, 그것을 편집하고 정리하는 사람이 제목이 있는 부분을 한 범주로 종합하고, 제목이 없는 부분을 한 부류로 구분했다"고 말했다.

성현영의 관점을 비롯한 이러한 견해들은 일리가 있기는 하지만 아직 충분하지는 않다. 『장자』 내편의 제목이 먼저 지어졌다는 견해가 합리적이지 못하다는 것에 관해서는 앞에서 이미 서술한 바가 있다. 또한 『장자』의 내편이 이치를 밝힌 것이고, 외편과 잡편이 사적을 나열하여 그 이치에 부합하도록 규정했다는 의견도 타당하지 않다. 실제로 『장자』의 내편과 외편, 잡편에는 모두 이치와 사적에 관한 언급이 있고, 비록 내편에서 이치를 논의하는 부분이 많고 심오하지만 사적에 대한 언급이 없는 것은 아니다. 한편 외편과 잡편에서는 사적에 대해 많이 서술하고 있지만, 이치에 관해 논의하는 부분도 적잖게 있을 뿐만 아니라 그 깊이도 만만치 않다.

예를 들면 외편의 「추수편」은 인식론적인 문제에 대해서 논의하고 있는데, 그 속에 들어 있는 사상이 「제물론」에 비해 손색이 없을 정도이며, 「지북유」에서 논의되는 도道의 깊이는 「대종사」의 내용보다 못하지 않다. 송대의 임희일林希逸은 『남화진경구의南華眞經口義』 「경상초庚桑楚」에서 "이 편을 어찌 내편과 다르다고 할 수 있겠는가? 어떤 사람은 외편의 문투가 거칠고 내편의 문장이 정밀하다고 하는데, 이는 잘못된 판단이다"라고 하였다. 명대의 육장경은 『남화진경부묵南華眞經副墨』 「지북유知北游」에서 "이 편에서 도의 오묘함에 대해서 논하는 것이 보통 사유의 피상적인 차원을 뛰어넘었으며, 『장자』를 읽는 데 있어서 「지북유」만한 것이 없다"라고 주장했고, 또한 「변무」에 대해서는 "『장자』의 궁극적인 종지宗旨가 이 편에 있다"라고 언급했다. 명대의 진심陳深은 『장자품절莊子品節』 「추수秋水」에서

"『장자』에는 행실이 기이한 자와 황당한 자, 그리고 분노가 가득한 자에 관한 우화가 많이 있는데, 유독 이 편에서 언급되는 의리義理는 광대하면서도 정밀하여 앞 시대의 성인들이 말하지 못하고 후세의 유학자들도 알아들을 수 없는 부분이 있다'라고 말했다. 명대의 양신楊愼은『장자해莊子解』에서 「열어구」편을 지극히 칭찬하면서 "'교자노이지자우巧者勞而知者憂'라는 문구는 그 수數와 율律, 그리고 조調의 탁월함에 있어서 제자諸子들이 미치지 못할 정도이다'라고 언급했다. 청대 초기의 왕부지는『장자해莊子解』「잡편雜篇」에서 "잡편에는 지극히 미세한 말들이 많으니 배우는 자가 그 정수精髓를 취할 수 있다면 진실로 내편에서 말하고자 하는 취지에 이를 수 있다"라고 했고, 「경상초」의 '이시移是'로 시작하는 장을 가리켜 "논의가 이 정도까지 이르면 숨어 있는 뜻을 다하는 데 모자람이 없다.…… 장자의 학문은 모두 이에 들어 있다'라고 평가하면서 "장자의 모든 취지는 이 편으로써 사람들에게 알려질 것이다'라고 말했다. 이처럼『장자』의 외편과 잡편도 내편과 마찬가지로 이치의 근본(理本)이 담겨 있다고 볼 수 있다.

현대에 와서 학자들은 다른 각도에서『장자』내편과 외편, 잡편의 구분 문제를 다루었다. 즉 그것은『장자』라는 책을 선진 시기 장자학파 저술의 총결집이라고 보는 것이다. 나아가서 그들은 내편을 장주 본인의 저술로 보고, 외편과 잡편을 전국 중기에서 진한 교체기에 이르는 과정에서 장자 후학에 의해서 작성된 것이라고 주장한다. 이러한 관점은 장자학 연구에서 하나의 획기적인 성과이며 충분한 논거와 설득력을 지닌다. 그러나 이 구분 기준은 한 가지 문제를 안고 있는데,『장자』의 내편과 외·잡편을 구분할 수는 있지만 외편과 잡편을 명확히 구분할 수는 없다는 점이다. 실제로 외편과 잡편을 정확히 구분하는 것은 본래 어려운 작업이다. 이에 대해 유소감은 "『장자』의 내편과 외편을 구분한 것이 언제부터이며, 외편과 잡편을 구분한 자가 누구인가에 관한 문제는 현재로서는 단정하기가 어렵다. 그래서 우리는 내편을 하나의 큰 범주로 보고, 외편과 잡편을 다른 범주로 삼아서 고찰할 필요가 있다"고 말했다.[31] 실제로 현대 학자들은 모두 이와 같은 방식, 즉『장자』의 외·잡편을 하나의 전체로 삼아서 그것과 내편의 사상 관계를 분석하고 있다.

31) 劉笑敢, 『莊子哲學及其演變』, p.34.

세2장

곽상이라는 인물과 그 저술

1. 곽상이라는 인물

『진서晉書』에는 「곽상전郭象傳」이 수록되어 있으나 그것은 곽상郭象의 생애에 관한 체계적이고 구체적인 사적 기록이 아닌 파편적인 일상에 대한 서술에 불과하다. 그래서 곽상이라는 인물에 대해 더욱 구체적으로 파악하기 위하여 그에 관한 사료들을 다음과 같이 정리한다.

곽상은 자가 자현子玄이고 젊었을 때부터 재능이 있었으며, 『노자』와 『장자』를 즐겼고 청담清談에 능했다. 태위太尉 왕연王衍은 "그의 말에는 문사가 유창하여 마치 강물이 쉬지 않고 끊임없이 흐르는 듯하다"고 말했고, 주군洲郡에서 모두 그를 관리로 삼으려 했으나 나아가지 않았다. 항상 한가로이 있으며 문장을 지음으로써 스스로 즐거움을 누렸다. 후에 사도연司徒掾을 지냈고, 황문시랑黃門侍郞에 이르렀다. 동해왕東海王 월越이 그를 태부주부太傅主簿로 임용했는데, 그는 보기 드물게 몸소 관직에 나섰으며 권위와 기세를 부리면서 내외를 다스렸지만 얼마 지나지 않아 관직을 떠났다. 영가永嘉 말년에 세상을 떠났다.(『晉書』, 「郭象傳」)

곽상이라는 사람은 성품이 경박하지만 뛰어난 재능을 가지고 있다. 그는 『장자』에 대한 상수向秀의 해석이 세상에 전해지지 않는 것을 보고 그것을 훔쳐서 자신의 주석으로 삼았다.(『世說新語』, 「文學」)

곽상의 자는 자현이며, 하남 사람이다. 젊었을 때부터 재능이 있었고, 도道를 사모하며 배우기를 즐겼으며, 노자와 장자의 사상에 뜻을 기울였다. 당시 사람들은 모두 그를 왕필王弼에 버금가는 인물로 생각했고, 그를 사공연司空掾이나 태부주부太傅主簿32)로 불렀다.(『세설신어』, 「문학」의 주, 「文士傳」 인용)

곽상은 『장자』를 주석했는데, 그 문장이 청아하고 취지가 준일遵逸하다.(같은 곳)

배산기裴散騎 하遐는 왕태위王太尉 연衍의 딸을 아내로 삼았다. 결혼한 후 3일이 되자 왕씨네 사위들이 성대한 잔치를 열었는데, 당시의 명사들과 왕씨, 그리고 배씨의 자제들이 모두 모였다. 마침 곽상이 그 자리에 있었는데 배하와 논쟁을 벌였다. 곽상의 재능이 매우 뛰어나 몇 번이나 논쟁을 벌였으나 승부가 나지 않았다. 곽상은 자신의 주장을 강력하게 전개했고 배하는 앞의 논의를 조리 있게 정리하였는데, 그 논리가 아주 정밀해서 주변 사람들을 감탄하게 만들었다. 왕연도 그 재능에 놀라서 사람들에게 "여러분들은 이런 짓을 하지 않는 게 좋겠소. 우리 사위에게 곤란을 당할지도 모르니"라고 말했다.(『세설신어』, 「문학」)

곽자현(곽상)은 뛰어난 재능을 가지고 있었고 『노자』와 『장자』에 능통했다. 유애庾敳는 자주 그를 칭찬하면서 "곽자현은 나에게 미치지 못하는 바가 없다"라고 말했다.(『세설신어』, 「賞譽」와 『진서』, 「庾敳傳」)

곽상의 자는 자현이고 황문랑에서 태부주부가 되었다. 직무를 수행하는 데 권세를 부리고 관소官所 안을 자기 마음대로 움직였다. 유애는 곽상에게 "그대는

___

32) 朱鑄禹의 『世說新語彙校集注』本에는 太學博士로 되어 있다.

현세의 큰 재사才士이며, 내가 알고 있는 바를 다 해도 그대에게 미치지 못하오" 라고 말했다. 곽상이 이치로써 상대의 마음을 움직이게 하는 것이 모두 이와 같았다.(『세설신어』,「상예」의 주;「名士傳」인용;『진서』,「유애전」)

왕태위王太尉(王衍)는 곽상에 대해 "그의 말은 문사가 유창하여 마치 강물이 끊임없이 흐르는 듯하다"라고 했다.(『세설신어』,「상예」)

장주가 지은 내외 수십 편의 글에 대해서 지난 학자들은 그 뜻을 조금 볼 수 있는 사람이 있었지만, 누구도 그 요지를 논하지 못했다. 상수는 그 숨은 뜻을 풀이했으나…… 혜제惠帝 때에 이르러서 곽상이 그것을 계승하여 확장하자 유가와 묵가의 자취는 시시해 보였고, 도가의 학설이 마침내 성행하게 되었다.(『진서』,「向秀傳」)

구회苟睎의 자는 도장道將이고,…… 상소문을 통해 다음과 같이 말했다. "동해왕월은 몇몇 간사한 이들을 등용하여 조정을 장악하고자 합니다. 그 중에서도 반도潘滔, 필막畢邈, 곽상 등이 가장 대표적입니다. 그들은 자기 마음대로 상벌을 수행하고 천자의 권력을 우롱愚弄하고 있습니다."(『진서』,「苟睎傳」)

하남 곽상은 "혜소嵇紹는 그의 아버지가 죄 없이 죽임을 당했는데도 관직을 탐내서 아버지를 죽인 자를 모셨기 때문에 의리가 없는 자이다"라고 말했다. 그는 일찍이 치공郗公에게 묻기를 "왕부王裒의 아버지 역시 죄가 없음에도 죽임을 당했는데, 그는 등용하기를 거부했고, 혜소는 그것을 거절하지 않았습니다. 이 두 사람 중에서 누가 더 의로운 것입니까?"라고 하였다. 그러자 치공은 "왕부가 혜소보다 더 의롭다"라고 하였다. 어떤 사람이 묻기를 "위진魏晉의 권력자들에 의해서 살해된 사람들의 자식이 위진의 관직에 나서는 것은 잘못된 것이 아닙니까?"라고 하였다. 치공이 대답하기를 "옛날의 임금은 곤鯀을 죽여서 우禹를 등용하였다. 우는 그것을 거절하지 않았는데, 이는 곤이 죄를 범했기 때문이다. 아버지가 임금에 의해 죽임을 당한 것이 합당하다면 그것은 우와 같을 것이고, 합당한 것이 아니라면 그것은 혜소와 같을 것이다"라고 하였다.(『太平御覽』권445,

王隱『진서』인용 부분)

위에서 나열한 자료들을 종합해 보면 곽상의 생애를 다음과 같이 정리할 수 있다. 첫째, 그는 영가永嘉 말년에 세상을 떠났다. 영가는 서진西晉 회제懷帝 사마치司馬熾의 연호로, 구체적으로는 307년에서 313년 사이를 가리킨다. 그러나 실제로 회제의 재위 기간은 6년, 즉 312년까지이므로『진서』「곽상전」의 기록, 즉 "곽상은 영가 말년에 세상을 떠났다"는 것에 따르면 그는 312년에 사망했다고 결론지을 수 있다. 그리고 곽상이 대체로 60년 정도 살았다고 가정한다면 그의 출생은 위제왕魏齊王 조방曹芳 가평嘉平 4년(252)일 것이다.

둘째,『세설신어』「문학」에서 「문사전」을 인용한 문장에 따르면 곽상은 하남 사람이다. 그런데 하남에서도 구체적으로 어느 지역 사람인가? 이에 대해 남조南朝 양梁나라의 황간皇侃은『논어집해의소論語集解義疏』에서 곽상을 영천潁川 사람으로 규정했고, 당나라의 육덕명은『경전석문』「서록 · 장자」에서 그를 하내河內 사람이라고 기술했다. 영천과 하내는 모두 하남에 속하지만 곽상이 정확히 어디 출신인지에 관해서는 지금 상태로는 고증하기가 불가능하다.

셋째, 곽상은 그 당시 청담명류淸談名流로 알려져 있었다. 그는 젊을 때부터 재능이 있었고, 풍부한 재능을 지녔으며, 노자와 장자를 즐겼고 청담에 능했으며, 논변의 재주가 출중했고, 언변의 문사가 유창하여 마치 강물이 막힘없이 흐르는 것 같았기 때문에 그 당시 사람들은 모두 그를 왕필王弼에 버금가는 인물로 생각했다.

넷째, 서진 혜제惠帝 시기를 기준으로 삼으면 곽상의 생애는 전후 두 단계로 나누어진다. 혜제가 즉위한 태희太熙 원년(290)에 곽상은 38세 정도였다. 그 이전에 그는 항상 한가로이 있었고, 문사로써 스스로 즐거움을 누렸으며, 여러 주군州郡에서 그를 관리로 삼으려 했으나, 그것을 거절하는 은거생활을 누렸다. 그러나 38세 이후부터 곽상은 사도연司徒掾이나 황문시랑黃門侍郞 등의 관직에 나섰다. 그리고 나중에 그는 동해왕 사마월司馬越의 주부主簿를 지냈는데, 직무를 수행하는 데 권세를 부리고 내외를 자기 마음대로 다스렸으며, 천자의 권력을 우롱하고 상벌을 자기 마음대로 수행했다. 이러한 기록들로 미루어보면 곽상은 사마월의 지극한 신임을 받았지만 전권을 남용하고 올바른 논의를 배제함으로써 좋지 못한 평판을 얻었다.

다섯째, 곽상은 『장자주莊子注』를 지었는데, 그 문장이 매우 청신하고 취지가 준일했다. 사실 그 당시에도 『장자』를 주석한 사람이 많이 있었고, 곽상도 그 중의 한 사람이었지만 그의 주석이 가장 탁월한 것으로 인정받았다. 그의 『장자주』는 대체로 상수向秀의 주석을 기초로 한 것이고, 시기적으로는 그가 관직에 나선 후, 즉 혜제의 치세 이후에 저술하여 확장한 것으로 추정된다. 그러나 『세설신어』 「문학」과 『진서』 「곽상전」의 내용에 따르면 모두 곽상의 성품이 경박하였고, 그가 상수의 『장자주』를 훔쳤다고 기록되어 있다. 그렇다면 이 문제를 어떻게 보아야 할까?

『진서』 「곽상전」에 기록된 자료들을 보면 곽상의 성품은 그다지 좋지 않았던 것 같다. 특히 관직에 나서고부터 권세를 마음대로 부리는 것을 보면 그는 도덕적 기준을 갖고 있는 사람이 아니다. 그러나 『태평어람』에서 『진서』의 내용을 인용한 자료에 따르면 곽상은 또한 일정한 도덕적 기준을 갖고 있는 사람처럼 보이기도 한다. 예를 들면 곽상은 혜소의 아버지 혜강嵇康이 죄 없이 진왕晉王 사마소司馬昭에게 무고하게 살해되었음에도 혜소가 진나라 관직에 나서고, 나중에 진나라 혜제를 보호하기 위해 목숨을 바친 사실을 보면서 그를 의롭지 못한 자라고 규정했다. 곽상에 따르면 혜소는 왕부의 성품에 미치지 못한다. 왕부는 왕의王儀의 아들로, 왕의가 사마소에게 간언을 하다가 죽음을 당했기 때문에 조정과 선을 그었다.

이러한 인물평으로 보면 곽상에게 사람에 대한 표준과 도덕 준칙이 아예 없는 것은 아니다. 청말淸末의 장태염章太炎은『독곽상논혜소문讀郭象論嵇紹文』에서 "내가 보기에 곽상의 이러한 견해는 고염무顧炎武보다 훨씬 뛰어나다. 혜소가 죽어서 동해왕이 그의 무덤을 지날 때, 매우 슬프게 곡哭했으며 묘비를 세워 작爵이라고 칭했다. 이에 오직 곽상만이 동해왕의 주부로서 그에 대한 참된 평가를 꺼리지 않았다. 또한 그 당시에 이미 혜소는 충절을 위해 목숨을 잃었다는 이유로 영웅으로 추앙받고 있었고, 그를 비난한 사람은 식견이 없는 속물이라고 평가받았다. 하지만 곽상은 진실을 그대로 말했기 때문에 그 정직함은 당시의 유학자들을 크게 뛰어넘었다. 그에 비해 고염무가 혜소의 잘못을 산도山濤에게 덮어씌우는 것을 어찌 정직하다고 말할 수 있겠는가?"라고 칭찬했다. 여기서 언급된 내용은 고염무가『일지록日知錄』에서 혜소에 대해 '아버지를 잊고 임금을 섬기는 자'라고 평가하고, 그 책임을 산도에 미룬 것을 말하는데, 이는 곽상의 정직함에 미치지 못한다는 것이 장태염의 생각이다. 장태염에 따르면, 진나라의 통치자들이 하나같이 혜소의 충절忠節을 칭찬할 때 오히려 동해왕의 주부로서 곽상이 혜소에 대해 의롭지 못한 자라고 비판한 것은 상당히 용기가 있고 식견이 있는 행동이다.

곽상의 저술에 관해서는 다음과 같이 정리할 수 있다.

첫째는『장자주』로, 이 책은 지금도 남아 있다. 육덕명은『경전석문』

「서록·장자」에서 그것이 33권 33편, 즉 내편 7편, 외편 15편, 잡편 11편, 위음爲音 3편으로 구성되어 있다고 언급했다. 그러나 지금 전해지는 판본은 10권 33편이다.

둘째는 『논어체략論語體略』으로 『구당서舊唐書』 「경적지經籍志」와 『당서唐書』 「예문지藝文志」에는 모두 그것이 2권이라고 기록되어 있는데, 송나라 때 유실된 것으로 알려져 있다. 양梁나라 황간皇侃은 『논어의소論語義疏』에서 이 책의 주석문 9구절을 인용한 바가 있으며, 청대 마국한馬國翰의 『옥함산방집일서玉函山房輯佚書』에는 이 책의 집본輯本이 있다.

셋째는 『논어은論語隱』 1권으로, 이 책은 『수서隋書』 「경적지經籍志」에서 언급되고 있지만 이미 유실된 상태이다.

넷째는 『노자주老子注』로, 『도장道藏』에 제고환齊顧歡이 편찬한 『도덕진경주소道德眞經注疏』와 송대 이림李霖이 저술한 『도덕진경취선집道德眞經取善集』에서 모두 곽상이 노자에 대해 주석을 했고, 그 중에서도 5구절의 주석문을 인용했다고 기록되어 있다. 그러나 곽상의 『노자주』는 이미 없어졌고, 청대 문정식文廷式이 『보진서예문지補晉書藝文志』에서 이 책을 언급한 바가 있다.

다섯째는 『논혜소문論稽紹文』으로, 이에 대해서는 『태평어람』 권445에서 인용된 왕은王隱의 『진서』에서 볼 수 있다.

여섯째는 『치명유기론致命由己論』으로, 이에 대해 『문선文選』 권54는 유효표劉孝標가 『변명론辯命論』에서 말한 "소원蕭遠은 그 본원本에 대해서 논했으나 흐름(流)을 막힘없이 하지 못했는데, 자현(곽상)은 그 흐름을 제대로 소통했으나 본원을 상세하게 밝히지 않았다"라는 구절이 실려 있다. 그리고 이에 대한 당나라 이선李善의 주석에 따르면, "소원은 『운명론運命論』을 지어 치란治亂은 천天을 근본으로 삼아야 한다고 하기 때문에 본원을 논했다고 할 수 있다. 그러나 곽상은 『치명유기론』을 지어 길흉은 스스로에서 비롯되었다고 주장했으므로 흐름을 말했다고 할 수 있다." 하지만 이 『치명유기론』 역시 이미 소실된 상태이다.

일곱째는 『비론碑論』 12편으로, 『진서』 「곽상전」에서 언급되고 있지만 지금은 전해지지 않는다.

여덟째는 『곽상집郭象集』으로, 『수서』 「경적지經籍志」에 따르면 2권 있었다고 하는데, 『구당서』 「경적지」와 『신당서』 「예문지藝文志」 그리고 『명사明史』 「예문지」에는 모두 5권이라고 기록하였다. 이 책도 마찬가지로 전해지지 않는다.

이와 같이 곽상의 저술들 대부분은 유실되었고, 오직 『장자주』만이 현재까지 전해지고 있다. 현대 학자 왕숙민王叔岷의 『곽상장자주교기郭象莊子注校記』 「부록」에는 『장자주』에서 일부 유실된 구절들이 수록되어 있으며, 나름대로 참고할 만한 가치가 있다. 그러나 현행본 『장자주』가 과연 곽상이 주석한 원본인지에 관한 논의에는 아직 해결되지 않은 점이 있다.

2. 곽상의 『장자주』

현행본 『장자주莊子注』는 위진현학사魏晉玄學史와 전체 중국철학사에서 모두 중요한 위상을 지닌다. 그런데 이 『장자주』는 누가 저술하였는가? 그 저자는 곽상郭象인가 아니면 상수向秀인가? 그리고 현행본 『장자주』의 저자 문제에 관해서 그 논쟁의 중심은 왜 항상 곽상과 상수 사이에서만 벌어지는가? 이러한 논쟁들을 초래한 원인은 대부분 다음과 같은 3가지 사료史料에서 비롯되었다.

하나는 『세설신어』 「문학」에 나오는 내용이다.

처음 『장자』에 주를 붙인 사람은 수십 명이나 되었는데, 아무도 그 요지要旨를 궁구하지 못했다. 상수는 예전의 주해를 벗어나서 새로운 의미로 해석을 했는데 그 미묘한 분석은 극치에 달했고, 이로써 현학의 풍조를 크게 성행시켰다. 그러나 상수는 「추수」와 「지락」 두 편을 끝내 완성하지 못한 채 사망했고, 아들이 어렸기 때문에 그의 해석은 잊혀져버리고 별본別本만이 후세에 전해졌다. 곽상이라는 사람은 성품이 경박하기는 했지만 뛰어난 재능을 가지고 있었다. 상수의 해석이 세상에 전해지지 않자 그는 그것을 훔쳐서 자신의 주석으로 삼았고, 스스로 「추수」와 「지락」편의 주를 완성했으며, 나아가서 「마제」편의 주를 고쳐 쓰고 나머지 편들의 문구를 수정했다. 그 후에 상수가 해석한 별본이 발견되었으므로 지금에 이르러서는 상수와 곽상, 두 종류의 『장자주』가 있게 되었고, 그 내용은 거의 똑같다.

다음으로는 『진서』 「상수전」에 실린 내용이다.

장주가 지은 내외 수십 편의 글에 대해서 여러 학자들이 자못 좋은 해석을 내놓았지만 어느 것도 장주 사상의 요지를 논하지 못했다. 이에 상수는 은밀한 뜻에 주해를 붙여서 기이한 발상으로 현학의 풍조를 성행시켰다. 그것을 읽은 사람들은 모두 마음으로 초연히 깨달았고, 그 당시 자족하지 않은 자가 없었다. 혜제 때, 곽상이 그것을 계승하여 확장시키자, 유가와 묵가의 학문은 시시해 보였고, 도가의 학설이 마침내 성행하게 되었다.

마지막으로는 『진서』「곽상전」에 실린 내용이다.

이전 시대에 『장자』를 주석한 사람은 수십 명이나 되었는데 아무도 그 요지를 궁구할 수 없었다. 상수는 옛날 주해를 벗어나서 의미를 해석했는데 그것이 지극히 신묘하여 현학의 풍조를 성행시켰다. 그러나 상수는 「추수」와 「지락」 두 편을 완성하지 못한 채 사망했고, 아들이 어렸기 때문에 그의 해석은 잊혀 저버리고 별본別本만이 후세에 전해졌다. 곽상은 사람됨과 행동이 경박하였는 데, 상수의 해석이 세상에 전해지지 않자 그것을 훔쳐서 자신의 주석으로 삼았 고, 스스로 「추수」와 「지락」편의 주를 완성하였으며, 나아가서 「마제」편의 주 를 고쳐 쓰고 나머지 편들의 문구를 수정했다. 그 이후에 상수가 해석한 별본 이 발견되었으므로 지금에 이르러서는 상수와 곽상, 두 종류의 『장자주』가 있 게 되었고, 그 내용은 거의 똑같다.

위에서 나열한 세 가지 자료 중, 몇 글자의 차이를 제외하면 『진서』 「곽상전」에서의 내용과 『세설신어』「문학」에서의 내용은 거의 같다. 다시 말해서 『진서』「곽상전」은 『세설신어』「문학」에 기록된 자료를 그대로 옮 겼다는 것이다. 그렇다면 「곽상전」에 기록된 내용과 「상수전」에 기록된 것 가운데 어느 쪽이 맞는 내용인가? 사실 이러한 문제는 이 두 가지 자료 에만 국한해 보면 판정할 수 없다. 따라서 현행본 『장자주』의 저자가 누구 인지에 관한 것은 학술적으로 큰 문제가 되는 안건이 되었다.

『장자주』의 저자에 대한 학술 문제가 본격적으로 시작된 것은 당나라 말기 이후의 일이다. 그 이전 특히 위진남북조 시기에는 상수와 곽상의 『장자주』가 공존한 까닭에 후세에 나타난 문제, 즉 유일한 판본인 『장자주』 가 도대체 누구의 저술인가에 관한 문제가 없었다. 이러한 점에 대해서는 세 가지 측면에서 설명할 필요가 있다.

첫째는 『세설신어』와 그 주석의 각도에서 보아야 한다. 현행본 『장자주』의 저자에 관한 학술 문제가 바로 『세설신어』「문학」에서 시작되었기 때문이다. 그러나 『세설신어』「문학」에서마저도 '지금에는 상수와 곽상 두 가지 『장자주』가 있고, 그 의미는 동일하다'고 명확하게 기술되어 있다. 상수와 곽상이 주석한 『장자』의 의리는 동일하지만 판본이 두 가지라는 점에 여전히 주목해야 한다. 그래서 남조 양나라의 유효표劉孝標가 『세설신어』에 주를 붙일 때 상수와 곽상의 『장자주』를 모두 언급했던 것이다. 예를 들면 그는 『세설신어』「문학」에서 "처음 『장자』에 주를 붙인 사람이 수십 명이나 되었다"고 말했고, 또한 「수별전秀別傳」에서 다음과 같은 일화를 남겼다. "상수와 혜강, 그리고 여안呂安은 친구였으나, 각자의 취미가 달랐다. 혜강은 세상일에 구애받지 않는 것을 즐겼고, 여안은 속세를 초월하는 안일한 삶을 선호했는데, 상수는 독서를 즐겼다. 이에 대해 혜강과 여안은 자주 상수를 비웃었다. 그러다가 상수가 그들에게 『장자』에 주석을 붙이려 한다고 하자, 그들은 '이 책은 더 이상 주석할 필요가 없으니, 주석을 다는 것은 한가한 인간들의 놀음에 불과하다'고 말했다. 상수가 『장자』의 주석을 마치고 그것을 혜강과 여안에게 보여주자 혜강은 '그대가 모든 주석을 뛰어넘지 않았는가!'라고 말했고, 여안은 '장자는 죽지 않았네!'라고 칭찬했다."

이러한 일화로 미루어보면 상수는 이미 『장자』의 주석을 완성했고, 이는 『세설신어』에서의 '장자의 주석을 완성하지 못한 채 죽었다'는 기록과 모순된다. 그 외에도 상수가 『장자』의 주석을 완성한 것이 경원景元 3년 (262) 이전이어야 한다는 설이 있는데, 왜냐하면 이 해에 혜강이 사마소에 의해 죽음을 당했기 때문이다. 그런데 이 시기의 곽상은 아주 어린 나이였다. 동일한 일화에 대한 주석에서 유효표는 또한 "「문사전」에서는 곽상이 『장자주』를 지었는데, 그 문장이 청아하고 요지에 가장 잘 들어맞는다"고 서술했다. 그러므로 곽상도 확실히 『장자』의 주석을 지었다고 할 수 있고, 그 시기는 대략 혜제의 재위 기간이며, 이는 상수가 죽은 후 최소 10년의 시간이 지났을 무렵이다.

둘째는 동진東晉 시기 장잠張湛의 『열자주列子注』 등을 통해 보아야 한다. 장잠의 『열자주』는 대개 동조東朝 중기에 저술되었는데, 이는 곽상이 죽은 지 몇 십 년 지나지 않은 시기이다. 이때도 상수와 곽상 두 판본의 『장자』 주석이 유행했다. 그래서 장잠은 『열자주』에서 상수의 주석을 40여 구절, 곽상의 주석을 20여 구절 인용한 바가 있다. 그 외에도 남조 양梁의 도홍경陶弘景은 『양생연명록養生延命錄』에서 상수의 주석을 4구절, 곽상의 주석을 1구절 인용했다. 또한 당나라 이선李善의 『문선주文選注』에도 상수와 곽상의 주석이 모두 들어 있는데, 곽상의 주석이 압도적으로 많았다. 이선의 『문선주』는 그가 당나라 현경顯慶 3년(658)에 고종高宗 이치李治에게 바친 것이다. 그래서 동진으로부터 당나라 초기까지만 해도 두 판본의 『장자주』가 유행했다고 볼 수 있다.

셋째는 당나라 육덕명의 『경전석문』의 설명에서 보아야 한다. 육덕명의 『경전석문』 「서록·장자」에서는 위진남북조시대 이래의 『장자』 주석본을 나열했던 사실에 대해 앞서 논술한 바가 있다. 그리고 『경전석문』의 저술 시기에 대해 그것이 진陳나라 후주後主의 지덕至德 연간에 작성되었다고 말하는 사람도 있는가 하면, 당태종唐太宗의 정관貞觀 초기에 저술되었다고 주장하는 사람도 있다. 따라서 당나라 초기에도 『장자』의 주석본이 적어도 상수와 곽상의 판본이 있었다는 사실이 명확해졌다.

　이러한 세 가지 측면에서 볼 수 있듯이 당나라 초기까지만 해도 상수와 곽상의『장자』주석본이 각각 존재하고 있었다. 현재까지 두 판본이 세상에 공존한다면『장자주』가 누구의 저서이냐에 대한 학술 문제는 성립될 수 없다. 왜냐하면 두 판본의『장자주』가 있는 한 사람들은 적어도 그 차이를 비교하여 어느 것이 더욱 훌륭한지에 대해 판단할 수 있을 뿐만 아니라 그것들 중에서 어느 것이 원본이고 어느 것이 표절인가에 관해 판가름할 수 있기 때문이다. 그렇다면『장자주』저자에 대한 학술 문제는 지금처럼 해명하기 어려운 문제가 되지 않았을 것이다.

　누가『장자주』의 저자인가에 관한 상수와 곽상 사이의 학술 문제는 당나라 말기, 특히 상수 주석본의 유실로 인해 생겨났다. 당나라 말기의 신라 학사 최치원崔致遠의『법장화상전法藏和尙傳』에서부터 송나라 고사손高似孫의『자략子略』권2, 왕응린王應麟의『곤학기문困學紀聞』권10, 명나라 초굉焦竑의『필승筆乘』권2, 호응린胡應麟의『소실산방필총少室山房筆叢』권30, 사조제謝肇淛의『문해피사文海披沙』권2, 진계유陳繼儒의『광부지언狂夫之言』권4, 왕창王昶의『춘융당집春融堂集』권43, 원수정袁守定의『점필총담占畢叢談』권5, 육이첨陸以湉의『냉노잡담冷廬雜談』, 유종주劉宗周의『인보류기人譜類記』, 고염무顧炎武의『일지록日知錄』, 청나라 전증錢曾의『독서민구기讀書敏求記』, 왕선겸王先謙의『장자집해莊子集解』, 오승사吳承仕의『경전석문서록소증經典釋文序錄疏證』, 근대의 유반수劉盼遂의『세설신어교전世說新語校箋』과「신곽상주『장자주』불도상수의申郭象注『莊子注』不盜向秀義」, 양명조楊明照의「곽상『장자주』시부절자상수검토郭象『莊子注』是否竊自向秀檢討」, 수보훤壽普暄의「유『경전석문』시탐『장자』고본由『經典釋文』試探『莊子』古本」, 왕숙민王叔岷의『장자상곽주이동고莊子向郭

注異同考』 등에 이르기까지 위진남북조 시기의 사상을 다루는 문헌이라면 모두가 『장자주』의 저자 문제에 대해 논의했다.

그렇다면 당나라 말기부터 학자들은 어떻게 이 문제를 논의했는가? 실제로 그들의 논의는 기본적으로 『진서』의 「곽상전」과 「상수전」의 범위를 벗어나지 못했다. 즉 일부 사람들은 현행본 『장자주』의 작가가 상수이고 곽상이 그것을 훔쳤다는 데 동의했는데, 구체적으로 최치원, 고사손, 왕응린, 초굉, 호응린, 사조제, 진계유, 왕창, 원수정, 육이첨, 유종주, 고염무, 양명조, 수보훤과 『사고전서총목제요四庫全書總目提要』, 『사고간목四庫簡目』 등이 이러한 견해를 내세웠다. 그 외의 사람들은 『진서』「상수전」의 기록에 동의하면서 현행본 『장자주』가 곽상이 상수의 주석을 바탕으로 그것을 확장하였다는 견해를 주장했는데, 전증, 왕선겸, 오승사, 유반수 등이 이에 속한다.

현대 학자들 사이에서도 『장자주』의 저자 문제에 관해 논쟁이 벌어지고 있다. 그들의 입장은 구체적으로 세 가지로 나눌 수 있다. 첫째는 『진서』「곽상전」의 견해, 즉 곽상이 표절자라는 견해에 동의하는 입장이다. 전목錢穆,[33] 후외려侯外廬,[34] 탕용동湯用彤[35] 등이 이에 속한다. 둘째는 『진서』「상수전」의 견해에 동의하는 입장인데, 그들에 따르면 『장자주』는 곽상이 상수의 주석을 기초로 가공된 것이고, 이러한 의미에서 곽상을 표절자로 규정하는 것이 아니라 상수와 같이 공동저자로 보아야 한다. 이와 같은 입장을 가진 학자들은 풍우란馮友蘭,[36] 풍계馮契,[37] 임계유任繼愈,[38] 탕용동[39]

---

33) 錢穆, 『莊老通辨』 下卷, 台北東大圖書股份有限公司, 1991, p.359.
34) 侯外廬 主編, 『中國思想通史』 第3卷, 人民出版社, 1957, pp.208~217.
35) 湯一介 選編, 『湯用彤選集』, 天津人民出版社, 1995, p.299.

등이다. 셋째는 상수와 곽상이 각각 『장자주』를 저술했는데, 상수의 『장자주』가 유실되어 현행본 『장자주』는 오직 곽상의 저술이라는 입장이다. 탕일개湯一介,[40] 소삽부蕭箑夫,[41] 방박龐朴,[42] 위정통韋政通이 이러한 견해를 내세웠다. 위정통은 특별히 『장자주』의 저자 문제에 관한 역사적 논의들을 고찰하면서 다음과 같이 말했다. "이 문제의 시작이 되는 「곽상전」 자체가 불분명하고, 신뢰하기 어렵다. 양가락楊家駱 선생의 『진서술요晉書述要』를 읽으면 『사통史通』에서 이미 『진서』를 다채로운 소설책이라 판단하고 있으며, 이러한 책으로써 역사를 알리고자 하는 것은 얼마나 후안무치한 일인지를 비판하고 있다는 사실을 알게 될 것이다. 또한 송나라의 반본성潘本盛은 『진서』를 지위가 낮은 관리에 의해 기술된 야사에 불과하다고 주장했다. 양씨는 나아가서 『진서』에서 의심되는 점을 세 가지 지적했다. 첫째, 기술에 오류와 모순이 가득 차 있다. 둘째, 기재된 내용이 괴이하다. 셋째, 인물을 평가하는 데 공정하지 못하다. 이와 같은 책이 곽상의 『장자주』에 더욱 많은 의심을 끼치기 마련이다."[43]

이러한 견해들 이외에도 『장자주』의 저자 문제에 대해서 두 가지 입장이 있다. 하나는 현행본 『장자주』의 저자 문제를 쟁점이 되는 안건 그대로 보존하되 논쟁하지 않고, 그것을 위진시대의 사상적 자료로 보는 입장이

36) 馮友蘭, 『中國哲學史新編』 第4冊, 人民出版社, 1986, pp.129~130.
37) 馮契, 『中國古代哲學的邏輯發展』(中), 上海人民出版社, 1984, pp.540~541.
38) 任繼愈 主編, 『中國哲學史』 第2冊, 人民出版社, 1979, p.210.
39) 湯用彤, 『理學·佛學·玄學』, 北京大學出版社, 1991, p.331.
40) 湯一介, 『郭象與魏晉玄學』, 湖北人民出版社, 1986, p.153.
41) 蕭箑父, 『中國哲學史料源流擧要』, 武漢大學出版社, 1998, p.174.
42) 龐朴, 『沈思集』, 上海人民出版社, 1982, p.369.
43) 韋政通, 『中國思想史』(上), 台北水牛出版社, 1986, p.676.

다.[44] 다른 하나는 현행본 『장자주』가 곽상의 저술임에도 당나라 사람들이 그것을 편집하는 과정에서 상수의 문장을 혼입시켰다는 입장인데, 그들에 따르면 그 책임은 곽상과 상수에 있지 않다.[45] 비록 현대 학자들이 『장자주』의 저자 문제에 대해 여러 가지 유익한 성과를 내세웠으나, 이러한 학술적으로 공론화된 안건은 아직 해결되지 못했다. 실제로 학술적 권위와 신뢰성을 지닌 자료가 발견되지 않는 한 이 문제에 관한 논쟁은 앞으로도 계속될 것이다.

이에 대한 필자의 견해는 다음과 같다. 상수와 곽상은 모두 『장자』에 주석을 붙인 적이 있지만 곽상의 『장자주』는 사상적 깊이와 이론적 수준에서 모두 상수의 주석을 넘어섰기 때문에 위진현학의 발전 및 후세 중국 사상문화의 발전과 더불어 역사는 점차 곽상의 『장자주』를 선택하게 되었다. 이와 같이 주장할 수 있는 이유에는 다음과 같은 세 가지가 있다.

첫째, 만약 현행본 『장자주』가 혜강이 살해되기 이전, 즉 삼국三國 위원제魏元帝 경원 3년(262) 이전에 상수가 저술한 것이라면 그 속에 명교와 자연의 모순을 조합하려는 의도가 있을 것이고, 또한 그것은 혜강의 명교를 넘어 자연에 맡기라(越名敎而任自然)는 사상과 충돌이 일어날 것이며, 나아가서 상수와 혜강 사이에서 명교와 자연의 문제에 관한 논쟁이 일어났을 것이다. 그렇다면 이에 관해 『혜강집嵇康集』에서도 어느 정도 기술될 것인데, 현존하는 『혜강집』에서는 왜 그것이 보이지 않을까?

혜강과 상수는 동시대 사람이고 모두 죽림현사竹林賢士이다. 또한 상수

---

44) 孫叔平, 『中國哲學史稿』(上), 上海人民出版社, 1980, pp.430~431.
45) 王葆玹, 「郭象莊注的改編及其與向注的混合 – 從一新角度看向莊注問題」, 『中國哲學史』 第1期, 1993.

는 혜강을 도와서 연철煉鐵을 했고, 여안과 같이 정원에 물을 댔으며, 사교가 매우 친밀했다. 그러나 사상적인 면에서 그들은 완전히 일치되지 않는다. 혜강은 세상일에 구애받지 않고 통치자들과의 협동을 거역하며, 통치자가 정치투쟁의 수단으로써 사용하는 유가적인 명교에 대해 매우 경멸하는 태도를 취했고, 나아가서 요임금과 순임금을 가벼이 여기고 우임금을 비웃었으며, 탕왕과 무왕을 비판하고 주공과 공자를 가벼이 여기면서, 명교를 넘어 자연에 맡길 것을 주장하면서 궁극적으로 요동치는 생명 자체를 긍정하였는데, 비록 죽임을 당할지라도 통치자의 압박에 순응하지 않았다. 그러나 상수는 이와 달랐다. 경원 3년 혜강과 여안이 살해된 후, 상수는 낙양에서 관직을 떠맡게 되었다. 이에 관해『진서』「상수전」에는 다음과 같이 기록되어 있다. "혜강이 살해된 후, 상수는 군郡의 계리計吏로 낙양에 들어왔다. 문제文帝(사마소)가 물었다. '들은 바에 의하면 그대는 기산箕山의 뜻을 품고 있다는데 어찌하여 이곳에 온 것이오?' 이에 상수가 '소보巢父와 허유許由는 고집이 지나치고 요임금의 뜻을 몰랐기 때문이니 어찌 부러운 것이 되겠습니까?'라고 대답하자 문제는 매우 기뻐했다."

이와 비슷한 일화는『세설신어』「언어言語」에서 인용된『상수별전向秀別傳』에도 나온다. 여기에서 나오는 기산은 현재 하남성 등봉시登封市 동남쪽에 위치해 있고, 허유가 은거한 곳이기도 하다. 사마소가 상수에게 은거하고자 하는 뜻이 있음에도 왜 지금에 이르러서야 관직에 나서는가를 묻는 취지는 원래 비웃음의 뜻이 들어 있었다. 이에 대해 상수는 소보와 허유는 오직 자신만의 뜻에 따라 살기 때문에 고집이 센 사람일 뿐이고, 어찌 요임금이 천하를 위해 베푸는 인심仁心을 이해할 수 있었겠느냐고 되물으면서, 그들이 배울 만한 자가 되지 못한다고 대답했다. 이러한 상수의 대답은 사마소에 대한 아첨과 더불어 통치자에게 협조할 의사가 들어 있으므로 사마소가 크게 기뻐했던 것이다. 이와 같은 사실에서 알 수 있듯이 상수의 인품은 혜강에 미치지 못하고, 세속적인 측면이 있다. 상수는 36세에 낙양에서 관직생활을 하게 되었고, 황문시랑과 산기상시散騎常侍 등의 관직을 맡았다. 그 후에 상수는 가충賈充과 임개任愷 사이에서 벌어진 당쟁에 말려들었는데, 임개의 실각으로 인해 관직에서 물러나게 되었다.(『진서』,「任愷傳」;『資治通鑑』 권79 참조)

혜강과 상수의 성격적 특성과 사상적 경향이 분명하게 드러났으니 이제 다시『장자주』의 저자 문제로 돌아가 보자. 현행본『장자주』에서는 내성외왕지도內聖外王之道와 명교가 곧 자연(名敎卽自然)이라는 주장이 명확하게 드러나 있다. 예를 들면「소요유주逍遙遊注」에는 "성인은 비록 몸이 관직에 있더라도 그 마음은 산림 속에 있는 것과 다름이 없는데, 세상 사람들이 어찌 이를 알 수 있겠는가?"라는 말과 "세상 사람들은 요를 으뜸으로 삼지만 요가 있기 전에 이미 천하가 있었다. 그러므로 요는 황홀하게 천하를 잊고 그 마음은 절명지경絶冥之境에서 노닐기 시작했으며, 비록 만물의 위에 있을지라도 소요하지 않음이 없었다"라는 말이 있다. 그리고「대종사주大宗師注」에는 "무릇 이치에는 지극함이 있고 안(內)과 밖(外)이 서로 명합冥合하기 때문에 밖의 극치에서 노닐면서 안과 명합하지 않는 것이 없고, 안과 명합하면서도 밖에서 노닐지 않는 것이 없다. 그러므로 성인은 항상 밖에서 노닐면서도 안과 명합하고, 무심으로써 사물에 순응한다. 그렇기 때문에 종일토록 형체를 움직여도 정신에는 변함이 없고, 만 가지 기틀을 살펴볼 수 있지만 항상 담연淡然함을 유지할 수 있다"는 말이 있다.

그러므로 만약 이 현행본『장자주』가 바로 상수가 완성하여 혜강에게 보여준 것이라면 혜강의 사상 즉, 명교를 넘어 자연에 맡긴다는 사상과 분명히 충돌할 것인데, 혜강이 왜 이에 대해 반대를 하지 않았는가? 다시 말해 이러한 상수의 주석을 보고 혜강은 왜 그와 논쟁하지 않고 '그대가 모든 주석을 뛰어넘지 않았는가!'라는 찬사의 말만 했는가? 그리고 만약 두 사람 사이에 논쟁이 있었다면 왜 현존하는 『혜강집』에 그러한 내용이 반영되지 않았는가? 현행본 『혜강집』 권4에는 상수의 「난양생론難養生論」이 수록되어 있는데, 그 내용은 상수와 혜강 사이에서 벌어진 양생 문제에 관한 논쟁이다. 이와 같이 두 사람은 비교적 평범한 양생의 문제에 있어서도 의견이 다르면 논쟁을 벌이는데 어떻게 사상의 근본이라고 할 수 있는 자연과 명교의 관계에 있어서 의견이 다른데도 불구하고 서로 침묵할 수 있었겠는가? 그러므로 현행본 『혜강집』에 두 사람 사이에 명교와 자연의 문제에 관한 논쟁이 없다는 것은 곧 상수가 혜강에게 보여준 『장자주』가 현행본 『장자주』가 아니며, 명교가 곧 자연이라는 주장이 들어 있지 않았음을 뜻하는 것이다.

또한 현행본 『혜강집』에 수록된 「난양생론」에는 상수의 욕망은 자연스러운 것(情欲自然)이라는 주장과 예로써 욕망을 절제해야 한다(以禮節欲)는 주장이 주로 들어 있다. 그에 따르면 인간의 정욕은 자연적이고 합리적인 것이지만 지나치게 방종하면 안 되기 때문에 예로써 그것을 절제해야 한다. 즉 그는 명교의 규범 내에서 욕망을 추구할 것을 주장하고 있는 것이다. 남조 사령운謝靈運이 『변종론辨宗論』에서 상수는 유가와 도가의 합일을 지향하고 있다고 설명한 바가 있다. 따라서 상수의 사상적 경향은 유가와 도가의 갈등을 조화시키려는 것이지 혜강처럼 유가를 폐기하고 도가를 숭상하는 명교를 넘어 자연에 맡기는 사상과는 분명히 다르다. 상수의 이러한 의도는 이론적 수준에서 곽상의 명교즉자연名教卽自然 사상에 미치지 못했고, 다만 일종의 부드러운 자연에 맡김(任自然) 사상에 머물러 있었을 뿐이다. 상수의 부드러운 자연에 맡김 사상조차도 혜강의 반발을 불러일으켰는데, 상수가 완성한 『장자주』를 보고도 그것에 대해 담담하게 대한 혜강의 태도를 본다면 현행본 『장자주』는 상수의 작품일 수가 없는 것이다.

둘째, 만약 현행본 『장자주』가 경원 3년, 상수에 의해 저술되었다면 죽림현학竹林玄學의 말류末流가 나타나지 않았을 것이고, 설령 그것이 나타나더라도 당시 사회의 명교에 커다란 충격을 끼치지 못했을 것이다. 그렇다면 배위裴頠가 『숭유론崇有論』을 저술할 필요나 가능성도 없었을 것이다.

죽림칠현 중에서도 혜강, 완적阮籍, 유령劉伶, 완함阮咸은 모두 방달放達한 모습으로 잘 알려져 있다. 완적의 행적에 대해 『세설신어』「임탄任誕」에는 다음과 같은 기록들이 남아 있다.

완적의 형수가 친정에 가려고 할 때, 완적은 그를 만나 작별 인사를 하려고 했다. 어떤 사람이 이에 대해 비난하자 완적은 "예禮 따위가 어찌 나와 같은 사람을 위해 만들어진 것이겠는가?"라고 말했다.
완적의 옆집 부인은 미녀였는데 주막에서 술을 팔고 있었다. 완적과 왕안풍王安豊(王戎)은 항상 거기에서 술을 마셨는데, 완적은 술에 취하면 그대로 그 부인의 옆에서 자곤 했다. 그녀의 남편은 처음에 완적의 의도를 의심했지만 세심하게 살펴본 후에 끝내 다른 뜻이 없다는 것을 알게 되었다.
왕은王隱의 『진서』에는 이런 일화가 있다. "완적의 이웃집 딸은 재지才智와 용색容色이 뛰어났는데, 시집도 못 가고 죽었다. 그는 완적과 친하지도 않았고 생전에 알지도 못하는 사이였지만 완적은 거기에 찾아가서 곡을 하고 애도했다. 그의 방달함과 예에 구속받지 아니함은 이와 같았다."

완적은 어머니의 장사葬事를 지낼 때, 살진 돼지 한 마리를 삶아서 술을 두 말 마셨다. 그리고 영결永訣할 때, 그는 "이제 다 끝났다"라고 한마디 말하고 곡을 했는데, 피를 토하고 한참동안 혼절했다.

이러한 완적의 방달한 행위는 『진서』「완적전阮籍傳」에도 기록되어 있는데, 그 내용 역시 위의 인용문과 비슷하다. 또한 완함은 완적의 조카인데 그의 방달한 행위에 대해서 『세설신어』「임탄任誕」에는 다음과 같이 기록되어 있다.

완중용阮仲容(阮咸)은 예전부터 고모네 집의 선비족 하녀를 사랑했다. 어머니 상을 치를 때, 고모가 먼 곳으로 이사 가게 되었다. 처음에 그는 하녀를 틀림없이 이곳에 남겨둘 것이라고 생각했는데, 고모가 출발한 후에 보니 하녀를 데리고 가버렸다. 그래서 완중용은 손님의 당나귀를 빌려서 상복을 입은 채 쫓아가서 하녀를 싣고 돌아와 "내 씨앗을 잃어버릴 수야 없지!"라고 말했다. 이 여인이 바로 요집遙集의 어머니이다.

완가阮家 집안의 사람들은 모두 술을 잘 마셨다. 완함이 일족의 거처에 가서 연회를 벌일 때, 보통 술잔으로 술을 따르는 게 아니라 커다란 용기에 술을 담아서 빙 둘러앉아 잔뜩 마신다. 그때 돼지들이 무리를 지어 마시러 왔는데, 그는 직접 돼지 무리를 맞이하면서 같이 마셨다.

이처럼 돼지 무리와 같이 술을 마시고, 많은 조문객들이 지켜보는 중에도 상복을 입은 채 하녀를 쫓아가는 행동(이 선비족 하녀는 뒤에 완함의 아들을 낳았는데, 바로 東晉의 명사인 阮遙集이다)에서 완함의 호방하고 방달한 성격을 엿볼 수 있다.

유령劉伶도 술을 무척 좋아한 것으로 이름을 날렸는데, 그는 항상 인사

불성인 상태로 취해 있었다. 이처럼 죽림명사들의 청아한 기풍에는 확실히 방달한 측면이 있었다. 그러나 그들에게 있어서 이러한 방달은 명교를 넘어 자연에 맡기는 사상을 돋보이게 하는 형식에 불과하다. 그래서 『세설신어』「임탄」에는 "왕대王大(忱)가 말하기를 '완적은 마음에 쌓인 것이 많았기 때문에 술로써 근심을 풀고자 했다'"라는 내용이 나온다. 그러나 죽림현사들의 방달한 모습은 다른 한편으로 사회에 부정적인 영향을 끼쳤다. 서진 혜제 원강元康 시기에 이르러서 죽림현학의 방달하는 풍조는 사회에서 방달을 위한 방달이라는 유행을 불러일으켰는데, 이를 '원강방달파元康放達派'라고 부른다. 그들의 행적에 대해 『세설신어』「덕성德性」에는 다음과 같이 기록되어 있다.

> 왕평자王平子와 호무언국胡母彦國이라는 사람 등은 모두 마음대로 방탕한 짓을 하는데, 어떤 이는 옷을 모두 벗어버리고 나체로 다니기까지 했다.
> 왕은이 『진서』에서 말했다. "위나라 말기의 완적은 술을 좋아하고 방달하며 관冠도 쓰지 않은 채, 산발한 머리로 어깨를 드러내고 다리를 뻗고 앉아 있었다. 그 후 귀족의 자제인 완첨阮瞻, 왕징王澄, 사곤謝鯤, 호무보지胡母輔之 등은 모두 완적의 흉내를 내면서 대도大道의 근본을 얻었다고 우겼다. 그들은 일부러 관을 쓰지 않은 채, 옷을 벗고 추태를 보이면서 마치 금수와 같이 행동했다. 심지어 그들은 더 심하게 행동하는 자를 통通이라고 부르고, 그에 약간 못 미치는 자를 달達이라고 불렀다.

또한 『진서』「오행지五行志」의 내용, 즉 "혜제 원강元康 연간에 귀족 자제들은 머리를 푼 채, 나체로 술을 마시면서 하녀와 첩을 데리고 노닐었다. 그들은 자기네들을 거역하는 자를 해치고, 비판하는 자를 비난했다. 당시

드물게 품격이 있는 사람들은 그들과 함께하기를 수치스러워했다"라고 한 것에서 보면 그 당시 사회의 방종한 분위기가 어느 정도까지 확대되었는지를 짐작할 수 있다. 『진서』「악광전樂廣傳」에는 "이때에 왕징, 호무보지 등과 같은 사람들은 모두 제멋대로 방달했는데, 어떤 이는 옷을 모두 벗어던지고 나체로 다니기까지 했다. 그러자 악광이 웃으면서 '명교 안에서도 스스로 즐거움을 찾을 수 있는데, 하필이면 이런 꼴을 보여야 하는가?'라고 했다"는 기록이 나온다. 이러한 현상에 대해 동진 시기의 갈홍葛洪은 『포박자抱朴子』「자교刺驕」에서 다음과 같이 비판했다.

> 세상 사람들이 대숙란戴叔鸞이나 완사종阮嗣宗이 방달한 것을 듣고 그것을 대도大度라고 여겼지만, 그들이 갖고 있는 재능을 모른 채 따라 배우기만 하다가 마침내 머리를 지저분하게 풀고 나체로 있으며, 사람들 앞에서 발을 씻고 심지어 사람들 앞에서 대소변을 보기도 하는 꼴이 되었다.…… 그러므로 고대 사람들이 말하는 통달은 도덕道德에 통하고 의의義에 달한다는 것이지, 어찌 더러움에 통하고 음사淫邪함에 달한다는 것을 가리키겠는가?

여기서 갈홍의 말은 소위 원강방달파들을 비판하는 것이다. 그 당시 이러한 왜곡된 방달지풍放達之風은 사회의 명교에 심각한 위해를 끼쳤기 때문에 의식 있는 학자들의 비판을 받았다. 배위는 그의 『숭유론』에서 이러한 풍조를 비판하면서 다음과 같이 말했다.

> 지금 사람들은 허무한 내용으로 말을 내세우는 것을 현묘玄妙함이라고 하고, 관직에 있으면서 그 직책을 다하지 않는 것을 우아함이라고 하며, 몸을 바르게 하지 않고 염치를 모르는 것을 트여 있음이라고 한다. 그러므로 갈수록 이러한

기풍으로 풍속이 쇠퇴하게 되었다. 방달한 자들은 혹은 길흉의 예를 어그러뜨리기도 하고, 몸가짐을 소홀히 하기도 하며, 장유長幼의 질서를 무시하고, 귀천의 등급을 혼탁하게 어지럽혔다. 심한 자들은 옷을 벗고 나체로 다녔으며, 말과 웃음이 마땅함을 잃어버리고 아끼지 않는 것을 도량이 넓다고 여겨 선비들의 행실 또한 이지러지게 되었다.

위에서 살펴본 것처럼 죽림현학의 방달한 격조와 원강방달파가 그것을 헛되게 모방하면서 광기에 넘친 사회풍조를 만들어낸 것은 분명하다.

이제 상수와 곽상의 『장자주』에 관한 본래의 문제로 되돌아오도록 하자. 배위裵頠가 『숭유론』을 저술한 직접적인 목적은 당시 사회의 광기 어린 풍조를 바로잡고, 봉건사회의 강상綱常과 명교名敎를 보호하기 위한 것이다. 배위는 서진 무제武帝 태시泰始 3년(267)에 태어나서 혜제惠帝 영강永康 1년(300)에 죽었다. 『삼국지』「배위전裵頠傳」에서 "배위의 학식은 매우 해박했고, 논쟁에 능했으며, 『숭유론』과 『귀무론貴無論』을 저술하여 허무함과 괴이함이 짙은 학술풍조를 교정했다. 그 문사는 정밀하고 풍부하여 세상에서 유명한 문장이다"라고 한 데에서 알 수 있듯이, 그가 『숭유론』을 저술한 시간은 마땅히 서진 혜제의 재위 기간이다.

혜제는 태희太熙 원년인 290년에 즉위하고, 그해 연호를 영희永熙로 고쳤다가 다음 해인 291년에 연호를 다시 영평永平, 원강元康으로 수정했으므로 원강은 291년에서 299년 사이를 가리킨다. 배위가 『숭유론』을 저술한 시기를 혜제 원강 1년으로 가정하면, 이는 상수가 『장자주』를 저술한 지 30년, 그리고 죽은 지 10년 정도 지났을 무렵이다. 이처럼 긴 시간 동안 상수의 『장자주』가 왜 전파되지 못했을까? 왜 세상 사람들은 그것을 몰랐을까? 필자가 보기에 이러한 일은 불가능에 가깝다. 왜냐하면『진서』「상수전」에서는 그가 주석한『장자』가 '위진현학의 풍조를 성행시켰다'는 말이 있고, 심지어「곽상전」에도 같은 말이 있기 때문이다. 따라서 위진현학의 풍조를 성행시킨 상수의『장자주』가 알려지지 않았을 리가 없다.

최대한 양보해서『진서』의 기록이 잘못되었다 하더라도『수별전秀別傳』에 기록된 일화, 즉 상수가 완성된『장자주』를 혜강嵇康과 여안呂安에게 보여주었을 때, 그것을 보고 '장자가 아직 죽지 않았다!'라고 칭찬했던 여안이 이 책을 다른 사람들에게 알려주지 않았을 리가 없다. 알려주었다면 배위가 홀로 고심하면서『숭유론』을 작성하기 이전에도 상수의『장자주』가 이미 30년간이나 유행하였을 것이고, 그 사상적 영향도 이미 효용을 발휘했을 것이다. 그렇다면 배위가 무슨 필요로 또다시『숭유론』을 저술하여 사회적 병폐를 교정하고자 하였겠는가?

만약 상수가 주석한『장자주』가 현행본『장자주』와 동일한 것이라면, 배위는 따로『숭유론』을 저술할 필요가 없었을 것이다. 왜냐하면『장자주』에서 다루고 있는 명교와 자연의 통일 문제와 내성외왕의 도는 이미 명교와 자연의 이론적 모순을 해결하고 사람들에게 명교에서 자연의 경지에 이르는 방법을 제시하고 있기 때문이다. 그렇다면 그 당시의 사람들은 왜 머리를 어지럽게 하고 추태를 보이며, 금수와 같이 행동하는 등 명교에 어긋난 광기가 가득 찬 행위들을 즐겼을까? 이는 도저히 이해할 수 없는 사태이다.

다른 한편으로 우리는 배위가 고루하고 견문이 부족해서 그 당시 영향력이 컸던 상수의『장자주』를 몰라서 따로『숭유론』을 지었다고 가정할 수 있는데, 그렇다면 당시에 같은 청담명류淸談名流로서 이름이 높았던 왕연

王衍과 같은 사람도 『장자주』를 몰랐을까? 만약 왕연이 그것을 알았더라면 왜 배위와 논쟁을 할 때, 명교즉자연名敎卽自然이나 독화獨化와 같은 정밀한 사상이론을 인용하지 않았을까? 왕연은 왜 이론적 수준이 현행본『장자주』에 훨씬 미치지 못한 『숭유론』을 높게 평가했을까?

여기에서 그 당시 현학의 방달한 풍조가 이미 원강방달파로 인해 변질되어 사회적인 측면에서 명교의 지위를 위협할 정도가 되었다는 것을 알수 있다. 그래서 배위는 이를 걱정하여 『숭유론』을 저술해서 그 폐단을 교정하려고 했고, 왕연과 같은 청담명류들이 현행본 『장자주』의 독화나 내성외왕의 도를 인용하지 않았던 것은 상수의 『장자주』가 현행본 『장자주』가 아니었으며, 그 속에 독화나 명교즉자연과 같은 이론이 없었기 때문이다. 그러므로 상수의 『장자주』는 기본적으로 자연적 욕망을 숭상하는 죽림현학의 성격을 지닌 것이고, 그 후에 현학의 풍조가 변질되어 광기의 풍조가 일어남에 따라 점차 사람들의 주목을 잃은 것이라고 할 수 있다.

그리고 「곽상전」에 나오는 상수의 아들이 어렸기 때문에 그 사상도 쇠퇴했다는 설도 합리적이지 않다. 다시 말해 현학의 풍조를 성행시킨 상수의 『장자주』가 아들의 나이가 어렸기 때문에 전해지지 못하고 쇠퇴해졌고, 이를 곽상이 훔쳤다는 설이 불가능하다는 것이다. 이는 마치 공자의 『논어』가 그 아들 공리孔鯉의 나이로 인해 전해지지 못했다고 주장하는 것과 다름이 없다. 심지어 노자와 장자는 자식이 없었음에도 그 사상을 널리 전파시키지 않았는가? 실제로 상수의 『장자주』가 일시적인 주목을 얻게 된 이유는 그것이 죽림현학의 풍조를 열었기 때문이고, 원강시대에 왕연이나 배위가 그것을 중시하지 않았던 이유도 변질된 현학 풍조가 만연했기 때문이다. 원강시대에는 상수의 『장자주』보다는 더욱 정교하게 명교와 자연의 모순을 해결하고 통일시키는 이론이 필요했다. 그리고 곽상의 『장자주』가 이러한 요구에 들어맞았던 것이다.

셋째, 만약 현행본 『장자주』가 상수에 의해 경원 3년(272)에 작성된 것이라면 그 속에는 유有와 무無에 대한 자각적 사고가 있을 수 없고, 나아가서 독화론獨化論이라는 위진현학의 대표적인 이론도 있을 수 없다.

현행본 『장자주』은 독화론에 대해 명확하게 논의하고 있다. 그렇다면 왜 독화론을 논의하고, 또한 이러한 논의가 어떻게 가능했을까? 이는 『장자주』에 유와 무의 두 가지 본체론에 관한 고찰이 있었기 때문이다. 예를 들면 「제물론주」에는 "무無는 이미 무無이기 때문에 유有를 낳을 수 없다. 유가 생기지 않으니 무엇을 낳을 수도 없다. 그렇다면 만물은 누가 낳은 것인가? 그것은 스스로 생길 뿐이다. 스스로 생길 뿐 내가 낳은 것이 아니다. 내가 사물을 낳을 수 없고, 사물도 나를 낳을 수 없으니, 스스로 그러하다고 할 수밖에 없다"라는 말이 있고, 또한 "세상 사람들은 귀신이 그림자에 의지하고, 그림자는 형체에 의지하며, 형체는 조물자에 의지한다고 말한다. 그렇다면 묻겠다. 조물자는 유인가 무인가? 그것이 무이면 어떻게 사물을 만들어낼 수 있는가? 그것이 유이면 또한 사물들의 모든 형태를 드러내기에 부족하다. 그러므로 모든 사물은 스스로 그 사물이 되고 나서 자신이 그렇게 만들었다고 말하는 것이 명백해졌다"라는 내용이 있다. 이와 같이 『장자주』에서는 유와 무의 문제에 대한 자각적 사고를 거친 후 "현명玄冥의 경지에서 스스로 변화獨化하지 않는 것이 없다", "홀연히 자득自得하여 독화한다"(「대종사주」)라는 독화론을 제시했다.

이처럼 현행본 『장자주』가 유와 무에 대해서 고찰할 수 있었던 것은 당시에 그것들에 관한 두 가지 본체론적 논의가 있었기 때문이다. 무의 본체론은 현학의 왕필王弼에서 시작되었고, 유의 본체론은 원강 시기 배위의 『숭유론』에서 처음 언급되었다. 그러므로 현행본 『장자주』가 상수에 의해 경원 3년, 즉 (유와 무에 대한 본체론적 논의가 있기 전인) 혜강이 살해되기 전에 작성된 것이라면 유와 무의 문제에 대해 명확하게 고찰할 수 없었을 것이다. 물론 무에 대해 논의할 수는 있겠지만 어떻게 유에 관해서도 이야기할 수 있었겠는가? 상수의 『장자주』가 『숭유론』의 내용을 사전에 옮기기라도 했다는 말인가?

이에 대해 어떤 사람은 상수가 말하는 유 개념은 배위가 사용하는 유 개념이 아니라, 하안何晏이 "유가 유로 될 수 있는 것은 무에 의존하여 생긴 것이다"(張湛, 『列子』, 「天瑞注」)에서의 유 개념과 왕필이 "모든 유는 무에서 비롯된다"(王弼, 『老子注』, 1장)에서 사용한 유 개념과 유사한 것이라고 주장한다. 물론 상수가 말하는 유 개념이 하안과 왕필의 유 개념일 수는 있다. 그러나 하안과 왕필에게 유는 무의 현상으로서, 아직 본체론적 의미를 지니지 않기 때문에 본체론적인 무와 대립을 형성할 수 없다. 그러므로 이러한 본체론적 의미를 지니지 않은 유를 본체론적인 무와 대립시켜 버리면 이에 관한 논의는 결국 무의 본체론에서 끊임없이 순환될 것이고, 무를 벗어나 독화론에 이를 수 없을 것이다.

『열자列子』 「천서天瑞」에는 "그러므로 사물을 낳게 하는 자는 스스로 낳을 수 없고, 사물을 변화시키는 자는 스스로 변화할 수 없다"라는 말이 있다. 이에 대해 주석을 붙일 때, 장잠張湛은 상수의 주注를 인용하여 다음과 같이 말했다.

상수가 말했다. "나의 생生은 내가 생성한 것이 아니다. 생이 스스로 생성한 것(生自生)이다. 그런데 생이 스스로 생성하는 데 어찌 다른 외물이 있을 수 있겠는가? 그러므로 생성하는 것은 없다. 나의 변화는 어떤 외물이 변화시키는 것이 아니다. 변화가 스스로 변화하는 것(化自化)이다. 변화가 스스로 변화하는데 어찌 다른 외물이 있을 수 있겠는가? 다른 외물이 없으므로 그에 의한 변화도 없다. 만약 사물을 생성하도록 하는 것이 또한 생성하고, 사물을 변화시키는 것이 또한 변화한다면 사물과 함께 변화하는 것이니 또한 어찌 사물과 차이가 있겠는가? 생성하지도 않고 변화하지도 않는 것이 밝아진 후에야 생성과 변화의 근본이 될 수 있다."

이러한 상수의 주석에도 스스로 생성함(自生)과 스스로 변화함(自化)에 대해서 논의하고 있기 때문에 얼핏 보기에는 독화론과 매우 유사해 보인다. 그러나 그것은 아직 독화론의 이론적 수준에 미치지 못한다. 왜냐하면 기본적으로 제시하는 중심 사상이 '만약 사물을 생성하도록 하는 것 역시 생성하고, 사물을 변화시키는 것 역시 변화한다면 사물과 변화를 함께하는 것이므로 어찌 사물과 다를 것이 있겠는가? 생성하지도 않고 변화하지도 않는 것이 밝아진 후에야 생성과 변화의 근본이 될 수 있다'는 것이기 때문이다.

다시 말해서 상수가 말하는 스스로 생성함이나 스스로 변화함은 단지 사물이 존재하는 현상에 대해 말하는 것일 뿐이고, 그가 이러한 현상에 대해 말한 목적은 바로 이러한 현상을 통해 생성하지도 않고 변화하지도 않는 것이 밝아진 후에야 생성과 변화의 근본으로서 변화하지 않는 근본(本)을 이끌어내기 위한 것이다. 여기에서 근본이 무엇을 의미하는지에 대해서 상수는 구체적으로 설명하지 않았다. 논리적으로 추론하자면 여기에서의 근본은 당시 유행했던 본체론적인 무밖에 없다. 그래서 현행본 『장자주』

는 상수가 경원 3년에 완성한 『장자주』일 수가 없고, 그것은 반드시 배위의 유본체론이 나온 뒤, 즉 원강 시기에 작성된 것이어야 한다. 이 시기는 『진서』「상수전」에 기록된 것처럼 '혜제의 재위 기간에 곽상이 서술하고 확장한' 『장자주』의 저술 시기와도 부합한다.

위에서 논의한 세 가지 관점이 바로 현행본 『장자주』에 대한 필자의 관점이다. 그것을 요약하면 다음과 같다. 위진남북조시대에 상수와 곽상은 각기 『장자주』를 저술했는데 그 내용이 서로 달랐고, 또한 후세에 상수의 주석이 소실되었기 때문에 곽상의 주석본이 주목을 받게 되어 지금까지 전해졌다. 그리고 곽상의 『장자주』가 상수의 주석을 참조한 것은 학술이 발전하는 과정에 있어서 옛날이나 지금이나 다를 것이 없는 지극히 정상적인 상황이다. 지금에 이르러서도 다른 사람의 성과를 절대로 참고하지 않고 사신만의 연구를 이루어내는 일은 있을 수 없다. 성수의 『장자주』도 최선_{崔譔}의 주석을 참고하여 지은 것이 아닌가? 상수가 최선의 주석을 참조할 수 있다면 왜 곽상이 상수의 주석을 참조하면 안 되는가? 나아가서 『진서』를 저술한 사람은 상수에 대해 최선의 『장자주』에 대해서는 훔쳐서 자신의 것으로 삼았다는 표현을 쓰지 않고, 곽상에게만 그러한 평가를 내린 것은 무엇 때문인가? 『진서』의 저자가 과연 곽상이 『장자주』를 작성하는 과정에 대해 엄밀하게 검토를 했는가? 과연 곽상이 배우기를 게을리하고 다른 사람의 저술을 훔친 증거가 있는가?

곽상이 상수의 『장자주』를 표절했다는 『진서』의 기록은 아마도 『세설신어』「문학」의 일화들에서 발췌한 것으로 짐작된다. 『세설신어』는 기이한 일화들을 기록한 소설책이기 때문에 온갖 민간의 이야기를 기록하고 가공하는 것이 용서될 수 있지만 사관들의 수정을 거친 역사서로서의 『진서』

가 그렇게 저술되는 것은 절대 용납될 수 없는 일이다. 또한 곽상이 동해왕 사마월의 주부主簿로 있을 때, 권력을 휘두르며 제멋대로 상벌을 행사했기 때문에 당시 여론의 미움을 받아 그가 남의 주석을 훔쳤다는 설이 만들어졌을 수도 있고, 『세설신어』를 편찬한 유의경劉義慶의 조상과 어떤 불화가 있었을지도 모른다.

현행본 『장자주』에는 모두 32편(「설검」편에는 주석이 없다), 2971조의 주석문이 있다. 상수의 『장자주』는 동진 장잠張湛의 『열자주列子注』 가운데 36조가 있고, 『세설신어』와 그 주석, 양梁나라 도홍경陶弘景의 『양생연명록養生延命錄』, 당나라 육덕명의 『경전석문』, 이선李善의 『문선주文選注』 등에 대략 210조가 실려 있다. 현대 학자들도 상수와 곽상의 『장자주』에 대해 어느 정도 비교를 했다. 예를 들면 여가석余嘉錫은 『세설신어전소世說新語箋疏』「문학」에서 "상수의 『장자주』가 지금 전해지지 않으므로, 곽상과 비교할 방법이 없다. 『사고전서총목강요』 권146의 「장자제요莊子提要」에서는 장잠의 『열자주』와 육덕명의 『경전석문』에 나오는 상수의 주석을 곽상과 비교했다. 그 결과, 『장자』 원문 구절에 대한 주석이 상수에게는 있으나 곽상에게는 없는 것이 있고, 같은 구절에 대해 완전히 다른 주석이 있으며, 약간 어긋나는 것이 있고, 완전히 같은 것과 거의 비슷한 것들이 있다. 그러므로 곽상이 상수 주석의 문구를 가감했다는 설이 대체로 증거 없는 이야기는 아니다"라고 말했다.

또한 왕숙민은 『장자관규莊子管窺』「장자상곽주이동고莊子向郭注異同考」에서 "『장자석문莊子釋文』과 『열자주』 및 여타 문헌에 인용된 상수와 곽상의 주석에 대해 고찰한 결과, 『장자』의 원문 구절에 대한 주석 중에서 상수에게만 있고 곽상에게는 없는 것이 48조, 같은 구절에 대한 완전히 다른 주석이 30조, 비슷한 주석이 32조, 완전히 같은 주석이 28조가 있다. 이와 같은 증거들로 보면 상수와 곽상의 『장자주』는 같은 것보다 상이한 것이 더욱 많으며, 따라서 곽상이 상수의 주석을 참고하기는 했으나 그것을 미루어 확장시킴으로써 자신만의 특징을 지닌 주석을 저술했다는 사실이 명백하다"라고 평가했다.

제3장

위진남북조 시기 장자사상의 부흥

1. 신도가 학파의 형성과 의미

위진현학魏晉玄學은 달리 신도가新道家[46]로도 불리는데, 그것은 노자와 장자를 비롯한 선진도가先秦道家 사상이 위진남북조시대에 와서 다시 부흥했음을 가리키는 용어이다. 그런데 노장사상이 왜 하필 위진남북조시대에 이르러서 부흥될 수 있었는가? 한대漢代에서 위진남북조시대로 이어지는 중국 고대사상의 발전논리로 보자면 이 시기는 도가사상을 끌어들여 유가사상에 유입시키는 것, 즉 선진 시기의 도가사상을 통해 당시 독존적 지위를 누렸던 한나라의 유학을 쇄신하고 변혁하는 시기이다. 그렇다면 위진시대에 이르러서 왜 한나라 유학을 쇄신하고 변혁해야 할 필요가 생겼는가? 그리고 유학을 혁신하는 데 왜 다른 사상이 아닌 선진 시기의 도가사상을

---

46) 馮友蘭에 따르면 新道家는 하나의 새로운 개념으로서 기원후 3~4세기 시기의 玄學을 가리킨다. 玄에는 검정, 미묘함, 신비로움 등의 뜻이 있다. 『노자』 1장에 "玄之又玄, 衆妙之門"이라는 말이 있기 때문에 현학은 도가사상의 연속이라고 할 수 있다.(馮友蘭, 『中國哲學簡史』, 北京大學出版社, 1985, p.253)

동원해야만 했는가? 필자가 보기에 이러한 문제들은 사상문화의 표층과 심층에 모두 관련된 문제로서 더욱 구체적이고 세밀한 논의가 필요하다.

한무제 건원建元 원년(기원전 140) 한무제 유철劉徹이 즉위했다. 그는 즉위할 무렵부터 나라의 현량賢良들을 모아서 책문冊文을 했다. 이러한 책문에는 "큰 도道의 요체와 지극한 논論의 핵심이 무엇인가?"와 같은 천인관계와 관련한 철학적 문제가 있는가 하면, "하·은·주 삼대의 왕조는 천명天命을 받았는데, 그 징조는 어디에 있는가? 재해災害와 괴이怪異한 현상은 무슨 연유로 발생하는가? 인간의 본성本性과 운명의 실상을 보면 어떤 사람은 요절하고 또 어떤 사람은 장수하며, 어떤 사람은 인자하지만 또 어떤 사람은 비열하다. 이러한 말들에 대해서 자주 들어왔지만 그 리理에 대해서 밝게 알지 못하노라"와 같은 구체적인 것들도 있었다.(『한서』, 「董仲舒傳」 참조)

이러한 무제의 책문에 대해서 당시 현량賢良으로서의 동중서는 세 가지 대책을 내세웠다. 그 중에서도 "어리석은 신臣의 생각으로, 육예六藝의 과목과 공자의 학술에 포함되어 있지 않은 학문은 모두 그 도道를 단절시켜서 유학과 함께 나란히 나아가지 못하게 해야 합니다"(위와 같은 곳 참조)라는 말이 있는데, 이것이 바로 백가百家의 학문을 배척하고, 오직 유학만을 존숭해야 한다는 '파출백가罷黜百家, 독존유술獨尊儒術'의 주장이다. 이러한 동중서의 주장이 받아들여짐으로써 유학은 독존적 지위에 오르게 되었고, 중국 봉건사회의 통치사상으로 승격되었다.

더 나아가서 유학이 독존적 지위를 누리게 되었으므로 그에 따른 경학經學적 연구가 주류적 문화사조가 되었다. 실제로 경학의 형성기에는 육경六經을 해석하고 주해를 붙이는 서한경학西漢經學이 어느 정도 학술적인 생명력을 지녔지만, 동한경학東漢經學에 이르러서는 그 생명력이 점차 소실되고, 모든 경학 연구는 일종의 번거롭고 자질구레한 고증학考證學으로 변질되었다. 그 당시의 상황은 "한 구절의 경전에 대한 해석이 백만 마디에 이르고"(『한서』, 「儒林傳」), "다섯 글자밖에 안 되는 문장에 대한 설명이 2~3만 글자에 이른다"(『한서』, 「예문지」)고 할 정도였다.

반고班固는 또한 『한서』 「예문지」에서 동한 시기의 경학사조에 대해 다음과 같이 말했다. "후세에 이른 경학은 이미 괴이한 길로 빗나갔다. 널리 배우는 자는 견문을 넓혀서 의심스러운 것을 해소하는 의미를 생각하지 않고, 문구의 뜻을 쪼개고 그것을 화려한 언사로 꾸며댐으로써 원래의 문체를 파괴하는 데 힘썼다. 그 결과로 다섯 글자에 불과한 경전에 대한 해석이 2~3만 글자에 이르렀고, 후세의 학자들은 더욱 이러한 조류에 몰려들기 시작했다. 그래서 어린아이가 한 구절의 경문을 붙잡고 거기에만 매달려 머리가 하얗게 되고 나서야 자신의 주장을 말할 수 있는 일까지 발생했다. 자기가 배울 수 있는 부분에만 안심하고, 보이지 않은 부분을 파괴하며, 결국 자기 스스로를 기만하는 꼴이 되는데, 이는 배우는 자로서의 큰 걱정거리이다."

더욱이 동한 장제章帝 건초建初 4년에 열린 이른바 백호관회의白虎觀會議 이후에는 경학을 신학미신神學迷信과 결합시키고 참위미신讖緯迷信이 공식적인 법전으로 인정되면서 경학의 사상 내용은 한층 더 황당함에 빠지게 되고, 이로써 경학은 철저히 본래의 생명력을 잃게 되었다. 바로 이러한 배경에서 위진현학이 점차 흥행하기 시작했다. 현학을 현학玄學이라고 부를 수 있는 이유는 그것의 취지가 한대경학의 주석방식을 벗어나 유학경전 속에 포함되어 있는 깊은 뜻을 탐구하는 데 있기 때문이며, 이를 일컬어서 현玄을 궁구한다고 부른다. 그리고 이렇게 궁구되는 현은 사상의 형식적인 면에서 선진도가의 사상과 관련된다. 이것이 바로 사상문화적 측면에서 신도가라고 불리는 위진현학이 출현하게 된 표층적인 원인이다.

선진도가 사상이 위진 시기에 흥행할 수 있었던 심층적인 원인은 한대 유학이 구축한 천인상여天人相與의 형이상학적 본체론 사상과 관련이 있다. 헤겔은 "하나의 문화를 갖추고 있는 민족에게 형이상학이 없다는 것은 마치 어떤 신전이 모든 면에서 화려하게 꾸며져 있으나 모시는 신神이 없는 것과 같다"[47]라고 말한 바가 있다. 중화민족과 같은 유구한 문화전통을 지닌 민족이 당연히 자신의 형이상학을 갖지 못했을 리가 없다. 이러한 맥락에서 중국 고대철학이 선진 시기의 제자백가로부터 송명리학宋明理學까지 발전해 가는 역사적 과정은 사실상 그러한 형이상학적 본체론을 구축하고 발전시키는 과정이라고 할 수 있다.[48] 큰 틀에서 보면 유학과 도가철학을 중심으로 하는 선진제자들은 이미 형이상학과 본체론에 관한 문제를 제기했는데, 공맹을 비롯한 심성본체론心性本體論의 문제와 노장을 대표로 하는 우주본체론宇宙本體論의 문제가 그것이다. 다만 그들은 천일합일의 본체론적 철학이론을 완성하지는 못했다.

한대에 이르러 중국 봉건사회의 경제적·정치적 질서가 점차 체계적으로 안정됨에 따라 중국 고대철학, 특히 중국 봉건 사회철학은 본격적으로 형이상학적 본체론에 관한 문제를 탐구하고 구축하기 시작했다. 한무제가 질문한 '대도大道의 요체가 무엇인가' 하는 문제와 동중서가 화답한 '하늘과

---

47) 黑格爾(헤겔), 楊一之 譯, 『邏輯學』 「第1版序言」, 商務印書館, 1966, p.2.
48) 중국 고대철학에서 나타난 형이상학적 문제에 관해서는 이 책의 마지막 장에서 논의할 것이다. 여기서는 단지 맥락을 이어갈 필요성 때문에 대략적으로만 언급한다.

사람이 서로 감응하는 사이에 큰 두려움이 있다'는 문제(『한서』, 「동중서전」 참조)는 모두 한대 형이상학 본체론의 구축에 관한 것이다. 여기서 동중서는 실제로 유학의 윤리관계를 본체로 삼는 윤리학적 본체론 또는 윤리학 주체성의 본체론을 구축하고자 했다. 그러나 이러한 시도를 완수하는 것은 무척 복잡하고 방대한 작업이며, 반드시 다음과 같은 철학적 질문을 탐구하고 해명해야 한다. 그것은 바로 '우주(天)는 어떤 것이고, 어디서 유래되었으며, 무엇으로 구성되었고, 그 구조는 어떻게 되어 있는가? 또 인간은 무엇이며, 그 본성 또는 본질은 무엇인가?' 하는 물음이다. 이러한 문제들이 바로 우주발생론宇宙發生論과 우주본체론宇宙本體論, 그리고 심성본체론心性本體論에 관한 질문들이다.[49] 이와 같은 질문들을 해결해야만 천인합일의 윤리학적 본체론이라는 철학체계를 구축할 수 있다. 그러나 한대철학은 아직 이러한 윤리학적 본체론 체계를 구축할 만한 역량을 축적하지 못했다.

이러한 의미에서 동중서가 제시하고 구축한 천인감응天人感應은 실제로 일종의 목적론적 신학체계에 속한다. 그에 따르면 천天은 존재형식에 있어서 목적과 의지, 그리고 주재성을 지닌 신神이기 때문에 그것을 바탕으로 하는 천인감응은 분명히 신학적 의미와 형식을 갖는다. 그러나 동중서의 논증은 신학적 방법이 아닌 철학적 방법으로 되어 있다. 다시 말해 그의 논증은 자연적인 천天의 존재와 운행의 법칙으로부터 출발하여 그것을 인간사회의 존재와 활동에 유비하는 방법을 사용하고 있는 것이다. 예를 들

---

49) 중국 고대철학이 한대로부터 송명시대까지 발전해 가는 과정에서 한대철학은 宇宙發生論, 위진현학은 宇宙本體論, 수당불학은 心性本體論을 각각 완성시켰으며, 송명리학에 이르러서야 윤리학적 본체론의 철학체계가 구축되었다. 여기에서는 다만 간략한 문제 제기만 하고, 이에 대한 구체적인 논의는 이 책의 마지막 장에서 하게 될 것이다.

면 동중서는 『춘추번로春秋繁露』「음양의陰陽義」에서 "하늘에는 또한 기뻐하고 성내는 기氣와 슬퍼하고 즐거워하는 기가 있는데 이는 인간과 유사하며 같은 종류이므로 하늘과 인간은 하나이다. 봄은 기뻐함의 기이기에 만물을 태어나게 하고, 가을은 성냄의 기이므로 만물을 시들게 하며, 여름은 즐거움의 기이기 때문에 만물을 기르게 하고, 겨울은 슬퍼함의 기인 까닭에 만물을 숨기게 한다. 이상의 네 가지는 인간과 하늘에게 모두 있는 것이다"라고 말했고, 이어서 같은 책「천지지행天地之行」에서 "그러므로 하늘은 그 지위를 높이 하고 베푸는 것을 아래로 하며, 형체를 감추고 광채를 나타내며, 별들의 질서를 정하고 그것이 가장 정미한 상태에 이르게 하며, 음양을 정하여 서리와 이슬이 제때에 내리게 한다. 그 지위를 높게 하므로 존엄하다고 할 수 있고, 베푸는 것을 아래로 하기 때문에 인仁하다고 할 수 있으며, 그 형체를 감추므로 신묘하다고 할 수 있고, 그 광채를 나타내므로 밝음이라고 할 수 있다. 뭇 별의 질서를 정하므로 그것들이 서로 이어지고 정미함에 이르도록 하기 때문에 굳건함(剛)이라고 할 수 있다. 음양을 정하기 때문에 세월이 생기고, 서리와 이슬을 제때에 내리도록 하기에 생사를 관장한다고 할 수 있다. 그러므로 군주가 된 자는 그 법을 하늘에서 취해야 한다"라고 말했다.

동중서가 하늘과 인간의 존재 및 운행법칙을 바탕으로 천인감응론을 구축할 때, 실제로 그는 인간과 하늘을 하나의 전체로 보았다. 즉 그는 당시 이미 유행했던 음양, 오행五行, 사시四時, 방위方位, 물후物候 등과 같은 사상을 총동원하여 하나의 체계로 편성하면서 천인감응이라는 우주론적 체계를 만들어낸 것이다. 이러한 천인감응의 우주체계론 사상 속에는 이미 우주의 구조 문제와 우주의 형성 문제 등과 같은 우주생성론 사상이 포함되어 있다.

그 후 동한 시기의 왕충王充은 동중서의 천인감응론에 반대하여 원기자 연론元氣自然論을 제기했는데 이 사상도 우주생성론 문제를 다루고 있다. 그 러므로 한대의 철학사상에 있어서 경학의 형식 속에서 진정으로 잉태된 철 학사상과 문제는 우주생성론이라고 할 수 있다. 그리고 이러한 우주생성론 에 관한 문제는 동한 시기의 과학자인 장형張衡의 『영헌靈憲』에서 보다 완 성된 형태로 서술되고 있다.

한대의 우주생성론은 우주의 유래 문제를 해결하고자 했다. 그러나 위 진남북조시대에 이르러서 사람들은 현재의 우주가 어떤 모습이며, 또 어떻 게 해서 이러한 모습이 되었는가에 관한 문제를 탐구하기 시작했다. 즉 그 들은 이미 존재하는 우주에 대해 더 이상 그 유래와 구성의 문제를 다룰 필요가 없다고 생각했던 것이다. 다시 말해 그들이 진정으로 중요하게 생 각한 것은 이미 존재하는 우주가 왜 이러한 모습으로 존재할 수밖에 없는 가에 관한 것이다. 이는 우주가 현재 모습으로 존재하는 데에는 반드시 그 렇게 되어야만 하는 원인과 근거가 있을 것이라는 사고와 만약 그렇지 않 다면 우주는 다르게 존재할 것이라는 생각이 내포되어 있다. 이와 같은 우 주의 존재 문제에 관한 논의가 바로 철학에서 말하는 본체론, 즉 우주본체 론이다. 한대의 경학 사상에 뒤이어서 나타난 위진현학의 사상적 임무는 바로 여기, 즉 우주와 관련된 본체론 문제를 해명하는 데 있었다. 이에 대 해 탕용동湯用彤은 다음과 같이 지적했다.

동한東漢과 위진남북조 시대의 현학담론은 근본적으로 다르다. 환담桓譚은 "양 웅揚雄이 『현서玄書』를 지어 현玄을 천天 또는 도道라고 했다. 그리고 성현들이 법사法事에 관해 저술할 때 모두 이러한 천도를 근본으로 삼았다. 또한 만물이 천도에 부속되기 때문에 군주도 그것에 따라 인사와 법도를 다스렸다"고 말했는데, 여기에서의 천도天道는 비록 신선의 도참시설圖讖之說을 어느 정도 배제하기는 했으나, 여전히 천인감응天人感應에 의존하여 물상物像의 성쇠로부터 인사人事의 흥망을 유비하는 경향이 있다. 이에 대해 혜강嵇康은 자연의 이치를 바탕으로 정사政事와 법도를 유추했지만 그 마음의 노닒은 상수象數에 지나지 않고, 그 연구는 길흉에 머물러 있을 따름이다. 그러나 위진현학은 이와 달랐다. 그것은 더 이상 우주운행의 외재적 작용에 머물러 있지 않고, 만물의 본체를 다루는 데에 이르렀다.

한대의 학문은 천도로써 사물의 이치를 유비했으나, 위진남북조시대의 현학은 천도를 배척하고 본체를 궁구하며, 소수의 원리로써 다수의 현상을 포섭하여 궁극적인 원리(玄極)에 이르고자 했으며(王弼, 『易略例』, 「明象章」) 드러난 현상(象)을 버리고 숨어 있는 본의(意)를 파악하여 사물을 초월하는 경지에서 노니는 것을 지향했다.(『역약례』, 「明象章」) 따라서 위진현학의 우주론은 한대의 우주론(cosmology or cosmogony)을 넘어서 존재의 참된 근본에 관한 이론(ontology or theory of being)을 궁구한 것이라고 할 수 있다. 같은 한대 학자인 장형은 현학에 대해 논의하면서 "현은 형체가 없고 자연을 근본으로 삼는다. 그것은 태시太始로서 그보다 앞선 것이 없다"라고 말했다.(『玄圖』) 여기에서의 현은 시간적인 차원에서 만물이 생성되는 가장 이르고 소박한 단계를 가리킨 것이고, 그 요지는 우주의 구조로써 만물이 생성되는 과정을 유추하는 것에 불과하다.

한편 위진남북조시대의 현학은 현상적 사물의 이치에 대한 탐구를 초월하여 사물의 본체에 관한 궁구의 경지에 이르렀다. 즉 그것은 사물의 형상을 버리고 시간과 공간을 초월하여 천지만물의 진상을 연구하는 것이다. 이러한 현학은 만유萬有를 말단으로 여기고 허무虛無를 근본으로 삼는데, 허무는 사물일 수 없다. 또한 여기서의 허무는 만물 태초의 단계인 형태가 없는 원기元氣도 아니다. 무를 근본으로 삼고 유를 말단으로 여긴다는 것(本無末有)은 이 사물과 저 사물, 또는 한 사물의 초기 형태와 후기 형태를 가리키는 것이 아니다. 만유의 본체를 가리켜 허무라고 부르지만, 그것은 사물이 없음(無物)이 아니다. 즉 사물이 없음은 사물이 아직 생겨나지 않을 때이지 허무가 아니다.

한대에서는 천지운행과 관련된 사물의 이치를 연구하는 데 치중했지만, 위진 남북조시대에는 유와 무의 관계인 현玄에 대한 연구를 중시했다. 이 두 가지 사조는 모두 노자의 학설에 의탁하지만 전자는 사물의 상수象數가 소식消息하고 차고 비우 는 것(盈虛)에 의존하여 천도를 인간사人間事에 합치하는 데 반해 후자 는 대도의 현원함(玄遠)과 징조 없음(無朕)에 입각하여 실제적 사물과 음양오행 설, 그리고 상수설을 배척하면서 이론을 세운다. 그러므로 후자가 순수한 현학 적 토론에 가깝다고 할 수 있다. 한대의 사상과 위진남북조시대 사상의 차이는 바로 이러한 점에 있다.…… 그러므로 현학은 본체本體에 관한 학문이고, 유와 무의 본말本末을 분별하는 것이다.50)

그렇다면 위진현학에서는 어떻게 우주본체의 문제를 논의했는가? 이러 한 문제를 다루려면 당연히 선진도가에서 제시한 도道에 대한 논의를 참고 로 삼아야 한다.

노장사상이 위진남북조시대에 부흥한 것은 한대漢代의 우주생성론이 위진남북조시대의 우주본체론으로 발전해 가는 사상적 필연이다. 노장의 도가에서 위진의 신도가로 발전하는 과정은 한편으로는 한대경학의 발전 과 갱신의 필요성에 따른 것이며, 다른 한편으로는 우주본체론을 구축하려 는 사상적 요구가 발현된 것이다.

50) 湯用彤, 「魏晉玄學流別略論」, 『湯用彤學術論文集』, 中華書局 1983, pp. 233~234, 242 참조.

2. 정시현학과 노자사상의 유행

사상이 발전하는 심층적인 단계로 본다면 선진도가가 위진남북조시대에 다시 부흥한 것은 당시 우주본체론 사상을 건립하기 위한 필연적인 요구이다. 그런데 선진도가에는 노자의 사상과 장자의 사상이 있고, 양자가 모두 도에 대해서 논의하고 있기는 하지만 이 두 사람의 사상이 완전히 일치하지는 않는다. 그렇다면 선진도가가 위진남북조시대에 다시 성행하게 되었을 때, 그 시대가 필요로 한 것은 노학老學인가? 아니면 장학莊學인가? 또한 노학과 장학은 어떤 면에서 차이가 있는가?

위진현학의 시작을 연 인물은 하안何晏과 왕필王弼이지만 그 중에서 특히 왕필은 정시현학正始玄學의 대표적 인물이다. 『진서』「왕연전王衍傳」에는 "위나라가 시작될 무렵 하안과 왕필 등은 노장의 논의를 바탕으로 천지만물이 모두 무無를 근본으로 삼는다고 주장했다. 무는 만물을 창조하여 그 역할을 이루게 하면서도 왕래가 없고 형체로서 존재하지 않는 것이다. 음양陰陽은 그것에 의지하여 생명을 있게 하고, 만물은 그것에 의지하여 형체를 갖추며, 현자는 그것에 의지하여 덕을 이루고, 덕이 부족한 자는 그것에 의지하여 용서받으므로, 무의 작용은 현상에서는 드러나지 않으면서도 실로 존귀한 것이다"라는 말이 있다. 이 말에는 적어도 두 가지 내용이 함축되어 있는데, 하나는 하안과 왕필 모두가 정시현학, 즉 무를 근본으로 삼는 무본론無本論의 창시자라는 점이고, 다른 하나는 그들의 사상이 모두 노장의 사상에 근원을 둔다는 것이다.

하안과 왕필을 정시현학의 창시자로 규정하는 것은 역사적 사실과도 부합한다. 하안은 "유有가 유로 되는 것은 무無에 의지함으로써 생生할 수 있는 것이다. 어떤 일(事)이 일어나는 것은 무로 말미암아 이루어지는 것이다. 무릇 설명하려고 해도 설명할 말이 없고, 이름을 지으려 해도 지을 수 있는 이름이 없다. 그것을 보려고 해도 형체가 없고, 들으려고 해도 소리가 없는 것이 도道의 온전함이다. 그래서 이러한 도는 소리의 원천과 그 메아리를 밝히고, 기氣와 물物을 드러내며, 형체와 정신을 포함하고 빛과 그늘을 구분한다. 검은 것은 그것(道)에 의해 검어지고, 흰 것은 그것에 의해 희게 되며, 모난 것은 그것에 의해 각이 생기고, 원은 그것에 의해 둥글어진다. 원과 모난 것은 형체가 있지만 도는 형체가 없고, 희고 검은 것은 이름이 있지만 도는 이름이 없다"(何晏, 『道論』)고 말했고, 왕필은 "무릇 모든 유有는 무無에서 시작되기 때문에 형체가 없고 이름이 없을 때가 만물의 시작이 된다. 형체가 생기고 이름이 있을 때는 그것을 자라게 하고 길러주며, 형체를 드러나게 해주고 완성시켜 주므로 그 어미가 된다. 도가 무형無形과 무명無名으로 만물을 시작하게 하고 이루어주는데, 만물은 그렇게 된 까닭을 모르기 때문에 이를 일컬어 현묘하고 또 현묘하다고 하는 것이다"(王弼, 『老子注』, 1장)라고 말했으며, 나아가서 "무릇 사물이 생겨나는 것과 공功이 이루어질 수 있는 것은 반드시 무형에서 생겨난 것이고, 무명에서 유래된 것이다. 이 형체가 없고 이름이 없는 것은 곧 만물의 근원(宗)이다. 뜨겁지도 않고 차갑지도 않으며, 궁음宮音에 치우치지도 않고 상음商音에 치우치지도 않는다. 귀로 들으려고 해도 들리지 않고, 눈으로 보려고 해도 보이지 않으며, 체험하고자 해도 알 수가 없고, 맛을 보려고 해도 맛볼 수가 없다. 그러므로 그것이 물物로서는 혼성混成이고, 상象으로서는 무형無形이며, 음音으로서는 희성希聲이고, 맛(味)으로서는 무정無呈이다. 그러므로 능히 모든 사물의 종주宗主가 될 수 있고, 천지에 두루 통하며, 상도常道에서 벗어나지 않게 한다"(왕필, 『노자주』, 1장)라고 말했다.

여기에서 알 수 있듯이 하안과 왕필은 모두 무를 근본으로 삼는 원칙을 견지했다. 그러나 하안은 단지 무본론無本論의 사상적 원칙만 제시했을 뿐, 그것을 현상세계에 접목하여 현상적 존재를 설명하는 원리로 적용시키지 못했기 때문에 온전한 사상체계를 구축하지 못했다. 이와 달리 왕필은 무본론의 사상을 제시했을 뿐만 아니라 그것을 현상세계에 완전히 접목시켜 무로써 현상의 존재를 설명해 내는 이론을 구축했다. 이러한 점에서 왕필이 하안보다 더 뛰어나다고 할 수 있다.

그러나 하안과 왕필의 현학이 모두 노자와 장자에게서 유래되었다고 말하는 것은 정확하지 않다. 이러한 견해는 단지 역사학자들의 개괄적인 서술에 불과한 것이고, 사상사思想史의 사실에 부합하는 것은 아니다. 하안과 왕필의 현학사상이 『노자』에서 계발啓發된 것은 분명한 사실이지만 『장자』와는 직접적인 관련이 없다. 왕필은 『노자주』와 『노자지략老子指略』을 저술하여 무본론의 현학이론을 완전하게 기술하였다. 하안도 『노자』에 주를 붙였다는 설이 있지만, 『세설신어世說新語』 「문학文學」에 따르면 하안은 왕필의 『노자주』가 자신의 것보다 탁월하다는 것을 알고 주석을 그만두었으며, 대신에 기존의 생각들을 정리해서 『도덕론道德論』을 작성한 것으로 알려져 있다. 어쨌든 하안과 왕필은 모두 『노자』에 주석을 달았던 적이 있지만 『장자』와는 직접적인 관련이 없다는 것은 분명하다. 이런 점에서 본다면 정시현학은 선진도가 중에서도 노자의 사상적 부흥이라고 할 수 있다. 그렇다면 정시현학에서는 왜 노자의 사상이 필요했을까? 이는 그 당시의 시대적·정치적 분위기와 관계될 뿐만 아니라 노자와 장자의 사상적 차이와도 관련되어 있다.

여기에서 우리는 일단 노자와 장자가 생각한 도道에 대한 차이를 고찰해 보도록 하자. 우선 노자의 도에 관해서는 다음과 같은 서술들이 있다.

도라고 말할 수 있는 도는 항상된 도가 아니고, 이름을 지어 부를 수 있는 이름은 항상된 이름이 아니다. 무는 천지의 시작이고, 유는 만물의 어미이다. 그러므로 항상 무로써 그 신묘함을 헤아려야 하고, 유로써 그 되돌아감을 살펴야 한다. 무와 유는 같은 근원에서 나왔으나 이름이 다를 뿐이니, 그것을 그윽하다(玄)고 부른다. 그윽하고 또 그윽하여 뭇 신묘함의 시작이 된다.(『노자』, 1장)

눈으로 보아도 보이지 않으므로 이夷라고 하고, 귀로 들으려고 해도 들을 수 없으므로 희希라고 하며, 손으로 잡으려고 해도 잡을 수 없으므로 미微라고 한다. 이 세 가지는 궁구하여 밝힐 수 없으므로 섞어서 일一이라고 한다. 그 위는 밝지 않고 그 밑은 어둡지 않으며, 끊임없이 이어지고 이름을 붙일 수 없으며, 다시 아무것도 없는 것으로 되돌아가는데, 이를 일컬어 모양 없는 모양, 사물 없는 형상이라고 하니 곧 황홀하다고 하는 것이다. 그것을 맞이해도 시작을 볼 수 없고, 뒤따라가도 끝을 볼 수 없다. 옛날의 도를 붙잡고 지금의 유를 거느리면 옛날의 시작을 알 수 있는데, 이를 도기道紀라고 한다.(『노자』, 14장)

크게 비어 있는 덕의 모습은 오직 도만을 따른다. 도라는 것은 있는 듯 없는 듯 황홀하고, 황홀함 속에 상象이 있고, 물物이 있다. 그윽하고 깊숙함 속에 정미함이 있고, 그 정미함은 아주 참되며, 그 속에 미더움이 있다. 옛날부터 지금까지 그 이름이 떠난 적이 없고, 이것으로 뭇 사물의 시작을 헤아린다. 나는 어떻게 뭇 사물이 시작되는 모습을 알겠는가? 바로 이로써 아는 것이다.(『노자』, 21장)

어떤 것이 혼성되어 있는데, 천지에 앞서 생겨나고, 적막하고 잠잠하며, 두루 운행하지만 위태롭지 않으므로 천하의 어미가 될 수 있다. 나는 그 이름을 알지 못하고 자字를 붙여서 도라고 하며, 억지로 그 이름을 붙여서 크다(大)고 한다. 커지면 가고, 가면 멀어지고, 멀어지면 되돌아온다. 그러므로 도는 크고, 천도 크며, 땅도 크고, 왕王 또한 크다. 이 세상에 큰 것이 네 가지 있는데, 사람이 그 중의 하나이다. 사람은 땅을 본받고, 땅은 하늘을 본받으며, 하늘은 도를 본받고, 도는 저절로 그러함(自然)을 본받는다.(『노자』, 25장)

노자가 말하는 도는 도대체 무엇인가? 어떤 사람은 그것을 관념론적(唯心主義的) 개념이라고 하고, 어떤 사람은 그것을 유물론적唯物論的 개념이라고 규정하며, 또한 어떤 사람은 그것을 관념론과 유물론이 모두 포함되어 있는 이원적二元的인 개념이라고 주장하는데, 이러한 문제에 대한 논쟁은 지금도 이어지고 있다.[51] 필자는 기본적으로 이러한 도의 특징을 추상성, 즉 철학에서의 추상개념이라고 생각한다. 노자에 따르면 이러한 도는 보려고 해도 볼 수 없고, 들으려고 해도 들리지 않으며, 잡으려고 해도 잡을 수 없고, 적막하고 잠잠한 것이다. 그러므로 도는 구체적인 존재물이 아니라 형태와 모양, 그리고 형상이 없는, 곧 감각기관의 규정을 초월한 것으로 추상할 수밖에 없는 개념이다. 감각적으로 포착되는 구체적 존재자들은 생멸과 변화 속에 있으며 항상성을 지니지 못한다. 이와 달리 도는 독립적으로 존재할 수 있고, 변화하지 않으며, 두루 운행하지만 위태롭지 않고, 천하의 어미가 될 수 있으며, 옛날부터 지금까지 이름이 떠난 적이 없고, 뭇 사물의 시작을 헤아리는 존재이다. 이러한 설명들로 보면 도는 불변적이며 보편적인 성질을 지니는 것이므로 추상적인 개념이다.

노자가 이해한 바에 따르면 구체적인 존재물들은 모두 상호 의존적인 관계 속에 놓여 있다. 예를 들면 『노자』 2장에는 "유와 무는 서로를 낳고,

---

51) 노자의 道에 관해서는 任繼愈 主編, 『中國哲學發展史』(先秦), pp.254~258 참조.

어려움과 쉬움은 서로를 이루며, 긴 것과 짧은 섯은 서로 비교되고, 높음과 낮음은 서로 기울이며, 소리와 울림은 서로 어울리고, 앞과 뒤는 서로 따른다"와 같은 말이 있는데, 이는 모든 현상이 서로 의존하는 관계에 놓여 있음을 표현한 것이다. 길고 짧음에 있어서 만약 그것들이 상호적인 관계에 있지 않다면 어느 것이 길고 어느 것이 짧은지 누가 알 수 있을 것이며, 길고 짧음이라는 존재가 어떻게 있을 수 있겠는가? 바로 이와 같은 구체적 사물들 간의 상호 의존성에서 출발하여 노자는 천지만물에 대한 근거를 찾고자 했고, 그것이 바로 도이다. 그리하여 도는 상대를 초월한 절대자이며, 그 형식은 하나의 추상개념이 되는 것이다.

본래 노자의 도는 추상적 존재, 즉 개념으로서 추상성과 구체성의 통일이어야 한다. 그러나 그는 추상성과 구체성의 통일적 특성에 대한 인식이 미흡했다. 다시 말해 그는 한편으로 도를 형식적으로 감성을 초월한 것, 즉 구체적 사물이나 형상과는 다른 이성적 존재로 파악하면서도 다른 한편으로는 그것을 공허한 것이 아니라 무언가를 상징하고 표현할 수 있는 존재라고 규정했다. 그래서 그는 도를 있는 듯하면서도 없는 듯한 황홀한 존재로 인식했다. 따라서 그는 여러 가지 형상을 묘사하는 어휘를 동원하여 도를 묘사했는데, 예를 들면 "도라는 것은 있는 듯 없는 듯 황홀하고, 황홀함 속에 상象이 있고, 물物이 있다. 그윽하고 깊숙함 속에 정미함이 있고, 그 정미함은 아주 참되며, 그 속에 미더움이 있다"(『노자』, 21장)거나 "이(道)를 일컬어 모양 없는 모양, 사물 없는 형상, 그리고 황홀함이라고 부른다"(『노자』, 14장) 등과 같은 말들이 그것이다. 이와 같이 수많은 묘사적 어휘를 쓰는 것은 노자가 사물이 아니면서도 사물과 따로 독립적으로 존재하지 않는 도의 특성을 드러내고자 했기 때문이다. 이것이야말로 도의 추상성과 구체성의 통일적 특성을 주장하는 것이라고 할 수 있다. 그러나 안타깝게도 노자는 이러한 점을 충분히 인식하지 못하고 있었다.[52] 이러한 점을 종합해 보면 그가 말한 도는 어느 정도 이성과 추상성의 특성과 요소를 지닌 것이라고 할 수 있다.

그러나 장자의 도는 이와 다르다. 『장자』 속에서 언급되는 도는 크게 두 가지 의미와 네 가지 종류로 구분된다. 즉 크게는 천도天道와 인도人道의 의미로 구분되며, 천도에는 다시 구체적 사물의 규정성을 나타내는 도와 전체 우주의 근원으로서의 도가 있다. 그리고 인도에도 두 가지 종류, 즉 사회와 인생의 구체적 질서와 법칙을 의미하는 도와 전체 사회와 인생 존재의 근원을 가리키는 도가 있다. 그러나 철학적인 의미에서 말하면, 장자의 도는 본원으로서의 도와 소요逍遙의 도로 구분할 수 있다.[53] 그리고 이두 가지 도 가운데 장자의 사상적 경향과 취지를 잘 드러내는 것은 소요의 도이다. 이러한 소요의 도는 일종의 경지, 즉 마음과 사물이 서로 융합하여 하나가 되는 물아일체物我一體, 천인합일天人合一의 경지를 뜻한다. 「천하」편에서 장자는 자신의 사상적 특성에 대해 "그는 홀로 천지의 정묘함과 신묘함과 함께 왕래하면서도 만물 위에서 오만하게 내려다보지 않으며, 시비를 따져 견책하지 않고 세속과 더불어 살았다"라고 표현했는데, 이것이 바로

---

52) 현대 학자들 중에서 노자의 道를 후설의 現象學사상과 비교하는 사람들이 있는데, 그들에 따르면 노자가 말한 道의 규정, 즉 '惟惚惟恍', '窈兮冥兮'가 바로 道의 자아현현, 자아계시, 그리고 자아현상의 성질과 작용이다. 그러나 이러한 생각은 노자의 사상을 지나치게 높이 평가한 것에 불과하다. 노자의 사상은 아직 개념의 추상성과 구체성을 통일할 수 있는 수준에 이르지 못했기 때문에 이와 같은 견해는 노자 사상의 현대적 해석과 확장에 속한다.

53) 장자의 道에 관해서는 이 책의 3장에서 집중적으로 다루게 될 것이므로 여기서 구체적으로 설명하지는 않겠다.

장자사상의 핵심 취지이다. 노자와 다르게 장자를 장자이게끔 하고, 또 중국사상사나 철학사에서 중요한 위치를 차지하게 해주는 것이 바로 정신의 절대자유를 내용으로 하는 장자의 소요의 도이다. 따라서 장자의 도는 일종의 경지이며, 이런 의미에서 장자학莊子學은 일종의 미학美學이다.[54]

모종삼牟宗三은 『재성과 현리(才性與玄理)』 제6장 2절에서 『노자』와 『장자』의 동이同異 문제를 다음과 같이 지적했다.

객관적인 시각에서 『노자』와 『장자』는 그 의리義理(근본적 이치)의 뼈대에 있어서는 동일한 체계에 속한다. 하지만 주관적인 시각에서 보자면 양자는 서로 상이한 모습을 띠고 있다. 그것을 다음과 같이 정리할 수 있다. 첫째는 의리체계를 인간과 관련시켰을 때, 『노자』는 비교적 침착하고 건실한 데 비해 『장자』는 개방적이고 소탈하다. 둘째는 양자의 표현방식에 차이가 있다. 『노자』가 주로 분석적 서술방식을 사용하는 반면에 『장자』는 묘사를 위주로 뜻을 전달한다. 셋째는 의리의 형태가(내용이 아니라) 다르다. 『노자』의 도는 객관성·실체성·실현성을 갖추고 있는 데 비해 『장자』의 도는 이 세 가지 성질을 함께 융합하여 순수 주관적인 경지로 통합한다. 그러므로 『노자』의 도가 실유형태實有形態, 또는 유사類似한 실유형태의 특징을 갖는다고 한다면 『장자』의 도는 순수한 경계형태境界形態라고 할 수 있다.

따라서 『노자』라는 책은 병서兵書로도 읽힐 수 있고 군왕의 통치술로도

---

54) 李澤厚는 다음과 같이 말했다. "실질로서 말하자면 장자의 철학은 곧 美學이다. 즉 그것은 전체 인생에 대한 심미적 관조를 요구하고 있다. 다시 말해 그것은 인간으로 하여금 利害, 是非, 功過, 主客 등을 초월하여 우주와 일체를 이루는 것을 강조한다.…… 그래서 우주론이나 인식론의 각도에서 장자를 이해하고 설명하기보다는 美學의 각도에서 장자철학의 전체 실질을 파악하는 것이 더 적절하다."(李澤厚,「莊玄禪宗漫述」, 『中國古代思想史論』, 人民出版社, 1986, p.189)

사용될 수 있다. 반면에 『장자』는 이러한 측면에서 사용될 수는 없지만 대신에 심미審美적 분야에 적용될 수 있을 뿐만 아니라, 소요하고 자유로운 경지를 추구하고 인생의 안정을 찾는 방법으로 사용될 수 있다.

이와 같은 사상의 질적 차이로 인해 위진현학이 형성되고 발전해 가는 과정에서도 『노자』와 『장자』의 사상이 발휘한 작용과 담당하는 역할은 역시 차이가 있었다. 우선 전체 위진현학의 시작으로 알려진 정시현학의 형성과정에서 기초적인 역할을 담당한 것은 『노자』의 사상이었는데, 그 원인에는 두 가지가 있다. 첫째, 『노자』에서 말하는 무위로써 다스리는(無爲而治) 사상과 군왕의 통치술(君人南面之術)로서의 술術이 그 시대의 정치철학 이론을 건립하는 데 도움이 되었기 때문이다.

한헌제 연강延康 원년(220) 조비曹丕가 한을 대신하여 황제가 되고, 연호를 황초黃初로 바꾸면서 위魏나라가 시작되었다. 그리고 제왕齊王 조방曹芳 정시正始 시기(240~249)에 조씨曹氏의 위나라 정권은 이미 20년 이상 유지되었고,(물론 그것이 한나라의 정권을 빼앗은 것이지만) 이미 안정된 상태에 이르렀다. 이 시기에 조상曹爽과 같이 보정대신輔政大臣을 담당한 사마의司馬懿는 종속적인 위치에 있기 싫어했지만 아직 위나라 정권을 본격적으로 참월하는 데 나서지는 않았다. 다시 말해 사마씨와 조씨의 정치투쟁이 아직은 표면화되지 않은 상태였으며, 그래서 당시 국가의 정치적 형세는 안정적이고 통일된 상태였다. 바로 이러한 정치적 배경 하에서 조위曹魏의 가장 핵심적인 과제는 국가정권과 토호귀족들의 관계를 어떻게 처리할 것인가에 관한 것이었다. 이에 대해 정치가나 군사 전략가들은 모략과 방략을 통하여 통일적 체제를 건립하려고 했고, 사상가나 철학자들은 사상적인 관점에서 정치 문제를 처리하는 방법을 제시하고자 했다. 왕필은 『노자지략老

子指略』에서 다음과 같이 말했다.

『노자』의 글에 대해서 변론하고 힐문詰問하려고 하는 사람은 그것의 요지를 잃어버리게 된다. 명名으로써 따져보고자 하는 자는 그것의 본의에서 벗어나게 된다. 그러므로 그(『노자』) 대략의 취지는 태초의 시원始原을 논함으로써 저절로 그러한 본성을 밝히고, 유명幽冥의 극치를 연역하여 미혹에 사로잡힌 것을 바로잡고자 하는 것이다. 순응하고 인위도 하지 않으며, 딜어내고 베풀지 않는다. 근본을 숭상하고 말단을 제거하며, 어미를 지키고 자식을 보존하며, 교묘한 술책을 낮추고 사태가 벌어지기 전에 하며, 다른 사람을 책망하지 않고 자기 스스로에게서 구하는 것이 그것의 큰 요체이다. 그런데 법가法家는 모든 것을 가지런히 같게 함을 숭상하여 형벌로써 단속한다. 명가名家는 참됨만을 숭상하여 언어로써 바로잡는다. 그리고 유가儒家는 온전한 사랑을 숭상하여 명예로써 그것을 부추기며, 묵가墨家는 검소함을 숭상하고 교정으로 그것을 세운다. 그리고 잡가雜家는 다양한 장점들을 숭상하여 그것들을 모두 합해서 행하려고 한다. 그러므로 형벌로써 단속하면 반드시 교묘함과 거짓이 생기고, 이름으로써 규정하면 반드시 관대함이 없어지며, 명예로써 사물을 부추기면 반드시 숭상을 받으려는 다툼이 일어나고, 교정으로써 세우려 하면 반드시 어긋남이 생기며, 잡다한 것을 섞어서 행하면 반드시 혼란이 일어난다. 이는 모두 자식에만 몰두하여 어미를 잃는 짓이다.

또한 같은 책에서 뒤이어 이렇게 말했다.

『노자』라는 책을 한마디로 요약하자면 근본을 숭상하고 말단을 제거하는 것이다.…… 시험 삼아 논한다면 사악함이 일어나는 것이 어찌 사악한 자에 의해서만 저질러진다고 할 수 있겠는가? 음탕함이 일어나는 것이 어찌 음탕한 자에 의해서만 만들어진다고 할 수 있겠는가? 그러므로 사악함을 없애는 것은 정성을 보존하는 데 달린 것이지 그것을 잘 살피는 데 있지 않고, 음탕함을 없애는 것은 그 화려함을 없애는 데 달린 것이지 그에 대한 법의 조목을 만드는 데 있지 않으며, 도적을 막는 것은 욕심을 없애는 데 달려 있는 것이지 형벌을 엄격하게 만드는 데 있지 않고, 송사(訟事)를 그치게 하는 것은 숭상하지 않은 것을 보존하는 데 달린 것이지 송사를 잘 듣는 데에 있지 않다. 그러므로 그 인위적으로 행함을 공격하지 않고 인위에 대해 무심하도록 하며, 욕심을 직접 없애지 않고 욕심에 무심하도록 하며, 징조가 드러나기 전에 도모하고 시작하기 전에 해야 한다. 그러므로 성지(聖智)를 다하여 교묘함과 거짓을 다스리는 것은 소박함으로써 백성의 욕심을 안정시키는 것만 못하고, 인의를 흥행시켜 천박한 풍속을 돈실하게 하는 것은 질박함으로써 독실하게 하는 것만 못하며, 교묘한 이로움을 늘려서 일을 흥행시키는 것은 사욕을 줄임으로써 화려함의 경쟁을 잠식시키는 것만 못하다. 그러므로 사찰(伺察)을 근절하고, 총명함을 없애며, 부추김을 버리고, 화려한 명예를 잘라내며, 교묘한 쓰임을 포기하고, 귀중한 보물을 낮춰야 한다. 이는 오직 백성들에게 애욕(愛欲)이 생기지 않도록 하는 것이지, 그 잘못됨을 공격하는 데 있지 않다. 그러므로 소박함을 보임으로써 성지(聖智)를 근절하는 것과 사욕을 줄임으로써 교묘한 이로움을 없애는 것이 모두 근본을 숭상하고 말단을 제거하는 것이다.

이것이 바로 노자의 사상에서 비롯된 적음으로써 많음을 다스리는 것, 하나로써 많은 것을 통솔하는 것, 그리고 근본을 숭상하고 말단을 제거하는 정치철학이자 한나라와 위나라의 교체기라는 시대적으로 긴박한 상황과 당시의 현실적 과제에 대해 현학이 제시한 해답이다.

둘째, 『노자』의 도는 그 추상성 때문에 직접적으로 우주 존재의 근본을 세우는 데 유익하게 활용될 수 있다. 앞서 서술했듯이 위진현학의 사상적 임무는 우주본체론을 세우는 데 있었다. 이러한 맥락에서 노자가 말한 도는 본래 우주 존재의 본체나 본원이라는 의미를 갖고 있으므로 직접적으로 위진현학의 사상가들에게 이용되었고, 본체이론을 만드는 데 기여할 수 있었다. 그러나 노자의 도가 바로 이용될 수 있다면 정시현학에서는 왜 직접 도를 언급하지 않고 무無에서부터 논의를 시작했을까? 실제로 이러한 점이야말로 정시현학이 선진도가의 사상을 계승하고 혁신하고 있음을 나타낸다.

하안과 왕필, 특히 왕필이 『노자』를 주석하면서 노자의 도 사상을 중시하고 흡수하는 것을 간과할 리 없었을 것이다. 왕필도 노자와 유사하게 도로써 천지만물의 존재적 본체를 언급했다. 그러나 여기에서 왕필은 한 가지 문제, 즉 도가 왜 본체가 될 수 있는가에 대해 고찰해야만 했다. 다시 말해서 그는 도가 어떤 성질이나 본성으로 인해 만물의 본원이나 본체가 될 수 있는가 하는 문제를 다뤄야만 했다. 하안과 왕필에 따르면 도가 본체가 될 수 있고, 또한 그렇게 되는 것은 도가 추상성과 일반성을 지니는 보편적 하나(一)이기 때문이고, 이렇게 되어야만 그것이 천지만물을 포섭하는 본체가 될 수 있다. 예컨대 하안은 "유有가 유로 되는 것은 무에 의지함으로써 생生할 수 있는 것이다. 어떤 일(事)이 일어나는 것은 무로 말미암아 이루어지는 것이다. 무릇 설명하려고 해도 설명할 말이 없고, 이름을 지으려 해도 지을 수 있는 이름이 없다. 그것을 보려고 해도 형체가 없고, 들으려고 해도 소리가 없는 것이 도道의 온전함이다. 그래서 이러한 도는 소리의 원천과 그 메아리를 밝히고, 기氣와 물物을 드러내며, 형체와 정신을 포함하고 빛과 그늘을 구분한다. 검은 것은 그것(道)에 의해 검어지고, 흰 것은 그것에 의해 희게 되며, 모난 것은 그것에 의해 각이 생기고, 원은 그것에 의해 둥글어진다. 원과 모난 것은 형체가 있지만 도는 형체가 없고, 희고 검은 것은 이름이 있지만 도는 이름이 없다"(『道論』)라고 말했는데, 여기서 도의 온전함에서의 온전함(全)이 바로 도의 추상성과 일반성, 그리고 형체와 형상, 그리고 이름이 없는 본질성을 가리키는 것이다.

또한 왕필은 "형체가 없고 이름이 없는 것은 곧 만물의 근원(宗)이다. 뜨겁지도 않고 차갑지도 않으며, 궁음宮音에 치우치지도 않고 상음商音에 치우치지도 않는다. 귀로 들으려고 해도 들리지 않고, 눈으로 보려고 해도 보이지 않으며, 체험하고자 해도 알 수가 없고, 맛을 보려고 해도 맛을 볼 수가 없다. 그러므로 그것이 물物로서는 혼성混成이고, 상象으로서는 무형無形이며, 음音으로서는 희성希聲이고, 맛(味)으로서는 무정無呈이다. 그러므로 능히 모든 사물의 종주宗主가 될 수 있고, 천지에 두루 통하며, 상도常道에서 벗어나지 않게 한다. 만약 뜨겁다면 차가울 수가 없고, 궁음이라면 상음이 될 수 없다. 형체에는 반드시 구분이 있고, 소리에는 반드시 귀속되는 바가 있다. 그러므로 상象으로써 형태를 갖춘 것은 대상大象이 아니고, 음音으로써 소리를 내는 것은 대음大音이 아니다"(『노자주』, 1장)라고 말했다. 여기서 도는 뜨겁지도 않고 차갑지도 않으며, 궁음에 치우치지도 않고 상음에 치우치지도 않으며, 볼 수도 없고 들을 수도 없는 추상적인 하나이기 때문에 천지에 두루 통하며, 상도에서 벗어나지 않는 본체가 될 수 있다는 생각이 더욱 명확하게 드러난다. 만약 그렇지 않으면 '형체에는 반드시 구분이 있고, 소리에는 반드시 귀속되는 바가 있다'는 말과 같이 도는 구체적 사물이 되어버리고, 따라서 천지만물을 두루 포섭할 수 있는 존재가 될 수 없을 것이다.

이와 같은 도의 특징을 일컬어 "이름이 없기 때문에 천하의 모든 이름을 명명할 수 있는 것"(何晏, 「無名論」)이라고 할 수 있다. 즉 이름이 없기 때문에 천하의 모든 이름을 아우를 수 있고, 형태가 없기 때문에 천하의 모든 형태를 포함할 수 있으며, 모양이 없기 때문에 천하의 모든 모양을 포섭하고, 형상이 없기 때문에 천하의 모든 형상을 통합할 수 있다는 것이다. 하안과 왕필은 바로 이러한 형태·모양·이름·형상이 없는 추상적인 성질을 무無라고 부른 것이다. 그러므로 정시현학에서의 무는 도의 추상성을 가리켜 말한 것이며, 그것의 표징表徵이다. 그래서 정시현학이 무를 근본으로 삼는다는 것은 실제로는 도를 근본으로 삼는 것과 다름이 없다.

따라서 전체 위진현학의 출발점으로서 정시현학에서 그 사상적 자료로 적합하게 이용할 수 있는 것이 노자의 사상이다. 이러한 사실들은 모두 노자의 사상이 400년이라는 양한兩漢 시기의 잠재적 발전을 통해 조위曹魏 시기에 이르러 다시 부흥하게 된 이유를 설명해준다.

3. 죽림현학과 곽상현학 그리고 장자사상의 유행

앞에서 살펴본 것처럼 정시현학正始玄學의 사상적 자료는 『노자』였다. 그러나 죽림현학竹林玄學 시기부터는 『장자』가 중시되기 시작했고, 곽상현학郭象玄學에 이르러서 장자의 사상이 지배적 위치에 오르게 되면서 "유가와 묵가의 자취가 시시해 보였고, 도가의 학설이 성행하게 되었으며"(『진서』, 「向秀傳」) "노담과 장주의 학문이 길 가운데 서게 되면서 중니와 경쟁하기 시작했다"(『文心雕龍』, 「論說」)는 국면을 형성하게 된다. 그렇다면 위진현학의 발전과정에서 장자의 사상이 어떻게 지배적 위치에까지 오르게 되었는가? 이에 대해 필자는 두 가지 원인이 있다고 생각한다. 즉 하나는 그 당시의 사회정치와 연관된 것이고, 다른 하나는『장자』라는 책의 요지와 관계된 것이다.

『진서』「완적전阮籍傳」에는 "완적은 본래 세상을 구제하려는 뜻을 가지고 있었으나 위나라와 진나라가 교체되는 시기에는 천하에 변고가 많아 명사名士들 중에 온전하게 살 수 있는 사람이 매우 적었기 때문에 그는 세상사와 단절하여 술을 진탕 마시면서 일상을 보냈다"라는 기록이 있다. 여기에서의 천하에 변고가 많다는 이 한마디가 바로 그 당시의 사회적·정치적 분위기라고 할 수 있다. 정시正始 10년(249) 정월에 사마의司馬懿가 고평릉정변高平陵政變을 발동하여 수도 낙양을 차지하면서 조상曹爽과 그 일당인 하안何晏 등이 모두 살해되었고, 조씨曹氏의 위나라 정권이 사마씨司馬氏에게로 넘어가게 되었다. 이 고평릉정변 이후 가평嘉平(齊王 曹芳의 연호, 249~254)에서 경원景元(魏元帝 曹奐의 연호, 260~264) 연간에 이르기까지 정치적 주도권을 장악한 사마씨는 조씨 정치집단에 대해 잔혹한 타격을 행사했다.

정시 10년에 일어난 고평릉정변 이후 사마씨가 조씨정권의 주도권을 빼앗았지만 그 세력이 완전히 소멸하지는 않았다. 따라서 두 집단 사이에서 벌어진 정치투쟁이 완전히 끝나지 않은 상태였으므로 사마씨는 기회가 있으면 언제든지 조씨 집단을 완전히 소멸하려고 했다. 가평 3년(251) 봄에 사마의는 반역죄를 명목으로 정동장군征東將軍 왕릉王淩을 토벌했는데, 이로 인해 왕릉은 독배를 마시고 자살하였고 그 아들 왕광王廣도 피살되었다. 가평 6년에 이풍李豊과 장집張緝은 사마사司馬師를 죽이려고 했으나 실패했고, 이로 인해 이풍, 장집, 하후현夏侯玄 등이 피살되었다. 그 이후 위나라 황제 조방은 제왕齊王으로 폐위되었고, 조모曹髦가 황제로 옹립되었다. 정원正元 2년(255), 무구검毌丘儉과 문흠文欽 등은 태후太后의 조령에 기탁하여 대장군 사마경왕司馬景士을 토빌하게 되었는데(『삼국지』, 「魏書·毋丘儉傳」 참고) 그들은 회남淮南 군대와 백성을 수춘壽春에 모아 사마사와의 결전을 준비했다. 이에 사마사는 군대를 동원하여 무구검을 죽이고, 그 자신 또한 병을 얻어 군영에서 죽었다. 감로甘露 2년(257)에서 3년 사이, 사마소司馬昭가 제갈병변諸葛兵變을 평정함에 따라 조씨 집단은 완전히 소멸되었다. 감로 5년(260) 위나라 황세 조모는 권위가 점차 소진되지 그 분노를 참지 못해 시중侍中 왕심王沈, 상서尚書 왕경王經, 그리고 산기상시散騎常侍 왕업王業을 불러 말하기를 "사마소의 마음은 길거리의 사람들마저 다 안다. 나는 그 굴욕을 참을 수 없으니 그대들과 함께 사마소를 토벌하겠다"라고 하였다.(『삼국지』, 「위서·三少帝紀」의 「高貴鄕公紀」 주) 그 결과 조모는 사마소에 의해 직접 살해되었고, 그 뒤를 이어 조환曹奐이 황제로 옹립되었지만, 이미 실권은 완전히 사마씨로 넘어가게 되었다.

이와 같은 정치형세는 그 당시 활동했던 명사들의 생명이나 사상에 커다란 압력을 가했다. 정시正始 연간 이래로 하안, 하후현, 이풍, 왕광王廣, 부하傅嘏, 종회鍾會 등의 명사들은 모두 정치투쟁에 말려들어 생명을 잃었으며, 왕필은 비록 목숨을 건지기는 했지만 정치투쟁의 공황 속에서 세상을 떠났다. 동시에 이러한 정치투쟁 속에서 본래 왕실에 충성했던 사람들은 목숨을 잃은 반면 권력자에 빌붙어 아부하는 자와 충성심이 없는 자는 단번에 높은 자리에 오르곤 했다.

『진서』「가충전賈充傳」에는 "사마소가 처음 집권할 때, 지방에서 반대세력이 있는 것을 두려워하여 가충으로 하여금 제갈탄諸葛誕과 함께 오吳 땅을 정벌하고 암암리에 그곳을 감시하려고 했다. 이때 가충이 현실을 논하면서 제갈탄에게 '천하가 모두 선대禪代를 원하는데 그대는 어떻게 생각하는가?'

라고 묻자, 제갈탄은 정색을 하면서 '그대는 가예주賈豫州의 아들이 아닌가? 그대의 가족은 대대로 위나라의 은혜를 받으면서 살았는데 어찌 나라를 남에게 팔 수 있겠는가? 만약 나중에 변란이 생긴다면 나는 차라리 목숨을 끊겠다!'라고 했다"는 기록이 있다. 하지만 후일의 결과는 전혀 달라졌으니, 제갈탄은 진압을 당하고 가충은 의양향후宜陽鄉侯로 승진되어 천호千戶의 읍邑을 받았다.

또한 조모가 살해된 사건에서도 원래 상서 왕경, 시중 왕심, 산기상시 왕업이 같이 힘을 모아 사마소를 토벌하기로 했는데, 그 중 왕심과 왕업이 오히려 사마소에게 밀고를 해버렸다. 결과적으로 조모는 피살되고 왕경은 치죄를 당했는 데 반해 왕업과 왕심은 공을 얻어 제후로 봉해졌다. 이러한 사건들은 모두 그 당시 정직하고 충직한 인사들의 비참한 생애를 보여준다.

이보다도 더 중요한 것은 당시의 정치형세가 명사들의 사상관념에도 커다란 충격을 안겨주었다는 것이다. 대부분의 명사들은 어렸을 때부터 유가의 명교名教 교육을 받았고 전통적 명교 규범을 지켜왔다. 그러나 사마씨가 정권을 침탈한 행위는 전통 명교의 규범을 크게 파괴한 것이었다. 또한 그의 행위는 명교 규범을 파괴했을 뿐만 아니라 명교의 탈을 쓰고 명교를 파괴한 것이다. 예를 들면 사마사가 조방을 폐위시켰음에도 불구하고 태후로 하여금 "황제 방芳은 시간이 지날수록 조정에 힘쓰지 않고, 음탕함에 빠지며 내시內侍를 총애하고 여색을 탐닉했다. 매일 창우倡優에 미련하고 추악한 희롱들을 행하며 육궁六宮의 여인들을 내방內房에 머물게 하고, 인륜을 파괴하며, 남녀 간의 절개를 어지럽혔으므로 공恭과 효孝의 강상이 무너지고, 패륜과 방자함이 날로 심해지며 더 이상 하늘의 뜻을 받들고 종묘에 봉사할 자격이 없다. 그래서 태위太尉 고유高柔를 책봉하여 한 명의 대무大武를 종묘에 추천하도록 하고, 방芳을 제왕齊王으로 퇴진시켜 황위에 나서지 말도록 한다"는 명령을 내리게 했다.(『삼국지』, 「위서 · 삼소제기」) 또한 조모가 살해된 후, 사마소는 태후로 하여금 조모가 "추악하고 반역적이며 도에 거스르는 말을 조작해서" 태후를 비방했다는 거짓말을 만들어내도록 하고, 심지어 조모가 태후를 살해하려 했다는 허위사실을 조작하게 만들었다. (『삼국지』, 「위서 · 삼소제기」)

이러한 사건들은 분명히 사실의 전말을 조작하고 허위로써 진실을 뒤덮는 일이다. 이와 같이 사회관계를 조화시키는 데 쓰인 명교가 그 본래적 의미를 상실하자 사람들의 사상은 큰 혼란에 빠지게 되었다. 이러한 분위기 속에서 그 당시 명사들도 사상의 준칙을 잃었기 때문에 의기소침하고 방황한 끝에 노장의 사상, 특히 장자의 소요유逍遙游 사상으로써 마음의 위안을 얻고자 하였다. 과정을 통해 장자를 중시하는 사회적 분위기가 형성되었고, 장자학이 시대에 떠밀려 사상의 무대 앞으로 나서게 되었다.

정시 연간 이후로 조위曹魏의 정치적 분위기는 장자학의 전파와 발전에 유익했는데, 과연 장자학은 당시 사회적 수요에 적응하고 요구를 충족시킬 수 있었는가? 장자학은 당연히 정치적 분위기로 인한 사상적 수요를 만족시킬 수 있었다. 장자와 노자는 모두 춘추전국시대의 사회적 현상에 대해 비판했는데, 노자와 달리 장자의 문명 비판에서 독특한 점은 처음으로 개체적 존재의 차원을 강조하면서 이루어졌다는 것이다. 그의 비판은 기본적으로 개체의 시각에 입각하여 이루어졌다. 즉 그의 사상적 관심사는 윤리나 정치 문제가 아니라 개체 존재의 생명과 정신에 있었던 것이다. 그러므로 "장자의 취지는 우주의 본체가 무엇인지를 탐구하고 논증한다든지 자연이 어떻게 생성되고 지금까지 이어져왔는지를 탐구하는 데 있지 않았다.…… 이러한 문제들은 그에게 무의미하다. 그가 도와 천, 그리고 무위와 자연을 말하는 것은 마치 그가 황당한 우화를 이야기하는 것과 마찬가지로 일종의 이상적인 인격을 세우기 위해서이다. 그러므로 장자가 말한 도는 자연의 본체가 아니라 인간의 본체이다. 다시 말해서 그는 인간을 본체로 삼아 그것을 우주적 차원까지 승격시켜 논했다는 것이다. 즉 그가 제시한 것은 인간이라는 본체적 존재와 우주자연 존재의 동일성이다."55)

우리가 장자학을 일종의 미학이라 부르고, 그의 도를 소요의 도(逍遙之道)라고 부르는 것은 모두 장자사상이 개체적 인간존재에 대해 중시하고 있음을 가리킨다. 바로 이러한 장자사상의 특질과 취지가 천하에 변고가 많은 사회적 분위기와 명사들 가운데 온전하게 살아남을 수 있는 이가 적었던 죽림현사의 사상적 요구를 충족시킬 수 있었던 것이다. 나아가서 그 것은 또한 곽상현학의 사상적 요구, 즉 개체적 인간의 내재적 정신자유와 인격독립을 외재적 행위와 통일시켜, 명교즉자연名敎卽自然이나 내성외왕內 聖外王을 이루고자 하는 것에 부합한다. 이렇게 보면 위진현학이 정시현학 에서부터 죽림현학을 거쳐 곽상현학으로 발전하는 과정에서 노자의 사상 이 장자의 사상으로 전환되는 것은 당연한 것일지도 모른다.

죽림현학과 곽상현학이 모두 『장자』를 사상적 자료로 삼고 있기는 하지만 그것에 대한 운용과 치중점은 서로 다르다. 그 중에서 죽림현학은 『장자』 속에 들어 있는 개체 인간의 인격독립과 자유에서 비롯되는 사회 현실에 대한 비판사상을 계승했다. 『장자』 속에는 사회현실에 대한 비판

55) 李澤厚, 「莊玄禪宗漫述」, 『中國古代思想史論』, 人民出版社, 1986, p.181, 185.

과 이상적 사회에 대한 동경이 모두 들어 있다. 예컨대『장자』「거협」편에는 "성인聖人이 죽지 않으면 큰 도둑이 사라지지 않는다. 비록 성인이 거듭 나타나서 천하를 다스리려고 하지만 이것은 도둑을 거듭 이롭게 해주는 것과 다름없다. 됫박을 만들어서 곡식의 양量을 헤아리면 도둑은 그 됫박까지 훔쳐가고, 저울을 만들어 무게를 재면 저울까지 훔쳐가며, 부새符璽를 만들어 신물信物로 삼으면 그 부새까지 훔쳐가고, 인의를 만들어 바로잡으려면 인의까지 모두 훔쳐간다. 어떻게 그러함을 알 수 있는가? 고리를 훔친 자는 죽임을 당하지만 나라를 훔친 자는 제후가 된다. 그리고 제후의 문門에는 인의仁義가 있다"라는 언급이 있고, 또한 「변무」편에는 "갈고리와 먹줄, 그림쇠와 곱자에 의지하여 바로잡으려 하는 것은 그 본성을 깎아버리는 것이고, 노끈으로 묶고 풀칠하여 견고하게 붙이려는 것은 본래 타고난 덕을 침해하는 것이며, 몸을 구부려서 예악禮樂을 읊으면서 인의仁義를 실천하여 천하 사람들의 마음을 위로하려는 것은 자연스러운 본성을 잃어버리는 것이다"라는 말이 있다.

장자의 현실사회 비판에는 동시에 이상사회에 대한 동경이 포함되어 있는데, 그것은 바로 그가 말하는 덕이 지극한 세상(至德之世)이다. 이러한 세상에 사는 사람들은 '편안하게 누워서 느릿느릿 움직이고', '거동이 유유자적悠悠自適하고 눈매가 밝고 환하며', '한 무리는 자기가 말이라고 여기고, 한 무리는 자기를 소라고 여기며', '새나 짐승들과 함께 살고, 만물과 함께 나란히 모여 있는'(『장자』, 「마제」 등 참고) 세상이다.

혜강과 완적을 비롯한 죽림현사들은 바로 이러한 장자의 사회비판 정신과 사상을 계승했다. 예를 들면 혜강은 「난자연호학론難自然好學論」에서 이렇게 말했다.

옛날에 새들이 날아다니고 황야가 가득한 세상에서는 아직 큰 소박함이 어지럽혀지지 않았다. 임금은 위에서 명령을 내리지 않았고, 백성들은 밑에서 다투지 않았으며, 모든 사물이 이치에 순응하므로 스스로 도리를 얻지 않음이 없었다. 배부르면 편안히 자고, 배고프면 음식을 구하며, 먹고 난 후에는 기뻐하며 배를 두드리니, 덕이 지극한 세상이 따로 무엇인지를 몰랐다. 이와 같았으니 사람들이 어찌 인의仁義의 단초와 예절과 율법를 알 필요가 있었겠는가?

지인至人이 사라지고 큰 도道가 쇠약해짐에 이르러서 문장을 지어 뜻을 전하기 시작했다. 이때부터 사람들은 만물을 구분하기 시작했으니 종류와 무리가 생겼고, 인의를 만들어서 마음을 사로잡았으며, 명분을 제정하여 사람들의 외모를 단속하고, 배우는 것을 권유하고 학문을 가르치면서 교육을 강조하였다. 그러므로 육경이 번잡하게 성행되고, 백가百家가 일제히 빛을 내려고 하며, 명예와 이익의 길이 열리므로 사람들은 자기도 모르게 그것을 좇아다닌다. 그래서 생生을 탐내는 금수는 울타리 안의 곡식을 먹게 되고, 안일함을 추구하는 자는 뜻을 속이며 속물에 따른다. 술잔을 들고 붓을 노닐며, 발걸음을 멈추고 종일 휴식을 취하며, 학문을 축적하여 경經을 밝히고, 언젠가 결실이 맺어지는 것을 기다린다.

육경六經은 정욕을 억압하는 것을 위주로 하지만 인성人性은 정욕에 따르는 것을 즐거움으로 삼는다. 억압하고 끌어가는 것은 그 본래의 뜻에 어긋나는 것이고, 정욕에 따르는 것은 그 자연의 본성을 얻는 것이다. 그러므로 자연적인 얻음은 육경으로 억압하고 사람을 인도引導하는 것에서 비롯되지 않고, 본성을 온전히 하는 것은 정욕을 해치는 예율禮律을 필요로 하지 않는다. 만약 강당을 묘막墓幕으로 여기고, 경문을 읊는 것을 하찮은 소리로 여기며, 육경을 잡초와 우거지 같은 것으로 여기고, 인의를 썩어 냄새나는 것으로 여긴다면 서적을 보면 눈이 어그러지고, 읍揖하면 허리가 구부러지며, 예복을 입으면 힘줄이 비뚤어지고, 예전禮典에 대해 담론하면 이가 포개질 것이다. 그렇게 되면 이 모든 것을 버리고 만물과 더불어 다시 시작하게 된다. 그러면 배우는 자들은 공부를 즐기면서도 피곤해하지 않고, 마치 무언가가 결여되어 있는 것처럼 된다. 그러므로 배우지 않는 것이 반드시 깜깜한 밤이 되는 것도 아니고, 육경을 배운다고 해서 반드시 태양처럼 밝아지는 것도 아니다.

또 다른 죽림명사였던 완적은 「대인선생전大人先生傳」에서 이렇게 같이 말한다.

옛날 천지가 개벽하고 만물이 함께 생겼을 때, 큰 것은 자기의 본성을 담담하게 지키고, 작은 것은 자기의 형체를 고요하게 유지했다. 음陰은 그 기氣를 숨기고 양陽은 그 정精을 드러냈다. 피해야 할 해로움이 없었고, 다투어야 할 이로움도 없었다. 내놓아도 잃어버리는 일이 없었고, 거두어도 가득 차는 일이 없었다. 죽는 것을 요절이라고 여기지 않았고, 사는 것을 장수라고 생각하지 않았다. 복은 얻어진 바가 없었고 화는 탓할 바가 없었다. 각각 자기의 명에 순응하여 적절하게 더불어 살았다. 지혜가 밝은 자는 지혜로써 이기지 않았고, 흐릿한 자는 우둔함으로 인해 지지 않았으며, 약자는 위협 때문에 겁먹지 않았고, 강자는 힘으로써 억압하지 않았다. 임금이 없어도 사물은 저절로 정해졌고, 신하가 없어도 만사가 정돈되어 있었다. 몸을 보존하고 본성을 기르며, 기강에 어긋나지 않았다. 오직 자연의 그러함에 의탁했기 때문에 오랫동안 갈수 있었다.
그런데 지금 너희들은 현인을 높이고 잘난 척하며, 재능으로써 경쟁하는 것을 숭상하고, 권세를 다투어 남을 지배하려 하며, 귀한 것을 즐기고 강조하면서 온 천하가 그것을 쫓아다니도록 부추기고 있는데, 이것이 바로 윗사람과 아랫사람이 서로 죽이게 되는 원인이다. 천지만물을 고갈시켜서 무궁한 감각적인 욕망을 충족시키려 하는 것은 백성을 보살피는 것이 아니다. 그리하여 백성들이 그 진상을 알까 봐 두려워해서 상으로써 그들을 달래고 형벌로써 그들을 위협한다. 그런데 재화를 탕진해도 상을 매울 수 없고, 형벌을 다해도 징벌이 제대로 이루어지지 않기 때문에 나라가 멸망하기 시작하고, 임금도 죽으며 궤멸하는 화를 불러온다. 이것이 바로 너희 군자들이 한 짓이 아니냐? 너희 군자들의 예법은 참으로 천하를 잔인하고 천하고 혼란하고 위험하고 죽음으로 가득 찬 것으로 만드는 술수에 불과하다.

너희들은 속옷 속에 들어 있는 이(虱)를 보지 못했는가! 깊은 틈새로 도망치고 낡은 솜 속에 숨어서 거기를 아주 좋은 장소라고 여긴다. 행동은 틈새를 벗어나지 못하고 움직임은 잠방이를 넘지 못하는데 스스로 법도를 얻었다고 생각한다. 배고프면 사람을 깨무는데, 그것을 무한한 먹이로 생각한다. 그러나 화산이 분출하여 도읍이 불타버리면 그들은 속옷에서 나오지도 못한 채 죽는다. 너희 군자들이 이 세상에서 행하는 짓들이 또한 속옷 속에 있는 이들과 무엇이 다른가?

혜강과 완적이 사회현상에 대해 이처럼 풍자하고 비판하는 목적은 개체로서 인격의 독립과 정신의 자유를 획득하고자 하는 데 있다. 이것이 바로 죽림현학의 구호, 즉 '명교를 넘어서 자연에 맡긴다'(越名教而任自然)는 것이다. 혜강은 「석사론釋私論」에서 이렇게 말했다.

무릇 군자라고 하는 것은 마음을 세속적인 시비에 두지 않고 행위가 도에 어긋나지 않는 사람을 가리킨다. 어떻게 이와 같이 말할 수 있는가? 무릇 기가 고요하고 정신이 비어 있는 사람은 마음에 숭상하는 것이 없고, 몸이 밝고 마음이 넓은 사람은 감정이 헛된 욕망에 얽매이지 않는다. 마음에 숭상하는 것이 없기 때문에 명교를 넘어 자연에 맡길 수 있고, 감정이 헛된 욕망에 얽매이지 않으므로 귀천貴賤을 제대로 헤아려 사물의 정황에 통달할 수 있다. 사물의 정황에 통달하기 때문에 대도大道에 어긋나지 않고, 명분을 초월하여 마음에 맡기기 때문에 세속의 시비에 집착하지 않는다.

'명교를 넘어 자연에 맡긴다'는 것은 하나의 구호이자 인생경지이다. 여기에서의 자연은 두 가지 차원의 의미를 지닌다. 첫째는 인간의 자연적 본성에 순응한다는 것이다. 예를 들어 혜강이 「난자연호학론」에서 "무릇 백성들의 본성은 안정된 것을 좋아하고 위험한 것을 싫어하며, 안일함을 즐기고 번잡함을 혐오한다. 따라서 만약 그들을 붙잡아서 압박하지 않으면 그들의 소원을 이루어주는 것이고, 핍박하지 않으면 그들의 뜻에 따르는 것이다"라고 말한 것이 이러한 의미이다.

둘째는 마음이 도에 어긋나지 않고 도와 일체가 되는 것이다. 이는 첫째 의미보다 더 높은 차원의 자연에 맡김(任自然)이다. 혜강은 「석사론」에서 다음과 같이 지적했다.

마음에 옳음이 있고 그것을 숨기면 사사로움이 되고, 뜻에 선함이 있고 시비를 마음에 두면 악이 된다. 시비를 마음에 두는 것을 마음에 두지 않고, 시비를 마음에 두지 않는 것을 마음에 둔다. 시비를 마음에 두지 않는 이치를 구하지 않고, 시비를 마음에 두는 원인의 도를 구하려고 한다. 그러므로 시비를 마음에 두는 것에 밝고, 마음에 두지 않는 것에 흐릿하다. 그래서 시비를 마음에 두지 않는 것을 우둔함이라고 여기고, 교묘함에 이르려고 한다. 오직 은폐하는 데 미세하게 드러나는 것이 있을까 두려워하고, 숨기는 데 엄밀하지 않은 것이 있을까 걱정하기 때문에 오만하고 잘난 척하는 용모로 사람을 헤아리고, 거짓 되고 꾸며낸 말로 속된 명예를 뽐낸다. 오랫동안 지속될 수 있는 좋은 규범도 이보다 왕성하지 못하다고 하고, 종일토록 생각하기만 하고 밖을 쳐다보려고 하지도 않기 때문에 그 사사로움의 본체를 이루고 자연스러움의 본질을 잃어 버리게 된다. 그러므로 은폐하고 숨기려는 감정이 있으면 이는 반드시 마음에 머물게 되고, 거짓되고 태만한 동기는 반드시 일에 드러나게 된다. 만약 이와 같으면 시비에 대한 논의가 이미 분명해지고, 상벌의 실체도 명확해진다. 그들

아래로 들어가면 그림자가 없어질 수 있음을 모르고 오히려 그림자를 숨기지 못할까 봐 두려워한다. 마음에 시비를 두지 않으면 걱정이 없는데 오히려 시비를 두는 기술이 부족하다고 원망하니, 어찌 슬픈 일이 아닐 수 있겠는가?

여기에서 지적하고 있는 것처럼 사람들의 마음에는 본래 시비관념과 선악구분이 있다. 만약 사람이 일상생활 속에서 이와 같은 선악과 시비를 구분하는 데 힘쓴다면 더욱 그것에 집착하게 될 것이다. 그렇다면 어떻게 해야 하는가? 이에 대해 혜강은 「석사론」에서 다음과 같이 말했다. "그러므로 군자는 본래 본질을 지니고 있고, 또한 그것을 거울로 삼는다. 그리고 명철함과 통달함을 귀하게 여기고, 그것을 간직하고 보존하며, 오만함과 인색함을 싫어하여 그것을 버리고 멀리한다. 잘못된 것을 한 번 마음에 두면 그것을 마음속으로부터 부끄럽게 여기고, 하나라도 숨기는 것이 있으면 밖으로부터 그 모습을 부끄럽게 여긴다. 말을 제멋대로 하지 않고 행동을 숨김없이 하며, 좋아한다고 해서 그것을 선하다고 하지 않고, 싫어한다고 해서 그것을 옳지 않다고 말하지 않는다. 마음에 오만함이 없고 감정이 얽매이는 바가 없으며, 몸이 깨끗하고 정신이 반듯하여 옳음과 그름을 명확히 판단할 수 있다. 충심이 천자를 감명시키고 신의가 모든 백성을 독실하게 한다. 마음속에 있는 것을 천지사방에 펼치고 마음의 드넓음을 영원히 드러낸다. 이것이 바로 현인과 군자의 고결한 행실의 아름다움이 아니겠는가?" 나아가 혜강은 마음(心)을 자연의 상태에 유지하고, 그것을 적막에 노닐게 하며(游心於寂寞), "교묘한 마음이 생기지 않고 순박함을 유지하며, 방자함을 거리낌 없이 직면하고 좋아하고 싫어하는 바를 잊으며, 천도를 유일한 종지로 삼아 사물의 세세한 것을 구분하는 데 힘쓰지 말아야 한다"(「복의

ㅏ疑)고 주장한다.

만약 죽림현학에 대해 장자의 사회비판 사상과 정신을 계승하여 순수한 자연에 맡김이라는 절대적 정신자유의 경지로 발전된 것이라고 평가할 수 있다면 곽상의 현학에 대해서는 장자의 비판사상을 창조적으로 수용하여 그 속에 들어 있는 내성외왕의 도를 긍정적인 의미에서 발휘하였다고 규정할 수 있다. 장자의 사회현실에 대한 비판과 달리 곽상은 그 당시 사회현실에 대해 긍정적인 태도를 보이고 있다.

예를 들면 곽상은 "천 명의 사람들이 모여서 한 사람을 임금으로 삼지 않으면, 혼란해지거나 흩어지게 된다. 그러므로 현인은 많아도 되지만 임금이 많으면 안 되고, 현인은 없어도 되지만 임금이 없으면 안 된다. 이는 하늘과 사람 사이의 이치이자 반드시 그 적절함에 이르러야 한다"(『장자주』, 「인간세주」. 이하 편명만 표시함)고 함으로써 군왕의 존재 필요성을 명확히 긍정했다. 또한 그는 "성인의 도는 백성의 마음을 활용하는 것일 따름이다"(「천지주」)라고 하고, "무릇 성인의 도는 백성으로 하여금 기쁨을 얻게 하는 것이다. 백성들은 본성의 즐거움을 얻으면 기쁘고, 기쁘면 천하에 어려움이 없다"(「천하주」)라고 말하면서 성인을 긍정했다. 그리고 곽상은 "예禮는 세상 사람들이 스스로 행하는 것이지, 내가 제정한 것이 아니다"(「대종사주」), "덕德은 자신과 타인이 스스로 따르는 것이지 내가 만드는 것은 아니다"(「대종사주」), "법法은 일을 좋게 하는 표징이다. 어찌 그 표징의 거친 것만 보고 일을 좋게 만드는 것을 보지 않는가!"(「재유주」), "인仁은 사랑을 포함하는 이름이므로 사랑이 없으면 인이라고 칭해질 수 없다"(「천도주」) 등과 같은 말을 하면서 사회의 예법에 대해 명확하게 긍정하는 태도를 보인다. 따라서 곽상은 그 당시 사회의 여러 방면에 대해서 긍정적인 태도를 갖췄다고 할

수 있다. 그에 따르면 한 사회에서 군주와 성인, 그리고 예법 등은 없어서
는 안 되는 것이고, 만약 그것들이 결여된다면 이미 온전한 사회가 될 수
없다. 이러한 곽상의 사상은 어느 정도 합리적이라고 할 수 있다.

그러나 문제는 합리적인 사회예법을 어떻게 인간의 행위나 활동과 적
절하게 통일시킬 것인가 하는 데에 있다. 만약 사회의 예법이 통치자에 의
해서 이용된다면 그것은 통치자의 합법적 수단으로 변질되어 사람들의 정
신과 사상을 속박하는 족쇄로 전락하게 될 것이다. 그렇게 되면 사람들은
죽림칠현이 그랬던 것처럼 예법을 비판하지 않을 수 없게 된다. 그렇다면
사회예법과 인간행위 사이의 모순을 어떻게 해결해야 하는가? 바로 이러
한 점에 대해서 곽상은 장자의 내성외왕의 도 사상을 계승하고 변화시켰
다. 『장자』「천하」편에는 다음과 같은 말이 있다.

천하가 크게 혼란해지자 현인과 성인이 모습을 감추었고, 도덕이 하나로 통일
되지 못하였으며, 천하 사람들이 모두 일부만 알고 스스로 만족하는 경우가
많아졌다. 비유하건대 귀, 눈, 코, 입은 각자 밝게 아는 부분이 있지만 서로
소통하지 못하는데, 이는 마치 제자백가의 여러 학술이 서로 소통하지 못하는
것과 같다. 물론 그들에게는 모두 나름대로 뛰어난 점이 있고 때에 맞는 쓰임
이 있다. 그렇지만 그들은 전부를 포괄하거나 두루 미치지 못하기 때문에 일곡
지사一曲之士에 불과하다. 그래서 천지의 미덕을 제대로 판정하고 만물의 이치
를 분석하며, 고대 사람들이 체득했던 온전한 도를 통찰하고, 천지의 아름다움
을 갖추어 천지의 신묘하고 밝은 모습을 말할 수 있는 이가 적었다. 이로 인해
내성외왕의 도가 밝게 드러나지 못해 점차 어두워지고 막혀서 나타나지 못하
며, 천하의 모든 사람들은 각기 자기가 하고 싶은 대로 해서 그것을 스스로
방술方術이라고 여기니 참으로 슬프다. 제자백가들은 각자 앞으로 나아가기만
할 뿐 도의 근본으로 돌아오지 않으니, 절대로 도와 합치되지 못할 것이다!

후세의 학자들은 불행하게도 더 이상 천지의 순수함과 고대 사람들의 대체人體를 보지 못할 것이고, 도술道術이 천하에서 바야흐로 찢어질 것이다.

이것이 장자의 후학들에 의해 논의된 장자사상의 발전 문제이다. 그들이 보기에 천하가 크게 혼란해지자 현인과 성인이 모습을 감춘 전국시대라는 시대적 상황에서 제자백가들은 나름대로 천지의 미덕을 판정하며, 만물의 이치를 분석하고 있지만 천지의 아름다움을 갖추고 천지의 신묘하고 밝은 모습을 말할 수 있는 이가 적었기 때문에 모두 일곡지사에 불과하며, 내성외왕의 도에 이를 만한 이가 없었다.

『장자』「천하」편은 실제로 장자사상을 포함한 여러 학파의 사상에 대해 개괄하여 서술하고 있으며, 장자의 사상 역시 그 속에 포함시켜 논의하고 있다. 그렇기 때문에「천하」편의 작자가 보기에는 장자 역시도 일곡지사이며, 아직 내성외왕의 경지에는 이르지 못했다. 사실 이와 같이 장자의 사상을 평가하는 것도 이치에 어긋난 것은 아니다. 왜냐하면 장자의 핵심 취지는 홀로 천지의 정묘하고 신묘한 작용과 함께 일체가 되어, 왕래하면서도 만물 위에서 오만하게 흘겨보지 않는 것이기 때문이다. 즉 이러한 취지를 달리 표현하면 다음과 같다. "적막하여 형체가 없고, 끊임없이 변화하여 일정한 모습이 없다. 죽은 것인가 살아 있는 것인가? 천지와 나란히 존재하고 있는 것인가? 신명과 함께 가고 있는 것인가? 아득하여 어디로 가며, 황홀하여 어디로 가는 것인가? 만물이 모두 여기에 망라되어 있는데 족히 여기에 귀속할 줄을 모른다. 옛날 도술 중에 이런 것에 관한 것이 있었는데 장주가 그 풍조를 듣고 기뻐하였다."(「천하」)

장자가 주장하고 창도한 소요逍遙의 유유자적함에 입각하면 그는 마땅히 내면과 외면을 통일시켜 내성외왕의 경지에 이르도록 해야 한다. 또한 이것이 장자사상의 원래 취지일지도 모른다. 그러나 장자가 막상 현실사회에서 소요유의 유유자적함을 실현하고자 했을 때, 그는 이상과 현실, 인생과 사회, 자유와 필연 사이에서 발생하는 모순을 발견하였고, 그것을 제어할 수 없었다. 그래서 그는 끝내 인간 정신의 자유를 강조하는 길로 다시 돌아와서 아무것에도 의존함이 없는(無待) 정신의 자유를 통해 소요유의 유유자적함을 실현하고자 했던 것이다.

그러나 곽상은 장자와 다르다. 그가 보고 주목한 것은 이상과 현실, 인생과 사회, 그리고 자유와 필연 사이에서 발생하는 모순이 아니라 이것들의 상호 조화와 결합의 문제이다. 다시 말해서 곽상은 자신의 이상을 현실에서 실현될 수 있는 것으로 조화시키고, 정신의 자유와 행위의 필연을 통일시키고자 했다. 이것이 바로 곽상의 내성외왕의 도이고 사회정치 사상이며 인생관이다. 나아가서 그는 이러한 취지를 「대종사주大宗師注」를 통해 이렇게 밝혔다. "무릇 이치에는 지극함이 있고 안(內)과 밖(外)이 서로 명합冥合하기 때문에 밖의 극치에서 노닐면서 안과 명합하지 않는 것이 없고, 안과 명합하면서도 밖에서 노닐지 않는 것이 없다. 그러므로 성인은 항상 밖에서 노닐면서도 안과 명합하고, 무심無心으로써 사물에 순응한다. 그렇기 때문에 종일토록 형체를 움직여도 정신에는 변함이 없고, 만 가지 기틀을 살펴볼 수 있지만 항상 담연淡然함을 유지할 수 있다."

이상의 내용을 종합하여 서술하면 위진남북조시대의 현학사상이 발전하는 과정에 있어서 죽림현학과 곽상현학에 이르러서야 비로소 장자의 사상이 새로 부흥하여 넓게 펼쳐질 수 있었음을 확인할 수 있다.

장자의 소요와 곽상의 내성외왕 Ⅱ

"만약 천하에 현명한 왕이 없으면, 자득(自得)할 수 있는 자가 없다.
사람들로 하여금 자득하게 할 수 있는 것은 실로 현명한 왕의 공이다."
-『장자』,「응제왕주」

제1장

장자의 소요론

　소요론逍遙論은 장자의 인생철학이면서 동시에 그의 사회사상이자 정치
사상이다. 선진 제자들 중에서도 특히 장자를 장자이게끔 하는 것은 "그
사상의 중심이 인생철학을 밝히고, 자유로운 개성의 심원한 경지를 제시하
는 것",[1] 즉 "물질적인 풍요와 명예를 버리고 형벌을 피하며, 옳고 그름을
초월한 중도中道를 지킴으로써 생명을 보전하는 것"[2]에 있기 때문이다. 이
것이 바로 장자 소요론의 핵심 요지이다. 그렇다면 장자는 어떻게 소요론
을 전개했는가? 이는 당시의 사회적 · 정치적 현실에 대한 그의 깨달음과
인식에서 비롯된다. 어떤 시대 어떤 사상을 막론하고 그리고 그 사상의 형
식과 내용이 아무리 현허玄虛하고 초월적이라 하더라도 그 기반은 모두 사
회현실을 반영하여 표현하며, 사회현실의 기반 위에 근거를 둔다. 그러므
로 순수하게 환상적이고 아득하여 현실적 기반이 없는 사상은 있을 수도
없고 제기될 수도 없다. 장자의 소요사상도 마찬가지이다. 즉 "어리석은

---

1) 崔大華, 『莊學硏究』, 人民出版社, 1992, p.77.
2) 劉笑敢, 『莊子哲學及其演變』, 中國社會科學出版社, 1988, p.243.

군주와 탐욕스러운 관리들"(『장자』, 「산목」)이 설치는 전국시대에 살고 있었던 장자는 일종의 처세방략과 생명 해탈의 길을 추구하고자 했다. 그는 노자처럼 사회의 모순 속에서 유약함에 처하고(處柔), 암컷을 지키며(守雌), 물러남으로써 나아가는 것(以退爲進)과 같은 권모술수의 책략을 제시하지 않았다. 장자는 사회현실에 대한 감수와 인간생명에 대한 깨달음을 통해 일종의 정신적 자유와 안일한 초월적 경지를 추구하고자 했는데, 이것이 바로 소요逍遙의 경지에서 노니는 것이다.

그렇다면 이제 사회현실에 대한 자각과 개체생명에 대한 깨달음을 중심으로 장자의 소요사상을 살펴보도록 하자.

1. 전국시대의 시대적 상황

『사기』에서는 주평왕周平王 원년(기원전 770)3)에서 주경왕周敬王 44년(기원전 476) 사이를 춘추시대로 구분하고, 주원왕周元王 원년(기원전 475)에서 진나라가 마지막으로 제나라를 멸망시키고 중국을 통일한 기원전 221년 사이를 전국시대로 규정하고 있다. 이와 같이 선진시대를 춘추와 전국 두 시기로 나누는 것은 그들이 경제, 정치, 군사, 사상문화 등 여러 측면에서 각각의 특징을 지니고 있기 때문이다. 그러나 노예사회에서 봉건사회로 이행하는 큰 틀에서 보면 춘추와 전국은 또한 하나의 동일한 시대에 속한다. 이 시대의 전체적 특징은 사회변화에서 드러나는데, 그것은 바로 구노예제의

---

3) 이 해에 주나라 왕실이 도읍을 동쪽 洛陽으로 옮겼다.

해제와 새로운 봉건제의 확립이다.

춘추전국시대는 중국 고대사회의 대변혁기이다. 이것은 역사적인 사실이다. 그런데 현재의 문제는 왜 이 시기 중국 사회가 변화를 요구했는가? 즉 서주西周시대의 노예제가 왜 새로 등장한 봉건제에 자리를 양보해야만 했는가 하는 것이다. 실제로 이는 생산력의 발전으로 인한 생산관계의 변화에서 비롯된 필연적 결과라고 할 수 있다. 사회생산력의 수준이 어떠했는지는 생산도구를 통해서 살펴볼 수 있다.[4] 생산도구라는 측면에서 춘추전국시대에 일어난 가장 특징적인 변화는 철제 농기구의 출현과 소를 이용한 경작이 시작되었다는 점이다.

철의 발견과 철제 도구의 사용은 중국 고대사회의 발전에 결정적인 의미와 가치를 제공했다. 철제 도구의 사용 시기에 관한 전문가들의 연구에 따르면[5] 그것의 제조와 사용은 춘추시대부터 시작되었지만 춘추 말기에서

---

4) 생산력은 인류가 자연을 정복하는 일종의 능력이고, 이러한 능력은 노동의 재료와 그 발전 정도에 따라 결정된다. 소위 노동재료는 노동과정에서 노동대상을 변화시키는 물질적인 조건과 수단을 가리키는데, 그 중에서도 핵심적인 부분은 생산도구이다. 마르크스는 "다양한 경제적 시기 구분은 그 시대가 무엇을 생산했는가에 의해서가 아니라, 실제로 그 시대의 사람들이 어떻게 생산하고, 어떤 노동 자료를 사용해서 생산했는가에 의해서 결정되는 것이다. 노동재료는 인류노동력을 측량하는 기준일 뿐만 아니라 노동이 진행되는 사회관계의 지시이기도 하다"라고 말했다.(『馬克思恩格斯選集』第2卷, 人民出版社, 1985, p.179) 따라서 중국 춘추전국시대의 생산력 수준을 평가하려면 그 당시의 생산도구에 대한 상황을 파악해야 한다.
5) 이에 대한 侯外盧의 연구결과는 다음과 같다. "중국 고대에서의 철의 발견은 도대체 언제부터 시작됐는가? 땅속에서 발굴된 자료에 의거하면 西周 이전의 철기는 아직 발견되지 않았다. 게다가 卜辭나 西周金文에 鐵자로 추측될 수 있는 글자가 있다고 주장하는 전문가도 없다. 이에 대해 郭寶鈞은 땅속에서 발굴된 철기의 酸化된 정도가 아주 작다는 연구에 의거하여 서주시대에 철기가 없었다는 분석을 했는데, 이는 참고할 만한 가치가 있다. 그러나 춘추나 전국시대에 이르러서부터 문헌 속에 鐵자가 점점 많아지기 시작했다.…… 따라서 춘추시대에 철기가 발견되고 전국시대에 보급되었다는 결론에는 큰 무리가 없다."(侯外盧 外, 『中國思想通史』

전국 초기에 이르러서는 이미 생산과정에 광범위하게 활용되었다.6) 그리고 대략 철제 농기구가 사용되는 시기에 우경牛耕도 함께 시작되었다. 『국어國語』「진어구晉語九」에는 다음과 같은 기록이 있다. "범씨范氏와 중행씨中行氏는 서민들의 고난을 걱정하지 않고, 진晉나라의 정권을 마음대로 휘두르려고 했는데, 지금 그 자손들은 제齊나라에서 농사를 짓게 되었고, 종묘에 쓰여야 할 축생畜生들이 밭에서 고생하게 되었다. 이처럼 사람의 변화가 어찌 정해진 바가 있겠는가?" 이는 진나라의 조간자趙簡子(趙鞅)와 두주竇犨 사이의 대화이다. 여기서 거론된 것은 진나라 범길사范吉射와 중행인中行寅 두 가문의 사람들이 백성들의 고난을 걱정하지 않고 권력만 휘두르려고 했기 때문에 지금 그들의 자손들이 제나라로 쫓겨가 농사를 짓게 되었고, 본래 그들 집안에서 제사를 지낼 때 사용했던 고귀한 소도 밭에서 일하게 되었다는 것이다. 이 기록에서 함축된 사실은 소는 본래 종묘에 제사를 지낼 때 희생물로만 사용되었는데, 이제는 밭을 가는 데 사용하게 되었다는 것이다. 이렇게 우경과 철제 농기구가 함께 사용됨으로써 춘추전국 시기의 사회 생산력 수준은 획기적으로 고양되었다.

춘추전국 시기 생산력의 증가로 인해 생산관계7)에도 변화가 일어났다.

第1卷, 人民出版社, 1957, pp.28~29)

6) 翦伯贊은 이렇게 말한다. "『관자』에 따르면 농부에는 반드시 耒, 耜, 銚가 있어야 하고, 여인에게는 반드시 針과 刀가 있어야 하며, 수레를 만드는 공인에게는 반드시 斤, 鋸, 錐, 鑿 등이 있어야 맡은 일을 제대로 할 수 있다. 또한 『맹자』에도 鐵耕이라는 개념이 나오는 것을 보면 그 당시 밭을 갈 때, 이미 철제 기구를 사용했음을 알 수 있다. 더욱이 新中國이 설립된 후, 수많은 고고학 발굴도 戰國時代에 철제 기구가 대폭 사용되었다는 사실을 입증하고 있다."(翦伯贊 主編, 『中國史綱要』 (上冊), 人民出版社, 1983, pp.70~71)

7) 소위 생산관계는 인간들이 생산과정에서 맺어진 특정한 관계와 연계를 가리킨다. 이러한 관계 또는 연계에는 세 가지 측면을 포함한다. 첫째는 생산재료의 소유제

그리고 이러한 생산관계의 변화에 관한 기록은 『좌전』과 『국어』 등의 선진先秦 문헌에서 어느 정도 찾아볼 수 있다. 예를 들면 기원전 685년 제나라에서 실행된 상지이쇠징相地而衰徵,[8] 기원전 645년 진晉나라에서 실행된 작원전作爰田,[9] 기원전 548년 노魯나라에서 실행된 초세무初稅畝,[10] 기원전 548년 초楚나라에서 진행된 전제田制와 군제軍制에 관한 정비활동,[11] 기원전 538년 정鄭나라 자산子産이 만든 구부丘賦,[12] 기원전 536년 정나라에서 만든 형정刑鼎,[13] 기원전 513년 진晉나라에서 만든 형정刑鼎 등이 그것이다. 이와

형식, 즉 생산재료가 누구에게 소유되는가이다. 둘째는 사람들이 생산과정에서의 관계, 예를 들면 지도자와 지도받는 사람, 관리자와 관리를 받는 사람 사이의 관계가 그것이다. 셋째는 상품의 분배 방식과 제도이다. 이러한 세 가지 요소에서 가장 중요한 것은 생산재료의 소유제 형식인데, 왜냐하면 이는 다른 두 가지 요소를 결정하기 때문이다. 춘추전국시대에 생산재료는 주로 토지였다. 그리고 생산력의 발전과 변화가 일으킨 생산관계의 변화는 실제로 토지소유권에서 드러난다. 하지만 중국 고대의 사학자들은 이러한 면에서 역사를 기술할 만한 역량을 갖추지 못했기 때문에 다만 역사에서 나타난 사회현상을 기록했을 뿐이다. 그러나 그들이 기록한 사회현상은 대수롭지 않은 것이 아니라 그 당시 사회생활에 큰 영향을 미친 것들이었다. 이러한 사실은 『좌전』이나 『국어』와 같은 선진 문헌에서 어느 정도 찾아볼 수 있다.

8) 여기서 '衰'는 일정한 기준에 따라 점차 감소된다는 뜻이다. '相地而衰征'은 토지의 좋고 나쁨에 따라 세금의 등급을 매기는 제도이다. 또한 이것은 『관자』「大匡」에서 말하는 '案畝而稅'와 같은 의미이다.

9) 爰田에 대해 晉代의 杜預는 "公田의 세금을 공직자에게 상으로 주는 것"이라고 해석했고, 唐代의 孔穎達은 "'爰'은 '바꾸다'라는 뜻이다. 즉 공직자들에게 밭을 상으로 줌으로써 그들의 땅으로 하는 것"이라고 주석을 달았다. 다시 말해, 爰田은 공전의 세금을 공직자들에게 나누어주는 제도이다.

10) 魯나라에서 실행된 初稅畝에서의 初는 하·은·주 삼대에 실행된 籍과 유사하게 토지의 10분의 1을 세금으로 하고 있으나, 그것은 勞役 토지임대 제도가 아니라 畝에 따라 세금을 계산하는(履畝而稅) 實物 토지임대 제도이다. 이는 실제로 국가에서 토지사유제의 합법성을 인정하는 것과 다름없다.

11) 이는 楚나라가 정전제의 기초 위에서 실행한 수입에 따른 세금계산법이다.

12) 이는 丘를 단위로 삼아 세금을 계산하는 법이다.

13) 이는 鄭나라 통치자가 형법을 鼎에 새겨 사람들에게 알리는 정치활동이다.

같은 전부제도田賦制度의 변화들 중에서 가장 큰 의미를 지닌 것은 기원전 594년 노나라에서 실행된 초세무이다. 초세무에서 반영된 역사적 상황으로 미루어보면 그 당시 노나라 왕은 이미 자기의 공실公室들이 가지고 있는 토지에 대해 세금을 징수하기 시작했다.

이와 같은 토지세금의 징수대상 변화에 대한 증거는 또한 1972년 은작산銀雀山 한묘漢墓에서 출토된 죽간竹簡 『손자병법孫子兵法』에서도 찾아볼 수 있다. 죽간 『손자병법』 「오문吳問」 편에는 오나라 왕 합려闔閭가 손무孫武에게 진나라를 장악한 6명의 장군에 대해 "지금 진나라 땅을 (6명의 장군들이) 나누어 차지하고 있는데, 그 중에 누가 먼저 망할 것인가?"라고 묻는 내용이 기록되어 있다. 합려의 물음에 손무는 "범씨와 중행씨가 먼저 망할 것이고, 이어서 한씨韓氏와 위씨魏氏가 망할 것이며, 조씨趙氏가 최종적으로 진나라를 가진 것"이리고 예측했다. 이에 대해 합려가 원인을 묻자 손무는 "6명의 장군이 모두 무畝 단위로 생산자에게 세금을 징수하고 있음에도 범씨와 중행씨는 160보步를 1무로 삼고 있고, 한씨와 위씨는 200보를 1무로 삼고 있으며, 조씨는 240보를 1무로 삼고 있다"고 대답했다. 다시 말해서 징수하는 세금이 같은 상황에서 주어진 땅이 클수록 세금 부담이 작기 때문에 백성들이 토지를 지킬 수 있으므로 조씨가 진나라를 가질 수 있다는 것이다.[14]

사료에 따르면 오운伍員이 오나라 왕 합려에게 손무를 추천한 것은 기원전 512년이고, 합려가 죽은 것은 기원전 496년이다. 그렇다면 위의 대화는 이 시기에 있었던 것이 분명하다. 그래서 그 당시 세금 징수의 대상이

[14] 銀雀山漢墓出土, 『孫子兵法』, 文物出版社, 1976, pp.94~95.

이미 평민, 즉 노예였다는 사실이 드러난다. 노예에게 세금을 징수한다는 것은 노예의 신분이 변화되었다는 것, 즉 노예가 일정한 자유를 지닌 농민으로 변화되었다는 것을 의미한다. 그리고 노예의 신분이나 지위의 변화로 인해 노예주의 귀족 신분과 지위도 노예주로부터 신흥지주新興地主로 전환되었다. 나아가서 신흥지주는 상인이나 수공업자였다가 지주가 된 사람들과 더불어서 지주 계급을 형성했다. 따라서 원래 노예와 노예주의 대립적 계급구조가 점차 지주와 농민의 대립적 계급구조로 전환되었는데, 이것이 바로 봉건제도이다.

전국시대에 이르러서는 철제 농기구와 우경이 광범위하게 사용되고 이로 인해 농업 경작기술의 변화, 즉 심경深耕이 나타났다. 『맹자孟子』「양혜왕상梁惠王上」에는 "밭을 깊이 갈면 김을 쉽게 맬 수 있다"는 말이 있고, 『장자』「칙양」에는 "밭을 깊이 갈고 뿌린 씨에 흙을 잘 덮어주니, 그 벼가 무성하게 자라서 열매가 더욱 많아졌다"라는 말이 있다. 그 당시 심경은 이미 일반적으로 시행되었고, 그 덕분에 생산량이 높아졌을 뿐만 아니라 병충해나 가뭄으로 인한 피해도 대폭 줄었다. 또한 사람들은 관개灌漑와 거름을 주는 방법을 습득했다. 『순자』「부국富國」에는 "거름을 많이 주면 밭을 비옥하게 할 수 있다"는 말이 있고, 『예기』「월령月令」에도 "밭에 있는 잡초를 재로 태우면 밭을 비옥하게 할 수 있다"는 기록이 있다. 그리고 『순자』에는 "둑을 수리하고, 도랑을 소통시키며, 비 온 뒤에 고인 물을 흐르게 하고, 지세가 낮은 곳에 물이 잘 고이는 곳을 안정하게 만들어서 하천이 잘 소통하도록 하면, 비록 흉년이라도 가뭄을 이기고 백성들로 하여금 새롭게 밭을 갈 수 있게 한다"는 말이 있다. 당시에 이미 도강언都江堰이나 정국거鄭國渠와 같은 대형 수리공사가 있었다.

이와 같은 농업기구의 개발과 농업기술의 발전은 전국시대의 농업생산량을 대폭 증가시켰다. 위魏나라 이회李悝가 통계를 낸 것에 따르면 위나라의 경우 100무畝의 토지에서 평년의 수확량은 150석이고, 풍년일 때의 수확량은 300석에서 많게는 600석에 이르는 정도였다. 『여씨춘추呂氏春秋』「상농上農」에는 "상등의 밭을 갖고 있는 농부는 9인의 식량을 생산해야 하고, 하등의 밭을 갖고 있는 농부는 5인의 식량을 생산해야 하는데, 이보다 많이 생산할 수는 있지만 적게 생산하면 안 된다. 요컨대 한 사람의 농부가 10인이 먹을 수 있는 식량을 생산할 수 있어야 한다"는 기록이 있는데, 이로 미루어보면 농민이 제공할 수 있는 잉여식량이 점점 많아지고 있음을 알 수 있다.15) 또한 농업이 발전하는 동시에 야철冶鐵, 청동기 제작, 방직, 칠기漆器, 소금 생산 등 수공업도 이미 전국 시기에 비교적 크게 발전하였다. 더욱이 상업적 교환도 눈부시게 발전했는데, 춘추시대에 통치중심지였던 성읍들이 전국시대에 이르러서는 물품교환의 중심이 되었다. 종합해 보면 전국 시기의 사회경제는 크게 발전해 가는 상황에 놓여 있었던 것이다.

이와 같은 사회경제의 발전은 마침내 노예제의 붕괴를 초래했다. 또한 춘추 말기에서 전국 초기에 이르러서는 토지매매가 성행하기 시작했다. 예를 들면 춘추 말에 진晉나라 중모中牟에서 저택이나 정원을 파는 이가 있었고, 조나라 조괄趙括은 왕이 하사한 금으로 주택을 구입했다.16) 이와 같이 빈번한 토지매매는 신흥지주 계급의 형성을 촉진하였다. 따라서 전국 시기 노예제의 해체와 봉건제의 확립은 거역할 수 없는 것이었다. 그리고 각 제

15) 翦伯贊 主編, 『中國史綱要』(上冊), 人民出版社, 1983, p.72.
16) 翦伯贊 主編, 『中國史綱要』(上冊), 人民出版社, 1983, p.77.

후국들의 경우에는 이러한 추세에 순응하는 자는 발전할 수 있었지만 그렇지 않으면 결국 쇠퇴할 수밖에 없었다. 그래서 전국 시기에 각 제후국에서는 저마다 변법운동을 시작하여 봉건제를 정치화하고 제도화하였다. 그 당시 위나라의 위문후魏文侯와 위무후魏武侯는 이회李悝를, 초도왕楚悼王은 오기吳起를, 제위왕齊威王은 추기鄒忌를, 한소후韓昭侯는 신불해申不害를, 진효공秦孝公은 상앙商鞅을 각각 등용하여 변법운동을 시작했다. 그 중에서 변법운동이 가장 적극적이고 철저하게 진행된 나라는 진秦이었다.17) 상앙의 변법을 통해 진나라는 가장 먼저 봉건사회에 진입하였고, 지속적으로 강대해지면서 마침내 기원전 221년에 마지막 상대인 제나라를 멸망시키고 천하를 통일했다.

정치는 경제의 집중적 표현이며 전쟁은 또한 정치의 연속으로서 가장 적극적인 표현 형식이다. 춘추전국시대, 특히 전국시대에는 각 나라가 노예제에서 봉건제로 이행하는 가운데 격렬한 전쟁이 수반되었다. 만약 춘추 시기의 전쟁이 주나라 천자의 권위가 쇠약해짐으로 인해 각 제후국들이 패권을 다투기 위한 것이라고 한다면 전국 시기의 전쟁은 이를 넘어서서 제

---

17) 秦은 서쪽의 나라이고, 그 사회경제는 전국 초기에 이르러 커다란 변화가 일어났다. 簡公 7년(기원전 408)에 秦은 初租禾를 실행하여 勞役 토지임대 제도에서 實物 토지임대 제도로의 전환을 이루었다. 그리고 獻公 7년(기원전 378)에 初行爲市를 실행하여 상업교환을 활발하게 하였다. 그러나 이 시기 秦의 발전수준은 여전히 關東의 여러 나라에 미치지 못했다. 그래서 秦孝公 시기에 이르러서 商鞅을 등용하여 變法을 시행했다. 商鞅은 秦孝公 6년(기원전 356)에 처음 變法을 시행하였고, 孝公 12년(기원전 350)에 秦이 雍에서 咸陽으로 수도를 옮기자 2차적인 변법을 시행했는데, 이를 통해 그는 도량형을 통일하고, 전국의 都, 鄕, 邑을 41개 縣으로 재편하여 각각 관리를 설치하여 귀족의 封邑制度를 철저히 소멸했다. 더욱이 그는 성선제를 폐지하고 논밭 사이의 길을 개척하며, 토지매매를 허락하고 그 사유제를 인정함으로써 봉건지주제 경제의 발전을 촉진시켰다.

후국들이 적극적으로 영토를 확장하기 위한 겸병전쟁이라고 할 수 있다. 『맹자』「이루상離婁上」에는 "성城을 다투어 싸워서 죽은 자의 시체가 성에 가득하고, 땅을 다투어 싸워서 죽은 자의 시체가 들에 가득하다"는 말이 있고, 『전국책戰國策』에는 "한 번에 전쟁에서 소모된 병사와 갑옷, 그리고 전차戰車는 10년의 농사 수확량으로도 매울 수 없다"는 말이 있는데, 여기에서 당시 전쟁이 얼마나 잔혹하고 파괴적인 것이었는지를 짐작할 수 있을 것이다. 그러나 다른 측면에서 보면 전쟁은 사회의 발전을 추진시키는 동력이 되기도 하는데, 특히 사회의 변혁기에 새로운 힘에 의해서 낡은 세력들이 겸병되는 것이 더욱 그러하다. 그래서 전국 시기의 겸병전쟁은 단지 파괴적일 뿐만이 아니라 다른 한편으로는 사회의 발전을 추동시키는 것이기도 했다. 역사서에 기록된 전국 시기의 겸병전쟁 가운데 주목할 만한 것에는 다음과 같은 것들이 있다.

1) 기원전 354년 위魏나라가 조趙나라를 공격하여 한단邯鄲을 포위한 전쟁.

2) 기원전 343년 마릉馬陵(지금의 산동성 濮縣)에서 제나라가 위나라에게 패한 전쟁.

3) 기원전 333년 진秦이 위나라에 패하고, 이듬해 위나라가 음진陰晉(지금의 섬서성 華陰縣)을 진나라와 분할한 전쟁.

4) 기원전 318년 위나라가 조趙·한韓·연燕·초楚나라와 합종合從하여 진秦나라를 공격했으나 결과적으로 진나라에 패한 전쟁.

5) 기원전 312년 진나라와 초나라 사이에 단양丹陽(지금의 하남성 淅川 일대)에서 대규모로 벌어져 결국 초나라가 패한 전쟁.

6) 기원전 316년 진나라가 촉蜀나라를 멸망시킨 전쟁.

7) 기원전 315년 제齊나라가 연나라를 공격한 전쟁.

8) 기원전 301년 제나라가 한나라와 위나라를 통솔하여 초나라를 공격했으나 수사垂沙(지금의 하남성 泌陽 일대)에서 초나라에 패한 전쟁.

9) 기원전 284년 연燕나라가 진晉나라, 진秦나라, 초나라와 연합하여 제나라를 정벌한 전쟁.

10) 기원전 260년 진나라 장군 백기白起가 장평長平(지금의 산서성 高平)에서 조趙나라 군대 40만 명을 생매장해 죽인 전쟁.

11) 기원전 230년 진나라가 한나라를 멸망시킨 전쟁.

12) 기원전 226년 진나라가 연나라를 격파하고, 이듬해에 위나라를 멸망시킨 전쟁.

13) 기원전 223년 진나라가 초나라를 공격하여 이듬해에 초나라를 멸망시킨 전쟁.

14) 기원전 222년 진나라가 연나라와 조나라를 멸망시킨 전쟁.

15) 기원전 221년 진나라가 제나라를 멸망시켜 천하를 통일한 전쟁.

이와 같은 수차례의 겸병전쟁을 통해 중국 사회는 마침내 통일로 나아가게 되었다.[18)]

2. 인생에 대한 자각

시대의 변천과 사회형세의 변화는 반드시 그 시대 사상가의 사상에 영

18) 翦伯贊 主編, 『中國史綱要』(上冊), 人民出版社, 1983, pp.84~90 참조.

향을 끼치기 마련이다. 다른 한편으로 특정 시대의 형세는 또한 사상가의 출신이나 생활환경, 학식소양 등과 밀접한 관계를 맺고 있다. 즉 사상가의 개인적 소질이 시대의 형세를 받아들이고 그것을 다양한 형태나 작용으로 표출하는 것이다. 평민 계층의 지식인 대표로서의 장자가 문제로 삼았던 것은 복잡하게 변화하는 사회적 환경 속에서 각 개인이 어떻게 살아가야 하는가 하는 문제이다. 그는 노자처럼 물러섬으로써 앞으로 나아가는 책략을 주장하지도 않았고, 맹자처럼 인간의 선한 본성을 바탕으로 왕도정치王道政治를 추구하여 사회적 모순을 조화롭게 해결하고자 하지도 않았으며, 다만 한 개인이 어떻게 현실사회에서 마음의 안정과 정신의 자유를 획득할 수 있는지에 대해 사고했을 따름이다. 그렇다면 장자는 인생에 대해 어떻게 자각했는가?

1) 생명의 유한성에 대한 자각

인간은 귀신이 아니라 육체를 지닌 생명적 존재이다. 그렇다면 인간은 반드시 삶과 죽음의 제약을 받게 마련이다. 인간은 무엇 때문에 태어나고, 죽으면 어떻게 되는가? "사물의 시작과 끝이 둥근 고리와 같은"(『장자』, 「우언」) 삶과 죽음의 순환과정 속에서 인간은 도대체 어떻게 처신해야 하는가?

이에 대해 장자는 "천하는 하나의 기(一氣)로 통한다"(「지북유」)라는 생각에서 출발하여 인간의 삶과 죽음에 대해 기氣가 모이고 흩어지는 변화라고 규정했다. 그에 따르면 "천지天地는 형체가 있는 것 가운데서 가장 큰 것이고, 음양陰陽은 기氣 중에서 제일 큰 것이며"(「칙양」), 천지만물은 음양의 기가 운동하고 변화함으로 인해 생긴 것이다. 즉 "지극한 음기는 고요하고 차며, 지극한 양기는 밝게 빛나고 뜨겁다. 고요하고 찬 것은 하늘에서 나오고, 밝게 빛나고 뜨거운 것은 땅에서 나오며, 이러한 두 가지 기가 서로 사귀고 화합을 이루면서 만물이 생기는데, 무엇인가 그 시작을 이루는 것이 있는 것 같지만 그 형체를 볼 수 없다"(「전자방」)는 것이다. 또한 "사물의 수를 만萬이라고 하지만 인간은 그 중의 하나에 지나지 않는다"(「추수」)는 말이 시사하듯 만물 가운데 하나의 존재에 불과한 인간도 당연히 음양의 기가 운행 변화함으로써 생겨난 것이다. 이에 관해 장자는 이렇게 말한다.

> 삶은 반드시 죽음이 뒤따르고, 죽음은 삶의 시작이 된다. 누가 그 끝을 알겠는가! 사람의 삶은 기氣가 모이기 때문이니, 기가 모이면 태어나고 흩어지면 죽게 된다.…… 그러므로 천하는 하나의 기(一氣)로 통한다고 말할 수 있다.(「지북유」)

> 그 삶의 시작을 살펴보니 본래 삶이라는 것이 없었고, 삶이 없었을 뿐만 아니라 본래 형체라는 것도 없었으며, 형체가 없었을 뿐만 아니라 본래 기氣라는 것조차 없었다. 황홀함 속에 섞여서 변화하는 과정에서 기가 생기고, 기가 변화하여 형체가 생기며, 형체가 변하여 삶이 생겼는데, 지금 삶이 또 변화해서 죽음으로 된 것은 봄, 여름, 가을, 겨울의 사계절이 순환하는 것과 같다.(「지락」)

이와 같이 인간의 생명은 황홀함 속에 섞인 음양이기陰陽二氣의 운동으로 생긴 것이므로 인간은 "천지 사이에 형체를 의탁하고, 음양에게 기를 받은"(「추수」) 존재이다. 이처럼 만약 인간의 삶과 죽음이 기의 취산운동이라면 인간은 삶과 죽음에 대해 마땅히 달관적인 태도로 받아들여야 한다. 장자는 바로 이와 같은 시각으로 인간의 생명을 바라보았다. 즉 그는 "사는 것과 죽는 것을 같은 이치로 보았고"(「덕충부」) "생사와 존망을 일체로 여겼으며"(「대종사」) "삶과 죽음으로 자기를 변화시키지 않았다."(「제물론」) 또한 장자의 아내가 죽었을 때, 그가 북을 치면서 노래를 불렀던 일화에서 생사에 대한 장자의 달관적인 태도를 엿볼 수 있다. 그에 따르면 인간의 죽음은 "천지라는 큰 집에서 편안히 쉬는 것인데, 그에 대해 내가 시끄럽게 우는 것은 스스로 운명에 통하지 못한 것"(「지락」)이다. 그러므로 그는 곡을 하며 울지 않고 오히려 북을 두드리면서 노래를 부른 것이다.

삶과 죽음에 대한 장자의 이러한 시각은 그가 정신적 자유의 경지에 다다른 후에야 비로소 표현되어 나온 생사관이다. 실제로 장자가 현실사회와 실질적인 인간의 삶에 직면했을 때, 그가 자각한 것은 오히려 삶과 죽음의 다른 모습이었다. 즉 그는 현실에서의 인생은 시작과 끝이 둥근 고리와 같은 삶과 죽음의 순환 속에서 끊임없이 몸부림치는 고통과 무력함 그 자체이다. 장자는 이렇게 말했다.

> 만물은 모두 새 생명을 낳는 씨앗이고, 서로 다른 형체를 물려주면서 사는 것이며, 사물의 시작과 끝은 둥근 고리와 같아서 그 순환의 도리를 알 수가 없다.(「우언」)
>
> 한 번 형태를 이루게 되면 당장 죽지 않더라도 소진되기를 기다리는데, 사물과 서로 부딪치면서 다투는 것은 말이 전력으로 질주하는 것을 멈추게 할 수 없는 것과 같으니, 어찌 슬프지 아니한가! 평생 수고하면서도 그 성공을 보지 못하고, 고달프게 고생하면서도 돌아갈 곳을 알지 못하는 것은 또한 어찌 애처롭지 아니한가! 어떤 사람은 죽지 않는다고 말하지만 그렇다고 해서 무슨 도움이 되겠는가! 그 육체가 없어지면 그 마음도 같이 그렇게 될 것이니, 큰 슬픔이라 말하지 않을 수 있겠는가!(「제물론」)
>
> 사람이 이 천지 사이에서 사는 시간이란 마치 하얀 말이 벽의 틈새를 언뜻 지나가는 것과 같이 순식간이다. 쑥쑥 자라나서 생성되지 않는 것이 없으며, 스

르르 흘러가서 죽지 않는 것이 없다. 변화에서 태어나고 또한 변화에서 죽게 되는 것이 자연스러운 일인데, 살아 있는 사물은 죽음을 슬퍼하고, 사람은 또한 그것을 애처롭게 여긴다.(「지북유」)

천하는 하나의 기(一氣)로 통한다는 시각에서 보면 인간과 다른 사물은 같은 존재이기 때문에 그 삶과 죽음의 이치는 하나이며, 한 몸이 되는 것이다. 그러나 현실사회에서의 인간생명은 만물과 달리 특수한 존재이다. 왜냐하면 만물은 삶과 죽음이 무엇인지를 모르는 반면 인간은 그것을 알고 있을 뿐만 아니라 더 나아가 삶과 죽음을 초월하여 해탈하는 방법을 추구하기 때문이다. 그러나 현실생활 속에서 인간은 삶과 죽음을 초월하여 해탈하는 방법을 찾기가 어렵다. 왜냐하면 인간은 여전히 물질적 조건에 의해 제약을 받으며, 의식주를 해결함으로써 생명을 유지해야 하는 존재이고, 종일 바쁘게 살아야 할 뿐만 아니라 평생 수고하면서도 그 성공을 보지 못하고, 고달프게 고생하면서도 돌아갈 곳을 알지 못하기 때문이니 어찌 가련하지 않겠는가! 그래서 장자는 "인간의 형체는 항상 변화하여 일정한 모습이 없다"(「대종사」)라는 생각과 "'고리의 가운데'(環中)를 얻어서 만물의 변화에 그대로 따르고, 만물과 더불어 시작도 없고 끝도 없이 존재하며, 기일(期日)도 없고 때도 없이 살아가야 한다"(「척양」)라는 감탄과 바람을 제시했다. 인간의 생명은 유한하고 또한 삶은 눈 깜박할 사이에 지나가버리는데, 인간이 어떻게 무궁무진한 천지의 변화와 만물의 변천 속에서 생명의 의미를 찾을 수 있는가? 이것이 바로 장자가 풀고자 하는 문제이다.

2) 빈곤의 위협에 대한 자각

인간은 육체를 지닌 존재이므로 반드시 물질적인 재료가 필요하게 마련이다. 그것을 사회생활의 측면에서 말하자면 어느 정도의 재산이 필요하다는 것이다. 그러나 한 개인의 삶에 있어서 부유함이란 자기 자신의 노력이나 간절한 바람만으로 획득할 수 있는 것이 아니며, 오히려 사회적 요소로 인해 빈곤이 더 가중될 수도 있다. 장자의 일생이 바로 그러했다. 무슨 원인이 있었는지는 밝혀지지 않았지만 장자의 일생은 매우 빈곤했다. 이는 다음과 같은 일화에서 알 수 있다.

장자가 여러 군데 기운 헐렁한 옷을 입고 줄로 이리저리 묶은 신발을 신고서 위魏나라 왕의 앞을 지나가고 있었다. 위나라 왕이 "선생께서는 어찌하여 이처럼 고달프게 사십니까?"라고 묻자 장자는 "저는 가난한 것이지 고달픈 것이 아닙니다"라고 대답했다.(「산목」)

또한 그는 "집이 가난해서 감하후監河侯에게 식량을 빌리러 가기도 하고"(「외물」) "가난하고 지저분한 골목에 살면서 짚신을 기워 겨우 입에 풀칠하고, 마른 목에 누런 얼굴"(「열어구」)을 하고서 빈곤하고 조촐한 일생을 보냈다.

왜 이처럼 빈곤한 상황에 처하게 되었는지에 대해서 장자는 구체적으로 설명하지 않았다. 이는 아마도 그 당시의 사회적 조건과도 관계가 있었겠지만 그 외에도 장자의 인격과 그가 추구한 인생지향과 관련이 있었을 것이다. 다시 말해서 장자는 "비록 진흙 속에서 꼬리를 끄는 거북이나"(「추수) "홀로 사는 송아지처럼 살지라도"(「열어구」) 통치자의 요구에 순응하여 부귀영화를 추구하기를 바라지 않았다. 우선 그는 빈곤에 대해 매우 달관적인 태도를 보였다. 이는 그가 헌 옷을 입고, 줄로 이리저리 기워 맨 짚신을 신으면서 위나라 왕을 만났을 때, 왕의 고달프다(憊)라는 말에 대해 고달픔이 아니라 가난함이다(貧)라고 대답하고, 조상曹商이 자신의 부귀를 자랑하자 그를 치질을 핥는 자라고 비판하며, 감하후의 비웃음에 대해 지혜롭게 대처한 일화 등에서 알 수 있다. 그러나 다른 한편으로 장자는 자신의 가난에 대해 어쩔 수 없다는 태도를 보이기도 했다. 예를 들어 그가 "곤궁함과 영달, 가난함과 부유함, 현명함과 어리석음, 명예와 치욕, 배고픔과 목마름, 춥고 더움은 사물의 변화이며, 천명의 운행이다"(「덕충부」)라고 말한 것은 바로 이러한 의미에서이다. 가난에 대한 이러한 태도는 장자가 안명론安命論으로 나아가게 된 하나의 동기라고 할 수 있다.

3) 마음의 시달림에 대한 자각

『장자』「열어구」에는 이런 내용이 나온다.

외형外刑으로 처벌하는 것은 금金과 목木이고, 내형內刑으로 처벌하는 것은 동動과 과過이다. 외형을 받는 소인宵人은 금과 목에 심문되고, 내형에 걸린 자는 음양에 침식된다. 내외의 형벌을 피할 수 있는 이는 오직 진인眞人뿐이다.

『방언方言』에 따르면 여기에서의 소宵는 소小와 같고, 리離는 곧 리罹이다. 외형外刑은 외부에서 가해지는 형벌을 가리키는데, 곽상은 금金을 칼,

톱, 도끼 등으로 주석하고, 목木을 막대기, 차꼬, 수갑 등으로 풀이했다. 또한 내형內刑은 마음이나 심리적인 형벌을 의미하는데, 명明나라 임운명林雲銘에 따르면 동動은 마음의 흔들림을 가리키고, 과過는 사태에 대한 후회를 뜻한다. 기본적으로 장자는 인간의 일생을 외부에서 주어지는 박해와 마음 내면에서 일어나는 갈등이라는 이중의 고통에 시달리는 것으로 보았다. 그렇다면 인간 내면에서 일어나는 마음의 시달림은 어떤 것인가? 장자는 여기에서 기뻐하고 슬퍼하는 감정을 빠뜨릴 수 없다고 주장한다.

> 인간의 삶은 근심과 함께 살아간다.(「지락」)

> 나는 슬픔과 즐거움이 오는 것을 막을 수 없고, 가는 것을 붙잡을 수 없다. 슬프구나, 세상 사람들은 다만 외물을 맞이하고 보내는 여관일 뿐이로구나. (「지북유」)

인간은 감정을 지닌 동물이므로 기뻐하거나 슬퍼하는 감정을 선천적으로 지니고 있다. 그래서 장자는 인간을 다만 기뻐하고 슬퍼하는 감정의 여관일 뿐이라고 규정했다. 나아가서 그는 인간은 감정뿐만 아니라 성색聲色과 같은 다양한 욕망을 지닌 존재라고 주장한다.

> 사람 가운데 명예와 이익을 얻으려고 하지 않는 자는 없다.(「도척」)

> 인간에게 있어서 아름다운 소리와 미색(聲色), 맛있는 음식(滋味), 그리고 권력은 배우지 않아도 마음이 그것을 즐기고, 몸이 기다릴 것도 없이 그것을 편안히 여긴다. 그러므로 바라고, 싫어하고, 피하고, 나아가는 것은 스승의 가르침을 기다릴 필요가 없는 인간의 본성이다.(「도척」)

여기에서 장자는 성색聲色과 자미滋味에 대한 욕망을 인간의 자연 본성, 그리고 천부적인 심리적 경향으로 규정했다. 이러한 인간 감정의 기쁨과 슬픔, 본성적인 욕망에의 추구는 시시각각으로 인간의 삶에 수반되며, 마음에 불안과 시달림을 가져온다.

대지大知는 한가하고 너그럽지만 소지小知는 사소한 일을 또박또박 따지며, 대언大言은 담담하여 시비에 구애받지 않지만 소언小言은 수다스럽기만 하다. 잠들어 있을 때도 꿈을 꾸어 마음이 쉴 사이가 없고, 깨어날 때도 신체가 외부 사물과 접촉해서 분쟁을 일으키면서 종일 마음속에서 싸운다. 이렇게 사람들은 어떤 경우에는 너그럽게 마음을 쓰고, 어떤 경우에는 심각하게 마음을 쓰며, 어떤 경우는 세밀하게 마음을 쓴다. 그러한 결과로 사람은 작은 두려움이 아니면 큰 두려움에 시달리게 된다. 시비를 따지는 것은 마치 활의 틀에 건 화살과 같이 튕겨나가는 것과 같고, 승리를 지켜 나아가려는 고집은 마치 맹세한 사람의 마음이 움직이지 않는 것과 같으며, 날로 쇠퇴해 가는 것은 마치 가을과 겨울에 낙엽이 떨어지는 것과 같다. 이와 같이 세속에 빠져버린 행위들은 돌이킬 수 없다. 그 늙어서도 탐욕이 많은 모습은 또한 염증이 가득하고 막힌 것과 같다. 이렇게 죽음에 가까이 간 마음은 다시 살아나게 할 수 없다. 기쁨과 노여움, 슬픔과 즐거움, 두려움과 한탄, 변덕과 고집, 아첨과 거짓, 방자와 꾸밈의 마음은 음악소리가 피리 구멍에서 나오고, 수증기가 버섯을 성장시키는 것과 같다. 그것이 밤낮으로 서로 교대하며 앞에 나타나는데도 일어나는 단초를 알지 못한다. 그만두어라! 이처럼 밤낮 없이 시달리고도 그 원인이 어디서 계속 생겨나는지 모른다.(「제물론」)

이는 사람들이 복잡한 인간관계의 회오리 속에 빠져 있는 정신상태와 심리상태를 묘사한 것이다. 여기서 큰 지혜를 갖춘 자(大智者)는 오만한 자세로 모든 것을 내려다보고, 작은 지혜를 갖춘 자(小智者)는 또박또박 따지면서 항상 경계하는 모습을 지닌다. 또한 말을 거창하게 하는 자(話大者)는 사납게 우거대고, 말을 조밀하게 하는 자(語細者)는 쉴 새 없이 지껄인다. 어떤 사람은 말이 어눌하지만 마음의 계략이 세밀하고, 어떤 사람은 말로써 함정을 설정하며, 어떤 사람은 말을 헤아려가면서 소심하게 행동한다. 그리고 작은 걱정은 사람들을 의기소침하게 만들고, 큰 걱정은 놀라서 혼비백산하게 한다. 나아가서 사람들은 잠을 잘 때는 마음의 평정을 찾을 수 없고, 깨어 있을 때는 몸의 안정을 유지할 수 없다. 이렇게 인간은 정신과 육체의 모든 힘을 쏟아 부어도 인간관계의 질곡에서 벗어날 수 없고, 항상 마음의 시달림으로 인해 고통을 받는 인생을 살고 있다.

장자가 「제물론」에서 묘사한 것이 기쁨과 노여움, 슬픔과 즐거움, 두려움과 한탄, 변덕과 고집, 아첨과 거짓, 방자와 꾸밈과 같은 인간의 정신상태라면, 「경상초」에서 그는 인간의 심리적 속박을 4가지 종류와 24가지 상황으로 구분하여 지적했다.

> 존귀・부유・출세・권세・명예・이익 등 여섯 가지는 사람들의 뜻을 부풀리게 하고, 용모・동작・표정・외양・생기・의욕 등 여섯 가지는 사람들의 마음을 그릇된 방향으로 이끌며, 증오・욕망・환희・분노・비애・쾌락 등 여섯 가지는 덕을 해치게 하고, 떠남・나아감・가짐・베풂・지혜・능력 등 여섯 가지는 도에 나아가지 못하도록 막는 것이다.

장자에 따르면 "존귀・부유・출세・권세・명예・이익・용모・동작・표정・외양・생기・의욕・증오・욕망・환희・분노・비애・쾌락・떠남・나아감・가짐・베풂・지혜・능력" 등을 지향하는 행위와 그로 인한 감정이나 욕망은 모두 인간의 마음을 속박하는 것이자 부담을 주는 것이다. 더욱이 인간은 자기의 마음을 속박하고 부담지우는 것에 대해 어느 정도 알 수 있으나, 다른 사람의 마음 상태에 대해서는 명확히 알 수가 없다. 장자는 이렇게 말한다.

공자가 말했다. "무릇 사람의 마음은 산천山川보다 위험하고 하늘을 알기보다 어렵다. 하늘은 그래도 춘하추동과 밤낮이라는 규칙적인 변화가 있지만 사람은 표정을 너그러운 척하게 꾸미고 진정한 감정을 깊이 숨긴다. 그래서 외모는 성실해 보여도 속마음이 교만한 자가 있고, 속에 뛰어난 지혜를 품고 있으면서도 겉으로는 어리석은 사람처럼 보이는 자가 있으며, 겉으로는 성급한 것 같지만 사리에 통달한 자가 있고, 견실한 것 같으나 실은 산만한 자가 있으며, 느릿느릿 여유 있어 보이나 실은 거칠고 조급한 자가 있다. 그러므로 정의를 목마른 듯이 추구하는 자는 도리어 그것을 불에 덴 것처럼 버린다. 따라서 군자는 사람을 먼 곳에 보냄으로써 그 사람이 충실한지를 살펴보고, 가까운 곳에서 그가 공경한지를 살펴보며, 번거롭게 만들어서 그 능력을 살펴보고, 갑자기 질문하여 그 재능을 살펴보며, 급히 약속을 잡아서 그 신의를 살펴보고, 재물을 위탁하여 그가 어진지를 살펴보며, 그에게 위급한 상황을 알려서 절개를 살펴보고, 술로 취하게 해서 그가 예의를 지키는지 살펴보며, 남녀가 한곳에 섞여 있도록 해서 호색好色한지를 살펴본다. 이 아홉 가지 징조가 갖추어지면 어리석은 사람을 판단해 낼 수 있다."(「열어구」)

여기에서 장자는 인간의 마음이 위험하고 알기 어렵다는 것을 지적하고 있다. 장자는 공자의 입을 빌려 인간의 마음을 아는 아홉 가지 징조를 제시했다. 이 아홉 가지 징조로써 사람의 마음을 제대로 알 수 있다 치더라도 인간은 항상 무한한 심리적 피로에 시달리게 마련이다. 이처럼 인간과 인간의 마음은 복잡하기 그지없다.

4) 사회적 핍박에 대한 자각

인간의 삶에 있어서 생명의 유한성, 빈곤의 위협, 그리고 마음의 시달림을 제외하고 나서 가장 큰 제한과 속박은 바로 사회적인 핍박이다. 인간이 사회적 존재인 이상 누구든 어쩔 수 없이 사회관계로 인한 강박과 압력을 받게 된다. 바로 이 점에 대해 장자는 매우 심도 있는 자각을 하고 있다. 그는 우선 전쟁으로 인한 핍박에 대해 다음과 같이 말했다.

무후武侯가 말했다. "저는 선생님을 만나고 싶어 한 지가 오래되었습니다. 저는 백성을 사랑하고, 의로움(義)을 위해 전쟁을 멈추려 하는데 어떻습니까?" 서무귀가 말했다. "좋지 않습니다. 백성을 사랑하는 것이 도리어 백성을 해치는 시작이고, 의로움을 위해 전쟁을 멈추는 것이 전쟁을 초래하는 근본입니다. 군왕께서 이와 같이 한다면 아마도 그것을 이루지 못할 겁니다. 무릇 훌륭한 일을 하겠다는 것부터가 악의 바탕이 됩니다. 군왕께서는 비록 인의를 실천하시려 하지만 그것은 또한 거짓이 되고 말 것입니다. 형식적 이념이 굳어지면 더욱 형식적인 이념을 만들어내고, 그 이념이 일단 굳어지면 반드시 나와 다른 이념을 반대하며, 서로의 차이를 용인하지 못해 다투게 될 것입니다.…… 무릇 다른 나라의 병사들과 백성들을 죽이고 토지를 병합하여 자신의 사욕과 정신을 만족시키는 전쟁에서 어느 나라가 의로운 나라이고 이기는 나라이겠습니까? 군왕께서 그러한 생각을 접어두고 마음속의 참된 모습을 닦아서 천지 본래의 모습에 따라 어지럽히지 않는다면 백성들은 이미 죽음에서 벗어나게 될 것인데, 도대체 무엇 때문에 전쟁을 멈추려고 애쓸 것이 있겠습니까?'(「서무귀」)

이는 전쟁을 멈추는 일에 관한 서무귀와 위나라 무후 사이의 대화이다. 서무귀는 전쟁을 멈추려고 하는 무후에게 백성을 사랑하는 것은 도리어 백성을 해치는 시작이고, 의로움을 위해 전쟁을 멈추는 것은 전쟁을 초래하는 근본이라고 말하면서 그의 의도가 실현될 수 없을 것이라고 주장했다. 즉 무후가 전쟁을 멈추려고 하는 것은 전쟁의 불필요성에 대한 깨달음에서 비롯된 것이 아니라 자신의 거짓 명성을 위한 것이기 때문에 이루어질 수 없다는 것이다. 여기에서 장자는 서무귀의 입을 빌려, 전국시대에서 전쟁을 종식시키는 일은 현실적으로 불가능하다는 것을 지적하고 있다. 비록 장자는 당시 전쟁이 모두 통치자들이 자신의 영토를 확장하기 위해 일으킨 의롭지 못한 전쟁, 즉 다른 나라의 병사들과 백성들을 죽이고 토지를 병합하여 자신의 사욕과 정신을 만족시키는 전쟁이라고 주장하지만 그럼에도 불구하고 그 전쟁을 종식시킬 수 없다는 것을 알고 있었다. 더욱이 이와 같은 전쟁은 실제로 통치자들이 다른 나라를 훔치는 황당한 핑계와 수단으로 사용되기도 했다.

이른바 성聖이라는 것은 큰 도둑을 위해 지켜주는 것이 아닌가? 어떻게 그렇다는 것을 알 수 있는가?…… 전성자田成子가 하루아침에 제나라 임금을 죽이고 그 나라를 훔쳤는데, 그가 훔친 것이 어찌 그 나라뿐이겠는가? 그는 성현의 법을 함께 훔쳐버렸다. 그 때문에 전성자는 도적이라는 이름을 얻었지만 몸은 요순과 같이 편안한 지위에 머물러 있고, 작은 나라가 감히 그를 비난하지 못하며, 큰 나라가 감히 정벌하지 못해서 제나라를 혼자 차지할 수 있었다. 그는 제나라를 훔쳤을 뿐만 아니라 성현의 법까지 아울러 훔쳤기 때문에 도적의 몸을 지킨 것이 아니겠는가?…… 됫박을 만들어 곡식의 양을 헤아리면 도둑은 됫박까지 아울러 훔치고, 저울을 만들어 무게를 재면 저울까지 아울러 훔치고,

부새符璽를 만들어 신표로 삼으면 부새까지 아울러 훔치고, 인의仁義를 만들어 바로잡으려 하면 인의까지 아울러 훔친다. 어떻게 그러함을 알 수 있는가? 혁대 고리를 훔친 자는 죽임을 당하지만 나라를 훔친 자는 제후가 된다. 그리고 제후들의 문門에는 인의가 있다.(「거협」)

여기서 알 수 있듯이 통치자들은 전쟁을 핑계로 삼아 나라를 훔칠 뿐만 아니라 나라의 체계를 유지하는 인의예법까지 차지해 버리면서 자신을 합법적이고 합리적인 통치자로 위장하고 도리어 혁대 고리를 훔친 하층민을 처벌의 대상으로 삼는다. 게다가 하층 백성들은 이러한 통치자들의 소행이 비합리적이라고 알고는 있지만 어쩔 수 없이 침묵을 지켜야 하며, 항상 고통에 시달릴 수밖에 없다.

또한 사람들은 전쟁으로 인한 사회적 핍박보다 더욱 심각한 핍박을 겪고 있는데, 그것은 바로 통치자에 의한 통치이다. 이에 대해 장자는 「인간세」에서 다음과 같은 우화로 표현하고 있다.

안회가 중니를 만나서 떠나겠다고 하자 중니가 말했다. "어디로 가려 하는가?" 안회가 대답했다. "위衛나라로 가려고 합니다." 중니가 말했다. "무엇을 하려고 가는가?" 안회가 말했다. "저는 위나라 임금이 나이가 젊고 힘이 넘치며, 행동이 독단적이고 나라를 가볍게 여기며, 자기의 잘못을 보지 못한다고 들었습니다. 그리고 그는 백성들의 죽음을 가볍게 여겨 나라 안에 죽은 사람들이 연못에 생긴 잡초들만큼 많아서 백성들이 어찌할 바를 모릅니다. 저는 일찍이 선생님께서 '다스려진 나라에서는 떠나고 어지러운 나라로 나아가야 한다. 의사의 집에는 병든 사람이 많이 모이는 법이다'라고 말씀하시는 것을 들었습니다. 그래서 저는 선생님에게서 들은 것을 행하려고 하는데, 그러면 아마도 그 나라가 치유될 수 있을 것입니다."

여기에서는 안회가 덕행德行으로써 위나라 군주를 교화해 보고자 하는 우화에 대해 설명하고 있다. 그러나 공자는 그가 위나라 군주를 교화하기는커녕 심지어 목숨을 잃을 수 있다고 생각하는데, 그 이유는 바로 "너는 덕이 두텁고 성실함이 꿋꿋하지만 아직 다른 사람의 기분에 통달하지 못하고, 명예를 다투지는 않지만 아직 다른 사람의 마음에 통달하지는 못하다. 억지로 인의와 법도를 주장하는 말로 포악한 사람 앞에서 설교한다면 이것은 남의 악을 이용해서 자신의 아름다움을 뽐내는 것이 되는데, 이런 사람을 일컬어 재앙을 불러오는 사람이라고 한다. 그리고 재앙을 불러오는 사람에 대해 다른 사람은 반드시 그에게 재앙을 끼치게 마련이고 너는 재앙을 당할 위험이 있다"(「인간세」)는 것이다. 이와 같이 공자는 통치자와 함께하는 것 자체가 지극히 위험한 노릇이라고 주장한다.

나아가서 공자는 경험적인 측면에서 안회를 교육하면서 "옛날 걸왕桀王은 관용봉關龍逢을 죽였고, 주왕紂王은 비간比干을 죽였는데, 이는 모두 그들이 자신을 수양해서 아랫사람으로써 다른 사람의 백성을 다듬으려고 했고, 아랫사람으로써 그 윗사람을 거역하려고 했기 때문이다. 그래서 그들의 임금은 그들이 수양한 것을 빌미로 삼아서 도리어 그들을 물리쳤기 때문에 이들은 명예를 좋아하다가 죽임을 당한 셈이다. 또한 옛날 요堯임금은 총叢과 지枝, 그리고 서호胥敖를 공격했고, 우禹임금은 유호有扈를 공격하여 그 나라를 폐허로 만들었는데 이들 나라의 군주들은 모두 처형을 당했다. 이는 그들이 전쟁을 쉴 새 없이 하고 끝없이 이익을 탐하였기 때문이다. 이들 네 나라는 모두 명예와 이익을 구하다가 멸망한 것인데, 너만 유독 그것을 듣지 못했는가?"(「인간세」)라고 하였다. 그러나 안회는 이러한 공자의 가르침을 받아들이지 않고 계속 위나라 군주를 교화할 수 있다고 주장하면서 세 가지 방법, 즉 마음을 단정하게 하고 비우며, 몸소 순수한 태도를 지키는 것(端而虛, 勉而一), 마음을 곧게 지니고, 외모를 부드럽게 하는 것(內直而外曲), 그리고 주장을 옛 사람의 말과 함께하는 것(成而上比)을 내세웠으나 모두 공자에게 부정되었다. 나아가서 공자는 안회에게 귀로 듣지 말고 마음으로 들으며, 마음으로 듣지 말고 기氣로 듣는 심재心齋의 방법을 가르쳤다. 바로 이와 같은 심재의 방법이 장자가 여기서 말하고자 하는 것이다. 그러나 안회가 위나라 군주를 교화하려는 생각을 드러낸 이야기에서 우리는 또한 장자 역시 군주와 함께하는 것이 매우 어렵고 위험한 일이라고 생각하였음을 짐작할 수 있다. 「인간세」에는 또 다음과 같은 이야기가 있다.

섭공자고葉公子高가 제齊나라에 사신으로 떠나갈 때 중니에게 이렇게 물었다. "…… 선생께서는 일찍이 저에게 '무릇 일이 크든 작든 처리할 때에 도리에 어긋나면 만족스럽게 성취하기가 매우 어렵다. 일이 만일 이루어지지 않으면 반드시 인도人道로 인한 근심이 있게 되고, 일이 만일 이루어지면 반드시 음양陰陽의 조화가 어긋나는 재앙이 생길 것이므로 성공하든 성공하지 못하든 그 후에 걱정거리를 없게 할 수 있는 것은 오직 덕이 있는 사람이라야 할 수 있다'라고 말씀하셨습니다. 저는 음식을 먹을 때는 거친 음식을 먹고 맛있는 것을 먹지 않으며, 밥을 지을 때는 더 이상 담백함을 바라는 사람이 없을 정도로 불을 많이 사용하지 않았는데, 지금 제가 아침에 명령을 받고 나서 저녁에 얼음을 마셔대니, 아무래도 몸속에 열이 있는 것 같습니다. 저는 아직 일의 실상에 직접 부딪치지도 않고서 이미 음양의 재앙이 생겼는데, 만약 일이 성공하지 못한다면 또다시 인도로 인한 재앙이 생기게 될 것이니, 이것은 두 가지 재앙이 한꺼번에 닥치는 것입니다. 남의 신하 된 사람으로서 도저히 감당할 수가 없는데, 선생께서 저에게 가르침을 주시기 바랍니다."

이는 초나라 대부 섭공자고가 사신이 되어 제나라에 가기 전에 사신으로서의 어려움에 대해 공자와 상담하는 이야기이다. 이에 공자는 한편으로는 "그 어찌할 수 없음을 알고 마음을 편안히 하여 명을 따르라"(「인간세」)고 말하지만 다른 한편으로는 사신으로서의 어려움을 강조했다. 공자에 따르면 나라의 사신으로서의 역할은 군주의 뜻을 전하는 것인데, 그 전달과정에서 자기 스스로 결정하지 못하는 부분들이 있다. 즉 "무릇 가까운 나라끼리 가까우면 반드시 서로 신의信義로 맺고, 거리가 멀면 반드시 말로써 진실한 관계를 맺어야 한다. 말은 반드시 누군가가 전해야 하는데 두 나라의 군주를 모두 기뻐하게 하거나 모두 노여워하게 하는 말을 전하는 것은 천하에서 가장 어려운 일이다. 두 나라 군주를 모두 기쁘게 하려는 경우는 반드시 칭찬하는 말을 넘치게 할 것이고, 두 나라 군주를 모두 성내게 하려는 경우는 비난하는 말을 넘치게 할 것이다. 또한 넘치게 하는 행위는 거짓이고, 거짓을 하면 군주로부터의 믿음이 막연해지고, 믿음이 막연해지면 말을 전한 사람이 화를 당하게 된다"(「인간세」)는 것이다. 실제로 여기서 장자의 의도는 "사물의 자연스러움을 타고, 마음을 자유롭게 노니는 것"(「인간세」)을 지향하는 데 있지만 그래도 통치자에 의한 압박과 위협이 무시될 수 없음을 강조한다. 「인간세」는 또 이렇게 말한다.

안합顔闔이 위령공衛靈公의 태자를 가르치는 스승이 되었을 때, 거백옥蘧伯玉에게 물었다. "여기에 어떤 사람이 있는데, 그 덕德이 태어나면서부터 사납습니다. 만약 제가 그와 함께 무도한 짓을 하면 나라를 위태롭게 할 것이고, 그를 교화해서 함께 법도에 맞는 일을 하고자 하면 제 몸을 위태롭게 할 것입니다. 그 사람의 지혜는 다른 사람의 과실을 아는 데 충분할 뿐이고 자신의 과실을 알지는 못하는데, 제가 그와 같은 사람을 어찌하면 좋겠습니까?"

이는 노나라의 현인인 안합이 위령공의 아들을 가르치는 스승으로 임명되었을 때, 거백옥과 상담한 내용을 담은 이야기이다. 안합은 위령공의 아들이 덕성이 잔인하기 때문에 그에게 무도한 것을 가르치면 나라를 위태롭게 할 것이고, 반대로 그에게 법도에 맞는 것을 가르치면 자신이 위태로워진다는 것을 알고 있었다. 이에 대해 거백옥은 "경계하고 삼가서 네 몸을 바르게 하도록 하라! 겉모습은 그를 따르는 것보다 좋은 방법이 없고, 마음은 그와 화합하면서 그를 감화시키는 것보다 좋은 방법이 없지만 이두 가지 입장을 취한다 하더라도 재앙이 있을 것 같다"(「인간세」)라고 충고하였는데, 이 말은 사실상 아무리 사소한 것이라도 항상 조심하면서 일을 하라는 뜻이다. 그렇다면 어떻게 사소한 것에도 조심할 수 있는가?

이에 대해 거백옥은 두 가지 구체적인 예를 들었다. 하나는 "그대는 범을 사육하는 사람에 대해 알고 있지 않은가? 산 채로 음식을 주지 않는 것은 범이 죽이려는 마음을 일으킬까 두려워하기 때문이다. 또 죽은 동물이라도 한 마리를 통째로 주지 않는 것은 범이 그것을 찢어버리려는 마음을 일으킬까 두려워하기 때문이다. 범의 배고픔과 배부름에 꼭 맞추어 음식을 주어서 그 본래의 마음이 다른 곳에 이르게 해야 한다. 범과 사람은 종류가 다르지만 범이 자신을 사육하는 사람을 잘 따르는 것은 그 사람이 범의 자연스러운 본성을 잘 따르기 때문이다. 그러므로 범이 자신을 사육하는 사람을 죽이는 것은 그 사람이 범의 자연스러운 본성을 잘 알지 못하고 그것을 거슬렀기 때문이다"(「인간세」)라는 것이고, 다른 하나는 "말을 아끼는 사람이 네모난 대광주리에 말똥을 담고 커다란 조개껍질에 오줌을 담을 정도로 말을 보살폈는데, 간혹 모기가 말의 등에 붙어 있는 것을 보고 그것을 잡아주기 위해 갑자기 말의 등을 때리기도 했다. 그러자 말은 깜짝 놀라면서 재갈을 물어뜯고 사육하는 사람의 머리를 들이받으며 가슴을 걷어차 버렸다. 이처럼 모기를 잡아주어야 하겠다는 뜻에만 사로잡히면 말에 대한 사랑을 잃어버리게 되니 삼가지 않을 수 있겠는가?"(「인간세」)라는 것이다. 이러한 두 가지 예는 범과 말을 사육하는 데 있어서 그들의 본성에 따라야 위험을 면할 수 있다는 것을 말하고 있다. 다시 말해 간혹 좋은 동기를 지닌 마음을 갖고 행동할지라도 대상의 본성을 경계하지 않으면 위험에 빠질 수 있다는 것이다.

이와 같이 장자는 「인간세」의 세 가지 이야기를 통해 인간이 어쩔 수 없이 위험이 가득 찬 세상에서 삶을 영위하는 모습을 드러냈다. 그래서 그는 다른 곳에서 "지금 어리석은 군주와 나라를 어지럽히는 재상의 사이에 머물면서 고달픔이 없기를 바란다면 어찌 얻을 수 있겠는가? 이것은 비간比干이 심장을 가르는 형벌로 죽게 된 일에서도 분명히 증명할 수 있다"(「산목」)라고 했고, 또한 「인간세」에서 "지금 세상은 다만 형벌을 면할 수 있을 정도로 살 수 있으면 된다"는 심정을 토로했던 것이다.

5) 시時와 명命의 속박에 대한 자각

사회는 마치 하나의 거대한 고리처럼 인생을 가두고 구속하고 있으며, 인간은 이러한 시대와 사회의 거대한 고리 속에서 힘들게 삶을 영위할 수밖에 없는 존재이다. 현실에 민감한 사상가인 장자는 강력한 고리에 갇힌 인생을 체감하면서 이것을 시時와 명命으로 표현했다.

삶과 죽음, 곤궁함과 영달함, 가난함과 부유함, 현명함과 어리석음, 명예와 치욕, 배고픔과 목마름, 춥고 더움은 사물의 변화이며, 천명의 운행이다.(「덕충부」)

예羿가 활을 쏘는 범위 안에서 놀면 그 과녁의 한가운데는 화살이 적중하는 자리이다. 그런데도 화살에 맞지 않는 것은 운명이다.(「덕충부」)

나를 이렇게 만든 존재를 찾아보았지만 알 수 없었다. 그러니 내가 이 지경에 이르게 된 것은 운명일 것이다.(「대종사」)

주머니가 작으면 큰 것을 담을 수 없고, 두레박줄이 짧으면 깊은 물을 퍼 올릴 수 없다는 말이 있다. 무릇 이와 같은 말은 운명은 결정된 바가 있고, 형체는 꼭 맞는 것이 있다는 뜻이다. 이는 인위人爲로 덜어낼 수도 없고 보탤 수도 없는 것이다.(「지락」)

내가 그렇게 되는 까닭을 알지 못하는 것이 운명이다.(「달생」)

인생 속에는 거대한 힘에 의해 사람의 행위가 좌우되는 경우가 있는데, 이런 힘이 바로 명命이다. 이 명에 대해 사람들은 그 존재를 감지할 수는 있으나 그것을 바꾸거나 대처할 수 있는 방법을 찾지 못한다. 그것은 기도의 대상으로서 의지적인 천天이나 제帝와도 다르고 인식하고 이용할 수 있는 대상으로서 필연적 법칙과도 다르다. 이러한 명은 도대체 사람이 어떻게 할 수 없는 것이다. 그래서 장자는 이러한 명에 대해 어찌할 수 없는 감탄과 탄식을 자주 표현했다.

그리고 장자에게는 명과 유사한 의미를 지닌 개념들이 있는데, 그것이 시時와 세勢이다. 『장자』 속에 나오는 두 이야기가 이 작용에 대해 설명하고 있다.

공자가 광匡 땅에서 떠돌아다닐 때, 많은 송宋나라 사람들에게 포위되었는데도 공자는 거문고를 타고 노래를 부르면서 전혀 그치려 하지 않았다. 자로가 들어와서 공자에게 물었다. "이런 위급한 상황 속에서 선생님께서는 어찌 음악만 즐기고 계십니까?" 그러자 공자는 이렇게 대답했다. "이리 오너라. 내 자네에게 말해주리라. 나는 오래전부터 역경을 피하려고 하였지만 피할 수 없었는데, 이는 운명이다. 또 오래전부터 영달을 추구하고자 했지만 얻지를 못했는데, 이는 시세時勢이다. 요堯나 순舜의 때에는 천하에 곤궁한 사람이 없었으나 그것은 그들의 지혜가 뛰어나서가 아니었다. 또 걸桀이나 주紂의 시대에 천하에 통달通達한 사람이 하나도 없었으나 그것은 그들의 지혜가 모자라서가 아니었다. 시세가 그랬을 뿐이다. 물 위를 가면서 교룡蛟龍을 피하지 않는 것은 어부의 용기이고, 육지에 다니면서 외뿔소나 호랑이를 피하지 않는 것은 사냥꾼의 용기이며, 칼날이 눈앞에서 휘둘러지는 상황에 직면하고도 죽음을 삶처럼 여기는 것은 열사烈士의 용기이다. 그리고 가난함에는 운명이 있음을 알고, 통달함通達에는 시세가 있음을 알며, 커다란 위기에 직면해서도 두려워하지 않는 것은 성인聖人의 용기이다. 그러니 유由야, 지금 그대로 있으라. 내 운명은 이미 정해진 바가 있다는 말이다."(「추수」)

장자가 여러 군데 기운 헐렁한 옷을 입고 줄로 이리저리 묶은 신발을 신고서 위나라 왕 앞을 지나가고 있었다. 위나라 왕이 "선생께서는 어찌하여 이처럼 고달프게 사십니까?"라고 묻자 그는 "가난한 것이지 고달픈 것이 아닙니다. 선비에게 도덕을 시행하지 못하는 것은 고달픈 것이지만 옷이 해지고 신발이 터진 것은 가난한 것이지 고달픈 것이 아니니, 이것이 이른바 제때를 만나지 못한 것입니다. 왕께서는 뛰어다니는 원숭이를 보지 못하셨습니까? 원숭이가 녹나무나 가래나무를 얻었을 때 가지를 붙잡고 그 사이에서 군왕 노릇을 하면 비록 예羿나 봉몽蓬蒙처럼 활을 잘 쏘는 사람이라 하더라도 곁눈질하지 않지만 원숭이가 산뽕나무, 대추나무, 탱자나무, 호깨나무 따위의 가시나무를 만났을 때에는 바짝 긴장하고 움직이며 곁으로 흘겨보아서 진동할 때마다 두려워하니, 이것은 원숭이의 근골이 더 굳세지거나 부드럽지 못한 것이 이니라 머물러 있는 형세가 편하지 못해서 자기 능력을 발휘하기에 부족하기 때문입니다. 지금 어리석은 군주와 나라를 어지럽히는 재상 사이에 머물면서 고달픔이 없기를 바란다면 어찌 얻을 수 있겠습니까?"라고 대답했다.(「산목」)

공자는 스스로 "어려서부터 학문을 닦고, 지금까지 69세에 이르러"(「어부」), 덕이 있는 사람으로 자칭했다. 그러나 그는 "노나라 땅에서 두 번 쫓겨나고, 위나라에서 발자취를 감추게 되었으며, 송나라에서 큰 나무에 깔려 죽을 뻔 했고, 진나라와 채나라 사이에서 포위당하면서"(「어부」) 일생 동안 두려움 속에서 허둥지둥 살았다. 마찬가지로 장자도 평생 동안 신발을 기워 매는 일을 하고 굶주림에 시달리면서 살았다. 왜 이러한가에 대해 장자는 심각하게 고민했다. 그래서 그는 "나를 이 지경에 이르게 하는 자에 대해 생각을 해보았지만 끝내 알아내지 못했다. 부모는 어찌 내가 가난하기를 원했겠는가? 하늘은 사사로이 덮어주는 것이 없고, 땅은 사사로이 실어주는 것이 없으므로 하늘과 땅이 어찌 사사로이 나만 가난하게 할 리가 있겠는가? 그래서 나를 이렇게 만든 자를 찾아보았지만 알 수 없었다. 그러니 내가 이 지경에 이르게 된 것은 오직 운명일 따름이다"(「대종사」)라고 말하면서, 일생의 곤궁함을 운명으로 귀결시켰다.

그렇다면 이러한 시時와 명命은 도대체 어떤 것인가? 실제로 그것들은 사회의 기본적 모순운동을 바탕으로 하여 사회를 변화시키는 필연성이고, 역사발전의 필연적 추세와 법칙이다. 물론 장자는 이러한 점을 알지 못하여 다만 그것을 불가역적인 속박과 사회적 힘으로 간주했다. 그리고 장자의 사상적 핵심도 바로 이러한 사회적 필연 속에서 해탈을 추구하는 방법에 대해 고민하는 데 있었다.

3. 처세의 방법

사회적 존재로서 개체의 인간은 어쩔 수 없는 사회의 핍박에 대해 어떻게 처신해야 하는가? 장자는 자기 자신의 인생에 대한 자각으로부터 출발하여 일종의 처세방법을 제시했는데, 이것이 바로 그가 주장한 세상에서 노니는 것(游世)이다. 그렇다면 어떻게 세상에서 노닐 수 있는가?

1) 유세游世

인간은 현실사회를 벗어나 허망한 진공 속에서 살 수 없다. 그래서 장자는 인간이 현실사회에서 무난하게 살아가려면 우선 유세를 터득해야 한다고 주장한다. 그는 "사람이 자신을 비우고 세상에서 노닐면 누가 해칠 수 있겠는가?"(「산목」)라고 말했고, "오직 지인至人만이 세상에서 유유자적 노닐면서도 편벽함에 빠지지 않고, 다른 사람들에게 순응하면서도 자기를 잃어버리지 않는다"(「외물」)고 말했다. 장자는 인간이 자기를 비우고(虛己) 사물에 기대며(待物), 세상의 흐름과 상황에 순응하여 편벽함에 치우치지 않고 살아가는 것이 곧 유세라고 주장한다. 여기서의 유游는 구체적으로 "한 번은 용이 되었다가 한 번은 뱀이 되어 때와 함께 변화하는 것"(「산목」), 또는 "한 번 올라가고 한 번 내려감에 조화로움을 기준으로 삼는 것"(「산목」), 그리고 "겉모습은 따르는 것보다 좋은 방법이 없고, 마음은 화합하는 것보다 좋은 방법이 없다"(「인간세」)는 의미를 내포하고 있는 것이다.

『장자』에서는 구체적 유세의 방법에 대해 다음과 같이 서술하고 있다.

장자가 산속을 다니다가 가지와 잎이 무성한 큰 나무를 보았는데, 나무를 베는 사람들이 그 옆에 머물러 있으면서도 그 나무를 베지 않았다. 그 이유를 물었더니 "쓸 만한 것이 없다"고 대답하였다. 그러자 장자가 말했다. "이 나무는 바로 쓸모가 없기 때문에 수명을 제대로 다할 수 있구나!" 또한 장자가 산에서 나와 옛날 친구의 집에 머물게 되었다. 그 친구가 기뻐하여 아들에게 거위를 잡아서 요리하라고 시켰는데, 아들이 "한 마리는 잘 울고, 다른 한 마리는 울지 못합니다. 어느 것을 잡을까요?"라고 물었다. 그러자 주인이 말했다. "울지 못하는 것을 잡아라." 다음 날 제자가 장자에게 묻기를 "어제 산속의 나무는 쓸모가 없었기 때문에 수명을 제대로 누릴 수 있었고, 지금 주인집 거위는 쓸모가 없었기 때문에 죽었는데, 선생께서는 장차 어디에 몸을 두시겠습니까?"라고 하였다. 그러자 장자가 웃으면서 말했다. "나는 재주 있음과 재주 없음의 사이에 몸을 둘 것이다."(「산목」)

여기에서 재주 있음과 재주 없음 사이에 몸을 둔다는 것이 바로 유游의 의미, 즉 쓸모 있음(有用)과 쓸모없음(無用)의 사이에서 균형을 찾는 것이다. 현실에서 무용한 사물은 그 무용함이나 무가치성으로 인해 죽임을 당할 수 있는데, 울지 못하는 거위가 그 예이다. 그러나 유용한 사물도 그 유용함 때문에 죽임을 당할 수 있다. 예를 들면 "산속의 나무가 (목재로 사용할 수 있기 때문에) 사람들이 그것을 베어가고, 등잔불이 (태울 수 있기 때문에) 사람들은 그것을 태우며, 계피가 먹을 수 있기 때문에 사람들은 그것을 베어가고, 옻나무는 쓸모가 있기 때문에 사람들이 그것을 잘라간다"(「인간세」)는 것이다. 이러한 상황에서 인간은 어떻게 처세해야 하는가? 방법 아닌 방법 중의 하나가 바로 재주 있음과 재주 없음의 사이에서 노니는 것(游)이다. 이와 같은 노닒, 또는 유에는 권모술수적인 의미가 없지는 않으나 그래도 일종의 처세방법임에는 틀림없다.

실제로 처세전략으로서의 유세의 유는 바로 무용無用과 무위無爲의 외재적 표현이다. 그리고 이와 같은 무용 또는 무위의 외재적 표현이 다른 사람에게 어떤 영향이나 위협을 끼쳐서는 안 된다. 이러한 의미에서 장자는 「인간세」에서 "턱이 배꼽 아래에 숨어 있고, 어깨가 이마보다도 높으며, 상투는 하늘을 가리키고, 오장이 위에 있으며, 두 넓적다리는 옆구리에 닿아 있는" 지리소支離疏라는 인물을 그려냈다. 그리고 이와 같은 지리소는 외모적으로 아무런 소용이 없어도 바느질과 세탁으로 충분히 입에 풀칠할 수 있고, 키를 까불고 쌀을 골라내서 생기는 곡식으로 사람들에게 조금이나마 도움이 되기 때문에 팔뚝을 걷어붙이고 당당하게 돌아다녀도 그에게는 아무런 피해도 오지 않는다.

2) 안명安命

재주 있음과 재주 없음 사이에 몸을 두는 유세游世의 유游 그 자체가 이미 재주(材)를 필요로 한다. 왜냐하면 유에는 일종의 권모술수적인 의미가 들어 있으므로 유의 과정은 실제로 재주를 이용하는 과정이며, 아무 재능도 없는 어리석은 자는 아예 유가 가능하지 않기 때문이다. 그래서 장자는 "재주 있음과 재주 없음의 사이에 몸을 두는 것은 한편으로는 그럴 듯하지만, 아직 세속의 번거로움을 면치 못한다"(「산목」)라고 말했다. 이뿐만 아니라 유의 과정에서 그 정도를 조금이라도 제대로 파악하지 못하면 오히려 자신에게 큰 불행을 초래할 수도 있다. 『장자』「서무귀」에 나오는 다음과 같은 우화가 이러한 상황을 잘 말해준다.

오吳나라 왕이 배를 타고서 강가에 있는 원숭이 산에 올라갔다. 여러 원숭이들이 그를 보고 깜짝 놀라 무성한 숲속으로 도망갔다. 그런데 그 중 한 마리가 도망가지 않고 나뭇가지를 움켜잡거나 긁거나 하면서 자기의 재주를 자랑하고 있었다. 왕이 그를 향해 활을 쏘았더니 그는 민첩하게 움직이면서 왕이 쏜 화살을 잡았다. 이에 왕이 같이 있는 이들에게 명하여 화살을 쉴 새 없이 쏘게 하였더니 드디어 원숭이가 화살에 맞아 죽고 말았다. 왕은 그와 동행한 친구 언불의顔不疑를 돌아보며 이렇게 말했다. "이 원숭이는 자기의 재주를 뽐내고 자기의 민첩함을 믿고서 나에게 오만하게 대들다가 이와 같이 비참하게 죽었으니 경계로 삼아야 할 것이다. 아아! 그대도 교만한 얼굴빛으로 남에게 오만하게 굴지 말게!"(「서무귀」)

여러 원숭이들이 오나라 왕을 보고 도망갔음에도 불구하고, 그 가운데 한 마리는 도망가지 않고 자기의 재주를 뽐내다가 마침내 활에 맞아 죽었다. 이처럼 재주(材)로써 재주 있음과 재주 없음의 사이에 처하는 유세游世의 방법은 결코 진정한 경지의 유세가 될 수 없다. 다시 말해서 설사 이러한 방법을 통한 유세가 가능하다고 하더라도 그것은 결국 속세의 바다를 이리저리 헤엄쳐 다니는 것일 뿐 결코 그것을 넘어설 수 없으며, 따라서 이와 같은 현실의 바다가 바로 인생을 좌우하는 결정적 요소가 되어버리는 것이다.

이는 마치 장자가 위魏나라 왕에게 했던 말, 즉 "왕께서는 뛰어다니는 원숭이를 보지 못하셨습니까? 원숭이가 녹나무나 가래나무를 얻었을 때 가지를 붙잡고 그 사이에서 군왕 노릇을 하면 비록 예羿나 봉몽蓬蒙처럼 활을 잘 쏘는 사람이라 하더라도 곁눈질하지 않지만 원숭이가 산뽕나무, 대추나무, 탱자나무, 호깨나무 따위의 가시나무를 만났을 때에는 바짝 긴장하고 움직이며 곁으로 흘겨보아서 진동할 때마다 두려워하니, 이것은 원숭이의 근골이 더 급해지거나 부드럽지 못한 것이 아니라 머물러 있는 형세가 편하지 못해서 자기 능력을 발휘하기에 부족하기 때문입니다"(「산목」)라는 말과 같다. 인간은 처해 있는 형세(勢)가 유리하면 재주를 뽐낼 수 있고, 유세를 할 수 있으나 불편한 형세에 처하게 되면 유세를 할 수 없다는 것이다. 그러므로 유세의 방법에는 또한 사회의 형세에 대한 인식과 이용의 문제가 내포되어 있다.

장자는 역사와 사회의 형세에 대해 일정한 인식을 지니고 있었는데, 그것이 바로 그가 말하는 시時와 명命이다. 사회 속에 존재하는 이러한 시와 명, 그리고 그것들이 "그렇게 되는 까닭을 알 수 없는"(「달생」) 특징으로 보면 이에 대한 인식 자체에 어떤 방법론적 의미, 또는 처세방법이 들어 있다고 할 수 있는데, 이것은 바로 장자의 안명설安命說과 연결된다. 장자는 이렇게 말한다.

> 태어나는 것을 편안히 맞이하고 죽는 것을 편안히 따르면 슬픔이나 즐거움 따위의 감정이 마음에 끼어들 수 없다. 옛날에 이를 일컬어 거꾸로 매달렸다가 풀려난 것(懸解)이라고 했다.(「양생주」)

> 천하에는 크게 경계해야 할 것이 두 가지가 있는데 하나는 명命이고 또 하나는 의義이다. 자식이 어버이를 사랑하는 것은 명이기 때문에 마음속에서 버릴 수 없고, 신하가 임금을 섬기는 것은 의이니 어디에 간들 임금이 없는 곳이 없다. 이와 같이 천지 사이에 도망갈 곳이 없는 것을 일컬어 크게 경계해야 할 일이라고 한다.(「인간세」)

> 눈앞에 펼쳐진 일에 따라 슬퍼하고 즐거워하는 감정이 바뀌지 않고, 그것을

어찌할 수 없음을 알아 마음을 편안히 하고 명을 따르는 것이 덕의 지극함이다. (「인간세」)

죽음과 삶, 보존과 패망, 곤궁함과 영달, 가난함과 부유함, 현명함과 어리석음, 치욕과 명예, 배고픔과 목마름, 춥고 더움 등은 사물의 변화이고 운명이 유행하는 것이다. 밤낮이 앞에서 교대하는데, 인간의 지혜로는 그 시작을 규정할 수 없다. 때문에 그것은 마음의 평안을 어지럽히지 못하고, 마음속에 들어올 수도 없다.(「덕충부」)

어찌할 수 없음을 알아서 마치 운명처럼 그것을 편안히 여기는 것은 오직 덕이 있는 사람만이 할 수 있다.(「덕충부」)

죽고 사는 것은 운명이고, 밤낮이 일정하게 교체하는 것은 자연의 순리이므로 사람이 관여할 수 없는 바가 있다. 이것이 사물의 참다운 모습이다.(「대종사」)

인위로 천성을 없애지 말아야 하며, 인간의 의도로 운명을 없애지 말아야 한다. (「추수」)

운명의 실상에 통달하는 사람은 어찌할 수 없는 운명에서 벗어나기 위해 힘쓰지 않는다.(「달생」)

장자가 보기에 인생은 그렇게 되는 까닭을 알 수 없는 어떤 필연적인 것에 의해서 좌우되는데, 그것이 바로 명命이다. 이러한 명은 인간이 변화시킬 수도 없고 알 수도 없으며 오직 순응할 수밖에 없으니, 이것이 바로 안명安命이다. 『장자』「대종사」에서는 공자의 입을 빌려 맹손씨孟孫氏에 대해 "그는 삶과 죽음의 이치를 거의 터득했다.……맹손씨는 삶의 이유를 알려고 하지 않고 죽음의 이유도 알려고 하지 않으며, 삶 이전의 모습을 알려고 하지 않고 죽은 뒤의 모습도 알려고 하지 않으면서 사물과 나란히 같이 변화하여 아직 알지 못하는 변화를 기다릴 뿐이다"라고 칭찬하고 있는데, 이것이 안명의 대표적인 예이다.

또한 「대종사」에서는 자사子祀, 자여子輿, 자리子犁, 자래子來 네 사람이 삶과 죽음에 대해 논하는 장면이 나온다.

자사, 자여, 자리, 자래 네 사람이 함께 이야기를 나누면서 말했다. "누군가 무無를 머리로 삼고 삶을 등뼈로 삼으며 죽음을 똥구멍으로 삼을 수 있고, 누군가 삶과 죽음, 보존과 폐망이 같은 것이라는 것을 안다면 나는 그와 벗이 되고 싶다." 그러고는 네 사람이 서로 쳐다보고 슬쩍 웃으며 서로 마음에 거슬리는 것이 없자 마침내 더불어 벗이 되었다.

얼마 있다가 자여가 병에 걸리자, 자사가 문병을 하러 가서 물었다. "기이하구나! 조물자가 그대를 이처럼 구부러지게 하였구나!" 구부러진 곱사등이 등에 생겨 오장이 위에 붙고, 턱은 배꼽 아래에 숨고 어깨는 이마보다도 높고, 상투는 하늘을 가리키고 있는데, 음양의 기氣가 조화를 잃었는데도 그 마음은 한가로워 아무 일도 없는 것 같았다. 자여가 비틀거리면서 우물에 걸어가 자기 모습을 비춰보면서 말했다. "아! 저 조물자여, 장차 나를 이처럼 구부러지게 하는구나." 자사가 말했다. "그대는 그것이 싫은가?" 자여가 말했다. "내가 어찌 싫어하겠는가! 만약 나의 왼쪽 팔을 닭이 되게 변화시킨다면 나는 그것으로 새벽을 알릴 것이고, 만약 나의 오른쪽 팔을 탄환이 되게 변화시킨다면 나는 그것으로 새구이를 구할 것이며, 만약 나의 엉덩이를 수레바퀴가 되게 하고 나의 정신을 말(馬)이 되게 변화시킨다면 나는 그것을 따라 수레를 탈 것인데 어찌 멍에를 하겠는가! 게다가 생명을 얻는 것도 때를 따르는 것이고 생명을 잃는 것도 때를 따르는 것이니, 태어나는 때를 편안히 맞이하고 죽는 때를 순하게 따르면 슬픔이나 즐거움의 감정이 나의 마음에 들어올 수 없다. 이것이 옛날의 이른바 거꾸로 매달렸다가 풀려난다는 것이다. 그런데 사람들이 스스로 풀려나지 못하는 것은 사물이 그것을 묶어놓고 있기 때문이다. 또 사물이 하늘을 이기지 못한 지 오래되었는데 내가 무엇을 싫어하겠는가!"

얼마 지나지 않아 이번에는 자래가 병에 걸려 헐떡거리면서 죽을 지경이 되자 그 아내와 사식들은 그를 둘러싸고 울고 있었는데, 자리가 가서 말했다. "쉿! 저리들 비키시오! 이 당연한 변화의 작용을 방해하지 마시오." 자리가 문에 기대어 자래에게 말했다. "위대하구나, 조화여! 또 그대를 무엇으로 만들려 하고, 어디로 데려가려고 하는가? 그대를 쥐의 간으로 만들 것인가? 그대를 벌레의 다리로 만들 것인가?" 자래가 말했다. "부모가 자식에게 동서남북 어디로 가게 하든지 자식은 그것을 따라야 한다. 음양은 사람에게 부모와 같은 존재이다. 그래서 음양이 나를 죽음에 가까이 가게 하는데, 내가 따르지 않는다면 나만 버릇없는 자가 될 테니 저 음양에 무슨 죄가 있겠는가! 대자연(大塊)이 나에게 육체를 주어 이 세상에 살게 하고, 삶을 주어 나를 수고롭게 하며, 늙음으로 나를 안일하게 해주며, 죽음으로 나를 쉬게 한다. 그렇기에 나의 삶을 좋은 것으로 여기는 것은 바로 나의 죽음을 좋은 것으로 여기는 것이다. 지금 대장 장이가 쇠붙이를 녹여서 주물을 만드는데, 쇠붙이가 뛰어 올라와 '나는 반드시 막야鏌鎁와 같은 명검名劍이 되겠다'고 말한다면, 대장장이는 반드시 그것을 상 서롭지 못한 쇠붙이라고 여길 것이다. 이제 한번 인간의 형체를 훔쳐서 세상에 태어나 '나는 언제까지나 사람으로서 살겠다'고 말한다면, 저 조화자造化者는 반 드시 상서롭지 못한 사람이라고 여길 것이다. 그렇다면 지금 한번 천지를 커다 란 용광로로 삼고, 조화자를 대장장이로 삼으면 어디로 가서 무엇이 되든지 간에 좋지 않겠는가? 편안히 잠들었다가 새롭게 깨어날 것이다."(「대종사」)

장자가 생각하는 안명을 제대로 실천하는 이상적인 사람이 바로 자사, 자여, 자리, 자래와 같은 사람들이다. 이 네 사람은 삶과 죽음에 대해 그야 말로 초연超然한 태도를 취하고 있다. 그들에게 있어서 인간의 삶과 죽음은 단지 조화자造化者가 베푸는 것일 따름이다. 즉 삶의 모습과 죽음의 마무리 는 모두 위대한 조화자가 사사로움 없이 베푸는 자연스러운 것이므로 사람은 조화자가 베푸는 덕에 대해서 태어나는 때를 편안히 맞이하고 죽는 때를 순하게 따라야 하며, 그 조화자의 덕과 천지의 변화와 함께하나가 되어야 한다. 그러나 반대로 인간이 삶과 죽음, 그리고 자신의 형체적 모습에만 집착한다면 그것은 곧 조화자의 덕에 위배되는 것이고, 상서롭지 못한 것이다. 자사, 자여, 자리, 자래와 같은 사람들은 바로 조화자에 대해 어찌할 수 없음을 알고, 마치 운명처럼 그것을 편안히 여기는 사람들이다.

그렇다면 장자가 인간으로 하여금 편안히 여겨야 한다고 주장하는 명命은 도대체 무엇인가? 실제로 장자 자신도 이에 대해 명확하게 규정하지는 않았다. 그는 단지 명을 그렇게 되는 까닭을 알 수 없는 것이라고 여겼다. 오늘날 우리의 관점에서 보자면 장자가 말하는 명과 시時는 인간사회의 역사가 운동하는 과정 속에서의 필연성을 가리키는 것이고, 후세의 유종원柳宗元이나 왕부지王夫之가 말하는 리理나 세勢와 같은 것이다. 장자는 인류역사의 필연성을 알지 못했기 때문에 당연히 그 속에 있는 필연성에 대해 설명할 수 없었고, 나아가서 그것을 편안히 여길 수밖에 없다고 말했던 것이다.

3) 양생養生

장자가 어찌할 수 없음을 알고, 마치 운명처럼 그것을 편안히 여긴다고 할 때, 피상적으로만 보면 이는 인생에 대한 일종의 소극적인 태도와 행위라고 할 수 있는데 사실은 그렇지 않다. 이와 같은 안명의 처세방법에는 인간의 적극적인 작위가 내포되어 있다. 인간이 인간일 수 있는 것은 그에게 목적과 의지가 있기 때문이며, 이러한 목적과 의지를 지닌 인간의 활동은 또한 능동적이다. 그러므로 명을 편안히 여길 수 있다는 것은 절대 그저 제자리에 앉아서 기다리는 것을 의미하지 않고 오히려 자신의 노력으로써 성취해 나감을 의미하는 것이다. 그렇다면 어떻게 노력해야 하는가? 이것은 바로 장자가 다루는 양생의 문제와 관련된다.

장자의 양생론에 관해서 사람들은 자주 그것을 양주楊朱의 위아론爲我論과 비슷한 것, 즉 삶을 온전히 하고, 몸을 보전하는 것(全生保身)을 목적으로 삼는 수양론이라고 생각하는데 이는 잘못된 견해이다. 장자의 양생론은 생명수양론일 뿐만 아니라 동시에 일종의 처세방법이기도 하다. 즉 그것은 형체를 기르는 것, 즉 양형養形을 의미할 뿐만 아니라 동시에 마음을 수양하는 것 즉 양심養心도 가리킨다. 장자의 양생론은 그의 유세론과 안명론이 논리적으로 발전해 나가는 종착점이자 동시에 그것들이 실현되는 전제이기도 하다.

장자는 양생을 매우 중요시했다. 실제로 『장자』 내편에는 「양생주」라는 편이 있고, 여기에서 그는 양생의 문제를 집중적으로 다루고 있다. 「양생주」의 시작 부분에서 그는 "선을 행하되 명예에 가까이 가지 말고, 악을 행하되 형벌에 가까이 가지 말며, 중中의 경지를 따라 그것을 삶의 근본원리로 삼으면 자기 몸을 안전하게 지킬 수 있고, 자신의 생명을 온전하게 유지할 수 있으며, 부모를 잘 봉양할 수 있고, 자신에게 주어진 천수를 모두 누릴 수 있다"라는 말을 남겼다. 여기서 중의 경지를 따라 그것을 삶의 근본원리로 삼는다는 말은 일종의 기氣를 오가게 하는 양형론養形論을 가리키는데, 이러한 방법을 통해 인간이 온몸의 혈기를 순통하게 할 수 있다면 장수할 수 있다는 것이다. 이와 같은 양형론에 이어서 「양생주」편은 그 유명한 포정해우庖丁解牛의 이야기를 제시한다. 이 이야기에서는 포정이 소의 자연스러운 줄기를 따라 소의 가죽과 고기, 살과 뼈 사이의 커다란 틈새와 공간에서 칼을 움직여, 소의 몸 구조 그대로 경맥과 줄기를 따라가면서 조금도 뼈에 방해받지 않고 소를 잡는 일화를 통해 인간이 천리에 따라 기를 오가게 하면서 양생을 하는 이치에 대해 설명했다.

이 외에도 장자는 여러 곳에서 기를 길러 덕에 합치하는, 그리고 정신을 흔들리지 않게 하는 양형론을 제시하고 있다.

광성자廣成子가 머리를 남쪽으로 하고 누워 있었는데, 황제가 아래쪽에서 무릎으로 기어나가면서 절하고 머리를 흔들면서 물었다. "저는 선생께서 지극한 도에 이르렀다고 들었는데, 몸을 어떻게 다스려야 오랫동안 보전할 수 있겠습니까?" 광성자가 벌떡 일어나 말했다. "좋은 질문이다. 이리 오게. 내 그대에게 지극한 도를 말해주겠네. 지극한 도의 정수는 그윽하고 어두우며, 지극한 도의 극한은 모습도 없고 소리도 없다. 그렇기 때문에 보려고 하지도 말고 들으려고 하지도 말고, 정신을 지켜서 고요함을 유지하면 몸도 저절로 바르게 될 것이다. 반드시 고요하고 깨끗함을 지켜서 그대의 몸을 수고롭게 하지 말고 정신을 흔들리게 하지 말아야 비로소 장생할 수 있다. 눈으로 보는 것이 없고, 귀로 듣는 것이 없으며, 마음으로 아는 것이 없으면 그대의 정신이 몸을 지킬 수 있고, 몸이 비로소 장생할 수 있다.…… 하늘과 땅은 관장하는 바가 있고 음양은 간직하고 있는 바가 있기 때문에 그대의 몸을 삼가 지키면 만물이 장차 저절로 건장해질 것이다. 나는 하나인 도를 지켜서 조화 속에 머물러 있으므로 몸을 수양한 지 1200년이 지났는데도 아직도 쇠약해지지 않았다.(「재유」)

열자列子가 관윤關尹에게 물었다. "지인至人은 물속에서 다녀도 질식하지 않고, 불을 밟아도 뜨거워하지 않으며, 만물의 위를 걸어 다녀도 두려워하거나 떨지 않는데, 어떻게 하면 이러한 경지에 이를 수 있는지를 묻고 싶습니다." 관윤이 말했다. "그것은 순수한 기를 지키고 있기 때문이다. 지혜나 기교, 그리고 과감하다고 할 수 있는 따위가 아니다. 앉아서 그대에게 말해주지. 무릇 모양과 소리, 색깔을 지니고 있는 것은 모두 사물에 불과한데, 이 사물들이 서로의 차이가 어찌 크다고 할 수 있겠는가? 어찌 사물이 모습이 있기 이전에 먼저 이를 수 있겠는가? 이 사물들은 오직 일시적인 것일 뿐이다. 그러므로 사물이 아직 형체를 갖지 않은 상태, 즉 변화를 초월한 경지에 이르고 그것을 체득하며 궁구하는 경지에 어떻게 머물 수 있겠는가? 그대는 장차 정도에 넘치지 않는 절도에 머물고, 끝이 없는 근원에 몸을 감추며, 만물이 끝나고 시작하는 도에서 노닐고, 자기의 본성을 하나에 집중시키며, 기를 기르고 덕德을 천지와 합치시킴으로써 만물이 존재하는 모습에 통달해야 한다. 무릇 이와 같이 되면 자연의 본성을 온전하게 지킬 수 있고, 정신에도 다른 것이 끼어들 틈이 없으니 사물이 또한 어디로부터 들어올 수 있겠는가?(「달생」)

첫 번째 이야기에서는 황제가 광성자에게 어떻게 하면 몸을 오랫동안 보전할 수 있는지에 관해 질문했다. 이에 대해 광성자는 정신을 지켜서 고요함을 유지하고, 또 고요하고 깨끗함을 지켜서, 그대의 몸을 수고롭게 하지 말고, 정신을 흔들리게 하지 말아야 비로소 장생할 수 있다고 대답했다. 광성자는 자기가 1200년 동안 형체를 보전할 수 있었던 것이 바로 하나인 도를 지켜서 조화 속에 머물러 있었기 때문이라고 하였다. 청대淸代의 선영 宣穎은 여기에서의 화和를 음양이기陰陽二氣의 조화로운 상태로 주석했는데, 이로 미루어보면 광성자가 말하는 수신의 과정이 곧 양기養氣의 과정이며, 그가 황제에게 가르친 장생의 방법 또한 양기임에 틀림없다.

그리고 두 번째 이야기에서 열자가 지인이 물속에서 다녀도 질식하지 않는 이유를 물었을 때, 이에 대해 관윤은 그것은 순수한 기를 지키고 있기 때문이라고 답변하면서 이러한 경지에 이르려면 자기의 본성을 하나에 집중시키며, 기를 기르고 덕을 천지와 합치시킴으로써 만물이 존재하는 모습에 통달해야 한다는 양기론을 제시했다.

또한 장자는 다른 곳에서도 이와 같은 양기로써 장생에 이르는 주장을 명확히 드러냈는데, 「각의」편에서 "숨을 토하거나 숨을 들이마시면서 호흡하여, 낡은 것을 토해내고 새로운 것을 받아들이며, 곰처럼 몸을 뻗거나 새처럼 목을 펴는 것은 장수하는 일에 몰두할 따름이다. 이 같은 태도는 호흡법을 잘 다듬어서 육체를 잘 기르는 사람이 하는 것인데, 팽조彭祖와 장수를 추구하는 자들이 좋아하는 것이다"라고 한 것이 그 예이다. 여기서 낡은 것을 토해내고 새로운 것을 받아들이는 것에 대해서 진대晉代의 이이李頤는 낡은 기를 토해내고 새로운 기를 들이마신다고 주석했고, 같은 시대의 사마표司馬彪는 곰처럼 몸을 뻗거나 새처럼 목을 펴는 것에 대해 마치 곰이 나무에 기어오르는 것처럼 기를 들이마시고, 새가 몸을 펴는 것처럼 기를 토해낸다고 주석하였다. 당나라의 성현영成玄英도 위의 문장에 대해 다음과 같은 소疏를 남겼다. "차가운 기를 토해내고, 따뜻한 기를 들이마시는 것은 마치 곰이 나무에 기어오를 때 몸을 뻗는 것이나 새가 하늘에서 날 때 발을 펴는 것과 같다. 이러한 것들은 모두 기를 소통하여 형체를 기르고 수명을 연장하며 장수를 추구하는 방법이다. 그러므로 팽조는 800년 살 수 있었고, 백석白石은 3000년 살 수 있었으며, 이러한 방법대로 하는 사람들은 모두 오래 살 것이다." 한마디로 낡은 것을 토해내고 새로운 것을 받아들이며, 곰처럼 몸을 뻗거나 새처럼 목을 펴는 방법으로 기를 소통하면 사람의 형체에 있는 혈기를 순조롭고 부드럽게 할 수 있고, 외부 환경에 더욱 잘 적응하도록 할 수 있다는 것이다.

『장자』「달생」에서는 관윤이 열자에게 양기합덕養氣合德의 도를 가르친 다음에 또 한 가지 사례를 언급하고 있다.

> 술에 취한 사람이 수레에서 떨어졌을 때, 비록 수레가 빨리 달리더라도 죽지
> 않는다. 그의 뼈와 관절이 보통 사람과 다를 바 없는데도 해를 당한 정도가
> 다른 것은 술의 힘으로 그 정신이 온전히 보전되었기 때문이다. 다시 말해서
> 그는 자기가 수레에 탄 것도 알지 못하고, 수레에서 떨어진 것도 알지 못하여
> 죽거나 사는 데 놀라거나 두려워하는 감정이 마음속에 들어오지 않았기 때문
> 에 어떤 사태에 부딪치더라도 두려워하지 않는다. 저 술에 취한 자가 술로 인
> 해 정신의 온전함을 얻고서도 오히려 이와 같은데, 하물며 하늘에서 온전함을
> 얻었음에랴. 성인은 하늘에 몸을 맡기고 있기 때문에 그 무엇도 그를 해칠 수
> 없다.(「달생」)

여기서 술에 취한 사람이란 바로 기를 소통하여 형체를 기르는 장자
이론의 각주라고 할 수 있다.

장자의 양생설은 기를 소통하여 몸을 기르는 일종의 양형론養形論을 가
리킬 뿐만 아니라 더 나아가 마음을 기르는 양심론養心論, 즉 정신수양론을
의미하기도 한다. 인간의 생명은 형체적인 제한을 받기 때문에 기를 소통
하여 그 형체를 기를 필요가 있을 뿐만 아니라 더욱이 인성적인 면에서도
제한이 있기 때문에 욕망을 절제함으로써 마음을 고요하고 담담한 상태로
유지할 필요도 있다. 장자는 이렇게 말한다.

> 걸桀이나 도척盜跖, 증삼曾參이나 사추史鰌 사이의 행동 기준을 살펴보면 차이가
> 있지만 본성을 잃었다는 면에서는 똑같다. 본성을 잃는 경우는 다음과 같은
> 다섯 가지 유형이 있다. 첫째는 오색五色이 사람의 눈을 어지럽혀서 밝게 보지

못하게 하는 것이다. 둘째는 오성五聲이 사람의 귀를 어지럽혀서 밝게 듣지 못하게 하는 것이다. 셋째는 오취五臭가 사람의 코를 그을려서 막히게 하고 머리를 아프게 하는 것이다. 넷째는 오미五味가 사람의 입맛을 흐리게 하여 맛을 잃어버리게 하는 것이다. 다섯째는 홀리는 대로 가는 마음이 사람의 본래 마음을 어지럽혀서 본성을 엉뚱한 데로 흐르게 하는 것이다. 이 다섯 가지는 모두 본성을 해치는 것들이다.(「천지」)

여기서 말하는 본성은 인간의 자연스러운 본성을 가리키는데, "성은 삶의 참된 바탕이다"(「경상초」)라고 할 때의 성性과 같은 의미이다. 또한 이러한 인간의 자연스러운 본성은 "말의 진정한 본성"(「마제」)이나 "물의 본성"(「각의」)과도 동일하다. 인간은 이와 같은 자연스러운 본성을 지니고 있으므로 그것을 충족시키려는 욕망을 가지기 마련인데, 바로 이러한 욕망들이 인간에게 해를 끼칠 수 있다. 이에 관해 『장자』 「달생」에서는 공자의 입을 빌려 "사람이 두려워하는 것은 성性에 관한 욕망과 음식을 먹는 욕망에 관한 문제인데, 이것을 경계할 줄 모른다면 내면의 수양을 잘못한 것이다"라고 주장한다. 욕망이 인간의 생명을 해칠 수 있다면 그것을 구체적으로 어떻게 경계해야 하는가? 이에 대해 『장자』에서는 스물네 가지 욕망과 여덟 가지 결점, 그리고 네 가지 근심에 관해 서술하고 있는데, 그 중에서 스물네 가지 욕망에 대해서는 「경상초」편에서 다음과 같이 논하고 있다.

뜻을 부풀리게 하는 것을 제거하고, 마음의 그릇된 것을 풀며, 덕에 달라붙어서 그것을 해치는 것을 버리고, 도에 나아가는 것을 막는 장애를 소통시켜야 한다. 존귀, 부유, 출세, 권세, 명예, 이익이라는 이 여섯 가지는 사람들의 뜻을 부풀리게 하고, 용모, 동작, 표정, 외양, 생기, 의욕이라는 이 여섯 가지는 사람들의 마음을 그릇된 방향으로 이끌며, 증오, 욕망, 환희, 분노, 비애, 쾌락이라는 여섯 가지는 덕을 해치게 하고, 떠남, 나아감, 가짐, 베풂, 지혜, 능력이라는 여섯 가지는 도에 나아가지 못하도록 막는 것이다. 이 네 가지에 해당하는 여섯 종류가 마음속에서 흔들리지 않으면 올바르게 되고, 올바르게 되면 고요함을 지키게 되며, 고요함을 지키게 되면 앎이 분명해지고, 앎이 분명해지면 마음이 텅 비게 되고, 마음이 비게 되면 아무것도 하지 않아도 하지 못함이 없게 된다.(「경상초」)

사실 이 구절은 인간의 지향, 기질, 정서, 지혜 등 4가지 측면에서 지니는 24가지 욕망을 개괄한 것이다. 그리고 장자에 따르면 이러한 욕망들은 인간 마음의 안정을 해칠 수 있기 때문에 마땅히 제거되어야 한다. 나아가서 『장자』는 여덟 가지 결점과 네 가지 근심에 대해서도 다음과 같이 서술하고 있다.

사람에게는 여덟 가지 결점이 있고, 일에는 네 가지의 근심거리가 있는데 이를 잘 살피지 않을 수 없다. 일이 없는데도 일삼는 것을 아무 일에나 나댄다고 하고, 돌아보는 것도 없는데 말을 올리는 것을 말재주를 부린다고 하며, 상대의 마음을 엿보고 그 기분에 맞춰 말하는 것을 아첨이라 하고, 옳고 그름을 가리지 않고 말하는 것을 비위를 맞춘다고 하며, 남의 결점을 즐겨 말하는 것을 비방이라 하고, 타인의 우정과 친족을 이간질하는 것을 적賊이라 하며, 남을 겉으로는 칭찬하며 속으로는 기만하는 것을 사악함이라 하고, 선악을 가리지 않고 양쪽을 다 받아들여 얼굴빛을 맞춰서 자기가 갖고 싶은 것을 훔치는 것을 음흉하다고 한다. 이러한 여덟 가지 결점은 밖으로는 남을 어지럽히고 안으로는 자신을 손상하기 때문에 군자는 이런 사람을 벗으로 삼지 않고, 현명한 군주는 이런 사람을 신하로 삼지 않는다. 그리고 소위 네 가지 근심은 큰일에 나서는 것을 좋아하며 원칙을 자주 변경하여 공功을 높이 세우려 하는 것을 외람됨이라 하고, 자기의 지혜로써 제멋대로 일을 처리하여 다른 사람을 침해하는 것을 탐욕이라 하며, 과실을 알고도 고치지 않고 충고하는 말을 들으면 도리어 더 심하게 어기는 것을 거스름이라고 하고, 남의 견해가 자기와 같으면 인정하고 자기와 어긋나면 좋은 말이든 나쁜 말이든 가리지 않은 것을 자기 과신이라고 한다. 이것이 네 가지 걱정거리이다. 여덟 가지 결점을 제거하고 네 가지 근심거리를 행하지 않는 사람이라야 비로소 가르칠 만하다.(「어부」)

여기서의 여덟 가지 결점과 네 가지 근심은 모두 인간의 심리와 관계되는 욕망이고, 이러한 욕망들은 인간 마음의 안정을 해치기 때문에 제거되어야 한다. 『장자』에 따르면 이와 같은 욕망들과 그로 인한 행위들을 제거해야만 인간이 청정무위淸靜無爲의 경지에 이를 수 있고, 자기의 몸이나 인생에 도움이 되는 길을 찾을 수 있다. 그러므로 『장자』는 "청정하면 무위하게 될 것이고…… 무위하게 되면 즐겁게 될 것이며, 즐겁게 되면 근심과 걱정에 머무를 수 없기 때문에 수명이 길어질 것이다"(「천도」)라고 말했고, "고요하게 앉아 있으면 병을 낫게 할 수 있고, 지압指壓을 하면 늙음을 멈추게 할 수 있으며, 호흡을 안정하게 다듬으면 기가 어지럽게 뛰는 것을 멈추게 할 수 있다"(「외물」)라고 하였다.

인간은 이와 같은 욕망이 제거되어야 마음의 안정을 얻을 수 있다. 그리고 이때의 마음은 무사무욕無私無欲과 무사무려無思無慮의 상태, 즉 도를 깨우친 상태에 머무를 수 있다. 다시 말해 장자가 "도道와 덕德을 타고 어디든 떠돌아다니듯 노니는 사람은 그렇지 않다. 명예도 없고 비방도 없이, 한번은 용이 되었다가 한번은 뱀이 되어 때와 함께 변화하고 오로지 하나만을 고집하지 않는다. 한번 올라가고 한번 내려감에 조화로움을 기준으로 삼으며 만물의 시조에서 노닐고, 사물을 사물로 존재하게 하면서도 그 자체는 사물에 의해 규정받지 않으니, 어떤 사물이 그를 번거롭게 할 수 있겠는가?"(「산목」)라고 했을 때, 여기에서 말하는 조화로움을 기준으로 삼는 것이나 때와 함께 변화하는 것, 그리고 사물을 사물로 존재하게 하면서도 그 자체는 사물에 의해 규정받지 않는 상태가 바로 득도의 경지이다.

이러한 경지에 이르러야만 장자가 말하는 유세가 가능해지고, 인간은 비로소 어린아이처럼 행동하면 그와 함께 어린아이처럼 행동하고, 절도 없이 행동하면 그와 함께 절도 없이 행동하며, 터무니없는 행동을 하면 그와 함께 터무니없는 행동을 함으로써 행동에 통달하는 허물이 없는 경지에 들어가게 되고, 때와 함께 변화하면서 노닐 수 있을 뿐만 아니라 나아가서 덕이 지극한 사람처럼 어찌할 수 없음을 알아서 마치 운명처럼 그것을 편안히 여기는 안명安命의 경지에 이를 수 있다는 것이다. 장자는 이와 같은 경지에 이른 사람을 '지인至人', '신인神人', '진인眞人', '성인聖人' 등의 이름으로 부르고, 그들이 "무궁함을 체득하고, 흔적이 없는 데에서 노닐며"(「응제왕」), "천지의 아름다움에 근원하여 만물의 이치에 통달하며……천지의 참된 모습을 관조하는"(「지북유」) 사람이라고 주장한다.

4. 소요의 경지

소요의 경지는 장자가 제시한 처세방법의 마지막 단계이자 그가 추구한 인생철학의 궁극적인 목표이다. 즉 이러한 소요관逍遙觀은 일종의 이상적인 인생경지이면서도 처세방법인데, 그것은 현실적인 초현실이라고 할 수도 있고, 초현실적 현실이라고 할 수도 있다. 다시 말해서 장자의 소요는 언뜻 보기에는 현실과 격리되어 둥둥 떠 있는 것 같지만 사실상 현실사회나 인생과 긴밀하게 연결되어 있으며 인생을 대처하는 방식을 제시하고 있다. 이러한 장자 소요론의 현실성을 강조하기 위해 곽상은 "만약 산속에서 아무것도 하지 않고 숨어서 사는 것을 무위라고 한다면, 노장의 담론은 지금 세상에서 사라졌을 것이다"(「소요유주」)라고 말했다. 그렇다면 인간은 어떻게 소요유에서 말하는 유游의 경지에 이를 수 있는가?

1) 정신의 자유 – 유심游心

『장자』는 여러 곳에서 유游 또는 노닒에 대해서 논의하였는데, 그 중에서 대표적인 것들을 모아 보면 다음과 같다.

하늘과 땅의 바람과 육기六氣의 변화를 타고 무궁한 경지에서 노닌다.(「소요유」)

구름의 기운을 타고 비룡飛龍을 몰아 사해四海의 밖에서 노닌다.(「소요유」)

구름의 기운을 타고 해와 달에 올라 앉아 사해의 밖에서 노닌다.(「제물론」)

말이 없이도 무언가를 말하고, 말을 하면서도 아무것도 말하지 않는 듯 속세의 밖에서 노닌다.(「제물론」)

성인은 어떤 것도 빠져나갈 수 없는 경지에서 만물을 있는 그대로 보존하여 노닌다.(「대종사」)

그들은 조물자와 벗이 되어 천지의 일기一氣에서 노닌다.(「대종사」)

나는 바야흐로 조물자와 함께하여 싫증이 나면 아득히 멀리 나는 새를 타고

이 세상의 밖으로 나가서 아무것도 없는 곳(無何有之鄕)에서 노닐고, 끝없이 넓은 들판에 머물고자 한다.(「응제왕」)

헤아릴 수도 없는 경지에 서서 아무런 속박이 없는 곳에서 노닌다.(「응제왕」)

무궁함을 체득하고 흔적이 없는 데에서 노닐며, 하늘에서 받은 것을 극진히 하되 스스로 얻었다고 생각하지 않으며 오직 마음을 비울 따름이다.(「응제왕」)

덕이 지극한 사람은 자기의 분수에 맞게 편히 머무르며, 끝이 없는 자연의 도리에 깃든 채 만물이 시작되고 끝나는 근원에서 노닌다.(「달생」)

만물의 시조에서 노닌다.(「산목」)

자연의 도와 덕에 의거하여 노닌다.(「산목」)

여기에서 말하는 유游는 신체적인 의미가 아니다. 장자가 이상적으로 생각한 유는 자유로운 정신의 노닒, 즉 유심游心을 말한다. 장자는 이렇게 말했다.

사물을 타고 마음을 자유롭게 노닐며 어쩔 수 없음에 맡겨서 중中을 기르면 지극할 것이다.(「인간세」)

귀와 눈이 마땅하다고 여기는 것을 모르는 경지에 이르고, 마음을 덕과 합치하는 데에서 노닐게 한다.(「덕충부」)

마음은 담담한 곳에 노닐고, 기를 적막한 곳에 합치시켜서, 사물의 자연스러움을 따르며 사사로운 욕심을 일으키지 않는다.(「응제왕」)

여기서의 유심은 정신적인 노닒을 가리키고, 정신이 아무것에도 의존하지 않는 절대적 자유에 이르는 상태를 의미한다. 이 경지에 이를 때, 인간의 마음에는 아무런 구속도 없을 뿐만 아니라, 시간과 공간을 초월하여 자유자재로 천지 사이를 오갈 수 있는데 이러한 상태를 일컬어 구름의 기운을 타고 해와 달에 올라 앉아 사해四海의 밖에서 노니는 것이라고 하고, 속세의 밖에서 노니는 것이라고 하며, 흔적이 없는 데에서 노니는 것이라고 한다. 장사는 도와 덕을 타고 노닐면서, "명예도 없고 비방도 없이, 한 번은 용이 되었다가 한 번은 뱀이 되어 때와 함께 변화하고 오로지 하나만을 고집하지 않는다. 한 번 올라가고 한 번 내려감에 조화로움을 기준으로 삼으며 만물의 시조에서 노닐고, 사물을 사물로 존재하게 하면서도 그 자체는 사물에 의해 규정받지 않으니, 어떤 사물이 그를 번거롭게 할 수 있겠는가!"(「산목」)라는 말을 통해 이러한 마음의 노닒 상태를 구체적으로 표현했다. 이와 같은 정신의 상태야말로 참으로 자유로운 것이 아닌가!

장자의 유심은 유세游世와는 다르다. 즉 유심은 아무런 제약이 없이 무엇에도 의존하지 않는 상태에서 이루어지는 정신의 노닒인 반면에 유세는 일정한 조건에 제약되고, 또 어떤 것에 의존해야 하는 몸의 노닒이다. 장자의 첫 편인 「소요유」는 바로 인간의 정신적 자유 문제에 관해 논의한 것이다. 여기에서 장자는 푸른 하늘을 등에 지고 거리낌 없이 구만 리나 되는 하늘을 높이 비상하는 대붕大鵬에서부터 있는 힘을 다해 날아보지만 기껏해야 느릅나무나 다목나무 정도에 머무르는 매미나 비둘기에 이르기까지, 그리고 아무리 힘껏 날아도 얼마 지나지 않아 도로 내려와 쑥대밭 사이를 날아다니는 메추라기까지 언급하고 있다. 또 온 세상이 모두 그를 칭찬해도 잘난 척하지 않고, 모두가 그를 비난해도 기氣가 꺾이지 않으며, 자기의 내면과 외부의 사물을 명확히 확립하고, 명예나 치욕 따위가 몸 밖에 있는 일임을 변별하고 있는 송영자(宋榮子)에서부터 바람을 타고 즐겁게 잘 날아다니면서 15일이 지나 뒤에 되돌아오는 열자(列子)까지 언급하고 있는데, 이러한 것들은 모두 의지하는 바가 있는 몸의 노닒이다.

그런데 이들의 노닒은 무엇엔가 의존하고 있기 때문에 겉보기에는 자유로운 것 같지만 사실상 모두 어떤 것에 얽매여 있어서 자유롭지 못하다. 의존하는 것을 초탈하고, 모든 조건적 속박을 벗어날 수 있어야 비로소 절대적 자유의 경지에 이를 수 있다. 그렇다면 육체적 존재로서의 인간은 어떻게 모든 속박을 벗어날 수 있는가? 장자에 따르면 오직 마음, 즉 정신만이 이러한 경지에 이를 수 있다. 따라서 그는 「소요유」에서 예술적인 수사를 통해 사람들에게 정신적 노닒의 경지를 보여주고자 했는데, 그것이 바로 소요유로 하늘과 땅의 바람과 육기의 변화를 타고 무궁한 경지에서 노니는 것, 즉 구름의 기운을 타고 비룡(飛龍)을 몰아 세상의 밖에서 노니는 정신적 자유의 경지이다.

이와 같은 마음의 노닒(心游)의 경지에 이른 사람들에게는 아무런 외재적 징조도 없다. 이를 보다 생동적으로 설명하기 위해 장자는 「응제왕」에서 계함점복(季咸占卜)의 우화를 소개하고 있다. 이 우화의 주인공 계함은 인간의 생사와 존망, 화복과 수명에 관한 점복에 능통했다. 이는 실로 신통한 경지에 이른 것이지만 그가 점복에 아무리 능통한다고 하더라도 특정한 징조에 의존할 수밖에 없었다. 그런데 호자(壺子)가 나타나서 그에게 징조 없는 징조의 존재를 보여주었다. 특히 그가 계함에게 모든 현상의 공허함과 천지의 혼연함, 그리고 모든 징조가 한 몸에서 드러날 수 있다는 것을 보여주었을 때, 계함은 그 충격을 견디지 못해 도망쳐 버리고 말았다. 이로 미루어보면 장자가 말하고자 하는 참된 정신은 아무런 징조도 없으면서도 모든 징조를 드러낼 수 있는 상 없는 상(無象之象)의 경시일 것이나. 이러한 경시는 아무런 속박 없이 감感하는 바에 따라 응應하는 것이고, 마음이 원하는 대로 드러나는 것이다. 그래서 장자는 "지인至人의 마음은 마치 거울과 같아서, 사물을 보내지도 않고 맞이하지도 않으며, 비추어주기만 하고 모습을 숨기려 하지 않으므로, 만물을 이기면서도 다치지 않을 수 있는 것이다"(「응제왕」)라고 말했다.

2) 이상적인 인격

소요유에서의 유, 즉 노닒의 주체는 인간의 정신이며, 이와 같은 정신의 노닒이 표현하고 있는 것은 일종의 초월적 경지이다. 철학적인 측면에서는 이러한 경지를 일종의 이성적 직관이라고 표현할 수 있다. 신화를 선호하는 초楚나라의 문화적 영향을 받은 장자는 정신의 자유로운 경지를 더욱 생동하게 표현하기 위해 그것을 예술적으로 가공하여 일종의 인격체로 형상화하였는데, 그것이 바로 진인眞人이다.

무엇을 일러 진인이라고 하는가? 옛날의 진인은 적다고 해서 거절하지 않았고, 무엇을 이루어내도 뽐내지 않았으며, 억지로 일을 도모하지 않았다. 이와 같은 사람은 과실을 범해도 후회하지 않았고, 일이 마땅하게 이루어져도 자득함을 자랑하지 않았다. 그리고 이와 같은 사람은 높은 데 올라가도 두려워서 떨지 않았고, 물속에 들어가도 몸이 젖지 않았으며, 불속에 들어가도 뜨거움을 느끼지 않았다. 지혜가 도의 경지에 오르면 이와 같다. 또한 옛날의 진인은 잠잘 때에는 꿈을 꾸지 않았고, 깨어 있을 때에는 근심이 없었으며, 먹을 때에는 단 것을 먹지 않았고, 숨은 깊고 길었다. 진인이 숨을 쉬면 발뒤꿈치까지 미치는데, 보통 사람은 목구멍까지 미칠 뿐이다. 남에게 굴복하는 자의 아첨하는 말소리는 목이 메인 듯하고, 욕망이 깊은 사람은 선천적인 기틀이 얕다. 옛날의 진인은 태어남을 기뻐할 줄 모르고, 죽음을 싫어할 줄도 모른다. 태어남을 기뻐하지도 않고, 죽음을 거부하지도 않기 때문에 홀가분하게 세상에서 오갈 뿐이다. 자신의 태어남이 시작된 곳을 잊지 않으면서도 끝나는 곳을 알려고 하지 않으며, 생명을 받으면 그대로 기뻐하고, 생명을 잃게 되면 그대로 돌아간다. 이것을 일컬어 사사로운 지혜로써 도道를 손상시키지 않고, 인위적인 행위로 하늘의 이치를 조장하지 않는다고 하며, 이런 사람을 일러 진인이라고 부른다.(「대종사」)

이처럼 장자는 진인의 인격적 형상에 대해 아주 생동적으로 묘사하고 있다. 그는 인간과 비슷하면서도 인간보다 신통하며, 높은 데 올라가도 두려워서 떨지 않고, 물속에 들어가도 몸이 젖지 않으며, 불속에 들어가도 뜨거움을 느끼지 않는 특성을 갖고 있다. 이러한 인격적 형상은 바로 후세 도교에서 추앙받는 신선의 형상과 연결된다. 그러나 장자가 말하는 진인이 원래 정신적인 소요의 경지를 강조하기 위해 비유적으로 그려낸 존재로서, 실제로 일종의 철학적이고 심미적인 의미가 들어 있는 데 반해 도교에서 말하는 신선은 그저 단순한 종교적 신에 불과하다.

『장자』 속에서 나타나는 정신적 소요의 상징으로서의 인격형상은 진인뿐만 아니라 또한 신인神人, 지인至人, 성인聖人, 천인天人, 덕인德人, 대인大人, 전인全人 등으로 표현되기도 하는데, 이러한 인격형상들은 모두 장자가 정신적 소요의 경지를 표현하고자 그려낸 인물들이다. 좀 더 자세히 구분해 보면 이러한 인격형상들 사이에는 약간의 차이가 있다. 예를 들면 진인이나 신인, 지인에는 초월적이고 낭만적인 색체가 농후하고, 성인이나 덕인, 그리고 대인과 전인의 형상에는 비교적 강한 사회성과 현실성이 포함되어 있다. 그리고 덕인과 대인에는 세속적인 권위 의식이 포함되는가 하면, 천인과 전인에는 타고난 본성을 기르는 행위 같은 성향이 내포되어 있다. 총체적으로 보면 장자가 그려낸 이러한 인격형상들은 기본적으로 초월적 성향을 지니고 있고, 정신적인 소요의 경지를 강조하는 역할을 한다는 점에 있어서는 모두 동일하다.

장자가 인격형상들을 사용하는 데에 입각해서 보면 그들은 모두 정신적 소요의 경지를 상징적으로 표현하는 데 쓰이고, 또한 같은 차원에 속한다. 예를 들면 "하늘과 땅의 바름과 육기六氣의 변화를 타고 무궁한 경지에서 노닐 줄 아는 사람이라면 그는 대체 무엇에 의존해야 할 필요가 있겠는가! 그러므로 지인至人은 자기가 없고, 신인神人은 공적이 없으며, 성인聖人은 명예가 없다고 한다"(「소요유」)라는 언급에서 나오는 지인과 신인, 성인은 모두가 동일한 차원에 있는 것이다. 또한 "성인은 천지의 아름다움에 근원하여 만물의 이치에 통달한 사람이다. 이 때문에 지인은 무위하므로 큰 성스러운 것들을 만들어내지 않고, 그저 천지를 살펴보고 있을 따름이다"(「지북유」)라는 말에서 나오는 성인과 지인도 같은 맥락이다.

그리고 "성인은 천도에 대해서 뛰어나지만 사람의 일에 대해서는 졸렬하다. 천도에 대해 뛰어나면서 사람의 일도 잘하는 것은 오직 전인全人이어야만 할 수 있다"(「경상초」)에서 나오는 성인이나 전인도 사실상 같은 등급에 속한 사람이다. 또 "그러므로 신인은 많은 사람들이 찾아오는 것을 싫어한다. 많은 사람이 찾아오게 되면 서로 친하지 못하게 되고, 서로 친하지 못하게 되면 서로에게 이롭지 못하다. 그래서 너무 가까이함도 없고 너무 멀리함도 없이 조화로운 덕을 품고 천하 사람들에 순응하는 사람을 일컬어서 진인이라고 한다"(「서무귀」)에서 나오는 신인과 진인은 동급이고, 또 "성인은 천지를 아울러 품고, 은택이 천하에 미치더라도 사람들은 그가 누구인지 모른다. 그러므로 살아서는 관직이 없고 사후에도 시호諡號가 없으며 이익을 모으지 않고 이름도 세우지 않는 사람을 대인大人이라고 한다"(「서무귀」)에서 나오는 성인과 대인도 같은 의미이다.

또한 "손님(戴晉人)이 나가고 혜자惠子가 들어오자 왕은 '선생께서 데리고 온 손님은 대인이니, 성인이라도 그분에 비견하기에는 부족할 것이다'라고 말했다"(「척양」)에서는 손님으로 나오는 대진인戴晉人을 대인이라 부르고, 그가 성인보다 급이 높은 사람이라고 묘사되어 있지만 여기에서 대인과 성인이 의미하는 인격형상은 사실상 큰 차이가 없다. 마지막으로 "도의 근원에서 떠나지 않는 사람을 천인天人이라 하고, 도의 정수에서 떠나지 않는 사람을 신인이라 하며, 도의 참됨에서 떠나지 않는 사람을 지인이라 하고, 천을 근원으로 삼고 덕을 근본으로 삼으며 도를 문門으로 삼아서 변화의 조짐을 잘 헤아리는 사람을 성인이라고 한다"(「천하」)라는 언급에서는 천인 등에 대해 따로 정의하고 있지만 동시에 천인, 신인, 지인, 성인 등 이상적 인물형상이 동일한 차원임을 표명하고 있다. 요컨대 장자는 진인과 같은 인격화된 형상들을 그려내서 마음의 노닒(游心)으로써 정신적인 소요의 경지에 이르는 것을 심미적으로 표현하고 있다.

3) 이상적인 사회

장자가 주장하는 유심游心으로써 소요의 경지에 이르는 것을 겉으로만 보면 일종의 심미적이고 낭만적인 자유로운 정신의 상태, 즉 사회성이 결여된 초현실적인 상태처럼 보일 수도 있다. 그렇지만 이는 옳지 않은 견해이다. 실제로 장자가 "구름 기운을 타고 비룡飛龍을 몰아 사해四海의 밖에서 노닌다"(「소요유」)거나 "멍하니 세속의 밖에서 방황하고, 아무것도 일삼지 않는 데에서 소요한다"(「달생」)라고 말하는 것은 현실사회나 인생에서의 적절한 처세방략을 제시하기 위해서이다. 그가 처세방략을 제시한다는 건 반드시 희망하는 이상적인 사회의 모습이 있다는 것이다. 따라서 유심으로서의 소요는 특정한 현실적 의미를 지녀야 하며, 그것이 결국 인간이 살고 있는 현실사회에서 드러날 수 있어야 한다. 즉 소요는 현실사회의 이상이면서도 이상사회의 현실이기도 하다는 것이다. 이러한 사회적 이상으로서의 소요경지에는 두 부분의 내용이 포함되어 있는데, 하나는 현실사회에 대한 비판이고, 다른 하나는 이상적인 사회에 대한 동경이다. 장자는 이렇게 말한다.

> 갈고리와 먹줄, 그림쇠와 곱자로써 바로잡으려 하는 것은 본성을 깎아버리는 것이고, 노끈으로 묶고 아교로 풀칠하여 견고하게 하려는 것은 본래의 덕을 침해하는 것이며, 몸을 구부려서 예악을 행하고 인의를 외치면서 천하 사람들의 마음을 위안하려는 것은 자연스러움을 잃어버리는 것이다.(「변무」)

> 성인이 출현하여 예악에 따라 몸을 구부림으로써 천하의 모습을 바로잡으려 하고, 인의를 내걸어 천하 사람들의 마음을 위로하기 시작했기 때문에 백성들이 애써 지식에만 몰두하고, 다투어 이익을 좇는 것을 멈출 수 없게 되었다. 이는 또한 성인의 잘못이다.(「마제」)

> 성인이 출현함에 따라 억지로 인을 행하고 발돋움하여 의를 행하니 천하에 의심이 많아지기 시작했고, 시끄럽게 음악을 연주하고 번거롭게 예를 행하니 천하가 나누어지기 시작했다. 그러므로 순박함에 어그러지지 않았더라면 누가 희준犧樽을 만들겠는가! 자연 그대로의 옥돌을 훼손하지 않았더라면 누가 규장

珪璋을 만들겠는가! 참된 도덕이 황폐해지지 않았더라면 어찌 인의를 취하려 하겠는가! 본래의 성정이 없어지지 않았더라면 어찌 예악이 필요하겠는가! 오색五色이 문란해지지 않았더라면 누가 문채를 뽐내겠는가! 오성五聲이 어지러워지지 않았더라면 누가 육률六律에 맞추겠는가! 그러므로 순박한 통나무를 해쳐서 그릇을 만드는 것은 장인들의 죄이지만, 참된 도덕을 훼손하여 인의를 행하게 하는 것은 성인의 잘못이다.(「마제」)

위에서 나열한 구절들은 모두 인의와 예악에 대한 비판들이다. 장자가 보기에 유학이 몸소 추구하려는 인의는 특히 인간의 참된 성정을 왜곡시킨다는 점에서 해로운 것이다. 그뿐만 아니라 인의는 또한 명예와 이익을 도모하는 수단으로 이용된다. 장자의 말에 따르면 "사랑하고 이롭게 해주는 것은 인의에서 나오는데, 인의를 버리는 자는 드물고 그것을 이익 추구에 이용하는 사람은 많다. 그러므로 인의를 행하는 것은 오직 진실함이 없는 것이 되기 마련이며, 도리어 짐승처럼 탐욕스러운 자에게 도구를 빌려주는 셈이 되기"(「서무귀」) 때문에, "인의라고 하는 것은 참으로 우리의 마음을 어지럽게 하는 것이고, 천하를 어지럽게 하는 데 이보다 큰 것이 없는"(「천운」) 것이 된다. 장자는 또한 다음과 같이 말한다.

윗사람이 참으로 지혜를 좋아하고 도를 무시하게 되면 천하는 크게 어지러워질 것이다. 어떻게 그러함을 알 수 있는가? 활과 쇠뇌, 새그물과 주살 등에 대한 지혜가 많아지면 새들은 하늘에서 어지러워지고, 낚싯바늘이나 미끼, 그물과 통발 등에 대한 지혜가 많아지면 물고기들은 물속에서 어지러워지며, 나무로 만든 함정과 새를 잡는 그물, 토끼를 잡는 그물, 짐승을 잡는 그물 등에 대한 지혜가 많아지면 짐승들은 늪에서 어지러워지고, 사람을 현혹하는 지혜, 뛰어난 말재주와 견백堅白과 같은 언변이나 동이同異에 관한 궤변이 많아지면 세속의 사람들은 언변에 미혹될 것이다. 그러므로 천하가 어두워지고 크게 어지러워지는 것은 지혜를 좋아하기 때문이다.(「거협」)

천하가 지혜를 좋아하자, 백성들은 그것을 지칠 때까지 추구한다.(「재유」)

이는 지혜를 좋아하고 추구하는 것에 대한 비판이다. 장자가 보기에 지식을 추구하고 지혜를 계발하는 것은 인간이나 사회에 나쁜 영향을 끼친다. 왜냐하면 지식이 많아지면 많아질수록 거짓된 궤변들도 그와 더불어 많아지기 때문이다. 장자는 이렇게 말했다.

> 저 두 사람(요순)을 어찌 칭찬할 만하다고 하겠는가! 그들이 분별하여 한 일이란 함부로 담장을 무너뜨리고 잡초만 자라게 한 것에 지나지 않는다. 머리카락을 하나씩 가려서 빗질하고, 쌀알을 헤아리면서 밥을 짓게 하는 것처럼 깐깐하게 하였으니 어찌 세상을 다스리기에 충분하겠는가! 현명한 사람을 택해서 등용하면 백성들이 서로 다투게 되고, 지혜로운 이에게 일을 맡기면 백성들이 서로 속이게 될 것이다. 이 몇 가지 일은 백성들을 돈후하게 하기에는 부족한 것이다. 백성들을 자기 이익만을 위해 힘쓰게 만들고, 그 결과로 자식이 어버이를 죽이고, 신하가 임금을 죽이며, 한낮에 도둑질을 하고, 해가 중천에 있을 때 담에 구멍을 뚫는 일이 생긴다. 내가 너에게 말하건대 큰 어지러움의 근본은 반드시 요순의 시대에 생겨난 것으로 그 피해가 천 년 뒤에도 남아 있게 될 것이며, 또한 천 년이 지난 뒤에는 반드시 사람과 사람이 서로 잡아먹는 일이 생길 것이다."(「경상초」)

이는 통치자의 정치체제에 대한 비판이다. 장자에 따르면 요순 이후로 사회는 다스려지는 상태로 진보하지 않았고, 오히려 자식이 부모를 죽이고 신하가 임금을 시해하는 등 크게 어지러운 상태로 악화되었다. 그는 요순에 의한 피해가 아주 오래 지속되리라고 주장하면서, 천 년이 지난 후에는 사람이 사람을 잡아먹는 일까지 생길 것이라고 단언했다. 이와 같은 장자의 생각은 다소 과격하다고 할 수 있지만, 정치체제에 대한 비판 자체에는 오히려 중요한 의미를 지니고 있다.

인류사회에서의 이러한 폐단을 제시하고 난 후, 장자는 마땅히 인의를 버리고, 성인이나 지혜와 같은 가치를 포기해야 한다고 주장했다.

> 성인을 끊고 지혜를 포기해야 큰 도둑이 그칠 것이고, 옥을 버리고 구슬을 부쉬버려야 작은 도둑이 일어나지 않을 것이며, 부符를 태우고 새璽를 깨버려야 백성들이 소박해질 것이고, 됫박을 부수고 저울을 분질러버려야 백성들이 다투지 않을 것이며, 천하의 성법聖法을 없애야 백성들이 비로소 자유롭게 의논할 수 있을 것이다. 육률六律의 가락을 흩뜨러버리고 악기를 부숴버리며 사광師曠의 귀를 막아버려야 천하의 사람들은 비로소 밝은 귀를 가지게 된다. 화려한 무늬를 없애고 오색을 흩어버리며 이주離朱의 눈을 보이지 않게 풀로 붙여버려야만 비로소 천하 사람들이 밝은 눈을 가지게 된다. 갈고리를 부수고 먹줄을 끊어버리며 그림쇠와 곱자를 던져버리고 공수工倕의 손가락을 꺾어버려야 비로소 천하 사람들이 기술을 가지게 된다. 그러므로 큰 기교는 마치 졸렬한 것처럼 보인다고 말하는 것이다. 증삼曾參과 사추史鰌의 행실을 깎아버리고 양주楊朱와 묵적墨翟의 입에 재갈을 물리게 하며, 인의를 던져버리면 천하의 덕이 비로소 하나가 된다.(「거협」)

이와 같이 장자는 지혜나 문물제도로 구축된 인간의 사회문명을 끊어야 사회가 비로소 소박하고 참된 상태로 되돌아갈 수 있고, 천하가 편안해질 수 있다고 주장했다. 그러나 이러한 견해는 지나칠 정도로 극단적이다. 왜냐하면 인간의 문명을 모두 폐기하는 것은 불가능하며, 폐기해서도 안 되기 때문이다. 다만 현실사회에 대한 장자의 지적이 어느 정도 합리성을 지니고 있다는 것은 부인할 수 없다.

실제로 장자가 인간의 문명을 모두 폐기하는 것이 불가능함을 알고 있음에도 그렇게 주장한 것은 그가 지향하는 이상적인 지덕지세至德之世를 그려내기 위해서이다. 장자는 이렇게 말한다.

지덕至德의 시대에는 사람들의 걸음걸이가 유유자적했으며 눈빛도 밝고 환했다. 그때는 산에는 지름길이나 굴이 없었고, 못에는 배나 다리가 없었으며, 만물이 무리지어 살면서 사는 고을을 함께했고, 금수들이 무리를 이루고 초목이 마음껏 자랄 수 있었다. 그러므로 금수들을 끈으로 묶어서 끌고 다니며 노닐 수 있었고, 새 둥지에 마음대로 올라가서 안을 들여다볼 수 있었다. 지덕의 시대에는 짐승들과 함께 살면서 만물과 무리지어 살았으니 어찌 군자와 소인의 차별을 알았겠는가!(「마제」)

그대는 지덕의 시대를 알지 못하는가? 옛날 용성씨容成氏, 대정씨大庭氏, 백황씨伯皇氏, 중앙씨中央氏, 율육씨栗陸氏, 여축씨驪畜氏, 헌원씨軒轅氏, 혁서씨赫胥氏, 존로씨尊盧氏, 축융씨祝融氏, 복희씨伏犧氏, 신농씨神農氏 등의 시대가 그러하다. 그 시대에는 백성들이 줄을 묶어서 서로 뜻을 전달하고, 자기들이 먹는 음식을 달게 여겼으며, 입는 옷을 아름답게 여겼고, 풍속을 즐거워했고, 사는 집을 편안하게 여겼다. 이웃 나라가 서로 보이고 닭 우는 소리와 개 짖는 소리가 서로 들릴 정도였지만 그들은 늙어 죽을 때까지 서로 왕래하지 않았다. 이러한 시대야말로 지극히 잘 다스려진 시대이다.(「거협」)

지덕의 시대에는 어진 사람을 숭상하지 않았고, 능력 있는 사람을 부리지 않았다. 그래서 윗사람은 마치 나뭇가지 끝과 같았고, 백성들은 마치 들의 사슴과 같아서 단정하면서도 그것을 의義라고 자랑할 줄 몰랐고, 서로 사랑하면서도 그것을 인仁이라고 자랑할 줄 몰랐으며, 충실하면서도 그것을 충忠이라고 자랑할 줄 몰랐고, 마땅하게 행동하면서도 그것을 신信이라고 자랑할 줄 몰랐으며, 서로 움직여서 도와주면서도 그것을 베푸는 것이라 자랑하지 않았다. 그러므로 그들에게는 행동함에 자취가 없었고 일을 해도 전해지지 않았다.(「천지」)

옛날에는 새와 짐승이 많았고 인간은 적었기 때문에 사람들은 모두 나무 위에 집을 짓고 살면서 짐승들을 피했다. 낮에는 도토리나 밤을 줍고 밤이 되면 나무 위에 올라가 잠을 잤기 때문에 이 사람들을 일컬어서 유소씨有巢氏의 백성이라고 하였다. 또 옛적에 사람들은 옷이라는 것을 알지 못했고, 여름에 땔나무를 쌓아두었다가 겨울에는 이것으로 불을 때면서 지냈으므로 이들을 일컬어 지생知生의 백성이라고 하였다. 신농씨神農氏의 세상에서 사람들은 잠자고 있을 때는 편안했고, 깨어 있을 때에는 한가롭게 지냈으며, 사람들이 자기의 어머니는 알아도 아버지는 알지 못했고, 사슴 무리들과 함께 살면서 밭을 갈아 식량을 준비했고, 베를 짜서 옷을 만들며 서로 남을 해치려는 마음을 갖지 않았는데, 그때가 바로 지극한 덕이 가장 융성한 시대였다.(「도척」)

장자가 보기에 이와 같은 지극한 덕의 시대(至德之世)는 후세의 시대와 달리 인간의 문명에 의해 유린되고 파괴되지 않은 고요한 사회이다. 이러한 사회에 살고 있는 사람들은 순박하고, 모두가 자신의 자연스러운 본성에 따라 살며, 사회와 조화로운 관계를 이루고 있다. 위에서 장자는 용성씨 등을 비롯한 12개의 씨족사회를 나열하여 그들을 지덕지세의 대표적인 예라고 주장했다. 이러한 장자의 생각은 원시 씨족사회를 지나치게 미화한 것으로 타당한 주장이라고 하기는 어렵다. 더욱이 장자가 묘사한 여러 씨족사회는 그 실제의 모습이라기보다는 이상적으로 가공된 모습이기 때문에 역사적 사실과도 부합되지 않는다. 그러나 어쨌든 간에 이러한 원시시대의 지덕지세는 장자가 동경한 사회모델임에는 틀림없다.

또한 장자는 고대의 지덕지세를 제시했을 뿐만 아니라, 현실에서의 건덕지국建德之國에 대해서도 논의했다.

> 남월南越에 어떤 고을이 있는데 이름을 건덕지국이라고 한다. 그 백성들은 우직하고 소박하며, 사사로움이나 욕심이 적고, 일을 할 줄을 알지만 자기 것으로 숨길 줄을 모르며, 남에게 베풀지만 보답을 바라지 않고, 의義에 따라 행동할 줄 모르며, 예禮가 무슨 쓸모가 있는지를 모르고, 제멋대로 행동하는데도 큰 규범을 벗어나지 않으며, 살아 있으면 즐겁게 지내고, 죽으면 그저 땅속에 묻힐 뿐이다.(「산목」)

장자에 따르면 이와 같은 건덕지국은 과거에 있었던 것이 아니라 현실에도 존재하는 나라로 그것은 중국의 중원지대가 아닌 변방에 존재한다. 그리고 건덕지국에 살고 있는 사람들의 생활방식은 앞서 서술했던 신농씨 시대의 생활방식처럼 잠잘 때는 편안하고, 깨어 있을 때는 한가로이 지내는 것까지는 아니지만 주로 정신적인 면에서 본래의 우직함과 소박함을 유지하고 있다. 우리는 이것이 바로 장자가 인류문명에 입각해서 그려낸 이상적인 사회의 형태임을 짐작할 수 있다.

지금까지 우리는 당시 사회에 대한 장자의 생각, 인생에 대한 그의 느낌과 깨달음, 처세방략과 소요의 정신경지 등에 관해 서술하고 분석했다. 이것들이 바로 장자의 사회인생 철학이라고 할 수 있는데, 우리는 그것을 아울러 소요론逍遙論이라고 통칭할 수 있다. 소요론으로 장자의 사회인생 철학을 통칭할 수 있는 이유는 바로 이 소요야말로 장자사상의 가장 두드러진 특징이 잘 드러난 것이기 때문이다.

제2장

곽상의 내성외왕론

남송의 풍제천(馮濟川)은 『불조역대통재(佛祖歷代通載)』에서 "사람들은 곽상이 장자를 주석했다고 하지만 실제로는 장자가 곽상을 주석한 것일지도 모른다"라고 했다. 실제로 곽상이 『장자』를 빌려 자신의 현학사상을 전개했다는 점은 확실하다. 예를 들면 장자는 그 당시 사회에 대해 비판적인 태도를 취하면서 "혁대 고리를 훔친 자는 죽임을 당하지만 나라를 훔친 자는 제후가 되고, 이러한 제후들의 가문에서 인의(仁義)가 보존된다"(「거협」)라고 했다. 장자에 따르면 도와 덕을 해치면서 인의를 행하려는 것은 성인의 잘못이고, "성인이 출현함에 따라 사람들은 앞다투어 인을 행하려 하고 힘들게 의를 행하였기 때문에 오히려 천하에 의심이 많아지게 되었고, 시끄럽게 음악을 연주하고 번거롭게 예를 행하였기 때문에 천하가 나누어지기 시작했다."(「마제」) 그러므로 장자는 "삼대(三代) 이후로 천하가 시끄러워지기 시작했고"(「변무」), "종일 기세를 부리면서 상벌을 일로 삼았기 때문에, 어찌 성명(性命)을 편안히 할 수 있는 여유가 생기겠는가?"(「재유」)라고 한탄했다.

앞에서 살펴보았던 것처럼 장자가 이상으로 삼는 것은 옛날에 있었던 지덕지세(至德之世)이다. 그런데 지덕지세가 비록 이상적이기는 하지만 현실에서 이루어질 수 없기 때문에 인간은 어쩔 수 없이 이 세상에서 주어진 삶을 이어나가게 된다. 그래서 장자는 유세遊世를 주장할 수밖에 없었다. 한편으로 장자는 유세와 안명安命을 강조하면서도 다른 한편으로는 절대적 정신 자유의 경지에 이르는 것, 즉 소요를 주장하였는데 이는 그의 이론에서 이상과 현실이 분열되고 충돌되어 있음을 의미한다.

하지만 곽상은 이와 달랐다. 그가 『장자』에 대해 주석을 붙일 때 비록 문맥상으로는 현실에 대한 비판적 태도를 보이고 있다. 가령 "무릇 사물의 형체와 본성은 무엇 때문에 잃어버리게 되는가? 그것은 모두 군주가 그것을 어지럽히고 무조건 자신에게 충성하도록 했기 때문이다"(「척양주」)라든가, "만약 성인의 법이 없었더라면 걸주桀紂와 같은 사람이 어찌 그 자리를 지키면서 온 세상에 해로움을 끼치고 천하의 주목을 받을 수 있었겠는가?"(「거협주」) 등과 같은 표현에서 어느 정도 사회현실에 대한 비판을 하고 있다. 그러나 전체적으로 보면 곽상은 그 당시 사회현실에 대해 비교적 긍정적인 태도를 지니고 있었다.

예를 들면 그는 "천하에 현명한 군주가 없으면, 자득할 수 있는 자가 없다. 사람들로 하여금 자득할 수 있게 하는 것은 실로 현명한 군주의 공이다"(「응제왕주」)라고 했고, "무릇 인의와 같은 것은 사람의 성정이며, 다만 그것을 마땅하게 맡길 수 있어야 한다"(「변무주」)라고 주장하였다. 이와 같이 현실사회의 합리성에 대해 상당히 긍정적 태도를 지녔기 때문에 곽상은 현실사회에서 조화로운 소요의 왕국을 구축하여 이상과 현실의 통일을 이루고자 했다. 즉 그는 "성인은 비록 관직에 있더라도 그 마음은 산림 속에 있는 것과 다름이 없고"(「소요유주」), "안(內)과 밖(外)이 서로 명합冥合하기 때문에 밖의 극치에서 노닐면서 안과 명합하지 않는 것이 없고, 안과 명합하면서도 밖에서 노닐지 않는 것이 없다. 그러므로 성인은 항상 밖에서 노닐면서도 안과 명합하고, 무심으로써 사물에 순응한다. 그렇기 때문에 종일토록 형체를 움직여도 정신에는 변함이 없고, 만 가지 기틀을 살펴볼 수 있지만 항상 담연淡然함을 유지할 수 있다"(「대종사주」)라고 말하면서 이상과 현실의 간극을 해소하려고 했다. 이것이 바로 곽상의 '명교가 곧 자연'(名教卽自然) 사상이고, 장자에 주석을 붙이면서 깨달은 '내성외왕의 도'(內聖外王之道)이다. 그렇다면 지금부터 사회현실에 대한 곽상의 시각에서 그의 내성외왕론을 살펴보도록 하자.

1. 서진西晉 시기의 사회적 배경

위원제魏元帝 조환曹奐 함희咸熙 2년(265), 사마소司馬昭의 장자인 사마염司馬炎이 위나라의 선양을 이어받아 국호를 진晉으로 바꿈으로써 서진 시기가 시작되었다. 그리고 서진 무제武帝 사마염은 함녕咸寧 6년(280)에 오吳나라를 멸망시키고 천하의 통일을 실현했는데, 역사에서는 이 시기를 대진용흥大晉龍興이라고 부른다.

위진 시기에 이르러서 중국의 봉건사회는 한걸음 더 발전되었으며, 전기 봉건제의 기반이 전반적으로 이루어졌다. 서진사회는 문벌사족이 통치하는 사회였다. 이 시기에 조조曹操와 조비曹丕 부자가 제정한 구품중정제九品中正制가 법적으로 명문화되었기 때문에 이러한 법적인 뒷받침으로 인해 문벌사족의 신분 자체는 물론이고 그들의 경제적 주도권도 눈부시게 발전하기 시작했다. 서진에서는 경제적으로 관품에 따라 토지를 분배하는 점전법占田法과 음친법蔭親法을 시행했다.

『진서晉書』「식화지食貨志」에는 다음과 같은 기록이 있다. "관품이 일품一品에서 구품九品까지는 각각 귀천에 따라 토지를 분배받는다. 일품인 자에게는 토지 50경頃, 이품인 자에게는 45경, 삼품인 자에게는 40경⋯⋯ 팔품인 자에게는 15경, 구품인 자에게는 10경이 할당된다. 또한 사람들은 관품의 높고 낮음에 따라 그것을 친족에게 물려줄 수 있는데, 많게는 구족九族까지 물려줄 수 있으며 적게는 삼세三世까지 물려줄 수 있다. 종실宗室, 국빈國賓, 선현의 후대나 선비의 자손은 모두 이에 따른다. 그리고 토지를 물려받은 자는 의식객衣食客과 전호佃戶를 가질 수 있는데, 육품 이상인 자는 의식객 3인, 칠품과 팔품인 자는 2인, 구품인 자는 1인을 보유할 수 있다." 이와 같이 문벌사족은 관품에 따라 토지를 가질 수 있을 뿐만 아니라 그것을 후세에 물려주고 의식객과 농민을 독점할 수 있었다. 이러한 상황은 서진 원강元康 시기에 이르러서 더욱 신속하게 확산되었으며, 그에 따른 토지의 겸병현상도 더욱 활발해졌다. 예컨대 『진서』「왕융전王戎傳」에 따르면 혜제惠帝 때의 사도司徒 왕융王戎은 온 천하에 두루 미치도록 토지와 물레방아를 끌어모았다고 한다.

점전법이나 음친법과 더불어 서진사회는 또한 황족의 자제들을 대상으로 분봉제와 직관제職官制를 시행하였으며, 구품관인법九品官人法을 더욱 강화시켰다. 구체적으로 중앙에서 지방에 이르기까지 분봉을 받은 왕들이 있었고, 조정에는 팔공八公·구경九卿·삼십오조三十五曹 등의 직책이 설립되었으며, 그에 따른 벼슬이 일일이 배치되었다. 또한 지방에는 도독都督, 자사刺史, 군속軍屬, 태보台輔, 숙위宿衛 등과 같은 직책을 설립하여 방대한 관료기구 체계를 구축했다. 서진 중후기에 살았던 왕침王沈은 『석시론釋時論』에서 당시의 상황을 다음과 같이 묘사했다.

여러 제후와 군자는 여러 세대에 걸쳐 같은 곳에서만 나타났다. 공의 문하에는 공이 나오고, 경의 문하에는 경이 나왔다. 그들의 품행이 뼛속까지 썩어 있고 검소함이라는 것을 찾아볼 수 없을 정도로 추악했다. 많은 선비가 귀족에게 달라붙고, 작爵의 명령은 궁궐 밖으로 전달할 수가 없었다.…… 마음은 이익을 주는 사람에게 기울이고, 지혜는 어리석고 권세를 갖춘 자에게 봉사하며, 친족끼리 서로 부채질하면서 비방과 칭찬이 이치에 맞지 않게 난무했다. 그런 상황 속에서 있는 자는 받아들이는 데 미혹되고, 그 밖에 있는 자는 듣는 것에 의해 매혹된다. 경京과 읍邑의 수많은 선비들은 일제히 세력이 있는 귀족 문하에 찾아가서 재화로써 관직을 구하려 했다. 가동家僮과 하인은 그들의 수레를 훔쳐 보고, 문지기는 그들의 복장을 엿보며, 친족과 빈객들은 안방에서 뒤섞이고, 보통 손님들은 그저 문 앞에 기대고만 있었다. 어쩌다가 위에서의 접견을 받으면 얼굴색을 가다듬고 아첨하는 마음으로 겉으로는 강직한 척하며 응했다. 또한 그들은 도의에 대해서 논하는 자를 속물이라고 하고, 정치와 형벌에 대해 논하는 자를 비루한 자라고 했다. 종일 연회를 열어 관직의 승진에 관한 이야기를 나누었는데, 그 내용의 핵심은 관직의 크고 작음에 관한 것이 아니라 누구의 인맥인지, 누구의 권세가 큰지에 대한 것들이었다.

이와 같이 당시 사회는 방대하고 번잡한 귀족 중심적 관료체제에 의해 지배되었다. 특히 진무제는 다른 성씨의 공신이나 옛 오吳나라 땅과 촉蜀나라 땅의 지주들을 감시하기 위해 많은 종친을 왕으로 봉했고, 그들이 군대를 가질 수 있도록 허락했으며, 주州와 군郡의 무장을 해체하여 여러 왕이 중앙군을 직접 통솔해서 변방이나 요새를 지키게 하였다. 하지만 종친을 왕으로 봉하는 이런 정책은 후일 혜제 연간에 있었던 팔왕의 난(八王之亂)[19]

의 불씨가 되기도 하였다.

이와 같이 경제적으로는 점전법과 음친법을 시행하고, 정치적으로는 왕을 분봉하고 번잡한 관리를 설치한 것은 그 당시 서진사회 문벌귀족들의 타락한 모습을 여실하게 보여준다. 그리고 이러한 타락한 상황은 일종의 향락을 추구하고 겉치레의 화려함을 겨루는 사회적 풍조를 불러일으켰다. 그 당시 문벌귀족들의 부패한 생활에 관하여 『세설신어世說新語』 「태치汰侈」 는 다음과 같이 기록하고 있다.

석숭石崇의 집 화장실에는 항상 10여 명의 노비들이 나란히 서 있었다. 그들은 모두 화려한 옷을 입고 곱게 화장을 했는데, 분粉을 칠하고 향수를 뿌리며 갖추지 않은 것이 없었다. 또한 화장실을 쓴 사람들로 하여금 항상 새 옷을 갈아입고 나오도록 하는데, 손님들은 대부분 부끄러워서 화장실에 가지 못했다. 그러다가 어느 날, 대장군 왕돈王敦이 화장실에 가서, 원래 입고 있던 옷을 벗고 새 옷을 갈아입었는데, 얼굴 표정이 아주 거만했다.

진무제가 어느 날 왕무자王武子(王濟)[20]의 집에 갔다. 왕무자는 술과 음식을 대

19) 팔왕의 난은 서진 시기 황족들 사이에 벌어진 정권 다툼이다. 태희 원년(290) 晉武帝 사마염이 죽고 그의 둘째 아들 사마충이 제위를 이어받으니 그가 晉惠帝 이다. 혜제는 아둔하고 어리석었으므로 조정은 황후인 賈氏와 혜제의 외조부인 楊駿이 장악하였다. 원강 원년(291) 가황후는 汝南王 司馬亮과 楚王 司馬瑋 등과 결탁하여 군사를 동원하여 양준 일파를 숙청한 다음 사마량과 사마위까지 순차적으로 살해함으로써 정권을 장악하였다. 永康 원년(300) 가황후가 황태자였던 司馬遹을 죽이자 趙王 司馬倫이 군사를 일으켜 황태자를 살해한 죄를 물어 가황후와 그 일족을 숙청하였고, 이듬해 혜제를 폐위시키고 스스로 제위에 올랐다. 같은 해 齊王 司馬冏이 長沙王 司馬乂, 成都王 司馬穎, 河間王 司馬顒 등과 공모하여 사마륜을 죽이고 권력을 잡았으나 자신도 불만을 품은 다른 왕들에게 살해당하였고, 이후 권력 다툼의 와중에 모두 東海王 司馬越에게 살해되었다. 사마월은 306년 혜제를 독살하고 司馬熾를 懷帝로 옹립하였는데, 이로써 팔왕의 난이 마감되었다.

접했는데, 모두 유리그릇을 사용했고, 백여 명의 노비들이 화려한 비단 치마와 저고리를 입고 두 손으로 음식을 들고 나왔다. 그 중에서도 찐 돼지고기는 일반적인 것과 달리 아주 맛이 좋았다. 무제가 의아해서 어떻게 요리한 것인지를 물었더니, 왕무자가 "사람의 젖을 먹인 새끼 돼지입니다"라고 대답했다. 무제는 매우 불쾌해하면서 음식을 다 먹지도 않고 그냥 가버렸다.

왕군부王君夫(王愷)는 엿기름과 마른 밥으로 솥을 닦았다. 석숭은 밀랍으로 만든 초로 불을 때서 밥을 지었다. 왕군부가 40리나 되는 자줏빛 비단으로 보장步障을 만들자, 석숭은 50리의 비단으로 보장을 만들어서 그와 견주었다. 석숭이 산초로 벽을 칠했더니, 왕군부는 적석지赤石脂로 벽을 칠했다.

석숭은 왕개王愷와 사치함을 견주었는데, 어느 쪽이 더 사치스럽게 수레와 의복을 꾸미는가로 다투었다. 무제는 왕개의 생질이다. 그래서 그는 언제나 외숙부인 왕개를 도와주었다. 어느 날 두 자쯤 되는 산호수珊瑚樹를 왕개에게 선물로 주었다. 그 산호수는 가지가 아주 아름다워서 세상에 따를 만한 것이 없었다. 그 후에 왕개는 그것을 자랑 삼아 석숭에게 보여주었는데, 석숭이 그것을 보고 철봉으로 내리쳐 깨뜨려버렸다. 왕개는 매우 안타까워하면서, 석숭이 자기의 보물을 질투한다고 하면서 소리를 질렀다. 그러자 석숭은 "이게 뭐 한스럽게 여길 만한 것인가? 내가 곧 돌려주겠소"라고 말하면서 아랫사람에게 명하여 산호수를 여러 그루 가져오게 했다. 그 산호수들은 높이가 서너 자가 되고 가지도 세상에 없을 정도로 화려했으며, 눈이 부실 정도로 빛이 나는 것도 예닐곱 그루나 되었는데, 이는 왕개가 가지고 있는 것보다 훨씬 많았다. 이에 왕개는 실색하여 그저 멍하게 서 있었다.

이러한 사례는 문벌사족의 부유함과 극단적인 욕망 추구의 단면을 보여준다. 부유함이란 이익을 좋아하고 재물을 모으는 것과 불가분의 관계에

---

20) 王濟는 진문제 사마소의 딸 常山公主와 결혼하여 부마도위가 되었으며, 진무제 사마염과는 처남매부지간이다.

있으며, 서진 시기의 이름난 귀족들 역시 대부분 극단적으로 이익을 추구한 사람들이었다. 예를 들어 죽림칠현 가운데 한 사람인 왕융王戎은 어릴 때에는 청담을 숭상했으나 나중에 높은 관직에 오른 후에는 오로지 재물을 모으는 데에만 전념하였다.

서진 문벌귀족의 통치는 그 당시 사회의 정치와 학술적 풍조에도 커다란 영향을 끼쳤다. 정치적인 측면에서 보자면 사마씨의 정권은 실제로 음모를 통해 조씨의 위나라로부터 빼앗은 것이기 때문에 겉으로는 유가적 명교이념을 외쳤지만 실제로는 항상 비열한 정치적 수작을 부리곤 했다. 그래서 서진사회는 시작할 때부터 강상윤리의 기준이 없었고, 염치와 충의가 결여된 사회였다. 게다가 실질적이지 않고 번잡하기만한 관직이 중첩되어 있어서 근면한 사람이 적고 헛되이 이름만 날리려는 선비들의 기풍이 나타났다. 동진시대의 간보干寶는 그 당시 사회에 대해 다음과 같이 말했다.

서진왕조가 설립된 근본은 옛날의 왕조들과 달랐다. 게다가 조정에는 순수한 덕을 지닌 사람이 적었고, 고을에는 한마음 한뜻을 지닌 장로가 없었으며, 풍속이 사치하고 편벽되며, 수치스러운 것과 숭상하는 것이 마땅함을 잃고 있었다. 배우는 자들은 모두 노장의 학문을 으뜸으로 삼고 육경을 배척했으며, 담론하는 자들은 허황하고 방탕한 이야기를 높이고 명분과 검소함에 관한 논의를 천시했다. 사람들은 행동을 하는 데 있어서 방탕하고 그릇된 것을 통달함이라고 여기고, 절제하고 신의를 지키는 것을 편협하다고 여겼으며, 관직에 나서려는 사람들은 구차하게 얻는 것을 귀함이라 여기고, 몸소 올바름을 지키는 것을 비루하다고 여겼으며, 벼슬아치들은 공허함을 희구하고 근면하고 삼가는 것을 비웃었다.…… 셀 수 없이 많은 무리들은 모두 경쟁하는 데 분주하고, 수많은 벼슬아치들은 직위를 유능한 사람에게 사양하는 모습이 없었다.…… 예법과 형벌의 제도가 크게 붕괴되는 것은 마치 강물이 넘쳐 둑을 허물어뜨리는 것과 같고, 불이 땔감을 넘어 주위의 모든 것을 태워버리는 것과 같았다."(『진서』,「孝愍帝紀」)

여기에서의 '셀 수 없이 많은 무리들은 모두 경쟁하는 데 분주하고, 수많은 벼슬아치들은 직위를 유능한 사람에게 사양하는 모습이 없었다'는 말이 그 당시 사회에 대한 생동적인 표현이라고 할 수 있겠다. 나아가서 간보는 "백성들은 덕에는 관심이 없었고 오직 어지러운 것에만 귀를 돌렸으며, 낮에는 이윤伊尹이나 주공周公과 같은 도덕군자인 척하면서도 밤이 되면 걸왕桀王이나 도척盜跖과 같은 짓을 따라 했으며, 일의 성패成敗에 따라 선악이 나뉘어졌고, 영예와 치욕은 세속의 이익에 달려 있었으며, 안과 밖의 구분이 흐려졌고, 백성과 관리가 모두 그 바탕을 잃었으며, 명名과 실實이 뒤틀리고 하늘이 내린 강령이 해체되었다"(『진서』,「효민제기」)고 말한다. 그리고 『진서』「석숭전石崇傳」에는 "석숭이 일찍이 왕돈王敦과 태학에 들어가서 안회顔回와 원헌原憲의 초상을 보고 탄식하여 말하기를 '만약 그대와 함께 공자의 문하에 들었다면 다른 사람들과 무엇으로 구별됨이 있겠는가?'라고 하였다. 그러자 왕돈이 '어느 사람을 말하는지 모르겠으나, 공자의 제자들 중에 자공子貢이 경卿의 지위에 가까이 들었다네'라고 하였다. 이 말을 들은 석숭은 정색하면서 말하기를 '선비라면 마땅히 몸과 명성을 크게 갖추어야 하니 어찌 깨진 항아리로 창문을 만들 만큼 가난할 수 있겠는가!'라고 하였다"는 말이 나온다. 여기에서 석숭이 말한 '선비라면 마땅히 몸과 명성을 크게 갖추어야 한다'는 한마디는 위에서 인용한 간보의 주장에 대한 주석임을 알 수 있다. 안회 등과 같이 초라한 곳에 거처하면서도 안빈낙도의 즐거움에 대한 지향을 포기하지 않는 태도는 이미 존재하지 않왔으며, 모든 사람들은 명예와 이익을 보존하는 데에만 집중하였다. 서진 사회는 이러한 몰락된 사회풍조로 인해 결국 멸망의 길로 나아갈 수밖에 없었다.

정치적인 기풍과 서로 맞물려 서진사회의 학술사상 역시 가볍고 화려하며 즐거움을 추구하는 풍조가 흥기하면서 진리를 추구하는 태도와 열정을 상실해 버렸다. 문벌사족들의 향락주의적 성향과 더불어 그 당시의 사대부들은 집유集游와 청담淸談을 일종의 재미와 오락으로 삼았다. 『세설신어』「언어言語」에는 "여러 명사들이 함께 어울려 낙수洛水 가에서 놀았는데, 돌아온 후 악령樂令이 왕이보王夷甫에게 오늘 놀이가 즐거웠는지를 묻자 왕이보는 '배복야裴僕射는 명리名理에 대해 담론하는 데 능숙했는데, 그것은 제법 우아했다. 장무선張茂先은 『사기』와 『한서』에 대해 논했는데, 그것 역시 참으로 들어줄 만했다. 나와 왕안풍王安豊은 연릉延陵과 자방子房에 대해서 이야기했는데, 이것 또한 초연하고 심오한 것이다'라고 대답했다"라는 기록이 있고, 또 「품조品藻」에는 석숭이 『금곡시서金谷詩敍』를 인용하여 "나는 원강 6년에 태복경太僕卿에서 사지절使持節, 감청서제군사監靑徐諸軍事를 거쳐 정로장군征虜將軍이 되었다. 그리고 나는 하남현에 집이 있는데, 그것은 금곡간金谷澗 속에 지어졌다. 혹은 높고 혹은 낮은데 맑은 샘과 무성한 숲이 있고, 다양한 과일, 대나무와 잣나무, 그리고 약초들이 부족함이 없을 정도로 갖추어져 있다. 또한 거기에는 물레방아와 연못, 동굴 등 눈을 즐겁게 하고 마음을 유쾌하게 만드는 것들이 두루 비치되어 있다. 때로 정서대장군征西大將軍인 좨주祭酒 왕후王詡가 장안에 돌아오면, 나는 여러 현사들과 함께 그를 금곡간으로 모셨다. 우리는 밤낮으로 연회를 열었고, 연회 내내 사리를 옮겨 다니면서 때로는 언덕에 올라가서 풍경을 내려다보았고, 때로는 연못 옆에 앉아서 즐기곤 했으며, 때로는 다양한 악기를 들고 수레에 타서 길을 가면서 연주하기도 했다. 그리고 각자가 시를 지어 마음속의 감정을 펼쳤는데, 시를 제대로 짓지 못한 자가 있으면 세 말의 벌주를 마시도록 했다. 생명이 영원하지 못함을 느끼고, 쇠약함에는 기약이 없는 것에 대해 한탄하곤 했다. 그래서 그 당시 같이 있었던 사람들의 관직명과 이름, 그리고 나이를 기록하여 시를 지어서 후세에 이와 같은 일을 즐기는 사람들로 하여금 우리가 한 것을 보게 했다. 그 당시 있었던 사람들은 모두 30여 명이었고, 오왕사吳王師, 의랑議郞, 관중후關中侯, 시평무공始平武公 등이 있었는데, 자字가 세사世嗣이고 50세인 소소蘇紹가 그 우두머리였다"고 말했다는 기록이 있다.

이와 같은 두 차례의 집회는 모두 쾌락에의 추구 자체를 목적으로 하는데, 특히 석숭이 금곡간에서 연 집회는 혜강稽康이나 완적阮籍 등이 죽림에서 행한 집회의 취지와는 사뭇 다른 모습을 보이고 있다. 다시 말해 서진 귀족들이 여러 명사들과 함께 낙수에서 노니는 것은 정시正始 연간에 하안何晏이나 왕필王弼 등이 모여서 천인지제天人之際에 대해 논한 것과는 모임의 본질 자체가 다른 것이었다. 한마디로 서진사회의 집회는 쾌락을 추구하는 놀이를 목적으로 한 것이었을 뿐 진리를 추구하기 위한 것은 거의 없었다. 이처럼 서진 시기, 특히 서진 혜제 중기부터의 집회 풍조는 정시나 죽림 시기의 집회와 형식적으로는 닮아 있으나 내용적으로는 전혀 그에 미치지 못한 것임을 알 수 있다.

특히 서진 혜제 원강 연간에 나타난 원강방달파元康放達派는 혜강과 완적을 비롯한 죽림현학의 방달 풍조를 작달作達로 변모시킴으로써 명교에 해로운 방일한 풍조를 조성했다. 예를 들면 『세설신어』「덕행德行」에는 "왕평자王平子(王澄)와 호무언국胡毋彦國(胡毋輔之) 등은 모두 제멋대로 방일한 짓을 했는데, 그 중에는 알몸으로 있는 자도 있었다"는 기록이 있다. 이 구절 아래에 왕은王隱의 『진서』를 인용한 주注가 실려 있는데, 그 내용은 다음과 같다. "위나라 말기, 완적은 술을 좋아하고 방일하여 관冠도 쓰지 않은 채, 산발한 머리로 어깨를 드러내고 다리를 뻗고 앉아 있었다. 그 후 귀족의 자제인 완첨阮瞻, 왕징王澄, 사곤謝鯤, 호무보지胡毋輔之 등은 모두 안적을 계승했다고 하면서 자신들이 대도의 근본을 깨달았다고 외쳤다. 그들이 관을 집어던지고 옷을 벗으며 추태를 드러내니 마치 금수와 같았다. 그리고 그들은 정도가 더 심한 자를 가리켜 통通이라고 부르고, 그 뒤를 이은 자를 달達이라고 불렀다."

당시 원강방달파를 대표하는 주요 인물들로는 왕징, 사곤, 호무보지 등이 있는데, 그들의 방일한 행위를 한마디로 규정할 수는 없지만 다음과 같은 특징을 드러낸다고 정리할 수 있다. 첫째는 술을 폭음하는 것인데, 이는 원강방달파의 두드러진 특징이다. 예를 들면 왕징, 호무보지, 사곤 등은 항상 취하도록 술을 마시면서 "연회를 즐기고, 쾌락을 추구했으며"(『진서』, 「왕징전」), "밤을 새어가면서 술만 마시고 공무는 쳐다보지도 않았다."(『진서』, 「호무보지전」) 그리고 필탁畢卓이라는 사람이 있었는데, 그는 항상 호무보지나 사곤과 술을 마시곤 했다. 『세설신어』 「임탄」에는 "필탁이 말하기를 '한쪽 손에 게 다리를 들고 한쪽 손에 술을 들고서, 술로 가득 채운 연못에 종일 잠겨 있을 수 있다면 평생을 만족하게 보낼 수 있을 것이다'라고 하였다"는 내용이 있다. 이 구절 아래 필탁에 대한 서술이 있는데, 그에 따르면 "필탁의 자는 무세茂世이며 신채新蔡 사람이다. 젊었을 때부터 방달하여 호무보지에게 알려졌다. 태흥太興 말년에 이부랑吏部郎이 되어 항상 술을 마시고 직무에 태만했다. 이웃집 사람이 술을 빚었는데, 그 술이 익었을 무렵 필탁이 술에 취한 상태에서 밤중에 그 술항아리를 열고 몰래 그것을 마셨다. 주인은 도둑인 줄 알고 그를 잡았는데, 알고 보니 이부랑이었기에 풀어 주었다. 그리고 필탁은 주인과 함께 술항아리 옆에서 술판을 벌였고, 완전히 취한 다음에야 돌아갔다"고 한다. 그래서 왕공王恭이라는 사람은 그 당시의 상황을 표현하여 "명사에게는 기이한 재능이 필요하지 않고, 종일 아무런 일도 하지 않으면서도 술을 즐기고 『이소離騷』를 숙독하기만 하면 명사의 칭호를 얻을 수 있다"(『세설신어』, 「임탄」)라고 하였다.

원강방달파의 둘째 특징은 마음 내키는 대로 행동하는 것, 즉 임성任性이다. 이러한 임성은 그들에게 있어서 세상을 놀랍게 하는 것으로 간주되었다. 예를 들면 왕징이 형주자사荊州刺史로 부임하기 전에 "많은 관원들이 그를 보내기 위해서 모였다. 그런데 왕징은 나무 위에 있는 새 둥지를 보자, 옷을 벗고 나무에 기어 올라가서 둥지 속을 훑어보며 완미했다. 그는 마치 주변에 아무 사람도 없는 것처럼 태연하게 행동했다"(『진서』, 「왕징전」)고 한다. 이러한 행위는 어느 정도 소쇄瀟灑함이 있으나 지나친 행동이다.

또한 원강방달파의 셋째 특징은 여색을 즐기는 것, 즉 익색溺色이다. 『진서』「사곤전」에 따르면 "이웃집에 고씨高氏라는 미인이 있었는데, 사곤은 항상 그녀를 희롱했다. 어느 날 고씨 여인은 추근대는 사곤을 밀쳐서 그의 이를 두 개나 부러뜨렸다. 당시 사람들은 이것을 보고 제멋대로이고 방달함이 도를 넘었기에 사곤이 이를 두 개 잃었다고 말했다. 그러나 이를 듣고 사곤은 오만한 태도로 길게 휘파람을 불며 그 여인은 아직 나의 휘파람을 막지 못했다고 외쳤다"라고 한다. 이와 같은 사곤의 언행은 어느 정도 방달하다고 할 수 있으나, 너무 신중하지 못한 점이 있다.

그리고 『진서』「오행지五行志」에 따르면 "혜제 원강 시기에 귀족 자세들은 서로 머리를 풀어놓은 채 알몸으로 술을 마시고 노비나 첩을 희롱하였는데, 그것을 거스르는 자는 비난받고, 그것을 비판하는 자는 조롱을 받았기 때문에 세상사를 걱정하는 선비들은 그들과 함께 어울리는 것을 수치스럽게 여겼다"고 한다. 이러한 상황을 미루어보면 원강 시기에 이미 여색을 탐닉하는 사회적 풍조가 형성되었다는 것을 알 수 있는데, 당연히 이러한 풍조는 한위漢魏 시기에 유행한 방중술房中術과 연관이 있다. 동진東晉 시기의 갈홍葛洪은 『포박자抱朴子』「내편·하람遐覽」에서 「현녀경玄女經」, 「소녀경素女經」, 「팽조경彭祖經」, 「자도경子都經」 등 방중술에 관한 다양한 내용을 기록하고 있으며, 「외편·질류疾謬」에서는 서진 시기 여색을 탐닉하고 방중술에 몰입하는 상황을 서술하고 있는데, 이것은 서진 시기의 방탕한 사회적 풍조를 잘 보여준다.

사상적인 측면에서 보면 위진 시기 전체에 걸쳐 당면한 과제는 바로 명교名教와 자연自然의 관계 문제를 어떻게 처리할 것인가 하는 것이다. 그러므로 서진현학과 정시현학, 그리고 죽림현학이 당면한 사상적 과제는 결국 동일한 것이라고 할 수 있다. 서진시대에는 명교와 자연의 관계 문제를 해결해야 할 필요성이 더욱 절실하게 제기되었다. 즉 서진은 국가와 정치체제의 통일을 실현한 후 곧바로 유가의 명교예법을 통해 사회관계를 조절하고 유지함으로써 안정적인 사회질서를 시급하게 구축해야 했다. 그래서 진무제 사마염은 즉위하자마자 바로 조서詔書를 내려 명교를 선양하고자 했다. 그는 여기에서 "돈독하게 오교五敎를 깨우쳐 농사에 힘쓰는 것을 권장하며, 배우는 자들을 격려하고, 올바른 제도에 힘쓸 것을 생각한다면 백가百家의 말단으로써 아득히 먼 것을 추구하다가 반드시 진흙탕에 빠지게 되는 일이 없을 것이다. 선비나 서민 중에서 배움을 좋아하고 도道에 독실한 사람이나 효제충신의 도리를 지키는 사람, 그리고 특별히 청렴하고 맑은 사람이 있으면 천거하여 관직을 맡게 할 것이며, 부모에 효도와 공경을 다하지 않고 집안 어른을 공손히 여기지 않으며, 예를 어기고 사람으로서 행해야 할 마땅한 도리를 지키지 않고, 국가의 법령을 따르지 않은 자는 반드시 추궁하여 그 죄를 물을 것이다"(『진서』, 「武帝紀」)라고 하였다. 이와 같이 서진은 건국 초기부터 명교를 제창하는 정책을 폈는데, 이는 마땅히 좋은 정책이라 하지 않을 수 없다. 그러나 서진왕실이 명교를 제창하고 강조한 데에는 항상 당당하지 못한 측면이 있으니, 거기에는 대략 세 가지의 원인이 있다.

첫째, 서진이 정권을 잡는 과정 자체가 실제로 명교에서 주장하는 바와 어긋나기 때문에 서진의 통치자들과 명사들이 명교, 특히 봉건왕조를 지탱하는 핵심 기강인 충忠의 문제에 있어서 상당히 꺼려하는 모습을 보일 수밖에 없었다. 예를 들면 진무제 태시泰始 8년(272) 겨울 가충賈充이 조정의 신료들을 초대하여 연회를 베풀었는데, 유순庾純이 늦게 도착하였다. 두 사람이 서로 말다툼을 하는 과정에서 유순이 선왕인 사마소司馬昭가 조모曹髦를 시해한 사건을 언급하였다. 『진서』 「유순전庾純傳」에는 이와 관련한 내용이 기록되어 있다.

가충은 스스로 지위가 높고 뜻이 범상치 않다고 생각하였기 때문에 유순이 술을 권했음에도 그것을 마시지 않았다. 그래서 유순은 "나이가 많은 사람이 술을 권하는데 어찌 마시지 않을 수가 있소?"라고 했다. 그러자 가충이 "그대의 나이가 많다면 그대의 어버이는 더욱 연세가 많으시니, 어찌 돌아가서 그를 봉양하지 않고 여기서 그런 말을 하시오?"라고 대답했다. 이에 유순은 분노하면서 "가충, 천하가 이렇게 혼란한 것은 모두 당신 한 사람 때문이오!"라고 몰아붙였다. 그러자 가충은 "내가 2대의 군주를 보좌하여 파촉巴蜀을 평정했는데, 어찌 천하가 혼란한 것이 나의 탓이라고 말하는가?"라고 대답하였다. 이 말을 들은 유순은 "그렇다면 고귀향공高貴鄕公 조모는 어디에 있는가?"라고 되물었다. 이 말을 듣자 빈객들이 모두 가버리고 연회는 끝나버리고 말았다. 가충은 사람을 시켜 유순을 체포하려고 했으나 유순은 중호군中護軍 양수羊琇와 시중侍中 왕제王濟의 도움으로 빠져나왔다.

사마소에게 조모가 시해된 지 10년, 그리고 사마염이 제위에 오른 지도 이미 8년이나 지났음에도 유순이 이 사건을 사람들 앞에서 다시 언급했다는 것은 실제로 신하가 군주를 시해한 사건에 대한 사인士人들의 불만이 항상 존재하고 있었음을 보여준다. 더욱이 유순이 당시 금기시되었던 이 사건에 대해 언급하고 가충에게 책임을 물었음에도 불구하고 오히려 그의 편에 서서 보호한 사람들까지 있었다는 것은 당시 조정에 유순과 비슷한 생각을 가진 사람들이 있었음도 보여준다.

우리는 여기에서 최고 통치자인 사마염이 가진 진퇴양난의 모순적 심리상태를 엿볼 수 있다. 즉 사마염이 유순을 처형하지 않는다면 우선은 가충의 반대에 부딪칠 뿐만 아니라 나아가서 유순과 비슷한 생각을 가진 이들에게 자신의 아버지가 군주를 시해한 행위가 잘못된 것임을 시인하는 것과 다름없다. 반대로 만약 유순을 처형한다면 군주를 시해한 사람의 행위를 공개적으로 지지하는 것이 되기 때문에 이는 황제로서 자기에게 상당히 불리하게 작용할 것이다. 그래서 사마염은 먼저 조서를 내려 유순의 관직을 파면시켰다. 조서의 내용은 다음과 같다. "선왕께서는 존비尊卑의 예법

을 받들고, 귀천貴賤의 질서를 밝히며, 술을 마시는 데 있어서 온화하고 공
경한 덕을 세우고, 술주정하는 것을 규제했으므로 대도가 밝게 드러나고,
모든 사람이 그것을 지침으로 삼았다. 옛날 광한릉廣漢陵은 재상을 모멸하
고 윗사람을 범하는 죄를 받았는데, 그는 술에 취한 척하면서 제멋대로 분
노를 터뜨렸기 때문에 사형에 이르렀다. 지금 유순은 비범한 재능으로 경
윤卿尹의 자리에 있음에도 겸손하고 공경한 덕목을 생각하지 않고, 옛날에
있었던 일을 경계하지 않으며, 무례함으로써 윗사람을 범하고, 사실과 어
긋난 말을 하였기 때문에 그 관직을 파면하여 조정의 기강을 세운다."(『진서』,
「유순전」)

그 후 사마염은 얼마 지나지 않아 다른 조서를 내려 유순을 복직시켰
다. 그 조서의 내용은 다음과 같다. "중세 이래로 뜻을 유순하게 하는 것을
귀중하게 여겼는데, 비천한 자는 감정에 따라 행동하므로 윗사람이 령을
내려 그것을 풀어주고 나라를 안정시킴으로써 그 이름이 전대보다 더 높아
지게 되었다. 지금 우리가 유순의 죄에 대해 논의하고 있는데, 그가 술을
마시는 데 온화함과 공경함을 넘어서서 취할 정도까지 마셨다고 해서 그를
벌하는 것은 마치 성인의 기준으로 그를 비난하는 것과 같다. 또한 나는
가충도 역시 술에 취했다고 생각하는데, 만약 그가 술에 취하지 않았다면
백관百官들이 있는 자리에서 유순으로 하여금 사직하여 어버이를 봉양하라
는 말을 하지 않았을 것이다. 대진大晉은 성인의 예법에 따라 신하들의 출
처 문제를 규정하니, 만약 80세인 가족이 있다면 모두 귀가하여 봉양할 의
무를 지니게 한다. 이는 유독 유순의 경우에만 한정된 것은 아니다. 옛사
람이 이르기를 술에 취했을 때 하는 말은 마치 어린아이의 말과 같다고
하였다. 그러나 술에 취한 자를 책망하지 않는 것이 정도를 넘어설 우려가

있기 때문에, 유순의 죄를 면하되 향후 술을 적당히 마시게 경계하도록 한다. 제왕齊王과 유연劉淵의 말은 지극히 타당하다.”(『진서』, 「유순전」)

기강의 문제에 있어서 서진정권의 이와 같은 당당하지 못한 태도와 심리는 일종의 사회 도덕적 분위기를 조성했는데, 그것은 바로 선비 계층의 사람들이 충절忠節을 중요하게 생각하지 않는 것이다. 그 중에서도 하증何曾이 가장 전형적인 인물이다. 하증은 사마소의 면전에서 완적이 어머니 거상居喪 시기에 술을 마신 것을 아는지 물으면서 이런 이유로 완적을 죽일 것을 제안했다. 그러나 얼마 지나지 않아 하증은 또한 사마염 정권에 아무런 관심도 두지 않으려 했다.

『진서』「하증전何曾傳」에 따르면 “처음에 하증은 진무제의 연회에 참석했다가 집으로 돌아와 하준何遵 등에게 이르기를 ‘국가는 마땅히 하늘의 명을 받아 대업을 열고 그 정통성을 펼쳐나가야 하는데, 내가 매번 연회에 참석해 보면 사람들이 국가를 경영하고 원대한 목표를 도모하는 것을 듣지 못하고, 오직 사소하고 평범한 일만 논의하는 것을 보았다. 이는 자손을 위해 무엇을 도모하는 것이 아니라 자기 자신만 생각하는 것이니, 자손들이 어찌 위태로워지지 않을 수 있겠는가! 이는 참으로 자손들의 걱정거리이니 너희들이 어찌 편안히 지낼 수 있겠는가?’라고 하였다. 또한 그는 자손들을 가리키며 ‘이와 같이 진행되면 너희들도 반드시 격변 속에서 죽음을 당하게 될 것이다’라고 말했다”고 한다.

하증은 서진이 건국 초기부터 도덕적으로 그렇게 융성하지 못한 모습을 정확히 파악했으므로 어느 정도 안목이 있었다고 할 수 있다. 그러나 이러한 상황을 알았다면 충성을 다해 황제인 사마염에게 간언을 해야 하는데, 입을 다물고 군주의 통치에 아무런 관심을 보이지 않았으니, 이는 사실상 유가의 예교에 어긋난 행동이다. 하증과 같은 경우는 다만 그 당시 선비들의 태도와 심리적 경향을 대변하는 대표적인 사례일 뿐이다.

서진에서 명교를 시행하여 기강을 바로잡는 문제에 있어서 별나른 성과를 내지 못한 두 번째 이유는 진무제 개인이 건국황제로서 웅대한 계획을 세우고 심모원려深謀遠慮 하는 품성과 능력을 제대로 갖추지 못했기 때문이다. 개인적 소질의 측면에서 웅대한 계획이나 깊고 넓은 사려가 부족했지만, 봉건황제로서의 사마염은 그 누구보다도 국가정권이 오래 존속되기를 원했는데, 즉위한 후 검소함을 제창한 것이 그 예이다. 즉 태시太始 원년 즉위하자마자 신년조서를 통해 악樂을 철폐하는 조서를 내렸는데, 그 내용은 다음과 같다. "짐朕은 여러 어려움 끝에 위대한 과업을 이었고, 항상 선인들을 추모하였다. 지금 비록 조정을 맡게 되었으나 일체의 악관樂官을 설치하지 않고자 한다. 또한 궁궐 앞에 반우反宇와 무장武帳으로 만들어진 장막들을 모두 없애버릴 것이다."(『太平御覽』, 「晉起居注」) 그리고 태시 8년(272)에도 사마염은 "문기文綺를 조각하거나 법도에 맞지 않는 기물을 만드는 것을 금지한다"(『진서』, 「무제기」)는 등의 명령을 내렸다. 나아가서 함녕咸寧 4년 (278) 11월에는 태의太醫 사마정司馬程이 올린 치두구雉頭裘가 전례典禮에서 금지한 것이라고 하여 궁궐 앞에서 태워버렸고, 재차 이런 잘못을 범하는 자가 있으면 반드시 그 죄를 묻겠다고 조서를 내렸다. 같은 해, 사마염은 또한 "석수비石獸碑와 같은 것은 사사로움을 표방하는 것이니, 온갖 허위를 조장하고 재력과 인력을 손상하는 데 이보다 더한 것이 없다. 그래서 비석을 세우는 것을 금지하며, 그것을 범한 자는 벌금을 내고 사면될 수는 있으나, 비석은 반드시 허물어야 한다"(『송서』, 「禮志二」)라는 조서를 내렸다.

이런 사례들을 보면 사마염이 시행한 조치들은 나름대로 괜찮은 것들이었음에도 왜 이런 조치들이 서진 시기의 사치풍조를 제지하지 못했을까? 『진서』「육운전陸雲傳」에는 육운陸雲이 오왕吳王 사마안司馬晏에게 간언한 내용이 실려 있는데, 육운은 여기에서 "신은 세조황제께서 몸소 태연하고 무위하게 조정의 일에 임하고, 검소함으로써 세상을 훈계하며, 즉위한 지 26년이 지나더라도 궁실을 새롭게 분장하지 않았고, 여러 차례 현명한 조서를 내려 사치를 막고 경계한 것을 보았습니다. 국가가 이로 말미암아 하나가 되고, 모든 사람은 그 명에 따르고자 힘썼지만, 세속이 쇠퇴하고 집집마다 재물의 풍족함을 위해 경쟁하며, 그 물결이 이미 모든 곳에 스며들어 풍조를 형성했습니다. 비록 엄격한 조서가 여러 차례 내려졌지만 사치의 풍속은 계속 확장되고 있습니다. 그래서 매번 조서를 볼 때마다 대중들은 한탄할 수밖에 없습니다"라고 하였다. 이와 같이 사마염이 사치를 금계禁戒하고 유학의 명교名教를 제창하고자 했으나, 그것이 행해지지 못한 원인에 대해 육운은 세속이 쇠퇴하고, 사치의 풍속이 계속 확장되고 있기 때문이라고 규정했는데 이는 실제로 이치에 맞으며 서진사회의 풍조를 어느 정도 엿볼 수 있는 것이다.

서진에서 명교가 제대로 시행되지 못한 셋째 이유는 음란하고 사치한 생활을 희구하는 서진 문벌사족들의 취향과 태도였다. 그리고 이것이 순수한 유가명교를 실천할 수 없게 한 가장 중요하고 결정적인 요인이다. 서진왕조의 계급적 기초가 문벌사족이며, 사치하고 호화스러운 삶이 그들의 가장 두드러진 특징이다. 서진이 건국할 무렵부터 무제는 계속 사족들을 용인해 왔으며, 실제로 이는 무제 본인도 사족의 정치적 대변자이자 극단적으로 육체적 욕망을 추구하고 즐기는 사람이었기 때문이다.

『진서』「무원양황후전武元楊皇后傳」에 따르면 "태시 중엽에 무제는 수많은 훌륭한 가문의 아녀자들을 모아 후궁으로 삼기 위해 먼저 천하에 조서를 내려 장가들고 시집가는 일을 금지시켰고, 나아가서 환관들로 하여금 수레를 모는 사람과 함께 각 주군州郡에 그 명령을 전하게 하였으며, 소집된 여인들을 일일이 선택하기로 했다"고 한다. 또한 『진서』 「후비열전 · 호귀빈전胡貴嬪傳」에는 "태시 9년, 황제가 많은 훌륭한 가문의 여자를 골라서 후궁으로 삼고자 했는데, 스스로가 직접 아름다운 이를 선택해서 강제적으로 정혼定婚을 했다.…… 그 당시 황제는 총애하는 후궁들이 많았고, 오나라를 평정하고 난 후에는 또한 손호孫皓의 궁녀 수천 명을 수용함으로써 궁궐내의 여인들 숫자가 만여 명이나 되었다. 그 중에 많은 여인들이 총애를 받았고, 황제는 날마다 어느 침소에 머물러야 할지 모를 정도였으며, 항상 양羊이 끄는 수레를 타고 마음대로 궁궐에서 오가며 연회를 열고 여인을 취했다. 이에 궁녀들은 서로 황제의 총애를 받으려고 창문 밖에 대나무 잎을 꽂거나, 염즙鹽汁을 땅에 뿌려 황제의 수레를 끄는 양을 유인하려고 했다"는 기록이 있고, 『송서』 「오행지이五行志二」에는 "태시 10년 봄, 무제는 경교卿校 제갈충諸葛沖의 딸을 비롯하여 50여 명의 여인을 후궁으로 뽑았다. 또한 그는 작은 관리官吏들의 딸 수십 명을 강제로 끌어모았는데, 부모와 딸이 통곡하는 소리가 궁궐 밖까지 퍼져 나가니, 지나는 사람들이 그 소리를 듣고 슬퍼하지 않는 이가 없었다"라는 내용도 나온다.

이처럼 진무제가 향락을 탐닉하는 모습은 사람들이 치를 떨 만한 정도에까지 이르렀다. 황제가 이런 모습이니 그 밑에 있는 귀족들이 어찌 예법을 제대로 지키겠는가? 그러므로 서진사회에서 온전하게 명교를 시행한다는 것은 불가능에 가까웠다. 이처럼 그 당시에는 완벽한 명교제도를 구축할 수 없었기 때문에 사회정치적인 면에서 자연에 맡기는(任自然) 것을 요구할 수밖에 없었던 것이다.

그러나 사회가 하나의 공동체인 이상 어떻게든 예법과 명교로써 사회
관계를 조절하고 정돈할 필요가 있었다. 그래서 그 당시의 사회는 명교가
필요하면서도 또한 완전한 명교화를 요구할 수도 없었고, 자연에 귀의할
것을 추구하면서도 순전히 자연에 맡길 수는 없는 상황에 놓여 있었으므로
명교와 자연 사이의 관계 문제를 어떻게 처리할 것인가 하는 것이 당시의
가장 현실적이고 시급한 사상적 과제로 대두되었다.

실제로 서진 이전, 조위정권의 사상적 과제에도 명교와 자연의 모순 문
제가 있었으니, 정시현학正始玄學이 바로 그것이다. 정시현학은 무無를 근본
으로 하는 무본론無本論으로부터 출발하여 명교를 자연 속에 통일시켰는데,
왕필의 명교는 자연에서 나왔다는 학설(名教出於自然說)이 바로 그 예이다. 그
러나 이러한 왕필의 학설은 다만 일시적으로 자연으로써 명교를 통섭한 것
에 지나지 않았다. 즉 그는 명교를 자연 속에 해소시켰을 뿐, 양자의 융합
문제를 진정으로 해결한 것이 아니었다. 자연으로써 명교를 통솔하는 정시
현학의 방법은 죽림현학竹林玄學에 이르러 명교를 넘어 자연에 맡기라(越名教
而任自然)는 극단적인 구호와 행위로 발전되었는데, 이는 철저하게 명교를
포기하고 사회현실을 초월하고자 하는 것이다. 분명한 것은 실제로 이와
같은 극단적인 사상의 주장과 행위가 결코 성공할 수 없다는 것이다.

혜강과 완적 등은 사회의 명교를 포기하려고 했지만 끝내 오히려 그것
들에 의해 잠식되고 말았다. 이러한 사실은 결국 사회는 근본적으로 명교
가 없을 수 없고, 사회의 명교를 초월할 수도 없음을 말해준다. 그래서 위
진현학은 죽림현학의 명교를 넘어 자연에 맡기라는 극단적 사상으로부터
다른 극단, 즉 서진 중조中朝 시기 배위裴頠의 자연을 넘어 명교에 맡기라(越

自然而任名教는 극단적 사상으로 전향되었다. 그러나 실제로 당시 서진사회에서는 순전히 명교를 제창하는 주장이 실현될 수 없었고, 더욱이 그것을 천하의 기강으로 삼는 정치사상 체계를 구축할 수도 없었다. 그래서 명교를 숭상하고 유위有爲를 중시하며 현실을 추구하는 배위도 결국 팔왕의 난으로 인한 왕실의 변란 속에서 목숨을 잃었고, 사회 명교에 의해 잠식되어 버렸다. 이와 같은 사실은 또한 사회 명교가 초월되어야 하는 것, 즉 명교를 넘어선 자연으로써 그것을 비판하고 절제해야 한다는 것을 의미한다. 그렇지 않으면 명교는 사회관계를 조절하고 정돈하는 기능을 잃을 뿐만 아니라, 통치자들의 살인도구로 전락될 수 있다.

정시현학과 죽림현학, 그리고 배위의 중조현학에서의 사상적 실천에서 알 수 있듯이, 결국 명교와 자연의 모순을 해결하는 것은 단순히 명교와 자연 사이에서만으로는 불가능한 것이다. 즉 어떤 사람은 명교를 자연 속에 귀결시켜 버리고, 또 어떤 사람은 자연을 명교 속에 귀결시키려고 하는데, 이러한 태도는 명교를 희생시킴으로써 온전한 자연을 성취하려 하거나 혹은 자연을 희생시킴으로써 온전한 명교를 성취하려는 것이니, 어느 것이든 결코 성공할 수 없었다. 그러므로 명교와 자연을 통일시키려면 양자 각각의 자체적 가치가 있고, 각각 존재의 필요성과 의의가 있음을 인정하며, 나아가 더욱 높은 차원에서 그것들을 통일시켜야 한다. 이것이 바로 서진 시기 곽상현학이 직면한 사상적 과제였다.

곽상현학을 비롯하여 그 외 당시에 출현한 다른 형식의 현학이 만약 이러한 과제를 완수할 수 있다면 성공적으로 역사에 기록될 것이고, 그렇지 못한다면 결국 도태될 수밖에 없었다. 이러한 의미에서 곽상현학은 당시 사회의 과제, 즉 명교와 자연의 관계 문제를 아주 훌륭하게 해결했다.

이러한 과제를 완수할 수 있었던 이유는 다름이 아니라 곽상현학이 독화론(獨化論)이라는 본체론적 이론과 방법을 고안해 냈기 때문이다. 실제로 독화라는 본체론은 명교와 자연의 관계 문제에서는 명교가 곧 자연(名教即自然)이라는 말로 표현되며, 또한 이것이 바로 곽상이 말하는 내성외왕의 도(內聖外王之道)이다.

2. 사회와 군주

곽상이 주장한 내성외왕의 도(道)에서 말하는 도의 출발점과 토대가 된 것은 통치자 개인, 곧 사회의 최고 통치자인 군주이다. 곽상이 보기에 통치자가 마음을 쓰는 것을 마치 거울이 사물을 그대로 비추는 것과 같이 하고, 무심(無心)으로써 모든 드러난 현상에 순응하며, 무위(無爲)로써 다스릴 수 있으면 일종의 소요자득(逍遙自得)의 경지에 이를 수 있는데, 이것이 바로 내성(內聖)이다. 동시에 통치자가 무심(無心)으로써 모든 드러난 현상에 순응하고 무위로써 다스리게 되면 온 세상이 비로소 완전히 다스려지게 된다. 여기에서의 무위는 단순히 아무것도 하지 않는 것이 아니라 바로 어떤 것이든 하지 않는 것이 없는 무불위(無不爲)가 되므로 이런 사회에서 살아가는 사람들은 각기 자신의 본성에 따라 편안하게 생존할 수 있게 된다. 이것을 통치자에 대한 것으로 표현하면 바로 천하를 평정하고 만민을 구제하는 혁혁한 공적이 드러나는 것이며, 이것이 바로 외왕(外王)이다.

고귀하고 현명한 통치자에게 내성의 경지와 외왕의 업적은 하나로 통일된 것이다. 이는 또한 출세(出世)와 입세(入世)의 통일이며, 그리고 유가적인 명교와 도가적인 자연의 통일이다. 그래서 곽상의 내성외왕의 도는 표면적으로 보자면 통치자 개인의 수양 문제에 관하여 직접적으로 표명한 것이지만 더 중요한 것은 통치자 역시 그가 생활하는 사회를 벗어날 수 없으며, 실제로는 어떤 사람도 사회로부터 벗어날 수 없음을 말하는 것이다. 왜냐하면 인간인 이상 그는 사회에서 생존할 수밖에 없고, 만약 사회(환경)가 존재하지 않는다면 각 개인의 생존과 생활도 있을 수 없기 때문이다. 따라서 곽상의 내성외왕의 도는 통치자에 대한 수양이론일 뿐만 아니라, 또한 동시에 일종의 사회정치이론이기도 한 것이다.

그렇다면 사회정치 사상과 이론으로서 내성외왕의 도가 말하는 도는 어떠한 내용을 포함하고 있으며, 그것을 어떻게 표현하고 있는가? 곽상은 무엇보다도 먼저 사회와 군주는 대립과 통일이라는 관계 속에 놓여 있다는 것을 간파했다. 한편으로 군주는 사회에서 해로운 존재이기 때문에 곽상은 다음과 같이 지적했다.

> 무릇 군주와 같은 사람은 움직이면 반드시 많은 사람들이 따르게 되니, 한번 노하면 죽는 사람이 생기고 피가 흐르며, 한번 기뻐하면 고관대작들로 인해 길이 막힐 정도가 된다. 그러므로 군주는 나라의 일을 경솔하게 처리하면 안 된다.(「人間世注」)

> 지금 군주 한 사람이 천하를 마음대로 뒤흔드니, 온 세상이 막혀버렸다.(「在宥注」)

> 무릇 폭군은 제멋대로 욕망을 채우려고 할 뿐만 아니라 명예도 또한 원하는데, 하지만 그가 구하는 것은 도道가 아닐 따름이다.(「인간세주」)

> 사물의 형체와 본성을 무엇 때문에 잃어버렸는가? 모두 군주가 어지럽혀서 이 지경까지 이른 것이다.(「則陽注」)

군주가 날로 거짓에 힘쓰니, 백성들이 어찌 그 참됨을 얻을 수 있겠는가?(「칙
양주」)

여기서 볼 수 있듯이 군주의 통치는 사회에 대해 매우 큰 위해성을 지
닌다. 『장자』「인간세」의 첫머리에 공자와 안회의 대화가 실려 있는데, 이
대화에서 안회가 위衛나라에 가서 나라의 일을 가볍게 여기고 백성들의 죽
음을 대수롭지 않게 취급하는 위나라 군주를 교화시켜 바른 길로 인도하겠
다는 뜻을 피력하자, 공자는 그에 반대하면서 오히려 화를 입게 될 것이라
고 말했다. 안회가 공자에게 해법을 가르쳐달라고 하자, 공자는 그에게 심
재心齋의 방법을 알려주었다. 곽상은 이 부분을 주석하면서 장자의 사상을
토대로 군주의 난폭하고 독단적인 행위에 대해 숨김없이 드러내고 비판했
다. 그에 따르면 위나라 군주는 "사람들과 원하는 바를 같이하지 않고, 그
누구도 함부로 간언할 수 없으며, 사람을 쉽게 죽이고, 온 나라를 동원하여
다른 나라를 공격하면서 헤아릴 수 없을 정도로 많은 사람들이 죽어가도
그저 지푸라기처럼 가볍게 여기며, 기뻐하고 슬퍼하는 것을 종잡을 수 없
고, 그 누구도 감히 거역할 수 없으며, 거만하고 난폭한 성격이 내면에서
뿜어져 나와 외면에까지 드러나는 지극히 강력한 사람"(「인간세주」)이다. 이
와 같은 군주는 사회에 이롭기는커녕 무척 해로운 존재이므로 그에 대하여
곽상은 "포악한 군주는 그 위엄에 의지하여 현인들을 마음대로 죽여도 그
누구도 반항할 수 없다"(「胠篋注」)라고 표현했다.

이와 같이 군주의 위해성을 지적한 것은 곽상의 독특한 사상이 아니며,
그보다 앞서 혜강과 완적에 의해 일찍이 제기된 적이 있었다. 예를 들어
혜강은 『태사잠太師箴』에서 "아래로는 덕이 쇠퇴하고 큰 도가 타락함에 이

르렀다. 지혜가 날로 쓰이지만, 점차 사사롭고 친근한 쪽에 치우치고 있다. 사물이 이치에 어긋나는 것을 걱정하여 팔을 걷어붙이고 인仁을 세웠는데, 명예와 이익에 대한 다툼이 날로 거세지고, 번잡한 예禮가 날로 진부해졌으며, 형벌과 교화가 제멋대로 시행되고, 천성이 그 참됨을 잃었다.…… 형벌은 원래 포악한 사람을 징벌하기 위한 것인데 지금은 현인을 위협하는 것이 되었다. 옛날에는 천하를 위하여 행동했는데 지금은 스스로만 위하여 행동하며, 아랫사람은 윗사람을 혐오하고 군주는 신하를 시기한다. 본성을 잃어버리고 어지러운 사태가 난발하여, 나라가 뒤집어질 상황에 이르렀다" 라고 하였다.

또한 완적은 『대인선생전大人先生傳』에서 "군주가 세워지자 사납고 가혹함이 왕성해지고, 신하를 세우자 도적이 생겨났다. 예법이 제정되면서 아래의 백성을 속박하게 된다.…… 검소함을 치장하여 탐욕을 이루고자 하고, 내면은 음흉하면서도 겉으로는 어진 척한다. 죄를 지어도 자신의 잘못을 뉘우치지 않고, 우연히 행운을 얻으면 스스로 거만해진다.…… 그러므로 사람들이 사실을 알까 봐 큰 상賞으로써 기쁘게 하고, 엄한 형벌로써 겁먹게 한다. 그러자 재물이 고갈되어 상을 줄 수 없고, 형刑이 다해지면서 벌罰을 내릴 수 없기 때문에 나라가 망하고 군주가 살해되며 궤멸의 화를 입게된다. 이것이 바로 너희들 군자가 한 짓이 아닌가?"라고 하였다.

이뿐만 아니라 양진兩晉 시기에 포경언鮑敬言(약 278~342)이라는 사람이 있었는데, 그는 『무군론無君論』을 지어 군주로 인한 재앙과 해로움을 적나라하게 보여주었다. 그에 따르면 군주는 "보물과 재화를 숭상하고, 높고 화려한 정자를 세우고 치장하여 즐기며, 거대한 상을 차려놓고 음식을 먹고, 용龍의 문양이 새겨진 옷을 입으며, 안으로 수많은 여인들을 두기 때문에 궁궐 밖에는 홀아비들이 많아진다. 얻기 어려운 보물을 수집하고, 괴이한 물건을 귀하게 여기며, 아무 쓸모도 없는 기물을 만들고, 끝이 없는 욕망을 제멋대로 추구하는 사람"일 뿐이다.

이와 같이 군주는 권력을 이용하여 재화를 약탈하고 아무런 제약이나 절제도 없이 그것을 낭비한다. 뿐만 아니라 그들은 온갖 재앙을 불러오는 근원이도 하다. 갈홍의 『포박자』 「힐포詰鮑」편에는 군주들의 해악이 나열되어 있는데, 즉 그들은 대외적인 약탈을 벌이는 데 있어 "군대를 정비하고 무고한 백성을 죽이며, 죄 없는 나라를 공격하여 전쟁을 일으키는데, 죽은 사람의 시체는 수만 명에 이르고, 온 들판이 피에 물들 정도이다." 또 대내적으로는 백성들에게 위해를 가하는데, "제멋대로 난폭하게 행동하여 나라를 어지럽게 만드는데, 안으로는 충신과 현량한 사람들에게 해를 입히고 밖으로는 많은 백성들을 살해한다." 더욱 심한 군주는 "사람의 심장을 쪼개고, 정강이를 파내며, 거만하고 음란한 악행을 다하고, 포락炮烙의 형벌을 자행한다."

혜강과 완적의 군주권력에 대한 비판이 주로 사마씨의 독재와 살벌殺伐로 인한 특수한 정치적 상황에 초점을 맞춘 것이라면, 곽상의 군주권력 비판은 일반성을 지니므로 그 사상적 형태는 포경언과 유사하다고 할 수 있다. 사실 군주의 위해성을 지적하고 군주를 비판하는 것이 곽상만의 특성이라고는 할 수 없으며, 심지어 혜강이나 완적, 그리고 포경언의 비판과 비교해 보더라도 전면적이거나 통쾌하지 못한 부분이 있다. 오히려 군주의 문제에 관한 곽상의 특출한 점은 다른 이들과 달리 군주의 위해성뿐만 아니라 유익성과 필요성도 함께 파악했다는 점이다. 즉 곽상은 군주가 사회생활에 미치는 긍정적인 작용과 가치에 주목하였는데, 이것이 바로 곽상사상의 특출한 점이다. 곽상은 이렇게 말한다.

> 천 명의 사람이 모이는 경우, 만약 한 사람을 우두머리로 삼지 않으면 혼란에
> 빠지거나 흩어져버리고 만다. 그러므로 현인은 많아도 되지만 군주가 많으면
> 안 되고, 현인은 없어도 되지만 군주가 없으면 안 된다. 이것이 천인天人의 도
> 이자, 반드시 이르러야 할 적절함이다.(「인간세주」)

이 말은 곽상이 『장자』 「인간세」에서 나오는 "신하가 군주를 섬기는
것은 의義이니, 그 어디에 간들 군주 없는 곳이 없으므로 천지간에 도망갈
곳이 없다"는 구절을 주석한 것이다. 본래 이 말은 「인간세」에서 공자가
초나라 대부인 섭공자고葉公子高에게 한 것이다. 섭공자고가 초나라의 사자
로 제나라에 가야 하는데, 일이 제대로 성사되기가 어려울 것을 걱정하여
공자에게 "지금 제가 아침에 명령을 받고 저녁에 얼음을 마셨더니, 아무래
도 몸속에 열이 있는 것 같습니다. 저는 아직 일의 실상에 직접 부딪치지
도 않고서 이미 음양陰陽의 재앙이 생겼는데, 일이 만일 성공하지 못하면
인도人道의 근심이 있게 될 것이므로 이것은 두 가지 재앙이 한꺼번에 닥치
는 것입니다. 남의 신하 된 사람으로서 충분히 감당할 수가 없으니 선생께
서 가르침을 주시기 바랍니다"라고 말했다. 그래서 공자는 그에게 이렇게
대답했다. "천하에는 두 가지 큰 경계가 있는데, 하나는 명命이고 또 하나
는 의義이다. 자식이 어버이를 사랑하는 것은 명이고 마음속에서 버릴 수
없는 것이며, 신하가 군주를 섬기는 것은 의이니 그 어디에 간들 군주 없는
곳이 없으므로 천지간에 도망갈 곳이 없다."(「인간세」)

당나라 성현영成玄英의 소疏에 따르면 여기서의 경계(戒)는 법칙(法)이므

로 큰 경계(大戒)는 곧 큰 법칙(大法)을 의미한다. 공자의 말에 따르면 천하에는 인간이 반드시 따라야 할 두 가지 근본적인 큰 법칙이 있는데, 명命과 의義가 그것이다. 그리고 여기에서의 명은 인간의 윤리적 본성을 가리키고, 의는 사회관계 속에서 맺어진 군신 사이의 이치를 의미한다.

공자가 보기에 자녀가 부모를 사랑하는 것은 인간의 천성이기 때문에 더 이상 설명할 필요가 없다. 그러나 신하가 군수를 섬기는 것은 천하의 도리이므로 어쩔 수 없이 해야 하는 것이다. 왜냐하면 그 어떤 나라에도 군주가 없을 수 없고, 이는 세상에서 피할 수 없는 사실이기 때문이다. 물론 여기서 공자가 말하는 것은 유가적 명교의 내용적 맥락에서 이해되어야 한다.

사실 장자가 공자의 입을 빌어 말하고자 한 것은 유가의 명교를 긍정하고 선양하는 것이 아니라, 이러한 것들이 인간으로 하여금 처세를 제대로 할 수 없게 한다는 점을 강조하려는 것이다. 즉 장자의 본래 목적은 "사물을 타고 마음을 자유롭게 노닐게 하여, 어쩔 수 없음에 맡겨서 중中을 기르면 지극할 것이다"(「인간세」)라는 처세의 도道를 드러내는 것이다. 그러나 장자의 원래 의도와 달리 곽상은 공자의 말을 주석하면서 군신 사이의 의를 적극적인 의미로 해석하고 유가의 명교사상을 긍정하였으며, 사회에는 군주가 반드시 필요하다는 사상관념을 하나의 필연적 법칙으로 승격시켰다.

곽상은 "인간과 무리를 이루는 자는 인간을 떠날 수 없다"(「인간세주」)는 것을 파악했다. 다시 말해서 인간사회는 본래 하나의 공동체이기 때문에 각 개인은 타인과의 관계 속에 처해질 수밖에 없으며, 나아가서 그 어떤 사람이라도 무리를 떠나 독립적으로 생존할 수 없다. 그러므로 무리가 있으면 조직과 약속이 있어야 하고, 어떤 사람이든 그것을 위반하고 제멋대로 행동하면 안 된다. 그리고 조직이니 약속으로써 사람들을 통제하려면 한 명의 통치자가 사람들의 의지와 힘을 통일시킬 필요가 있다. 이와 같이 되어야만 인간이라는 무리가 조직성을 갖출 수 있고, 사회를 이룰 수 있으며, 나아가서 여타 자연적 현상의 어려움에 맞서 투쟁할 수 있는 힘을 갖출 수 있다. 여기서 인간의 무리를 통치하는 사람은 당연히 군주를 가리킨다.

곽상의 이러한 사상은 실제로 심오한 것도 아니고 독창적인 것도 아니다. 왜냐하면 전국 시기의 순자가 이미 신분질서를 명확하게 하고, 무리를 지어 살도록 해야 한다는 사상을 제기했기 때문이다.(『순자』,「王制」·「非相」·「富國」등 참조) 그러나 곽상의 주장이 매우 솔직하게 실정을 잘 드러냈다는 데에는 의심의 여지가 없다. 즉 수천 명이 모이는 집단은 반드시 한 사람을 종주로 삼아야 하며, 만약 그렇지 않으면 그 집단은 필연적으로 흩어지거나 어지럽게 되고, 종국에 파멸로 끝날 것이다. 그래서 산을 차지하여 왕이라고 자칭하는 강도들에게도 큰 형님이나 두목 등과 같은 수령이 있는데, 하나의 완전한 나라가 어찌 군주가 없을 수 있겠는가!

따라서 인류사회에서 군주가 탄생한 것은 퇴보가 아니라 진보이며, 사회와 역사가 발전하는 과정에서 필연적으로 요청된 결과이다. 그래서 『한비자』「오두五蠹」에는 "상고上古의 세상에…… 성인이 나타나고…… 왕으로 하여금 천하를 다스리게 했는데, 그를 소씨巢氏라고 부른다.…… 또한 왕으로 하여금 천하를 다스리게 했는데, 그를 수인씨燧人氏라고 부른다"는 기록이 있고, 『주역』「계사하繫辭下」에는 "고대에 포희씨包犧氏가 천하의 왕으로 있었다"와 같은 기록이 있는데, 이들은 모두 군주의 출현이 역사적 필연임을 강조하는 것이다.

고대 사람들은 비록 사회생산이라는 유물주의의 근원적인 차원에서 군주 탄생의 필연성을 설명할 수 없었을지라도 적어도 사회유지 차원에서 군주의 존재에 관한 필요성을 파악했다는 점만은 지극히 타당하다. 상대적으로 비교해서 말하자면 노자와 장자를 비롯한 도가의 주요 사상가들이 군주가 없는 상고시대로 퇴행하고, 혜강과 완적이 대박미휴大樸未虧의 홍황지세洪荒之世를 제창하는 것은 사실상 역사적 퇴행이며, 곽상의 유군론有君論보다 열등한 것이다. 곽상은 이렇게 말한다.

　　이 말은 참으로 신실하구나! 그러나 이 말이 신실하다고 해서 성인을 없앨 수 없는 이유는 마치 천하의 지자知者가 한꺼번에 모두 사라지지 않는 까닭에 성인의 도로써 그들을 제압할 필요가 있는 것과 같기 때문이다. 지자의 무리가 사라지지 않았는데 성인의 지혜만 없애버린다면 천하의 해로움은 성인이 있을 때보다 훨씬 많을 것이다. 비록 성인이 있어서 생긴 해로움이 적지는 않으나 그래도 성인을 없애버림으로써 다스림이 없어지는 상태보다는 낫다. 성인을 없애는 것보다는 차라리 지자의 무리를 모두 없애버려서 해가 없는 상태로 만드는 것이 더 낫다. 너무 심하구나! 천하에 이익을 추구하지 않는 자가 없으나 아무도 그 지혜를 없애려고 하지 않으니, 이는 얼마나 어지럽고 혼미한 짓인가!(「胠篋注」)

　　이 문장은 곽상이 『장자』 「거협」에 나오는 "천하에는 착한 사람이 적고 착하지 않은 사람이 많으니, 성인이 천하를 이롭게 하는 것은 적고 천하를 해롭게 하는 것은 많다"라는 말에 대한 주석이다. 「거협」에는 또한 다음과 같은 내용이 나온다.

세속에서 흔히 말하는 지혜로운 사람이란 큰 도둑을 위해 물건을 모아두는 자가 아니겠는가? 그리고 이른바 지극한 성인이란 큰 도둑을 위해 물건을 지켜주는 자가 아니겠는가? 어째서 그런 줄 아는가? 옛적에 관용봉關龍逢은 걸왕에게 간언하다가 참살되었고, 비간比干은 주왕紂王에게 간언하다가 가슴이 찢겨 죽었으며, 장홍萇弘은 창자가 갈려 죽었고, 오자서伍子胥는 부차夫差에게 간언하다가 시신이 물속에서 썩게 되었다. 그러므로 이 네 사람의 현자들조차 몸이 찢기는 형벌을 면치 못했다. 그래서 도척盜跖의 무리 중 한 사람이 묻기를 "도둑질하는데에도 도가 있습니까?"라고 하니 도척이 이렇게 대답했다. "어디엔들 도가 없는 곳이 있겠느냐?"…… 이로 살펴보건대, 선한 사람이 성인의 도를 얻지 못하면 자신의 선을 이룰 수 없으며, 도척과 같은 도둑도 성인의 도를 얻지 못하면 도둑질을 하지 못할 것이다. 그런데 천하에는 선한 사람이 적고 선하지 않은 사람이 많으니, 곧 성인이 천하를 이롭게 하는 것은 적고 천하를 해롭게 하는 것은 많은 것이다.(『장자』, 「거협」)

장자의 이러한 말은 분명히 성인과 성인의 도를 비판한 것이다. 곽상도 이 말을 주석할 때, "이 말은 참으로 신실하구나!"라고 하면서 성인과 성인의 법法이 초래한 사회적 피해에 대해 인정하는 태도를 보였다. 그러나 곽상은 장자의 말을 믿었음에도 그가 주장하는 이치를 그대로 받아들이지는 않았다. 즉 그는 성인과 성인의 법을 완전히 폐기시키는 데는 부정적인 태도를 드러냈다.

곽상에 따르면 천하에는 성인이 없을 수 없으며, 비록 성인으로 인한 해로운 점은 있으나 그래도 성인이 없는 상황에서 발생하는 피해보다는 적다. 왜냐하면 천하의 지혜로운 자들이 모두 사라지지 않는 경우, 성인의 도로써 그들을 제압할 필요가 있기 때문이다. 천하는 사람들이 살고 있는 공동체이고, 그 속에 있는 사람들은 또한 다양한 지식과 욕망을 갖추고 있는데, 만약 개인들이 모두 자기의 지식과 욕망대로 행동한다면 반드시 실현될 수 없는 바가 생겨나기 때문에 천하가 혼란한 상태에 빠지기 마련이다. 따라서 성인의 도로써 천하의 지식과 욕망을 제압할 필요가 있다.

여기에서 곽상은 인간의 지식과 욕망에서 출발하여 성인(군주, 또는 통치자)의 존재가 필요함을 강조했다. 곽상에 따르면 천하에는 본래 "많은 사람들이 선호하는 바가 같지 않고"(「外物注」), 사람마다 각자의 욕망과 요구를 품고 있기 때문에 "존귀함과 비천함에는 구분이 있고, 여추旅酬(고대 사람들이 술을 상호 권하는 행위)에는 차등이 있는"(「인간세주」) 사회적 상황이 있게 마련이다. 따라서 인간은 마땅히 이러한 사회적 차이를 인정하고 그것을 유지하도록 해야 한다. 그렇다면 어떻게 유지해야 하는가? 이에 대해 곽상은 "그러므로 관사官事를 세워야 한다"(「외물주」)라고 대답하고 관사의 필요성을 주장했다. 그래서 군주의 출현도 자연스러운 것이 된다. 나아가서 곽상은 또 이렇게 말한다.

> 만약 천하에 현명한 왕이 없으면, 자득自得할 수 있는 자가 없다. 사람들로 하여금 자득하게 할 수 있는 것은 실로 현명한 왕의 공이다.(「應帝王注」)

이 말은 『장자』 「응제왕」에 나오는 "현명한 왕의 다스림은 그 공적이 천하를 뒤덮어도 자기가 한 일로 여기지 않는다"는 구절에 대한 주석이다. 여기서 장자의 본의는 노담老聃의 입을 빌려 무위의 다스림을 설명하는 것이다. 곽상도 장자의 뜻을 어느 정도 살리면서 "현명한 왕의 공적은 무위함에 있고, 천하를 천하에 되돌려 맡긴다. 그래서 천하가 스스로 자임自任할 수 있게 되므로 현명한 왕의 공적처럼 보이지 않는다"(「응제왕주」)라고 주석을 붙였다. 그러나 곽상은 장자의 무위사상을 이야기하기 전에 그보다 앞서 현명한 왕, 즉 군주의 존재 필요성을 명확히 긍정했으니, 그것이 바로 "만약 천하에 현명한 왕이 없으면, 자득할 수 있는 자가 없다"(「응제왕주」)라는 구절이다.

노자는 "통나무의 질박함이 부서져 그릇이 되니, 성인은 그것을 써서 관직을 만든다"(『노자』, 28장)라고 말했고, 장자는 "성인이 생기면 큰 도둑이 일어난다", "성인이 죽지 않으면 큰 도둑이 멈추지 않는다"(『장자』, 「거협」)고 했으며, 혜강은 "홍황지세에 큰 질박함이 어그러지지 않았다. 군주는 위에서 명령을 내리지 않았고, 백성은 밑에서 다투지 않았다"(『難自然好學論』)라고 말했고, 완적은 "군주가 없으면 사물이 평정해지고, 신하가 없으면 만사가 스스로 다듬어진다"(『대인선생전』)라고 말했다. 그들은 모두 군주의 출현이 인간사회에 피해를 끼치고 삶의 질을 후퇴시켰다고 간주했다. 사실 이러한 말들은 한쪽으로 편향된 말이며, 더욱이 역사적 사실과도 부합하지 않는 지나친 말이다. 역사적 사실들이 증명하듯이 군주의 출현은 인류사회의 진보이다. 곽상은 이러한 점을 파악하여 현명한 왕의 공적을 긍정했으므로 그의 주장이 더 타당하다.

곽상은 『장자』「인간세」에 나오는 "아! 신인神人도 이처럼 쓸모없음으로써 자신의 생명을 보존했을 것이다"라는 말을 주석하면서 "왕이 백관에게 쓸모없다고 여겨졌을 때, 비로소 백관은 각자의 일에 제대로 임할 수 있다. 그래서 눈이 밝은 자는 그 보는 일을 하고, 귀가 좋은 자는 그 듣는 일을 하며, 지혜가 있는 자는 그 모략한 바를 행하고, 용맹한 자는 그 막는 바를 행한다"(「인간세주」)라고 말했다. 이러한 곽상의 주석은 비록 '불왕위왕不王爲王', '불치위치不治爲治', '무위이치無爲而治'와 같은 무위자연의 통치사상을 표현하고 있지만, 왕의 출현이 전제되어야만 백관이 각자의 일을 세대로 완수할 수 있다는 것을 명확히 밝히고 있다. 그리고 곽상은 『장자』「천운天運」에 나오는 "지극한 인仁은 친근함이 없다"라는 말을 주석하면서도 "무릇 인간의 신체는 친근함이 없다. 머리는 위에 있고, 발은 아래에 있으며, 오장육부五臟六腑는 안에 있고, 피부와 털은 밖에 있다. 내외상하에 있는 것은 존비귀천이 나누어지지만, 그것들이 신체 중에서 각각의 작용을 다하는 데에는 특히 친근하게 여길 만한 것이 없다. 그러므로 지극한 인이 충족되면 오친五親과 육족六族, 현명하고 우매하며 멀고 가까움에 따라 천하에 적절하게 분배하는 것은 이치가 저절로 그러한 것이다"(「천운주」)라고 하였다. 이 말의 뜻은 인간 신체의 각 부분이 모두 중요하지만 각각의 분별과 작용이 있는 것처럼 인류사회 역시 사회적 구성원으로서의 각 개인이 존재할 필요가 있지만 같은 지위에 있어서는 안 되고, 상하내외의 구분이 있어야 한다는 것이다. 이와 같은 시각에서 본다면 인류사회에는 통치자로서의 군주가 필요하다는 것이 자명하게 된다.

아울러 『장자』「추수」에 나오는 "소와 말에 네 개의 발이 있는 것을 일러 천성이라고 하고 말의 머리에 낙인을 찍고 소의 코에 코뚜레를 꿰는 것을 인위라고 한다"라는 구절에 대해서도 곽상은 "인간이 소를 끌고 말을 타지 않을 수 있는가? 그것을 하지 않을 수 없다면 소의 코를 뚫고 말의 머리에 낙인을 찍지 않을 수 있는가? 소가 코가 뚫리고 말이 머리에 낙인이 찍히는 것을 거부하지 않는 것도 천명의 마땅함이다. 진실로 천명에 맞는 것이라면 그것이 비록 인간에 의해서 행해지더라도 그 근본은 천명에 있다"(「추수주」)라고 주석하였다. 즉 그에 따르면 인류사회가 존속되려면 소를 끌고 말을 탈 수밖에 없기 때문에 소의 코가 뚫리고 말의 머리에 낙인이 찍히는 것은 어쩔 수 없는 것이다. 그러므로 소를 소가 되게 하고, 말을 말이 되게끔 하는 본성은 곧 인간에게 이끌리는 것이고 인간을 타게 하는 것이며, 역으로 인간을 인간이게끔 하는 본성도 소를 끌고 말을 타는 데 있다. 그렇다면 여기에서의 이치를 인간사회의 군주와 백성의 관계에 적용할 경우 그 역시 필연적인 것이 되지 않겠는가? 그러므로 곽상은 "무릇 성인은 백성의 큰 정情을 통합하고 이에 근거하여 통제하므로 백성들은 자신들의 정情을 큰 줄기에 맡기고 각자 나름의 좋아하는 것과 싫어하는 것을 잊으며, 나아가서 평생의 편안함을 얻을 수 있는 것이다"(「天下注」)라고 했고, 또한 "오직 성인이 있어야 지혜(知)와 고의적인 인위(故)가 없어지고 천리에 따를 수 있으므로 어리석음과 지혜로움이 적절한 데 처해지고, 귀하고 천한 것이 마땅한 자리에 배치되며, 현명한 자와 어리석은 자가 각기 본성을 따르게 된다. 그러므로 성현이 쓸모없다고 말하는 것은 도를 알지 못하는 것이다"(「천하주」)라고 말했다.

이와 같은 곽상의 유군론有君論을 혜강이나 완적의 무군론無君論과 비교해 보면 상대적으로 보수적인 사상처럼 보인다. 사람들은 종종 혜강과 완적의 무군론이 군주의 위해성을 드러내고 봉건군주의 정치에 채찍을 가하는 것이므로 역사에 있어서 더 진보적인 사상이라고 주장한다. 그러나 단연코 그렇지 않다. 무군론은 격렬하고 이상적이지만 사회의 존재와 발전에 도움이 안 된다. 그에 비해 유군론은 보수적인 것처럼 보이지만 실제로 사회의 존속에 매우 이롭다.

위진시대의 사회적 상황에서 말하자면, 동한 영제靈帝 중평中平 6년(189)에 병주목幷州牧 동탁董卓이 수도에 쳐들어와서 어린 황제를 폐위시키고 기강을 어지럽혔다. 그러자 천하의 영웅들이 그를 토벌했고, 세상은 크게 혼란해졌다. 나아가서 패자들이 할거하는 시대, 즉 삼국시대에 들어섰는데 천하는 항상 전쟁과 혼란 속에 있었다. 이러한 시대가 과연 생산의 발전과 사회의 진보, 그리고 백성의 안정된 삶에 유리한 것인가? 그러다가 태시 원년(265)에 이르러서 서진이 건립되었다. 특히 서진 무제 함녕 6년(280)에 서진은 오나라를 평정하고 전국을 통일하여 한나라 헌제獻帝 초평初平 원년에 있었던 '동탁의 난'으로부터 약 90년 동안 지속된 분열과 혼란의 상태를 종식했다. 어쨌든 서진의 전국 통일은 사회의 안정과 발전에 유리한 것이다.

봉건사회에서 국가의 통일은 한 명의 군주에게 모든 권력이 집중되는 것을 의미한다. 한나라 헌제 건안建安 15년(210)에 조조曹操가 「양현자명본지령讓縣自明本志令」이라는 글을 지어, "국가에 고아를 없애기 위해서 몇 명의 사람이 칭제稱帝를 해야 하고, 몇 명의 사람이 칭왕稱王을 해야 하는지 모르겠다"라는 말을 남겼다. 이러한 조조의 말은 매우 실질적인 것이다. 만약 조조와 같이 뛰어난 재능과 원대한 재략이 있는 효웅梟雄이 없었다면 조위 정권은 세워질 수 없었을 것이다.

실제로 서진이 통일을 이룬 후에도 비상한 재능과 큰 뜻을 품은 군주가 나타나서 통일의 국면을 유지하고 강화하는 사회적 요청이 절실했다. 그러나 진무제 사마염은 "장구한 안정을 구하고 공고한 정권을 구축하려는 사려가 없는"(『진서』, 「武帝紀」) 사람이었다. 즉 그는 뛰어난 재능으로써 천하를 다스리는 개인적 기질을 갖추고 있지 않았기 때문에 진나라에서는 진정한 위대한 군주로 인해 사회가 흥성하는 현상이 나타나지 않았다. 그나마 사마염은 개국황제인 만큼 진나라 정권 내부의 분쟁과 모순 문제를 어느 정도 통제할 수 있었기 때문에 그나마 사회가 안정된 국면을 유지할 수 있었다. 그러다가 태희太熙 원년(290)에 사마염이 죽자, 그의 둘째 아들 사마충司馬衷이 제위에 오르게 되어 진혜제 시대가 시작되었다. 혜제는 무능하고 어리석었기 때문에 황제의 권력은 모두 황후 가씨賈氏와 외척들에게 집중되었고, 얼마 되지 않아서 16년간에 걸친 '팔왕의 난'이 일어나게 되었다.

이 팔왕의 난으로 인하여 서진사회는 삼국시대보다 더욱 심각한 분열과 전쟁 속에 빠지게 되었다. 이러한 상황 속에서 어찌 천하를 통솔할 수 있는 군주가 필요하지 않겠는가? 도대체 군주가 있는 것이 나을까? 아니면 없는 것이 나을까? 이에 대한 답은 긍정적일 수밖에 없다. 팔왕의 난 정국의 주된 인물 가운데 하나인 사마월司馬越의 주부主簿로서 곽상은 천하가 혼란한 원인에 대해 당연히 알고 있었다. 그래서 그는 비록 군주의 위해성을 알고 있었음에도 유군론을 끝까지 견지했다. 이것이 바로 곽상사상이 중요한 점이다.

3. 사회와 명교

사회의 존재와 발전을 위해서는 군주가 필요할 뿐만 아니라, 동시에 명교名敎도 필요하다. 따라서 명교론名敎論21) 또한 곽상이 제시한 내성외왕의

---

21) 소위 名敎란 협의적인 의미에서는 正名을 주요 내용으로 하는 봉건적 예교를 가리킨다. 공자가 "君君, 臣臣, 父父, 子子"(『논어』, 「顔淵」)라는 주장을 내세우고 나서, 名位를 세우고 職分을 지키는 것이 유가의 중요한 사상적 원칙으로 자리잡게 되었으며, 나아가서 "명교는 천하에 통하게 되었다."(『관자』, 「山至篇」) 그리고 서한 무제 시기에 통치계급은 봉건통치의 이익에 부합하는 정치이념과 도덕규범 등을 명분으로 세우고 명목으로 정하며, 名節로 호칭을 붙이고 功名으로 제정하여 사회교화를 행했는데, 이를 '名으로써 가르침을 삼는다'라고 부른다. 특히 동중서가 '三綱五常'을 제정하고, 陰陽五行의 운행 필연성을 인류사회의 예교

도에 있어서 또 하나의 중요한 사상적 내용이다.

그렇다면 곽상은 명교를 어떤 것으로 보았는가? 한편으로 그는 봉건 명교의 위해성에 대해서도 인식하고 있었다. 곽상은 이렇게 말한다.

폭정을 시행한 군주가 자신의 권위를 이용하여 현인을 살해하는데도 아무도 그에 반항하지 못하는 것은 모두 성인의 법으로 말미암은 것이다. 만약 성인의 법이 없었더라면 걸왕이나 주왕이 어찌 그 자리를 지키면서 해독害毒을 부리고, 천하의 사람들로 하여금 두려움에 떨게 할 수 있겠는가!(「거협주」)

이 말은 곽상이 『장자』 「거협」에 나오는 "옛적에 관용봉關龍逢은 걸왕에게 간언하다가 참살되었고, 비간은 주왕에게 간언하다가 가슴이 찢겨 죽었으며, 장홍은 창자가 갈려 죽었고, 오자서는 부차에게 간언하다가 시신이 물속에서 썩게 되었다. 그러므로 이 네 사람의 현자들조차 몸이 찢기는

에 유비시키고 나서 명교에는 신성한 낙인이 찍히게 되었다. 그러다가 동한 헌제 시기에 이르러서 통치자들은 "무릇 군신부자가 명교의 근본임을 강조하면서 명교를 천지의 본성에 준하고, 자연의 이치를 구하며, 의의로써 명분을 제정하는 것"으로 규정하여, "옛 교화를 인습하여 명교를 발양해야 한다"(『후한서』 「獻帝傳」)고 주장했다. 그러므로 협의적인 명교는 주로 군신 사이의 기강과 장유서, 그리고 명분의 존비를 가리키는 봉건적 예교를 뜻하지만 광의적 의미에서의 명교는 봉건사회의 정치제도와 윤리도덕 등 봉건문화를 통칭하는 것, 즉 봉건사회의 상부구조를 가리킨다. 그리고 상부구조는 정치적 상부구조와 사상적 상부구조로 구분된다. 정치적 상부구조는 주로 정치, 법률제도, 군대, 경찰, 법정, 감옥, 정부기관 등 실체와 시설을 가리키는 것이고, 사상적 상부구조는 정치, 법률, 종교, 예술, 철학 등 각종 사상의 관념체계를 의미한다. 위진 시기의 사람들이 말하는 명교는 봉건 예교적 의미가 있을 뿐만 아니라 또한 일반적 상부구조의 의미도 지닌다. 그러나 위진 시기의 사람들이 봉건사회의 상부구조라는 맥락에서 명교를 논의할 때에는 일반적으로 그것과 봉건국가의 군대 등 정치 실체나 시설과 연관시키지 않고 국가의 정치제도와 그에 따른 사상관념을 주로 가리킨다.

형벌을 면치 못했다"라는 구절에 붙인 주석이다.

여기에서 강조된 것은 성인의 법이 이미 폭군들이 폭정을 행하는 도구가 되었고, 사람들에게 이로움을 주기는커녕 심각한 피해를 초래한다는 것이다. 관용봉은 하나라 걸왕의 현신賢臣이고, 비간은 상나라 주왕의 현신이다. 걸왕이 관용봉을 죽이고 주왕이 왕자 비간을 살해할 수 있었던 것은 모두 그들이 소위 군주의 명령이라는 성법聖法을 앞세울 수 있었기 때문이다. 그래서 곽상은 여기에서 분노에 찬 목소리로 폭정을 시행한 군주가 자신의 권위를 이용하여 현인을 살해하는데도 아무도 그에 반항하지 못하는 것은 모두 성인의 법으로 말미암은 것이라고 말했고, 걸왕과 주왕에 대해서는 성인의 법을 이용하여 천하를 어지럽히는 폭군의 전형으로 삼았다. 실제로 역사적으로도 성인의 법이라는 명분을 핑계로 삼아 사익을 추구하고 사욕을 채우려 하는 통치자가 많았다.

『좌전』 '희공僖公 4년' 조에는 제환공齊桓公이 초楚나라를 정벌한 사건이 기록되어 있는데, 그 당시 제환공은 바로 "너희들은 왕실의 제사로 쓰이는 포모包茅를 제대로 상납하지 않았기 때문에 폐하께서 축주縮酒를 할 수 없으니, 내가 반드시 징벌하겠다"라는 명분을 핑계로 삼았다. 또한『사기』「노중련열전魯仲連列傳」에 따르면 노중련은 진시황이 황제로 호칭하려 하자 그것을 반대했는데, 이는 황제의 칭호를 받으면 진시황이 그것을 이용하여 합법적으로 폭정을 시행하여 천하를 어지럽히게 될 것임을 알았기 때문이다. 또한 곽상이 살았던 시대와 1500년이나 차이가 나는 청淸나라 때의 대진戴震이 송명리학의 리를 비판하면서 "존귀한 사람은 리로써 비천한 사람을 책망하고, 나이 많은 사람은 리로써 어린 사람을 책망하며, 존귀한 사람은 리로써 비천한 사람을 책망하는데, 비록 이치에 맞지 않더라도 그것이 천리에 따르는 것이라고 여긴다. 그리고 신분이 낮거나 어리고 가난한 사람들은 리로써 다투는 데 있어서 비록 합당함이 있더라도 천리를 거스르는 것이라고 여긴다. 그러므로 아랫사람은 천하의 모든 사람이 바라는 감정이나 욕망에 있어서는 윗사람에게 도저히 미칠 수가 없다. 윗사람이 리로써 아랫사람을 책망함으로써 아랫사람의 죄가 정해지는 것이 이루 다 헤아릴 수 없을 정도이다. 사람이 법으로 인해 죽으면 불쌍하게 생각하는 자가 있겠으나, 리로 말미암아 죽으면 누가 불쌍하다고 생각하겠는가!"(『孟子字義疏證』 권상)라고 했다. 이와 같이 리는 피 한 방울 흘리지 않고도 사람을 죽일 수 있고, 사람을 잡아먹고 뼈도 뱉지 않을 정도로 잔혹하고 탐욕스러운 칼날로서 곧 "가장 잔인하게 사람을 죽일 수 있는 도구가 되었다."(『맹자자의소증』 권하) 실제로 성인의 법에 대한 곽상의 폭로와 비판은 대진의 리에 대한 규탄과 사상적 함의가 동일한 것이다. 곽상은 또 이렇게 말했다.

> 높은 관직을 주는 것과 도끼로 위협하는 것이 상과 벌을 주는 데 있어서 가장 무거운 것이다. 상벌을 무겁게 하여 도둑질을 금하게 하려고 하나 큰 도둑은 그것을 좇아 훔쳐버려서 오히려 도둑질하는 데에 쓴다. 그러므로 무거운 상벌을 시행하는 것이 오히려 큰 도둑을 만들어내게 된 셈이다. 큰 도둑은 반드시 인의로써 행동하고, 됫박과 저울로써 재량하며, 부새符璽를 신표로 삼고, 높은 관직으로 유혹하고, 도끼로써 위협하는데, 이러한 공기公器를 훔친 다음 제후라는 이름을 내걸면서 그것들을 높이 내세운다. 따라서 인의를 내세워서 상벌을 행하는 것은 혁대 고리를 훔친 자를 처벌하는 데에만 쓰임이 있는 것이다.(「거협주」)

이 말은 곽상이 『장자』 「거협」에 나오는 "큰 도둑은 그것들을 좇아서 제후라는 이름을 내세워 인의를 훔치고 됫박과 저울, 부새의 이로움까지도 아울러 훔치는 지이다. 그들에게는 비록 높은 관직으로 보상을 해주더라도 선을 권장할 수 없고, 도끼로 위협을 하더라도 도둑질을 금지할 수 없다"라는 말에 주석을 붙인 것이다.

여기에서 그는 다른 측면에서 인의와 같은 성법聖法의 위해성을 지적했다. 곽상은 먼저 장자의 의도에 따라 해석을 했다. 장자는 일찍이 "혁대 고리를 훔친 자는 죽임을 당하지만 나라를 훔친 자는 제후가 되므로 제후들의 문에는 항상 인의가 넘쳐난다"(『장자』, 「거협」)라는 유명한 말을 남겼다. 그리고 곽상도 여기에 주석을 붙여 인의, 됫박과 저울, 부새 등과 같은 규범들은 원래 횡포한 무리를 제거하고, 선량한 백성을 평안하게 해주며, 도둑질을 금계하고 민생을 보호하기 위해 만들어졌지만, 실제로 그것들은 본래 의도한 바에 미치지 못하고 예기치 못한 결과를 초래했음을 지적했다. 그는 이러한 규범들이 오직 백성을 위협하는 데에만 유용하지, 통치자들에게는 오히려 악행을 행할 수 있는 비호수단으로 작용됨을 강조했다. 예를 들어 한 사람이 혁대 고리를 훔치면 성인의 법을 어긴 자로서 처벌을 받겠지만, 만약 그가 국가의 정권 전체를 훔칠 수 있다면 오히려 죄가 없는 사람으로 여겨질 뿐만 아니라 새롭게 나라를 개국한 사람이나 성인, 그리고 훌륭한 군주로 추앙받게 될 것이다. 그래서 곽상은 인의를 내세워서 상벌을 행하는 것은 혁대 고리를 훔친 자를 처벌하는 데에만 쓰임이 있게 된다고 하면서 인의규범은 혁대 고리를 훔친 자와 같이 사소한 범죄자를 죽이는 데에만 쓸모가 있지, 나라를 훔치는 것과 같은 큰 도둑에게는 아무런 규제도 되지 않거니와 오히려 그들을 이롭게 하는 수단으로 작용한다고 주장했다.

또한 곽상은 "인의를 계속 외치는 것은 사물을 혼란하게 만들고, 그 참됨을 잃게 한다"든지, "인을 받들고 의를 숭상하면 그 자연스러움을 잃게 되고 죽음의 처지로 내몰려지는데, 이것을 일컬어 '큰 미혹'(大惑)이라고 한다"든지, "세상을 어지럽게 하는 것은 악으로부터 유래된 것이 아니라 항상 인의로부터 나온다. 그러므로 인의는 세상을 어지럽게 하는 도구이다" 등과 같이 말하면서 인의와 같은 성인의 법이 사회에 끼친 해로운 점을 지적하고, 굳이 인의를 성취하기 위해 노력할 필요가 없다고 주장했다. 나아가서 그는 "인의를 선이라고 부르고 몸을 해치면서까지 그것에 목숨을 거는 것은 오히려 타고난 본성과 명(命)을 스스로 인(仁)하지 못하게 만들 따름이다. 몸이 인하지 못한데, 인간으로서 어찌 인할 수 있겠는가?"라고 하면서, "인간의 본성이 인이라면 그 인을 성취하기 위해서 목숨을 바치고 몸을 해치는 것은 본성에 어긋나는 것이 되므로 오히려 인하지 못한 것이다"(이상 모두 「騈拇注」에서 인용)라고 주장했다.

곽상은 또 이렇게 말한다.

> 항양(桁楊)은 접습(接槢)을 재료로 삼고, 질곡(桎梏)은 착예(鑿枘)를 도구로 사용한다. 성인의 지혜와 인의는 죄의 흔적과 거리가 멀다. 죄의 흔적과 거리가 멀면 사람들은 그것을 숭상하게 되고, 그것을 숭상하다 보면 꾸며서 속이는 일이 생기며, 꾸며서 속이는 일이 생기면 간사함을 예방하는 도구로 쓰일 수 없게 된다. 그러므로 숭상하는 바를 없애면 꾸며서 속이는 일이 생겨나지 않고, 꾸며서 속이는 일이 생겨나지 않으면 항양과 질곡을 없애버려도 되는데, 그렇다면 착예와 접습이 무슨 필요가 있겠는가?(「재유주」)

이 말은 곽상이 『장자』「재유」에 나오는 "나는 성인의 지혜가 항양과 접습이 되지 않는다고 확신하지 못하겠고, 인의가 질곡과 착예가 되지 않는다고 확신하지 못하겠나"라는 말에 붙인 주석이다. 진晉대 최선崔譔의 주석에 따르면 항양은 목과 종아리를 좁히는 기구, 즉 일종의 형구이다. 그리고 접습에 대해 같은 시대의 사마표司馬彪는 계설械楔이라고 주해했는데, 이는 죄수의 목에 씌우는 형틀을 뜻한다. 또한 착예는 질곡을 고정시키는 공예孔枘를 의미한다. 그러므로 여기에서 장자의 본의는 "나는 성인의 지혜가 목과 종아리를 좁히는 형구가 아니라는 것을 알지 못하겠고, 인의는 죄수의 목에 씌우는 형틀이 아니라는 것을 알지 못하겠다"는 것이다.

　곽상의 주석도 이러한 장자의 뜻을 살린 것이라고 할 수 있다. 그에 따르면 항양과 접습, 질곡과 착예가 생겨났다는 것은 어떤 범행이 이미 존재했다는 것을 의미하며 사람들 또한 그것을 알고 있다. 그러나 성인의 지혜와 인의는 이와 다르다. 그것들이 존재한다는 것은 어떤 범행의 흔적을 나타내는 것이 아니라 사람들을 교화하여 그들로 하여금 죄를 멀리하는 데 있다. 그렇기 때문에 사람들은 항양과 접습 등 형구를 보면 경계하고 그것을 멀리하는데, 인의와 같은 것을 보면 오히려 추앙하고 숭상한다. 바로 이러한 인의를 추앙하고 숭상하는 과정에서 사람들에게 그럴 듯하게 꾸미거나 거짓된 사상과 행동이 생겨난다. 교묘하게 속이는 마음이 생겨나면 사람들은 필연적으로 음모와 간사한 수단을 쓰게 마련이고, 사회는 이로 인해 위태로워진다. 그러므로 사회의 안정을 위해서는 인의를 숭상할 것이 아니라 오히려 그것을 포기해야 한다. 인의를 포기하면 속이려는 마음이 생겨나지 않고, 나아가서 각종 형벌도구는 자연스럽게 쓸모없는 것이 될 것이다. 여기에서 곽상은 겉으로 보기에는 사회에 유익해 보이는 성인의 지혜와 인의 등과 같은 명교는 사실 범죄를 처벌하는 형벌도구보다 더 해롭다는 것을 강조하고 있다. 그래서 곽상은 이렇게 말한다.

> 의를 행하면 이름이 빛나고, 이름이 빛나면 마침내 흥성해지며, 마침내 흥성해
> 지면 그 본래의 참됨을 잃어버릴 것이다. 부자와 군신이 각자 다른 뜻을 품고
> 서로 기만하면 전쟁을 그치려고 해도 어찌 실현할 수 있겠는가!(「徐無鬼注」)

> 예에는 일정한 법칙이 있으므로 그로부터 꾸밈의 효과가 생겨난다.(「知北遊注」)

> 인의에는 형태가 있으므로 인위적으로 꾸민 형태가 반드시 일어난다.(「서무귀주」)

> 인이란 숭상함을 다투게 하는 근본 원인이다.(「서무귀주」)

> 인의가 이미 행해지면 거짓으로 그것을 행하는 자가 생겨난다.(「서무귀주」)

> 인의가 나타나게 되면 탐욕스러운 자는 그것을 이용하여 사사로운 욕망을 채
> 우고자 한다.(「서무귀주」)

여기에서 볼 수 있듯이 인의를 행하는 것은 사회를 이롭게 하는 것이
아니라 오히려 인간들을 더욱 간사하게 만든다. 그래서 곽상은 "백성들은
거짓으로 인의를 계승할 뿐, 참됨을 행하고자 하지 않는다"(「서무귀주」)라고
하였고, 나아가서 "아름다움이 앞에서 이루어지면 거짓이 뒤따라 생겨나므
로 아름다움을 이루는 것은 곧 추악한 것을 생겨나게 하는 도구이다"(「서무
귀주」)라고 말했다. 곽상에 따르면 인의와 같은 사회적 명교는 선왕들의 진
정한 사상과 주장이 아니라 단지 그들이 남긴 진부한 껍데기에 불과한 것
이다. 그러므로 곽상은 "『시경』과 『예기』는 선왕의 진부한 흔적일 뿐이니,
선왕이 아니면 그 도를 제대로 시행할 수 없다. 그러므로 유학자들이 그것
을 활용하여 간사하게 되는 것은 믿을 만한 것이 될 수 없다"(「외물주」)라고

말했다.

　곽상의 사상이 명교의 위해성을 파악하고 그 문제점을 지적하고 있다는 점에서는 혜강이나 완적의 사상과도 유사한 측면이 있다. 죽림청음竹林淸音의 대표 사상가로서 혜강과 완적은 명교를 넘어서 자연에 맡기라는 사상적 원칙에서 출발하여 사마씨 집단이 정치적 구실로 삼는 명교에 대해 맹렬하게 비판했다. 예를 들면 혜강은 『난자연호학론』에서 "지인至人이 없어지고 대도가 쇠약해지자, 사람들은 비로소 문묵文墨을 창작하여 그 뜻을 전하기 시작했다. 그들은 사물을 구별하여 종류와 무리를 만들어냈다. 그리고 인의를 세워 사람들의 마음을 사로잡고, 명분을 만들어내서 외면을 단속하였으며, 학문을 권하고 강의하면서 그 교화를 신성하게 만들었다. 그래서 육경六經이 번잡하게 나타나고 백가가 서로 다투어 명예를 추구하는 길이 열리고, 사람들은 그것을 향해 분주하게 치달리면서도 자각하지 못한다. 그래서 생을 탐닉하는 금수는 정원이나 연못에 있는 양숙粱菽을 먹고, 편안한 삶을 추구하는 자는 자신의 뜻을 어기면서 속세를 따른다. 사람들은 종일 붓을 잡고 술잔을 들며, 발을 뻗으면서 쉬기만 하며, 농사를 짓는 대신 학문을 쌓고 경전을 밝히는 데만 힘쓴다"라고 하였다.

　이 글에서 혜강은 또한 유가의 육경六經을 풍자하고 비판했다. 그는 "육경은 주석으로 억압하는 것을 위주로 하고, 인간의 본성은 욕망을 따르는 것을 즐거움으로 여긴다. 사람이 억눌려서 육경을 인용하면 원하는 바와 어긋나고, 욕망에 그대로 따르면 자연스러움을 얻는다. 그러므로 자연스러움을 얻는 것은 육경을 억지로 인용하는 데에서 비롯되지 않고, 본성을 온전히 하는 근본은 본래의 감정을 어기면서 예악과 율법을 따를 필요가 없다. 그래서 인의를 알고 거짓된 이치에 힘쓰는 것은 참됨을 기르는 긴요한 방법이 아니다. 청렴함과 사양하는 마음은 다투고 빼앗는 데서 비롯된 것이지, 자연스러운 본성에서 나온 것이 아니다.…… 지금 만약 강당을 묘막으로 여기고, 암송하는 것을 귀신의 헛소리로 여기며, 육경을 잡초와 우거지로 여기고, 인의를 구린내 나는 것으로 여기며, 책을 보면 눈이 피곤해지고, 절을 하면 허리가 구부러지며, 관복을 입으면 힘줄이 비뚤어지고, 예의 규범에 대해 담론을 하면 이빨이 썩는다고 여긴다면, 그것들을 아울러 버릴 수 있고 만물과 함께 새롭게 시작할 수 있게 된다. 그렇다면 내가 비록 학문을 좋아하여 피곤함을 느끼지 않더라도 무언가가 결핍된 것 같이 된다. 학문을 배우지 않는다 하더라도 그것이 반드시 어두운 밤길을 가는 것도 아니며, 육경이 반드시 태양처럼 길을 비추는 것도 아니다"라고 주장하였다. 여기에서 드러나는 유가의 육경에 대한 부정은 실제로 사회적 명교에 대한 부정이라고 보아도 무리가 없다.

또한 완적은 『대인선생전』에서 "천지만물의 지극함을 다하여 끝도 없는 성색聲色의 욕망을 추구하는 데 바치는 것은 백성을 기르는 방도가 아니다. 이에 백성들이 그런 사실을 알게 될까 두려워 큰 상賞으로써 기쁘게 하고, 엄한 형벌로써 두려워하게 한다. 재물이 고갈되어 상을 줄 수 없고, 형刑이 다해져서 벌罰을 내릴 수 없기 때문에 나라가 망하고 군주가 살해되며, 궤멸의 화를 입게 된다. 이것이 너희들 군자가 한 짓이 아닌가? 너희들 군자의 예법은 참으로 천하를 잔인하고 비열하게 타락시키고, 어지럽고 위태롭게 만들며, 나아가서 죽음으로 내모는 것이다"라고 말했다. 완적이 보기에 인류의 역사 속에서 나타난 수많은 국가의 멸망과 군주의 살해, 그리고 궤멸과 같은 재앙은 모두 명교로 인한 것이다.

실제로 혜강과 완적의 명교 비판은 사마씨가 명교를 구실로 삼아 비열한 정치적 수작을 부리고, 명교의 이름을 내세우면서 실상은 그것과 어긋난 행동을 하는 데 초점을 맞춘 것이다. 앞서 서술했듯이 사마사司馬師는 황제였던 조방曹芳을 폐위시키고, 태후로 하여금 "황제 조방은 날이 갈수록 조정에 임하지 않고 궁궐 안의 첩들과 즐거움에 빠지고 여색을 탐닉하며, 종일 연회를 열고 추악한 놀음에만 힘쓴다. 그리고 육궁六宮의 가족을 내방內房에 머물게 하여 인륜의 질서를 파괴하고, 남녀 사이의 정절을 어지럽힌다. 그래서 공경함과 효도함의 덕이 날로 어그러지고, 혼란함과 오만함이 날로 거세지기 때문에 천명을 계승하여 종묘를 섬길 수 없다. 그래서 태위太尉 고유高柔로 하여금 무장 한 명을 시켜 종묘에 알리고, 조방을 제나라로 돌려보내고 황위에서 물러서게 하라"(『삼국지』, 「위서·三少帝紀」)는 명령을 내리게 했다. 여기에서 말하는 핵심은 조방이 명교의 예법을 지키지 않는 것이 황제의 명분에 어긋나기 때문에 폐위되어야 한다는 것이다.

또한 사마소도 조모를 시해하고, 태후로 하여금 조서를 내리게 했는데, 그 내용은 "조모가 추악하고 이치에 위배되는 말을 꾸며내서 나를 비방하고, 심지어 쇠뇌를 들고 나의 궁궐을 향해 활을 쏘며, 나의 머리를 맞추는 자에게 상을 주려고 했으며, 나아가서 나의 주변 사람들을 매수하여 나에게 독약을 먹이려고 온갖 수작을 부렸는데, 사정이 발각되자 직접 병사를 이끌고 서궁西宮으로 쳐들어와서 나를 죽이려고 했다"(『삼국지』, 「위서·삼소제기」)는 것이다. 사마소는 태후에 대해 이러한 반역적인 태도를 보인 조모의 행동을 구실로 그가 황제의 자격이 없음을 선포하고 대내외에 선전했다.

이처럼 사마씨가 명교를 가지고 제멋대로 농단을 했기 때문에 선비들의 분노를 불러일으킬 수밖에 없었다. 혜강과 완적도 이러한 정치적 배경에서 사회적 명교를 비판한 것이었다. 그러나 곽상의 명교 비판은 특정 집단에 대한 것이 아니다. 그는 장자의 사상에 입각하여 사회의 명교에 대한 일반적인 비판을 하였다. 그러므로 곽상이 명교를 반대하고 그 위해성을 제시한 것은 혜강이나 완적의 비판보다 더욱 보편적인 의미와 이론적인 의의를 지닌다.

그런데 곽상이 이처럼 명교의 사회적 위해성을 파악하고 그것을 드러낸 것은 그가 지닌 명교사상의 한 측면에 불과하다. 곽상은 혜강이나 완적과 달리 명교를 완전히 폐기하려고 하지 않았고, 오히려 그것이 사회생활에서 필요하다는 사실을 인정했다. 즉 그는 사회가 존속되기 위해서는 명교가 없으면 안 된다고 생각했다. 곽상은 성인의 도(聖人之道)라는 문제에 관해 논의하면서 이렇게 말한다.

성인의 도는 곧 백성의 마음을 사용하는 것일 따름이다.(「天地注」)

무릇 성인의 도는 백성을 기쁘게 하는 것이니, 백성이 본성의 즐거움을 얻으면 기뻐하게 되고, 백성이 기뻐하면 천하에는 어려운 일이 없을 것이다.(「천하주」)

성인이 백성을 통치하는 것은 질서를 위한 큰 정황에 따른 것이기 때문에, 백성들이 자신들의 정(情)을 통치하는 것에 맡기고 각자 자기 나름의 좋아하고 싫어하는 바를 잊으며, 나아가서 평생의 편안함을 얻을 수 있다. 그러나 성인의 법이 어지러워지면 반역이 일어나고, 반역이 일어나면 사람들은 제멋대로 자기가 좋아하는 바를 가까이 하며, 집안에서 바르지 않은 법을 사용하기 때문에 나라마다 정사가 다르고 집집마다 풍속이 달라진다.(「천하주」)

곽상에 따르면 성인이 천하를 다스릴 때는 백성들의 마음, 즉 심心에 순응하는 것을 귀하게 여긴다. 그리고 백성들의 마음은 또한 그들의 성性

이자 정情이다. 즉 곽상은 성인이 백성들의 본성에 순응하여 정사에 임하면 사회가 다스려지게 된다고 주장한다. 그렇다면 사회에 대한 다스림은 실제로 외재적인 제도나 요구로 인한 속박이 아니라 인간의 본성이 본연적으로 드러난 모습이 된다. 그렇다면 이와 같은 심心·성性·정情은 도대체 무엇을 의미하는가?

곽상은 일찍이 말(馬)의 '참된 성'(眞性)을 논한 적이 있다. 그가 『장자』「추수」에 나오는 "소와 말에 네 개의 발이 있는 것을 일러 천성이라고 하고 말의 머리에 낙인을 찍고 소의 코뚜레를 뚫는 것을 인위라고 한다"라는 말을 주석하면서 "인간이 소를 끌고 말을 타지 않을 수 있는가? 그것을 하지 않을 수 없다면 소의 코를 뚫고 말의 머리에 낙인을 찍지 않을 수 있는가? 소가 코가 뚫리는 것과 말이 머리에 낙인이 찍히는 것을 마다하지 않는 것도 천명의 마땅함이다"(「추수주」)라고 하였다. 여기에서 강조하고 있는 것은 결국 코가 뚫리고 머리에 낙인이 찍히는 것이 소와 말의 고유한 본성, 즉 소가 소로 될 수 있고 말이 말로 될 수 있는 바탕이고, 이러한 본성과 바탕이 결여되면 소와 말은 더 이상 그것이 아니게 된다는 것이다. 그래서 곽상은 "말의 참된 본성은 안장을 거부하고 사람들이 타는 것을 싫어하는 것이 아니라 영화를 부럽게 여기지 않는 것이다"(「馬蹄注」)라고 했는데, 이것을 일컬어서 "참됨은 성性이 각각 나누어지는 내면에 있다"(「추수주」)라고 한다. 그러므로 어떤 행위나 특징이 사물의 성분性分에 합치되면 참된 것이고 필요한 것이며, 나아가서 필연적인 것이 된다. 말의 본성과 마찬가지로 인간이 인간으로 될 수 있는 것도 인간의 본성으로 말미암는 것이다. 이러한 본성은 곧 인간의 바탕이고, 인간에게 반드시 필요한 것이며, 그것이 결여되면 인간은 더 이상 인간으로 간주될 수 없다. 그렇다면 인간의 본성은 어떤 것인가? 곽상은 이렇게 말한다.

무릇 인의는 인간의 성정이니, 다만 마땅함에 맡길 따름이다.(「변무주」)

인의가 인간의 정이 아님을 우려하는 것은 참으로 지나친 우려라고 할 수 있다. (「변무주」)

무릇 인의는 인간의 정이다. 삼대 이후로 사람들은 모두가 기물을 중시하여 정을 포기하고 공적을 쫓기 시작했는데, 만약 그것에 미치지 못하게 되면 또한 많은 걱정거리가 생겨나지 않겠는가!(「변무주」)

무릇 인의는 인간의 본성이다.(「天運注」)

여기에서 분명하게 드러나는 것처럼 곽상은 인의仁義가 바로 인간이 인간으로 될 수 있게 하는 바탕과 본성의 소재로서 곧 인간의 참된 본성이라고 규정했다. 그에 따르면 인간이라면 누구에게나 반드시 인의가 있어야 하고, 만약 그것이 없거나 결여된 사람이 있다면 그들은 사람이 아니라 일반적인 동물과 같이 되어버리고 만다.22)

---

22) 곽상의 이러한 사상과 맹자의 性善論은 일치한다. 『맹자』「告子上」에 맹자와 고자가 인간 본성의 문제에 관하여 다음과 같이 논변하는 내용이 나온다. 고자가 말하기를 "성은 버드나무와 같고 의는 나무로 만든 그릇과 같으니, 사람의 본성으로 인의를 행하는 것은 버드나무로 그릇을 만드는 것과 같다"라고 하였다. 맹자가 말하기를 "그대는 버드나무의 본성을 따라 그릇을 만드는가? 장차 버드나무를 베어낸 뒤에야 그릇을 만들 것이니, 만약 버드나무를 베어서 그릇을 만든다면 사람을 해쳐서 인의를 행한다는 말인가? 천하의 사람들을 몰아서 인의를 해치게 할 것은 반드시 그대의 이 말일 것이다"라고 하였다. 고자가 말하기를 "성은 흐르는 물과 같다. 이것을 동쪽으로 터놓으면 동쪽으로 흐르고 서쪽으로 터놓으면 서쪽으로 흐르니 인간의 성에 선하고 선하지 않음의 구분이 없는 것은 마치 물에 동서의 구분이 없는 것과 같다"라고 하였다. 맹자가 말하기를 "물은 진실로 동서

만약 인간에게 본래 인의와 같은 바탕이 있다면 성인이 천하를 다스릴 때 다만 이러한 본질이 드러나게 하면 되는 것이지 강압적으로 무엇을 추가할 필요가 없다. 이것이 바로 성인의 도이다. 곽상에 따르면 "무릇 소인의 본성은 규제하여 억압하면 스스로가 싫어하고, 반대로 규제하지 않고 내버려두면 나라를 어지럽게 한다."(「인간세주」) 여기에서 규제하여 억압하는 것과 규제하지 않고 내버려두는 것은 각각 소인의 본성에 대한 절제와 방종을 의미하지만 실제로 모두 외부적으로 추가되는 요소를 포함하고 있으므로 진정한 교화작용을 일으키지 못한다. 『논어』 「양화陽貨」 편에는 재아宰我가 삼년상을 지키는 것은 시간이 너무 오래기 때문에 일년상으로 하는 것이 어떻겠는지를 공자에게 묻는 대목이 있다.[23] 이에 대해 공자는

의 구분이 없지만 그렇다고 상하의 구분까지도 없겠는가? 인성의 선함은 물이 아래로 흐르는 것과 같으니, 사람은 선하지 않은 사람이 없으며, 물은 아래로 흐르지 않는 것이 없다. 지금 물을 쳐서 튀어 오르게 하면 이마를 지나게 할 수 있으며, 부딪쳐 흐르게 하면 산에도 있게 할 수 있지만 이것이 어찌 물의 본성이 겠는가? 그 형세가 그렇게 한 것일 뿐이다. 사람이 선하지 않은 행위를 하도록 시킬 수는 있지만 그 본성은 또한 이와 같은 것이다'라고 하였다.

23) 재아가 묻기를 "부모의 삼년상은 그 기간이 너무 긴 것 같습니다. 군자가 3년 동안 예를 익히지 않으면 예가 반드시 무너질 것이요, 3년 동안 음악을 하지 않으면 음악이 반드시 붕괴될 것입니다. 묵은 곡식이 이미 다하고 햇곡식이 나왔으며, 불씨를 얻기 위해 구멍을 뚫어 불을 일으키는 나무도 새로이 바뀌었으니, 1년으로 끝내는 것이 좋겠습니다'라고 하였다. 공자가 '쌀밥을 먹고 비단옷을 입는 것이 자네의 마음에 편안하겠는가?'라고 묻자 재아는 "편안합니다'라고 대답했다. 그러자 공자는 "자네가 편안하거든 그대로 하라. 군자는 상중에 있을 때는 맛있는 것을 먹어도 달지 않고, 음악을 들어도 즐겁지 않으며, 좋은 거처에 살아도 편안하지 않기 때문에 그렇게 하지 않는 것이다. 이제 자네가 편안하다니 그대로 하라'라고 하였다. 재아가 밖으로 나가자 공자는 "재아는 인하지 않구나. 자식은 태어난 지 3년이 지나야 부모의 품에서 벗어난다. 3년의 상례는 천하에 공통된 상례이다. 재아 또한 부모에게서 3년의 사랑을 받지 않았겠느냐!'라고 하였다.(『논어』, 「陽貨」)

삼년상이 사회적 규정이기 때문에 반드시 지켜야 할 도리라는 식으로 말하지 않았다. 공자는 다만 재아에게 "자네의 부모가 세상을 떠나면 자네는 편안하게 음식을 먹고 마실 수 있겠는가?"라고 물었을 뿐이다. 재아가 "그럴 수 있습니다"라고 대답하자, 공자는 그가 "인仁하지 못하다"고 말했다. 여기서 공자는 사회규범으로서의 상례를 인간 심리의 정서적인 부분과 연결함으로써 외재적인 예의규범으로 하여금 내면적인 인성의 기초를 지니게 했다.

곽상이 '인의는 인간의 본성이자 감정'이라고 말하는 것도 역시 인간의 심성적 기저에 입각하여 사회의 예의규범이 지니는 필연성과 필요성을 강조한 것이다. 이와 같이 인의가 인간의 본래적 성정이라면 사회적으로 인의와 같은 명교를 제창하는 것은 지극히 자연적이고 필연적인 것이 된다. 그래서 곽상은 다음과 같이 말했다.

형刑은 다스림의 체體이지, 내가 만들어낸 것이 아니다.(「大宗師注」)

예禮는 세상 사람들이 스스로 행하는 것이지, 내가 제정한 것이 아니다.(「대종사주」)

지知는 시時의 움직임이지, 내가 외치는 것이 아니다.(「대종사주」)

덕은 저들이 스스로 따르는 바이지, 내가 만들어낸 것이 아니다.(「대종사주」)

법은 일의 자취를 오묘하게 하는 것이니, 어찌 그 자취가 거친 부분만 말하고 일의 오묘함이 펼쳐진 것을 말하지 않는가!(「재유주」)

법률은 많은 사람들이 행하는 바이므로 성인은 그것을 쓸 따름이다. 그러므로 마땅하지 않음이 없으며, 항상 말할 필요도 없고 인위적으로 할 필요도 없다.

(「寓言注」)

상벌은 득실得失에 대한 응보이다. 무릇 지극한 다스림의 도는 하늘에 근본을 두는 것이지 상벌을 다하는 것이 아니다.(「천도주」)

인仁은 두루 사랑하는 것을 말할 따름이다. 그러므로 사랑이 없으면 인이라고 칭할 수 없다.(「천도주」)

인仁·예禮·덕德·지知·형刑·법法과 같은 예의규범, 즉 사회의 명교는 과연 성인이 강압적으로 시키는 것인가? 아니면 사회가 강제로 사람들에게 주입한 것인가? 그러한 규범의 출현이 과연 혜강이 주장하듯이 인성을 억압하는 것이고, 완적이 강조하듯이 사람을 잔인하게 해치고 세상을 어지럽게 만드는 것인가? 실상은 전혀 그렇지 않다. 비록 명교가 일종의 사회규범이지만 그것은 절대로 사회가 강제로 사람들에게 주입시킨 것이 아니며, 인간 본성이 외재적으로 표현된 것일 뿐이다. 그래서 곽상은 "무릇 존비尊卑와 선후先後의 질서를 밝히는 것은 사물에 제자리가 있는 것처럼 없앨 수 없으며"(「천도주」), "이것의 선후에 대해 말하는 것은 비록 사람의 일(人事)에 속하지만, 모두가 지극한 이치에서 비롯된 것이므로 성인이 인위적으로 만들어낸 것은 아니다"(「천도주」)라고 하였다.

곽상이 명교를 중시하고 긍정한 것은 그가 처해 있던 원강元康시대의 사회현실과 무관하지 않다. 앞서 서술했듯이, 죽림현학의 '방달放達' 풍조는 서진 혜제 원강시대에 이르러서는 이미 고의적인 '작달作達' 풍조로 변질되었다. 다시 말해 방달을 위해 일부러 방달하는 원강방달파의 행실은 사회의 명교에 심각한 피해를 끼쳤다. 물론 명교가 사람들의 행위를 어느 정도 제한하고 구속한다는 사실은 모두가 분명히 아는 것이다. 그러나 사회는 절대로 명교를 떠날 수 없고, 명교가 없으면 사회는 사회로서 성립될 수 없다는 것 또한 부정할 수 없다. 그래서 그 당시 대부분의 지식인들은 명교를 유지하고 수호할 것을 주장했다.

예를 들면 악광樂廣은 "명교에는 그 자체로의 즐거움이 있는데, 어찌 이 지경에까지 이르렀는가!"(『세설신어』, 「任誕」)라고 하였다. 명교를 보호하기 위해 가장 많은 힘을 쏟아 부은 사람은 배위裵頠이다. 그는 "허무를 앞세워 거짓으로 사람들을 현혹되게 하는 폐해를 교정하기 위해"(『삼국지』, 「裵潛傳」) 『숭유론崇有論』을 지었는데, 여기에서 배위는 "예제가 무너지면 정치가 행해질 수 없다.…… 그래서 현인과 군자는 욕망을 없앨 수 없음을 알기 때문에 사물에 접해서도 깨달은 바가 있고, 가고 오는 것을 잘 살펴서 적절하게 직분을 정할 수 있다. 오직 하늘의 도를 사용하고 대지大地의 이로움을 나누며, 몸소 힘을 들여 일하고 나서 대접을 받는다. 인순因順으로써 머무르고, 공검恭儉으로써 지키며, 충신忠信으로써 거느리고, 경양敬讓으로써 행동한다. 뜻은 구하는 바를 넘치지 않고 일은 사용하는 것을 지나치지 않으니 이에 세상을 구제할 수 있다. 그러므로 지극한 이치를 크게 세우고, 백성들을 안정하게 통치하며, 사물을 교화하여 본보기를 세우는 것이 모두 여기에 있다. 이것이 바로 성인이 정사를 수행하는 근본이다"라고 하였다. 명교가 지닌 사회적 의의에 대한 곽상의 논술 역시 배위의 사상과 유사하지만 그에 비해 더욱 풍부한 이론체계를 갖추고 있으며, 곽상의 명교론은 사실상 사회의 상부구조론이라고 할 수 있다.

4. 사회와 자연

자연론自然論은 곽상의 내성외왕의 도에 관한 세 번째 중요한 내용이다. 위진현학에서 자연自然은 명교의 상대적인 개념으로 규정되어 있는데, 그 의미는 주로 세 가지 측면에서 이해할 수 있다.

첫째, 자연은 우주의 본원 또는 본체를 가리킨다. 예를 들면 하안何晏이 제기한 "하후현夏候玄이 말하기를 '천지는 자연에 의해서 운행되고, 성인은 자연을 쓰임으로 한다'라고 하였다"(『無名論』)라는 맥락에서의 자연이 바로 이러한 의미이다. 또한 곽상도 자연에 대해서 "무無는 없음이니, 유有를 낳을 수 없다. 유가 생겨나지 않았으므로 무엇을 낳을 수 없다. 그렇다면 무엇을 낳게 하는 것은 누구인가? 외로이 스스로 낳은 것이다. 스스로 낳은 것이지 내가 낳은 것은 아니다. 내가 사물을 낳을 수 없고, 사물도 나를 낳을 수 없기 때문에 나는 스스로 그러하게 된 것(自然)이다. 이 스스로 그러함을 일컬어 천연天然이라 부르는데, 천연은 인위적인 것이 아니다"(「제물론주」)라고 말하기도 했는데, 여기에서의 자연은 바로 이러한 의미이다.

둘째, 자연은 인간의 자연적 본성이나 감정을 가리킨다. 예를 들어 혜강이 "육경은 사람들을 억압하여 이끄는 것을 위주로 하고, 인간의 본성은 욕망을 따르는 것을 즐겁게 여긴다. 억압하여 이끄는 것은 사람들이 원하는 바와 어긋나게 되고, 욕구를 그대로 따르면 자연스러움을 얻게 된다"(『難自然好學論』)라고 말한 것은 바로 이러한 의미에서이다.

셋째, 자연은 인간의 정신적 자유의 경지를 가리킨다. 이러한 맥락에서 혜강은 "무릇 기가 고요하고 정신이 비어 있는 사람의 마음에는 무엇인가를 기피하거나 간절히 바라는 것이 없다. 본체가 진실하고 마음이 통달한 사람의 정情은 욕망하는 바에 매달리지 않는다. 마음이 무엇인가를 기피하거나 간절히 바라지 않기 때문에 명교를 넘어 자연에 맡길 수 있고, 정이 욕망하는 바에 매달리지 않기 때문에 귀하고 천한 것을 제대로 헤아려 사물의 정情에 통할 수 있다"(『釋私論』)라고 하였다. 또한 곽상도 이와 비슷한 맥락에서 "하늘과 인간이 하는 바를 아는 사람은 모두 자연을 얻은 사람이다. 그는 안으로 자기의 몸을 내버려두고 밖으로 사물과 명합冥合하여 다른 사물들과 혼연히 일체를 이루며, 그대로 맡겨두더라도 이르지 못할 곳이 없는 사람이다"(「대종사주」)라고 하였다.

실제로 위진현학에서 명교를 언급하는 것에 대해서는 이해하기 어렵지 않다. 왜냐하면 명교는 그 당시 사회의 상부구조로서 반드시 요청될 필요가 있을 뿐만 아니라, 그것을 긍정하는 입장이든 아니면 부정하는 입장이든지 간에 위진 시기의 지식인들이 언급하는 명교는 모두 당시의 사회현실과 연관되어 있기 때문이다. 그렇다면 자연은 어떠한가? 그것도 사회적으로 반드시 요청되어야 하는 것인가? 특히 명교에 관해 논의할 때, 왜 하필이면 자연과 연결시켜야 하는가? 자연을 떠나서 명교를 그 자체만으로 논의할 수는 없는가? 자연에 대해서 논의하는 것이 명교에는 어떤 의미가 있는가?

물론 위진 시기의 사람들은 이러한 문제들에 대해서 직접 논의한 적이 없고, 특히 그러한 문제의식을 명확하게 제기하지도 않았다. 그럼에도 위진 시기의 사람들은 분명히 명교와 자연을 연결시키고 있는데, 그 이유는 무엇일까? 실제로 이것은 인류사회에서의 가장 중요하고 기본적인 문제, 즉 필연과 자유의 관계 문제와 연결되어 있다.

명교의 존재형식과 작용으로 보면 명교는 일종의 사회규범이고, 인간의 행위를 제한하고 다듬는 역할을 하기 때문에 인간에게 있어서 그것은 일종의 필연이다. 나른 동물에 비해 인간은 또한 필연성을 넘어선 존재이다. 다른 동물들은 스스로를 자연으로부터 구별하고 독립시킬 수 없고 본질적으로 자연에 귀속되어 있다. 그러므로 그들은 완전히 자연의 필연성에 의해서 구속되고, 본능적으로 행동하며, 도의道義와 책임, 시비관념과 호오好惡 등을 지니지 않기 때문에 명교와 거리가 멀다. 그러나 이와 달리 인간은 스스로를 자연으로부터 구분하여 하나의 인류사회를 구축했다.

인류사회가 성립될 수 있는 것은 인간이 자유의지를 갖추고 있기 때문이다. 즉 인간의 활동과 행위는 단순히 자연의 필연성에 의해 규정된 것이 아니라, 스스로의 자유의지로부터 말미암기 때문에 자기의 행위에 대해서 일정한 책임을 지닌다. 이러한 맥락에서 인간의 행위에는 도의나 책임, 시비관념 등과 같은 가치와 의의가 생겨나고, 사회 명교도 존재의 가능성과 필요성이 생기게 된다. 따라서 사회 명교에 대해서 논할 때, 애초부터 인간의식의 자유의지가 전제되어 있으므로 이런 점에서 의식의 자유가 바로 사회 명교가 성립될 수 있는 기초가 된다고 할 수 있다.

이런 의미에서 공자는 "사람으로서 인仁하지 않으면 예禮가 무슨 필요가 있고, 악樂이 무슨 필요가 있겠는가?"(『논어』, 「八佾」)라고 말했는데, 이는 인간에게 만약 인仁이라는 본성 또는 본질이 없다면 사회적 규범으로서의 예와 악은 더 이상 아무런 가치도 지닐 수 없다는 말이다. 또한 맹자孟子는 "인의예지仁義禮智는 밖에서부터 나에게 스며드는 것이 아니라, 내가 본래부터 이미 갖추고 있는 것이다"(『맹자』, 「告子上」)라고 말했고, 순자는 "인간이 인간으로 될 수 있는 것은 두 다리를 가지고 있고 털이 나지 않은 특징 때문이 아니라 분별이 있기 때문이다. 금수에게도 아비와 아들이 있지만 그 사이에는 부자의 윤리적 친근함이 없고, 암컷과 수컷이 있지만 그 사이에 남자와 여자의 윤리적 구분이 없다. 그러므로 인도人道에는 분별이 없는 곳이 없다"(『순자』, 「非相」)라고 말했다. 그리고 『예기』「예운禮運」에는 "인간은 천지의 덕과 음양의 교합, 그리고 귀신의 깨달음과 오행의 빼어난 기氣를 갖추고 대어났다"는 말도 있다.

인간의 특성에 대해 가장 완전하게 서술한 것은 서한 시기의 동중서董仲舒이다. 우선 동중서는 "하늘(天), 땅(地), 인간(人)은 만물의 근본이다. 하늘이 만물을 낳고, 땅이 만물을 기르며, 인간이 만물을 완성한다. 하늘은 효제孝悌로써 만물을 낳고, 땅은 의식衣食으로써 그것을 기르며, 인간은 예악禮樂으로써 그것을 완성한다. 이 세 가지는 서로 손과 발이 되고 합하여 일체를 이루기 때문에 어느 하나라도 없어서는 안 된다"(『春秋繁露』, 「立元神」)라고 말했다. 또한 "천지와 음양, 그리고 목木·화火·토土·금金·수水의 오행 등 아홉 가지와 인간을 합하면 열이 되는데, 이것이 하늘의 완전한 수數이다.…… 그것은 하늘에서 시작하여 인간에 이르러서 완성되는데, 밖으로 완성된 것을 사물(物)이라고 부르고, 사물은 귀하게 여기는 실마리를 제공할 뿐 그 가운데 귀한 바가 있지 않으니, 이로써 인간이 초연히 만물의 위에 서서 천하에서 가장 귀한 존재임을 알 수 있다. 인간은 아래로는 만물을 자라게 하고 위로는 천지의 작용에 동참하므로 세상이 다스려지거나 어지러워지는 연고를 파악하고, 순順과 역逆의 기를 움직이게 하거나 멈추게할 수 있으며, 음양의 변화를 보태거나 감소시키고, 온 세상을 뒤흔들 수 있는 존재이다"(『춘추번로』, 「天地陰陽」)라고 하였으며, 나아가서 "인간은 하늘에서 명命을 받았으므로 진실로 다른 생물체를 초월하는 존재이다. 인간에게는 안으로는 부자와 형제의 친근함이 있고, 나가서는 군신과 상하의 마땅함이 있다. 서로 모이거나 만났을 때에는 나이든 사람을 존중하고 어린 사람을 자라게 하며, 문장으로 서로 긴밀함이 빛나고, 은혜를 베풀어 서로 친애함을 기뻐하니, 이것이 인간이 고귀한 까닭이다. 오곡을 심고 수확하여 먹으며, 뽕나무와 삼베로 옷을 지어 입고, 가축을 길러 소를 끌고 말을 타며, 표범과 호랑이를 가둘 수 있는 것은 모두 인간이 천지의 영명함을 얻어서 사물보다 고귀하기 때문이다. 그러므로 공자는 '천지의 본성에는 인간이 가장 귀하다'라고 말씀하셨으니, 사람이 하늘의 본성에 밝으면 스스로가 만물보다 고귀함을 알게 된다"(『한서』, 「董仲舒傳」)라고 하였다.

동중서의 이러한 언급은 모두 인간에게는 일종의 선천적인 도덕 본성이 있기 때문에 다른 동물들과 다르다는 것을 시사한다. 그리고 이와 같은 선천적 도덕 본성의 기초는 인간에게 자유의지가 있다는 것이다. 이처럼 고대의 중국 사람들은 인간 자유의 본질을 도덕으로 해석하고 윤리화시키는 경향이 있다. 중국 고대 사람들에 비해 서양 근대 철학자들은 자유에 대해서 더욱 분명하게 서술하고 있다. 가령 데카르트는 "우리 의지의 자유는 자명한 것이다"[24]라고 말했고, 루소는 "동물의 움직임은 모두 자연에 의해 지배되는 반면 인간은 자유로운 능동자로서 그 자신의 활동에 참여한다. 동물은 본능에 따라서 취사선택을 하지만 인간은 자유로운 행위를 통하여 취사선택을 한다"[25]라고 말했으며, 나아가서 "인간은 태어나면서부터 자유로운 존재이다"[26]라고 말했다. 여기에서 볼 수 있듯이, 의지의 자유는 인간이 본질적으로 지니고 있는 것이다. 바로 이러한 의지의 자유가

---

24) Descartes, R., 『哲學原理』, 商務印書館, 1962, p.15.
25) Rousseau, J., 『論人類不平等的起源和基礎』, 商務印書館, 1962, p.82.
26) Rousseau, J., 『社會契約論』, 商務印書館, 1980, p.8.

있기 때문에 인류사회에 비로소 예의규범이 생겨나게 되었다. 이것은 너무나도 명확한 것이므로 만약 사회의 명교에 관해 논의하면서 자유를 언급하지 않는다면 그것은 명교의 의미를 잃어버리게 되는 것이다. 위진현학에서 말하는 자연도 바로 이 자유(의지)의 작용과 의미를 지니고 있는 것이다.

이제 곽상이 제시한 자연 사상을 살펴보도록 하자. 대략적인 통계에 따르면 자연에 관한 곽상의 주석은 약 40개 條에 이른다. 그는 관련된 장자의 사상에 따라 자연의 의미를 서술하고 확장했다. 그가 제기한 자연의 의미는 대체로 다음과 같은 네 가지로 나눌 수 있다.

첫째, 자연은 곧 필연의 의미를 지닌다. 곽상은 이렇게 말했다.

> 신하와 첩妾의 자질을 지니고 있으면서도 그 자리의 분수를 지키지 않으면 잘 못이다. 그러므로 군신 사이의 상하관계, 손과 발의 내외관계는 곧 천리의 자연함이니, 어찌 진인이 만든 것이겠는가!(「제물론주」)

> 그러므로 삶의 정황에 통달한 사람은 삶에 있어서 어떻게 할 수 없는 것에 힘쓰지 않고, 운명의 정황에 통달한 사람은 운명의 어찌할 수 없는 바에 힘쓰지 않는다. 온전히 그 자연에 맡길 따름이다.(「養生主注」)

> 자연의 세세한 주고 갚음은 인위로써 어쩔 수 없다. 그러므로 그 참됨을 적게 잃은 자는 온전하지 못한 것이 적고, 그 참됨을 많이 잃은 자는 온전하지 못한 것 또한 많다. 얻거나 잃어버리는 업보는 그 나누어지는 바에 합당하지 않음이 없다. 그러므로 하늘을 거역하여 인위를 행하려는 것은 또한 어렵지 않겠는가!(「인간세주」)

> 자기의 몸과 지혜를 버리지 않은 자와 사물과 함께 더불어 흘러가는 자는 모두 예羿의 사정거리에 있는 것과 같다. 비록 장의張毅는 나아가고, 단표單豹는 머물고 있었지만 모두 화살에 적중하는 것을 면치 못했으니, 적중되거나 안 되는

것은 오직 명命에 달려 있다. 하찮은 사람들은 각자가 처한 환경에 집착하면서 명이 저절로 그러함을 알지 못한다. 그러므로 화살을 요행히 피해 나간 자는 스스로가 교묘하다고 생각하여 매우 기뻐하지만 이윽고 그것을 피할 수 없는 상황에 이르면 스스로의 잘못을 한탄하여 뜻을 상하게 하고 정신을 욕되게 하는데, 이는 모두 명의 실정에 통달하지 못한 것이다. 무릇 나의 삶은 내가 태어나게 한 것이 아니므로 한평생 백 년을 사는 와중에 앉거나 일어서고, 걷거나 멈추고, 움직이거나 머무르고, 얻거나 버리게 되는 것, 감정과 성품과 지능, 그리고 내가 가지고 있는 모든 것이나 가지지 못한 모든 것, 행하는 모든 것과 우연히 만나는 모든 것들이 모두 내가 스스로 정한 것이 이치가 저절로 그러하기 때문이다. 그러므로 그 속에서 끊임없이 기뻐하거나 슬퍼하는 것은 또한 자연을 거스르는 잘못이다.(「德充符注」)

자연에서 받은 것이라면 이미 그 이치가 충분한 것이다. 비록 깊이 생각하여 재난을 면하거나, 또는 계율에 밝아서 화를 피할 수 있더라도 사물은 천리에 따라 그러한 것이며, 모두가 우주만물의 지극한 이치에 따른 것이다. 그러므로 어떤 필연이 저절로 생각한 것이지 내가 생각한 것이 아니고, 필연이 저절로 생각하지 않은 것이지 내가 생각하지 않는 것이 아니다. 생각하여 면할 수 있는 것과 생각하여 면할 수 없는 것, 또는 생각하지 않아서 면하는 것과 생각하지 않아서 면하지 못한 것은 모두 나에 의해서가 아니기 때문에 더 이상 무엇을 인위적으로 할 필요가 있겠는가? 그저 있는 대로 맡기면 스스로 이르게 될 것이다.(「덕충부주」)

하늘은 자연이고 인간도 자연이기 때문에 다스려짐과 혼란함, 성공과 실패, 만남과 만나지 못함은 모두 사람이 그렇게 하는 것이 아니라 모두가 자연적인 것이다.(「대종사주」)

무릇 참됨이라는 것은 사물에 의존하지 않고 자연스러운 것이다. 무릇 자연은 피할 수 없는 것이니 어찌 군주의 명령만이 그렇겠는가!(「대종사주」)

무릇 자연에 맡겨서 변화하는 자는 탄식하지 않으며, 사물과 탄식할 따름이다.(「대종사주」)

모든 사물이 저절로 그러하다고 말하는 것은 무위無爲를 가리키는 것이다.(「대종사주」)

만물이 형태로써 생겨난나고 말하는 것은 또한 자연을 가리키는 것이다. 그러므로 태생胎生하는 동물과 난생卵生하는 동물은 종을 달리하여 낳을 수 없고, 신명의 기를 밝히는 것은 인위로써 할 수 없다.(「지북유주」)

이것은 모두 어쩔 수 없이 그러하기 때문에 자연이라고 말할 따름임을 의미하는 것이지, 도道가 그렇게 되도록 하는 것이 아니다.(「지북유주」)

할 수 없는 것을 억지로 하려 해서는 안 된다. 이로 미루어보면 아는 것과 알지 못하는 것, 할 수 있는 것과 할 수 없는 것은 모두 나로 말미암아 제어할 수 있는 것이 아니므로 마땅히 자연에 맡겨야 한다.(「지북유주」)

지혜를 좇아 이미 그러함을 알고자 할 따름이니, 이미 그러함이 자연으로부터 비롯되었음을 알지 못한다.(「칙양주」)

이러한 서술들에서 알 수 있듯이 곽상이 말하는 자연은 필연성의 의미를 지닌다. 그에 따르면 천지만물의 존재와 운동은 모두 필연적이며 나에 의해서 좌우되거나 결정되지 않는데, 이것을 일컬어서 "종류대로 모이고 무리가 흩어지는 것은 모두 자연의 도에 의한 것이다"(「덕충부주」)라고 한다. 곽상은 때로 이러한 의미에서의 자연을 스스로 마땅함(自當)이라고 칭하기도 한다. 예를 들어 그는 "무릇 때의 높임을 받는 자는 군주가 되고, 재능이 세상에 응하지 못하는 자는 신하가 된다. 만약 하늘이 스스로 높은 곳에 있고, 땅이 스스로 낮은 곳에 있으며, 머리가 스스로 위에 있고, 발이 스스로 밑에 있는 것이라면 어떻게 인위적인 차례가 있다고 할 수 있겠는 가! 비록 마땅함에 두는 것이 없더라도 반드시 스스로 마땅함이 있는 것이 다"(「제물론주」)라고 하였다. 여기에서 볼 수 있는 것처럼 이와 같은 필연성 을 의미하는 자연은 역으로 곽상의 명교사상과 연결될 수 있으며, 나아가 서 명교가 존재해야 할 필연성을 논증하는 것이라고 할 수 있다.

둘째, 자연은 성정性情을 의미한다. 곽상은 이렇게 말한다.

이 여덟 가지를 반드시 보존하려면 자연에 맡길 수 없으므로 얽히고설켜 번거 롭게 요동치게 되는 것이다.(「재유주」)

익힘으로써 본성이 이루어지니, 마침내 자연과 같이 된다.(「達生注」)

자연은 곧 저절로 그러한 것을 말한다. 인간이 어떻게 자연을 얻을 수 있겠는 가? 저절로 그러한 것일 따름이니, 그러므로 이것을 본성이라고 한다.(「山木注」)

왜 그런지를 알지 못하면서도 저절로 그러한 것은 본성과 같은 것이 아니겠는 가!(「척양주」)

곽상이 자연을 성정의 의미로 언급한 경우는 별로 많지 않다. 그는 일 종의 생물체로서의 인간에게는 정욕이 없을 수 없고, 나아가서 이러한 정 욕이 마땅히 충족되어야 함을 파악하고 있었다. 그러나 사회생활 속에서 인간은 자기의 정욕을 제대로 충족할 수 없다. 왜냐하면 인간의 사회성이 그 자연성을 제한하고 억제하기 때문이다.

『장자』「재유在宥」에는 다음과 같은 말이 실려 있다. "뿐만 아니라 눈 밝은 것을 좋아한다면 이는 아름다운 색깔을 탐닉하는 것이고, 귀 밝은 것 을 좋아한다면 이는 아름다운 소리를 탐닉하는 것이고, 인仁을 좋아한다면 이는 사람이 본래 타고난 덕을 어지럽히는 것이고, 의義를 좋아한다면 이는 자연의 조리를 어기는 것이고, 예禮를 좋아한다면 이는 기교技巧를 조장助長하는 것이고, 악樂을 좋아한다면 이는 넘침을 조장하는 것이고, 성인을 좋아한다면 이는 재주를 조장하는 것이고, 지식을 좋아한다면 이는 헐뜯음을 조장하는 것이다. 천하 사람들이 타고난 성명性命의 실정을 편안히 누릴 수 있다면 이 여덟 가지(明·聰·仁·義·禮·樂·聖·知)는 있어도 그만이고 없어도 그만이다. 그러나 천하 사람들이 타고난 성명의 정을 편안히 누리지 못한다면 이 여덟 가지는 서로 얽히고설켜서 번거롭게 흔들어 대며 천하를 어지럽힐 것이다." 여기에서의 열說은 열悅의 뜻이고, 상相은 조助의 뜻이다. 사마표는 '연권臠卷'을 제대로 펴지지 않은 상태라고 주석했고, 최선은 '창낭猖囊'을 일이 번잡해지는 모양이라고 주석을 붙였다. 여기서 장자가 말하고자 하는 것은 명·총·인·의·예·악·성·지의 여덟 가지 사회적 규범이 인간의 본성에 이로울 것이 없고, 만약 사람들이 자신이 타고난 성명 그대로의 실정(性命之情)에서 출발할 수 있다면 이 여덟 가지 규범은 있어도 그만이고 없어도 그만이라는 것이다.

이에 대해 곽상은 "이 여덟 가지를 없애고, 사람이 본래 품수한 것에 맡기면 성명이 편안해질 것이다"(「재유주」)라고 주석하였다. 만약 사람들이 사회적 규범의 영향으로 인해 타고난 성명 그대로의 실정에서 출발하지 못한다면, 이 여덟 가지 규범은 오히려 세상을 속박하고 번거롭게 만드는 것이 될 뿐이다. 이것이 위의 인용문에서 곽상이 언급한 바, 즉 '이 여덟 가지를 반드시 보존하려면 자연에 맡길 수 없으므로 얽히고설켜 번거롭게 요동치게 되는 것'이 가리키는 바이다. 실제로 여기에서의 자연은 곧 인간의 자연적인 성정을 의미하는 것이다.

이러한 점에서 곽상이 말한 자연과 혜강이 『난자연호학론難自然好學論』에서 "육경六經은 정욕을 억압하는 것을 위주로 하지만, 인성人性은 정욕에 따르는 것을 즐거움으로 삼는다. 억압하고 끌어가는 것은 그 본래의 뜻에 어긋나는 것이고, 정욕에 따르는 것은 그 자연의 본성을 얻는 것이다"라고 말한 자연의 의미는 일치한다. 그러나 자연 개념에 대한 곽상과 혜강의 일치점은 단지 이곳에서만 나타날 뿐이다. 곽상은 자연 개념을 새로운 의미로 전환시켜 혜강과 완적 등 죽림현학의 자연 개념과 선을 그었다. 곽상의 자연은 인간의 정욕적 의미에서의 자연을 넘어서, 인의와 같은 인간성의 자연을 의미하기도 한다. 이와 같은 맥락에서 그는 "인의는 본래 인간의 성정이다"(「駢拇注」)라고 했고, "인의는 본래 인간의 정情이다"(「변무주」)라고도 했으며, "무릇 인의는 인간의 성性이다"(「天運注」)라고 말하기도 한다. 그러므로 곽상이 '저절로 그러한 것일 따름이니, 그러므로 이것을 본성이라고 한다'라고 하고, '왜 그런지를 알지 못하면서도 저절로 그러한 것은 본성과 같은 것이 아니겠는가!'라고 말했을 때의 자연은 한걸음 더 나아가 인간 본성의 필연적인 의미로부터 사회의 예의규범, 즉 명교의 존재적 필연성을 논증하는 것이다.

셋째, 자연은 저절로 그러한 자체, 즉 어떠한 원인이나 지시하는 존재가 없는 '자연이연自然以然'을 의미한다. 곽상은 이렇게 말한다.

무릇 나아가는 것이 다른 까닭이 어찌 그 다름을 알아서 달라지는 것이겠는가? 이는 모두 그러한 까닭을 몰라도 저절로 그러한 것일 따름이다. 저절로 그러할 따름이니 인위적으로 하는 것이 아니다.(「소요유주」)

천지는 만물을 총칭하는 이름이다. 천지는 만물을 체體로 삼고, 만물은 반드시 자연을 바름(正)으로 삼는데, 자연이라는 것은 인위로써 하지 않고 저절로 그러한 것이다. 그러므로 붕새가 높이 나는 것이나 매미나 작은 비둘기가 그 아래에서 날아다니는 것, 춘목椿木이 수명이 긴 것이나 아침에 생겨나는 버섯이 수명이 짧은 것 등은 모두 저절로 그렇게 된 것이지 인위로써 할 수 없는 것이다. 인위로써 하지 않고 저절로 그렇게 된 것이기 때문에 '바름'이라고 한다. 그러므로 천지의 바름을 탄다는 것은 만물의 성을 그대로 따른다는 것이고, 육기六氣의 변화를 조종한다는 것은 변화 속에서 자연스럽게 노닌다는 것이다. 이렇게 된다면 어디로 가든 끝이 있겠는가! 또한 만나는 것과 타는 것에 의지할 필요가 있겠는가! 이것이 바로 지극한 덕을 지닌 사람이 나와 타자의 현동玄同을 이루는 소요의 경지이다.(「소요유주」)

저절로 생겨난 것일 뿐이지 내가 낳은 것이 아니다. 내가 사물을 낳을 수 없고, 사물도 나를 낳을 수 없기 때문에 나는 저절로 그렇게 된 것(自然)이다. 저절로 그러함을 일컬어 천연天然이라 부르고, 천연은 인위적인 것이 아니다.(「제물론주」)

사물은 각기 저절로 그러한 것인데, 저절로 그러한 까닭을 알지 못한다. 그러므로 사물의 형태는 서로 다르지만 저절로 그렇다는 점에 있어서는 동일하다.(「제물론주」)

무릇 천지만물은 날로 변화하고 때와 함께 나아가는데, 어떻게 새로운 사물이 생겨나는가? 저절로 그러할 뿐이다.(「제물론주」)

참된 주재(眞宰)의 징조와 흔적을 탐색하려고 해도 끝내 그것을 얻을 수 없으니, 사물을 밝게 하는 것은 모두 저절로 그러한 것이지, 다른 어떤 것이 아니다.(「제물론주」)

저절로 그렇게 된 것에 대해서 누가 그 까닭을 알 수 있겠는가!(「칙양주」)

모든 사물이 존재하는 것은 저절로 그렇게 된 것이지, 따로 그것들을 있게 할 수 있는 것은 없다.(「칙양주」)

이와 같은 언급들은 곽상이 자연을 저절로 그러함, 즉 '천연天然'으로 보고 있으며, 그 외부나 위에서 따로 어떤 주재자가 존재하지 않는다고 생각하고 있음을 보여준다. 자연은 자기 스스로를 주재하는 것이며, 자기 존재의 원인이자 근거가 되는데, 이것을 일컬어 자기원인(自因)이라고 한다. 그러므로 곽상은 "자연은 만물이 존경하고 섬기는 것이다"(「천도주」), "사물의 자연함에는 각기 그 본성이 있다"(「천운주」), "자연에 맡기면 모두가 존재하지 않음이 없다"(「제물론주」), "그 근본을 살펴보면 모두가 인위적으로 하지 않는 데에서 비롯된다"(「천도주」) 등과 같은 주장을 하였다. 여기서 분명하게 드러나는 것은 곽상이 말하는 자연이 이미 일종의 본체론적 차원에 이르렀고, 이러한 자연은 실제로 그의 독화설獨化說과 일치한다는 사실이다. 그에 따르면 천하의 모든 사물은 자연적인 것이며, 또한 모두가 독화인 것이다. 구체적으로 명교에 대해 말하자면 명교 역시 자연적으로 존재하는 것이 된다. 이것은 본체론에 의거하여 사회 명교의 존재구조를 구축한 것이다.

넷째, 자연은 자유를 의미한다. 앞서 서술했듯이 사물의 존재가 본질적으로 자연적인 것이고 독화라면, 그 사물의 존재 근거와 원인은 모두 자신의 내부에 있게 되며, 사물의 존재와 표현은 바로 그 사물의 존재적 본성이 되기도 한다. 이것을 사물의 관점에서 말한다면 자유自由, 즉 자기 스스로 말미암는 것이며, 또한 스스로 생하는(自生) 것이다. 곽상은 이렇게 말한다.

(지인은) 어떤 곳에 가더라도 편안하지 않음이 없기 때문에 모두 쾌적하게 처한다. 죽고 사는 것도 자신을 변하게 할 수 없는데, 하물며 물에 빠지거나 뜨거운 불구덩이에 들어가는 것 따위가 어찌 그를 동요시킬 수 있겠는가! 그러므로

지인이 재앙과 어려움에 걸려들지 않은 것은 억지로 그것을 회피하는 것이 아니라, 이치를 깨달아서 곧바로 나아가기 때문에 자연스럽게 길吉하게 되는 것이다.(「소요유주」)

천예天倪는 (인위가 아닌) 자연 그대로의 구분이다.(「제물론주」)

그러므로 천예로써 화합하고, 자연 그대로의 구분을 편안히 여길 따름이지, 다른 어떤 것이 바로잡아 주기를 기다리지 않는다.(「제물론주」)

자연 그대로의 구분으로써 화합하고 무궁한 변화에 맡긴다면, 옳고 그름의 경계가 저절로 무너지고, 성명性命의 지극함이 저절로 다하게 될 것이다.(「제물론주」)

하늘과 인간이 하는 바를 아는 사람은 모두 자연함을 얻은 사람이다. 그는 자기의 몸을 내면에 두면서 외면의 사물과 명합冥合하여 뭇 사물과 혼연히 일체를 이루니, 그대로 맡겨두더라도 지극함에 이르지 못할 바가 없는 사람이다.(「대종사주」)

무릇 성性을 그대로 따라 앞으로 나아가는 것은 자연이다. 나아가다가 성性이 손상되었을 때 손상된 성을 고칠 수 있는 것 또한 자연이다. 나의 자연이 마땅히 새겨진 먹물을 지우고 베인 코를 다시 붙여주지 않는다면 '가성지도可成之道'로써 선생을 따르는 것을 어찌 알겠는가? 이것을 내버리고 깨우치지 않으려 하는 것은 아마도 사물을 창조하는 지극함이 아닐 것이다.(「대종사주」)

나아가거나 머물러 있을 때 침묵을 지키며, 항상 그 마음을 비움으로써 자연에 맡긴다.(「在宥注」)

천리는 자연이니, 그러함을 알면 그 사이에서 무위를 행한다.(「刻意注」)

도를 아는 사람은 할 수 없음을 안다. 할 수 없는데 어떻게 나를 낳을 수 있는가? 나는 자연히 생겼을 따름이니, 나의 사지와 몸체, 오장육부와 정신까지도 인위적으로 만들어진 것이 아니라 스스로 이루어진 것이다. 어찌 이것들이 이루어진 후에 따로 의식이 있을 수 있겠는가? 이와 같은 이치에 통달한 자는 반드시 과도한 지혜를 버릴 수 있고, 넘쳐나는 감정을 버릴 수 있으며, 자연스러운 변화를 타고 적절하게 대응할 수 있기 때문에 외면으로써 내부를 상하게 하지 않고, 사물로써 자기를 해치지 않음으로써 항상 온전함을 유지할 수 있다.(「秋水注」)

실제로 곽상이 말하는 자연의 의미를 음미해 보면 그것들은 모두 많든 적든 어느 정도 자유의 의미를 포함하고 있다. 위의 인용문에서 제시한 자유의 의미로서의 자연은 본래 세 번째로 다룬 '자연이연'의 의미로서의 자연과 일치한다. 만물이 본성적으로 자연적인 것이라면 자연은 일종의 근원이고 자기원인(自因)이며, 자기자체이기 때문에 당연히 자유로운 것이다. 즉 만물은 모두 자기 스스로 주재하는(自主) 존재라는 것이다. 그러므로 곽상은 "사물에는 자연함이 있으니, 인위적으로 어떻게 할 수 있는 것이 아니다. 이로 보아 계진季眞의 말은 매우 타당하다"(「척양주」)라고 했고, 나아가서 "도道가 어떤 것을 있게 할 수는 없으며, 있는 것은 항상 자연한 것이다"(「척양주」)라고 하였다.

자유로서의 자연이 사물에 있어서는 곧 독화獨化이고, 인간에게는 이미 완성된 일종의 경지가 된다. 그리고 일종의 경지라는 의미에서의 자연은 바로 마음을 비우는 것, 곧 '무심無心'이다. 그리하여 곽상은 "마음을 비움으로써 움직이고 멈추며, 모든 것을 음양의 변화에 맡긴다"라고 했고, "그 자연에 맡기는 것을 천天이라고 하고, 마음을 일으켜 인위적으로 하는 것을 인人이라고 한다"(「庚桑楚注」)라고 표현했다.

지금까지 살펴본 것이 바로 곽상이 말하는 자연의 네 가지 의미이다.

그런데 곽상에게 이러한 네 가지 의미 구분은 그리 분명하게 드러나지 않는 경우가 많다. 왜냐하면 곽상이 자연에 대해 언급한 것은 대부분 장자의 문맥이 지닌 핵심 의미를 해석한 것이지 특별한 자기 목적을 가지고 논술한 것이 아니기 때문이다. 그럼에도 그는 명확하게 '자연이연自然而然'이라는 의미로 자연을 파악함으로써 그것을 천지만물의 존재적 본체나 본원의 차원으로 승격시켰고, 이로써 자연이 독화론과 동등하게 중요한 의미와 작용과 중요성을 지니게 했다.(이 점에 대해서는 다음 장인 '독화론'에서 자세히 살펴보기로 하겠다) 그런데 여기서 특별히 강조해야 할 것은 '자연이연'의 자연 개념이 본체론적 의미를 지님으로써 동시에 자유의 의미를 가지게 되었다는 점이다. 그리고 이 자유의 의미에 입각해서 보면 곽상의 '자연론'과 '명교론' 사이에는 내재적 연관이 생긴다.

피상적으로만 보면 명교는 사회적 규범이고, 인간이 타고난 자연적 감정과 욕구를 속박하거나 억제하는 것이다. 특히 명교가 정치화되어 통치자의 도구로 전락하면 더 큰 피해를 일으킬 수 있다. 혜강과 완적이 명교를 비판하고, 곽상이 그것을 풍자하는 것도 모두 이러한 위해성을 파악했기 때문이다. 그러나 이와 같은 위해성은 명교의 한 작용에 불과하다. 앞서 서술했듯이 명교에는 또한 인간의 본성과 연관되는 측면이 있다. 다시 말해서 인간의 존재가 바로 그 본성의 체현이기 때문에 인간의 자연은 곧 인간의 독화라고 할 수 있다. 그러므로 곽상의 자연론과 명교론 사이에는 내재적 관련이 있으며, 자연론이 명교론의 본체론이라고 할 수 있다. 그리고 자연론과 명교론을 연결시키면, 즉 명교를 자연이라는 본체론 속에 심으면 명교의 자발성은 자가성으로 전화되고, ⁻ 인위성은 자연성으로 변화되며, 필연성이 자유로 대체되고, 나아가 인식이 깨달음으로 승격된다. 이렇게 되면 인간은 겉보기에는 명교에 따라 행동하는 것 같지만 실제로는 자기의 본성에 따라 움직이는 것이므로 그 행동 자체가 바로 자유가 되는 것이다.

곽상이 내세운 자연의 네 가지 의미 중에서 앞선 세 가지 의미도 명교와 어느 정도 관련이 있는 것은 사실이다. 하지만 명교사상과 가장 본질적인 관계가 있는 것은 마지막에 나온 자유로서의 자연이다. 이러한 의미에서의 자연은 일종의 정신적 자유의 경지를 시사한다. 실제로 곽상의 『장자주』에는 자유의 경지에 관한 논의가 적지 않다. 그것들을 나열하면 다음과 같다.

무릇 크고 작은 것이 비록 완전히 다른 것이라 하더라도 '자득自得'의 경지에 처함으로써 사물을 각기 그 본성에 맡기고, 일은 그 가능성에 따라 가리며, 각기 그 분별에 마땅하게 되어 소요逍遙할 뿐이다. 어찌 그 사이에서 이기고 지는 다툼이 생겨날 수 있겠는가?(「소요유주」)

무릇 신령神靈을 체득하고 이치를 궁구하여 오묘함의 극에 이른 사람은 비록 조용히 아무 말도 하지 않고 비어 있는 방에 있을지라도 온 세상의 현실과 현묘하게 합일하기 때문에 음양을 타고 육기를 조종하며, 다른 사람들과 동화하고 만물을 부릴 수 있다. 진실로 그에게 순응하지 않는 사물이 없기에 부운浮雲을 탈 수가 있고, 모든 형상을 실을 수 있기에 비룡飛龍을 조종할 수 있다.(「소요유주」)

무릇 성인의 마음은 음양의 변화에 지극하고, 만물의 오묘한 수數를 궁구하므로 어떠한 변화에도 합치할 수 있고, 올바르지 않은 데로는 가지 않으며, 만물을 두루 감싸고 있으니 어떤 것도 그러하지 않은 것이 없다. 세상 사람들은 어지러움으로써 자아(我)를 찾으려 하지만 자아는 본래 무심無心한 것이다. 자아가 진실로 무심한 것이라면 또한 무엇 때문에 세상에 응하지 않겠는가! 그리므로 현玄을 체득하여 지극한 오묘함에 이른 사람은 만물의 본성에 회통會通하여 온 세상의 변화를 주재하고, 요순의 이름을 이룸으로써 항상 무위로써 행동할 따름이다. 이것이 어찌 정신을 수고롭게 하고 힘들게 생각하여 세상의 일을 일거리로 삼으면서 할 수 있는 일이겠는가!(「소요유주」)

무릇 자연에 맡기고 시비를 잊은 사람의 요체는 오직 하늘의 본성에 맡기는 것일 따름이니, 그 외에 또한 무엇이 있겠는가! 그러므로 그가 서 있는 모습은 마른 나무와 같고, 움직이는 모습은 말라비틀어진 가지와 같으며, 앉아 있는 모습은 타고 남은 재와 같고, 걷는 모습은 티끌이 떠다니는 것과 같다. 움직이고 멈추는 모습은 내가 하나로 할 수 없는 것이며, 무심히 자득自得하는 모습은 내가 둘로 나눌 수 없는 것이다.(「제물론주」)

무릇 통달한 자는 한 곳에만 머물러 있지 않으므로 홀연히 스스로를 잊고서 스스로의 쓰임에 맡기게 된다. 스스로의 쓰임에 맡기는 자는 조리가 펼쳐지지 않음이 없으므로 자득하게 된다.(「제물론주」)

이렇게 천지를 잊고 만물을 포기하며, 밖으로는 우주를 살피지 않고, 안으로는 자신의 몸을 자각하지 않기 때문에 능히 광활하여 얽매이지 않을 수 있고, 사물과 더불어 나아가니 어떤 것에도 응하지 못할 바가 없다.(「제물론주」)

그러므로 성인은 이것을 드러냄으로써 저것을 비추지 않고, 자기를 버리면서 사물을 쫓지도 않으며, 그저 따르면서 맡기고, 각기 그 할 수 있는 바에 명합冥合한다. 그러므로 완곡하게 이루면서도 잃어버리지 않는다.(「제물론주」)

그러므로 성인은 (이러한 태도를) 티끌을 구분하는 것으로 여기고, 보고 듣는 그대로의 표면에 오묘하게 합일하여, 하늘의 이치에 비추어보면서 거슬러서 헤아리지 않고, 있는 그대로 내버려두고 밝히려고 하지 않는다.(「제물론주」)

오직 큰 성인만이 집착하는 바가 없으므로 아무것도 모르는 것처럼 곧바로 나아가서 변화와 일체를 이루고, 변화와 일체를 이루면서도 언제나 홀로 노니는 것이다.(「제물론주」)

위에서 나열한 것은 단지 「소요유」와 「제물론」에서 나오는 성인의 자유로운 경지에 대해 곽상의 주석을 모아놓은 것일 뿐이다. 대략적인 통계에 따르면 곽상은 『장자주』를 저술하면서 자유의 경지에 대해서만 대략 550여 조의 주석을 남기고 있는데, 이는 『장자주』 전체의 20%에 해당하는 양이다. 이를 통해서도 곽상이 자유의 경지를 얼마나 중요하게 생각했는지를 알 수 있다.

5. 내성외왕의 도 : 명교가 곧 자연이다

명교와 자연의 관계 문제는 필연과 자유의 문제로서 인간사회의 기본적인 문제 가운데 하나이다. 인간이 일반적인 동물이 아니고, 또 인간사회가 동물의 세계와 다른 이유는 바로 인간사회가 명교와 자연이 통일을 이루는 사회적 구조와 형식을 갖추고 있기 때문이다. 만약 인간사회에 명교만 있고 자연이 없다면 명교는 자연세계에 의해 지배된 필연이 될 것이다. 그 반면에 자연만 있고 명교가 없다면 자연은 신비로운 세계의 환상에 불과하고 인간의 자유도 있을 수 없을 것이다. 그러므로 자연과 명교가 모두 있어야만 사회적 규범들이 의미를 가질 수 있고, 나아가 인간사회는 그 나름의 이상과 목표를 지닐 수 있다. 이 양자는 본래 마땅히 통일되어야 하는 것이다.

그러나 인간의 사회활동 중에서 자연은 항상 명교에 의해 가려지게 되고, 그 유기적인 상호 통일 역시 항상 명교를 실행하고 유지하는 형식으로만 존재하고 표현되었다. 이러한 의미에서 자연은 심지어 명교에 의해 묻혀버리기도 했다. 중국 봉건사회에서 서한시대의 무제武帝가 명분名分을 세우고 명목名目을 정하며, 명절名節의 차례를 정하고 명강名綱을 제정하여, 명분을 교화로 삼는다는 이념을 제기한 이후, 봉건적 정치체제나 도덕규범과 같은 명교는 모두 국가의 기강이 되었다. 그리고 북송부터 후기 봉건사회에 이르기까지 이러한 명교는 또한 본체론적으로 발전하여 신성한 '천리天理'로 해석되었다. 이와 같이 명교는 전체 중국 사회를 지탱하는 사회적 지침과 인간행위를 규정하는 가치적 준칙이 되었다. 그러나 이 시기의 사회적 이상과 목표로서의 자유(자연)는 모두 명교를 집행하고 실천하는 것을 기준으로 삼고 있었으며, 자연은 다만 명교의 주위를 맴돌 뿐이었으니, 곧 명교가 철저하게 자연을 가려버리고 있었다. 오직 위진시대라는 특정한 역사적 시기와 사회적 형세에서만 명교와 자연의 관계 문제가 사회적 생활의 수면 위로 드러났고, 아울러 이 양자가 관계하는 형식이 표현되었다.

명교와 자연의 관계 문제는 위진현학의 기본 사상 내용 가운데 하나이다. 위진시대의 선비들은 '유有', '무無'와 같은 추상적인 본체 문제를 논의할 때 항상 현실적 사회정치 문제와 결합되어 있는 명교와 자연의 문제를 다루었고, 그것을 중심으로 이론을 전개하거나 심화시켰다.

정시현학正始玄學에서 명교와 자연의 관계는 왕필의 명교가 자연에서 비롯된다는 '명교출어자연론名教出於自然論'으로 표현되었다. 왕필은 『노자』 28장에 나오는 "통나무가 흩어져서 그릇이 되니, 성인은 그것을 써서 관장官長을 만든다"라는 구절을 주석하면서, "박은 참됨(眞)이다. 참된 것이 흩어져 여러 가지 행실이 생기고 서로 다른 종류의 것들이 생겨나니, 마치 그릇이 만들어지는 것과 같다. 성인은 그것이 흩어져 있기 때문에 관장하는 이를 세워 잘된 것을 스승으로 삼고 잘못된 것을 거울로 삼으니, 풍속을 바꾸어 다시 하나로 돌아가게 한다'라고 하였다. 또한 그는 『노자』 32장에 나오는 "세상의 일들에 대해 규제하기 시작하면 이름이 생기니, 이름이 이미 생기면 마땅히 멈출 줄을 알아야 한다. 멈출 줄을 알아야 위태로워지지 않는다"는 구절을 주석하면서 "규제하기 시작한다는 것은 질박한 것이 부서져 처음 관장이 생길 때를 가리킨다. 처음 관장을 만들게 되면 명분을 세워 존비를 정하지 않을 수 없으므로, 규제하기 시작하면 이름이 생긴다고 말한 것이다. 이와 같이 계속 진행되면 송곳의 끝처럼 미세한 것을 가지고도 다투게 되기 때문에 이름이 있으면 마땅히 멈출 줄을 알아야 한다고 말한 것이다. 마침내 이름을 가지고 사물을 지배하게 되면 다스림의 근본을 잃게 되므로 멈출 줄을 알아야 위태로워지지 않는다고 한 것이다"라고 해석했다.

　이 두 단락에 대한 왕필의 해석에 따르면 세상의 본원적 존재는 질박한(朴) 것, 즉 도道인데, 그것이 쇠퇴하고 흩어져서 그릇, 즉 만물이 생겨난 것이며, 인간사회에 있어서는 관장의 제도가 만들어지고 존비의 명분이 정해지므로 명교가 생겨났다는 것이다. 그러므로 철학적 본체론의 맥락에서 보면 명교는 '박朴'에서 비롯된다. 그렇다면 박은 무엇인가? 이에 대해 왕필은 "도는 형체가 없고 어떤 것에도 얽매여 있지 않으니, 특별한 이름을 지을 수 없다. 이름이 없는 것으로 전법을 삼기 때문에 '도상무명道常無名'이라고 말한 것이다. 그리고 질박한 것이 사물이 되면 무無를 근본으로 삼으니 또한 이름이 없다. 그러므로 도를 얻으려면 이 질박함을 지키는 것이 최선이다"(『노자주』, 32장)라고 주석하였다.

이런 관점에서 보자면 질박함은 곧 도를 의미한다. 그리고 도의 의미에 대해서 왕필은 『논어석의論語釋疑』에서 『논어』 「태백泰伯」 편에 나오는 "위대하도다! 요堯의 임금 됨이여! 오직 하늘이 높고 큰 것인데, 요임금만이 그것을 본받았도다! 그 공덕이 넓고 넓어 백성들이 이름을 붙일 수가 없다"는 구설을 주석하면서, "성인만이 하늘의 덕을 본받을 수 있으니, 오직 요임금이 그것을 본받았다고 말한 것은 그가 때에 맞게 하늘의 도를 온전하게 실천했다는 것이다. '탕탕蕩蕩'은 형체도 없고 이름도 없는 상태를 가리킨다. 무릇 이름이 이름 지어지는 것은 선이 펼쳐지는 바가 있고, 은혜로움이 있는 곳에서 생겨나는 것이다. 선과 악은 서로를 따르며, 이름은 형체를 구분한다. 만약 크게 사랑하여 사사로움이 없다면 은혜로움이 어찌 있을 수 있겠는가? 지극히 아름다워서 치우침이 없다면 이름이 어찌 생겨날 수 있겠는가? 그러므로 하늘이 만물의 변화를 이룸에 있어 도는 자연과 같으니, 그 자식을 사사롭게 여기지 않으면서 신하를 다스린다. 흉악한 자는 스스로 벌을 받게 하고, 선한 자는 스스로 공을 이루게 한다. 공이 이루어져도 그에 대한 명예를 세우지 않고, 죄를 지어도 그에 대한 형벌을 가하지 않는다. 백성들이 매일 사용하면서도 그러한 까닭을 알지 못하니, 어찌 그것에 이름을 붙일 수 있겠는가?'라고 하였다. 여기에서 도는 자연과 같다(道同自然)는 말은 도가 곧 자연이라는 것이다.

또한 왕필은 『노자』 37장에 나오는 "도는 항상 작위하지 않는다"라는 구절을 주석하면서, "이는 자연에 따르는 것이다"라고 하였고, 『노자』 5장에 대한 주석에서도 "천지의 가운데는 텅 비어 있어서 자연함에 맡기므로, 아무리 궁구해도 얻을 수 없으니 마치 풀무나 피리와 같고", "천지는 자연함에 맡기니 인위나 조작이 없으며, 만물은 스스로 서로 다스려지므로 어질지 않은 것이다. 어질다는 것은 무엇인가를 만들어 세우고 변화시키는 것이니 은혜로움과 작위가 있게 된다. 그런데 무엇인가를 만들어 세우고 변화시키면 사물이 참된 모습을 잃어버리게 된다. 그러므로 은혜로움과 작위가 있으면 사물이 스스로의 모습을 보존할 수 없다. 사물이 스스로의 모습을 보존할 수 없으면 무엇을 싣기에는 부족함이 있게 된다. 천지가 짐승이 살아갈 수 있기 위해 풀을 만든 것은 아니지만 짐승은 풀을 먹고, 인간의 생존을 위해서 개를 만들지는 않았지만 인간은 개를 먹는다. 이처럼 천지는 만물에 대해 무위하지만 만물이 각각 그 쓰임의 적절한 바에 있으면 넉넉하지 않음이 없을 것이다. 만약 자신의 지혜를 내세워 일을 세우고자 한다면 아직 맡기기에는 부족하다"라고 하였다.

왕필의 이러한 서술들은 모두 질박함이 곧 도이며 자연이라는 것을 설명하기 위한 것이다. 그러므로 왕필의 명교가 자연에서 나왔다는 주장은 (名敎出於自然論) 무無를 근본으로 삼는 그의 무본론無本論과 일맥상통한다. 다시 말해서 왕필은 본체론적 측면에서 무를 근본으로 삼고, 사회정치적인 면에서는 명교를 자연에 귀속시켰다. 이러한 '명교출어자연론'은 언뜻 보기에는 자연과 명교의 관계를 해결한 것 같지만 사실은 자연으로써 명교를 풀어내려 한 것이며, 나아가 명교를 자연 속에 묻어버린 것이다. 그러므로 왕필에게는 아직 명교와 자연 사이의 모순이 진정으로 해결된 것이 아니다.

왕필의 현학에서 주장하는 '명교출어자연론' 속에 잠재되어 있는 명교와 자연 사이의 모순은 죽림현학에 와서 본격적으로 드러났는데, 이는 '명교를 넘어 자연에 맡긴다'(越名敎而任自然)라는 명제로 귀결될 수 있다. 왕필은 명교를 자연 속에 용해시켰는데, 이는 형식적으로 명교를 해소하는 것이다. 그러나 죽림현학에 이르러 사람들은 공개적으로 명교를 포기하고 순수하게 자연에 맡겨야 한다는 주장을 내세웠다. 이러한 구호 내지 주장은 아주 생동적으로 보이지만 사실상 허황된 것에 불과하다. 왜냐하면 명교가 없어지면 자연도 또한 근원적으로 그 존재의 사회성과 현실성을 잃게 되고, 환상 속에서만 존재할 수 있는 그림자가 되기 때문이다.

그러므로 혜강과 완적이 아무리 목소리를 높여 '자연에 맡기라'는 구호를 외친다 하더라도 자연에 맡겨질 수가 없다. 왜냐하면 이러한 자연은 실제로 일종의 정신적인 환상일 뿐이지 정신의 자유로운 경지가 아니기 때문이다. 그렇기 때문에 이와 같은 자연은 인간생명의 존재와 이상에 아무런 도움이 되지 않는다. 혜강과 완적 또한 그러한 환상 속에 머물러 있지 못하고 현실의 명교에 빠져들어 마침내 그 속에 매몰되었던 것이다. 혜강이 죄를 얻어 피살되었을 때, 그 죄의 명분은 "언설이 방탕하고, 경전을 비난하고 해치는 것"(『진서』, 「혜강전」)이었다. 완적은 비록 형벌은 면했지만 "현실에는 영웅이 없고, 못난 사람들이 이름을 얻게 되었다"(『진서』, 「완적전」)는 울분 속에서 죽음을 맞이했다. 역사의 변증법이 항상 그러하듯이 아무리 명교를 넘어서려고 해도 끝내 그것을 넘어서지 못하였고, 현실사회는 자연에 의탁하는 환상을 명교 속에 가두어버렸다.

그리하여 서진西晉 혜제惠帝의 원강元康 시기에 이르러 배위裴頠는 공연하게 '숭유론崇有論'을 제기하면서 사회 명교를 옹호하기 시작했다. 결국 그는 다른 극단, 즉 '자연을 넘어서 명교에 맡기는'(越自然而任名敎) 길로 나아가게 되었는데, 이와 같이 순수하게 명교에 맡기는 관점도 또한 실현될 수 없다. 사회에서 명교가 사라지면 자연 또한 허무한 환상이 되어버리고 아무런 의미도 없어지게 되는 것처럼 마찬가지로 사회에서 자연이 소실되면 명교도 또한 명분과 교화의 가치와 의미를 잃어버리고 동물의 왕국에서와 같은 행동방식으로 되어버리므로 오직 사회적 권력의 압박만이 남을 것이다. 이것이 바로 배위의 '명교에 맡기라'는 명제가 낳은 결과이다. 그리고 서진 시기에 있었던 '팔왕의 난'이 바로 동물들 사이에서 벌어진 힘싸움과 같은 것이 아니겠는가? 배위 자신도 팔왕의 난의 희생양이 되었고, 그가 맡기고자 한 명교에 의해서 살해되었다. 순수하게 명교에 맡기는 생각 역시 미흡한 것이고, 그것을 초월해야 한다는 사실을 역사의 변증법이 다시 한 번 증명한 셈이다.

정시현학과 죽림현학, 그리고 원강 시기의 배위현학을 통해 알 수 있듯이 명교와 자연 사이의 문제를 해결하는 데에 있어서 둘 중 하나를 다른 것에 귀속시켜서는 안 된다. 다시 말하면 명교는 초월되어서는 안 되지만 또한 어떤 의미에서는 초월되어야만 한다는 것이다. 그렇다면 남은 문제는 명교와 자연을 각각 확인하고 나아가서 그들을 유기적으로 통일하는 것이다. 이것이 바로 곽상이 직면하고 있었던 사상적 임무였다.

그렇다면 곽상은 이를 어떻게 수행했는가? 그는 단순히 피상적인 측면에서 양자가 결합될 수 있는 점을 찾고자 한 것이 아니라, 사상적 기저에서 그 계기를 발견하고자 했다. 구체적으로 곽상은 세 단계를 거쳐서 이 임무를 수행했다.

첫 번째 단계는 사회규범의 외재적 형식인 명교를 해소하고 그것을 인간 심성의 기초에 접목시키는 것이다. 명교는 형식적인 측면에서 가장 먼저 구속성을 지닌 외재적 규범으로 드러나는데, 이것은 인간의 행위를 제한하고 속박함으로써 사람의 자연적인 성정과 충돌한다. 그러나 이것은 오직 명교의 외재적 형식일 따름이다. 인간사회에서 명교가 출현할 수 있었던 것은 사회가 그것을 필요로 했기 때문이다. 그리고 사회가 명교를 필요로 한 이유는 그것이 인간 본성의 표현이기 때문이다.

곽상은 "말의 참된 본성은 안장(鞍)을 거부하고 사람들이 자기를 올라타는 것을 싫어하는 것이 아니라는"(「馬蹄注」) 이치를 설명했고, 나아가서 "소가 코가 뚫리고, 말이 머리에 낙인이 찍히는 것을 거부하지 않는 것도 천명의 마땅함이다. 진실로 천명에 맞는 것이라면 그것이 비록 인간에 의해서 행해지더라도 그 근본은 천명에 있는 것이다"(「秋水注」)라고 주장했다. 다시 말해서 소는 코가 뚫리고 말은 머리에 낙인이 찍히는 것을 받아들이는 것도 소와 말의 천명, 즉 그것의 본성이자 본질인 것이고, 만약 그것이 결여되면 소는 소가 될 수 없고 말도 말이 될 수 없다는 것이다. 이와 마찬가지로 인간이 인간으로 될 수 있는 것도 사회적 예의규범을 받아들일 수 있기 때문이며, 더 나아가서 이 예의규범은 또한 인간의 본질이자 본성이다. 그러므로 곽상은 "무릇 인의는 인간의 본성이다"(「天運注」)라고 했고, "무릇 인의와 같은 것은 사람의 성정이며, 다만 그것을 마땅하게 맡길 수 있어야 한다"(「騈拇注」)라고 했으며, "인의가 사람의 감정을 비난하는 것이 두려워서 그것을 걱정하는 것은 지나친 걱정이다"(「변무주」)라고 강조했다. 이와 같이 곽상은 제도와 강령으로서의 예의규범을 인간의 본성으로 스며들게 하고, 그것을 인간으로서 인간이 될 수 있게 하는 참된 본성(眞性)으로 규정했다.

두 번째 단계에서 곽상은 정신적 자유로서의 자연이 지니고 있는 허황된 성향을 해소하였으며, 자연을 사물 존재의 차원에 도입하여 사물 존재의 소이연所以然, 즉 내재적 근거와 원인으로 해석하고자 했다. 그에 따르면 죽림현학에서 말하는 자연은 일종의 환상이고 허황된 정신적 자유이며, 실질이 없이 공허한 것에 불과하다. 곽상이 말하는 자연에서 매우 중요한 것은 그가 자연을 존재하는 만물의 내재적 근거나 자기원인으로 보고 있다는 점이다.

이 점에 대해서는 앞서 서술한 바가 있는데, 예를 들면 그는 "이는 모두 그러한 까닭을 몰라도 저절로 그러한 것일 따름이다"(「소요유주」), "사물은 각기 저절로 그러한 것인데, 저절로 그러한 까닭을 알지 못한다"(「제물론주」), "무릇 천지만물은 날로 변화하고 때와 함께 나아가는데, 어떻게 새로운 사물이 생겨나는가? 저절로 그러할 뿐이다"(「제물론주」), "참된 주재(眞宰)의 징조와 흔적을 탐색하려고 해도 끝내 그것을 얻을 수 없으니, 사물을 밝게 하는 것은 모두 저절로 그러한 것이지, 다른 어떤 것이 아니다"(「제물론주」) 등과 같이 자연의 의미를 서술하였다. 여기서 그가 말하는 자연은 바로 '독화獨化'이다. 곽상의 이와 같은 해석을 통해 허황된 정신적 환상으로서의 자연이 실제적인 의미를 지니게 되었고, 나아가서 인간을 포함한 사물들의 존재적 근거가 되었다.

세 번째 단계에서 곽상은 명교와 자연을 통일시켰다. 인간의 측면에서 말하자면 명교는 인간이 인간으로 될 수 있는 본질이자 본성이며, 곽상의 말로 표현하면 그것은 바로 인간의 '성분性分'이다. 그리고 자연은 인간존재의 소이연이고 내재적인 근거이자 원인, 즉 인간의 '독화獨化'이다. 그러므로 인간존재의 본체론적 의미에서, 명교는 곧 자연이고, 자연은 또한 명교임이 분명하게 드러난다.

명교는 인간존재의 본성이자 본질이고, 인간은 이런 자기의 본성에 따라 존재할 때 자연적 존재가 되는데, 이것이 곧 자연이다. 달리 말하면 자연은 자유로서 자기 스스로 말미암는데, 자기 스스로 말미암는다는 것은 인간이 자신의 본성과 본질 그대로 존재하는 것이고, 인간이 실제적인 사회에서 존재하는 가운데 명교에 의거해서 행위하게 되는 것이 바로 명교이다. 그래서 현실 속에서 사회성을 지니고 살아가는 인간에게 있어서 명교와 자연은 일치되고, 통일되는 것이다. 이것이 바로 '명교가 곧 자연'(名敎卽自然)이라는 것이다.

이와 같이 곽상의 현학에서 명교와 자연은 통일적이다. 그렇다면 이러한 통일은 어떻게 표현될 수 있는가? 실제로 그것은 일종의 경지이다. 그리고 이러한 경지에 이를 수 있는 관건은 무엇보다도 '무심無心'에 달려 있다. 여기에서의 무심은 마음을 비우는 것, 즉 이성적인 인식방식을 직각直覺적인 체오體悟의 방식으로 전환시키는 것을 말한다. 우리가 명교와 자연이 어떻게 통일되는지에 관해 논의할 때, 이러한 통일은 실제로 주체인 자아 또는 심心과 분리된 것이다. 그러므로 이때의 자아 또는 심은 아직 이러한 통일 속에 스며들지 않았기 때문에 '명교가 곧 자연'인 경지에 이르지 못한 것이다. 그래서 인간이 진정한 명교와 자연의 통일을 이루려면 인간에게 있는 자아 또는 심을 없애야 하는데, 그것이 바로 무아無我 또는 무심無心이다. 그렇다면 어떻게 하면 무심의 경지에 이를 수 있는가? 이는 실제로 심을 없앤다는 의미인가? 당연히 그렇지 않다. 실제로 무심은 심의 자연화 혹은 독화를 의미하는 것으로 그것을 항상 스스로 그러하게 존재하고 움직이게 한다는 것이다. 이에 대해 곽상은 다음과 같이 말했다.

> 지인至人의 마음은 거울과 같아서 사물을 비추고 숨기지 않으므로 광활하니 가득 채우거나 비우는 변화가 없다.(「제물론주」)

> 무릇 사물과 더불어 명합하는 자는 사물의 무리가 그를 떠날 수 없다. 그러므

로 무심으로써 사물에 현응玄應하고, 오직 감응한 바에 따르며, 매여 있지 않은 배와 같이 떠 있고, 동쪽이나 서쪽이 모두 스스로의 것으로 삼지 않는다.(「소요유주」)

무릇 성인의 마음은 음양의 변화에 지극하고, 만물의 오묘한 수數를 궁구하므로 어떠한 변화에도 합치할 수 있고, 올바르지 않은 데로는 가지 않으며, 만물을 두루 감싸고 있으니 어떤 것도 그러하지 않은 것이 없다.(「소요유주」)

신인神人은 무심으로써 사물에 순응하는 자이다.(「인간세주」)

항상 무심으로써 대상에 순응하기 때문에 좋은 것과 나쁜 것, 선한 것과 악한 것, 나와 대상이 둘이 아니게 된다.(「대종사주」)

무심하면 사물은 각기 스스로 자신의 지혜를 주재할 수 있다.(「應帝王注」)

그 마음이 드넓게 트여 있어서 조금의 어긋남도 없다.(「刻意注」)

하늘의 덕(天德)을 잇는 자는 무심으로써 모든 사물을 아우른다.(「각의주」)

성인은 무심하여 세상이 스스로 이루어지도록 맡기니, 그것이 두텁거나 얇게 이루어지는 것은 모두 성인이 한 것이 아니다. 성인은 세상이 스스로 얻도록 맡길 따름이니 어찌 세상으로 하여금 그 성스러움을 얻게 할 수 있겠는가!(「繕性注」)

마음과 몸을 없게 한 후에야 외물에 대한 집착을 없앨 수 있다.(「田子方注」)

변화하거나 변화하지 않음을 모두 그것에 맡길 따름이니, 이것이 곧 무심이다.(「知北游注」)

무심으로써 직접 스스로의 변화에 맡기는 것이지, 그것을 맞이하여 인위적으로 순종하는 것이 아니다.(「지북유주」)

무릇 무심으로써 변화에 맡기는 것이 뭇 성인들의 노니는 바이다.(「지북유주」)

(시인은) 스스로의 마음을 없게 함으로써 모든 사물과 함께한다.(「庚桑楚注」)

여기에서 말하는 무심無心은 당연히 심 자체가 필요하지 않음을 말하는 것이 아니라 사물의 변화와 함께하고, 사물과 더불어서 명합冥合하는 것을 가리킨다. 곽상은 이러한 경지를 묘사하기 위해 '박연무심泊然無心'(「徐无鬼注」)이나 '무심현응無心玄應'(「소요유주」)과 같은 표현을 사용했다. 이와 같은 단계에 이르면 인간의 외재적 행위와 내재적인 정신의 자유경지가 서로 연결되고, 명교와 자연이 일체를 이루게 된다.

그러므로 곽상의 '명교즉자연론名敎卽自然論'은 일종의 경지론, 혹은 정신 경계론이다. 곽상은 『장자주』에서 심혈을 기울여서 이러한 명교와 자연의 일체를 이룬 성인의 경지를 묘사했다.

무릇 신인神人이란 바로 지금의 성인을 가리킨다. 성인은 비록 몸이 관직에 있더라도 그 마음은 산림 속에서 있는 것과 다르지 않다는 것을 세상 사람들이 또한 어찌 알 수 있겠는가! 세상 사람들은 오직 헛된 황금으로 치장된 집과 패옥만을 보고서 성인의 마음을 어지럽히기에 족하다고 말하고, 산천山川을 편력하고 백성과 함께 생활하는 것을 보고 그 정신을 초췌하기에 족하다고 말하는데, 그들이 어찌 지극한 경지에 이른 사람은 이런 것들로 인해 그 마음이 손상되지 않음을 알 수 있겠는가!(「소요유주」)

무릇 자연에 맡기고 시비를 잊은 사람의 요체는 오직 하늘의 본성에 맡기는 것일 따름이니, 그 외에 또한 무엇이 있겠는가! 그러므로 그가 서 있는 모습은 마른 나무와 같고, 움직이는 모습은 말라비틀어진 가지와 같으며, 앉아 있는 모습은 타고 남은 재와 같고, 걷는 모습은 티끌이 떠다니는 것과 같다. 움직이고 멈추는 모습은 내가 하나로 할 수 없는 것이며, 무심히 자득自得하는 모습은 내가 둘로 나눌 수 없는 것이다.(「제물론주」)

무릇 성인은 자기가 없는(無我) 사람이다. 그러므로 혼란하고 의심스러운 것은 밝혀서 경계를 밝히고, 기이하고 괴이한 것을 하나로써 관통한다. 다른 무리들로 하여금 각자가 처한 바에 편안하게 있게 하고, 사람들로 하여금 마땅한 바를 잃지 않게 하며, 자기가 만물에 쓰임을 받지 않으면서도 만물이 각자 자기의 쓰임을 드러내게 한다. 만물은 모두 스스로의 쓰임이 있으니, 어느 것이 옳고 어느 것이 틀린 것이 있겠는가! 그러므로 성인은 변화를 그대로 놓아주고, 기이한 사물의 특출한 점을 부드럽게 하여 따르게 하고, 각자 스스로의 쓰임에 맡기는 것이니, 비록 그 쓰임은 제각각 다르나 지나고 보면 모두가 스스로 밝게 드러나는 것이다.(「제물론주」)

만약 모든 사물이 자신의 본성을 펼치고 각자 자기가 처한 바에 편안하게 있으며, 멀고 가까움이 없이 그윽하게 저절로 그러한 것에 따르면 모두가 그 지극함을 얻을 것이니, 그렇게 되면 저것은 마땅하지 않음이 없게 되고, 나 또한 즐거워하지 않음이 없을 것이다.(「제물론주」)

그러므로 성인은 그러한 경지를 티끌의 바깥에 해당하는 것으로 하고, 보고 듣는 표면에 그윽하게 합치하여, 하늘의 도리로써 비추어보면서 거슬러서 헤아리지 않고, 있는 그대로 맡겨 더 이상 미루어 밝히지 않는다.…… 무릇 편안한 때에 처하여 순응하고자 변화를 탐구할 수 없으니, 삶을 마땅하다고 여기고 죽음을 걱정하며, 옳다고 생각되는 것에 집착하고 잘못된 것을 분별하고자 하는 자들은 모두가 거슬러서 헤아리는 무리들이다.(「제물론주」)

오직 큰 성인만이 집착하는 바가 없으므로 아무것도 모르는 것처럼 곧바로 나가서 변화와 일체를 이루고, 변화와 일체를 이루면서도 항상 홀로 노니는 사람이다.(「제물론주」)

무릇 하늘을 우러러보고 땅을 굽어보면서 스스로 깨우친 곳에서 소요逍遙하는 것이 양생의 핵심 요지이다.(「양생주주」)

지금 현묘함에 통하고 변화에 합치하는(玄通合變) 경지에 이른 사람은 어느 때나 불안함이 없고, 어떤 곳에서도 순응하지 못할 것이 없으며, 아득히 천지의 조화와 하나가 되니, 어디를 가더라도 내가 아닌 것이 없다. 얻을 것도 없고 잃을 것도 없으며, 삶도 없고 죽음도 없을 것이다. 그러므로 그 품수한 것에 맡기면 슬픔이나 즐거움이 그 사이에 끼어들 수 없는 것이다.(「양생주주」)

그러므로 명연冥然히 그 닥치는 일을 운명으로 삼아 그 사이에 마음을 쓰지 않으면 혼연하게 지극히 당연함과 일체가 되어 쉴 새 없이 두려워할 필요가 없다. 비록 범인凡人을 대할 때도 이와 같은 이치에서 벗어날 수 없고 적합하지 않음이 없는데, 하물며 군왕과 어버이에 대한 일에 있어서이랴!(「인간세주」)

그러므로 대인大人은 나를 드러내지 않으면서도 저것을 비춰주며, 저것의 스스로 밝아짐에 맡기고, 나의 덕으로써 다른 사람을 다스리지 않고 사람이 스스로 얻는 것에 맡기기 때문에 만물에 두루 관통하여 다른 사람과 현동玄同하여 혼연히 천하와 하나가 되니 내외가 함께 복福되는 것이다.(「인간세주」)

지극한 천수天數의 오묘함을 체감하므로 같지 않은 사물이 없는 것을 알고, 같지 않은 사물이 없기 때문에 생사의 변화도 나의 집착이 아니면 나아갈 곳이 없다는 것을 알게 된다. 그러므로 태어나는 것도 나의 시時이고, 죽는 것도 나의 순順이니, 시는 내가 모아진 것이고, 순은 내가 흩어진 것이다. 흩어지고 모아지는 것이 비록 다르다 할지라도 모두 내가 하는 일이기 때문에 태어난다고 해서 무엇을 얻은 것이 아니고, 죽는다고 해서 무엇을 잃은 것도 아니다. 그러므로 생사의 변화는 하나이고, 그 하나임을 알면 초연하게 거기에 매여 있지 않고 나와 그가 현동하니, 생사를 자다가 깨어나는 것으로 삼고 형체를 잠시 머무는 하찮은 여관으로 여기며, 삶을 버리는 것을 신발 벗는 것처럼 여기고 발이 잘리는 것을 흙덩이를 터는 것처럼 여긴다면 어떤 것이든 그 마음을 어지럽게 할 수 없을 것이다.(「德充符注」)

무릇 진인은 하늘과 사람을 같게 여기고 만 가지의 차별을 가지런히 한다. 만

가지의 차별이 서로를 비난하지 않고, 하늘과 사람이 서로 대립하지 않기 때문에 넓게 트여 하나가 아닌 것이 없고, 모든 것에 명합하여 있지 않은 곳이 없어서 나와 그가 현동하게 된다.(「대종사주」)

무릇 이치에는 지극함이 있고 안(內)과 밖(外)이 서로 명합冥合하기 때문에 밖의 극치에서 노닐면서 안과 명합하지 않는 것이 없고, 안과 명합하면서도 밖에서 노닐지 않는 것이 없다. 그러므로 성인은 항상 밖에서 노닐면서도 안과 명합하고, 무심으로써 사물에 순응한다. 그렇기 때문에 종일토록 형체를 움직여도 정신에는 변함이 없고, 만 가지 기틀을 살펴볼 수 있지만 항상 담연淡然함을 유지할 수 있다.(「대종사주」)

태충太沖의 지극함에 처하고 드넓게 마음을 노닐면서 만방萬方과 현동하므로 이기고 지는 것이 그 사이에 끼어들 수 없게 된다.(「응제왕주」)

물결은 항상 무심하고 부드럽게 외물에 순응하므로 비록 그것이 흐르고 멈추지만, 돌고래가 몸을 뒤척이고 용이 뛰놀아도 연못은 스스로 같은 모습을 유지하고 그 고요함을 잃지 않는다. 무릇 지인이 그것을 쓰면 움직이고 버리면 멈추니, 움직임과 멈춤이 비록 다르더라도 모두 고요할 따름이니, 이는 세 가지 다른 것을 열거하여 밝힌 것이다. 비록 물길은 아홉 번 변하고 혼란함을 다스리는 것이 번잡하지만 그 지극함에 처하면 담연하게 자득할 수 있고, 초연하게 인위를 잊게 된다.(「응제왕주」)

위에서 열거한 문장들은 모두 『장자』 내편에 나오는 성인의 자유로운 정신적 경지에 대한 곽상의 주석들이다. 그에 따르면 성인은 인간사회를 초탈하여 세속을 벗어난 사람이 아니라 항상 사회 속에서 존재하는 사람이다. 나아가서 그는 종일토록 한가로이 노닐고 있는 것이 아니라 시시각각 사회적인 삶에 참여하고 세상을 다스리는 데 동조하고 있다. 바로 이와 같은 천하를 다스리는 행위, 즉 명교의 범주 속에서 그는 사물의 지극함에 이르고 담연자약淡然自若의 경지, 즉 자유자재로서의 자연의 경지에 이르게 된다. 이 경지에 이르러야 명교는 진정한 명교가 되고, 자연은 참된 자연이 되므로 양자의 진정한 통일이 이루어지는 것이다. 이것이 바로 곽상이 말하는 내성외왕의 도이다.

제3장

장자와 곽상의 사회인생 사상

앞선 두 장에서 우리는 각각 장자의 소요론逍遙論과 곽상의 내성외왕內
聖外王의 도에 나타난 사회인생 사상을 다루었다. 이러한 사회인생 사상이
장자와 곽상의 철학에서 가장 중요한 내용 중의 하나임은 틀림없다. 그렇
다면 지금부터는 장자와 곽상의 사회인생 사상을 전체적으로 확인하고, 시
대의 변천에 따라 인생 문제에 대한 장자와 곽상의 감성과 인식이 어떻게
다른지에 대해 규명할 필요가 있다.

1. 장자와 곽상의 시대적 상황과 사회적 낙인

장자와 곽상의 사회인생 사상과 이론은 필연적으로 그들이 살고 있는
시대의 산물이다. 장자는 전국시대의 사람이다. 그 당시 사회의 생산량은
이미 어느 정도 발전되어 있었는데, 그 중요한 징표가 바로 철기와 철제
농기구의 일반적인 사용이다. 예를 들면『관자管子』「경중을輕重乙」에는 "농
사일은 반드시 가래, 쟁기, 낫, 호미, 곰방메, 벼 베는 낫 등이 있은 뒤에야

농부의 재능을 이룰 수 있다. 수레를 만드는 장인도 도끼, 톱, 바퀴 통쇠, 집게, 끌, 굴대 등이 있은 뒤에야 장인의 재능을 이룰 수 있다. 여인에게도 반드시 칼, 송곳, 바늘, 돗바늘 등이 있어야 여인의 재능을 이룰 수 있다" 등과 같은 기록이 있다. 그리고 『맹자孟子』「등문공상滕文公上」에도 철제 농기구에 관한 내용이 있다. 이처럼 철제 도구가 일반적으로 사용되는 동시에 소도 경작에 쓰이기 시작했는데, 예를 들면 『국어國語』「진어구晉語九」에는 "종묘의 제사로 쓰이는 소가 밭을 가는 데 쓰였다"라는 표현이 나온다. 또한 이 시기에는 철제 도구의 일반화로 인해 사회적 생산력이 향상되고 그에 따라 잉여생산물이 점점 축적되기 시작했다. 『여씨춘추呂氏春秋』「상농上農」에서는 이러한 현상을 "상등의 밭을 갖고 있는 농부는 9인의 식량을 생산해야 하고, 하등의 밭을 갖고 있는 농부는 5인의 식량을 생산해야 하며, 이보다 많이 생산할 수는 있지만 적게 생산하면 안 된다. 요컨대 한 사람의 농부가 열 명이 먹을 수 있는 식량을 생산할 수 있어야 한다"라고 표현했다. 이 말에 약간의 과장이 있기는 하지만 전반적으로 전국시대의 생산효율이 대폭 높아진 것은 사실이다. 그리고 이러한 사회생산력의 발전으로 인해 노예제가 해체되고 봉건제가 확립되는 것은 당연한 결과이다. 장자는 바로 이와 같은 시대에 살았다.

　『사기』「맹가순경열전孟軻荀卿列傳」에 따르면 "진秦나라는 상앙商鞅을 등용하여 부국강병을 이루었고, 위魏나라와 초楚나라는 오기吳起를 등용하여 약한 적을 이겼으며, 제齊나라의 위왕威王과 선왕宣王은 손자孫子와 전기田忌의 무리를 등용하여 제후들로 하여금 동쪽 제나라에 와서 조공을 하게 하였다"고 하였는데, 이것이 바로 전국 시기 제후국들이 서로 앞다투어 부국강병을 이루기 위해 새로운 변법變法을 도모하던 사회정치적 형세이다. 여기에서의 변법은 법을 세우는 방식으로 노예제의 생산관계를 해체하고 새로운 봉건제의 생산관계를 구축하는 것을 가리킨다. 물론 전국 시기의 제후국들 중에서 변법을 가장 철저하고 효과적으로 실행한 것은 진秦나라이다.

상앙이 진나라에서 기원전 356년과 350년 두 차례에 걸쳐 시행한 변법에서 본질적인 요소는 두 가지이다. 하나는 정전제井田制를 폐기하고 논밭 사이의 길을 열며, 토지매매를 허용하여 토지의 사유화를 합법화시키는 것이다. 다른 하나는 나라의 도都, 향鄕, 읍邑을 통합하고, 그것을 다시 41개 현縣으로 재편하여 각 현마다 영令과 승丞이라는 관직을 두어 낡은 귀족들의 봉읍을 철저히 와해시키는 것이다.

이와 같은 두 가지 측면에서의 변법은 경제적 · 정치적으로 향후 중국 봉건사회의 근본적 기틀을 마련했다. 중국의 봉건사회가 유럽의 영주제領主制와 다르게 발전한 것은 바로 이러한 상앙의 변법과 직접적인 연관이 있다. 그리고 진나라가 전국을 통일함으로써 상앙의 변법에 의해 확립된 봉건체제는 전국으로 확장되었다. 만약 이 시기에 제나라나 초나라가 전국을 통일했더라면 그 이후의 중국 봉건사회는 실제 역사에서 나타난 것과 사뭇 다른 모습을 지녔을 것이다. 전체 중국 봉건사회에서, 토지매매와 토지사유는 매우 중요한 역할을 하였기 때문에 유럽과 같은 영주제가 아닌 군현제郡縣制가 탄생한 것이다.

논의가 다소 빗나간 것 같지만 다시 장자가 살았던 전국시대로 돌아오도록 하자. 전국시대에 들어오면 생산력의 발전으로 인해 과거의 노예제도가 와해되고 새로운 봉건제도가 구축되었지만 큰 변동기에 처해 있는 이 시기에는 아직 전체적인 통일이 이루어지지 않았기 때문에 전국적으로 일관된 봉건제적인 경제체제나 정치체제가 성립되지는 않았다. 비록 현대에 살고 있는 우리는 당시 봉건사회의 출현이 필연적인 것이라고 쉽게 밀힐 수 있겠지만 만약 그 당시에 살고 있었더라면 이러한 결론을 도출하기가 힘들었을 뿐만 아니라 더욱이 장차 출현할 사회에 대해 그 어떤 믿음이나 희망도 가질 수 없었을 것이다.

물론 당시에도 소수 신흥지주 계층의 사상가나 정치가들은 미래에 다가올 봉건사회에 대해 희망과 동경을 지녔고, 나아가서 새로운 사회의 건설에 적극적으로 기여하기도 하였다. 그러나 다른 사상가들, 특히 장자와 같은 신흥지주 계층이 아닌 평민 계층의 사상가들에 있어서 노예제가 와해되고, 그것을 대신할 새로운 봉건제의 흥기는 그다지 희망적이거나 기대할 만한 것이 되지 못했을 것이다. 상식적으로 생각하면 그는 이러한 시대와 사회의 변화 속에서 방황하고 슬퍼하면서 어쩔 수 없는 심정을 가졌을 것이다. 그리하여 그는 인간이 어떻게 살아 나가야 하고, 어떻게 처세를 하면서 생활을 영위해야 하는지, 그리고 인생의 의미와 가치는 어디에 있고, 인간의 본질은 무엇인가와 같은 문제에 대해 사유하고 그 해답을 탐색했을 것이다. 그러므로 장자가 소요유逍遙遊를 이야기하고, 인간의 무대無待한 정신적 자유경지에 대해 논하는 것도 마땅히 평민 지식 계층으로서 그가 추구할 수 있는 비교적 현실적인 이상과 목표로 이해해야 할 것이다.

한편, 곽상이 살았던 시대는 서진西晉시대이고, 이 시기는 장자가 살았던 전국시대와는 근본적인 차이가 있다. 무엇보다도 전국시대에 비해 서진 시기의 가장 큰 변화는 봉건제가 경제·정치·사상문화 등 각 방면에 안착되고, 그것이 이미 전형적인 전기 발전단계에 들어섰으며, 그 형태는 구체적으로 문벌사족이라는 사회세력이 형성되고 실제 정치생활 중에서 결정적인 역할을 담당하는 것으로 나타났다. 예를 들면 녹림군綠林軍 봉기를 통해 동한東漢 정권을 건립한 광무제光武帝 유수劉秀도 일련의 호족지주들의 지지와 옹호로 말미암아 성공을 거둘 수 있었던 것이다. 그리고 동한 말년에 있었던 황건군黃巾軍의 봉기도 그 당시 호족지주와 문벌귀족들의 지지를 얻지 못했기 때문에 10개월 만에 실패하고 말았다. 이후 삼국 시기에 이르러 문벌사족과 중앙정권 사이의 관계를 어떻게 처리할 것인지가 당시의 긴박한 시대적 과제가 되었다. 위魏, 촉蜀, 오吳 삼국 중에 특히 위나라에서 중앙정권과 문벌사족, 토호세력 간의 관계 문제는 국가의 가장 중요한 정치적 과제였다. 그리고 서진시대에 와서 구품중정제九品中正制의 전면적인 실시로 인해 문벌사족들의 정치적 지위는 더욱 강화되었고, 정치에 대한 그들의 역할도 커졌다.

이와 같은 사실들은 모두 이 시기의 봉건제 발전양상이 비록 전기단계에 속하지만, 그 지위 자체는 이미 공고하게 확립되어 있었음을 말해준다. 그러므로 이 시기의 봉건제는 명확한 사회정치 제도로 안착되지 못하고 형성과정에 있던 전국시대의 봉건제와 달리 인간의 기본적인 사회정치 신념과 생활이상으로 고착되었다. 물론 위진 시기 봉건제도의 발전과정에서도 굴곡이 있었고, 정치적으로 비열한 면이 존재했던 것은 사실이다. 그리고 그것은 실제로 사인士人들의 이상과 목표에 혼란과 방황을 초래했기 때문에 혜강嵇康과 완적阮籍을 비롯한 죽림칠현竹林七賢이 나타나서 그것을 폭로하고 비판했다. 그러나 이 시기는 장자가 살았던 전국시대와 질적으로 다르므로 혜강과 완적의 사회비판이 지니는 사상적 가치와 의의 역시 장자의 그것과는 같지 않다.

곽상이 살았던 서진시대에는 비록 진혜제晉惠帝라는 백치 황제와 '팔왕의 난'과 같은 정치적 동란이 있었지만 봉건제의 주류와 방향은 여전히 확고했으므로 사인들의 이상이나 복표 또한 명확했다. 그래서 그들은 근본적으로 장자가 살았던 시기에 갖는 의기소침과 방황의 사상적 정서로써 일방적으로 사회의 어두운 면을 비판할 수 없었다. 앞서 서술했듯이 곽상도 사회정치나 군주의 행실, 그리고 사회현실을 비판하고 있지만 그것은 일방적인 것이 아니라 그 속에 어느 정도의 긍정이 들어 있다. 바로 이러한 긍정성을 지닌 비판이 현실에서의 인생 이상과 복표를 실현하는 계기를 마련했고, 내성內聖과 외왕外王을 통일시켰으며, 나아가서 명교와 자연을 조화시키는 내성외왕의 도를 낳았던 것이다.

2. 장자와 곽상의 사회인생 사상

장자와 곽상의 사회인생 사상에는 기본적으로 유사한 점이 많이 있지만, 또한 각각 서로 다른 내재적인 함의와 의의, 그리고 가치를 지니고 있다. 구체적으로 말하자면 장자와 곽상은 사회·정치·인생 등의 측면에 관해서 서로 다른 사상을 내세웠는데, 그것을 다음과 같은 몇 가지로 나누어서 설명할 수 있다.

1) 인생 목표의 차이

장자와 곽상이 사회의 문제를 논의할 때는 항상 인생의 문제와 연관된다. 그렇다면 그들의 인생 목표는 무엇인가?

장자의 인생 목표는 이른바 '소요유'이다. 그렇다면 소요는 어떠한 것인가? 그것은 다름 아닌 마음의 노닒, 즉 심유心遊 또는 유심遊心을 의미하는 데, 이는 인간의 마음이나 정신이 이를 수 있는 자유로운 무대無待의 경지를 가리킨다. 현실세계 속에서 인간의 몸은 다양한 사회적 관계의 제한과 속박을 받게 되고, 그 행위가 항상 일정한 관계와 조건 속에서 존재하고 표현되기 때문에 절대적 자유란 있을 수 없다.

예를 들어 장자는 「소요유」에서 몇 천 리나 되는 곤鯤이 자유로운가 하는 질문에 대해 부정적으로 답하고 있다. 왜냐하면 그것이 아무리 크다고 하더라도 그의 생존과 생활은 '북명北冥'이라는 바다를 벗어날 수 없고, 바닷물을 존재의 전제조건으로 삼지 않으면 안 되기 때문이다. 그리고 이러한 곤이 붕새로 변하여 그 등이 몇 천 리나 되고, 펼친 날개가 하늘을 가득히 드리운 구름과 같으며, 까마득히 높은 하늘에서 날 수 있게 되더라도, 그것을 자유롭다고 할 수 있겠는가? 장자는 붕새도 또한 자유로운 존재가 아니라고 대답한다. 왜냐하면 붕새가 날기 위해서는 바람에 의존해야 하고, 이러한 바람은 또한 바다의 기운이 움직일 때 생겨난 큰 바람이어야 하기 때문이다.

그러므로 곤이든 붕새든 겉으로는 자유롭고 초탈한 기세를 지닌 것 같지만 실제로는 매미와 비둘기, 그리고 메추라기와 같은 작은 새들과 존재적으로 같으며 어떤 것에 의존해야만(有待) 하기 때문에 자유로운 존재가 아니다. 마찬가지로 '온 세상이 모두 칭찬하더라도 더 힘쓰지 않고, 온 세상이 모두 비난하더라도 기세가 꺾이지 않으며, 자기의 내면과 외면의 사물의 구분을 확립하고, 영예나 치욕 따위가 바깥 영역의 일임을 변별하고 있는' 송영자宋榮子나 '바람을 조종하여 하늘을 날아다녀 가뿐가뿐 즐겁게 잘 날아서 15일이 지난 뒤에 땅 위로 돌아오는' 열자列子의 경우에도 언뜻 보기에는 자유로운 것 같지만 실제로는 그렇지 않다.

그렇다면 인간의 자유는 도대체 어디에 있는가? 인간의 일생은 자유로울 수 있는가? 이러한 문제들에 대해 장자가 고민한 결과는 다음과 같다. 즉 인간의 몸에는 자유가 없고, 평생 동안 형체적인 면에서 제한을 받고, 사회관계의 제약을 받으며, 통치자의 통치와 강압을 받고, 빈곤의 위협에 직면하고 있다. 그러나 인간은 또한 다른 동물들과 달리 본능을 통해 생존하는 존재가 아니므로 어떻게든 자신의 생명에 대한 귀속을 마련하고자 하는데, 이것이 자유라는 인생 목표를 설정하는 것이다. 이와 같은 자유의 인생 목표가 바로 마음의 노닒, 즉 정신적 자유로서의 소요유이다.

그러므로 장자의 소요유는 인간의 인생 목표와 귀속으로서 본래 육체적인 노닒을 의미하는 것이 아니라, 마음의 노닒을 가리키는 것이다. 나아가서 그는 "사물을 타서 마음을 노닌다"(「인간세」), "덕의 조화로움에서 마음을 노닌다"(「덕충부」), "마음은 담연함에 노닐고, 기를 광막함에 모은다"(「응제왕」), "마음을 사물의 시초에서 노닐게 한다"(「전자방」) 등과 표현을 사용하여 이 마음의 노닒 상태를 표현했다. 그렇다면 이러한 마음은 어떻게 노닐며, 어느 정도까지 노닐 수 있어야 "홀로 천지의 정묘하고 신묘한 작용과 함께 일체가 되어, 오가면서도 만물 위에서 오만하게 흘겨보지 않는"(「천하」) 경지에 이를 수 있는가?

실제로 여기서 장자의 사상은 두 개의 갈림길에 놓이게 된다. 하나는 미학의 성질을 지닌 철학의 길, 즉 마음(또는 이성)을 일종의 심미적인 차원으로 도입하여 그것을 자연적인 운행 속에 맡기는 것인데, 이를 마음의 독화獨化라고 부른다. 이것을 칸트의 말로 표현하자면 '아무런 이해관계가 없는', '개념을 통하지 않고 사람의 쾌감을 불러일으키는', '단순한 형식의 합목적성, 즉 목적 없는 합목적성을 근거로 삼는' 감상판단이다.[27] 다른 하나는 예술적인 길, 즉 마음(또는 이성)을 형상화하고 인격화하여 세상에서 노니는 인격적 형상이 되게 하는 것이다. 여기에서 장자는 전자의 길로 나아가지 않고 후자의 길을 선택했는데, 그가 만들어낸 '진인眞人', '신인神人', '지인至人', '성인聖人', '천인天人', '덕인德人', '대인大人' '전인全人' 등과 같은 인격형상들이 바로 이를 뒷받침한다. 그리고 이와 같은 지인이나 신인 등은 동일한 형상에 대한 다른 표현이기 때문에 그 내포하는 의미는 또한 동일하다. 즉 그것들은 모두 "곡식을 일체 먹지 않고 바람을 들이키고 이슬을 마시고서 구름 기운을 타고 비룡飛龍을 몰아 사해四海 밖에 노니는"(「소요유」) 초인간적 형상을 가리킨다.

인생의 이상과 목표로서 장자의 소요는 마음의 노닒이고, 어느 것에도 의지하지 않는 절대적인 정신의 자유로운 경지를 의미하기 때문에 그 환상적인 성향과 비현실성이 아주 두드러지게 나타난다. 본래 장자의 인생철학은 마땅히 인생의 현실적인 문제를 해결해 줄 수 있어야 한다. 그리고 그도 현실 속에서 어쩔 수 없는 평민사인들에게 현실의 곤경을 벗어나 안정한 생명을 추구할 수 있는 길을 제시하고자 했다. 그러나 장자는 현실 속에서는 도저히 그러한 길을 발견하지 못했으므로 환상이나 사상 속에서만 나아갈 방향을 찾게 되었다. 인생 목표로서의 소요유의 경지는 아주 광대하고, 그것이 시사하는 정취도 매우 건전하고 긍정적이지만 다소 현실성이 결여되어 있다는 것이다. 즉 소요유의 정신적 경지가 현실과 접목하는 순간, 그 힘을 잃어버리고 사람들에게 망각될 것이다. 그러므로 오랜 역사를

---

27) 康德, 『判斷力批判』 上卷, 商務印書館, 1964, p.40, 57, 64 참조.

거쳤음에도 불구하고, 장자의 이러한 소요유의 인생 목표는 결국 현란한 이상에 머무를 수밖에 없었고, '수신제가치국평천하'와 같은 유가적인 인생 목표의 보조수단으로서 작용하지 않는 한 현실의 목표로서 실행되지 못했다. 그러므로 현실적 인간들은 오직 침울할 때에만 소요유 사상에 애착을 보이고 그것으로 마음의 위안을 삼을 뿐, 환희가 넘칠 때에는 주저 없이 그것을 망각해 버린다.

이런 점에서 장자가 제시한 소요유의 인생 목표에 비해 곽상이 제시한 내성외왕의 목표가 훨씬 더 현실적이라고 할 수 있다. 장자의 인생 목표가 현실의 이상화라고 말할 수 있다면, 역으로 곽상의 그것은 이상의 현실화라고 부를 수 있을 것이다. 곽상의 현학 속에서도 여전히 '성인', '신인', '지인'과 같은 인격들에 관해 언급되고 있지만 그들은 허무맹랑하고 초월적인 존재가 아니라 실제로 현실에 존재하고 사회에서 인생의 이상과 가치를 실현하고 있는 존재들이다. 특히 『장자』에 주석을 붙일 때, 그는 이러한 점에 매우 유의하면서 항상 장자의 인생 목표와 사상에서 드러나는 비현실적인 경향을 수정하는 데 노력했다. 곽상은 이렇게 말했다.

어떤 사람이 말하기를 "다스리기 위해서 다스리는 것이 요堯임금이고, 요임금에 의해 다스려진 바를 더 이상 다스리지 않는 것이 허유許由이다"라고 했는데, 이 해석은 아주 멀리 벗어난 것이다. 무릇 다스림은 다스리지 않는 것(不治)에서 말미암고, 인위적으로 하는 것은 무위에서 비롯된다. 이 뜻을 요임금에게서 취해도 충분할 것인데, 어찌 허유에게서 따로 빌릴 필요가 있겠는가! 만약 산림 속에서 아무것도 하지 않고 묵묵히 살고 난 다음에야 무위라고 할 수 있다면 이것이야말로 노자와 장자의 말이 그 당시의 사람들에게 제대로 받아들여지지 않은 이유이다.(「逍遙遊注」)

무릇 이치에는 지극함이 있고, 내외가 서로 명합하니, 밖의 극치에서 노닐면서도 안에 명합하지 못하는 자가 없고, 능히 안에 명합하면서도 밖에서 노닐지 못하는 자가 없다.…… 어찌 곧바로 성인이 그렇지 않다는 것을 말하는 것이겠는가? 반드시 지극한 이치가 이렇지 않다는 것을 말하는 것이다. 그러므로 장자는 장차 지류支流를 밝히고 종주로써 그것을 통합하며, 천하의 사람들로 하여금 깨달을 수 있도록 해석하고자 한 것이다. 공자가 직접 이러하다고 말하거나, 자기가 본 바에 근거하여 그것을 배척하는 것은 성인 내면의 자취를 넘어서서 방외方外의 술사術士들에게 기탁하는 것이다. 그 기탁한 바를 적절하게 잊고 저술의 대의를 더듬어보면 밖에서 노닐면서 안과 명합하는 이치가 자명할 것이므로 『장자』라는 책은 현실세계와 긴밀하게 관계된 담론을 하고 있는 것이다.(「大宗師注」)

어떤 사람은 말(馬)의 본성에 맡긴다는 말을 듣고서는 그것을 풀어놓고 타지 않는 것이라고 말하고, 무위無爲의 기풍을 듣고서는 걸어 다니는 것이 누워 있는 것만 못하다고 말한다. 세상에 어떻게 가버리기만 하고 돌아오지 않는 이치가 있겠는가! 이는 장자의 본래 뜻과는 멀리 벗어난 것이다.(「馬蹄注」)

우禹임금 시대에 세 성인이 연달아 계승했기 때문에 다스림이 이루어지고 덕이 완비되었으나, 그 후 아름다운 공적이 점점 퇴색되었기에 사적에 그것을 기록하지 않았고, 공자도 그것을 물을 수 없었다. 그러므로 비록 천하가 있으면서도 공자는 그것과 더불어 하지 않았으니, 이것이 있으면서도 없는 것과 같다는 뜻이다.…… 장자가 이 때문에 요임금의 폐해를 밝혔는데, 이러한 폐해는 요임금에서 시작되고 그 허물은 우임금에서 이루어졌으니, 성인이 없는 후세에 이르러서는 더욱 그러하지 않았겠는가! 그러므로 오래된 성인의 자취를 자고子高에 기탁하여, 천하를 포기하고 다스림을 행하지 않으며, 장차 성인을 근절하고 하나로 되돌아가는 것으로써 지혜를 폐기하고 안정을 이루고자 하였던 것이다. 그 실제상황에 대해서는 더 이상 듣지 못했다. 그래서 장자의 말에 대해서 한쪽으로만 따질 수 없고, 황제黃帝의 자취로써 요순의 발걸음이 모자라다고 하는 것은 어찌 오직 요임금만을 귀하게 여기고 우임금을 폄하하는 것으로 이해할 수 있겠는가! 그러므로 마땅히 장자가 기탁한 바를 이어서 그가 말한 '성인을 끊고 지혜를 버린다'(絶聖棄智)는 말의 의미를 파악해야 한다.(「天地注」)

이것이 장자가 덕음德音을 말한 까닭이다. 만약 미혹된 사람들이 말하는 것처럼 크고 작은 것이 서로 바뀐다는 뜻이라면 바뀌는 것이 무수히 많을 것이다. 만약 큰 것을 보고 작은 것을 편안하게 여기지 않고, 적은 것을 보고 스스로 많다고 여긴다면 종일 승부의 경쟁에 시달리게 되고 스스로의 거만함을 조장할 것이니, 어찌 장자가 의미하는 뜻에 이를 수 있겠는가!(「秋水注」)

옛날의 해석에 따르면 장자는 죽음을 좋아하고 삶을 싫어한다고 하는데, 이는 참으로 황당한 학설이다. 만약 그렇다면 무엇 때문에 '가지런히 함'(齊)을 말했겠는가? 가지런히 한다는 것은 살아 있을 때에는 삶을 편안히 여기고 죽을 때는 죽음을 편안히 여긴다는 뜻인데, 삶과 죽음에 대한 감정이 이와 같이 가지런하게 된다면 삶을 마땅하게 여기고 죽음을 걱정하는 일이 일어나지 않을 것이다. 이것이 장자가 말한 요지이다.(「至樂注」)

무릇 장자는 천하의 공평함을 추구하려고 했기 때문에 매번 빗대어 하는 말로써 뜻을 전하였는데, 공자를 비난하고 노담老聃을 천하게 만들며, 위로는 삼황까지 비판하고 아래로는 그 자신의 몸을 병들게 만들었다.(「山木注」)

이와 같이 곽상은 장자의 허무맹랑한 논의들과 사상을 현실에 접목시키려고 노력했다. 그는 '장자의 큰 뜻', '이는 모두 빗대어 하는 말이다.', '그 비유하는 바를 적절하게 잊고, 저술의 대의를 다듬어보면', '장자의 말에 대해서는 한쪽으로만 따질 수 없고'와 같은 표현들을 통해 장자의 언행 가운데 현실에 유용한 사상들을 발굴하려고 힘썼다. 이를 통해 우리는 인생 목표에서 곽상의 현학이 현실을 지향하는 사상적 경향성을 지니고 있음을 짐작할 수 있다.

　곽상의 인생 목표는 현실적이며, 이는 장자의 인생 목표와는 다르다. 곽상의 인생 목표의 특색 가운데 다른 하나는 그것이 예술적 형상성이 아니라 철학적 심미성을 지니고 있다는 것이다. 장자의 경우, 그는 '소요유'라는 인생 목표를 설정한 후 그것을 철학적이고 심미적인 면에서 논증하지 않았고, 오히려 예술적으로 형상화시켰다. 예를 들면 그는 소요유의 경지를 '비룡을 몰고', '일월日月을 타는' 신선의 형상으로 묘사했다. 비록 이와 같은 묘사들이 아주 생동하고 활발한 것이기는 하지만 그 속에는 명석한 이성적이고 사상적인 힘이 결여되어 있다.

　그러나 곽상은 이와 다르다. 비록 그도 '성인', '신인', '지인'과 같은 인격적 형상들을 차용하여 내성과 외왕을 통일시키려는 인생 목표를 정당화하고 있지만, 그것은 형상성을 지닌 예술화된 인격이 아니라, 철학적 심미성을 지닌 이론의 경지이다. 예컨대 곽상은 "무릇 신인은 지금 말하는 성인을 뜻한다. 성인은 비록 몸이 관직에 있더라도 그 마음은 산림 속에 있는 것과 다름이 없는데, 세상 사람들이 어찌 이를 알 수 있겠는가!"(「소요유 주」)라고 말했는데, 여기서의 신인은 장자가 묘사한 것처럼 '바람을 들이키고 이슬을 마시며', '오곡을 먹지 않고', '피부는 새하얗고', '몸이 유약하여 마치 아이와 같으며', '비룡을 몰아 사해 밖에 노니는' 존재가 아니라 현실사회 속에 살고 있는 생생한 인간으로서의 성인이다. 그리고 이러한 성인이 성인으로 될 수 있는 것은 그의 출세간주의적 성격이 아니라 현실사회 속에서 초월의 경지를 이룩할 수 있기 때문이다.

　이와 같은 경지는 무심을 획득한 것에서 비롯되는데, 즉 이때의 마음은 자연의 그러함에 따라 움직이는 것이며, 독화의 상태에 있는 것이다. 그러므로 곽상은 "무릇 성인의 마음은 음양의 변화에 시극하고, 만물의 오묘한 수數를 궁구하므로 어떠한 변화에도 합치할 수 있고, 올바르지 않은 데로는 가지 않으며, 만물을 두루 감싸고 있으니 어떤 것도 그러하지 않은 것이 없다. 세상 사람들은 어지러움으로써 자아(我)를 찾으려 하지만 자아는 본래 무심無心한 것이다. 자아가 진실로 무심한 것이라면 또한 무엇 때문에 세상에 응하지 않겠는가! 그러므로 현玄을 제득하여 지극한 오묘함에 이른 사람은 만물의 본성에 회통會通하여 온 세상의 변화를 주재하고, 요순의 이름을 이룸으로써 항상 무위로써 행동할 따름이다. 이것이 어찌 정신을 수고롭게 하고 힘들게 생각하여 세상의 일을 일거리로 삼으면서 할 수 있는 일이겠는가!"(「소요유주」)라고 하였다. 성인은 바로 이러한 "무심으로써 현동玄同하고 오직 감응하는 바에 따르는"(「소요유주」) 마음의 독화 가운데서 사물과 일체를 이루어 자기와 타자를 현묘하게 합치시키는 천인일체의 경지를 구현하게 된다.

곽상의 인생 목표가 지닌 특징을 명확하게 파악하면 그가 이러한 인생 목표에 대하여 종종 묘사한 서술에 대해 쉽게 이해할 수 있다. 곽상은 『장자』를 주석하면서 '성인', '신인', '지인', '진인' 등과 같은 인격형상들을 수없이 차용했는데, 그것들은 대부분 '자기와 타자가 현묘하게 합치된(彼我玄合) 경지'를 의미한다. 이에 관한 곽상의 서술은 다음과 같은 여러 곳에서 확인할 수 있다.

> 무릇 성인의 마음은 음양의 변화에 지극하고, 만물의 오묘한 수數를 궁구하므로 어떠한 변화에도 합치할 수 있고, 올바르지 않은 데로는 가지 않으며, 만물을 두루 감싸고 있으니 어떤 것도 그러하지 않은 것이 없다.(「소요유주」)

그러므로 성인은 이것을 드러냄으로써 저것을 비추지 않고, 자기를 버리면서 사물을 쫓지도 않으며, 그저 따르면서 맡기고, 각기 그 할 수 있는 바에 명합冥습한다. 그러므로 완곡하게 이루면서도 잃어버리지 않는다.(「齊物論注」)

무릇 성인은 자기가 없는(無我) 사람이다. 그러므로 혼란하고 의심스러운 것은 밝혀서 경계를 밝히고, 기이하고 괴한 것을 하나로써 관통한다. 다른 무리들로 하여금 각자가 처한 바에 편안하게 있게 하고, 사람들로 하여금 마땅한 바를 잃지 않게 하며, 자기가 만물에 쓰임을 받지 않으면서도 만물이 각자 자기의 쓰임을 드러내게 한다.(「제물론주」)

지인至人의 마음은 거울과 같아서 사물을 비추고 숨기지 않으므로 광활하니 가득 채우거나 비우는 변화가 없다.(「제물론주」)

그러므로 성인은 (이러한 태도를) 티끌을 구분하는 것으로 여기고, 보고 듣는 그대로의 표면에 오묘하게 합일하여, 하늘의 이치에 비추어보면서 거슬러서 헤아리지 않고, 있는 그대로 내버려두고 밝히려고 하지 않는다.(「제물론주」)

신인은 무심으로써 사물에 순응하는 자이다.(「人間世注」)

그러므로 대인大人은 나를 드러내지 않으면서도 저것을 비춰주며, 저것의 스스로 밝아짐에 맡기고, 나의 덕으로써 다른 사람을 다스리지 않고 사람이 스스로 얻는 것에 맡기기 때문에 만물에 두루 관통하여 다른 사람과 현동玄同하여 혼연히 천하와 하나가 되니 내외가 함께 복福되는 것이다.(「인간세주」)

성인은 항상 밖에서 노닐면서도 안과 명합하고 무심으로써 사물에 순응한다.(「대종사주」)

지인에게는 기뻐함이 없으니, 마음을 넓게 펼쳐서 조화로움에 이른다.(「대종사주」)

무릇 진인은 하늘과 사람을 같게 여기고, 자기와 타자를 균일하게 하며, 그 하나로써 다른 것과 어긋나게 하지 않는다.(「대종사주」)

무릇 성인은 진실로 성스러운 것을 단절하고 지혜를 버림으로써 본질로 되돌아가서 사물의 지극함과 명합할 수 있는 사람이다.(「胠篋注」)

지인은 천하와 현동한다.(「산목주」)

신인은 곧 성인이다. 성은 그 외면을 가리켜 말한 것이고, 신은 그 내면을 가리켜 말한 것이다.(「外物注」)

무릇 성인은 편안함도 없고 편안하지 않음도 없으니, 오직 백성의 마음을 따를 뿐이다.(「列禦寇注」)

무릇 지인은 백성들의 안정을 편안함으로 삼는다.(「열어구주」)

여기에서 볼 수 있는 것처럼 '성인', '신인' 등과 같은 곽상의 인생 목표를 대변하는 사람들은 모두 내성과 외왕의 특성을 한 몸에 겸비한 현실적인 인간, 즉 "항상 밖에서 노닐면서도 안과 명합하고 무심으로써 사물에 순응한다. 그렇기 때문에 종일토록 형체를 움직여도 정신에는 변함이 없고, 만 가지 기틀을 살펴볼 수 있지만 항상 담연淡然함을 유지할 수 있는"(「대종사주」) 존재이다.

2) 처세방법의 차이

장자와 곽상은 모두 구체적인 역사적 맥락 속에서 살았던 사람들이다. 그러므로 그들이 살았던 시대적 조건과 사회적 환경, 그리고 개인적인 경력이 서로 다르기 때문에 현실에 대한 인식과 사회적 처세의 방법도 다를 수밖에 없다.

사회형세가 급격히 변화하는 전국시대에 살았던 장사는 그의 독특한 생활방식과 경력으로써 사회현실에 대한 깨달음과 처세방법을 고안해 냈다. 그는 동시대의 맹자처럼 왕도王道정치에 호소하지 않았고, 손자와 전기 田忌, 그리고 오기吳起의 무리처럼 군사력을 강화하여 국토를 확장하고자 하지도 않았으며, 상앙商鞅이나 이리李悝와 같이 군주로 하여금 변법으로써 부국강병을 도모하여 천하를 평정하려고 하지도 않았다. 장자는 그 나름대로 세상 속에서 살면서도 세상을 벗어나고자 하는 모습과 태도로써 그 당시 사회현실에 대한 절실한 느낌을 토로하고, 평민으로서의 처세방법을 찾아 내고자 했다. 따라서 그의 사상은 사람들의 의지와 정신을 즐겁게 하는 자유로운 '소요유'의 경지로 귀착되었다.

앞서 장자의 처세방략에 대해서 서술한 바가 있는데 '유세游世', '안명安命', '양생養生'이 그것이다. 이 중에서 유세에는 사뭇 인생을 유희로 삼는 모습이 많이 담겨 있다. 번잡하고 어지러우며 험악한 사회현실에 직면하는 인간은 항상 어쩔 수 없는 존재이고, 심지어 어떤 경우에는 자신의 고통에 대해 신음하거나 한탄할 겨를조차 없다. 그러나 인간은 다른 시대의 사회관계로 이행할 수도 없고, 현실에서 살아나갈 수밖에 없으므로 세상을 노니는 유세의 태도가 필요하다. 그래서 장자는 "인간이 자기를 비우고 유세할 수 있다면 누가 그를 해칠 수 있겠는가!"(「산목」)라고 하였고, 나아가서 "오직 지인만이 세상에서 노닐면서도 편벽되지 않고, 사람에게 순응하면서도 스스로를 잃지 않을 수 있다"(「외물」)라고 했다. 그렇다면 어떻게 하면 세상에서 '노닐 수'(游) 있는가?

장자는 「산목」편에서 유세游世의 방법에 대해 말했는데, 그것은 바로

'쓸모 있음과 쓸모없음의 사이에 머무는 것'이다. 재능이 없으면 인간은 세상에서 생존할 수 없으며, 적어도 인간답게 살 수 없다. 그러나 다른 한편으로 그 재능을 과시하면 "물건을 꼼꼼하게 치우면 도둑을 불러오고, 용모를 과도하게 치장하면 간음을 부추기는"(『주역』, 「繫辭傳」) 꼴이 되므로, 온갖 시기와 재앙을 불러들일 수 있다. 여기에서 어떻게 재능을 쓸 것인가에 관한 문제가 제기될 수밖에 없는데, 이것을 '저處', 즉 처세라고 부른다.

그런데 실제로 쓸모 있음과 쓸모없음의 사이에 머무는 유세의 방법에 관해서 말로 하는 것은 쉽지만 실천하기는 매우 어렵고, 특히 일반 사람들에게는 더욱 그러하다. 실제 역사에서 자기의 재능을 오만하게 뽐내다가 죽임을 당하는 사람은 수없이 많았으며, 오직 '큰 지혜를 갖추고 있으면서도 겉으로는 어리석어 보이는'(大智若愚), 세상사를 명철하게 꿰뚫어보는 사람만이 유세를 할 수 있었다. 그래서 장자는 이와 같은 유세의 방법을 "한 번은 하늘에 오르는 용이 되었다가 또 한 번은 땅속을 기는 뱀이 되어 때와 함께 변화한다"(「산목」), "오르거나 내리는 것이 모두 '화和'를 기준으로 삼는다"(「산목」), "겉모습은 따르는 것보다 좋은 방법이 없고, 마음은 화합(和)하면서 감화시키는 것보다 좋은 방법이 없다"(「인간세」) 등으로 표현했다.

다시 말해서 유세에 있어서 가장 중요한 것은 '화和'이고, 그것이 결여되면 유세 자체가 불가능하며, 억지로 행하다가는 스스로를 사회라는 바다에 빠뜨려서 익사시키는 것과 같이 된다. 그러므로 장자가 강조한 유세의 사상은 소극적인 처세수단이 아니라 일종의 쓸모 있는 생존방식이며, 나아가서 유가의 '중용中庸의 도道'와 유사한 점을 지니는 것이다. 그러나 이것은 장자가 제시한 유세 사상의 한 측면에 불과하다.

장자의 유세는 일종의 처세지도處世之道로서 사상의 내용적인 면에서나 표현형식적인 면에서 모두 농후한 '술術'의 의미를 내포하고 있다. 가령 이른바 "쓸모 있음과 쓸모없음의 사이에 머무는 것이다"라는 말에서 '머무는 것'(處)은 때를 기다리며 재능을 드러내지 않는 '궤도詭道'의 의미와 거의 같다. 『노자』 36장에는 "장차 축소시키려고 하면 반드시 먼저 펴주어야 하고, 약하게 하고자 하면 먼저 강하게 해주어야 하며, 쓰러뜨리려고 하면 먼저 일으켜주어야 하고, 장차 빼앗으려고 하면 먼저 주어야만 하니, 이것을 일러 '은미한 밝음'(微明)이라고 한다. 부드럽고 약한 것이 굳세고 강한 것을 이기고, 물고기는 연못을 벗어나서는 안 되며, 나라의 이기利器는 사람들에게 보여서는 안 된다"라는 말이 있다. 이것이 바로 전형적인 처세방략이자 유세의 방법이다.

실제로 이 말은 『손자병법孫子兵法』 「계편計篇」에 나오는 "군사의 술은 궤도이다. 그러므로 할 수 있으면서도 할 수 없는 것처럼 보여야 하고, 쓸 수 있으면서도 쓸 수 없는 것처럼 보이며, 가까이 있으면 멀리 있는 것처럼 보이고, 멀리 있으면 가까이 있는 것처럼 보여야 한다. 이익으로써 유혹하고, 혼란함 속에서 취하고, 충실하게 준비하고, 강하면 피하고, 노怒하면 굽히고, 비천하면 교만하게 하고, 한가로우면 수고롭게 하고, 친하면 떠나야 한다. 방비가 없는 곳을 공격하고, 생각하지 못한 바를 쳐야 한다"라는 말과 거의 차이가 없다.

장자는 정치가나 군사가가 아니라 사상가이자 철학자이기 때문에 그가 말한 유세는 정치가적인 권모술수나 군사가적인 계략적 성질을 갖고 있지 않다. 그는 다만 일반 평민사인의 입장에서 처세지도를 이야기했을 뿐이므로 유세는 일종의 생존방식을 의미하는 것으로 이해되어야 한다. 그럼에도 불구하고 장자 유세의 '유游'는 여전히 권모술수의 냄새가 난다.

또한 유세의 실천은 순수 주관적인 면에서의 노력으로 이루어지는 것이 아니라 항상 객관적인 조건의 제약을 수반한다. 이러한 객관적인 조건이 충족되지 않을 경우, 유세는 실행될 수 없을 뿐만 아니라 억지로 행하면 오히려 자신에게 피해가 올 수 있다. 그러므로 유세의 방략은 겉보기에는 매우 실용적이지만 실천하기가 매우 어렵다. 그래서 장자의 처세방략은 유세 사상에서부터 위아래의 양쪽 방향으로 발전할 필요성이 생겼다. 즉 한편으로 유세의 '유'는 아래로 현실생활과 접목해야 하고, 다른 한편으로는 위로 발전하여 초현실적 이상의 경지에 이르러야 하는데, 전자가 그의 '안명론安命論'이고 후자가 그의 '소요론逍遙論'이다. 이와 같이 장자의 처세방략은 여기에서 분열이 생겨나게 된다.

　장자가 제시한 사회인생 철학의 의의와 가치는 평민, 특히 육식자肉食者가 아닌 사인士人 계급을 위해 적절한 처세방법을 제시한 데에 있다. 만약 한 사람이 천하에 군림하는 자격과 지위를 갖춘다면, 그는 더 이상 장자의 사상, 특히 그의 인생사상을 통해 자신을 도야할 필요가 없을 것이고, 나아가서 당당하게 자신의 포부를 실행하며 사회생활의 압박과 어려움에 사로잡히지 않을 것이다. 그리고 어떤 사람이 비록 군주가 아닐지라도 장군이나 재상이 되어 "요순과 같은 군주의 시대에 다시 풍속을 순박하게 할 수 있는"(두보杜甫의 시詩) 지위나 기회가 주어진다면, 그 또한 적절한 지위를 활용하여 "천하를 두루 구제하거나"(맹자의 말), "천하를 평안하게 할"(『대학』) 수 있으니 장자의 사상과 처세방법을 중요하게 여길 필요가 없을 것이다. 그러나 대부분의 인생은 이와 같지가 않다. 일반적인 평민에게 처세는 무척 어려우며, 한 번 잘못 행동했다가는 화禍를 입게 될 가능성이 매우 크다. 일반 지식인의 경우도 인생 절반의 시간을 소비하여 힘들게 공부하더라도 자신의 포부를 이룰 기회를 얻기 힘들고, 설령 관직에 나아갈 수 있더라도 이상을 실현할 기회가 많지 않으며, 더욱이 다섯 말의 쌀(五斗米)을 위해 허리를 굽히는 자들도 종종 있지 않는가!

이처럼 자신의 이상과 포부가 실현될 수 없는 상황에서 인간은 어떻게 처세를 해야 하는가? 인간이 자기의 인격과 존엄을 포기하여 귀족의 문하에 가서 '치질을 핥아주는 자'가 되어야만 하는가? 아니면 죽음을 택하여 원망을 지닌 채 세상을 떠나야 하는가? 사람이 진정으로 속세를 떠나 신선처럼 사해의 밖에서 노닐 수 있는가? 인간은 도대체 어떻게 살아야 하고, 어떻게 처세를 해야 하는가? 장자의 사회인생 철학은 바로 이와 같은 물음들에 관한 해법을 제시하고자 하는 것이다. 물론 현실 속에는 울분을 참지 못하고 자살을 택하는 자도 있고, 마음과 지향을 잃어 속세를 떠나 '공문空門'에 들어간 자도 있으며, 나쁜 사람의 앞잡이가 되어 나쁜 짓을 하고 그들의 세력을 빌어 위세를 부리는 '권력자의 치질을 핥는 자'도 있다. 그러나 대부분의 선비들에게는 지조라는 것이 있고, 비록 인생이 어렵고 자신의 운명에 굴곡이 많더라도 그들은 살아가면서 세상에 적절히 처신하려는 의지를 갖고 있다. 바로 이러한 경우 장자의 사회인생 사상이 그 빛을 내면서, 역경 속에 살고 있는 선비들의 정신적 안정제로서 효용을 발휘하게 되므로 이 시기에 그것을 읽으면 인생의 이치를 깨달을 수 있었다.

그렇다면 서진시대를 살았던 곽상은 그 당시 사회현실을 어떻게 파악했고, 어떤 방법으로 그 사회관계를 처리해야 한다고 보았는가? 그는 세 가지 처세의 방향을 제시했는데, 그 중 첫 번째는 명교를 실행하는 것이다. 곽상은 출세간주의, 즉 "홀로 높은 산의 정상에 서 있고, 묵묵히 산림 속에서 살아가는"(「소요유주」) 행위와 세상과 결별하는 태도에 반대했고, 이러한 행위들이 모두 사람의 본성에도 위배되며 성인의 도에도 맞지 않다고 주장했다. 그에 따르면 인생은 본래 사회 속에 있는 것이므로 마땅히 실제에 맞게 사회 속에서 삶을 영위해야 한다.

그는 「추수」편에 나오는 "소와 말에 네 개의 발이 있는 것을 일러 천성이라고 하고 말의 머리에 낙인을 찍고 소의 코뚜레를 뚫는 것을 인위라고 한다"라는 말에 "인간이은 소를 부리거나 말을 타지 않을 수 있는가? 그것을 하지 않을 수 없다면 소의 코를 뚫고 말의 머리에 낙인을 찍지 않을 수 있는가? 소가 코가 뚫리고, 말이 머리에 낙인이 찍히는 것을 사양하지 않는 것도 천명의 마땅함이다. 진실로 천명에 맞는 것이라면 그것이 비록 인간에 의해서 행해지더라도 그 근본은 천명에 있다"(「추수주」)라고 주석을 붙였다. 다시 말해 인간의 입장에서는 본래부터 소를 부리고 말을 타야만 하고, 소나 말의 입장에서도 이러한 천명을 받아들여야만 하므로 이것이 바로 인간 세상의 이치이다. 그리고 인간이 살아가려면 반드시 이러한 이치에 따라 행동해야 하며, 그것을 어기면 생존할 수 없다.

또한 인간의 사회적 측면에서 말하자면 이와 같은 천명의 이치는 사회를 유지하기 위해 반드시 있어야 할 명교이다. 즉 명교가 결여되면 인간사회는 더 이상 존속될 수 없고 동물의 왕국으로 전락되며, 나아가서 인간의 행위도 또한 동물적인 본능과 다를 바가 없게 될 것이다. 따라서 곽상은 적극적으로 명교를 제창하고 그 필요성을 강조했다. 그에 따르면 사회에는 반드시 군주가 있어야 하고, 비록 군주의 존재가 때로는 사회적 폐해를 초래할 수는 있지만 전체적인 사회이익의 측면에서 볼 때, 군주가 존재하는 것이 없는 것보다 훨씬 이득이 된다. 다시 말해서 "포악한 군주가 그 위엄에 의지하여 현인들을 마음대로 죽여도 그 누구도 반항할 수 없는 것은 모두 성법聖法으로 인한 것"(「거협주」)이지만, 그래도 사회에는 성법과 명교가 없으면 안 된다는 것이다. 따라서 곽상은 여러모로 형刑, 예禮, 지知, 덕德, 법法, 인仁과 같은 사회예법의 존재적 합리성에 대해 논증했다.(「대종사주」, 「在宥注」, 「寓言注」, 「天道注」 등 참조) 곽상이 사회 명교의 필요성 내지 필연성을 긍정한 것은 당연히 명교를 옹호하려는 목적을 갖고 있기 때문이다. 명교를 옹호하는 것은 나아가서 그것을 실행하고 사람들이 그에 따라 행동하도록 하기 위해서이다. 이것이 바로 곽상이 제시한 처세의 도이자 처세의 방법이다.

두 번째는 자성自性을 인식하는 것이다. 명교의 실행은 본래 사람들의 자각적이고 자발적인 행위를 가리켜 말한 것이다. 사람들은 명교를 준칙으로 삼을 수도 있고, 도구로 여길 수도 있다. 그래서 명교가 어떻게 시행되는지, 그리고 명교의 시행이 좋은 결과를 낳는지 나쁜 결과를 낳는지는 명교 자체에 의해서 결정될 수 있는 것이 아니라 인간이 어느 정도나 그것을 자각적이고 자발적으로 시행하는가에 달려 있다. 그러므로 명교의 시행은 일종의 처세방략이지만 그것을 제대로 실현하려면 인간의 주관적인 노력이 필요하고, 이러한 점이 바로 인간의 자기 자성에 대한 자각과 관계된다.

맹자는 "무릇 사물이 가지런하지 않은 것은 사물의 정황 때문이다"(『맹자』, 「등문공상」)라고 했는데, 이는 세상 만물이 서로 다른 것은 그 사물들의 본성이라는 말이다. 그런데 문제는 세상 사람들이 종종 이처럼 가지런하지 않은 사물들로부터 출발하여 그것들을 비교하고 우열을 매기며, 일종의 고정관념과 인생관을 형성하고, 다른 사람이 항상 자기보다 우월하면, 특히 다른 사람의 사회적 지위가 자기보다 높으면 항상 현재 상황에 대한 불안이 생기고, 나아가서 불필요한 걱정을 만들어낸다는 것이다. 곽상은 이에 대해 명확하게 파악하면서 "무릇 세상 사람들은 고르지 않음을 걱정한다. 그러므로 형체가 큰 자가 작은 자를 보고 부족하다고 말하고, 형체가 작은 자가 큰 자를 보고 넘친다고 말하는 것이다. 그래서 위아래가 서로 자랑하느라 발돋움치고, 위아래로 쳐다보면서 스스로를 잃게 되니, 이것이 사람들이 미혹된 바이다"(「추수주」)라고 했다.

여기서 말하는 미혹됨의 사유방식이 만약 인간의 사회적 생활에서 드러나면 아주 엄중한 사회문제를 불러일으키고, 심지어 사회적 충돌을 초래하는 사상적 근원이 될 수 있다. 서진에서 16년 동안 걸쳐 전개된 팔왕의 난이 당시 사회에 엄청난 피해를 끼쳤는데, 그 원인을 따지다보면 결국 여러 왕의 이러한 미혹됨과 연관된 것이 아니겠는가! 그러므로 이와 같은 미혹이 존재하는 한 명교의 시행은 아주 어려울 것이다. 따라서 명교를 제대로 시행하기 위해서 무엇보다도 이러한 미혹됨을 치료해야 한다. 어떻게 치료해야 하는가? 이는 문제의 초점을 외부에서 내부, 즉 사물의 외형에서 내성으로 옮겨야 하는데, 곽상은 이를 '올바름을 구하는 것'(求正)이라고 한다. 곽상은 이렇게 말했다.

미혹된 자가 올바름을 구해야 한다. 그리고 올바름을 구하는 것은 먼저 그 차이의 지극함에 이르고 난 다음에 그렇게 말한 바를 아는 것보다 나은 것이 없다. 이른바 큰 것이란 족함에 이른 것을 말하기 때문에 천지 사이에서 조금도 더 보탤 것이 없는 것이 된다. 그리고 이른바 작은 것이란 남는 것이 없는 것이므로 천지 사이에서 조금도 지나칠 것이 없게 된다. 이런 것을 알고 나면 미혹된 자가 되돌아와서 사물의 지극함을 각각 파악하고, 사물이 각각 분수에 따른 것이라는 것을 알게 되면 나아가서 소요의 경지에 이른 자와 같이 그 근본을 쓰임으로 삼고 자득(自得)한 곳에서 노닐 수 있다. 이는 참으로 장자가 말한 덕음

德音이다. 만약 미혹된 자가 말하는 것처럼 크고 작은 것이 서로 바뀐다는 뜻이라면 바뀌는 것이 무수히 많을 것이다. 만약 큰 것을 보고 작은 것을 편안하게 여기지 않고, 적은 것을 보고 스스로 많다고 여긴다면 종일 승부의 경쟁에 시달리게 되고 스스로의 거만함을 조장할 것이니, 어찌 장자가 의미하는 뜻에 이를 수 있겠는가!(「추수주」)

여기서 강조되는 것은 사물의 내성內性 또는 자성自性에서 보면 크고 작음이나 위아래, 그리고 높음과 낮음 등과 같은 차별은 실제로 존재하지 않는다는 점이다. 왜냐하면 큰 것이나 작은 것에는 크게 되고 작게 되는 성性과 질質이 있는 것이고, 비록 그들의 형태가 다르지만 성 자체에는 차이가 없기 때문이다. 그래서 곽상은 또 이렇게 말한다.

만약 그 본성에서 본다면 사물은 모두 그 한계가 있으니 형체가 크다고 해서 여유가 있다고 할 수 없고, 형체가 작다고 해서 부족하다고 할 수 없다. 만약 각각 자기의 본성에 만족한다면 가는 털이라도 홀로 그 작음을 작다고 여기지 않고, 큰 산도 홀로 그 큼을 크다고 여기지 않을 것이다. 그렇다면 만약 본성을 족히 여긴다는 것을 큼이라고 한다면 천하의 족함이 가는 털만큼 되는 것이 없다. 그리고 본성의 족함을 크지 않다는 것이라고 여긴다면 비록 큰 산일지라도 또한 작다고 할 수 있다. 그러므로 천하에는 가는 털의 끝머리보다 큰 것이 없고, 큰 산도 또한 작은 것이라고 말하는 것이다. 큰 산이 작은 것이라면 천하에는 큰 것이 없을 것이고, 가는 털이 큰 것이라면 천하에는 작은 것이 없을 것이다. 크고 작은 것이 없고, 장수하고 요절하는 것이 없다면 매미는 큰 참죽나무의 장수함을 부럽게 여기지 않고 자득할 것이며, 비둘기도 천지天池를 귀하게 여기지 않고 스스로의 족함에 기댈 것이다. 진실로 하늘의 자연스러운 바를 족하게 여기고 성명性命이 그러한 바대로 편안하게 있으면 천지와 같이 천수를 누리지 못하더리도 나와 아울러 살아 있을 것이고, 만물의 차이와 같게 되지 않더라도 나와 함께 얻을 수 있을 것이니, 천지 사이에 살아 있는 것이 어울리지 않은 것이 무엇이 있겠으며, 만물 사이에 얻는 것이 하나가 되지 않는 것이 무엇이 있겠는가!(「제물론주」)

그러므로 인간이나 사물의 자성에 입각하면 사회의 미혹됨을 바르게 잡을 수 있고, 명교를 실천하는 사람들의 자각심과 자신감을 부추길 수 있다. 구체적으로 곽상은 두 가지 측면으로부터 자성을 인식해야 한다고 주장했다. 하나는 인간이 본래 지니고 있는 인의仁義의 본성을 인식하는 것이다. 이에 관해 그는 "무릇 인의는 인간의 본성이다"(「天運注」)라고 하고, 나아가서 "무릇 인의는 본래 인간의 성정이므로 그것에 맡겨야 한다"(「駢拇注」)라고 말했다. 이처럼 인의가 인간의 고유한 본성이라면 그것을 실천하는 것은 지극히 자연스러운 일이 된다.

다른 하나는 인간의 고유한 차이성을 인식하는 것인데, 이는 실제로 사회적 분업의 차이성을 인식한다는 뜻이다. 인간에게는 태생적으로 차이가 있을 수밖에 없으며, 모든 사람들로 하여금 외형이나 재능, 그리고 성정 등이 똑같이 되도록 한다면 인간이라는 유類가 존속될 수 없을 것이다. 그러므로 사회적 분업과 지위에 있어서 차이가 있을 수밖에 없다. 그러나 이와 같은 차이는 단지 외면적인 부분을 가리켜 말하는 것일 뿐이며, 그 내성적인 면에서는 동일하다. 예를 들면 어떤 사람은 외형적인 직책은 하급의 관리지만 본성적인 면에서는 군주와 동일하다는 것이다. 왜냐하면 하급관리가 없으면 군주도 군주가 아니게 되기 때문이다.

곽상이 보기에 만약 사람이 이러한 점을 자각할 수 있다면 명예나 지위에 대한 집착을 버릴 수 있을 뿐만 아니라, 편안하게 자기가 주어진 바에 충실할 것이고 사회의 질서도 잡히고 평화스럽게 변할 것이다. 그래서 곽상은 "무릇 때가 높이는 자가 군주가 되고, 재능이 세상에 응하지 못하는 자가 신하가 된다. 만약 하늘이 스스로 높은 곳에 있고, 땅이 스스로 낮은 곳에 있으며, 머리가 스스로 위에 있고, 발이 스스로 밑에 있는 것이라면 어떻게 인위적인 차례가 있다고 할 수 있겠는가! 비록 인위적인 그러함이 없더라도 반드시 스스로 그러함이 있다"(「제물론주」)라고 말하고, "신하와 첩妾의 자질을 지니고 있으면서도 그 자리의 분수를 지키지 않으면 잘못이다. 그러므로 군신 사이의 상하관계, 손과 발의 내외관계는 곧 천리의 자연함이니, 어찌 진인이 만든 것이겠는가!"(「제물론주」)라고 강조했다.(「재유주」와 「천운주」에도 유사한 논의가 다수 나타나 있다.) 다시 말해서 만약 모든 사람이 자기의 본성을 인식하고 거기에 편안하게 처해 있으면 사회의 질서가 반드시 잡혀진다는 것인데, 이것이 바로 곽상의 처세가 의미하는 바이다.

곽상 처세방략의 세 번째는 자연에 현응玄應하는 것이다. 인간이 자기의 본성을 자각적으로 인식하고 그것에 만족할 때 내면의 본성과 밖으로 보이는 모습, 그리고 외부적으로 드러나는 행위가 통일되어 나타날 수 있다. 이러한 상황에서 인간이 자기 본성에 따라 행동하는 것은 또한 사회적 예禮에 따라 행동하는 것이기 때문에 사회적인 예의규범은 더 이상 인간의 외재적 속박이 아니라 그 본성의 현현顯現이 된다. 그리고 인간 내면의 본성도 어떤 이성적인 개념이거나 사회적인 규정이 아니라 인간의 행위 표현이자 곧 명교의 규범들이 된다. 이때 인간은 더 이상 무엇을 생각하고 무엇을 바라볼 필요가 없고 다만 본성에 따라 자연스럽게 행동하기만 하면 되며, 이러한 행동도 자연스레 이치에 부합되는 것으로 과하지도 않고 모자라지도 않는다. 그리고 이러한 경우, 현실적인 일반인이 바로 성인이나 신인, 그리고 지인이 되고, 필연이 자유가 되며, 이상이 현실이 되고, 세상을 벗어나는 것이 세상 속에 있는 것이 되는데, 이것을 한마디로 표현하면 내성內聖이 곧 외왕外王이라는 것이다.

곽상은 이와 같은 자기와 타자가 현동玄同하는 '자연현응自然玄應'의 경지에 대해 여러 번 설명했다. 그는 『장자』 「소요유」를 주석하면서 바로 이러한 경지를 드러내고자 했는데, 즉 "무릇 크고 작은 것이 비록 완전히 다른 것이라 하더라도 '자득自得'의 경지에 처함으로써 사물을 각기 그 본성에 맡기고, 일은 그 가능성에 따라 가리며, 각기 그 분별에 마땅하게 되어 소요逍遙할 뿐이다. 어찌 그 사이에서 이기고 지는 다툼이 생겨날 수 있겠는가?"(「소요유주」)라는 말이 그것이다. 이것이 또한 곽상이 말하는 "성인은 항상 밖에서 노닐면서도 안과 명합하고 무심으로써 사물에 순응한다. 그렇기 때문에 종일토록 형체를 움직여도 정신에는 변함이 없고, 만 가지 기틀을 살펴볼 수 있지만 항상 담연淡然함을 유지할 수 있다"(「대종사주」)와 같은 경지이다. 이러한 자연의 경지는 동시에 바로 세상에 응하는 방법이기도 하며, 또한 고명함의 극치에 이르러 중용의 도를 행하는 처세방략이다.

위에서 우리는 장자와 곽상이 제시한 처세방략의 차이를 분별하여 살펴보았다. 두 사람의 처세방략을 조금 더 구체적으로 비교하자면 다음과 같은 몇 가지로 나타낼 수 있다.

첫째, 전국시대의 봉건적 생산관계는 이제 막 설립되어 아직 형성되는 단계에 머물러 있었고, 서진시대에 이르러서야 상당히 고착화된 형태가 되었다. 그러므로 아직 봉건국가의 출현과 그 존재의 필연성을 인지하지 못했기 때문에 장자는 당연히 그 존재의 합리성을 대변하는 논증과 주장을 내세울 수 없었다. 그래서 그는 당시 통치계급에 대해 부정적인 견해를 많이 가질 수밖에 없었고 「거협」, 「마제」, 「변무」 등과 같은 편에서 집중적으로 그들을 비판하였으며, 나아가서 고대의 '지덕지세至德之世'에 대한 부러움을 거침없이 드러냈다. 하지만 곽상은 이와 달랐다. 서진시대의 봉건적 생산관계는 진한秦漢시대와 삼국시대를 거쳐 약 500년간의 발전으로 인해 이미 사회적으로 고착화된 상태였고, 중국 봉건사회도 전기 발전단계에 들어섰으며, 사회제도와 사상적 관념이 모두 봉건화된 상태였다. 그러므로 이 시기에 봉건국가의 정권이 필요하다는 것은 당연한 사실이다. 그럼에도 불구하고 혜강과 완적은 이에 반대했는데, 그들이 내세운 "마음을 스승으로 삼아 기존의 학설을 폐기해야 한다"(혜강)든지 "기氣로써 시詩를 통솔해야 한다"(완적)와 같은 주장은 다만 문인의 기질을 적극적으로 드러내는 정도에 불과한 것이었다. 더욱이 서진과 동진의 교체기에 살았던 포경언鮑敬言의 '무군론無君論'은 일종의 감정이 격분한 상태에서 내세운 호소일 뿐이고, 비록 어느 정도 사회적 비판의 가치를 지니고 있기는 하지만 현실사회를 구축하는 방안으로서의 역할을 담당할 수는 없었다.

이에 반해 곽상은 역사와 현실의 요청에 순응하여 봉건국가의 통치를 공개적으로 지지했으며, 비록 군주의 전제정치로 인해 발생할 수 있는 해로운 점을 파악했지만(「인간세주」·「거협주」·「則陽注」 등 참조), 여전히 "천하에 밝은 군주가 없으면 자득할 수 있는 자가 없다. 사람들을 자득할 수 있게 하는 것은 진실로 밝은 군주의 공적이다"(「응제왕주」)라고 말하고, "성인이 있어서 생기는 피해가 많다 하더라도 성인이 없어서 아예 다스려지지 않는 상태보다는 낫다"(「거협주」)라고 하면서 군주의 통치를 긍정했다.

둘째, 시대의 특성으로 인한 사람들의 심리와 사상경향이 다르기 때문에 장자와 곽상이 제기한 처세방략의 사회성도 다르게 나타난다. 장자에게 있어서 그의 처세방략은 주로 개인 또는 평민사인이 어떻게 세상의 문제에 대처할 것인가에 관한 것이지 사회와 민족, 국가와 가정, 개인과의 관계 등에 있어 어떻게 처세할 것인지를 다루는 것은 아니었다. 이와 달리 곽상은 비록 개인적인 맥락에서 처세 문제에 관해 논의했지만 그것은 항상 사회와 국가의 문제나 이익과 연관된 전제에서 이루어진 것이있다. 예를 들면 그는 『장자』「소요유」에 나오는 "그런데도 내가 오히려 그대를 대신하라고 한다면 나더러 장차 명예를 구하라는 것인가? 명예라고 하는 것은 실질의 손님일 뿐이니, 그러면 나더러 장차 손님이 되라는 것인가?"라는 말을 주석하면서 이렇게 말했다.

무릇 스스로에 맡기는 자는 사물을 상대할 때, 사물에 순응하여 그와 대립하지 않는다. 그러므로 요임금은 천하와 함께 있지만 천하와 더불어 대립하지 않았고, 허유는 직稷, 설契과 함께 필부가 되었다. 어째서 그렇게 말할 수 있는가? 무릇 사물과 더불어 명합하는 자는 사물의 무리가 그를 떠날 수 없다. 그러므로 무심으로써 사물에 현응玄應하고, 오직 감응한 바에 따르며, 매여 있지 않은 배와 같이 떠 있어서, 동쪽이나 서쪽이 모두 스스로의 것으로 삼지 않으니, 그러므로 행하지 않아서 백성과 더불어 함께하지 않는 자는 또한 나아가지 않아서 천하의 군주가 되지 않는 것이다. 이와 같이 임금 노릇을 하는 자는 마치 하늘이 저절로 높아지는 것과 같으니, 이것이 참다운 임금의 덕이다. 그러나 홀로 높은 산의 정상에 서 있는 것은 그 사람이 자기 스스로를 지키는 데 집중하는 것이 아니라 다만 일가一家의 편벽된 설을 고집하는 것에 불과하니, 어찌 온전함을 얻었다고 할 수 있겠는가! 이러한 사람은 속세 중의 일물一物에 불과하고, 요임금의 외신外臣이 될 수 있을 따름이다. 만약 외신으로써 내주內主를 대신한다면 이는 군주라는 이름만이 있을 뿐, 군주의 실질을 담당할 수 없을 것이다.(「소요유주」)

여기에서 강조된 것은 홀로 우뚝 서 있는 존재는 참다운 처세를 행할 수 없다는 것이다. 나아가서 곽상은 만약 제대로 된 처세를 행하려면 반드시 현실의 사회관계 속에서 그것을 도모함으로써 이상과 현실을 통일시켜야 한다고 주장했다. 이와 같은 곽상의 처세방략은 매우 적극적이고 가치 있는 것이라고 하지 않을 수 없다.

셋째, 장자의 처세방략에는 다소 소극적인 대처의 의미가 들어 있는 데 비해 곽상의 처세지도는 적극적인 유위有爲를 주장한다. 장자가 주장한 쓸모 있음과 쓸모없음 사이에 처하는 유세游世 사상은 사회 환경에 대처하는 일종의 수단이지만 그 속에는 어쩔 수 없이 그렇게 해야 하는 태도가 들어 있다. 그러므로 장자가 "그 어찌할 수 없음을 알고 주어진 명命을 편안하게 받아들이는 것이 덕의 지극함이다"(「인간세」)라고 말했을 때, 그 속에 내포되어 있는 소극성이 분명히 드러난다. 물론 장자가 소요유의 경지에 관해 논할 때는 극도로 흥분되고 대범하며 탁 트임 느낌이 없지는 않으나 그것은 현실적 세계에서의 처세를 가리켜 말하는 것이 아니기 때문에 오히려 세상을 도피하는 방략과 다름이 없다. 이와 달리 곽상은 처세에 대해 논할 때, 비록 그 속에도 세상사에 대처하는 의미가 들어 있기는 하지만, 일종의 적극적인 태도로 그것을 행하고 있다. 예를 들면 곽상은 「소요유」에 나오는 "그대가 천하를 다스리니, 천하가 이미 다스려졌다"라는 말을 주석하면서 이렇게 말했다.

무릇 천하를 다스린다 함은 천하를 다스리지 않는 것이다. 그러므로 요임금은 다스리지 않는 것으로 다스린 것이며, 다스리고자 해서 다스린 것은 아니다. 지금 허유가 다스려졌다고 말한 것은 더 이상 대신할 만한 것이 없다는 뜻이다. 다스림은 실제로 요임금에 의해서 이루어진 것이므로 '그대가 천하를 다스린다'고 말한 것이니, 마땅히 글자만 보지 말고 그 상황을 잘 살펴야 한다. 그런데 어떤 사람이 말하기를 "다스리기 위해서 다스리는 것이 요堯임금이고, 요임금에 의해 다스려진 바를 더 이상 다스리지 않는 것이 허유許由이다"라고 했는데, 이 해석은 아주 멀리 벗어난 것이다. 무릇 다스림은 다스리지 않는 것(不治)에서 말미암고, 인위적으로 하는 것은 무위에서 비롯된다. 이 뜻을 요임금에게서 취해도 충분할 것인데, 어찌 허유에게서 따로 빌릴 필요가 있겠는가! 만약 산림 속에서 아무것도 하지 않고 묵묵히 살고 난 다음에야 무위라고 할 수 있다면 이것이야말로 노장의 말이 그 당시의 사람들에게 제대로 받아들여지지 않은 이유이다.(「소요유주」)

여기에서 곽상은 무위를 수단과 형식으로 규정하고, 무위의 진정한 목적이 유위에 있다는 '무위이무불위無爲而無不爲' 사상을 내세웠다. 나아가서 그는 「마제」에 나오는 "굶기고 목마르게 하며, 달리고 뛰게 하며, 정돈시키고 가지런히 해서 앞에서는 재갈이나 가슴받이 장식으로 끌어대는 괴로움이 있고, 뒤로는 가죽 채찍이나 대나무 채찍으로 때려대는 억압이 있게 되면 죽는 말이 이미 절반을 넘게 된다"라는 말을 주석하면서 "무릇 말을 잘 타는 사람은 말의 재능을 다할 수 있는 자이다. 말의 재능을 다하려면 그 스스로에 맡기는 것이 좋은데, 달리는 것을 더 빨리 달리게 하려고 재능을 과도하게 강요하기 때문에 그것을 견디지 못한 말이 많이 생겨서 죽는 것이다. 질이 좋은 말과 그렇지 않은 말의 힘 자체에 맡기고, 그 달리는 속도의 빠르고 느림을 잘 맞춰주면 말의 발자국이 팔방에서 아무리 달려도 그들의 본성은 온전히 보전될 것이다. 그러나 어떤 사람은 말의 본성에 맡긴다는 것을 듣고서는 그것을 풀어놓아 사람이 타지 않는 것이라고 말하고, 무위에 대해 듣고서는 걷는 것이 누워 있는 것만 못하다고 말한다. 세상에 어떻게 가기만 하고 돌아오지 않은 이치가 있겠는가! 이는 장자의 뜻과 멀리 빗나간 것이다"(「마제주」)라고 하였다. 여기에서 곽상은 명백하게 장자의 뜻을 무위에서 유위로 돌려서 해석하고 있다.

넷째, 비록 장자와 곽상은 모두 처세방략에 대해서 논의하고 있지만 그들의 처세방략에서 나타나는 효과는 다르다. 장자는 처세지도에 대해 논의할 때 항상 그것을 일종의 이상적인 목표로 취급했지만 실제로 현실생활에서 그것을 실현하고자 한 것은 아니었다. 예를 들면 그의 소요유는 현실사회 속에서는 실현될 수 없고 다만 정신적 자유 속에서만 실현될 수 있는 것이다. 그리고 그의 쓸모 있음과 쓸모없음 사이에 처하는 유세의 방법도 겉으로는 현실에서 실현될 수 있는 것처럼 보인다. 하지만 이어지는 장자의 말, 즉 "그런데 쓸모 있음과 쓸모없음의 사이에 머무는 것은 한편으로는 그럴 듯하지만 아직 완전한 올바름이 아니기 때문에 세속의 번거로움을 면치 못할 것이다. 하지만 도道와 덕德을 타고 어디든 떠돌아다니듯 노니는 사람은 그렇지 않다. 명예도 없고 비방도 없이, 한 번은 용이 되었다가 한 번은 뱀이 되어 때와 함께 변화하고 오로지 하나만을 고집하지 않는다. 한 번 올라가고 한 번 내려감에 조화로움을 기준으로 삼으며 만물의 시조에서 노닐고, 사물을 사물로 존재하게 하면서도 그 자체는 사물에 의해 규정받지 않으니, 어떤 사물이 그를 번거롭게 할 수 있겠는가?"(「산목」)를 보면, 그는 결국 비현실적인 이상과 정신세계 속으로 되돌아감을 알 수 있다.

곽상의 처세방략에도 이상적인 목표가 있지만, 그것은 이상에 대한 단순한 기대가 아니라 현실에 적용될 수 있는 대안이다. 예를 들면 곽상이

「인간세」에 나오는 "그 어찌할 수 없음을 알고 주어진 명을 편안하게 받아들이는 것이 덕의 지극함이다"라는 말을 주석하면서 "어찌할 수 없음이 명命이라는 것을 아는 사람은 그것을 편안히 받아들이기 때문에 슬퍼할 것도 없고 기뻐할 것도 없으니, 그 행위에 영향을 끼칠 수 있는 것이 무엇이 있겠는가! 그러므로 명연冥然히 그 닥치는 일을 운명으로 삼아 그 사이에 마음을 쓰지 않으면 혼연히 지극히 당연함과 일체가 되어 쉴 새 없이 두려워할 필요가 없다. 비록 범인凡人을 대할 때도 이와 같은 이치에서 벗어날 수 없고 적합하지 않음이 없는데, 하물며 군왕과 어버이에 대한 일에 있어서이랴!"(「인간세주」)라고 하였다. 이 말은 겉으로 보기에는 초월적인 것 같지만 실제로는 매우 현실적인 것이다.

여기에서 곽상은 명연이나 혼연과 같은 말을 통해 이상과 현실을 통일시켜서 현실을 다스리고자 하는 생각을 내세웠는데, 그것이 바로 "무릇 신인神人이란 바로 지금의 성인을 가리킨다. 성인은 비록 몸이 관직에 있더라도 그 마음은 산림 속에서 있는 것과 다르지 않다는 것을 세상 사람들이 또한 어찌 알 수 있겠는가! 세상 사람들은 오직 헛된 황금으로 치장된 집과 패옥만을 보고서 성인의 마음을 어지럽히기에 족하다고 말하고, 산천山川을 편력하고 백성과 함께 생활하는 것을 보고 그 정신을 초췌하기에 족하다고 말하는데, 그들이 어찌 지극한 경지에 이른 사람은 이런 것들로 인해 그 마음이 손상되지 않음을 알 수 있겠는가! 지금 왕의 덕을 지닌 사람이 이 산속에 있다는 것을 말하는 것은 세상 사람들이 알지 못함을 밝히려는 것이므로 세상과 단절된 곳에 기탁해서 그것을 듣고 볼 수 있는 표면으로 드러낸 것이다"(「소요유주」)라는 말이 의미하는 바이다.

그리고 「덕충부」에 나오는 "어찌할 수 없음을 알고 운명과 같이 편안하게 받아들이는 것은 오직 덕이 있는 자만이 가능하다"는 말을 주석하면서 곽상은 "이익과 해로움으로써 서로 부딪친다면 천하의 모든 것이 예羿가 된다. 또한 자기의 몸과 지혜를 버리지 않은 자와 사물과 함께 더불어 흘러가는 자는 모두 예羿의 사정거리에 있는 것과 같다. 비록 장의張毅는 나아가고, 단표單豹는 머물고 있었지만 모두 화살에 적중하는 것을 면치 못했으니, 적중되거나 안 되는 것은 오직 명命에 달려 있다. 그러나 하찮은 사람들은 각자가 처한 환경에 집착하면서 명이 저절로 그러함을 알지 못한다. 그러므로 화살을 요행히 피해 나간 자는 스스로가 교묘하다고 생각하여 매우 기뻐하지만 이윽고 그것을 피할 수 없는 상황에 이르면 스스로의 잘못을 한탄하여 뜻을 상하게 하고 정신을 욕되게 하는데, 이는 모두 명의 실정에 통달하지 못한 것이다. 무릇 나의 삶은 내가 태어나게 한 것이 아니므로 한평생 백 년을 사는 와중에 앉거나 일어서고, 걷거나 멈추고, 움직이거나 머무르고, 얻거나 버리게 되는 것, 감정과 성품과 지능, 그리고 내가 가지고 있는 모든 것이나 가지지 못한 모든 것, 행하는 모든 것과 우연히 만나는 모든 것들이 모두 내가 스스로 정한 것이 이치가 저절로 그러하기 때문이다. 그러므로 그 속에서 끊임없이 기뻐하거나 슬퍼하는 것은 또한 자연을 거스르는 잘못이다"(「덕충부주」)라고 하였는데, 이는 명백히 주어진 현실을 받아들이고 편안해야 함을 논한 것이 아닌가! 한마디로 장자는 안명安命을 주장했지만 끝내 편안하지 못하였고, 반면에 곽상은 불안不安 속에서 오히려 현실적 편안함을 명으로 받아들인 것이다.

다섯째, 장자의 인생지도人生之道가 심미적이고 예술적인 것에 비해, 곽상의 그것은 철학 본체론적이다. 장자 인생철학의 가장 두드러진 특징과 가치는 인생에 대해서 일종의 절대적인 정신자유의 경지, 즉 소요유의 경지를 설정한 것이다. 그렇다면 소요유는 어떤 경지인가? 인간은 어떻게 이러한 경지에 이를 수 있는가? 이러한 경지에 이른 인간의 심리는 또한 어떠한가? 이와 같은 물음들에 관해서 장자는 이론적인 측면에서 따로 설명하지 않았다. 그는 심미적이고 예술적인 측면에서 다양한 비유적인 단어를 동원하여 자유로운 정신의 경지를 본떠서 그려냈다. 이렇게 되면 장자의 사회사상과 인생사상은 사람들로 하여금 분명하지 않고 어렴풋하며, 징취가 비록 높기는 하지만 일종의 환상과 같은 느낌을 갖게 한다. 곽상의 현학은 이와 다르다. 비록 그도 현명玄冥(또는 玄冥之境)과 절명지경絶冥之境, 그리고 고명하고 오묘한 심미적 정경에 대해서 논하고 있지만 그의 심미적 정경은 이성적이고 철학적이다.

예를 들어 곽상이 "사물과 명합하고 큰 변화에 순응한다", "천기天機가 저절로 펼쳐진다", "무심으로써 사물에 현응玄應하고, 오직 감응한 바에 따르며, 매여 있지 않은 배와 같이 떠 있으니, 동쪽이나 서쪽이 모두 스스로의 것으로 삼지 않는다"(「소요유주」), "탁 트여 마음속에 악함이 없다", "문연脗然히 스스로 합치한다", "둔연屯然히 알지 못한다", "태연蛻然히 얽매여 있지 않고 삶과 죽음에 오묘히 합치한다", "옳고 그름을 관통하여 같게 한다", "천기天機가 저절로 그러하다", "명백하게 스스로 보지 못하는 것이 없다"(「제물론주」) 등과 같이 천인일체나 피아현동彼我玄同의 경지를 설명할 때는 장자가 내세운 소요유의 경지와 마찬가지로 지극히 오묘하다. 하지만 그는 장자처럼 '구름을 타고 비룡飛龍을 몰아 사해四海 밖에서 노니는' 인격형상을 내세우지 않았으며, 나아가서 사물의 독화와 마음의 독화가 현응하고 통일되는 천인합일의 철학이론을 주장했다.

3) 사회적 이상의 차이

장자와 곽상은 현실사회에 직면했을 때 제각기 사회현실에 대한 나름 대로의 판단 기준을 지니고 있는데, 그 기준이 바로 그들의 사회적 이상이다. 그렇다면 그들의 사회적 이상은 각각 어떠한 것인가?

장자는 전국시대의 사회현실에 대해 아주 큰 불만을 가지고 있었다. 그는 특히 「변무」, 「마제」, 「거협」, 「경상초」 등과 같은 편에서 사회의 폐해를 폭로했다. 이러한 폐해에 대해 그는 "삼대 이후로 천하는 어찌 시끄러웠는가!"(「변무」), "삼대 이후로 사람들은 모두 험악하게 상벌을 일로 삼으니, 어찌 성명의 정황을 편안하게 할 여유가 있겠는가!"(「재유주」)라고 했고, 또한 "큰 혼란의 근원은 반드시 요순 사이에서 생겨난 것이고, 그 결과는 천세千世 이후까지 존속된다. 천세 이후에 반드시 인간이 인간을 잡아먹는 일이 생겨날 것이다"(「경상초」), "무릇 요堯는 시끄럽게 인仁을 자꾸 이야기하는데 나는 그가 천하의 웃음거리가 되는 것을 걱정한다. 후세에 인간이 인간을 잡아먹는 사태가 벌어질 것이다!"(「서무귀」)라고 지적했는데, 이러한 상황들이 바로 전국시대의 "죽은 사람이 성城에 가득하고", "죽은 사람이 들판에 가득한"(『맹자』, 「離樓上」) 상황이 아니겠는가! 이와 같은 사회에 대해 장자는 당연히 불만을 가질 수밖에 없었을 것이다.

그렇다면 장자가 만족할 만한 사회는 어떠한 것인가? 그가 이상적으로 생각한 것은 바로 지극한 덕이 베풀어지는 세상(至德之世)이다. 이것은 "사람들의 걸음걸이가 유유자적하며 눈매 또한 밝고 환했다. 그때는 산에는 지름길이나 굴이 없었고 못에는 배나 다리가 없었다. 만물이 무리 지어 살면서 사는 고을을 함께했으며, 금수들이 무리를 이루었고 초목이 마음껏 자랄 수 있었다. 그러므로 짐승들을 끈으로 묶어서 끌고 다니며 놀 수 있었고, 새 둥지를 손으로 끌어당겨 안을 들여다볼 수 있었다.…… 짐승들과 함께 거처하면서 만물과 함께 나란히 사는"(「마제」) 사회이다. 나아가서 장자는 지덕지세에 관해 "그대는 어찌 지덕至德이 유지되었던 시대를 알지 못하는가?…… 그 시대에는 백성들이 새끼줄을 묶어서 서로 뜻을 전달하면서 자기들이 먹는 음식을 달게 여겼으며, 자기들이 입는 옷을 아름답게 여겼으며, 자기들의 풍속을 즐거워했으며, 자기들이 사는 집을 편안하게 여겼다. 이웃 나라가 서로 바라다보이고 닭 우는 소리와 개 짖는 소리가 서로 들릴 정도였는데도 백성들은 늙어 죽을 때까지 서로 오가지 않았으니, 이 시대야말로 지극히 잘 다스려진 시대였다"(「거협」)라고 말하고, 또한 "신농씨神農氏의 세상이 되어서 사람들은 누워 잠자고 있을 때는 편안했고, 일어나 깨어 있을 때에는 무심한 모양으로 한가로이 지내면서, 사람들이 자기의 어머니는 알아도 자기의 아버지는 알지 못하며, 크고 작은 사슴 무리들과 함께 살면서, 스스로 밭을 갈아 농사지어 먹고, 스스로 베틀에 베를 짜서 옷을 입고서 서로 남을 해치려는 마음을 갖지 않고 지냈으니, 그때가 지덕이 잘 시행된 가장 융성한 시기였다"(「도척」)라고 말했다. 이러한 것들이 바로 장자가 이상으로 삼은 사회의 모습이다. 그는 「거협」에서 용성씨容成氏 · 대정씨大庭氏 · 백황씨伯皇氏 · 중앙씨中央氏 · 율육씨栗陸氏 · 여축씨驪畜氏 · 헌원씨軒轅氏 · 혁서씨赫胥氏 · 존로씨尊盧氏 · 축융씨祝融氏 · 복희씨伏犧氏 · 신농씨神農氏 등 12개 씨족을 예로 삼아 자기가 생각하는 이상사회의 모델을 설명했다.

장자가 말한 지덕지세는 일종의 이상적인 사회이지 현실적인 것이 아니며, 그것은 오직 오래전 상고시대의 초기 인류에서 잠시 출현했을 뿐이다. 이러한 이상사회의 특징은 다음과 같다.

① 사람들의 품성이 순박하고, 심心의 이지적인 능력이 아직 계발되지 않았다. 이때의 사회는 인의예지와 같은 명교가 존재하지 않았기 때문에 사람들의 품성이 순박하고, 인간과 인간 사이의 관계는 일종의 순수한 자연적인 정감으로 맺어져 있었다. 그리고 사람들은 "단정하게 행동하면서도 그것을 의義라고 자랑할 줄 몰랐고, 서로 사랑하면서도 그것을 인仁이라고 자랑할 줄 몰랐으며, 진실하게 행동하면서도 그것을 충忠이라고 자랑할 줄 몰랐으며, 마땅하게 행동하면서도 그것을 신信이라고 자랑할 줄 몰랐으며, 벌레처럼 부지런히 움직여 서로 도와주면서도 그것을 베푼다고 여기지 않았고"(「천지」), 사람과 사람 사이에는 "서로 해치는 마음조차 없었는데"(「도척」), "어찌 군자와 소인의 구분을 알 수 있겠는가!"(「마제」)

② 무위로써 행동하고 항상 자연에 맡긴다. 이 시기 사람들의 모든 행위는 자연적인 소박함이 어그러지지 않은 타고난 본성에서 비롯되었기 때문에 자연 그대로 행동하고, 항상 무위로써 행동한다. 다시 말해 "옛날 사람들은 구별이 없는 혼돈 속에서 살면서 세상 사람들과 더불어 담박하고 편안한 삶을 누리고 있었다. 이 시대에는 음양이 본래의 조화를 얻어 고요하고, 귀신도 사람들을 동요시키지 않고, 사계절의 운행이 절도에 맞으며, 만물이 손상되지 않고, 모든 살아 있는 사물들이 요절하지 않았다. 사람들이 비록 지혜를 가지고 있다 하더라도 그것을 쓸 필요가 없기 때문에 이런 시대를 일컬어 '지일至一'의 시대라고 한다. 이 시대에는 억지로 무엇인가를 하려 하지 않았고, 늘 자연 그대로의 상태였다."(「繕性」) 여기서 말하는 '늘 자연 그대로의 상태'(常自然)가 바로 "사람들의 걸음걸이가 유유자적하며 눈매 또한 밝고 환한"(「마제」) 상태이고, "누워 잠자고 있을 때는 편안하고, 일

어나 깨어 있을 때에는 무심한 모양으로 한가로이 지내는"(「도척」) 상태이며, "머물 때는 무엇을 해야 할지 몰랐고, 길을 갈 때도 어디로 가야 할지 몰랐으며, 먹을거리를 입에 물고 즐거워하고, 배불러서 배를 두드리며 노니는"(「마제」) 상태이고, "누워서 잠을 잘 때에는 느긋했고, 깨어 있을 때에는 어수룩했으며, 어느 때에는 자신을 말이라고 여기고 어느 때에는 자기를 소라고 여기는"(「응제왕」) 상태이다. 이러한 상태들은 참으로 한 폭의 고요하고 평화로운 풍경화와 같은 것이다.

③ 자연과 조화를 이루어 일체가 된다. 지덕지세에서 비록 사람들은 이미 자연계로부터 분리되어 나왔지만 그래도 자연과 일체를 이루면서 살려고 하는데, 장자는 그것을 "크고 작은 사슴 무리들과 함께 살고"(「도척」), "짐승들과 함께 살면서 무리 지어 만물과 나란히 살며"(「마제」), "산에는 지름길이나 굴이 없었고 못에는 배나 다리가 없었다. 백성이 무리 지어 살면서 사는 고을을 함께했으며, 금수들이 무리를 이루었고 초목이 마음껏 자랄 수 있었다. 그 때문에 짐승들을 끈으로 묶어서 끌고 다니며 놀 수 있었고, 새 둥지를 손으로 끌어당겨 안을 들여다볼 수 있었다"(「마제」)라고 표현하였다.

④ 생산도구가 원시적이다. 지덕지세에서 사람들은 "낮에는 도토리나 밤을 주웠고, 날이 저물면 나무 위에 올라가 잠을 잤으며"(「도척」), "옷이라는 것을 알지 못하였고, 여름이면 땔나무를 쌓아두었다가 겨울에는 그것으로 불을 때면서 지냈으므로"(「도척」) 그들의 생활이 아주 원시적이었다. 그리고 이러한 원시적인 생활방식은 원시적인 생활도구로 인한 것이었는데, 장자는 이에 대해 구체적으로 설명하지 않았다. 그러나 『장자』에는 전국시대에 새롭게 사용된 도구에 관한 이야기가 있는데, 그것이 바로 『장자』

「천지」에 나오는 물을 긷는 두레박이다. 여기서 자공子貢이 항아리를 안고 있는 노인에게 물을 긷는 새로운 도구를 소개하지 노인은 "붉긴 얼굴빛을 붉혔다가 웃으면서 말하기를 '예전에 스승께서 나에게 기계를 갖게 되면 반드시 기계로 인한 일이 생기고, 기계로 인한 일이 생기면 반드시 기계로 인한 욕심이 생기고, 기계로 인한 욕심이 가슴속에 있으면 순수하고 결백함이 갖추어지지 못하고, 순수하고 결백함이 갖추어지지 못하면 신묘한 본성이 안정을 잃게 되니, 본성이 불안정하게 된 자에게는 도가 깃들지 않는다고 말씀하셨다. 내가 두레박의 편리함을 모르는 바는 아니지만 부끄럽게 생각하여 쓰지 않을 뿐이다'라고 말했다." 여기에서 나오는 노인의 사상과 행위가 장자의 지덕지세에서 사용되는 생산도구에 대한 각주로 간주될 수 있을 것이다. 장자가 이상으로 삼는 지덕지세에서의 노동방식은 아마도 이와 같은 항아리를 안고 물을 대는 방식일 것이다.

⑤ 오직 씨족형태의 사회만 있고, 국가정권이 없다. 장자가 지덕지세에 대해서 "어머니는 알아도 자기의 아버지는 알지 못하였다"(「도척」)고 말했기 때문에 이 시기는 분명히 모계씨족의 시기처럼 보인다. 그러나 그는 또한 신농씨나 복희씨에 대해서 언급했으므로 부계씨족 시기일 가능성도 없지는 않다. 어쨌든 이는 원시 씨족사회의 시기임이 틀림없다. 이때에는 '백성들이 새끼줄을 묶어서 서로의 뜻을 전달한' 것을 보면 기껏해야 '결승기사結繩記事'의 시대에 불과하며, 사회적 예의규범과 같은 것이 있을 리가 없다. 이러한 시대의 씨족조직 내에는 사회가 지극히 평등하고, 그 어떠한 계급이나 수탈, 그리고 압박이 없었다. 즉 그것은 "백성들이 새끼줄을 묶어서 서로 뜻을 전달하면서 자기들이 먹는 음식을 달게 여겼으며, 자기들이 입는 옷을 아름답게 여겼으며, 자기들의 풍속을 즐거워했으며, 자기들이

사는 집을 편안하게 여겼다. 이웃 나라가 서로 바라다보이고 닭 우는 소리와 개 짖는 소리가 서로 들릴 정도로 가까웠는데도 백성들은 늙어 죽을 때까지 서로 오가지 않았으니, 이 시대야말로 지극히 잘 다스려진 시대였고"(「거협」) 마치 무릉도원에서 생활하는 것과 같은 시대였다. 그러나 사실 장자가 말하는 지덕지세는 단지 원시사회를 미화한 것일 뿐이고, 그 속에는 사회적 이상과 고대에 대한 동경이 모두 들어 있으나, 현실적인 사회의 모델이 아님에는 분명하다.

그렇다면 서진시대에 살았던 곽상은 어떤 사회를 이상으로 삼았는가? 한마디로 말하자면 곽상이 생각하는 이상사회는 내성외왕의 도, 즉 내성과 외왕이 상호 통일된 사회이고, 그것은 또한 명교와 자연이 조화된 사회이다. 그러므로 '내성외왕의 도'는 곽상이 이상으로 삼는 인생 목표이자 사회 목표였다.

곽상이 제기한 '내성외왕의 도'라는 사회이상은 일종의 현실적인 사회 건설 방안이다. 비록 그 속에는 이상적인 형식이 내포되어 있지만 그 실질과 내용은 모두 현실에 입각한 것이다. 곽상은 『장자』 「응제왕」에 주석을 붙이면서 이른바 '제왕지도帝王之道' 또는 '제왕지술帝王之術'에 대해 언급했는데, 그 내용은 다음과 같다.

무릇 무심으로써 스스로의 변화에 맡기는 자가 마땅히 제왕帝王이 되어야 한다.(「응제왕주」)

싹이 움트지 않아 아직 갖추어지지 않으니, 시든 나무처럼 꽃이 피지 않고, 죽은 재처럼 혼백의 고요함을 지키는 것은 지인至人이 아무런 감응을 하지 않을 때이다. 무릇 지인은 그 움직임이 하늘과 같고 그 고요함은 땅과 같으며,

걸을 때는 물이 흐르는 것과 같고 멈출 때는 고요한 깊은 연못과 같다. 연못의 고요함과 물의 흐름, 그리고 하늘의 운행과 땅의 멈춤은 인위적인 것이 아니라 저절로 그러한 것이므로 하나라고 할 수 있다. 지금 계함季咸이라는 관상쟁이 는 (호자壺子가) 죽은 시체처럼 거居하고 좌망坐忘한 것을 보고서는 장차 죽을 것이라고 하고, 그 정신이 움직여 하늘을 따르는 것을 보고서는 살아날 것이라 고 한다. 진실로 능히 자기의 마음으로써 응하지 않고 리理 스스로에 현응하고 합치하며, 변화와 더불어 오르거나 내림으로써 세상을 헤아린다면 족히 사물 의 주인이 될 수 있고, 때에 순응하여 끝이 없는 자가 될 수 있으므로 이는 관상쟁이가 측정할 수 없는 것이다. 이것이 응제왕의 대의이다.(「응제왕주」)

변화가 쇠퇴하고 세상사는 흘러가는데, 갈 수도 없고 따를 수도 없다. 무릇 지인은 하나를 근본으로 삼아 세상의 변화에 응하고 때에 따라 움직이니, 그러 므로 관상쟁이가 눈을 어디에 두어야 할지를 알지 못하여 스스로 잘못을 깨닫 고 도망친 것이다. 이것은 제왕이 되는 자의 제한되지 않음(無方)을 밝힌 것이 다.(「응제왕주」)

이와 같은 제왕지술은 모두 어떻게 하면 이상적인 봉건제왕이 될 수 있는가에 관한 것이다. 그리고 이상적인 봉건제왕이란 곧 이상적인 봉건국 가를 의미하고, 나아가서 곽상이 생각하는 이상적인 사회를 가리킨다. 이 러한 이상사회의 내면적 함의는 결국 통치자가 "천하가 다스려지게 하면서 도 천하를 다스리지 않는 것"(「소요유주」)이고, "비록 관직에 있더라도 그 마 음은 산림 속에 있는 것과 다름이 없는 것"(「소요유주」)이며, "항상 밖에서 노닐면서도 안과 명합하고 무심으로써 사물에 순응한다. 그렇기 때문에 종 일토록 형체를 움직여도 정신에는 변함이 없고, 만 가지 기틀을 살펴볼 수 있지만 항상 담연淡然함을 유지할 수 있는"(「대종사주」) 것이다.

곽상은 『장사』를 주석하면서 자신이 생각하는 이상적인 사회에 대한 사상을 충분히 드러내고자 했다. 예를 들면 그는 성인과 지인, 신인의 처세 행위에 관해서 논의하였고, 무위無爲의 다스림에 관해 언급했으며, 명교와 자연의 통일에 대한 논증을 제시했고, '무심현응'과 '유감이종惟感而從'의 사상 등을 내세웠다. 이러한 사상들은 모두 어떻게 하면 사회의 안정을 실현하고 질서 있는 사회를 구축할 수 있는가와 관련된 문제이다. 송합적으로 말하자면 곽상이 생각하는 사회이상, 혹은 이상적 사회는 다음과 같은 특징을 지닌다.

첫째, 현명한 군주가 있어야 한다. 역사적 사건과 현실에서의 교훈을 거울로 삼았기 때문에 곽상은 군주에 관한 문제를 매우 중요하게 생각했다. 물론 곽상 역시 군주의 전제 체제에 폐단이 있음을 충분히 알고 있었다. 그러나 곽상은 이성적 판단에 입각하여 하나의 사회에는 군주가 없을 수 없으며, 군주가 없으면 사회도 있을 수 없다는 인식에 이르렀다. 이에 대해 그는 "천 명의 사람이 모이는 경우, 만약 한 사람을 우두머리로 삼지 않으면 혼란에 빠지거나 흩어져버리고 만다. 그러므로 현인은 많아도 되지만 군주가 많으면 안 되고, 현인은 없어도 되지만 군주가 없으면 안 된다. 이것이 천인天人의 도이자, 반드시 이르러야 할 적절함이다"(「인간세주」)라고 했다. 사회는 한 사람의 군주를 필요로 하는데, 이는 필연적인 것이다. 그러나 여기서 중요한 문제는 어떠한 군주가 필요한가 하는 것이다. 다시 말해서 어떤 군주가 이상적인 군주이며, 군주의 이치와 도道에 합당한 군주라고 할 수 있는가에 관한 문제가 무엇보다도 중요하게 부각된다.

곽상에 따르면 이상적인 군주는 현명한 왕, 즉 '명왕明王'이어야 한다. 그는 "만약 천하에 현명한 군주가 없으면, 자득할 수 있는 자가 없다. 사람들로 하여금 자득할 수 있게 하는 것은 실로 현명한 군주의 공이다"(「응제왕주」)라고 하였다. 이러한 명왕 또는 명군明君이란 요임금이나 순임금처럼 역대의 유학자들에 의해 미화되고 이상화된 성인을 말한다. 나아가서 곽상은 "요임금은 다스리지 않는 것으로 다스린 것이며, 다스리고자 해서 다스린 것은 아니다"(「소요유주」), "그러므로 요임금은 천하와 함께 있지만 천하와 더불어 대립하지 않았고, 허유는 직稷, 설契과 함께 필부가 되었다"(「소요유주」), "요임금이 인위로써 천하를 다스리는 것을 무용無用으로 삼는 것은 마치 월越나라 사람들이 장보관章甫冠을 쓰지 않는 것과 같다"(「소요유주」) 등과 같은 표현들을 통해 자신이 생각하는 이상적인 군주의 모습을 드러내었으며, 이러한 군주가 있으면 천하는 평화로울 것이라고 주장했다.

둘째, 명교가 적극적으로 시행되어야 한다. 곽상에 따르면 현명한 군주는 이상사회의 구성적인 측면에서의 조건에 불과한 것이고, 그 사회에서 제대로 치세를 하려면 사회를 지탱하는 예의규범, 즉 명교가 필요하다. 혜강과 완적은 죽림현학의 사상주제인 '명교를 넘어서 자연에 맡길 것'을 외쳤지만, 이는 단지 문인기질의 울분으로 인한 구호일 뿐, 현실을 다스리는 방략이 될 수는 없었다. 사상적 기질을 지닌 곽상은 이렇게 생각하지 않았고, 오히려 배위裴頠와 유사하게 명교의 존재 필요성을 옹호했다. 곽상의 사회이상 속에서 여러모로 드러나듯이 그는 명교가 반드시 시행되어야 한다고 주장한다. 그는 『장자』「대종사」의 "지知로써 시의를 판단하는 기준으로 삼는다는 것은 부득이 실무에 필요하기 때문이다"라는 말을 주석하면서, "무릇 높은 것과 낮은 것은 서로를 받아들이기 때문에 그 흐름을 거스르면 안 되고, 작은 것과 큰 것이 서로 무리를 이루기 때문에 그 형세를 멈추게 할 수 없다. 텅텅 비어 있고 아무 정황도 없는 것이 모든 지혜가 담긴 곳이다. 그렇다면 백가의 학문을 종합하고 사람들의 스승으로서 지극한 자는 어떻게 하는가? 시세의 지혜(時世之知)에 맡기고, 필연적인 일(必然之事)에 위탁하며, 그것을 그대로 천하에 베푸는 것(付之天下)이다"(「대종사주」)라고 말했다. 그렇다면 무엇이 '시세의 지혜'이고, 무엇이 '필연적인 일'이며, 무엇을 '천하에 베풀어야' 하는가? 그것은 바로 명교이다. 왜냐하면 명교가 없어지면 사회도 존립할 수 없고, 인간들은 그저 일반적인 동물로 전락하게 되므로 설령 요순과 같은 성인이 다스리더라도 아무 소용이 없기 때문이다. 명군이 세상을 제대로 다스릴 수 있는 것은 모두 명교에 달려 있다. 다시 말해, 오직 명교의 사회규범들을 통해서만이 사람들의 행위를 특정한 범위에 제한할 수 있으며, 나아가서 사회를 질서 있게 만들 수 있다.

곽상은 「대종사」를 주석하면서 장자의 논의에 따라 형刑, 예禮, 지知, 덕德과 같은 사회규범에 관해 서술했는데, "형은 다스림의 체體이지, 내가 만들어낸 것은 아니고", "예는 세상 사람들이 스스로 행하는 바이지, 내가 제정한 것은 아니며", "지는 때의 움직임이지, 내가 소리 높여 주장한 것은 아니고", "덕은 자기와 타자가 따르는 바이지, 내가 만든 것은 아니다"(「대종사주」)라고 표현했다. 곽상이 여기에서 여러 번 '내가 ~한 것은 아니다'라고 표현한 것은 형·예·지·덕과 같은 사회규범이 자기중심적이거나 주관적으로 만들어진 것이 아니라 사회가 존재하면서 필연적으로 형성된 객관적인 것임을 강조하기 위해서이다. 이와 같이 명교의 존재는 사회의 필연이기 때문에 이상적인 사회라면 반드시 명교가 활발하게 시행되어야 한다.

셋째, 각자가 자신의 직분을 편안하게 여길 수 있어야 한다. 사회의 안정은 그 속에 있는 구성원들이 각자의 직분을 편안하게 여길 수 있는지에 달려 있다. 이상적인 사회 속에 살고 있는 사람들은 반드시 각자 자신의 능력에 맞는 지위를 얻을 수 있고, 자기에게 맞는 일을 얻을 수 있으며, 능력을 발휘할 수 있어야 하는데, 곽상은 이러한 점에 대해 명확하게 설명했다. 그는 여러 번 사람들은 마땅히 자기의 성분性分을 알고, 그것을 편안히 받아들이며, 나아가서 그와 어긋나는 일을 행하지 말아야 한다고 주장했다. 그는 "무릇 구할 수 없는 외부의 사물을 추구하는 것은 둥근 것이 네모난 사물을 따라 하는 것과 같고, 물고기가 새를 부러워하는 것과 같다. 비록 날갯짓으로 봉황을 나타내려 하고, 둥근 자로써 해와 달을 그려내려고 하지만 그것의 외적인 모양과 가까워질수록 오히려 실속과는 멀어지므로 배우면 배울수록 본성을 잃는다"(「제물론주」)라고 하면서, 둥근 것에는 '둥글다'는 규정성이 있고, 네모난 것은 '각지다'라는 규정성이 있으므로, 둥근 것으로써 네모난 것을 배우는 것이 불가능하다고 주장했다. 마찬가지로 물고기로 하여금 날기를 배우게 하거나 새로 하여금 헤엄치게 하는 것도 불가능한 일이다.

인간사회 속에서의 실정도 이와 비슷하다. 사람마다 각자의 성性과 질質, 즉 자성自性을 지니고 있다. 그리고 각자가 자기의 타고난 성을 편안히 여겨야만 자신의 지위나 가치, 그리고 존엄성을 제대로 드러낼 수 있게 된다. 그렇지 않으면 마치 물고기가 새를 부러워하는 꼴이 될 것이다. 그러므로 곽상은 반복적으로 사회에 속해 있는 각자의 사람들이 자성에 따라 자기가 속한 바에 있어야 한다고 강조했다. 그래서 그는 "무릇 인간의 한 몸은 친밀함이 없다. 그래서 머리는 위에 있고, 발은 아래에 있으며, 오장육부는 안에 있고, 피부와 털은 밖에 있다. 내외와 상하, 존귀한 것과 비천한 것으로 나누어지지만, 그것들이 신체의 각 부분에서 작용을 다하니 그 사이에 특별히 친애할 만한 것이 없다. 그러므로 인이 지극함에 이르러 오친육족五親六族에도 현명하고 우매하며, 멀고 가까운 이가 있는 것을 알아서 그것을 천하에 적절하게 나누는 것은 이치의 자연함에 따른 것이니, 어찌 친근한 쪽에서 취할 필요가 있겠는가!"(「천운주」)라고 하였다.

인간 신체의 각 부위가 모두 각자의 역할이 있고, 그것들이 제각기 맞는 위치에서 작동되어야 인간의 몸이 정상적으로 활동할 수 있다. 그리고 이러한 각 부분들은 처해 있는 위치는 다르지만 그 중요성이 같기 때문에 본성적으로 모두 평등하다. 곽상은 이와 같은 이치가 인간사회에도 적용될 수 있다고 주장했다. 따라서 그는 "신하와 첩妾의 자질을 지니고 있으면서도 그 자리의 분수를 지키지 않으면 잘못이다. 그러므로 군신 사이의 상하관계, 손과 발의 내외관계는 곧 천리의 자연함이니, 어찌 진인이 만든 것이겠는가!"(「제물론주」)라고 하였고, 또한 "무릇 때가 현명하다고 높이는 자는 군주이고, 재능이 세상에서 제대로 대접받지 못하는 자는 신하이다. 만약 하늘이 스스로 높다고 하고, 땅이 스스로 낮다고 하며, 머리가 스스로 위에 있다고 하고, 발이 스스로 밑에 있다고 한다면 어찌 엇갈리는 일이 생기겠는가!"(「제물론주」) 라고 하였다. 이것이 바로 "존귀하고 비천함과 선후의 질서를 밝히는 것"(「천도주」)이고, "마땅히 그 선후의 질서를 잃지 않아야 하는 것"(「천도주」)이며, "질서의 이치에 크게 통달하는 것"(「천도주」)이다.

넷째, 무위의 다스림을 행해야 한다. 곽상에 따르면 안정적이고 질서 있는 사회에서의 정치적 방침은 무위의 정치이다. 그리고 무위와 유위의 차이는 다음과 같다. 만약 사람들의 행위가 유위에서 비롯된다면 그들은 각자 자신의 이익이나 사적인 목적에 따라서 권력투쟁을 행할 것이고, 나아가서 사회적 분쟁을 불러일으킬 수 있을 것이다. 실제로 서진 시기에 있었던 팔왕의 난에는 여러 가지 원인이 있으나, 그 중에서도 여덟 명의 왕이 각자 자신의 욕망을 추구하고 사익을 얻으려 한 것이 가장 중요한 원인이라 하지 않을 수 없다. 그러나 통치가 무위에서 비롯된다면 사람들의 행위는 사익으로 인하여 좌우되지 않으므로 국가와 공동체의 전체 이익이 실현될 수 있는데, 이러한 점이 사회의 안정성을 유지하는 데 매우 효과적이다. 그리고 무위는 사람들이 종일 아무것도 하지 않고 먹는 것만 기다리는 것을 의미하는 것이 아니라 통치자가 아랫사람들의 행동에 최대한 간섭하지 않는 것을 통해 각자가 적절한 위치에서 충분히 자기의 능력을 발휘하도록 함으로써 전체 사회가 조화롭게 움직이고 발전하게 하는 것을 가리킨다.

곽상은 이에 대해 여러모로 논의하였는데, 예를 들면 "무릇 왕이 백관들을 재材로 삼지 않으므로 백관들은 그 맡은 바의 일을 행할 수 있는데, 눈이 밝은 자는 그 보는 일을 하고, 귀가 좋은 자는 그 듣는 일을 하며, 지혜가 있는 자는 그 모략한 바를 행하고, 용맹한 자는 그 막는 바를 행하면, 왕이 더 이상 무슨 일을 하겠는가? 다만 현묵玄黙하게 있을 뿐이다. 각자의 재능을 갖춘 자들이 그 맡은 바를 잃지 않으면, 재주가 없는 사람이 재주가 있는 사람들의 지극히 의뢰할 바가 되기 때문에, 천하가 즐겨 추대하고도 싫어하지 않고, 만물을 지배해도 해害가 되지 않는다"(「인간세주」)라고 하였고, 또 "무위는 현묵함을 잘 지키는 사람을 가리키는 것이고, 그 스스로 하는 것에 맡기면 성명性命의 편안함을 얻을 수 있다. 부득이한 경우에도 엄한 형벌로써 위협하면 안 되고, 도道와 소박함으로써 그 필연함에 맡기면 천하가 모두 스스로 빈객이 될 것이다"(「재유주」)라고 하였으며, "무릇 무위의 체體가 이처럼 큰데, 왜 천하가 그것을 행하지 않는가! 그러므로 왕이 총재冢宰의 노릇을 하지 않으면, 이尹와 려呂는 조용히 그가 맡은 바를 장관할 수 있고, 총재가 백관이 관장하는 바를 행하지 않으면, 백관들은 조용히 그 맡은 바를 행할 수 있으며, 백관들이 백성들이 힘쓰는 바를 행하지 않으면, 백성들은 조용히 자기의 업業에 편안히 종사할 수 있고, 백성들이 서로 자기의 재능을 어기지 않으면, 온 천하의 사람들이 조용히 자득할 수 있을 것이다. 그러므로 천자부터 서민까지, 그리고 하찮은 벌레에 이르기까지 누가 유위로써 성사할 수 있겠는가! 그러므로 무위하면 할수록 존귀해진다"(「천도주」)라 하고, "무릇 나무꾼은 나무를 찍을 수는 없으나 도끼를 쓸 수는 있고, 왕은 몸소 정사를 행할 수 없으나 신하를 쓸 수 있다. 신하는 정사를 몸소 행할 수 있고 왕은 신하를 쓸 수 있으며, 도끼는 나무를 찍을 수 있고 나무꾼은 도끼를 쓸 수 있으므로, 각자가 그 재능에 맞게 행하는 것이 천리의 자연함이니, 억지로 인위적으로 하면 안 된다. 만약 왕이 신하를 대신하면 그를 더 이상 왕이라고 할 수 없고, 신하가 왕을 쓰임으로 삼으면 더 이상 신하라 부를 수 없다. 그러므로 각자가 관장하는 바를 지키면 상하가 모두 원하는 바를 얻을 수 있기 때문에 무위의 이치에 이를 수 있다"(「천도주」)라고 한 것 등이 이에 관련한 언급들이다. 이것이 곽상이 생각하는 '무위이무불위無爲而無不爲'의 다스리는 도道이다.

다섯째, 본성에 맞게 소요하는 경지에 이르러야 한다. 사회가 무위로써 다스려지고 그 속에 살고 있는 각양각색의 사람들이 무위로써 행동하고 생활한다면 질서가 있는 방향으로 나아간다. 동시에 이러한 사회에서 사람들이 모두 무위이무불위의 방식으로 처세를 행한다면 그들의 생명이 안정될 수 있을 뿐만 아니라 나아가서 필연적으로 인생의 의의와 가치, 그리고 자유를 실현할 수 있다. 이것이 바로 내성과 외왕의 통일이고, 명교와 자연의 합일이며, 곽상이 추구하는 궁극적인 이상사회이다. 곽상이 남긴 『장자』 주석의 여러 곳에서 성聖과 왕王이 통일된 이상사회에 대한 묘사들이 발견되는데, 불완전한 통계에 따르면 그것이 무려 500여 군데나 있다.

예를 들면 "무릇 사물과 더불어 명합하는 자는 사물의 무리가 그를 떠날 수 없다. 그러므로 무심으로써 사물에 현응玄應하고, 오직 감응한 바에 따르며, 매여 있지 않은 배와 같이 떠 있고, 동쪽이나 서쪽이 모두 스스로의 것으로 삼지 않으니, 그러므로 행하지 않아서 백성과 더불어 함께하지 않는 자는 또한 나아가지 않아서 천하의 군주가 되지 않는 것이다. 이와 같이 임금 노릇을 하는 자는 마치 하늘이 저절로 높아지는 것과 같으니, 이것이 참다운 임금의 덕이다"(「소요유주」), "무릇 신인神人이란 바로 지금의 성인을 가리킨다. 성인은 비록 몸이 관직에 있더라도 그 마음은 산림 속에서 있는 것과 다르지 않다는 것을 세상 사람들이 또한 어찌 알 수 있겠는가! 세상 사람들은 오직 헛된 황금으로 치장된 집과 패옥만을 보고서 성인의 마음을 어지럽히기에 족하다고 말하고, 산천山川을 편력하고 백성과 함께 생활하는 것을 보고 그 정신을 초췌하기에 족하다고 말하는데, 그들이 어찌 지극한 경지에 이른 사람은 이런 것들로 인해 그 마음이 손상되지 않음을 알 수 있겠는가!"(「소요유주」), "무릇 신령神靈을 체득하고 이치를 궁구하여 오묘함의 극에 이른 사람은 비록 조용히 아무 말도 하지 않고 비어 있는 방에 있을지라도 온 세상의 현실과 현묘하게 합일하기 때문에 음양을 타고 육기를 조종하며, 다른 사람들과 동화하고 만물을 부릴 수 있다. 진실로 그에게 순응하지 않는 사물이 없기에 부운浮雲을 탈 수가 있고, 모든 형상을 실을 수 있기에 비룡飛龍을 조종할 수 있다. 스스로의 몸을 자연에 맡기면서 자득하고, 비록 항상 담연하게 있지만 아무것도 기대하는 바가 없고, 앉아 있는 것과 걷는 것을 망각하며, 망각하면서 무엇을 행하기 때문에 걷고 있을 때에는 잎이 시든 고목枯木과 같고, 멈춰 있을 때에는 타고 남은 재와 같으므로, 그를 일컬어 '신神을 응축하고 있다'고 한다"(「소요유주」) 등이 그것이다. 단지 『장자』 「소요유」에 나오는 이 세 구절의 주석만을 보더라도 곽상이 본성에 맞게 소요하는 경지에 이르는 것을 이상으로 삼고 있음을 알 수 있다.

장자가 말한 '지덕지세'는 옛날 인류문명의 초기 단계에 있었으며, 그것은 씨족사회라는 공동체를 미화하여 표현한 것이다. 이는 장자가 현실사회를 어떻게 구축할 것인지에 대해서 명확한 인식과 목표를 갖추고 있지 않았다는 것을 말해준다. 그리고 이러한 사실은 실제로 장자가 살고 있었던 전국시대의 현실상황과 연관된다. 국가 간의 전쟁과 토지겸병이 빈번하게 일어난 전국시대에는 그 어떠한 제후국도 이상적인 사회의 목표나 모델로 간주될 수 없었다. 또한 전국시대에 이르러 노예제 국가가 붕괴되고 봉건제 국가가 건설되는 초기 단계에 있었으므로 아직 그 사회형태를 명확히 규정하기가 어렵다. 이러한 배경에서 예전의 노예제와 귀족세력의 이익을 대변하는 사상가들은 과거의 국가형태를 이상으로 삼아 복고를 주장할 수 있었고, 신흥 봉건지주 계급의 이익을 대표하는 사상가들은 자신만만하게 자기들이 갈망하는 새로운 봉건국가를 제창할 수 있었지만, 평민사인들은 무엇을 할 수 있었겠는가? 그들은 어떻게 생각할 수 있었을까? 장자는 바로 이들 평민사인의 대변자로서 인류의 고대사회를 미화하여 안일하고 한가로우며 담연한 자연사회를 구축하고자 했다.

그러나 곽상은 이와 달랐다. 서진시대에 이르면서 중국 봉건제의 생산관계가 이미 고착화되었고, 봉건적 국가의 정권도 굳어졌기 때문에 현실사회의 정권이나 공동체, 그리고 사람들의 관념까지 모두 봉건화 또는 봉건식으로 변화되었다. 이러한 상황에서의 참된 이상사회 또는 사회적 이상은 봉건적 국가의 정권을 공고하게 구축하고, 그 시스템을 유연하게 만들며, 나아가서 사회를 질서 있게 발전시킬 수 있게 되었다. 그러므로 곽상은 군주의 존재적 합리성을 인식했고, 사회적 명교의 중요성을 파악했으며, 나아가서 명교와 자연이 조화롭게 통일되어야 할 필요성을 인식했다. 이것이 바로 그가 주장한 내성외왕의 도가 담고 있는 사회적 이상이다.

장자의 도와 곽상의 독화 III

"만약 그 의지하는 바를 꾸짖으면서 말미암는 바를 찾으려면
그 꾸짖음과 탐색은 끝이 없을 것이니,
마침내 의지하는 바가 없는 경지에 이르러야 독화의 이치를 알게 될 것이다."
-『장자주』,「제물론주」

제1장

장자의 도

    선진제자先秦諸子 중에서 장자가 도가道家에 속한 이유는 그가 노자와 유사하게 도道에 관해서 논했기 때문이다. 비록 노자와 장자의 도는 그 내용적인 측면에서 완전히 일치한다고는 할 수 없겠지만 적어도 그들 모두가 도를 사상적 좌표로 설정하였다는 점에 있어서는 동일하다. 그렇다면 장자에게 도는 어떤 것인가? 이는 아주 어려운 질문이다. 왜냐하면『장자』속에서 나타나는 도에 대한 논의는 장자와 그 후학들이 자연과 사회, 그리고 인생의 문제들에 대해 관찰하여 깨달은 것이나 사고를 통해 상상하고 추출해 낸 것들이므로 거기에는 분명한 개념적 규정이나 내용적 한정이 없거니와 나아가서 논리적 차원에서의 논증도 결여되어 있기 때문이다. 더욱이 초楚나라 학문성향의 영향으로 인해『장자』라는 책의 문풍文風은 아주 호방하여 구애됨이 없고, 기이하고 어렴풋하다. 게다가 그 논설방식 또한 대부분 우언寓言이나 치언卮言으로 구성되어 있기 때문에 도라는 개념은 어떤 형상성을 지니게 되었다. 이러한 사실은 비록 도를 감각적으로 풍만하고 활발하게 드러낼 수는 있지만, 동시에 그것을 모호하고 흐릿하게 변모시키고 논리적으로 접근하기 어렵게 만들었다. 이와 같은 원인들은 모두 오늘날 우리가 장자의 도를 이해하기 어렵게 만들었다. 그러므로 장자의 도가 철학적인 맥락에서 어떤 것인지에 관한 논쟁은 지금까지도 지속되고 있다.

하지만 장자의 도가 파악하기 어렵다고 해서 그것을 이해하고 분석하는 것이 불가능하다는 것은 아니다. 왜냐하면 비록 장자의 도가 이론적 형식의 측면에서 모호성을 지니고 있지만 장자와 그 후학들이 그것을 제시하고 논설하는 과정에서 자연과 사회, 그리고 인생의 특정한 문제에 대한 관찰과 사고를 기저로 삼지 않을 수 없기 때문이다. 비록 장자의 도에는 신비적 색채가 짙게 들어 있지만 그것이 특정한 현실의 문제에 대한 깨달음이나 논의를 기반으로 삼고 있기 때문에 어느 정도 현실생활과 연관되어 있고, 장자의 순수한 상상에 의해서만 만들어진 산물이 아니다. 이렇게 되면 장자의 도에 관해 이해할 수 있는 참고사항들이 구비되고, 나아가서 이것들을 통해 장자의 도에 대한 적절한 파악이 가능해질 것이다.

1. 도의 종류

『장자』에서 가장 많이 나타나는 글자가 도道이다. 어떤 사람의 통계에 따르면 『장자』속에는 도라는 글자가 320여 번 쓰였다고 한다.[1] 물론 이와 같이 빈번하게 나타난 도라는 글자가 모두 철학적 의미와 내용을 담고 있는 개념과 범주인 것은 아니다. 예를 들면 "길(道)은 사람이 다니면서 만들어지고, 물物은 사람들이 불러서 그렇게 이름 붙여지게 된 것이다"(「제물

---

[1] 崔大華, 『莊學研究』, 人民出版社, 1992, p.118.

론」), "그러므로 그 천수를 제대로 누리지 못하고, 중간지점(中道)에서 요절하였다"(「인간세」), "그 길(道)은 멀고 험하다"(「산목」), "길(道)을 가던 중에 노자老子가 하늘을 우러러보면서 탄식했다"(「우언」) 등에서 나타나는 도 자는 분명히 도로나 길을 의미하는 것이다. 그리고 "무릇 작든 크든 일을 처리할 때, 도리에 어긋나게 하고서도 만족스럽게 성취하기란 매우 어렵다"(「인간세」), "도에 대해 일컫는 말이 자주 합당했기 때문에 내가 그를 칭찬한 것이다"(「전자방」), "요순堯舜의 덕을 이 대진인戴晉人 앞에서 말하는 것은 칼집에서 가느다란 픽 소리가 한 번 나는 것과 같을 뿐이다"(「칙양」) 등에서 나타나는 도는 도설道說이나 언설言說을 가리키는 것이다. 나아가서 "이는 인도하는 자이다"(「각의」), "나를 인도할 때는 마치 어버이 같았다"(「전자방」), "상대의 마음을 엿보고, 그 기분에 맞춰 말을 인도하는 것을 아첨이라 한다"(「어부」) 등에서 나타나는 도 자는 모두 인도한다는 의미의 도導 자와 같은 뜻으로 쓰인 것이다. 이와 같은 도 자들은 모두 일반적이고 일상적인 의미일 뿐이지 철학적 개념이 아니다.

그렇다면 『장자』 속에 철학적 의미를 지닌 도자는 얼마나 있는가? 이 것은 현재 학계에서 여전히 논쟁 중에 있는 문제이다. 『장자』「재유」에는 "무엇을 도라 하는가? 천도天道가 있고 인도人道가 있으니, 아무런 작용 없이 존귀한 것은 천도이고 인위적으로 움직여서 번거롭게 얽매이는 것이 인도이다"라는 말이 있다. 실제로 이 말은 도를 천도와 인도로 구분하고, 쓰임(用)의 측면에서 천도와 인도의 특징을 설명하고 있지만 본체론적 측면에서 도의 성질을 규정하지는 않는다. 그러나 장자가 도를 천도와 인도로 구분했다는 것은 사실이다. 그러므로 장자가 말한 도의 종류는 크게 천도와 인도로 나눌 수 있다.

그렇다면 천도와 인도의 내용은 무엇인가? 『장자』「천도」에는 "천도는 끊임없이 운행하여 잠시라도 정체하는(積) 법이 없으므로 만물이 이루어진다. 제왕의 도는 끊임없이 운행하여 잠시라도 정체하는 법이 없으므로 천하가 모두 그것에 복종한다"라는 말이 있는데, 여기에서의 '적積'에 대해 『경전석문經典釋文』과 성현영成玄英은 모두 정체함(滯)이라고 소疏를 달았고 정체하여 통하지 않음(滯而不通)이라는 뜻으로 풀이했다. 그리고 여기에서의 천도는 만물을 이루게 하는 도이며, 「천도」에서 나오는 말을 빌려 표현하자면 "봄과 여름이 먼저 오고, 가을과 겨울이 뒤에 오는 것은 사계절의 순서이다. 만물이 생겨나고 변화할 때 초목의 싹에도 갖가지 모양이 있고, 번성하거나 시드는 순서가 있는 것은 자연스러운 변화의 흐름이다." 또한 『장자』「천운」에는 공자가 도를 구하고자 애쓰는 이야기가 실려 있는데, 그 내용은 다음과 같다.

공자는 살아온 나이가 51세가 되었는데도 아직 참다운 도가 무엇인지를 듣지 못하여 마침내 남쪽으로 패沛에 가서 노담老聃을 만났다. 노담이 말하였다. "선생, 잘 오셨소. 진작부터 나는 그대가 북방의 현자라는 말을 들어 알고 있소. 그대 또한 도를 체득하였겠지요?" 공자가 말했다. "아직 터득하지 못했습니다." 노자가 말했다. "그대는 어디에서 그것을 찾으려 했는지요?" 공자가 말했다. "저는 그것을 예악의 도수度數에서 찾으려 했는데, 5년이 지나도록 아직 도를 얻지 못했습니다." 노자가 말했다. "그러면 그대는 또 어디에서 도를 구하려 했소?" 공자가 말했다. "저는 그것을 천지자연을 움직이는 음양의 이치에서 찾으려 했는데, 12년이 되도록 아직 도를 얻지 못했습니다."

여기에서 나오는 도수나 음양이 바로 천도의 구체적인 내용이다. 그리고 『장자』「달생」에도 공자가 도에 대해 묻는 이야기가 실려 있는데, 그 내용은 다음과 같다.

한때 공자가 여량呂梁의 강가에서 한 사내가 헤엄치는 것을 보았는데, 그 사내는 몇 백 걸음의 거리를 헤엄쳐 내려간 뒤, 물에서 나와 머리를 풀어헤친 채로 걷다가 노래하면서 뚝방 아래를 오가고 있었다. 공자가 그 남자의 뒤를 쫓아가서 물었다. "나는 그대를 귀신이라고 여겼는데 자세히 보니 역시 인간이었구려. 물속을 헤엄치는 데에 무슨 특별한 비결이라도 있는 것이오?" 그 남자가 말했다. "없소. 나에게는 비결이 따로 없소. 나는 본디 타고난 그대로에서 시작하고, 습성 속에서 자라나며, 자연의 이치를 따라 이루어서 소용돌이와 함께 물속으로 들어가고, 솟는 물과 함께 물 위로 떠올라서 어떠한 경우에도 물의 도를 따를 뿐, 제멋대로 움직이지 않소. 이것이 내가 헤엄을 잘 치는 방법이오."

여기에서 나오는 '물의 도'가 바로 천도의 한 내용이다. 따라서 천도는 주로 만물의 존재와 운동의 규정성, 그리고 질서 등과 관계된 것이라고 할 수 있다.

그에 비해 『장자』「천도」에서 말하는 '제왕의 도'(帝道)와 '성인의 도'(聖道)는 바로 인도, 즉 인간이 되는 도(成人之道)이며, 그것을 달리 표현하면 "종묘宗廟에서는 관계가 가까운 친척을 숭상하고, 조정에서는 관작이 높은 사람을 숭상하며, 고을에서는 나이 많은 사람을 숭상하고, 일을 처리할 때에는 현인을 숭상하는 것이 대도大道의 서열이다"(『장자』,「천도」)라는 것이다. 또한「인간세」에는 "천하에 도가 있으면 성인은 그것을 완성시키고, 천하에 도가 없으면 성인은 자신의 생명을 지킨다"라는 말이 있고,「천운」에는

"선왕의 도를 논하고 주공周公과 소공召公의 자취를 밝혔다"라는 말이 나오는데, 이린 곳에서 말하는 도는 모두 인도를 가리키는 것이다. 나아가서 「재유」에 황제黃帝가 광성자廣成子에게 도를 묻는 이야기가 있는데, 그 내용은 다음과 같다.

> 황제가 천자의 자리에 오른 지 19년이 되었고, 그의 정치적 명령들은 천하에 시행되고 있었는데, 광성자가 공동산崆峒山에 있다는 것을 듣고 찾아가서 말하기를 "저는 선생께서 지극한 도에 도달하셨다고 들었습니다. 감히 지극한 도의 정수가 무엇인지를 묻고자 합니다. 나는 천지의 정기精氣를 가져다가 오곡五穀의 생장을 도와 백성들을 기르고, 또 나는 음양을 다스려 뭇 생명을 이루게 하고자 하는데, 어떻게 하면 좋겠습니까?"라고 하였다.

여기서 나오는 '천지의 정기를 가져다가 오곡의 생장을 도와 백성들을 기르는 것'과 '음양을 다스려 뭇 생명을 이루게 하는 것'이 모두 인도에 관한 것이다.

천도와 인도의 내용과 관련하여 위에서 언급한 것들 외에도 "엄청나게 큰 것, 법도에 어긋난 것, 속임수, 괴이한 것이 도를 통해서 하나가 된다"(「제물론」), "형태는 도가 아니면 생겨날 수 없다"(「천지」), "무릇 도는…… 스스로를 근본으로 삼아 아직 천지가 있기 이전에 이미 존재해 온 것이다. 귀신과 상제上帝를 신령神靈하게 하며, 천지를 생성한다"(「대종사」) 등과 같은 구절들도 있다. 여기에서 말하는 도는 분명히 구체적인 사물을 가리키는 것이 아니라 우주의 총체적 시각에서 서술된 우주존재의 궁극적 근원으로서 의미를 지닌 것이다. 이것이 바로 진정한 하늘의 도이자, 천도의 또 다른 중요한 내용이다.

또한 『장자』에는 "옛날의 진인은…… 높은 데 올라가도 두려워 떨지 않고, 물속에 들어가도 젖지 않으며, 불속에 들어가도 뜨겁지 않은데, 지知가 도의 경지에 오르는 것이 이와 같은 것이다"(「대종사」), "그 때문에 성인은 장차 사물을 훔쳐서 도주할 수 없는 세계에서 노닐고 모두 보존한다.…… 하물며 만물이 매여 있고 일체의 변화가 의지하는 도이겠는가!"(「대종사」), "함께 도에 나아가는 경우에는 간섭하는 일이 없으면 삶이 안정된다"(「대종사」), "도와 의지하여 나아간다"(「산목」), "무릇 도는 깊은 못처럼 고요히 머물러 있으며, 맑은 물처럼 깨끗하다"(「천지」), "진실로 도를 터득하면 무엇을 말미암든 안 될 것이 없다"(「천운」) 등과 같은 구절들이 있는데, 여기에서 나오는 도는 사회와 인생의 규정성을 가리키는 것이 아니라 전체 인류의 존재와 인간생명의 존재에 대한 궁극적 근거 또는 근원을 의미한다. 이것이 진정한 인간의 도이자, 인도의 또 다른 중요한 내용이다.

이상에서의 논의들을 종합하면 장자의 도는 크게 천도와 인도의 두 가지로 나눌 수 있다. 그리고 천도에는 두 가지 종류, 즉 구체적 사물의 규정성으로서의 도와 전체 우주 존재의 총체적 근원으로서의 도가 있다. 그리고 인도에도 두 가지 종류, 즉 사회와 인생에 관한 구체적 존재의 질서와 법칙으로서의 도와 전체 사회와 인생존재의 총체적 근원으로서의 도가 있다. 이것이 바로 이른바 장자의 '이류사종二類四種의 도'이다. 이것을 그림으로 표현하면 다음과 같다.

이제 우리는 구체적 천도와 인도, 그리고 총체적 천도와 인도의 내용을 고찰할 것이다. 그러나 장자의 구체적 인도에 관한 내용은 실제로 그의 사회와 인생에 대한 관찰과 인식, 인생 감수와 처세방략 등에 관한 사상이고, 이에 대해 지난 장에서 이미 서술한 바가 있기 때문에 부언하지 않을 것이다. 그래서 우리는 장자의 세 종류의 도에 관해 살펴보게 될 것인데, 구체적 천도, 총체적 천도, 총체적 인도가 그것이다. 그리고 논의의 편의상 그것들을 각각 '천도로서의 도'(天道之道), '본원의 도'(本根之道), '소요의 도'(逍遙之道)로 명명하도록 하겠다.

2. 천도로서의 도

천도로서의 도는 장자의 자연관, 즉 자연사물의 존재와 운동, 그리고 변화에 대한 그의 인식을 담고 있다. 장자사상의 주된 요지는 무대無待한 정신적 자유인 소요유에 있지만, 그것은 자연에 대한 아무런 인식이 없는 상태에서 이루어진 것이 아니다. 장자도 생명을 지닌 존재로서 천지 사이에서 삶을 영위해야 하므로 자연에 직면하고 그에 대한 인식을 가져야 하는데, 이러한 과정에서 그의 자연관이 형성되었다. 『장자』의 내용으로 보면 장자의 자연관은 다음과 같은 두 측면의 내용을 갖추고 있다.

1) 물질의 구성에 관한 문제

세상에는 다양한 사물이 존재하며, 그들 사이의 특징도 천차만별이다. 그렇다면 이처럼 각양각색인 사물들이 동일한 근원을 가지고 있는가? 이와 같은 문제에 관하여 고대 그리스철학에서는 이미 어느 정도 사고가 이루어졌다. 만물의 근원에 대하여 탈레스는 물, 아낙시메네스는 기氣, 헤라클레이토스는 불, 데모크리토스는 원자라고 규정했는데, 이러한 설들은 모두 만물구성을 논하는 아르케(arche)설의 대표 이론들이다. 중국 고대에도 일찍이 만물구성의 문제에 관한 사고가 있었고, 그것은 구체적으로 두 가지 방향으로 발전했다.

하나는 만물의 존재상태에 근거하여 그것들을 인식하고 분류하는 오행설五行說이다. 이것은 금金·목木·수水·화火·토土의 다섯 가지 물질을 만물의 기본적 기질로 삼는 이론인데, 이에 대해 『국어國語』「정어鄭語」에서는 "선왕은 토와 금·목·수·화를 섞어서 모든 사물을 만들어냈다"라고 표현했다. 또한 오행설의 다섯 가지 물질 중의 하나를 만물의 근원으로 삼는 이론들도 있다. 예를 들면 『관자管子』「수지水地」에는 "물은 무엇인가? 만물의 근원이고 뭇 생명들의 종실宗室이다", "지地는 무엇인가? 만물의 본원이고 뭇 생명들의 뿌리이다"라는 말이 있다.

다른 하나는 만물의 존재적 성질에 근거하여 그것들을 인식하고 분류하는 음양설陰陽說이다. 음양설은 천지만물이 모두 음과 양이라는 두 가지 기氣의 화합으로 이루어진다고 규정하는데, 이에 대한 설명은 『국어』 「주어상周語上」에 백양보伯陽父가 유왕幽王 2년(기원전 780) 경涇·위渭·낙洛 지역에서 발생한 지진현상을 논하면서 "무릇 천지의 기는 그 질서를 잃지 않는다. 그 질서를 넘는다면 인간이 어지럽힌 것이다. 양기가 잠복하여 나오지 못하고, 음기가 압박되어 증발되지 못하기 때문에 지진이 생겼다"라는 말에서 처음 보인다. 또한 『관자』 「추언樞言」에는 인간생명의 현상을 논하면서 "기가 있으면 살 수 있고 기가 없으면 죽기 때문에 살아 있는 것은 기에 달려 있다"라는 내용이 나오기도 한다. 장자와 그 후학들은 바로 이와 같은 기氣사상을 계승하였고, 기를 만물을 구성하는 물질적 근원으로 삼았다.

그렇다면 기氣는 어떻게 세계를 구성하는가? 우선 장자는 기의 특질에 대해 고찰했다. 『장자』 「소요유」에는 "공중에 떠 있는 아지랑이와 티끌은 천지 사이의 살아 있는 생물들이 입김을 서로 내뿜는 데서 생겨나는 현상이다"라는 말이 있는데, 이것은 기가 천지 사이에 산재되어 있는 상태를 묘사한 것이다. 이 외에도 『장자』에는 천기天氣·지기地氣·육기六氣·운기雲氣·춘기春氣 등과 같은 개념들이 등장하는데, "천지가 화합하지 못하고 지기가 응축되며, 육기六氣가 조화를 이루지 못한다"(「재유」), "운기雲氣를 타고"(「소요유」), "운기를 기다리지 않아도 비가 내린다"(「재유」), "춘기春氣가 발산하여 온갖 초목이 살아난다"(「경상초」) 등과 같은 내용들이다. 뿐만 아니라 『장자』에는 인기人氣·혈기血氣·지기志氣·신기神氣 등과 같은 개념들도 나오는데, 예를 들면 "인기人氣에 이르지 못한다"(「인간세」), "혈기를 아끼고"(「재유」), "지기志氣가 넘쳐날 듯하다"(「도척」), "신기가 변하지 않는다"(「전자방」) 등과 같은 표현들이 존재한다. 이러한 예시들은 모두 기가 다양한 존재적 상태를 지니고 있다는 것을 말해주며, 나아가서 천지 사이에 기가 존재하지 않는 곳이 없음을 표현하는 것이다. 이처럼 기의 존재 양태는 다양하지만 그것을 구성하는 기질은 동일하다. 장자는 이렇게 말한다.

기라는 것은 비어 있으면서도 모든 사물을 갖추게 하는 것이다.(「인간세」)

여기서의 비어 있음(虛)이 바로 기의 본질적 규정성이다. 기가 다른 구체적 사물들과 다른 것은 그것이 비어 있을 수 있는 데 반해 다른 사물들은 그럴 수 없다는 데 있다. 실제의 사물은 구체적인 형상을 가지고 있으므로 이것이면서 동시에 다른 것이 될 수 없지만 기는 그렇지 않다. 기는 구체적 형상을 가지고 있지 않고 비어 있는 상태에 있으므로 각양각색의 형상을 나타낼 수 있는 것이다. 바로 이와 같은 비어 있음이라는 본질을 지니기 때문에 기는 만물의 존재적 기초가 될 수 있다. 중국 고대철학에는 정신개념에 상대적인 물질개념이 없다. 고대에서 말하는 물(物)은 현재 우리가 말하는 물질개념이 아니라 구체적 사물을 가리키는 것이다. 고대에서 물질개념을 대체할 수 있는 개념은 오직 기밖에 없고, 나아가서 그것은 물질의 통일성을 나타낸다.

다음으로 장자는 기의 성질에 대해서도 고찰했다. 기의 비어 있는 특질은 그것이 만물을 구성하는 기본 물질이 될 수 있는 가능성을 제공해준다. 그러나 이러한 가능성이 실현되려면 다른 하나의 조건이 필요한데, 그것은 바로 기에 관한 허실취산(虛實聚散)의 과정, 즉 기가 운동할 수 있는 동력의 문제가 설명되어야 한다는 것이다. 이에 대해 장자는 기에는 음과 양의 두 가지 특성이 있다고 주장하며, 이러한 두 가지 성질을 갖춘 기가 서로 결합하고 상호 작용하면서 그것의 운동을 발생시킨다고 본다. 『노자老子』 42장에는 "도道가 일一을 낳고, 일이 이二를 낳으며, 이가 삼三을 낳고, 삼이 만물을 낳는다. 만물은 음을 지고 양을 품으며, 충기沖氣로써 조화를 이룬다"라는 구절이 있다. 이것은 만물을 음양이기가 상호 충돌하는 가운데서 생겨난 결합체로 보고 있음을 말한다. 장자도 이와 같은 맥락에서 만물의 형성과정을 설명했다.

순수한 음기는 고요하고 차며, 순수한 양기는 밝게 빛나고 뜨겁다. 고요하고 찬 음기는 하늘에서 나와 땅으로 내려오고, 밝게 빛나고 뜨거운 양기는 땅에서 나와 하늘로 올라간다. 이 음양의 두 기가 서로 교통하고 화합을 이루어 만물이 생겨나는데, 무엇인가 처음을 이루는 것이 있는 것 같지만, 그 형체를 볼 수가 없다.(「전자방」)

음양이라는 것은 기 중에서 가장 큰 것이다.(「칙양」)

음양이기가 서로 비추고, 서로 해치고, 또 서로 바로잡고, 춘하추동의 사시가 서로 교대하여 서로 다음 계절을 낳고 서로 앞의 계절을 소거하는 순환을 계속하므로 이에 정욕과 좋고 싫음, 취하고 버리는 감정이 번갈아 일어나며, 암컷과 수컷, 남녀의 결합이 여기에서 끊임없이 일어나게 되었다. 안락과 위난이 번갈아 바뀌고, 재난과 행복이 서로 인과가 되어 생기며, 완만함과 급박함이 서로 겨루어 다가와서 모임과 흩어짐이 이루어진다. 이것이 우리가 기술할 수 있는 명名과 실實의 전부이며, 우리가 알 수 있는 정묘함과 미세함의 전부이다. 만물의 순환하는 순서에 따르고, 어지러워지지 아니함과 번갈아 일어나는 운동이 서로 소장消長을 이루는 모든 현상의 궁극에까지 가면, 곧 다시 돌아오고 마치면 곧 다시 시작하니, 이것이 물物이 갖춘 성질이다.(「칙양」)

음陰과 양陽은 기의 두 가지 기본적인 성질이다. 그리고 이로 말미암아 음기와 양기라는 두 가지 상반상성相反相成의 기가 생겨났는데, 바로 이 음기와 양기가 교통하고 화합함으로써 기 자체의 운동 변화가 생겨나며, 기가 만물을 형성할 수 있게 한다. 만물은 바로 "구름(雲氣)을 타고 음양이기 사이에서 길러지는 것"(「천운」)이고, 사람도 "천지 사이에 형체를 의탁하고, 음양에게서 기를 받은 존재"(「추수」)이다. 심지어 인간의 행위나 심리상태에도 음양이 들어 있는데, 예를 들면 "교묘함으로써 힘센 자를 이기려고 하는 자는 양에서 시작되고 항상 음에서 마친다"(「인간세」), "인간이 크게 기뻐하는 것은 양에 치우친 것이고, 크게 화내는 것은 음에 치우친 것이다"(「재유」) 등이 그것이다. 나아가서 장자는 또한 음양의 교통과 화합을 통해서만 만물이 일정한 형태를 구성할 수 있으며, 만약 그렇지 않으면 병든 상태를 초래한다고 주장했는데, "음양의 기가 조화를 잃어버렸는데도 그 마음은 한가로워 아무 일도 없는 것 같았다"(「대종사」), "음양의 기가 잘못 운행되면 천지가 크게 놀란다"(「외물」)와 같은 표현들이 모두 이러한 의미에서 사용된 것이다.

마지막으로 장자는 기를 물질적 기초로 삼아 만물의 생멸과정을 설명했다. 이에 대해서 장자는 사람의 삶과 죽음을 예로 들어 구체적으로 설명하고 있다. 장자는 이렇게 말한다.

그 삶의 처음을 살펴보았더니 본래 삶이 없었고, 삶이 없었을 뿐만 아니라 본래 형체도 없었고, 형체가 없었을 뿐만 아니라 본래 기조차 없었다. 황홀한 가운데에 섞여서 변화하여 기가 나타나고, 기가 변화하여 형체가 이루어지며, 형체가 변하여 삶이 이루어졌다가, 지금 또 변화해서 죽음으로 갔는데, 이것은 봄·여름·가을·겨울의 사계절이 운행되는 것과 같다.(「지락」)

삶이란 죽음과 같은 무리이고, 죽음이란 삶의 시작이니 누가 그 끝을 알겠는가! 사람의 삶은 기가 모인 것이다. 기가 모이면 태어나고 흩어지면 죽게 되는데, 만약 삶과 죽음이 같은 무리라는 것을 안다면 내가 또 무엇을 근심하겠는가! 무릇 만물은 하나이다.…… 그러므로 "천하를 통틀어 일기—氣일 뿐이다"라고 말하는 것이다.(「지북유」)

장자는 삶과 죽음, 특히 죽음에 대해 항상 낙관적인 태도를 견지했는데, 이는 그의 아내가 죽었을 때 그가 북을 치면서 노래한 일을 통해서도 알 수 있다. 그가 삶과 죽음에 대해 이처럼 달관적인 태도를 가질 수 있었던 것은 생사를 단지 기의 취산일 뿐이라고 보는 관점에서 비롯된 것이다. 장자에 따르면 삶도 기가 존재하는 상태이고, 죽음도 또한 마찬가지로 기가 존재하는 상태인데 무엇 때문에 삶을 기뻐하고 죽음을 슬퍼할 필요가 있겠는가? 인간의 생사가 기의 운동결과인 것과 마찬가지로 만물의 존재도 기의 운동결과이므로 장자는 "천하를 통틀어 일기일 뿐이다"라고 했던 것이다. 그러므로 장자에게 있어서 기는 만물을 구성하는 기본 물질이자 그 통일성의 표현이기도 하다.

2) 물질의 운동에 관한 문제

만물은 모두 기로 말미암아 구성된 것이다. 그렇다면 기가 만물을 구성한 후에 만물 그 자체는 또 어떤 모습으로 존재하는가? 장자는 이와 같은 문제에 대해서도 고찰했는데, 이것이 바로 장자의 변화, 또는 화化의 사상이다. 우선 장자는 모든 사물이 운동과 변화 가운데 있다는 사실을 긍정하면서 다음과 같이 말했다.

북녘 바다에 물고기가 있고 그 이름을 곤鯤이라고 한다.…… 이 물고기가 변화(化)해서 새가 되었는데, 그 이름을 붕鵬이라고 한다.(「소요유」)

옛날에 장주莊周가 꿈에 나비가 되었다.…… 알지 못하겠다. 장주의 꿈에서 장주가 나비가 된 것인가? 아니면 나비의 꿈에서 나비가 장주가 된 것인가? 장주와 나비는 분명한 구별이 있음에도 이처럼 장주가 나비가 되고 나비가 장주가 되는 것을 물화物化라고 한다.(「제물론」)

가령 나의 왼쪽 팔뚝을 서서히 변화시켜서 닭이 되게 한다면, 나는 그것을 따라 새벽을 알리는 울음소리를 내게 할 것이고, 가령 나의 오른쪽 팔뚝을 서서히 변화시켜서 탄환이 되게 한다면 나는 그것을 따라 새 구이를 구할 것이며, 가령 나의 궁둥이를 변화시켜서 수레바퀴가 되게 하고, 나의 정신을 말馬이 되게 한다면 나는 그것을 따라 수레를 탈 것이니, 어찌 따로 수레가 필요하겠는가!(「대종사」)

씨에는 미묘한 작용이 있고, 물을 얻으면 계繼라는 수초水草가 되며, 물가의 습지에서는 갈파래가 되어 개구리와 조개의 옷이 되고, 언덕에 생기면 질경이가 된다. 질경이가 거름더미 속에서 자라면 오족烏足이라는 독초毒草가 되고, 오족의 뿌리는 나무굼벵이가 되며, 그 잎사귀는 나비가 된다. 나비는 얼마 있다가 변화해서 벌레가 되어 부뚜막 밑에서 생겨난다. 이 벌레는 그 모습이 막 껍질을 벗은 것과 같은데, 그 이름을 귀뚜라미라고 하고, 이 귀뚜라미는 천 일 정도 지나면 새가 되는데, 그 이름을 구철鴝掇이라고 한다. 구철의 침은 사미斯彌가 되고, 사미는 식혜食醯가 된다. 이로頤輅 벌레는 식혜에서 생겨나고, 황황黃軦 벌레는 구유九猷 벌레에서 생겨나며, 무예瞀芮 벌레는 부권腐蠸 벌레에서 생겨난다. 양혜羊奚 풀은 더 이상 죽순이 생기지 않는 구죽久竹과 교합하여 청녕青寧이라는 죽근충竹根蟲을 낳고, 청녕 벌레는 정程이라는 짐승을 낳으며, 정은 말(馬)을 낳고, 말은 사람을 낳으며, 사람은 또다시 씨의 미묘한 작용으로 다시 들어가는데, 이처럼 만물은 모두 기機에서 나와 모두 기機로 들어간다.(「지락」)

아름다운 것을 신기하다고 하고, 추악한 것을 썩어 냄새가 난다고 한다. 하지만 썩어 냄새가 나는 것이 변화하여 신기한 것이 되고, 신기한 것이 다시 변화하여 썩어 냄새가 나게 되는 것이다.(「지북유」)

이와 같은 논술들은 모든 사물이 변화하는 과정 속에 있다는 장자의 사상을 잘 보여준다. 장자는 이러한 변화를 "만물은 모두 변화한다"(「지락」), "천지가 비록 크지만, 그 변화하는 것은 균일하다"(「천지」), "만물은 모두 자기 안에 새 생명을 잉태하고 있는 씨앗이고, 각기 모양이 다른 사물에서 사물로 물려주는 것이다"(「우언」)라고 표현했다. 장자에 따르면 이러한 물화物化는 만물의 필연적인 현상이며, 여기에서 특별히 언급된 '씨앗에는 미묘한 작용이 있다'는 말은 사물이 변화하는 과정에 관계된 문제이므로 이 속에는 생물진화론의 사상이 내포되어 있다.

중국 고대철학 중에서 장자의 변화관은 그 내용이 비교적 특출하고 풍부한 편에 속한다. 그러나 동시에 장자의 이러한 변화관은 기본적으로 감성적 직관을 기초로 하기 때문에 두 가지 결점을 내포하고 있다는 것을 간과해서는 안 된다.

첫째, 장자는 만물의 변화가 발전하는 것인지 아니면 순환적인 것인지에 대해 언급하지 않았다. 그는 한편으로 "모든 변화에는 처음부터 일정함이 없다"(「대종사」)라고 하면서 사물의 운동과 변화에 대해 무한하고 끝이 없는 것으로 해석했다. 그러나 다른 한편으로 그는 "만물은 모두 자기 안에 새 생명을 잉태하고 있는 씨앗이고, 각기 모양이 다른 사물에서 사물로 물려주는 것이다. 그리고 그 시작과 끝이 마치 둥근 고리와 같아서 그 순환의 도리를 아무도 알 수 없다"(「우언」)라고 말하면서, 사물의 운동과 변화를 순환적이고 종점이 있는 것으로 해석했다. 이러한 모순된 서술로 보아 그의 변화관은 아직 직관적이고 피상적인 단계에 머물러 있다는 것을 알 수 있다.

둘째, 장자는 운동과 변화의 조건을 간과했고, 더욱이 운동이나 변화를 사물의 상대적 안정성과 통일시키지 못했다. 이러한 결점으로 인해 장자가 겉보기에는 운동과 변화를 중요시하는 것 같지만 실제로는 운동과 변화를 제거한 셈이 된다. 예를 들면 장자는 "나란히 생기고 나란히 소멸되며, 나란히 소멸되고 나란히 생긴다"(「제물론」)라고 했고, 또 "사람이 천지 사이에 사는 것은 마치 빠른 말이 틈을 지나가는 것과 같아서 순식간에 지나갈 뿐이니, 줄줄이 쑥쑥 자라나서 생성되지 않음이 없으며, 스르르 흘러가서 죽음으로 들어가지 않음이 없다. 이미 변화해서 태어나고 또 변화해서 죽게 되면 태어난 사물은 슬퍼하고 사람의 무리는 비통해한다"(「지북유」)라고 말했는데, 이를 운동과 변화의 측면에서 보면 삶과 죽음은 순환 속에 있고, 인간의 생명도 짧은 것이다. 그러나 삶에서 죽음으로 변화하는 것은 하나의 과정이고, 설령 그것이 짧고 빠르더라도 일정한 기간을 거쳐야 하며, 인생에도 상대적 정지의 시기가 있어야 한다. 그런데 장자가 다만 '나란히'라는 표현으로 삶과 죽음 사이의 시간적 변화를 해석한 것이 오히려 변화의 조건을 제거함으로써 변화 자체를 불가능하게 만들었다. 고대 그리스 철학자 헤라클레토스는 "우리는 같은 강물에 발을 두 번 담글 수 없다"고 말했는데, 왜냐하면 "같은 강물에 발을 담그면 끊임없이 새로운 물길에 발을 담그는 것과 같으므로 같은 강물에 발을 담그는 것과 담그지 않은 것이 동시에 성립되며, 나아가서 우리는 존재하면서도 존재하지 않는 것이 동시에 성립되기 때문이다."2) 사람이 같은 강물에 두 번 발을 담글 수 없다고 할 때, 여기서의 두 번이 바로 조건이며, 이와 같은 헤라클레토스의 말에는 변증법적 사상이 들어 있다. 심지어 그의 제자인 크라틸로스는 사람은 한 번이라도 같은 강물에 발을 담글 수 없다고 말했는데, 왜냐하면 강물이 끊임없이 흐르고 있으므로 발을 담그는 순간 그것이 이미 변화했기 때문이다. 크라틸로스의 말은 변화를 중시하는 것 같지만 실제로 변화를 부정하고 있다. 그는 모든 것을 순식간에 변화하는 것으로 보았는데, 그렇게 되면 사물이란 아예 존재할 수 없으며, 나아가서 변화도 있을 수 없게 된다. 장자의 변화도 이와 유사한 점을 지니고 있다.

다음으로 장자는 시간과 공간에 대해 일정한 인식을 갖고 있었다. 사물이 운동하고 변화하려면 일정한 장소가 있어야 하고 일정한 과정을 거쳐야 한다. 그러므로 운동과 변화에 대해 논하려면 시간과 공간의 문제를 다룰 수밖에 없다. 헤겔은 고대 그리스 철학자인 제논의 운동설에 관해 논할 때, "운동은 바로 시간과 공간의 본질과 실재성이며", "시간과 공간의 본질은 바로 운동이다"3)라고 말했다. 물론 장자는 아직 운동의 본질에서 출발하여 이성적이고 논리적인 분석을 통해 시간과 공간의 운동변화와의 관계를 파악하는 데에는 이르지 못했다. 그러나 그는 확실히 시간과 공간의 문제에 대해 일정한 감각과 인식을 갖추고 있었다. 그리고 이와 같은 감각과

2) 『西方哲學原著選讀』 上卷, p.23.
3) 黑格爾(헤겔), 『哲學史講演錄』 第1卷, 商務印書館, 1959, p.283, 286.

인식은 대부분 감성적 직관에서 비롯되는데, 장자는 다음과 같이 말했다.

내가 천지 사이에 있는 것은 마치 작은 돌이나 작은 나무가 큰 산에 있는 것과 같다.(「추수」)

사해四海가 천지 사이에 있는 것을 헤아려본다면 개미구멍이 큰 소택沼澤 가에 있는 것 같지 않는가? 중국이 해내海內에 있는 것을 따져 본다면 돌피의 낟알이 커다란 창고에 있는 것 같지 않는가?(「추수」)

천지가 돌피의 낟알처럼 작은 것이 될 수 있음을 알고, 호말毫末이 언덕이나 산처럼 큰 것이 될 수 있음을 알게 된다.(「추수」)

세월의 흐름은 막을 수 없고, 시간의 추이는 멈추게 할 수 없기 때문에 소멸하였다가 생식하고, 가득 찼다가 텅 비게 되어, 마치게 되면 곧 시작이 있게 된다.(「추수」)

사람이 천지 사이에 사는 것은 마치 빠른 말이 틈을 지나가는 것과 같으니, 순식간에 지나갈 뿐이다.(「지북유」)

하늘과 땅은 무궁하지만 사람의 죽음은 일정한 때가 있으며, 죽어야 할 때가 정해진 육체를 가지고 무궁한 천지 사이에 의탁하는 것은 마치 기騏나 기驥와 같은 천리마가 문틈 사이를 달려 지나가는 것과 다를 것이 없다.(「도척」)

이 구절들은 모두 인간의 존재 문제로부터 출발하여 천지 사이에 존재하는 다른 사물을 참조물로 삼아 천지의 드넓음과 세월의 유구함을 표현하는 것이다. 그런데 이러한 것들은 아직 시간과 공간에 대한 초보적인 인식에 불과하다. 장자는 또 이렇게 말했다.

싫증이 나면 아득히 높이 나는 새를 타고 육극六極의 밖으로 나가서, 아무것도 없는 곳(無何有之鄕)에서 노닐며, 끝없이 넓은 들판에 머물고자 한다.(「웅제왕」)

나도 이제 곧 당신을 떠나 무궁한 문으로 들어가 끝없이 광대한 들판에서 노닐고자 한다.(「재유」)

사람이 아는 것을 따지는 것은 알지 못하는 것이 많음만 못하며, 태어나서 살아 있는 시간은 아직 태어나지 않은 때의 장구함만 못하다. 지극히 작은 것을 가지고 지극히 큰 것을 궁구하려 하니, 이 때문에 미혹되고 어지러워져서 스스로 망연자실하지 않을 수 없다. 이로 말미암아 살펴본다면 또 어찌 털 끄트머리가 지극히 작은 것 중에서 가장 끝에 해당한다고 결정하기에 족하겠으며, 또 어찌 천지가 지극히 큰 세계의 극한이라고 하기에 충분함을 알 수 있겠는가?(「추수」)

"군왕께서는 우주공간의 상하사방에 다함이 있다고 생각하십니까?" 군왕이 말했다. "무한하다."(「칙양」)

내가 그 근원을 살펴보건대 그것은 어디까지 거슬러 올라가더라도 한이 없고, 또 그 끝을 추구해 보건대 그 미래의 시간은 멈춤이 없다.(「칙양」)

처음(始)이라는 말이 있고, 처음의 처음이라는 말이 아직 있지 않았다는 말이 있으며, 처음의 처음의 처음이라는 말이 아직 있지 않았다는 말도 아직 있지 않았다는 말이 있다.(「제물론」)

위와 같은 언급들은 장자가 시간과 공간의 문제에 대해 나름대로 이성적 추론을 내세우고 있음을 말해준다. 비록 시간과 공간의 문제에 있어서 이러한 추론들은 모두 헤겔이 비판한 '부정성의 무한'에 속하지만, 그것이 이미 단순한 감성적 직관을 초월한 이성적 사고임에는 틀림없다. 이처럼 여러 가지 관찰과 인식을 바탕으로 장자는 시간과 공간에 대해 초보적인 정의를 내렸는데, 그것은 다음과 같다.

> 실제로 존재하지만 머무는 곳이 없는 것은 우宇이고, 자라남이 있지만 근본과
> 종말이 없는 것은 주宙이다.(「경상초」)

여기서 종말의 뜻으로 풀이된 표剽는 왕선겸王先謙의 『장자집해莊子集解』
에 실린 진대晉代 최선崔譔의 해석에 따른 것이다. 또한 이 두 구절에 대해
곽상은 "우宇에는 사방상하四方上下가 있고, 사방상하에는 끝이 없으며", "주
宙에는 고금의 긴 시간이 있고, 고금의 긴 시간에는 극이 없다"(「경상초주」)라
고 주석하였다. 즉 여기서의 우宇는 공간을 가리키고, 주宙는 시간을 의미
한다. 나아가서 공간의 특성은 실제로 존재하지만 머무는 곳이 없는 것이
다. 즉 공간에는 전후, 좌우, 상하의 규정성이 있지만 그것들의 범위는 무
한하기 때문에 이는 실제로 공간의 3차원성이나 무한성의 특징과 연관된
다. 그리고 시간의 특성은 자라남이 있지만 근본과 종말이 없는 것이다.
즉 시간은 전후 두 방향으로 무한히 연장되고 소급될 수 있으므로 시작과
종말이 없는데, 이는 실제로 시간의 1차원성이나 무한성의 특징과 연관된
다. 이와 같은 장자의 우宇와 주宙의 사상은 시간과 공간의 특성을 어느 정
도 제시한 것이므로 가치 있는 사상으로 인정받아야 한다.

고대라는 배경에서 장자가 이러한 시간과 공간에 관한 사상을 내세울
수 있었던 것은 사실 주목할 만한 일이다. 그러나 이론적 수준에서 말하자
면 그의 시공관의 본질은 결국 감성적 직관에 속한 것이며, 이성적인 사변
에 입각하여 운동변화와 시간-공간 사이의 내재적 관계 속에서 시간과 공
간의 본질적 규정성을 제시하지는 못했다. 따라서 장자의 시간과 공간에

관한 사상은 시간과 공간이 지닌 운동과의 본질적 관련성을 제시하지 못했을 뿐만 아니라 시간과 공간 사이의 내재적 관련과 통일을 밝히지 못하고 단지 그것들을 분리해서 고찰했을 뿐이었다. 물론 우리는 이러한 점을 장자에게 과도하게 요구할 수는 없으나 그러한 문제점이 확실히 존재한다는 것을 지적해야만 한다.

마지막으로 장자는 사물의 운동변화 과정에서의 리理를 어느 정도 인식했다. 사물의 운동과 변화 상태의 측면에서 보자면 그 운동이 발생하는 시간과 공간의 문제가 존재할 뿐만 아니라 운동변화에 관한 법칙성의 문제도 함께 존재하는데, 그것이 바로 리에 관한 문제이다. 장자는 사물의 운동변화가 사물 자체로 인해 일어난다고 보았는데, 사물이 저절로 변화한다는 '자화自化' 개념을 제기하면서 다음과 같이 설명했다.

> 그대가 무위에 머물기만 하면 만물이 저절로 변화(自化)할 것이다.…… 그대도 이름을 묻지 말고 실정을 엿보려 하지 마라. 그러면 만물은 저절로 생육될 것이다.(「재유」)

> 사물의 생성은 마치 말이 달리는 것과 같고, 늘 움직여서 변하지 않는 경우가 없으며, 어느 때고 옮겨 가지 않음이 없으니, 무엇을 하겠으며 무엇을 하지 않겠는가? 본디 저절로 변화하는 법(自化)이다.(「추수」)

> 닭이 울고 개가 짖는 것과 같은 일은 사람들이 누구나 다 알고 있지만, 비록 큰 지혜의 소유자라 할지라도 그것이 어떻게 스스로 변화하는 것인지 언어로 말할 수는 없으며, 또 그것이 장차 무엇으로 변화하게 될 것인지 뜻으로 헤아릴 수 없다.(「칙양」)

이와 같이 장자는 사물의 운동변화를 사물 자체가 갖고 있는 특성으로 보았다. 장자는 '자自', '고固' 등과 같은 표현으로 사물이 그 자체로 운동하고 변화하는 본질에 대해 설명했다. 장자는 이렇게 말했다.

> 천지는 본래(固) 일정한 질서가 있고, 해와 달은 본래 저절로 밝음이 있으며, 별들은 본래 질서 있게 배열되어 있고, 금수는 본래 무리 지어 살고 있으며, 수목은 본래 대지 위에 서 있다.(「천도」)

> 노담이 말했다. "그렇지 않다. 무릇 물이 솟아 나오는 것은 아무런 작위가 없이 재질이 저절로 그러한 것이다.…… 하늘이 저절로(自) 높고, 땅이 저절로 두터우며, 해와 달이 저절로 밝은 것과 같으니, 여기에 무슨 인위적인 다스림이 있겠는가!"(「전자방」)

> 사람들은 누구나 자기 나름대로 근거하는 데가 있어 옳다고 주장하고, 나름대로 근거하는 데가 있어 옳지 않다고 주장하며, 근거하는 데가 있어 그렇다(然)고 하고, 근거하는 데가 있어 그렇지 않다(不然)고 한다.…… 모든 사물은 본래(固) 그러한 것이 있고, 모든 사물은 본래 옳은 것이 있으니, 어떤 사물이든 그렇지 않은 것이 없고, 어떤 사물이든 옳지 않은 것이 없다.(「우언」)

여기에서 강조된 것은 사물의 존재와 운동변화는 모두 그 자체의 원인으로 말미암는 것이며, 이것은 사물 자신의 고유한 본성이라는 점이다. 이러한 이론은 분명히 일종의 '내인론內因論'에 속한다. 그러나 도대체 사물의 어떤 특성이 그 운동과 변화를 불러일으키는 것인가? 장자가 사물을 규정하는 기질을 기로 규정하고, 또한 기에는 음과 양이라는 두 가지 특성이 있다는 주장을 내세운 것으로 미루어보면, 사물의 운동과 변화를 일으키는 자체적 원인은 마땅히 사물의 내부에 있는 상반상성相反相成의 모순성으로 비롯된 것이어야 한다. 그러나 장자는 이에 대해 명확하게 설명하지 않았으며, 오히려 그에 대해 "비록 큰 지혜의 소유자라 할지라도 그것이 어떻게 스스로 변화해 온 것인지 언어로 말할 수 없으며, 또 그것이 장차 무엇으로 변화하게 될 것인지 뜻으로 헤아릴 수 없다"(「칙양」)라고 말하고, "만물을 변화시키면서도 그 물려받은 자를 알 수 없다"(「산목」)라고 말했다. 이러한 점들은 장자가 내세운 운동변화의 원인에 관한 사상이 노자의 "되돌아오는 것은 도의 움직임이다"(『노자』, 40장)라는 사상적 깊이에 미치지 못하도록 만들었다.

사물의 운동변화를 관찰할 때, 장자는 그러한 운동들이 무질서하게 이루어지는 것이 아니라 그 속에 어떤 이치(理) 혹은 법칙이 있음을 분명하게 파악했다. 장자는 이렇게 말한다.

> 천리에 따르는 것은…… 그것이 본래 그러하기 때문이다.(「양생주」)

> 무릇 지극한 즐거움의 경지에 이르는 자는 먼저 인사人事에 순응하고 천리에 순종한다.(「천운」)

> 소멸하였다가 생식하고, 가득 찼다가 텅 비게 되며, 마치면 곧 시작이 있게 된다. 이것이 대의大義의 방도方道를 말하고, 만물의 이치를 논하는 것이다.(「추수」)

> 천지는 커다란 아름다움을 지니고 있으면서도 그것을 말로 표현하지 않고, 사계절은 밝은 법칙을 가지고 있으면서도 따지지 아니하며, 만물은 이루어지는 이치를 가지고 있으면서도 말하지 않는다.(「지북유」)

> 내가 그 근원을 살펴보건대 어디까지 거슬러 올라가더라도 다함이 없다. 내가 그 끝을 추구해 보건대 그 미래의 시간은 멈춤이 없다. 이처럼 다함이 없고 멈춤도 없기 때문에 말이 없게 되어야만 만물과 더불어 생멸 변화의 이치를 함께 할 수 있을 것이다.(「칙양」)

같은 부류가 서로 따르고, 같은 소리가 서로 공명하는 것은 진실로 자연의 이치이다.(「어부」)

사물은 운동과정 중에서 일정한 규정성을 지니는데 이것이 곧 사물의 이치이다. 이러한 이치는 본래부터 그러한 것(固然)이고, 항상 그러한 것(常然)이며, 사물 속에 내재되어 있는 안정적이고 필연적인 성질과 경향성이다. 이와 같은 이치에 대하여 인간은 다만 그것에 의존하고(依) 따르며(從), 순응(循)할 수밖에 없는데, 장자는 이것들을 각각 "천리에 의존한다"(「양생주」), "하늘의 이치에 순응한다"(「각의」), "하늘의 이치에 따른다"(「도척」)라고 표현했다. 또한 장자가 여기서 말하는 이치는 감성적 직관을 초월한 이성적인 형식이다. 그는 이러한 이치를 종종 도道라고 표현하기도 하는데, 예를 들면 "도는 이치이다"(「선성」), "도를 아는 사람은 반드시 이치에 통달한다"(「추수」) 등이 그것이다. 이치와 같은 의미를 지니는 도는 비록 내용적으로는 천도의 범주에 속하지만 형식적으로는 이미 추상적인 사상 형식으로 승격되었기 때문에 철학적이고 인식론적인 의의와 가치를 지닌다고 할 수 있다.

3. 본원의 도

장자에게 천도관天道觀의 내용은 지금 우리 시대의 물질관物質觀이나 운동관運動觀, 그리고 시공관時空觀 등에 해당하는 것이라고 할 수 있다. 그러나 장자의 도론은 여기서 끝나는 것이 아니다. 그는 만물을 발판으로 삼아 도론을 전체 우주적 존재의 차원으로 확장하고자 했고, 우주 자체가 어떻게 존재하는지에 관한 문제를 풀어내고자 하였는데, 이것이 바로 본원의 도(本根之道) 사상과 관련된다.

1) 본원의 도 사상의 형성

장자의 본원의 도 사상은 어떻게 형성된 것인가? 이러한 문제에 관하여 우리는 『장자』속에 나오는 세 가지 실마리, 또는 사상적 노선을 통해 그가 구체적인 도에서 초월성을 지니는 본원의 도로 발전해 가는 과정을 추적할 수 있다. 이 세 가지 실마리, 또는 노선은 다음과 같다.

첫 번째 노선은 천지만물을 구성하는 궁극적인 존재는 무엇인가 하는 것이다. 장자에 따르면 만물은 기로 구성되었고, 기가 "합하면 만물의 형체를 이루고, 흩어지면 만물의 시작을 이룬다."(「달생」) 이와 마찬가지로 "사람의 삶은 기가 모인 것이니, 기가 모이면 태어나고 흩어지면 죽게 된다."(「지북유」) 그렇다면 기는 또한 무엇으로 구성되었는가? 만약 기가 근원적인 존재로서 다른 어떤 것에 의해 구성된 것이 아니라면 이러한 기는 다른 만물과 질적으로 다른 것이 되며, 따라서 그것은 만물을 구성할 수 없게 된다. 구체적인 사물의 측면에서 그것이 기로 구성된 것이라고 한다면, 즉 "천하를 통틀어 일기─氣일 뿐이다"(「지북유」)라고 한다면 합리적이라고 할 수 있다. 하지만 우주 전체의 측면에서 천지만물을 궁극적으로 구성하는 존재를 찾고자 한다면 기에는 미흡한 점이 있다. 왜냐하면 기라는 존재 자체도 구체적인 사물이기 때문이다. 그렇다면 도대체 어떤 것이 우주의 궁극적 구성자로서 적합한 것인가? 장자는 이렇게 말했다.

무릇 밝은 것은 어두운 것에서 생기고, 모양이 있는 것은 모양이 없는 것에서 생기며, 정신은 도에서 생기고, 형태는 본래 정기精氣에서 생기며, 만물은 형태를 갖춤으로써 서로 생성한다.(「지북유」)

여기서 말하는 정신은 정精과 신神을 각각 가리키는 것이지, 오늘날 우리가 말하는 물질과 상대적 개념으로서의 정신이 아니다. 그리고 이러한 정과 신은 동일한 차원의 개념에 속한다. 그렇다면 그것들은 구체적으로 무엇을 의미하는가? 『장자』 「각의」에는 "정신은 사방으로 통달하고 널리 유행하여, 세상 끝 어디까지든지 가지 않는 곳이 없어서, 위로는 하늘에 다다르고, 아래로는 땅속 깊이 스며들어 만물을 화육하지만, 그 모습을 알 수 없으니, 그 이름을 동제同帝라고 부른다"라는 내용이 있다. 여기에서 나오는 동제에 대하여 곽상은 '천제天帝와 같이 무위한 자'라고 주석하였다. 즉 곽상은 동제는 천제와 같은 효능이나 작용을 지닌 것이라고 풀이했던 것이다. 그렇다면 무엇이 천제와 같은 효용을 지닌다는 말인가? 그것은 바로 정신, 또는 정과 신이다. 그렇다면 이것은 또한 무엇인가? 이것은 바로 직하稷下의 황노학파黃老學派에서 말하는 이른바 '정기精氣'이다. 『관자』 「내업內業」에서는 "무릇 사물이 지니고 있는 정精이 생명을 낳으니, 땅에서는 오곡을 낳고, 하늘에서는 뭇 별들이 된다. 그것이 천지 사이에서 떠돌아다니는 것을 귀신이라고 하고, 가슴속에 그것을 갖추고 있는 사람을 성인이라고 한다. 그러므로 이것을 기氣라고 명명한다"라고 하였다. 여기에서 볼 수 있듯이 장자에서의 정신은 기, 또는 정기를 가리키는 것이다.

기는 만물을 생성할 수 있으니, 이것이 장자가 말하고자 하는 것이다. 하지만 이 기가 천지만물의 궁극적인 근원이 될 수 있는가 하는 물음에 대해 장자는 그렇지 않다고 생각했다. 『장자』「재유」에는 황제와 광성자 사이의 대화가 나오는데, 황제가 광성자에게 이렇게 물었다. "선생께서는 지극한 도의 경지에 이르렀다고 들었는데, 지극한 도의 정수가 무엇입니까? 저는 천지의 정기를 가져다가 오곡의 생장을 도와 백성들을 기르고, 또 음양을 다스려 뭇 생명을 이루게 하고자 하는데 어떻게 하면 좋겠습니까?" 이에 대해 광성자는 "당신이 묻고자 하는 것은 사물의 본질이지만 당신이 다스리고자 하는 것은 사물의 잔해일 뿐이다"라고 대답했다. 즉 광성자가 보기에 황제가 취하고자 하는 천지의 정기에서의 정은 사물의 본질과 사물의 잔해를 가리키는 것이므로 본질적으로 여전히 사물에 속한다. 그래서 정은 일종의 사물이며, '만물은 모양을 갖춤으로써 서로 생성한다'는 정황과 서열 중에 있어서 정, 또는 정기가 여타의 사물을 낳을 수는 있지만 그것 자체가 천지를 낳을 수는 없으며, 나아가서 우주 전체의 근원이 될 수도 없다. 그러므로 장자가 보기에 '형체는 본래 정기에서 생기지만', '정신은 도에서 생기므로', 이러한 도만이 정신을 낳을 수 있으며, 나아가서 우주의 근원이 될 수 있다. 그리고 장자는 이와 같은 도를 사물을 사물로서 존재하게 하는 자, 즉 '물물자物物者'라고 하였다. 장자는 이렇게 말한다.

> 무릇 영토를 소유하고 있는 자는 만물을 지배하는 자이다. 만물을 지배하는 자는 사물에 이끌려서 사물을 이용하지 못한다. 하나의 사물이면서 사물에 이끌리지 않으면 사물을 사물로서 존재하게 할 수 있다. 사물을 사물로서 존재하게 하는 자(物物者)가 단순한 사물의 차원의 존재가 아님을 밝게 자각한다면, 어찌 다만 천하 백성들을 다스릴 정도일 뿐이겠는가.(「재유」)

사물을 사물로 존재하게 하면서도 스스로는 사물에 의해 규정받지 않으니, 어떤 사물이 그것을 번거롭게 할 수 있겠는가!(「산목」)

사물을 사물로서 있게 하는 자(物者)는 사물과의 사이에 경계가 없으니, 사물과의 사이에 경계가 있는 것은 이른바 사물의 경계라고 하는 것이다. 경계가 없는 경계는 경계가 경계로 나타나지 않는 것이다. 가득 차고 텅 비며, 쇠락하고 소멸함이 있다는 측면에서 말하자면, 물물자는 가득 차고 텅 비더라도 실제로 가득 차거나 텅 비는 것이 아니며, 쇠락하여 소멸하더라도 실제로 쇠락하여 소멸하는 것이 아니다. 물물자는 근본이 되기도 하고 말단이 되기도 하지만 실제로 근본이나 말단이 아니며, 물물자는 쌓이고 흩어짐이 있지만 실제로 쌓이고 흩어지는 것은 아니다.(「지북유」)

천지보다 앞서서 생긴 사물이 있는가? 사물을 사물로서 존재하게 하는 자(物物者)는 사물이 아니다. 사물의 나타남은 사물보다 앞설 수 없으니, 사물은 사물을 있게 하는 존재에서 말미암는 것이다. 사물을 있게 하는 존재에서 말미암게 되면 다함이 없다.(「지북유」)

정精 또는 기氣는 모두 사물이기 때문에 물물자物物者가 될 수 없으며, 사물을 사물로서 존재하게 할 수 있는 것은 바로 도道이다. 그러므로 장자는 「칙양」에서 "천지라는 것은 형태를 지닌 것 중에서 가장 큰 것이고, 음양이라는 것은 기 중에서 제일 큰 것이며, 도는 그것들의 공公이 되는 것이다"라고 했던 것이다. 그리고 여기에 나오는 '도는 그것들의 공이 되는 것이다'라는 구절에 대해 곽상은 "사물의 통함을 얻을 수 있는 것은 그것이 사사로움 없이 통하게 하기 때문이며, 억지로 그것을 일컬어서 도라고 부른다"(「칙양주」)라고 주석하였다. 다시 말해서 도는 천지음양의 공통적인 근원이며, 오직 도만이 천지음양을 통섭할 수 있다는 것이다. 이렇게 되면 도가 당연히 천지만물의 근원이 된다.

두 번째 노선은 천지의 운행은 도대체 누구로 인한 것인가 하는 것이다. 만물의 운동변화에 관한 문제를 다룰 때, 장자는 "사물이 스스로 변화한다"(「재유」), "사물은 본디 스스로 변화한다"(「추수」)와 같은 말을 했다. 그렇다면 천지의 운행도 만물이 스스로 변화하는 것처럼 스스로 이루어지는 것인가? 장자는 이렇게 말한다.

하늘이 움직이는가? 땅은 멈추어 있는가? 해와 달은 자리를 다투는가? 혹시 그 누군가가 이 일을 주재하고 있고, 그 누군가가 천지일월에 질서를 부여하고 있으며, 그 누군가가 스스로 무사無事함에 머물러 있으면서 천지일월을 밀어서 움직이는 것인가? 혹 기계에 묶여서 그만두지 못하는 것인가? 아니면 저절로 굴러가기 때문에 스스로 그치지 못하는 것인가? 구름이 저절로 내려 비가 되는 것인가? 비가 스스로 올라가 구름이 되는 것인가? 혹은 누군가 이 운우雲雨의 순환을 맡아서 처리하며, 누군가 무사함에 머물러 조화造化의 음악淫樂에 빠진 채 이것을 권하는 것인가? 바람은 북방에서 일어나 한 번은 서쪽으로 불고, 한 번은 동쪽으로 불며, 또 높이 올라가 이리저리 방황하는데, 누군가 이 바람을 호흡하며 누군가 무사함에 머물러 이 바람을 부채질하는 것인가? 감히 묻노니 이것이 무슨 까닭인가?(「천운」)

이와 같은 장자의 논의들은 굴원屈原 이후로 처음 천지운행의 문제에 관해 진지하게 사고한 것이다. 굴원은 「천문天問」이라는 장시長詩를 지었는데, 한대漢代 왕일王逸의 『초사장구楚辭章句』 「천문서天問序」에 따르면 이 시는 굴원이 유배되는 과정에서 초楚나라 선왕先王의 묘廟와 공경公卿의 사당 속에 있는 벽화를 보고 자극을 받아 지은 것이다. 그는 이 시에서 170여 개의 문제를 제기했는데, 예를 들면 "천체가 아홉 겹의 깊은 곳으로 형성되었는데, 누가 그것을 설계했는가? 도대체 이것은 누구의 공功이며, 누가 처음 만들었는가? 수레바퀴의 줄은 어디에 매여 있는가? 하늘의 극한을 어떻게 더 보탤 수 있는가? 하늘을 받치는 여덟 개의 기둥은 어디에 바탕을 두고 있는가? 동쪽과 남쪽은 왜 기울어지는가? 하늘의 경계는 어디에 위치하고 어디에 속하는가? 하늘의 구석과 모퉁이는 많은데, 누가 그 수數를 알겠는가?" 등이 그것이다. 여기에서 굴원은 시인의 기질과 감수성으로써 천지운행의 문제에 대해 물었다. 그러나 이와 달리 장자는 사상가의 입장에서 천지운행에 관한 소이연所以然의 문제를 사고했다. 그렇다면 장자가 사유한 결과는 어떠한가? 『장자』「칙양」에 소지少知와 대공조大公調의 대화가 실려 있는데, 그 내용은 다음과 같다.

> 소지가 물었다. "아무도 그렇게 한 사람이 없다고 주장한 계진季眞의 막위설莫爲說과 누군가가 그렇게 하도록 시켰다는 접자接子의 혹사설或使說이 있는데 이 두 사람의 주장 중에 어느 쪽이 사실에 맞고 어느 쪽이 도리에 벗어난 것일까요?" 대공조가 말했다. "닭이 울고 개가 짖는 것과 같은 일은 사람들이 누구나 다 알고 있지만 비록 큰 지혜의 소유자라 할지라도 그것이 어떻게 스스로 변화해 온 것인지를 언어로 말할 수는 없으며, 또 그것이 장차 무엇으로 변화하게 될지를 뜻으로 헤아릴 수 없다. 이것을 분석해 나가서 정밀하기로는 견줄 것이 없는 정도에까지 이르고, 크기로는 둘러쌀 수 있는 것이 없는 극한에까지 이른다 하더라도 그렇게 하도록 시키는 주재자가 있다는 주장과 그렇게 하도록 시킨 주재자가 따로 없다는 주장은 사물에 구애됨을 벗어나지 못한 것이므로 결국 잘못을 저지르는 것이 된다. 접자의 주장처럼 시키는 것이 있다고 하면 실實이 되고, 계진의 주장처럼 주재자가 없다고 하면 곧 허虛에 빠지고 만다. 명칭이 있고 실질이 있으면 사물이 존재하는 현상에 지나지 않게 되고, 명칭도 없고 실질도 없으면 사물이 공허함에 빠지게 된다.…… 그러니 누군가 시켰다는

주장과 아무도 그렇게 하지 않았다는 주장은 의심한 끝에 도달한 가설假說에 불과하다.…… 누군가 시켰다는 주장과 아무도 그렇게 하지 않았다는 주장은 언어를 근본으로 삼아 생겨난 표현이기 때문에 사물과 더불어 마쳤다가 시작했다가 하는 것이다. 참다운 도道란 있다고 할 수도 없고 없다고 할 수도 없으니, 도라는 명칭도 빌려서 쓰는 것일 뿐이다. 누군가 시켰다는 주장이나 아무도 그렇게 하지 않았다는 주장은 사물의 일부분만 가리켜 말하는 것일 뿐이니, 그것을 바탕으로 어떻게 대도大道를 닦을 수 있겠는가?"(「칙양」)

여기에서 논의된 주제는 천지만물이 운행하는 원인에 관한 두 가지 주장이다. 구체적으로 하나는 계진의 막위설인데, 그것에 따르면 만물은 모두 자연적으로 생겨나고 스스로 운행하며, 어떤 힘에 의해서 움직이는 것이 아니다. 다른 하나는 접자의 혹사설인데, 그것에 따르면 어떤 존재가 만물의 운행을 주재하고 있다는 것이다. 실제로 여기서 나오는 계진이라는 인물이 구체적으로 누구인지는 알 수가 없다. 그러나 접자는 『사기』「전완세가田完世家」에서 나오는 접자, 즉 직하학파의 학자들 중 한 사람일 가능성이 높다. 그렇다면 장자가 소지의 입을 빌려 내세운 천지운행의 원인에 관한 막위설과 혹사설 중에서 어느 학설이 더욱 이치에 합당한가? 대공조의 입을 빌려 장자는 두 가지 주장에 대해 모두 사고하고 분석했다. 그에 따르면 시키는 것이 있다고 하면 실이 되고, 주재자가 없다고 하면 곧 허에 빠지고 말기 때문에 누군가 시켰다는 주장과 아무도 그렇게 하지 않았다는 주장은 의심한 끝에 도달한 가설에 불과하고, 결국 누군가 시켰다는 주장이나 아무도 그렇게 하지 않았다는 주장은 사물의 일부분만 가리켜 말하는 것일 뿐이다. 다시 말해서 혹사설은 너무 실에만 치우쳐 있고, 천지운행에 있어서 분명한 주재자가 있다는 것을 주장하는 데 반해 막위설은 너무 허에만 빠져 있어, 천지운행의 원인을 아예 제거하는 방향으로 나아갔다는 것이다. 그리고 이와 같은 두 가지 주장이 각각 치우치게 된 이유는 결국 그것들이 모두 의심 끝에 도달한 일시적인 가설이기 때문이다.

이러한 가설은 구체적인 사물의 운동에 대해 어느 정도 설명할 수는 있지만, 전체 우주의 운행에 관해서 설명하려면 단지 일부분(一曲)에 대해서만 말할 수 있을 뿐이다. 그러므로 장자는 또한 대공조의 입을 빌려 "말로 다 표현할 수 있는 것과 지知로 다 아는 것은 기껏해야 만물의 성질을 규명한 것일 따름이다. 참다운 도를 통찰하는 사람은 그것이 사라진다고 해서 따라가지 않으며, 그것이 일어난다고 해서 근원으로 삼지 않는데, 이것이 바로 논의가 멈추어야 할 때이다"(「칙양」)라고 말했다. 결국 언어나 지식은 사물을 규명하는 데 쓰이는 것이지, 진정으로 도를 깨우친 사람은 그것에 의존하지 않는다. 전체적으로 여기서 말하고자 하는 것은 도에 대해서 알면 천지운행의 문제에 관해서 더 이상 논의할 필요가 없고, 도야말로 천지운행의 궁극적 근원이라는 것이다.

세 번째 노선은 천지는 유한한 것인가, 아니면 무한한 것인가 하는 것이다. 천지에는 시작이 있는가? 장자에 따르면 구체적인 사물은 형태가 있으므로 유한한 존재이다. 즉 그것은 특정한 시기에 생겨나고 또한 소멸되기 때문에 그 수명은 유한할 수밖에 없다는 것이다. 그러나 천지도 이와 같은 것인가? 전체 우주 또한 어떤 시작이 있고 소멸이 있는 유한한 것인가? 이에 대해 장자는 다음과 같이 말했다.

시작이 있으면 그 앞에 아직 시작되지 않음이 있고, 또 그 앞에 아직 시작되지 않음의 이전이 있다. 있음(有)이라는 말이 있고, 없음(無)이라는 말이 있으면,

그 앞에 있고 없음의 이전이 있고, 또 그 앞에 있고 없음의 이전의 이전이 있다. 갑자기 있고 없음의 대립이 생기게 되니, 어느 쪽이 있음이고 어느 쪽이 없음인지 알 수가 없다.(「제물론」)

여기에서 장자가 묻고자 하는 것은 분명히 개별적 사물의 존재에 관한 것이 아니라 전체 우주의 존재에 관한 것이다. 우주에는 시작이 있는가? 만약 있다면 그것이 시작되기 전에는 무엇인가? 이와 같이 계속 물으면 결국 무한까지 소급할 것이고, 우주의 시작을 규명할 수 있을 리 없다. 또한 만약 우주를 존재하게 하는 주재자가 있다면 그 주재자를 주재하는 자는 누구인가? 이와 같이 물어도 무한소급에 빠질 것이다. 그리고 만약 우주를 존재하게 하는 주재자가 없고, 즉 그것을 무無라고 한다면, 무를 무가 되게 하는 것은 또한 무엇인가? 만약 무를 무로 되게 하는 것이 또한 무라고 한다면, 무를 무가 되게 하는 무로 되게 하는 것은 또 무엇인가? 이와 같이 물어도 결국 무한소급에서 벗어나지 못한다. 그러므로 전체 우주를 대상으로 삼아서 그 존재 문제를 고찰한다면 결국 무한소급에 빠지게 마련이다. 물론 장자가 여기서 말하는 무한은 헤겔이 제기한 부정성의 무한, 즉 직선적이고 한 방향으로 편향된 무한이다. 비록 장자가 이러한 부정성의 무한에 대해서 인식하지는 않았겠지만 그는 인간이 이러한 무한 속에서 계속 사유하면 결국 끊이지 않은 물음들이 이어질 것이고, 아무런 결과도 얻지 못할 것임을 깨달았다. 어떻게 할 것인가? 우주의 존재적 본원을 어디에서 찾아야 하는가? 장자는 이렇게 말했다.

지금 저 신명神明과 지극히 정밀한 기가 만물과 함께 백 가지로 변화하여, 만물은 이미 죽거나 살거나 모나거나 둥글게 변화하지만 그 근원을 알 수 없다. 날로 새로워지는 만물이 옛날부터 이미 존재하고 있으니 육합六合이 크다고 하지만 그 안을 떠나지 않으며, 가을철의 가는 털이 작다고 하지만 그것을 얻어 몸체를 이룬다. 천하 만물은 예외 없이 모두 부침浮沈을 되풀이해서 죽을 때까지 옛 모습 그대로 있지 않는다. 음양이기와 춘하추동 사계절은 운행하지만 각각 그 차례를 지키는데, 어렴풋하게 존재하지 않는 듯하면서도 실존하며, 느긋하게 모습을 드러내지 않으면서도 신묘하게 작용하며, 만물을 기르면서도 스스로가 그 사실을 알지 못하게 하니, 이것을 일컬어 천하 만물의 근본이라고 한다.(「지북유」)

우주의 존재에 대해서 고찰할 때, '시작이 있다'(有始), '시작되지 않음이 있다'(有末始), '있음이 있다'(有有), '없음이 있다'(有無) 등 개별적 존재들의 '유'를 기점으로 하여 직선적인 방법으로 추구해 가면 결국은 무한소급에 빠지게 될 것이다. 그렇다면 이 문제를 풀려면 본원적 방법을 사용해야 하는데, 여기서의 본원은 우주 자체의 근원을 의미한다. 그리고 이러한 본원은 '육합이 크다고 하지만 그 안을 떠나지 않으며, 가을철의 가는 털이 작다고 하지만 그것을 얻어 몸체를 이루며', 나아가서 그 자체는 '옛날부터 이미 존재하고', '느긋하게 모습을 드러내지 않으면서도 신묘하게 작용하며, 만물을 기르면서도 스스로가 그 사실을 알지 못하게 한다.' 그렇다면 본원이란 도대체 무엇인가? 즉 우주의 바탕과 뿌리는 어디에 있는가? 실제로 이것이 바로 헤겔이 말하는 진정한 긍정성의 무한, 즉 스스로를 존재하게 하는 존재자(自爲存在)이다. 물론 장자는 헤겔처럼 본원을 설명하지 않았다. 그는 다만 그것을 도道라고 불렀을 뿐이다. 장자는 "도는 만물을 통합하여 하나가 되게 한다"(「제물론」), "도는 본래 구별이 있지 않다"(「제물론」), "무릇 도

는 만물을 덮어씌우고 싣는 것이다"(「천지」), "대저 도는 아무리 큰 것을 수
용해도 다힘이 없고, 아무리 작은 것이라도 빠뜨리지 않는다"(「천도」), "도라
는 것은 만물이 유래하는 바이다"(「어부」) 등과 같은 표현들을 동원하면서
도에 대해서 묘사했다. 이와 같은 도가 바로 장자가 생각한 천지만물의 존
재적 본원이다.

지금까지 살펴보았던 세 가지 노선을 통해 장자의 도는 구체적인 존재
를 넘어서 일반성을 지니는 차원, 즉 우주존재의 본원의 도라는 차원으로
승격되었다.

2) 본원의 도의 성질과 특징

장자가 말하는 본원의 도는 무엇인가? 다시 말해, 철학적인 맥락에서
이러한 도는 어떤 개념인가? 이 문제에 관해서는 지금도 여러 가지 견해가
있다. 그렇다면 이와 같은 본원의 도는 도대체 어떠한 성질의 철학 범주인
가? 우선 『장자』속에 나오는 다음의 구절을 살펴보도록 하자.

> 태초에는 무無만 있었고, 유有와 명名이 없었다. 그리고 하나(一)가 여기서 생겨
> 났는데, 하나는 있었으나 아직 형체는 없었다. 이윽고 만물이 이 하나를 얻어
> 서 생겨났는데, 이것을 덕德이라 한다. 아직 형체가 정해지지 않은 상태 속에서
> 구분이 있기는 하지만 분명한 큰 차이는 없었는데, 이것을 명命이라 한다. 유동
> 留動하여 만물을 낳고, 물物이 이루어져서 그 이치(理)가 나타나는데, 이것을 형
> 形이라고 한다. 이 형체가 정신을 간직해서 각각 고유한 법칙성을 가지게 되는
> 데, 이것을 성性이라 한다. 성이 수양修養을 통해 덕으로 되돌아가면 덕이 처음
> 과 같아짐에 이르게 된다.(「천지」)

이 말은 장자가 생각하는 우주관의 기본 강목綱目이다. 이것이 바로 본원의 도가 지니는 근원성이 우주의 형성과정에서 드러나는 방식이다. 우선 이 구절에 대해 구체적으로 분석할 필요가 있다. 여기에서의 태초泰初는 「열어구」에 나오는 태초太初와 같은 의미로서 우주의 최초 근원을 가리킨다. 그러므로 '태초에는 무만 있었다'라는 말은 우주의 최초 근원이 무라는 것이다. 그리고 '유와 명名이 없었다'는 구절에 관해서는 두 가지 해석이 가능하다. 즉 하나는 '무無라는 이름(名)이 없었다'는 것이고, 다른 하나는 '유도 없고 명도 없었다'는 해석인데, 이 두 가지 해석은 어느 쪽이든 모두 통할 수 있다. 그래서 '태초에는 무만 있었고, 유와 명이 없었다'라는 말은 '우주의 최초 근원이 무이지만, 아직 무라는 이름조차 없었다'는 것을 의미하게 된다. 여기서 알 수 있듯이 이러한 무는 바로 도를 의미한다. 또한 '하나가 여기서 생겨났는데, 하나는 있었으나 아직 형체는 없었다'라는 말에서 언급된 하나(一)는 「지북유」에 나오는 "정신은 도에서 생기고, 형태는 본래 정기精氣에서 생기며, 만물은 형태를 갖추고 생성한다"라는 말을 종합해서 고려해 보면 기 또는 정기를 가리키는 것이 된다. 그러므로 이 말의 뜻은 '기가 생겨났지만 아직 형태를 이루지 않았다'는 것이다. 나아가서 '이윽고 만물이 이 하나를 얻어서 생겨났는데, 이것을 덕이라 한다. 아직 형체가 정해지지 않은 상태 속에서 구분이 있기는 하지만 분명한 큰 차이는 없었는데, 이것을 명이라 한다'라는 말은 만물이 생겨나는 근거와 가능성에 관한 해석이다. 덕은 도에서의 얻음(得)을 의미한다. 다시 말해 덕이 이미 도에서 분화되어 나왔는데, 아직 형태를 이루지 않았다는 것, 즉 아직 형체가 정해지지 않은 상태에 있다는 것을 가리킨다. 그리고 비록 여기에서 분화는 있었지만 도와 덕이 본질적으로 다르지 않기 때문에 '분명한 큰 차이는 없었다'라고 하면서, 이것을 명命이라고 불렀다. 실제로 여기서 말하는 덕과 명은 같은 것으로 다만 가리키는 바의 위치가 다를 뿐이다. 즉 덕은 인간과 사물의 입장에서 그것들이 모두 도를 얻어서 생명을 갖추는 가능성을 가리키는 것이고, 명은 도의 입장에서 그것이 인간과 사물에게 생명을 부여하는 가능성을 의미하는 것이다. '유동하여 만물을 낳고, 물이 이루어져서 그 이치(理)가 나타나는데, 이것을 형形라고 한다'는 말에 관해서 『경전석문』은 유留를 유流라고 해석했고, 따라서 유동留動은 곧 유동流動의 의미가 된다. 그러므로 이 말에서의 형은 기가 유동하면서 사물을 낳았고, 사물이 생겨나 자신의 생기生機와 이치를 지닌다는 것을 의미한다. 다음으로 '이 형체가 정신을 간직해서 각각의 고유한 법칙성을 지니게 되는데, 이것을 성이라 한다'라는 말에서의 성은 사물들이 각각 정신을 지니고 법칙성을 갖추고 있다는 것을 가리킨다. 마지막으로, '성이 닦여져 덕으로 되돌아가면 덕이 처음과 같아짐에 이르게 된다'라는 말은 성이 수양을 통해 다시 덕으로 되돌아가는데, 이러한 덕을 지닐 수 있다면 태초의 상태와 같아진다는 것을 의미한다. 따라서 위에서 인용된 구절의 전체적인 의미는 우주의 최초 본원은 본래 무 또는 도였고, 여기에서 기가 생겨났으며, 나아가서 만물이 생겨났다는 것이다. 이는 실제로 비교적 완전한 우주생성의 모델이라고 할 수 있다.

이와 같은 우주생성 모델의 핵심은 무 또는 도에 있다. 앞서 지적했듯이 장자는 기가 본질적으로 사물에 속한다고 주장했다. 그러므로 형태를 갖추고 생성되는 만물의 입장에서 보면 기가 그것들을 낳을 수 있다. 그러나 이러한 기는 우주의 본원이 될 수 없으며, 오직 도나 무가 우주의 본원이 될 수 있다. 우리는 장자가 우주의 본원을 도라고 규정하는 맥락에 관해서 이미 그의 본원의 도 사상의 형성과정에서 분석한 바가 있기 때문에 이에 대한 의문은 크게 없을 것이다. 그러나 의문이 생길 만한 것은 그가 왜 도에 대해서 무라고 규정하고, 유라고 정의를 내리지 않았는가에 관해서이다. 바로 이러한 점에서 장자가 생각하는 본원의 도의 철학적 성질이 드러난다.

『장자』에는 광요光曜가 무유無有에게 '유호有乎'와 '무유호無有乎'에 관해서 질문하는 일화가 실려 있다. 무유는 광요의 질문에 대답하지 않았기 때문에 광요는 스스로 사고하여 "지극하구나! 그 누가 이 경지에 도달할 수 있겠는가? 나는 무無가 있는 경지(有無)까지만 도달할 수 있고, 무조차 없는 (無無) 경지에는 미치지 못하니, 어떻게 이런 경지에 도달할 수 있겠는가?" (「지북유」)라고 말했다. 여기에서는 무가 있는 경지, 즉 '유무'와 무조차 없는 경지, 즉 '무무'의 문제를 제기했다. 무엇이 '유무'인가? 그것은 무라는 존재가 있다는 것이다. 그렇다면 '무무'란 무엇인가? 그것은 '무 그 자체'를 의미한다. 광요는 자기가 유무에는 이르렀는데, 무무에는 이르지 못한다고 말했다.

유무에서의 무는 유와 상대적인 또는 상관적인 무이므로 그 성질상 유와 동일한 것이며, 나아가서 그것은 실제로 유가 전환된 형태이다. 예를 들면 지금 나한테 만년필이 있고, 그것이 유이다. 그러나 얼마 지나지 않아 그것을 잃어버렸거나 고장이 났다고 치면 만년필의 소유자에게 그것은 무가 되며, 이때의 무는 실제로 유와 같은 성질을 지니는 개념이다. 무무의 경우는 이와 다르다. 여기에서의 무는 본질적으로 유가 아니며, 유로 전화할 수도 없다. 그러므로 이러한 무는 그 자체에 변화가 없기 때문에 상대적인 유와 무로 될 수 없다. 따라서 무무에서의 무는 유와는 질적으로 다른 차원의 규정성이다. 도가 지니는 것이 바로 이와 같은 규정성이다.

그렇다면 도가 왜 무무에서의 무와 같은 성질을 지녀야 하는가? 그 이유는 바로 기氣와 같은 구체적 사물과 구분하기 위해서이다. 비록 기에는 허虛라는 특질이 있지만, 그것은 다만 형태적인 측면에서의 특징이기 때문에 본질적인 측면에서 기는 유의 범주에 속한다. 그래서 기는 사물을 사물이 되게 하는 물물자物物者가 될 수 없다. 물물자가 될 수 있는 것은 오직 비물질적인 도만이 가능하다. 도는 물질이 아니기 때문에 그것은 감각적인 차원을 초월한 것, 곧 무이다. 하지만 여기에서의 무는 또한 완전한 없음이나 공空, 즉 무무가 되어서는 안 되며, 감각적 차원을 초월하면서도 이성적으로 파악할 수 있는 관념적 실체여야 한다. 그렇지 않으면 무 자체도 존재할 수 없을 것이다.

장자가 본원의 도의 성질을 무무의 무로 규정한 것은 어느 정도 깊이는 있으나 완전히 정확하다고는 할 수 없다. 왜냐하면 이러한 도가 무무에서의 무와 같은 성질을 지닌다면 운동을 할 수 없고, 나아가서 관념적 실체로만 인식될 수 있으므로 우주존재의 본체가 될 수 없기 때문이다. 이러한 결함은 진대晉代에 이르러서 곽상이 제기한 독화獨化로 인하여 보완되고 극복되었다. 어떻게 보면 장자의 본원의 도는 삼국시대 위魏나라의 왕필王弼이 제기한 무본론無本論과 유사한 것일지도 모른다.

장자의 본원의 도는 철학적 성질상에 있어서 무이다. 그렇다면 그것에는 어떤 특징이 있는가? 이러한 문제에 관해서는 장자 연구자들 사이에서도 여러 가지 견해가 있다. 우선 우리는 무엇보다도 『장자』 속에 들어 있는 도에 관한 대표적 논의들을 살펴볼 필요가 있다.

무릇 도道에는 정情과 신信이 있지만, 무위하고 형체가 없으니, 전해줄 수는 있지만 받을 수는 없고, 터득할 수는 있지만 볼 수는 없다. 스스로를 근본으로 삼아 아직 천지가 있기 이전에 예로부터 이미 엄연히 존재하여 온 것이다. 귀신과 상제上帝를 신령神靈하게 하고, 천지를 생성하며, 태극太極보다 앞서서 존재하면서도 높은 척하지 않고, 육극六極의 아래에 머물면서도 깊은 척하지 않으며, 천지보다 앞서 존재하면서도 오래된 척하지 않고, 상고上古보다 오래되었으면서도 늙은 척하지 않는다. 희위씨豨韋氏는 그것을 얻어서 천지를 손에 쥐었고, 복희씨伏戱氏는 그것을 얻어서 기氣의 근원을 취했으며, 북두성北斗星은 그것을 얻어서 영원토록 어긋나지 않고, 일월日月은 그것을 얻어서 영원토록 쉬지 않으며, 감배堪坏는 그것을 얻어서 곤륜산을 받아들였고, 풍이馮夷는 그것을 얻어서 황하에서 노닐었으며, 견오肩吾는 그것을 얻어서 태산에 머물렀고, 황제黃帝는 그것을 얻어서 운천雲天에 올랐으며, 전욱顓頊은 그것을 얻어서 현궁玄宮에 거처하였고, 우강禺强은 그것을 얻어서 북극의 바다에 섰으며, 서왕모西王母는 그것을 얻어서 소광산小廣山에 앉아 그 시작을 알 수 없고 그 마침을 알 수 없으며, 팽조彭祖는 그것을 얻어서 위로는 유우씨有虞氏에게 미치고 아래로는 오패五覇에 미쳤으며, 부열傳說은 그것을 얻어서 무정武丁을 도와 천하를 모두 소유하였고, 동유성東維星을 타고 기성箕星과 미성尾星을 몰아 뭇 별들과 나란하게 되었다.(「대종사」)

동곽자東郭子가 장자에게 물었다. "이른바 도는 어디에 있습니까?" 장자가 대답했다. "있지 않은 곳이 없다." 동곽자가 말했다. "꼭 찍어 말씀해 주셔야 알아듣겠습니다." 장자가 말했다. "땅강아지나 개미에게 있다." 동곽자가 말했다. "어찌 그리 낮은 곳에 있습니까?" 장자가 말했다. "돌피나 피 따위에 있다." 동곽자가 말했다. "어찌 더 아래로 내려갑니까?" 장자가 말했다. "기왓장이나 벽돌 조각에 있다." 동곽자가 말했다. "어찌 더 심해집니까?" 장자가 말했다. "똥이나 오줌 속에 있다." 동곽자가 대답하지 않았다. 장자가 말했다. "그대가 물은 것은 본디 본질에 미치지 못한 것이다. 돼지 잡는 정획正獲이 시장 관리인에게

물을 때, 돼지의 넓적다리를 밟아보는 것은 아래쪽으로 내려갈수록 살진 것을 알기가 쉽기 때문이다. 그대가 어떤 사물에 도가 있느냐고 꼭 집어서 말하지 않으면, 도가 어떤 물건에서든 떠날 수 없을 것이니, 지극한 도는 이와 같고, 훌륭한 말도 또한 그러하다. '두루', '널리', '모두' 이 세 가지는 명칭은 다르지만, 실제의 내용은 같으니 그 뜻은 마찬가지이다.(「지북유」)

이 두 구절은 『장자』 중에서 도에 대해 집중적으로 논의한 구절이다. 물론 우리는 그 외에도 여러 곳에서 도에 관한 논의를 찾을 수 있지만 지금 우리가 논의하고 있는 본원의 도가 지닌 특징을 파악하기 위해서는 위의 두 구절을 주요 근거로 삼고, 다른 것들을 상보적으로 동원하여 분석하는 것이 적절할 것이다. 결론적으로 말하자면 본원의 도가 지닌 특징은 대체로 다음과 같은 네 가지로 나눌 수 있다.

첫째는 자기원인성(自因性)이다. 이것은 또한 스스로 근본이 되고 스스로 근원이 되는 성질이라고 부를 수 있다. 우선 본원이라는 개념에 대해 「지북유」에서는 "어렴풋하게 존재하지 않는 듯하면서도 실존하며, 느긋하게 모습을 드러내지 않으면서도 신묘하게 작용하며, 만물을 기르면서도 스스로가 그 사실을 알지 못하게 한다"라고 규정한 바가 있다. 이는 없는 듯하면서도 엄연히 존재하고, 자연스럽게 생겨나면서 흔적을 드러내지 않으며, 만물이 그에 의해서 길러져도 그 사실을 모르는 본원의 특징을 개괄적으로 서술한 말이다. 그리고 이와 같은 본원은 실제로 도와 같은 말이다. 여기서 중요한 것은 도가 스스로를 근본으로 삼고, 그 존재에 있어서 다른 것에 의존하지 않는다는 점이다. 이러한 특징이 도로 하여금 다른 만물과는 본질적으로 구분되게 한다. 만물이라는 존재는 유대성(有待性)을 지닌다. 즉 갑의 존재는 항상 그것의 외부에 을이 존재하기 때문에 존재할 수 있다는 것이다. 이와 달리 도는 자기 자신 외에 어떤 사물에도 의존하지 않을 뿐만 아니라, 나아가서 그 외에 아무것도 존재할 수 없다고 말하는 것이 더욱 정확할지도 모른다. 그래서 "도는 모든 것을 통합하여 하나로 만든다"(「제물론」)는 말이 성립되고, 자기 스스로가 자신의 존재 원인이자 근거가 될 수 있다. 달리 표현하면 도는 자기원인성을 지니고 있기 때문에 그 절대성이 확보될 수 있다는 것이다.

둘째는 보편성이다. 도는 사물이 아니기 때문에 형태를 갖추지 않는다. 또한 그것은 구체적인 어떤 것이 아니라 보편적인 하나(一)이다. 이러한 도의 특징에 대해서는 「지북유」에서 도는 어디에 있는가 하는 문제에 관한 장자와 동곽자의 대화가 그것을 잘 보여준다. 그렇다면 도는 도대체 어디에 있는가? 장자에 따르면 그것은 있지 않은 곳이 없고(無所不在), 똥이나 오줌과 같은 더러운 것 속에도 존재한다. 이러한 말들은 모두 도의 보편성을 표현하는 것이다. 천하에는 하나의 도만이 있지만 또한 동시에 그것은 모든 존재자에게서 드러나고, 모든 사물에 존재하기 때문에 천하에 사물이 있는 수만큼 도의 현현도 그만큼 된다는 것이다.

이와 같은 설명은 수당(隋唐) 시기의 화엄종(華嚴宗)이 월인만천(月印萬川)의 비유를 통해 리(理)의 보편성을 설명하는 방식과 유사하다. 즉 화엄종에 따르면 하늘에는 달이 하나밖에 없지만, 그것의 모습이 천만의 강물이나 그릇에 비쳐지면 모두 온전하게 드러날 수 있다. 이것을 일컬어서 리일분수(理一分殊)라고 부른다. 이러한 맥락에서 우리는 장자 본원의 도의 특징을 도일분수(道一分殊)라고 규정할 수도 있다. 장자는 도에는 두루(周), 널리(遍), 모두(咸)라는 특징이 있다고 말했는데, 바로 이러한 점들이 그것의 보편성을 입증한다. 나아가서 장자는 "도는 태극보다 앞서서 존재하면서도 높은 척하지 않고, 육극의 아래에 머물면서도 깊은 척하지 않는다"(「대종사」), "도는 만물을 통합해서 하나가 되게 한다. 하나인 도가 분열하면 상대세계의 사물이 이루어지고, 상대세계의 사물이 이루어지게 되면 그것은 또 파괴된다. 따라서 모든 사물은 이루어짐과 파괴를 막론하고 도에 의해 다시 통해서 하나가 된다"(「제물론」), "도는 본래 구별이 있지 않다"(「제물론」), "대저 도는 아무리 큰 것을 수용해도 다하지 아니하고 아무리 작은 것이라도 빠뜨리지 않는다. 그 때문에 만물이 여기에 갖추어져 넓고 넓어서 용납하지 않음이 없고, 깊고 깊어서 헤아릴 수 없다"(「천도」), "무릇 도는 천지만물을 덮어씌우고 싣는 것이다"(「천지」), "나는 도가 귀해질 수도 있고, 천해질 수도 있으며, 묶을 수도 있고 흩트릴 수도 있다는 것을 안다. 이것이 내가 도를 아는 방법이다"(「지북유」), "이를 테면 보태도 보태지지 않으며, 덜어내도 덜어지지 않는다.…… 이것이 도가 아니겠는가!"(「지북유」) 등과 같은 표현들을 통해 도의 보편성을 강조했다.

셋째는 초월성이다. 도는 구체적인 사물이 아니기 때문에 초월성을 지닌다. 그리고 이러한 초월성에는 두 가지 의미가 들어 있다. 첫째는 생멸生滅의 변화를 초월한다는 것을 가리킨다. 모든 사물에는 생멸의 변화가 있는 것과 달리 도는 생겨나지 않으므로 죽지 않으며, 영원히 존재한다. 그래서 장자는 도가 "천지보다 앞서 존재하면서도 오래된 척하지 않고, 상고보다 오래되었으면서도 늙은 척하지 않는다"(「대종사」)라고 말했다. 실제로 이는 남송의 주희가 리를 표현할 때 말한 바, 즉 "천지가 있기도 전에 하나의 리가 존재했고", "산하山河와 대지大地가 무너져도 리는 항상 여기에 있다"(『주자어류』 권1)라는 말과 유사하며, 이들은 모두 도 또는 리의 초월성과 항구성을 강조하는 것이다.

도의 초월성이 지닌 둘째 의미는 감성적 존재를 초월한다는 것인데, 즉 그것이 감각기관으로는 포착될 수 없다는 것이다. 다시 말해 도에는 "정情과 신信이 있지만, 무위하고 형체가 없으니, 전해줄 수는 있지만 받을 수는 없고, 터득할 수는 있지만 볼 수는 없다"(「대종사」)는 것이다. 여기에서 '정이 있고 신이 있다'는 것은 도의 진실성과 신실성을 가리켜 말하는 것이다. 하지만 이러한 진실성이나 신실성은 인간의 감각기관으로써 획득된 것이 아니다. 그것은 초감각적이고 무위무형無爲無形 한 것이기 때문에 인간 이성의 관념적 실체이다. 그래서 장자는 여러 번에 걸쳐 "큰 도는 이름을 붙일 수 없다"(「제물론」), "도는 들을 수 없는 것이니, 만약 들을 수 있다면 도가 아니다. 도는 볼 수 없는 것이니, 만약 볼 수 있다면 도가 아니다"(「지북유」)와 같은 말들을 통해 도의 초감각성을 강조했다.

넷째는 본원성이다. 장자는 「지북유」에서 본원 개념에 대해 말했고, 또 「천지」에서도 본원 개념에 대해 언급했다. 이와 같은 본원은 모두 도를 가리키는 것이고, 도가 본원성이나 근원성을 갖고 있음을 의미하는 것이며, 나아가서 그것이 존재하는 사물들의 근본임을 강조하는 것이다. 또한 「대종사」에 나오는 "귀신과 상제를 신령하게 하고, 천지를 생성한다"는 말도 이러한 도의 본원성을 가리켜 말하는 것이다. 그리고 '희위씨豨韋氏는 그 것을 얻어서……' 등등의 말은 도의 본원적 성질과 작용을 묘사하는 것이다. 이와 같은 도의 본원성은 두 가지 측면에서 나타난다.

하나는 만물 또는 천지를 생성하는 것이다. 「지북유」에 나오는 "무릇 밝은 것은 어두운 것에서 생기고, 모양이 있는 것은 모양이 없는 것에서 생기며, 정신은 도에서 생기고, 형태는 본래 정기精氣에서 생기며, 만물은 형태를 갖추고 생성한다"라는 말이 바로 도가 천지를 생성한다는 특성을 표현한 말이며, 본원의 도 속에 반영된 우주 생성론을 표현한 것이다.

다른 하나는 만물을 매는 것(系萬物), 즉 천지의 존재적 근거와 원인으로서의 본원의 도가 있으므로 천지만물을 유지시킨다는 것이다. 「대종사」에 나오는 "하물며 만물이 매여 있고 일체의 변화가 의지하는 도이겠는가!"라는 말이 바로 천지만물의 존재 원인과 근거의 문제를 가리켜 말한 것이다. 또한 이는 본원의 도가 지녀야 할 본체론적 사상이다.

본원의 도가 지닌 이러한 두 가지 본원성은 『장자』의 다른 곳에서도 나타나는데, 예를 들면 "하늘이 그것을 얻지 못하면 높아질 수 없고, 땅이 그것을 얻지 못하면 넓어질 수 없으며, 해와 달이 그것을 얻지 못하면 운행되지 못하고, 만물이 그것을 얻지 못하면 무성할 수 없는데, 이것이 바로 도이다"(「지북유」)와 "도라고 하는 것은 만물이 말미암는 근원이니, 모든 사물이 이 도를 잃으면 죽고 이 도를 얻으면 살며, 일을 하는 경우에도 이 도에 어긋나면 실패하고 이 도를 따르면 성공한다"(「어부」)라는 말이 그것이다.

위에서 다룬 네 가지가 바로 장자 본원의 도가 지닌 특성들이다. 그 중에서 본원의 도가 지닌 가장 근본적이고 기본적인 특징은 자기원인성 또는 절대성이다. 이러한 기본적인 특징에 입각하여 우리는 도의 보편성 등을 분석해 낼 수 있다. 여기서 강조할 필요가 있는 것은 도가 자기원인성 또는 자기 스스로를 근본으로 삼는 특성을 지니고 있기 때문에 살아 있는 것이어야 한다는 것이다. 다시 말해서 이와 같은 도는 일종의 이성적이고 추상적인 관념적 실체여서는 안 되고, 반드시 관념을 넘어선 실체여야 한다. 이러한 점은 장자에 의해서가 아니라 진대 곽상의 독화론을 통해서 비로소 성취되었다. 이에 관한 논의는 장자와 곽상의 본체론을 비교할 때 더욱 자세히 다루어질 것이다.

4. 소요의 도

본원의 도는 장자사상의 중요한 내용이라고 할 수 있다. 그러나 이것이 장자사상의 핵심 요지는 아니다. 선진제자先秦諸子들 중에서, 혹은 전체 중국 고대사상사에 있어서 장자를 장자이게끔 하는 것은 그 독특한 사상적 요지가 바로 인생철학에 있다는 점이다. 장자는 그 당시 사회적 현실에 대한 관찰과 깨달음으로써 복잡한 사회에서 생존하고 삶을 영위할 수 있는 이상적인 방법을 찾으려고 했는데, 그것이 바로 절대적으로 무대無待한 정신적 자유경지에 이르는 것이다.

장자의 철학은 현실세계와 정신세계의 분열 또는 대립으로 가득 차 있다. 장자는 현실세계에 대해서 도저히 거역할 수 없고 필연적인 힘을 감지했기 때문에 어쩔 수 없이 현실에 대해 회의적인 태도와 비관적인 정서를 지니고 있었다. 그래서 그의 처세방략은 세속에 순응하여 무위로써 안명安命하는 것이었는데, 이는 일종의 소극적이고 피동적으로 세상에 대응하는 방식이었다. 그러나 다른 한편으로 정신세계 있어서 그는 어떤 것에도 의지하지 않고 절대적인 정신의 자유와 독립을 감지하고, 만물의 무차별적인 제일齊一의 상태를 꿰뚫어보았으며, 직관적으로 이러한 경지에서 노닐고, 낙관적이고 치열한 소요의 태도로써 처세하여 자아인격의 독립과 완전함을 유지하는 적극적인 책략을 내세웠다.[4] 장자에 따르면 현실 속에서 자유를 실현하는 것은 불가능하며, 오직 이상적인 정신세계에서만 그것을 추

---

[4] 장자사상 가운데 이상과 현실의 대립 문제에 관해서는 劉笑敢, 『莊子哲學及其演變』, p.208 참조.

구할 수 있다. 그래서 장자철학의 핵심 문제는 '어떻게 하면 절대적으로 무대한 정신의 자유를 실현할 수 있는가' 하는 것이라고 할 수 있다. 이것은 바로 장자가 제기한 도의 또 다른 중요한 사상적 내용인데, 이러한 종류의 도를 '소요의 도'라고 부른다.

1) 소요의 도 사상의 형성

장자의 소요사상은 결코 어느 순간 갑자기 허공에서 뚝 떨어진 것이 아니라 일정한 현실의 사회적 토대 위에서 제기된 것이다. 장자는 당시의 사회적 현실과 인생에 대해 깊이 있는 통찰을 지녔으며, 이에 관한 내용들은 바로 그의 인도人道 사상의 범주에 속한다. 그러나 장자사상의 깊이와 호소력은 단지 인도와 연관된 구체적인 문제에 대한 사고에만 머물러 있는 것이 아니라 인간에 관한 사상을 절대적으로 무대無待한 정신적 자유의 경지, 즉 소요의 도로 승화시킨 데 있다. 그렇다면 장자는 인간을 어떻게 인도人道에서 소요逍遙의 도로 나아가게 했는가? 이에 관해 우리는 『장자』에서 세 가지 노선을 찾을 수 있다.

첫째 노선은 몸(身)과 마음(心)의 관계로부터 시작된다. 인간은 한편으로 육체적인 존재이므로 몸을 지니고 있으며, 다른 한편으로는 사상을 갖춘 존재이기 때문에 마음을 지닌다. 그렇다면 이 몸과 마음은 인간이라는 존재 내에서 어떠한 관계 속에 놓여 있는가? 실제로 양자 사이에는 태생적인 모순과 분열이 존재한다. 만약 인간에게 몸만 있고 마음이 없다면 인간은 다른 동물들과 다를 바가 없을 것이고, 대신에 수많은 수고로움으로부터 자유로울 것이다. 그러나 만약 인간에게 마음만 있고 몸이 없다면 그것은 귀신과 같은 존재와 다를 바가 없을 것이고, 속세의 경험세계를 맛볼 수 없는 존재가 될 것이며, 마찬가지로 수많은 번뇌를 면할 수 있을 것이다. 그런데 인간은 기어코 이와 같은 존재가 아니라 몸과 마음을 동시에 지니고 있으며, 본질적으로 특정한 번뇌 속에 처해 있는 존재이다. 장자는 이러한 점에 대해 사색하면서 다음과 같이 말했다.

> 인간의 몸은 백 개의 뼈마디와 아홉 개의 구멍과 여섯 개의 장기를 갖추고 있는데, 나는 그중 어느 것과 가장 가까운가? 그대는 그것들 모두를 사랑할 것인가? 아니면 그중 어느 하나만을 사사로이 사랑할 것인가? 이와 같다면 그것들 모두를 신첩臣妾으로 삼을 것인가? 신첩은 서로 다스리기에는 부족한가? 차례대로 돌아가면서 서로 군주가 되고 신첩이 될 수도 있는가? 아니면 어디엔가 '실질적인 군주'(眞君)가 존재하는 것인가? 그 실상(情)을 알든 모르든 간에 그것은 참다운 진실에 아무런 영향도 미치지 못한다.(「제물론」)

여기에서 장자는 인간의 몸에 대해 논의하고 있다. 우선 그는 인간의 몸에 있는 백 개의 뼈마디와 아홉 개의 구멍, 그리고 여섯 개의 장기에 '실질적인 군주'가 존재하는지를 묻고 있다. 이 실질적인 군주는 사실상 인간의 마음을 가리키는데, 『순자』「천론天論」에서는 그것을 '천군天君'이라고 불렀다. 그리고 「제물론」과 『장자』에 나오는 다른 글에서도 알 수 있듯이, 장자는 분명히 인간의 몸에는 실질적인 군주인 마음이 존재한다고 주장했다. 이렇게 되면 인간은 몸과 마음을 동시에 지니게 되고, 양자도 원천적으로 대립관계에 놓이게 된다. 장자는 또 이렇게 말했다.

사람은 한 번 몸을 받으면 곧장 죽지는 않더라도 소진되기를 기다리는데, 공연히 사물과 더불어 서로 다투어서 소진시키는 것이 말이 달리는 것과 같아 멈추지 못하니, 또한 슬프지 아니한가! 일생을 악착같이 수고하면서도 그 이룬 공을 기약하지 못하고, 고달프게 고생하면서도 돌아가 쉴 곳을 알지 못하니, 또한 애처롭지 아니한가! 어떤 사람은 사람이 죽지 않는다고 말하지만 그런다고 해서 무슨 도움이 되겠는가! 그 육체가 죽어서 다른 사물로 변하면 그 마음도 육체와 더불어 그렇게 될 것이니, 큰 슬픔이라 말하지 않을 수 있겠는가? 인생이란 참으로 이처럼 어두운 것인가? 아니면 나만 홀로 어둡고, 남들은 어둡지 않은 것인가?(「제물론」)

인간의 몸은 태생적으로 외부 사물들과 서로 거슬리고 갉아먹으면서 존재하고 소멸하며, 또한 죽음을 면할 수 없는 존재이다. 장자는 이러한 점을 매우 분명하게 알고 있었다. 그에 따르면 이러한 현실이 바로 인생의 큰 슬픔이다. 그래서 그는 "사람이 천지 사이에 사는 것은 마치 빠른 말이 틈을 지나가는 것과 같이 순식간에 지나갈 뿐이니 줄줄이 쑥쑥 자라나서 생성되지 않음이 없으며, 스르르 흘러가서 죽음으로 들어가지 않음이 없다. 이미 변화해서 태어나고 또 변화해서 죽게 되면, 태어난 사물은 슬퍼하고 사람의 무리는 비통해한다"(「지북유」)라고 말했다.

이처럼 장자는 비록 인간의 몸이 죽어가는 것을 큰 슬픔으로 보기는 하였으나, 이것이 가장 큰 슬픔은 아직 아니다. 왜냐하면 장자는 "사람의 삶은 기가 모인 것이니, 기가 모이면 태어나고 흩어지면 죽게 된다.······ 그 때문에 천하를 통틀어 일기―氣일 뿐이다"(「지북유」)라는 것을 알고 있었기 때문이다. 이와 같이 삶과 죽음이 단지 기의 변화일 뿐이라면 태어나는 것을 기뻐하고, 죽는 것을 슬퍼할 필요가 없을 것이다. 아내가 죽었을 때 장자가 북을 치면서 노래를 불렀던 일화도 인간의 육체적 죽음이 슬퍼할 만한 것이 아니라는 그의 생각을 뒷받침한다. 장자가 실제로 관심을 갖고 진정으로 슬퍼한 것은 인간 마음의 죽음이다. 그의 "그 육체가 죽어서 다른 사물로 변하면 그 마음도 육체와 더불어 그렇게 될 것이니, 큰 슬픔이라 말하지 않을 수 있겠는가?"(「제물론」)라는 말은 바로 이것을 강조한 것이다. 이러한 점을 명확히 알고 있었기 때문에 장자는 「제물론」에서 인간들이 사회생활 속에서 날마다 마음으로써 서로 싸우는(日以心鬪) 심리적 갈등과 부담을 분석했고, 이로 인한 죽음에 가까운 마음을 다시 살아나게 할 수 없는 슬픔을 지적했으며, 나아가서 인간 마음의 전락에 대해 "밤낮으로 서로 교대하며 앞에 나타나는데도 그 감정이 일어나는 싹을 알지 못하니 그만둘지어다. 그만둘지어다"(「제물론」)라고 한탄했다. 그리고 그는 또한 노담의 입을 빌려 다음과 같이 말했다.

그대는 삼가 사람들의 마음을 흔들지 말라. 사람의 마음은 남을 밀쳐서 끌어내리고 자신을 올리려고 하는데, 위에 있는 자와 아래에 있는 자가 서로 죽이려 하여 나긋나긋하게 하면서 강한 것을 약하게 하고, 모질게 해서 새기고 쫑아 대니, 그 뜨거움은 타오르는 불길 같고, 차가움은 얼어붙은 얼음 같으며, 빠르기는 고개를 숙였다 드는 순간에 온 세상을 두 바퀴나 돌 정도이고, 가만히 있을 때에는 깊은 물처럼 고요하고, 움직일 때에는 어느덧 하늘에 걸린다. 이처럼 제멋대로 내달려서 붙들어둘 수 없는 것이 사람의 마음이다.(「재유」)

여기서 장자는 인간 마음의 특징과 그 험악한 측면에 대해 논의하고 있는데, 그에 따르면 "인간의 마음은 산천山川보다 험악하며, 그것을 아는 것은 하늘을 아는 것만큼 어렵다."(「열어구」) 바로 이러한 인간 마음의 특징과 험악함이 마음의 수고로움과 전락을 초래한다. 인간은 항상 이와 같은 상태에 처해 있으므로 "어떤 사람은 사람이 죽지 않는다고 말하지만, 그런 다고 해서 무슨 도움이 되겠는가!"(「제물론」)라고 했던 것이다.

이러한 마음의 전락, 수고로움, 초조함을 지닌 인간들은 도대체 어떻게 해야 하는가? 인간은 어떻게 해탈을 얻을 수 있는가? 장자는 이와 같은 문제에 대해 사색하면서 「제물론」의 시작 부분에서 '팔뚝을 안석에 기대고 앉아서 하늘을 우러러보고 길게 한숨을 쉬며, 멍하니 몸이 해체된 듯이 짝을 잃어버린 것 같은' 남곽자기南郭子綦라는 인물을 그려냈다. 그리고 안성자유顔成子游가 남곽자기에게 "어찌하여 육체는 진실로 시든 나무와 같아질 수 있으며, 마음은 진실로 불이 꺼진 재와 같아질 수 있는가?"라고 묻는 내용이 나온다. 이 물음은 실제로 인간의 육체가 말뚝과 같이 좀처럼 움직이지 않을 수 있으며, 마음이 어떻게 불이 꺼진 재와 같을 수 있는가에 관한 것인데, 안성자유는 그것이 불가능하다고 주장한다. 왜냐하면 마음은 몸과 다르기 때문이다. 이에 관해서 맹자는 "마음의 기능은 생각하는 것이다"(『맹자』, 「告子上」)라고 말했고, 순자는 "마음은 누워서 잠잘 때는 꿈을 꾸고, 멍청히 있을 때는 스스로 아무 곳이나 가게 되며, 그것을 부리면 생각을 하게 된다"(『순자』, 「解蔽」)라고 말했다. 그들의 말에서 알 수 있듯이 마음은 태생적으로 사색하는 본질과 작용이 있으므로 그것을 억제하여 불이 꺼진 재와 같이 만들면 마음을 더 이상 마음이라고 할 수 없게 된다. 그러므로 마음이 있으면 생각과 사색이 있게 마련이다. 그러나 이렇게 되면 마음은 또한 '날마다 마음으로써 서로 싸우는' 처지에 빠져버리지 않겠는가? 그렇다면 도대체 어떻게 해야 하는가? 바로 이 시점에서 장자는 문제의 중심을 소요유의 사상으로 돌렸다. 장자는 이렇게 말했다.

사물을 타고 마음을 자유롭게 노닐게 하며, 어쩔 수 없음에 맡겨서 중中을 기르면 지극할 것이다.(「인간세」)

고대의 진인은…… 마음이 한곳에 머물러 있고, 모습은 고요하며, 이마는 넓고 평평하니, 서늘함은 가을과 같고 따스함은 봄과 같아서 희노애락의 감정이 사계절과 통通하며, 사물과 적절하게 어울려서 그 끝을 알지 못한다.(「대종사」)

사지四肢를 다 버리고, 이목耳目의 감각작용을 물리치며, 육체를 떠나고 지각작용을 없애면 대통大通의 세계와 같아진다.(「대종사」)

고대의 진인은 심지心知로 도道를 손상시키지 아니하고, 인위적인 행위로 무리하게 자연의 운행을 조장助長하지 않는다.(「대종사」)

눈이나 귀와 같은 감각기관이 마땅하다고 여기는 것을 초월하여, 마음을 덕의 조화 속에서 노닐게 한다.(「덕충부」)

지인의 마음 씀씀이는 마치 거울과 같아서 사물을 보내지도 않고 사물을 맞이하지도 않으며, 비추어주기만 할 뿐 모습을 간직하지는 않는다. 그 때문에 만물의 위에 군림君臨하면서도 다치지 않을 수 있는 것이다.(「응제왕」)

마음을 담담한 곳에 노닐고, 기를 적막한 곳에 부합시켜서, 사물의 자연함을 따라 사사로운 욕심을 용납하지 않는다.(「응제왕」)

나는 마음을 사물의 시초에서 노닐게 한다.(「전자방」)

성인의 고요함은 고요한 것이 좋은 것이라고 해서 일부러 고요하게 하고 있는 것이 아니라 만물 중에서 어느 것도 족히 성인의 마음을 뒤흔들 만한 것이 없기 때문에 저절로 고요한 것이다. 물이 고요하면 그 밝음이 수염이나 눈썹까지도 분명하게 비추어주고, 그 평평함이 수준기水準器에 딱 들어맞아 목수가 기준으로 채택한다. 물이 고요하여도 오히려 이처럼 밝고 맑은데 하물며 밝고 정밀하고 신묘한 성인의 마음이 고요한 경우이겠는가!…… 마음을 비우면 고요해지고, 고요하면 움직이게 될 것이니, 움직이면 바라는 것을 얻게 될 것이다. 고요하면 무위하게 될 것이니, 무위하게 되면 일을 담당한 자들이 책임을 완수할 것이다. 무위하게 되면 즐겁게 될 것이니, 즐겁게 되면 근심과 걱정이 거기에 머물 수 없기 때문에 수명이 길어질 것이다. 그러므로 마음을 비우고 고요함을 지키며, 편안하고 담백하여 적막하면서 하는 일이 없는 것은 만물의 근본이다.(「천도」)

여기서 주장하는 것은 마음을 일상의 전락에서 해탈시키려면 단순히 마음이 소극적으로 죽어가는 것을 받아들이는 것이 아니라 적극적으로 노닐게(游) 해야 한다. 그래서 장자는 "마음을 사물의 시초에서 노닐게 한다"(「전자방」), "마음을 덕의 조화 속에서 노닐게 한다"(「덕충부」), "마음을 담담한 곳에 노닐고, 기를 적막한 곳에 부합시킨다"(「응제왕」), "물을 훔쳐서 도주할 수 없는 세계에 노닐어 모두 보존한다"(「대종사」), "천지의 일기—氣에서 노닌다"(「대종사」), "만물의 시작과 끝에서 노닌다"(「달생」), "만물의 시초에서 노닌다"(「산목」) 등과 같은 표현들을 사용하여 이러한 점을 강조했다. 여기에서 강조된 '노닒'은 정신의 노닒(神游), 즉 "도와 함께 노닌다"(「산목」), "홀로 천지의 정묘하고 신묘한 작용과 함께 일체가 되어 왕래하면서도 만물 위에서 오만하게 흘겨보지 않고,…… 위로는 조물자와 함께 노닌다"(「천하」) 등과 같은 의미를 지닌다. 이와 같은 노닒의 경지를 가리켜 "지극한 도에 이르는 자는 마음을 잊는다"(「讓王」)라고 표현하는데, 이 경지에 이름으로써 마음은 안정과 해탈을 얻을 수 있다. 따라서 여기에서의 마음의 노닒은 일종의 경지, 즉 정신적인 안일함을 나타내는 심미적 경지이다. 이를 일컬어 도를 얻었다(得道)고 하는 것이다.

둘째 노선은 타자와 나의 관계로부터 시작된다. 인류사회는 그 시작부터 하나의 '종種'의 모습으로 출현했다. 다시 말해 인류의 진화는 개개의 원숭이가 개개의 인간으로 진화한 것이 아니라 유인원類人猿이 인류라는 종의 집단으로 진화한 것이다. 그러므로 인류는 그 시작부터 사회적 존재이며, 개개인이 모두 타자와의 관계 속에서 존재한다. 맹자는 사회적 분업의 각도에서 "한 사람의 몸에 백 사람의 기술자들이 만든 것들이 모두 갖추어져 있다"(『맹자』, 「滕文公上」)라고 지적했고, 순자는 인산과 동물의 차이에 입각하여 인간은 "직분을 밝혀 무리를 부릴 수 있다"(『순자』, 「王制」·「非相」 등 참조)라고 주장했다. 장자도 역시 마찬가지로 인간은 타자와의 관계 속에서 존재할 수밖에 없다고 지적했다. 특히 그는 약자로서의 신분과 지위를 지닌 인간들이 벗어날 수 없는 타자와의 관계에 대해 고찰했다.

『장자』 속에 있는 「인간세」의 취지가 바로 인간관계에서 나타나는 분쟁과 그 분쟁 속에서 자처하는 방법에 대해 논한 것이다. 이 편에서는 연속 세 번의 우화를 통해 어떻게 사회적 강자인 통치자에 대처할 수 있는지에 대해 논했다. 약자가 강자와 더불어 일을 할 때는 어쩔 수 없이 위험과 위협에 직면할 수밖에 없다. 그리고 이런 상황에서 도망치려고 해도 그 역시 불가능하며, 온갖 위험으로 인해 수시로 생명을 잃을 수 있다. 그렇다면 약자로서 어떻게 처신해야 하는가? 장자는 어떻게든 이에 대한 해법을 찾아내려고 했다.

『장자』의 여타 편에서 나오는 내용들을 종합해서 보면, 장자는 일찍이 "쓸모 있음과 쓸모없음의 사이에 머무는"(「산목」) 유세의 방법을 제시한 적이 있다. 그러나 그 본인 역시도 이런 방법에는 미흡한 점이 있다는 것을 인지하면서 "쓸모 있음과 쓸모없음의 사이에 머무는 것은 한편으로는 그럴듯하지만 아직 완전한 올바름이 아니기 때문에 세속의 번거로움을 면치 못할 것이다"(「산목」)라고 지적했다. 장자에 따르면 비록 이러한 방법에 일정한 효용이 있다고 하더라도 본질적으로 그것은 권모술수에 관한 속임수에 불과하고, 이처럼 권모술수의 속임수에 일단 들어서게 되면 인간도 결국 그것에 의해 부림을 당할 수밖에 없다.

이에 관하여 『장자』에는 다음과 같은 일화가 있다. "오吳나라 왕이 강에서 배를 띄워 뱃놀이를 하고는 강가에 있는 원숭이 산에 올라갔다. 여러 원숭이들이 그것을 보고 깜짝 놀라 자기들의 거처를 버리고 달아나 풀이 무성한 깊은 숲속으로 도망쳤다. 그런데 그 가운데 한 마리 원숭이가 이리 슬쩍 저리 슬쩍 뛰면서, 도망치지도 않고 나뭇가지를 움켜잡거나 긁거나 하면서 왕을 약 올리면서 자기의 날렵한 재주를 자랑했다. 그리하여 왕이 활을 쏘았더니, 이 원숭이는 끊임없이 민첩하게 움직이면서 왕의 빠른 화살을 잡았다. 이에 왕이 신하에게 명하여 화살을 쉴 틈 없이 연속으로 쏘게 하였더니 드디어 원숭이가 잡혀 죽었다."(「서무귀」) 여기에서 나오는 원숭이는 자기의 재주를 뽐내려고 하다가 결국 왕에게 죽임을 당했는데, 이는 술책을 부리다가 제 꾀에 넘어가 목숨을 잃게 되는 경우를 보여주는 생동감 있는 하나의 예시이다.

또한 잔꾀를 부림으로써 일시적인 이득을 보는 것도 일정한 객관적인 조건이 주어져야 비로소 가능하다. 「산목」에는 장자가 헐렁한 베옷을 입고 삼줄로 이리저리 묶은 신발을 신은 채 위魏왕을 만난 이야기가 있다. 여기에서 장자는 너무 고달프게 산다는 위왕의 조롱에 대해 나는 고달픈 것이 아니라 가난한 것일 뿐이라고 대답하면서 자신이 가난한 이유는 제때를 만나지 못했기 때문이라고 말했다. 그렇다면 여기에서의 '때'(時)는 무슨 의미일까? 이에 대해 장자는 한 마리의 원숭이가 녹나무(楠), 가래나무(梓),

예장나무(豫章) 등과 같이 큰 나무에서는 자유롭게 뛰어다닐 수 있으므로 설령 화살을 잘 쏘는 예羿도 그를 쉽게 잡지 못하지만 산뽕나무(柘), 가시나무(棘), 탱자나무(枳), 헛개나무(枸) 등과 같은 가시가 많은 나무의 숲에서는 그 스스로도 경계하고 조심스레 다닐 수밖에 없기 때문에 화살로 쉽게 잡을 수 있다는 예시를 들었다.

그래서 쓸모 있음과 쓸모없음의 사이에 머물면서 유세를 할 수 있더라도 그것은 다만 주체의 능력에 의해서 결정되는 것이 아니라 항상 외부적인 조건의 제약을 받을 수밖에 없다. 따라서 복잡하고 험악한 사회관계 속에서 권모술수의 색채를 지닌 유세의 방법은 결국 제대로 효용을 발휘하기 어려울 것이다. 그렇다면 어떻게 해야 하는가? 바로 이러한 맥락에서 장자는 현실로부터 벗어나 정신의 세계로 이행하고자 하며, 이와 같은 정신의 세계에서 자유롭게 노닐 수 있는 경지에 이르고자 했다. 장자는 이렇게 말했다.

지인至人이 세상을 다스리는 일은 또한 큰 일이 아닌가! 그러나 그런 큰 일도 그를 얽매이게 하기에는 부족하다. 온 천하 사람들이 권세를 얻고자 애쓰고 다투더라도 그들과 함께 어울리지 아니하고, 거짓 없는 참된 도를 잘 살펴서 이익에 따라 움직이지 아니하며, 사물의 진실을 극진히 알아서 그 근본을 지킬 줄 안다. 그 때문에 지인은 천지를 도외시하고 만물을 다 잊어버려도 정신은 조금도 괴로워하지 않는다. 도에 정통하고 타고난 그대로의 덕德에 합치하며, 인의를 물리치고 예악의 속박을 물리치는 것이 지인의 마음이 안정될 수 있는 바이다.(「천도」)

진인眞人은 바야흐로 조물자와 벗이 되어 천지 사이에서 노닐고,…… 무심히 티끌과 때에 오염된 세속 밖에서 이리저리 노닐며, 아무것도 하지 않는 일에 소요하니 저들이 또 어찌 번거롭게 세속의 예를 갖추어 중인衆人들의 귀와 눈에 보이게 하겠는가!(「대종사」)

무릇 지인은 사람들과 함께 땅에서 나는 것을 먹기를 바라고, 하늘의 운행을 즐기기를 바랄 뿐이다. 인간이나 사물과의 관계나 이익, 손해 따위로 사람들과 서로 다투지 않고, 서로 괴이한 행동을 하지 않으며, 서로 모략을 일삼지 않고, 서로 일을 꾸미지 않는다. 그리하여 다만 홀가분하게 떠나가고 멍한 모습으로 찾아온다.(「경상초」)

그 때문에 너무 가까이함도 없고 너무 멀리함도 없이 자연의 덕을 품고, 하늘의 조화로운 기운을 배양하여 천하 사람들을 따르니, 이런 사람을 일러 진인이라고 한다.(「서무귀」)

무릇 성인聖人은 본시 자연(天)도 없고 인위도 없으며, 시작도 없고 사물의 존재도 따르지 않았으니, 세상과 함께 더불어 가면서도 포기하지 않고 행동이 완비되어 한계가 없으니, 그에게 부합하려 하면 어찌할 것인가!(「칙양」)

성인은······ 스스로 백성들 사이에 파묻히고 스스로 밭두둑 사이에 은둔하며, 그 명성은 소멸되었으나 그 뜻은 무한하고, 그 입은 비록 세상 사람들처럼 말을 할지라도 그 마음은 한 번도 말을 하는 일이 없으며, 바야흐로 세속과 등지고서 마음으로 세속과 함께하는 것을 깨끗하다고 여기지 않으니, 이것을 일컬어 육지 속에 몸을 감추고 있는 자라고 부른다.(「칙양」)

여기서 말하는 지인이나 신인, 그리고 성인은 모두 세속적인 관계를 초탈한 사람으로서 자아와 타인과의 사회적 관계에 의해 압박을 받거나 그것에 얽매이지 않으며, 나아가서 자유롭게 노닐면서 자처할 수 있는 사람들이다. 그러나 실제로 사회관계를 완전히 벗어나고 초월할 수 있는 사람은 있을 수 없다. 그러므로 지인과 같은 존재들은 장자가 이상적으로 그려낸 인격들이고, 이는 자유로운 정신을 형상화한 존재들이다. 따라서 그들이 노니는 자유의 경지는 실제로 인간의 정신적 자유를 의미하는 것이다. 나아가서 장자는 "마음을 비워서 사물에 기대한다"(「인간세」), "사물을 타고 마음을 자유롭게 노닐게 한다"(「인간세」), "도道와 덕德을 타고 어디든 정처 없이 떠다니듯 한다"(「산목」), "명예도 없고 비방도 없이, 한 번은 하늘에 오르는 용이 되었다가 또 한 번은 땅속을 기는 뱀이 되어, 때와 함께 변화하면서 한 가지를 오로지 고집하는 것을 기꺼워하지 않는다. 한 번은 하늘 높이 올라가고, 한 번은 땅속 깊이 내려감에 조화로움을 한량으로 삼아서 만물의 시초에 자유롭게 노닐며, 사물을 사물로 존재하게 하면서도 스스로는 사물에 의해 규정받지 않는 것이니, 어떤 사물이 그것을 번거롭게 할 수 있겠는가!"(「산목」) 등과 같은 표현들을 사용하여 이러한 경지를 표현했다.

셋째 노선은 시時와 명命의 관계로부터 시작된다. 앞서 서술했던 몸과 마음의 관계는 인간 자체에 한정된 관계, 즉 인간은 마음으로써 몸을 통솔하고 그것을 초월할 수 있다는 것을 의미한다. 또한 나와 타자의 관계는 일종의 사회적 관계이고, 이러한 관계 속에서 인간은 어느 정도 그 어려움을 헤쳐 나갈 수 있다. 그러나 인간의 사회에서는 또 다른 종류의 관계가 존재하며, 그것은 시시각각 인간들의 마음을 속박할 뿐만 아니라 그 행위까지도 좌지우지한다. 사람들은 대부분 이러한 관계를 명命, 또는 운명이라고 부르고, 때로는 그것을 시時라고 칭하기도 한다. 이에 대해 공자는 일찍이 "도道가 장차 행해지는 것도 명이고, 도가 장차 폐廢해지는 것도 명이다"(『논어』, 「憲問」)라고 한탄했고, 맹자는 "일부러 그렇게 하지 않았는데도 저절로 그렇게 되는 것이 하늘의 뜻이고, 일부러 오게 하지 않았는데도 저절로 오는 것이 명이다"(『맹자』, 「萬章上」)라고 논술했다. 장자도 이처럼 어쩔 수 없는 명에 대해 "죽고 사는 것은 명이다. 그리고 죽고 사는 것에 밤낮처럼 일정함이 있는 것은 자연스러운 것이기 때문에 거기에는 사람이 관여할 수 없는 바가 있으니, 이것이 사물의 참다운 모습이다"(「대종사」)라고 한탄했다. 하늘에서 밤과 낮이 교대하여 운행하는 것은 인간이 어찌할 수 없는 필연적인 사태이다. 마찬가지로 인간에게는 삶과 죽음이 있으며, 특히 죽음에 대해서 인간은 어찌할 수 없는데, 이를 일컬어 '삶과 죽음에는 명이 있다'(生死有命)라고 한다.

장자에 따르면 인간은 이와 같은 삶과 죽음의 명에 대해서 어찌할 수는 없지만 그것을 인식할 수는 있다. 왜냐하면 이러한 명에는 자연적인 필연성의 의미가 들어 있기 때문이다. 다른 한편으로 장자는 "삶과 죽음, 보존과 패망, 곤궁함과 영달, 가난함과 부유함, 현명함과 어리석음, 치욕과 명예, 배고픔과 목마름, 춥고 더움 따위는 사물의 변화이며 명이 행해지는 것이다"(「덕충부」)라고 말했다. 여기에서 그는 삶과 죽음, 보존과 패망, 가난함과 부유함, 배고픔과 목마름, 춥고 더움 등 인간들이 예측할 수도 좌지우지할 수도 없는 다른 유형의 명에 대해 언급하고 있다. 이러한 명은 자연적인 필연성이 아니라 인간들에 의해서 파악될 수 없는 지배적인 힘이며, 나아가서 상리와 인간의 예측을 초월한 것이다. 이와 같은 명을 설명하기 위해 장자는 "예羿의 화살의 사정射程 안에서 노니는데, 그 과녁의 한가운데는 화살이 적중하는 자리이다. 그런데도 화살에 맞지 않는 것은 명이다"(「덕충부」)라는 예시를 들었다. 예와 같이 활을 잘 쏘는 사람임에도 불구하고 만약 어떤 것이 그의 사정권 안에 있으면서도 맞추지 못한다면 이것은 오직 명이기 때문이라는 것이다.

마찬가지로 인간은 일상생활에서 어떤 것을 이루기 위해 최선을 다하고, 자신이 바라는 결과를 얻을 수 있다고 믿었음에도 불구하고 결국 실현될 수 없는 것도 하나의 명이라고 할 수밖에 없는데, 그 과정에서 느끼는 무력함과 실망, 분노와 씁쓸함 등과 같은 심리적 부담은 말로 표현하기가 어렵다. 따라서 장자는 "명은 결정된 바가 있고, 형체는 꼭 맞는 것이 있다"(「지락」)라고 하면서, 명에 대해 "나를 이렇게 만든 존재를 찾아보았지만 알 수 없었고, 그러니 내가 이 지경에 이르게 된 것은 오직 명일 따름이다"(「대종사」), "내가 그러한 까닭을 알지 못하고 저절로 그러한 것이 명이다"(「달생」)라고 말했다.

또한 장자는 때로 이처럼 그러한 까닭을 알지 못하고 저절로 그러한 명을 시時라고 규정하기도 했다. 즉 「추수」에서 그가 공자의 입을 빌려 "나는 오래전부터 역경을 피하려 하였지만 피할 수 없었다. 이것은 명이다. 또 오래전부터 영달榮達을 추구하여 왔지만 얻지를 못하였다. 이것은 시時라고 하는 것이다. 요堯나 순舜의 시대에는 천하에 곤궁한 사람이 없었으나 그것은 그들의 지혜가 뛰어나서가 아니었다. 또 걸桀이나 주紂의 시대에는 천하에 통달한 사람이 하나도 없었으나 그것은 그들의 지혜가 뒤떨어져서가 아니었다. 시세時勢가 우연히 그렇게 되었을 뿐이다"라고 말하는 것이 그 예이다. 다시 말해 곤궁하게 있고 싶지 않지만 그럴 수 없는 것이 명이고, 천하에 통달하고 싶지만 그럴 수 없는 것이 시라는 것이다.

그렇다면 이와 같은 명에 직면했을 때, 사람들은 어떻게 해야 하는가? 장자는 명 앞에서 단지 소극적으로 수용하는 자세만 취하는 것이 아니라 다른 한편으로는 적극적으로 그에 맞설 수 있는 방법을 찾아내고자 했다. 그리하여 장자가 최종적으로 찾은 방법은 인간이 정신적인 세계 속에서 절대적 자유의 경지에 이르는 것이다. 장자는 이렇게 말했다.

막고야藐姑射의 산에는 신인神人들이 살고 있는데, 그 피부는 빙설처럼 희고 몸매는 처녀처럼 부드러우며, 곡식은 일체 먹지 않고 바람을 들이키고 이슬을 마시고서 구름 기운을 타고 비룡飛龍을 몰아 사해四海 밖에서 노닌다. 그 신을 모으면 만물이 상처나거나 병들지 않고 성장하도록 하고 해마다 곡식이 풍성하게 무르익도록 한다.(「소요유」)

지인至人은 신통력을 가진 존재이다. 못가의 수풀 우거진 곳이 불에 타도 그를 뜨겁게 할 수 없고, 황하黃河나 한수漢水가 얼어붙을 정도로 춥더라도 그를 춥게 할 수 없으며, 격렬한 우레가 산을 쪼개도 그를 상하게 할 수 없고, 바람이 바다를 뒤흔들지라도 그를 놀라게 할 수 없다. 그와 같은 사람은 구름을 타고 해와 달을 몰아서 사해의 밖에서 노닌다. 죽음과 삶도 자신을 변화시키지 못하는데 하물며 이해득실과 같은 말단 따위가 어떠하겠는가!(「제물론」)

고대의 진인眞人은…… 높은 데 올라가도 두려워 떨지 않고, 물속에 들어가도 젖지 않으며, 불속에 들어가도 뜨겁지 않으니, 이것은 지혜가 도의 경지에 오름이 이와 같은 것이다.(「대종사」)

아득히 멀리 나는 새를 타고 이 세상의 밖으로 나가서 아무것도 없는 곳(無何有之鄕)에서 노닌다.(「응제왕」)

해 수레(日之車)를 타고…… 육합六合의 밖에서 노닐고자 한다.(「서무귀」)

장자가 여기에서 그려내고 있는 신인이나 지인, 그리고 진인과 같이 신선의 특징을 지니고 있는 형상들은 바로 정신의 절대적 자유경지를 표현하는 것이다. 이러한 경지에서 인간의 정신은 자유의 날개를 펼치면서 "육합에 오가고, 구주九州에서 노닐며, 홀로 왕래한다."(「재유」) 또한 장자는 이런 경지에 이른 사람에 대해 "만물과 일체로 존재하고, 그 일체를 얻어서 동화하면 사지四肢와 온몸도 장차 티끌이나 때와 다를 것이 없는 존재가 되며, 삶과 죽음, 시작과 끝에 대해 낮과 밤과 같은 자연의 순환으로 여기니 아무것도 어지럽힐 수 없게 되는데, 하물며 득실得失이나 화복禍福 따위가 개입할 수 있겠는가! 게다가 이러한 인간은 천변만화千變萬化해서 애초에 끝이 있는 것이 아니기 때문에 대저 무엇이 그 마음을 괴롭히기에 충분하겠는가! 이미 도의 경지에 이른 사람이라야 이것을 이해할 수 있을 것이다"(「전자방」)라고 했고, "태어남을 기뻐하지도 아니하며 죽음을 거부하지도 아니한다"(「대종사」)라고 했으며, 나아가서 "삶에 대해서는 쓸데없이 붙어 있는 사마귀 정도로 생각하고, 죽음에 대해서는 종기가 터지는 일 정도로 생각한다"(「대종사」)라고 했다.

이것이 바로 "삶과 죽음을 같은 무리로 여기고"(「전자방」), "태어나는 때를 편안히 맞이하고 죽는 때를 편안히 따르며, 슬픔이나 즐거움 따위의 감정이 마음에 들어갈 수 없게 할 수 있으며"(「양생주」), "얻고 잃음이 나에게 달려 있는 것이 아니라고 생각해서 근심하는 기색이 없는"(「전자방」) 경지이다. 결론적으로 이러한 경지에 이른 사람이야말로 "도와 덕을 타고 어디든 정처 없이 떠나니듯 할 수 있고"(「산목」), "그 어찌할 수 없음을 알고 주어진 명命을 편안하게 받아들이는 것이 덕의 지극함"(「인간세」)이라는 것을 알며, 주어진 명을 편안히 여길 수 있다.

장자는 위에서 다룬 이 세 가지 노선을 통해 소요의 도라는 경지에 접근하고 나아가서 인간의 생명을 안정시킬 수 있다고 주장했다.

2) 소요의 도가 지닌 성질과 특징

장자가 제시한 소요의 도는 무엇이며, 또한 어떠한 성질을 지닌 철학적 범주인가? 앞서 서술했던 장자의 본원의 도가 일종의 절대화된 관념적 실체라고 한다면 소요의 도는 그러한 관념적 실체는 아니다. 그 이유는 본원의 도에는 '무무성無無性'이라는 성질이 있는 반면에 소요의 도에는 이러한 성질이 없기 때문이다. 소요의 도는 일종의 살아 있는 정신적 상태, 즉 정신 자체가 자유롭게 활동하는 상태이다. 즉 절대화된 관념적 실체가 아니라 어디에도 의존함이 없고 절대적으로 자유로운 정신의 상태인 것이다.

소요의 도가 의미하는 정신의 절대적 자유개념은 스피노자, 특히 헤겔을 비롯한 이성주의자들의 자유개념과는 다르다. 왜냐하면 그들이 말한 이성적 자유는 일종의 필연성을 인식한 자유이기 때문이다. 또한 장자의 자유개념은 루소나 칸트가 제기한 의지적 자유개념과도 다르다. 왜냐하면 그들이 말한 자유개념은 일종의 행위적 차원에서의 자율성을 의미하는 자유이기 때문이다. 장자의 정신적 자유는 일종의 정취이자 경지이다. 그것은 한편으로 그 자체의 범주에서 유유자적하고 생동적이며, 다른 한편으로는 현실적 영역을 초탈하여 마치 2차원 세계의 그림과 같이 비록 생생하지만 형상만 있고 본체가 없으며, 형상으로써 나타낼 수는 있지만 감각적으로 접근할 수 없는 것이다. 이는 실제로 일종의 심미적 경지, 즉 미적 의미와 정취가 풍기는 것이다. 그러므로 소요의 도라는 경지에 입각해서 보면 장자의 철학은 미학이자 예술이다.

장자의 분방하고 자유로운 문풍文風과 기이하고 아름다운 묘사는 우언이나 치언卮言 등과 같은 방식을 통해 이 소요의 도를 생동적으로 드러내고 있다. 이것이 바로 장자 철학이 지니는 "시비를 따져 추궁하고 견책하지 않고, 세속과 더불어 살며"(「천하」), "위로는 조물자와 함께 노닐고, 아래로는 삶과 죽음을 도외시하며, 끝도 시작도 없는 사람을 벗으로 사귀고"(「천하」), "홀로 천지의 정묘하고 신묘한 작용과 함께 일체가 되어 왕래하면서도 만물 위에서 오만하게 흘겨보지 않는"(「천하」) 잠된 정신이다. 이와 같은 소요의 도가 지닌 특징은 다음과 같이 요약할 수 있다.

첫째는 자유성自由性이다. 소요의 도는 일종의 정취이자 심미적인 경지이다. 즉 그것은 정신이 유유자적하게 "육합에 오가고, 구주에서 노닐며, 홀로 왕래하는"(「재유」) 자유로운 경지이다. 장자 철학의 사상적인 힘은 현실의 필연성과 이상의 자유성 사이의 충돌에서 비롯된다. 현실 속에서 살아가는 인간은 다양한 측면에서 사회적인 환경과 역사의 필연성에 의해 속박될 수밖에 없으므로 장자는 '의지하는 바가 있다'(有待)는 개념을 통해 이와 같은 자유롭지 못한 상태를 개괄했다. 「소요유」가 바로 이러한 유대의 상태에서부터 소요의 경지에 이를 수 있는 방법이라는 문제에 대해 논의하고 있다. 유대는 특정한 조건에 의해 제한을 받는 상태, 즉 자유롭지 못한 상태를 의미한다. 그리고 장자는 이러한 유대의 상태를 초월하여 "하늘과 땅의 바른 기氣를 타고, 육기의 변화를 조종하여 끝없는 경지에서 노니는"(「소요유」) 것이 바로 자유의 경지라고 주장한다. 나아가서 그는 지인과 신인, 그리고 성인과 같은 형상들을 통해 이러한 자유로운 경지를 설명하고 있다. 장자에 따르면 절대적으로 무대한 자유로운 정신의 경지는 바로 "구름 기운을 타고 비룡을 몰아 사해 밖에서 노니는"(「소요유」) 경지이다.

둘째는 주체성主體性이다. 소요의 도는 일종의 정신적 자유의 경지로서 인간 정신이 만들어내고 표현하는 것이므로 당연히 주체성을 지닐 수밖에 없다. 그리고 이러한 정신적 소요의 상태에서 노니는 주체는 마음(心)이기 때문에 소요유는 실제로 마음의 노닒(心之游)을 의미한다. 장자가 사용한 "사물을 타고 마음을 자유롭게 노닐게 한다"(「인간세」), "마음을 덕의 조화 속에서 노닐게 한다"(「덕충부」), "마음을 담담한 곳에 노닐게 하고, 기를 적막한 곳에 부합시킨다"(「응제왕」), "마음을 사물의 시초에서 노닐게 한다"(「전자방」), "도와 덕을 타고 어디든 정처 없이 떠다니듯 할 수 있다"(「산목」), "만물의 시조에서 노닌다"(「산목」) 등과 같은 표현들은 모두 소요의 도가 지닌 주체성이라는 특징을 드러낸 표현들이다.

셋째는 형상성形象性이다. 소요의 도는 일종의 심미적 경지로서 본래 상象이 있는 것이다. 그런데 경지는 개념과는 다르다. 개념은 어떠한 기호로써 표현될 수 있으며 추상적인 성질을 지닌다. 경지는 또한 의지와도 다르다. 의지는 일종의 정신적인 역량으로 주재성主宰性을 갖추고 있으며, 종종 초월적 실체의 형식으로 표현된다. 그에 비해 경지는 심미성을 지닌 것으로 일종의 '형상 없는 형상'(無象之象)이다. 이른바 형상이 없다는 것은 감각 기관으로 감지할 수 있는 외재적 형상이 없음을 말하고, 그러면서도 이른바 형상이 있다는 것은 마음으로 깨달을 수 있는 형상이라는 말이다. 예를 들면 우리가 "이 꽃은 매우 아름답다"라고 말할 때, 꽃은 일종의 실재하는 사물로서 실질적인 형상을 지니고 있다. 하지만 여기에서의 '아름답다'와 같은 느낌은 꽃의 물리적 외형에서 비롯된 것이 아니다. 이러한 경우에 꽃은 일종의 형상이지만 그것은 인간의 특정 감정이나 정취에 의해서 표상된 것, 즉 인간이 자신의 주관적인 정감인 아름다움을 꽃에 이식하거나 부여한 것이다. 물론 장자는 심미적인 영역에서 인간의 정신적 자유경지로서의 소요의 도가 지닌 심미적 형상성을 명확하게 구분하거나 설명하지는 않았다. 하지만 소요의 도가 이러한 형상적 특성을 지니고 있음은 분명하다. 사실 장자는 심미적인 의미에서 소요의 도가 지닌 형상성을 설명하려 하지 않았고, 대신에 신인이라는 인격을 통해 그것을 드러냈다. 실제로 그가 말하는 신인, 지인, 진인, 성인 등은 모두 이 소요의 도를 드러내는 생동적인 인격형상들이다.

넷째는 신비성神秘性이다. 장자는 소요의 도에 대해서 여러모로 설명했으나 그것의 심미적 실질에 관해서는 명확하게 인식하지 못했다. 그래서 그는 소요의 도라는 심미적 경지를 감지하고 있었음에도 불구하고 인격화 또는 의인화의 방법을 통해 그것을 드러내고자 했다. 이처럼 장자는 소요의 도라는 경지를 신선이나 노담, 황제, 광성자와 같은 초인超人 또는 성인의 모습으로 인격화시켜서 표현했기 때문에 자연스럽게 신비로운 색채가 가미되었고, 소요의 도가 초인이나 신선의 특질로 해석되었던 것이다. 그런데 이것은 오히려 소요의 도가 내포한 철학적 심미성을 크게 훼손시켰을 뿐만 아니라 그 속에 내재된 철학적 의의와 효능이 지닌 거대한 에너지를 발휘하지 못하게 만들었다. 게다가 후세의 도교에서는 철학적 심미성을 지닌 장자의 소요의 도를 완전히 인격화시켜 다양한 신선들을 만들어내었다. 그들은 연단鍊丹 등을 통해 인간의 육체가 하늘을 날도록 할 수 있다고 주장하며, 소요의 도를 제시한 장자의 의도를 왜곡시키고 신선을 종교적인 '신'으로 만들었다. 이러한 결과에 대해서 완전히 장자의 책임이라고 단정할 수는 없지만 적어도 그가 제기한 소요의 도 속에 내포된 신비적 특징과 관련이 없다고는 할 수 없을 것이다.

제2장

곽상의 독화론

철학범주로서의 '독화獨化5)는 곽상에 의해서 처음 제기되었다. 곽상의 현학사상이 그 당시의 여러 사상들 중에서 가장 특출한 이유가 바로 이 독화라는 본체 개념을 확립시켰기 때문이다. 그의 현학이 위진현학의 최고봉으로 불리거나 혹은 현학사상의 논리적 발전과정의 완성이라고 불릴 수 있는 것도 독화 개념을 주창하고 사용했기 때문이다.

쉽게 말하면 독화란 세상 사물들이 독립적으로 존재하고 변화한다는 것을 가리킨다. 언뜻 보면 무척 단순해 보이는 개념이고 주장인 것처럼 보인다. 하지만 '세상 사물들이 독립적으로 존재하는 상태를 어떻게 드러낼 수 있는가? 그리고 '독립적으로 존재하는 사물들이 어떻게 변화할 수 있고, 또 왜 변화해야만 하는가?', 나아가서 '사물의 독獨과 화化는 어떠한 관계를 지니고 있는가? 등과 같이 계속 묻는다면 독화 개념이 실제로는 단순하지 않을 뿐만 아니라 매우 복잡한 개념이며, 또한 그 속에 일정한 내부적

---

5) 獨化라는 말이 가장 먼저 보이는 곳은 전국 말기에 저술된 『鶡冠子』 속에서이다. 『鶡冠子』 「天權」에 "獨化始終, 隨能序致"라는 말이 보이는데, 여기에서의 獨化는 단지 스스로 변화한다는 일반적 의미로 쓰이고 있다.

구조를 지니고 있음을 알 수 있을 것이다.

외형적인 측면에서만 보자면 곽상의 독화 개념은 왕필王弼의 무無 개념만큼 추상도가 높은 것도 아니고, 심지어 배위裴頠의 유有 개념만큼 이론적 분석이 상세한 것도 아니다. 그럼에도 독화는 이들보다 한 단계 높은 철학적 추상이론이라고 할 수 있고, 위진현학에서 논의되었던 무와 유에 대한 논리적 종합이며, 나아가 사물의 존재적 본성과 본질을 드러내는 본체론적 범주라고 할 수 있다. 그렇다면 곽상의 독화론은 사물 존재의 어떠한 본질을 드러냈고, 또한 그것은 어떠한 내부적 구조를 지니는가?

1. 곽상 이전 현학의 유무논쟁

곽상의 독화론은 우주본체론에 관한 이론이다. 이는 현학의 '무본론無本論'과 '유본론有本論'을 종합적으로 사색하여 고안해 낸 것이다. 그러므로 독화론을 정확히 파악하려면 곽상 이전의 위진현학에서 다루었던 본체론에 관한 이론들을 다시 살펴볼 필요가 있다.

위진현학은 어떤 특징을 가진 학문인가? 어떤 이는 위진현학을 자학子學에 분류시키고, 그것을 한대경학漢代經學에 대한 반기에서 비롯된 사상이라고 규정한다. 1940년 탕용동湯用彤은 『위진현학유별약론魏晉玄學流別略論』을 저술하여 위진현학과 한대경학을 비교 분석하고, 위진현학의 핵심 사상과 철학적 특징을 정리한 바가 있다.[6] 그에 따르면 위진현학과 한대경학의

---

6) 『湯用彤學術論文集』, 中華書局, 1983, pp.233~234 참조.

다른 점은 후자가 우주론을 연구하는 데 치우친 반면에 전자는 본체론을 연구의 핵심으로 삼는 데 있다. 한대의 학술은 형식적으로 유가의 경전을 해석하고 발전하는 것을 목표로 삼고 있기 때문에 '양한경학兩漢經學'이라고 불린다. 그러나 경학의 큰 흐름에서도 한대의 사람들은 천인관계와 같은 문제에 관심을 갖고 있었다. 이러한 문제에 관해서 동중서는 천인감응天人感應을 비롯한 신학목적론神學目的論을 내세웠고, 왕충王充과 양웅揚雄, 그리고 장형張衡 등과 같은 사람들은 각각 경험과 술수術數, 과학 등의 측면에서 천인관계를 검토했다. 장형을 비롯한 학자들은 우주의 발생과 구성, 변천과정에 관한 문제, 즉 우주의 구조를 분석하여 만물이 생겨나는 바를 추론하는 문제에 관해 논의했는데, 이는 철학적으로 보면 우주발생론이나 우주생성론의 범주에 속하며, 지금의 천체물리학에 귀속되는 내용들이다.

이와 달리 위진현학은 학술 형식과 방법론적 측면에서 모두 번쇄한 경학적 주석 작업을 포기하고 도가의 사상을 유가의 사상에 도입하여 노자와 장자의 사상으로써 유가의 사상을 해석하고 활성화시키려고 했다. 더욱이 천인관계의 문제에 있어서 위진현학은 한대경학의 우주운행의 외면적 작용에 구애되는 사상적 풍조를 물리치고 한 걸음 더 나아가 천지만물의 참된 본체에 머무는 학문적 열풍을 열었다. 나아가 현학은 우주의 존재 근거와 원인 탐구를 내용으로 삼는 우주본체론을 내세웠는데, 이를 가리켜서 '유무지변有無之辨'이라고 부른다. 이러한 의미에서 탕용동은 현학을 "본체에 관한 학문이자, 본말과 유무를 변별하는 학문"7)이라고 불렀다.

우주본체론으로서의 위진현학은 어떻게 유와 무를 구분하고 있는가?

---

7) 『湯用彤學術論文集』, 中華書局, 1983, pp.233~234, 242 참조.

현학사상의 시작은 왕필을 비롯한 정시현학正始玄學이라고 할 수 있다. 정시현학이 다른 사상들과 확연히 구분될 수 있는 특징은 바로 무본론無本論에 있다. 『진서晉書』「왕연전王衍傳」에는 다음과 같은 기록이 있다.

위魏나라의 정시正始 연간에 하안何晏과 왕필 등은 노장의 논의를 바탕으로 천지만물이 모두 무無를 근본으로 삼는다는 주장을 펼쳤나. 무는 만물을 열어 그 성취함을 이루게 하면서도 왕래가 없고 형체로 존재하지 않는 것이다. 음양이 그것에 의지하여 생명을 낳고, 만물이 그것에 의지하여 형체를 갖추며, 현자는 그것에 의지하여 덕을 이루고, 불초한 자(不肖子)는 그것에 의지하여 용서받으므로 무의 작용은 현실에서 존숭을 받지 않지만 실로 존귀한 것이다.

하안과 왕필은 무를 천지만물이 존재하는 근거로 삼았다. 다시 말하면 천지의 존재, 음양의 변화, 인간세의 사태 등은 모두 무에 의거해서 생겨난 것이고, 무는 존재의 근거이자 원인이라는 것이다. 그러므로 이런 관점에서는 무를 우주의 근본이라고 부를 수 있다.

그렇다면 왕필이 말한 무는 무엇인가? 왕필의 무본론은 『노자老子』를 주석하고 해석하는 가운데 제기된 것이다. 물론 왕필은 『주역주周易注』에서도 무에 대해 논의한 바가 있으나, 그것들은 주로 본체인 무의 작용(用)에 관한 것들이다. 그러므로 지금부터 우리는 왕필의 『노자주老子注』를 중심으로 무의 범주적 의미에 대해서 분석할 필요가 있다. 개괄적으로 말하자면 왕필이 말한 무는 세 가지 의미를 지닌다.

첫째는 무를 본체(體)로 삼는 것이다. 이것은 무의 본체적 의미라고 할 수 있다. 왕필은 『노자』 1장을 주석하면서 "무릇 유는 모두 무에서 시작하므로, 아직 드러나지 않고 이름이 없을 때가 만물의 시작이 된다. 형체가 드러나고 이름이 있을 때에는 그것을 자라게 하고(長之), 길러주고(育之), 형체를 드러나게 해주고(亭之), 완성시켜 주니(毒之), 그 어미가 된다. 도가 무형과 무명으로 만물을 시작하게 하고 이루어주면, 만물은 그것에 의해 시작하고 이루어지되 그렇게 되는 까닭을 알지 못하니, 현묘하고 또 현묘하다는 것이다"라고 말했다. 이는 『노자』 1장에 나오는 "무는 천지의 시작을 말하고, 유는 만물의 어미를 말한다"는 구절에 대한 주석이다. 이를 통해 왕필은 '무릇 유는 모두 무에서 시작된다'고 분명히 규정하고 있다. 그리고 여기에서의 유는 현상계의 존재자들, 즉 천차만별의 형태를 지닌 사물들을 가리킨다.

무는 모든 현상의 존재 근거, 즉 본원 또는 본체를 의미한다. 왕필에 따르면 모든 현상이 존재할 수 있는 까닭은 이와 같은 본체적 무가 있기 때문이다. "만물은 그것에 의해 시작하고 이루어지되 그렇게 되는 까닭을 알지 못한다"는 부분에서 그렇게 되는 까닭(所以然)이 바로 현상이 있게 되는 원인 또는 근거를 의미한다. 나아가 "자라게 하고, 길러주고, 형체를 드러나게 해주고, 완성시켜 준다"라는 말은 『노자』 51장에 나오는 "그러므로 도는 낳고 덕은 기르니, 자라게 하고, 길러주고, 형체를 드러나게 해주고, 완성시켜 주고, 보살피고(養之) 덮어준다(覆之)"는 구절에서 발췌한 것이다.

여기에서의 '정亭'과 '독毒'에 관해서는 각각 두 가지의 해석이 있다. 하나는 "정은 정定이고"(「倉頡篇」), "독은 안安이다"(『廣雅』, 「釋詁」)라는 해석이다. 다른 하나는 『노자』 하상공본河上公本과 다른 고본들이 정을 '성成', 독을 '숙熟'이라고 주석한 것이다. 왕필의 주석에서는 "정은 온갖 형체를 드러나게 해주는 것을 가리키고, 독은 그 재질을 완성시키는 것을 의미하는데, 사물이 각각 의지할 곳을 얻어 그 몸이 상하지 않는다"라고 하였다. 이 말은 무(또는 도)가 만물의 존재적 근거로서 그것들을 성취시켜 주고, 만물이 일단 무에 의해 성취되면 또한 그것에 의해 자라나고 길러진다는 뜻이다. 그러므로 무는 만물존재의 본체가 되고, "만물의 시작은 무로부터 비롯된다"(『노자주』, 21장)는 말이 성립할 수 있게 된다.

왕필은 『노자』를 주석하면서 여러 곳에서 무를 근본으로 삼는 사상을 드러냈다. 예를 들면 『노자』 6장에 나오는 "겨우겨우 끊임없이 이어지는 듯하다"는 구절에 대해 그는 "있다고 말하려고 하면 그 형상을 볼 수 없고, 없다고 말하려고 하면 만물이 그것으로 인해 생겨나기 때문에 겨우겨우 끊임없이 이어지는 듯하다고 말하는 것이다"라고 했고, 『노자』 14장에 나오는 "그 위는 밝지 않다"라는 말에 대해서는 "없다고 말하려고 하니 사물이 그것으로 말미암아 이루어지고, 있다고 말하려고 하니 그 모습을 볼 수 없기 때문에 모양이 없는 모양, 사물이 없는 형상이라고 말하는 것이다"라고 주석하였다.

또한 『노자』 21장 나오는 "황홀함이여! 그 안에 형상이 있고, 황홀함이여! 그 가운데 사물이 있다"라는 말에 대해서 왕필은 "무형으로써 사물이 시작되고, 얽매지 않음으로써 사물을 완성하니, 만물이 그로 인해 시작되고, 그로 인해 이루어지면서도 그렇게 되는 까닭을 알지 못한다. 그러므로 '황홀함이여! 그 안에 형상이 있고, 황홀함이여! 그 가운데 사물이 있다'라고 말하는 것이다"라고 하였고, 25장에 나오는 "적막하고 쓸쓸함이여, 우뚝 서서 바뀌지 않는다"는 구절에 대해서는 "적요寂寥는 형체가 없다는 뜻이다. 어떤 사물도 그 짝이 되지 못하므로 독립獨立이라고 말한 것이다. 돌아가고 화생하고, 마치고 시작함에 그 항상성을 잃지 않으므로 바뀌지 않는다고 말한 것이다"라고 주석하였다.

다음으로 34장에 나오는 "만물이 의지하여 생겨나지만 무엇이라고 말하지 않는다"는 구절에 대해서는 "만물은 모두 도로부터 말미암아 생겨나지만, 이미 생겨나면 그 말미암는 바를 알지 못한다. 그러므로 천하가 항상 무욕無欲할 때 만물이 각자 그 마땅한 바를 얻어서 마치 도가 사물에게 베푸는 일이 없는 듯하므로 작다(小)고 부른다. 만물이 모두 도에 들어감으로써 사는 것이지만, 도는 그 말미암는 바를 알지 못하게 하니, 이것은 작은 것이 아니기 때문에 다시 크다(大)고 부를 수 있다"라고 하였고, 38장에 대해서는 "그러므로 어떤 사물이 무無라면 지나지 못하는 것이 없지만, 유有라면 그 삶을 면하기에도 부족하다", "뿌리는 무위無爲에 있고 어미는 무명無名에 있지만, 뿌리를 포기하고 어미를 버리면 그 말단으로 나아가니, 비록 공功이 크더라도 반드시 이루지 못하고, 명名이 아름답더라도 반드시 거짓이 생기게 된다", "만물이 비록 귀하지만 무를 쓰임으로 삼으니, 무를 버리고 형체를 이룰 수는 없다. 무를 버리고 형체가 되면 그 큰 것을 잃는다", "도로써 싣고 어미로써 거느리므로 나타나되 떠받들리는 것이 없고, 드러나되 앞다투는 바가 없다. 무명을 쓰임으로 하므로 명名이 그로써 돈독해지고, 무형을 쓰임으로 하므로 형체가 그것으로 이루어진다. 어미를 지켜서 그 자식을 보존하고, 뿌리를 높여서 그 말단을 들면 형체와 이름이 함께 있어도 사특함이 생기지 않고, 참된 아름다움이 자연스러워져서 거짓된 화려함이 일어나지 않는다" 등과 같은 주석을 남겼다.

그리고 40장에 나오는 "천하의 만물은 유에서 생겨나고, 유는 무에서 생겨난다"에 대해서 왕필은 "천하의 사물은 모두 유로써 생겨나지만, 유는 무를 근본으로 삼아 시작되므로, 유를 온전히 하고 싶으면 반드시 무로 되돌아가야 한다"라고 말했고, 57장에 대해서는 "무릇 도道로써 나라를 다스린다는 것은 근본을 높임으로써 말단을 그치게 하는 것이고, 바름으로써 나라를 다스린다는 것은 편벽된 것을 세워서 말단을 다스리는 것이니, 근본이 서지 못하고 말단이 두텁지 못하면 백성이 갈 곳이 없다", "바름을 세우는 것은 그로써 사특함을 없애려는 것이었지만 오히려 술책으로 군사를 쓰게 되고, 꺼리고 가리는 것을 많게 하는 것은 가난을 부끄럽게 여기도록 한 것이었지만 오히려 백성은 더욱 가난해지고, 이기利器로써 나라를 부강하게 하려고 했으나 나라는 오히려 더 약해진다. 이는 모두 근본을 버리고 말단으로 다스리려고 한 것이므로 이와 같은 지경에 이르게 된 것이다", "윗사람이 하고자 하면 백성은 바로 따르니, 내가 욕심 없음을 바라기만 한다면 백성도 무욕하여 스스로 순박해진다. 이 네 가지는 근본을 높임으로써 말단을 그치게 하는 것이다" 등과 같이 주석하였다.

마지막으로 왕필은 58장에 나오는 "밝게 비추지만 지나치게 번쩍거리지 않는다"는 구절에 대해서 "그 미혹된 것을 비추되 밝음으로 감춰둔 것까지 모조리 비춰내려고 하지 않으니, 이른바 밝은 도는 어두운 것 같다는 것이다. 이는 모두 근본을 높임으로써 말단을 그치는 것이고, 직접 다스리지 않고도 근본으로 돌아가게 하는 것이다"라고 주석했다. 이와 같이 왕필은 매우 다양한 측면에서 무를 근본으로 삼는 '무본론'을 강조했고, 나아가 유무有無·본말本末·모자母子·체용體用 등과 같이 짝을 이루는 범주를 사용함으로써 존재하는 현상에는 무라는 본체적 근거가 있음을 주장했다.

둘째는 무를 작용(用)으로 삼는 것이다. 이것은 무의 기능적 의미라고 할 수 있다. 『노자』에는 "성인은 무위의 일에 처하고, 말없는 가르침을 행하니, 만물이 일어나지만 간섭하지 않는다"(2장), "무위하면서도 하지 않는 것이 없다"(48장), "내가 무위하면 백성들도 스스로 그렇게 된다"(57장) 등과 같은 무위자연의 사상을 주장하는 구절들이 있다. 왕필은 이러한 노자의 사상을 계승하여 이것을 무를 근본으로 삼는 무본론에 적용시켰는데, 이것이 바로 무의 기능적 의미이다. 왕필은 "무릇 유가 이로움이 될 수 있는 것은 반드시 무를 작용으로 삼기 때문이다. 하고자 하는 것의 근본이 도에 들어맞아야만 충족될 수 있다"(『노자주』, 1장), "무라고 말하는 것은 유가 이롭게 되는 까닭이니, 모두 무에 의지해서 쓰인다는 말이다"(『노자주』, 11장), "무릇 무는 밝지 않을 수 없으며, 반드시 유를 있게 하는 원인이 되므로, 사물의 극極에 항상 존재하고 그것이 말미암는 바를 밝게 한다"(「大衍義」) 등과 같은 말을 남겼는데, 이것들은 모두 무를 작용으로 삼는 문제에 관한 것들이다.

실제로 무를 근본으로 삼는 것이 왕필현학의 주된 취지이다. 그러나 근본으로서의 무는 허무, 또는 없음을 의미하는 것이 아니라 궁극적인 있음, 즉 만물존재의 근거를 가리킨다. 따라서 이러한 무가 본체로서 성립되려면 반드시 유의 영역에 속하는 존재자들과 결합해야 하며, 나아가 그 속에서 자신의 존재나 작용을 발휘해야 하는데, 이것이 바로 무를 작용으로 삼는다는 뜻이다. 작용으로서의 무는 주로 작용의 방식이나 방법을 통해서 드러나는데, 그 내용이 바로 무위와 자연, 곧 무위자연이다.

왕필은 『노자』 1장을 주석하면서도 무를 근본으로 삼는 사상뿐만 아니라, 그것을 작용으로 삼는 사상도 함께 전개했다. 예를 들면 "항상 유욕有欲으로써 그 되돌아감을 본다"는 구절에 대해서 그는 "무릇 유가 이로움이 될 수 있는 것은 반드시 무를 작용으로 삼기 때문이다"라고 주석했다. 이는 유가 실용성을 갖출 수 있는 것은 모두 무의 작용으로 인한 결과라는 것이며, 곧 무의 무위가 유의 유위를 성취시킨다는 말이다. 왕필은 『노자』

11장에 대한 주석에서 무를 작용으로 삼는 사상을 더욱 명확하고 체계적으로 표현했다. 그는 "바퀴통이 30개의 바퀴살을 거느릴 수 있는 까닭은 무이기 때문이다. 무로써 사물을 받아들일 수 있기 때문에 적음으로써 많음을 통괄할 수 있다", "나무와 찰흙, 그리고 벽 이 세 가지가 이루어질 수 있는 까닭은 모두 무를 쓰임으로 삼기 때문이다. 무라고 말하는 것은 유가 이롭게 되는 까닭이니, 모두 무에 의지해서 쓰인다는 말이다"라고 했는데, 이것들은 모두 『노자』 11장에 나오는 "30개의 바퀴살이 하나의 바퀴통으로 모여 있으니, 무가 있으므로 수레로서의 쓰임이 있게 된다. 찰흙을 이겨 그릇을 만듦에 무가 있으므로 그릇으로서의 쓰임이 있게 된다. 창문을 만듦에 무가 있으므로 집으로서의 쓰임이 있게 된다. 그러므로 유가 이로운 것은 무가 작용이 되기 때문이다"라는 말에 대한 주석이다. 여기서의 바퀴살(輻)은 수레바퀴를 연결하는 직목直木을 뜻하고, 바퀴통(轂)은 수레바퀴 중심에 비어 있는 구멍을 가리키며, 이기다(埏)는 흙을 반죽한다는 뜻이고, 찰흙(埴)은 일종의 점토粘土를 의미한다.

『노자』의 뜻은 30개의 바퀴살이 바퀴통의 비어 있는 구멍에 모여야 수레의 축轴이 생기고 나아가서 수레가 수레로서의 쓰임이 있게 되며, 찰흙을 이겨서 그릇을 만들 때 그릇의 중간이 비어 있어야 그 쓰임이 생겨나고, 창문을 개착할 때 그 비어 있는 부분이 있어야 옥실屋室의 쓰임도 있게 된다는 것이다. 즉 이와 같은 유들이 인간에게 이로움을 가져다줄 수 있는 까닭은 모두 무 또는 비어 있음으로 인한 것임을 강조한 것이다. 왕필의 주석도 이러한 『노자』의 사상을 충분히 드러내고자 했으며, 무의 작용을 강조하고자 한 것이다. 그에 따르면 수레와 그릇, 옥실 등의 작용은 모두 그 자체 속에 지니고 있는 무의 특성으로 인해 생긴 것이다. 그래서 그는

"유가 이롭게 되는 까닭은 모두 무에 의지해서 쓰이는 것이다"와 같은 결론을 내렸다. 그러므로 무를 작용으로 삼는 사상은 무를 근본으로 삼는 본체론적 사상의 현상적 적용 또는 표현이라고 말할 수 있다.

왕필의 현학에서 무는 본래 근본 또는 본체를 의미하고, 그것은 작용은 아니지만 작용의 근거로 쓰였다. 그러나 여기에서 왕필은 무의 작용을 대폭 강조하고 있다. 그렇다면 왕필의 현학에서 무는 도대체 본체인가? 아니면 작용인가? 이 부분에 관해서는 왕필 본인도 분명히 구분하지 않았다. 실제로 이는 왕필이 제기한 무본론의 이론적 깊이와 완성도가 아직 미흡하다는 것을 시사해 주며, 그것이 아직 이상적인 현학적 본체론의 단계에는 이르지 못했음을 의미한다. 그러나 바로 이러한 무의 '체용혼합성體用混合性'으로 인해, 무본론은 '체용불이體用不二' 또는 '즉체즉용卽體卽用'의 장점을 지니게 된다. 이와 같은 장점은 무로 하여금 유와 격리되는 단순하고 추상적인 개념으로 머물게 하지 않고, 그것들과 상즉相卽하여 추상성과 구체성의 통일을 이루게 했다. 그러나 왕필현학에서의 이러한 체용불이와 즉체즉용의 사상은 아직 자발성의 단계에 머물러 있다.

셋째는 무를 도道와 일체로 보는 것이다. 이것은 무가 지닌 경지境地로서의 의미라고 할 수 있다. 『삼국지』「종회전鍾會傳」에는 하소何劭의 「왕필전王弼傳」을 인용하여 "그 당시 배휘裴徽는 이부랑吏部郎이었는데, 왕필은 아직 성년에 이르지 못한 나이에 그를 찾았다. 배휘가 그를 보자 '무릇 무란 진실로 만물이 바탕으로 삼는 바임에도 불구하고 성인이 그것을 모두 말하려고 하지 않았는데, 노자가 주장하는 무는 무엇을 가리키는가?'라고 물었다. 그러자 왕필은 '성인은 무를 체득한 자이고, 또한 무는 말로써는 온전하게 전할 수 없으므로 말하려고 하지 않았던 것입니다. 노자는 유를 긍정하므로 항상 무에는 부족함이 있다고 말했던 것입니다'라고 대답했다"라는 내용이 있다. 또한 『세설신어世說新語』「문학文學」에도 "왕필이 성년이 될 무렵 배휘를 만났는데, 배휘가 물었다. '무릇 무란 진실로 만물이 바탕으로 삼는 바임에도 불구하고 성인들은 모두 그것을 말하려고 하지 않았는데, 노자는 무를 주장했으니, 왜 그런 것인가?' 이에 대해 왕필은 '성인은 무를 체득한 자이고, 또한 무는 말로써는 온전하게 전할 수 없으므로 말을 할 때에는 반드시 유를 언급하지 않을 수 없습니다. 그리고 노자와 장자는 유의 영역을 넘어서지 못했으므로 항상 무의 부족함을 이야기할 수밖에 없었습니다'라고 대답했다"와 같은 위의 내용과 유사한 기록이 있다.

이 두 가지 자료는 모두 왕필이 성인에 대해 무를 체득한 사람이라는 사상을 가지고 있었음을 시사한다. 무를 체득한다는 것은 당연히 무에 대한 인식이나 그에 관한 논설과는 다르다. 체體는 체찰體察·체회體會·체상體嘗·체휼體恤·체험體驗 등의 의미를 지닌다. 그리고 무를 체득한다는 것은 무와의 일체화, 곧 주체로서의 내가 반드시 무 자체 속으로 들어가서 그것과 일체를 이룬다는 것을 의미한다. 그러나 무는 유와 같이 형상이 있거나 감각으로 포착될 수 있는 존재가 아니다. 그렇다면 이처럼 형체도 없고 형상도 없으며 이름도 없기 때문에 볼 수도 없고 만질 수도 없는 무에 대해서 어떻게 체득할 수 있는가? 이것은 바로 경지를 의미한다. 그러므로 무를 체득한다는 것은 바로 무의 경지성境地性을 가리키는 말이다.

왕필은 『노자』 38장에 대해 주석하면서, "천지는 비록 넓지만 무를 중심으로 삼고, 성왕이 비록 크지만 허虛를 주主로 삼는다"라고 하였다. 여기에서 그는 주관과 객관의 두 측면에서 무에 대해 논의하고 있다. 천지는 무를 중심으로 삼기 때문에 또한 무를 근본으로 삼는다. 또한 왕필은 『주역』복괘復卦에 대해서도 "천지는 근본을 중심으로 삼는다.…… 그러므로 천지는 비록 크고, 만물을 소유하고 있으며, 천둥과 바람을 관장하고, 그 변화가 무상하지만, 적연寂然하여 무에 이르는 것이 그 근본이다"라고 주석하였다. 그렇다면 천지는 어떻게 무를 근본으로 삼는가?

왕필은 『노자』5장을 주석하면서 "천지는 스스로 그러함에 맡기기 때문에 인위나 조작함이 없고, 만물은 저절로 다스려지기 때문에 천지는 어질지 않다. 어질다는 것은 반드시 만들어 세우고 베풀어서 교화하는 것이므로 은혜와 작위가 있게 된다. 만들어 세우고 베풀어서 교화하면 사물이 그 참된 모습을 잃는다. 그러므로 은혜를 베풀어서 작위하게 되면 사물이 스스로의 모습을 잃게 된다. 사물이 스스로의 모습을 잃게 되면 모두 갖추기에는 부족하다. 천지는 짐승들을 위해서 풀을 만들지는 않았지만 짐승들은 풀을 뜯어먹고, 사람을 위해서 개를 낳지는 않았지만 사람은 개를 잡아먹는다. 만물에 대해 작위한 것이 없지만, 만물이 제각각 그 마땅히 쓰일 바에 들어맞는다면 넉넉하지 않은 것이 없을 것이다. 자신으로부터 지혜를 부리게 된다면 만물을 다스리는 일을 맡기기에는 아직 부족하다"라고 지적했다.

다시 말해서 천지는 자연이연自然而然의 특성을 지니고 있고, 욕구도 없고 작위함도 없으며, 만물을 낳게 하면서도 소유하지 않고, 무엇을 행해도 뽐내지 않으며, 사물의 본성에 순응하고 그 정황에 맡기며, 자연 그대로의 순리에 따른다는 것이다. 이것을 일컬어서 '천지는 무를 근본으로 삼는다'라고 한다. 또한 천지만물이 모두 무를 근본으로 삼고, 자연무위의 법칙에 따라서 운행하기 때문에 그것들은 조화를 이룰 수 있을 뿐만 아니라 끊임없이 자라나고 번성할 수 있는데, 이것을 '넉넉하지 않은 것이 없다'(莫不贍

也)라고 한다.

성인도 이러한 자연무위의 법칙에 의해 행동하는데, 그것을 '허를 주로 삼는다'(以虛爲主)라고 한다. 여기서의 허는 비움을 의미하는데, 도대체 무엇을 비워야 하는가? 왕필에 따르면 사람은 마음을 비우고 없애야 하는데, 그것을 허심虛心 또는 무심無心이라고 부른다. 천지는 무심하기 때문에 작위함과 조작함이 없고, 자연 스스로에 맡길 수 있다는 것이다. 그래서 사람이 허를 주로 삼으려면 우선 허심 또는 무심을 행해야 한다. 그러나 이는 아주 어려운 일이다. 왜냐하면 사람은 태어날 때부터 마음(心)을 지니고 있으므로 집착, 의식, 목적, 욕구 등을 가지며, 나아가 그것들에 기반하여 어떤 인위적인 행위를 하게 마련이기 때문이다. 즉 인간은 태생적으로 유위有爲를 행하는 존재이지 무위에 머무는 존재가 아니라는 것이다.

그러므로 성인이 일반사람보다 뛰어난 이유는 바로 그가 허심 또는 무심을 행할 수 있기 때문이다. 곧 성인은 자연무위의 법칙에 따라 만사를 다스릴 수 있을 뿐만 아니라, 무엇을 행하는 것이 없어도 하지 못하는 것이 없다(無爲而無不爲). 그래서 왕필은 『노자』 23장을 주석할 때, "도는 무형과 무위로써 만물을 이루고 돕기 때문에 도를 좇아서 일삼는 사람은 무위를 우두머리로 삼고 말없음을 가르침으로 삼아 끊임없이 이어져서 그 참됨을 얻고, 도와 한 몸이 되므로 도와 같게 된다"라고 하였다. 성인이 도를 좇아서 그것에 따라 행동하려면, 도와 같이 무사무위無事無爲로써 만물을 이루게 하고, 무위하면서 자연이연自然而然의 경지에 이르러야 하는데, 이것이 바로 '무위를 우두머리로 삼는다'(以無爲爲君), 또는 '무를 근본으로 삼는다'는 말의 참뜻이다. 이와 같이 해야만 도와 한 몸이 될 수 있고, 도와 같게 될 수 있으며, 나아가 도와 합일된 경지에 이를 수 있다. 이렇게 보면 체도 또는 도와 한 몸이 된다는 것은 인간의 마음이 무위자연한 상태, 다시 말해 인간의 주체적 수양을 가리키는 것이다. 곧 체도는 마음을 아무런 사려도 없게 하고, 나아가 그 쓰임을 거울과 같게 하여 혼연한 경지에 이르도록 한다는 것을 의미한다.

위에서 살펴본 바와 같이 무를 근본으로 삼고, 무를 작용으로 삼으며, 도와 한 몸이 되는 무의 세 가지 의미가 왕필 무본론의 현학적 이론체계를 구성하고 있다. 특히 여기에서는 무를 근본으로 삼는 것과 무를 작용으로 삼는 것이 하나로 결합되어 독특한 우주본체론을 형성하고 있다. 그리고 도와 한 몸이 되는 것은 인간의 마음 수양에 관한 일종의 인생철학으로 발전했다. 이와 같이 왕필이 제기한 무의 세 가지 의미는 본체론과 심성론을 결합시켜 하나의 체계적이고 광범한 현학이론 체계를 구축하였는데, 이것이 바로 정시현학正始玄學에 대해 성공적이라고 평가할 수 있는 이유이다.

사실 우주본체론으로서 정시현학의 무본론은 그 자체에 모순을 내포하고 있으므로 완벽한 것이라고는 할 수 없다. 그러나 역설적이게도 바로 이러한 내재적 모순으로 인하여 정시현학은 논리적으로 다음 단계로 이행할 수 있는 힘을 얻게 되었다.

왕필은 무를 근본으로 삼았는데, 여기에서의 무는 허무虛無나 공무空無, 또는 없음을 의미하는 것이 아니라 일종의 유有에 속한다. 그렇다면 이러한 무는 어떤 성질을 지닌 유인가? 다시 말해서 본체로서의 무는 어떠한 철학적 성격을 지니는가? 이에 대해 왕필은 "도는 무를 일컫는 말이며, 통하지 않는 바가 없고, 그것으로 말미암지 않는 바도 없다. 억지로 표현하자면 그것을 도라고 부르는데, 그것은 적연하여 형체가 없고, 상象으로써 드러낼 수 없다"(『論語釋疑』, 「述而」)라고 했고, 또한 "형체도 없고 이름도 없는 사는 만물의 종주이다. 그것은 따뜻하지도 않고 차갑지도 않으며, 궁음_{宮音}도 아니고 상음_{商音}도 아니다. 들으려고 해도 들리지 않고 보려고 해도 드러나지 않으며, 만지려고 해도 만져지지 않고 맛보려고 해도 입에 닿아지지 않는다.…… 그러므로 능히 만물의 종주가 되고 천지를 관통하여 지나지 못하게 할 수 있는 것이 없다"(『老子指略』)라고 했다.

이 두 구절을 동해서 우리는 왕필이 말하는 무의 두 가지 특징을 발견할 수 있는데, 첫째 특징은 왕필의 무는 곧 도에 대한 하나의 규정이라는 것이다. 어떤 사람은 이것을 도의 성질에 대한 표현이라고도 한다. 도는 일종의 존재이며, 구체적인 사물들과는 다르다. 즉 구체적 사물들이 형체도 있고 형상도 있으며, 일정한 공간을 차지하고 있으므로 볼 수 있고 만질 수도 있는 데 반해서 도는 형체도 없고 형상도 없으며, 구체적인 시-공간속에서 포착될 수 없기 때문에 볼 수도 없고 만질 수도 없다는 것이다. 그리고 형체와 형상을 지닌 구체적 사물들에 대해서는 이름을 붙일 수 있으나, 무형무상한 도에 대해서는 그것이 불가능하다. 그러므로 무형無形 · 무상無狀 · 무상無象 · 무명無名은 도의 기본적인 성질이자 특징이 된다. 그리고 이와 같은 무형과 무상, 그리고 무명을 아울러서 무라고 부르는 것이다. 따라서 무와 도는 같은 성질을 지닌 철학적 범주이고, 만물이 무를 근본으로 삼는다는 것은 또한 그것들이 도를 근본으로 삼는다는 것과 같은 말이다.

둘째 특징은 철학적 성질로 보면 이러한 무는 일종의 추상이라는 것이다. 그렇다면 도에는 왜 이와 같은 추상의 성질이 필요한가? 실제로 여기에서 왕필은 하나의 철학적 문제, 즉 어떤 것이라야 본체가 될 수 있는가하는 문제를 해결하고자 했다. 물론 왕필이 『노자』를 통해 자신의 무본론을 전개한 것은 사실이고, 그럴 경우에 노자가 말한 도의 사상을 우선적으로 받아들이지 않을 수가 없었다. 다시 말해서 왕필은 도를 천지만물의 존재 원인이자 근거이며, 본체로 삼는 노자의 사상을 계승할 수밖에 없었다는 것이다. 그렇다면 도를 근본으로 삼으면 되는데, 왜 하필이면 무에 대해서 말하고, 그것을 근본으로 삼아야 한다고 말했을까? 그 이유는 도가 본체로서 성립되려면 반드시 추상성이라는 성질 또는 자격을 갖추어야만 했기 때문이다. 즉 추상적인 '하나'(一) 또는 일반의 개념이 성립되어야 그것이 만물에 적용될 수 있으며, 천지만물을 두루 포섭하고 만물의 종주가 될 수 있기 때문이다. 그래서 왕필은 "형체도 없고 이름도 없는 자는 만물의 종주이다. 그것은 따뜻하지도 않고 차갑지도 않으며, 궁음도 아니고 상음도 아니다. 들으려고 해도 들리지 않고, 보려고 해도 드러나지 않으며, 만지려고 해도 만져지지 않고, 맛보려고 해도 입에 닿아지지 않는다.…… 그러므로 능히 만물의 종주가 되고 천지를 관통하여 지나지 못하게 할 수 있는 것이 없다"(『노자지략』)라고 했던 것이다.

여기에서 강조되는 것이 바로 무의 추상적 성질이다. 나아가 왕필은 또한 "뜨겁다면 차가울 수 없고, 궁음이라면 상음일 수 없다. 형체는 반드시 구분되는 바가 있고, 소리는 반드시 속하는 곳이 있다. 그러므로 상으로 나타나는 것은 대상大象이 아니고, 하나의 음으로 소리가 나는 것은 대음大音이 아니다"(『노자지략』)라고 하면서, 형체가 있고 형상이 있는 사물은 유한할 수밖에 없고, 그것을 이것이라고 규정하면 저것이 될 수 없으므로 만물의 종주가 될 수 없다고 주장했다. 단지 형상과 형체가 없는 무 또는 추상적 '하나'만이 모든 사물에 적용될 수 있을 뿐이다. 즉 어떤 것이 형체가 없어야 모든 사물의 형체를 이룰 수 있고, 형상이 없어야 모든 사물의 형상을 드러낼 수 있으며, 이름이 없어야 모든 사물의 이름을 나타낼 수 있기 때문에 만물의 존재적 본체로서 성립될 수 있다는 것이다. 따라서 철학적 성질로 보면, 왕필의 무는 추상성을 지닌 것이다.

이처럼 추상성을 지님으로써 무는 본체로서의 자격을 갖추게 된다. 그러나 이와 같은 무는 추상성만을 지녀서는 안 된다. 왜냐하면 만약 무가 단지 추상성만을 지닌다면 그것은 만물과 분리되는 존재가 되고, 나아가서 만물의 본체로서 작용할 수 없기 때문이다. 따라서 왕필의 무는 추상성뿐만 아니라 구체적 사물과 결합되는 구체성도 갖춰야 한다. 이러한 무의 구체성을 무의 생성성生成性 또는 생성의生成義라고 부른다.

이렇게 보면 왕필의 무는 추상성과 구체성을 동시에 지니고 있는데, 이러한 점이 바로 그가 제기한 무본론의 모순점이다. 그리고 바로 이와 같은 모순이 정시현학에서의 무본론이 논리적으로 발전해 나갈 수 있는 내재적 계기가 되었던 것이다. 실제로 이러한 무의 발전방향은 결국 두 갈래로 나뉠 수밖에 없는데, 하나는 무의 추상성을 전개하는 것이고, 다른 하나는 그것의 구체성을 드러내는 것이다. 현학의 사상적 발전논리에 비추어보면 정시현학 이후 죽림현학이 주장한 '명교를 넘어 자연에 맡긴다'(越名教而任自然)에서의 자연은 무의 추상성을 계승하여 발전시킨 것이고, 원강元康시대 배위의 '유본론'은 무의 구체성을 승계하여 발전시킨 것이라고 할 수 있다.

죽림현학이 구축한 자연이라는 본체는 실제로 기형적이다. 왜냐하면 그것은 명교를 포기하고 순전히 자연에 맡겨야 한다고 주장하기 때문이다. 우선 사회 명교가 결여되면 그들이 말하는 자연도 환상이 될 수밖에 없다. 유협劉勰이 『문심조룡文心雕龍』 「재략편才略篇」에서 혜강嵇康과 완적阮籍의 문학적 특징을 개괄하면서 "혜강은 심心을 스승으로 삼아 논論을 버리고, 완적은 기氣를 좇아 시詩를 명命으로 삼았는데, 그들의 소리는 다르지만 울림은 서로 합치되고, 날개는 달라도 나는 모양은 똑같다"고 지적했다. 여기에서 말하는 심을 스승으로 삼고(師心), 기를 좇는(使氣) 문학적 특성은 죽림현학의 자연 개념을 뿌리 없는 정신적 허상으로 내몰고, 왕필의 무를 극단적 단계로 밀고나가 그것을 일종의 '지무至無', '공무空無' 또는 '허무虛無'로 만들었다.

「숭유론崇有論」을 저술한 배위의 직접적인 동기는 바로 원강방달파元康放達派들이 의도적으로 명교를 해치고자 하는 풍조를 교정하는 데 있었다. (『진서』, 「裴頠傳」 참조) 그에 따르면 명교를 멸시하는 풍조는 숭무崇無 또는 귀무貴無의 사상으로 인해 생겨났으므로 이에 맞서기 위해서는 '유론有論'을 제시할 필요가 있었다. 그렇다면 배위의 '유론'은 어떠한 것인가? 「숭유론」의 첫 부분에서 배위는 이렇게 말한다.

무릇 총체적으로 모든 유有의 근본을 혼합한 것이 종극의 도이다. 본질이 다른 것들끼리 틀을 지어 여러 종류로 나누어진 것이 각각의 사물이다. 그리고 형상이 제각기 나누어지는 것이 생명이 있게 된 본체이고, 변화와 감응이 뒤섞이는 것이 이치(理)가 움직인 자취의 근원이다. 그러므로 여러 사물로 나누어지고 군집으로 되면 품수稟受한 자는 치우치게 되고, 치우치게 되면 자족함이 없으므로 외부의 자료에 의지하게 된다. 그러므로 생으로써 찾을 수 있는 것을 이치라고 한다. 이치의 본체를 '있음'(有)이라고 한다. 이 유가 의지하는 바를 '바탕'(資)이라고 한다. 바탕이 거두어들이는 바를 '마땅함'(宜)이라고 한다. 그 마땅함을 택하는 것을 '실정'(情)이라고 한다. 지혜로움을 아는 것을 이미 받았으니 비록 나아가고 그만두는 일, 침묵하거나 말하는 일이 서로 다를지 몰라도 생을 귀하게 여기고 마땅함을 보존하고자 하는 실정은 동일하다.

여기에서 '무릇 총체적으로 모든 유有의 근본을 혼합한 것이 종극의 노이다'라는 말은 현상세계에 있는 유를 근본으로 삼는 배위 유본론有本論의 전체 강령이다. 그렇다면 이러한 유들은 어떻게 있게 되었는가? 배위에 따르면 '여러 사물로 나누어지고 군집하게 되면 품수稟受한 자는 치우치게 되고, 치우치게 되면 자족함이 없으므로 외부의 자료에 의지하게' 된다. 즉 형상이 있는 구체적인 사물들은 치우치는 바가 있다는 것인데, 그 치우친 바를 어떻게 보완해야 하는가? 이에 대해 배위는 유와 다른 유 사이의 상호관계와 작용에 의해서 상호보완되어야 한다고 주장한다.

여기에서 배위는 아주 중요한 철학적 문제를 제기했는데, 그것은 바로 현상세계에서의 유가 어떻게 존재하는가에 관한 문제이다. 실제로 현상세계에서의 유가 특정 형태로 존재한다는 것은 상식에 가까운 문제이다. 그러나 그들은 어떻게 존재할 수 있게 되는가? 만약 세상에 오직 하나의 존재자밖에 없다면 그 유일한 존재자도 현실적으로 존재할 수 없을 것이다. 왜냐하면 그 어떠한 존재자일지라도 그것이 존재하려면 그 외의 존재자가 필요하고, 나아가 그 사이의 상호관계와 작용 속에서만 현실적으로 존립할 수 있기 때문이다. 다시 말해서 하나의 존재자와 다른 존재자의 병존이야말로 존재의 구조이며, 모든 존재자들이 존재할 수 있는 전제조건이라는 것이다. 그러므로 배위 현학의 공헌은 유본론을 제기하는 데에서 그치는 것이 아니라, 동시에 모든 존재자들이 존재할 수 있는 근거와 기초를 제시하는 데에 있다.

지금까지 다룬 내용이 바로 곽상 이전 현학에서 제기된 유와 무의 관계에 대한 논의들이다. 요약하자면 왕필은 무본론을 구축하여 전체 위진현학에 대한 우주본체론의 사상적 기초를 마련했다. 그리고 죽림현학의 자연론과 배위의 유론은 각각 본체적 무의 추상성과 구체성을 확장했다. 그러나 그것들은 왕필의 무본론 속에 내포되어 있는 사상적 모순을 각자의 방식으로 확장한 것일 뿐이지 문제를 정합적으로 해결하지는 못했다. 따라서 이와 같은 모순, 즉 무의 추상성과 구체성 사이의 간극을 정합적으로 해결하여 지금까지의 유무에 관한 본체론적 사상을 통일시키는 것이 바로 곽상 현학의 사상적 과제였다.

2. 본체 문제에 대한 곽상의 자각적 사유

곽상은 『장자』를 주석하는 방식으로 자신의 현학을 펼치면서 궁극적인 본체가 무엇인가에 관한 문제를 자각적으로 사유했다. 그는 이렇게 말했다.

무無가 이미 무이면 유有를 낳을 수 없고, 유가 생겨나지 않으면 생生도 있을 수 없다. 그렇다면 생을 낳는 자(生生者)는 도대체 누구인가?(「齊物論注」)

세상 사람들은 망량罔兩이 그림자에 의존하고, 그림자는 형체에 의존하며, 형체는 조물자造物者에 의존한다고 말한다. 그렇다면 묻건대 조물자는 유인가 아니면 무인가? 만약 그것이 무라면 어찌 사물을 만들어낼 수 있겠는가? 그렇다고 해서 그것이 유라면 사물의 모든 형태를 충족시킬 수 없을 것이다.(「제물론주」)

오직 무가 변화하지 않아서 유가 되는 것이 아니고, 또한 유가 변화하지 않아서 무가 되는 것이 아니다. 무릇 사물로서의 유는 비록 항상 변화하면서도 하나로 고정되지 않으므로 무가 될 수 있다. 하나로 고정되지 않아 무가 되므로 애초부터 아무것도 없는 때가 없었고, 그러한 상태가 항상 존재해 왔다.(「知北遊注」)

사물보다 앞서 존재하는 자는 누구인가? 나는 음양을 그것으로 보지만 음양 또한 사물이다. 그렇다면 음양에 앞서 존재하는 자는 누구인가? 나는 자연을 그것으로 보지만 자연 또한 사물이 스스로 그러함을 뜻한다. 나는 또한 지극한 도(至道)를 사물보다 앞서 존재하는 자로 보지만 그것은 곧 지극한 무(至無)를 의미하는데, 만약 그것이 이미 무이면 어찌 앞서 존재할 수 있는가? 그렇다면 사물에 앞서 존재하는 자는 도대체 누구인가?(「지북유주」)

무릇 유가 생겨나지 않는다면 무엇으로 생겨나게 할 수 있는가?······ 어찌 유가 유를 있게 할 수 있는가?(「庚桑楚注」)

만약 무가 유로 될 수 있다면 무는 무엇이라고 해야 할 것인가?(「경상초주」)

여기에서 나타나는 것처럼 곽상은 지속적으로 무엇이 만물에 앞서 존재하는 자인가를 묻고 있다. 다시 말해서 그는 '천지만물의 존재에는 본체가 있는가?', '본체란 무엇인가?', '무와 유가 본체로서 성립될 수 있는가?' 등과 같은 물음에 대해 자각적으로 사유하고 있다는 것이다. 우선 곽상은 천지만물에 앞서 존재하는 것이 무엇인지를 묻고 있다. 사람들은 항상 "만물은 음을 지고 양을 품고 있으므로"(『노자』, 42장), 그것들이 음양이기陰陽二氣로 이루어져 있다고 생각한다. 그런데 곽상은 음양이기 역시 그 성격상 하나의 사물이므로 사물에 앞서 존재하는 자라고 할 수 없으며, 나아가 사물의 본체로서 성립될 수 없다고 지적한다. 다음으로 곽상은 음양에 앞서 존재하는 자는 누구인가를 묻고 있다. 그에 따르면 음양에 앞서 존재하는 자는 자연이고, 자연은 또한 사물이 스스로 그러함을 뜻하는 것일 뿐이기 때문에, 즉 그것은 만물의 자연이연의 성질을 가리키는 것이기 때문에 그것들에 앞서 존재하는 무언가가 있다는 것을 말해주지 않는다. 그러면 지극한 도를 만물에 앞서 존재하는 자로서 천지만물의 존재적 본원으로 삼으면 어떠한가? 하지만 지극한 도는 곧 지극한 무, 즉 순수한 무 또는 허무를 의미하기 때문에 이것이 어떻게 만물에 앞서 존재하는 자가 될 수 있고, 또 만물의 존재적 본원이나 본체가 될 수 있겠는가?

곽상은 또한 구체적인 사례로부터 본체 문제에 대해 사유했다. 그에 따르면 그림자 바깥쪽에 있는 흐릿한 윤곽을 망량罔兩이라고 부른다. 망량의 존재는 그림자에 의존하고, 그림자의 존재는 사물의 형체에 의존하며, 사물의 존재는 또한 조물자에 의존한다. 그렇다면 이와 같은 조물자는 도대체 무엇인가? 만약 그것이 존재 또는 유라면 그 성격상 구체적 사물과 똑같이 되는 것이 아닌가? 다시 말해서 구체적 사물이 본체로서 만물의 형태를 충족시킬 수 없다면, 이와 같은 성질을 지닌 조물자가 어떻게 본체로서 만물을 만들어낼 수 있는가? 또한 만약 그것을 비존재 또는 무라고 한다면, 그것은 성격상 구체적 사물과 완전히 다른 것이 되어버린다. 그렇다면 구체적 사물과 질적으로 다른 것이 어떻게 사물을 만들어낼 수 있는가? 이렇게 보면 이와 같은 조물자를 만물존재의 근원으로 삼는 것은 불가능하다. 그렇다면 사물에 앞서 존재하는 자는 도대체 어떠한 것인가? 이러한 사유의 과정을 거치면서 곽상은 본체 문제에 관해 한 걸음 더 나아갔다. 그 결과 그는 사물에 앞서 존재하는 자도 없고, 조물자도 없다는 결론에 이르렀다. 즉 그에 따르면 존재에는 이른바 본원 또는 본체라는 것이 없다.

여기에서 곽상은 그 이전에 제기되었던 유본론과 무본론에 대해 깊이 있는 고찰을 했다. 정시현학이 시작될 무렵에는 주로 무에 대해서 논의했다. 곽상 역시 무가 이미 완전한 무라면 유를 낳을 수 없다는 것을 인식하고 있었다. 즉 무는 이미 없음이나 공무空無, 허무를 의미하는 것인데, 어찌 '유'를 낳을 수 있겠는가? 그것이 어떻게 유의 존재적 본체로서 성립할 수 있겠는가? 이는 이치에 맞지 않다. 그러다가 서진 혜제惠帝 시기의 배위는 유에 대해 논의했다. 그러나 이와 같은 유는 만물존재의 본체가 될 수 있는가? 곽상은 이에 대해 유가 생겨나지 않으면 생도 있을 수 없다고 생각했다. 이는 유가 만약 다른 존재자를 낳을 수 있다면, 그 자체도 다른 유로 말미암아 생겨난 것임을 의미한다. 그렇다면 다른 존재자에 의해서 생겨난 유도 당연히 본체나 본원으로 성립될 수 없다. 그리고 만약 유가 타자에 의해서가 아니라 스스로 자생한 것이라면 그것은 애초부터 무엇을 낳을 수 있는 성질을 지니고 있지 않다는 것을 의미하는데, 어떻게 다른 존재자들을 낳을 수 있겠는가? 만약 다른 존재자들을 낳을 수 없다면 그것은 다른 존재자들과의 관계가 없음을 의미하는데, 그렇다면 어떻게 본체가 될 수 있겠는가? 그러므로 이러한 견해도 또한 이치에 맞지 않다.

이와 같이 곽상은 단도직입적으로 그 이전에 제기되었던 무본론과 유본론을 모두 부정했다. 물론 여기에서 곽상이 말하는 무는 왕필이 근본으로 삼고 있는 무가 아니다. 왜냐하면 왕필에 의해서 제기된 무는 실질적으로 유이며, 그것은 없음이나 공무, 허무가 아니기 때문이다. 곽상이 여기에서 말하는 '무가 이미 무이면 유를 낳을 수 없다'는 무는 실제로 죽림현학의 '명교를 넘어서 자연에 맡기는' 순수 자연론 사상을 거친 이후의 무이다. 그리고 이러한 무는 실제로 지극한 무, 공허한 무를 의미하며, 유를 낳을 수 없는 것이다.

또한 곽상이 말하는 유는 실질적으로 배위가 유본론에서 말하는 유와 같다. 다만 그는 배위의 유본론에 내포되어 있는 이론적 결함을 지적했을 뿐이다. 배위는 「숭유론」 시작 부분에서 모든 유에 대해서 논의했다. 그에 따르면 유는 반드시 외부의 바탕에 의지해야 하므로 다른 사물들과의 관계적 구조 속에서만 존재할 수 있다. 그래서 이와 같은 유는 애초부터 하나일 수 없고 다수여야만 하는 현상적 존재들이다. 따라서 거기에 본체와 같은 문제는 본래 존재할 수가 없다. 그리고 배위는 「숭유론」의 마지막 부분에서 자생自生에 관해 논의했는데, 그에 따르면 '처음에 생겨난다는 것'을 자생함이라고 한다. 이러한 맥락에서 자생을 이해한다면 확실히 유가 생겨나지 않으면 생도 있을 수 없다는 것이 문제가 될 수 있다. 곽상은 바로 이와 같은 문제를 알아채고, 나아가 스스로를 근본으로 삼는 본체적 문제, 즉 배위가 대답하지 못했던 '유가 도대체 어떻게 스스로를 말미암아(自因) 존재할 수 있는지'에 관한 문제를 고찰했던 것이다.

곽상은 이전에 제기되었던 무본론과 유본론에 대한 이성적 사유를 통해 독립적인 무나 유가 모두 본체로서 성립될 수 없음을 입증했다. 그렇다면 어떠한 것이 본체로서 존립할 수 있는가? 곽상은 이렇게 말한다.

무無가 이미 무이면 유有를 낳을 수 없고, 유가 생겨나지 않으면 생生도 있을 수 없다. 그렇다면 생을 낳는 자는 도대체 누구인가? 문득 저절로 생겨난 것이다. 저절로 생겨난 것일 뿐이지 내가 낳은 것이 아니다. 내가 사물을 낳을 수 없고, 사물도 나를 낳을 수 없기 때문에 나는 저절로 그렇게 된 것(自然)이다. 저절로 그러함을 일컬어 천연天然이라 부르고, 천연은 인위적인 것이 아니므로 천으로써 말한다. (천으로써 말하기 때문에) 저절로 그러함이 더욱 밝게 되는데, 어찌 푸르고 또 푸르지 아니한가! 어떤 사람은 천뢰天籟가 사물들로 하여금 자기를 따르게 한다고 말한다. 하지만 무릇 천은 스스로조차 소유할 수 없는데 어찌 사물을 소유할 수 있겠는가! 그러므로 천은 만물을 총괄하는 이름일 뿐이니, 천을 따르지 않고 누가 사물을 사역할 수 있겠는가? 그러므로 사물들은 각각 자생하여 말미암는 바가 없다. 이것을 일컬어서 천도天道라고 한다.(「제물론주」)

묻건대 조물자는 유인가 아니면 무인가? 만약 그것이 무라면 어찌 사물을 만들어낼 수 있겠는가? 그렇다고 해서 그것이 유라면 사물의 모든 형태를 충족시킬 수 없을 것이다. 그러므로 모든 사물의 형태를 충족시킬 수 있으면서도 스스로가 사물임을 밝게 한 뒤에야 조물자에 대해서 이야기할 수 있다. 그래서 사물들의 영역을 넘나들고, 비록 망량까지 포함해서라도 현명玄冥에서 독화하지 않은 것이 없다. 그러므로 조물자의 주재 없이 사물들은 각자 스스로 만들어지고, 사물들이 스스로 만들어지는 과정에서 아무것에도 의존하지 않는 것이 천지의 바른 이치이다. 그러므로 너와 나는 서로 말미암고(相因), 형체와 그림자는 함께 생겨나니, 비록 현묘하게 합치된 바는 있으나 서로 의지하는 것은 아니다. 이러한 이치에 밝으면 만물들로 하여금 그 종주가 되는 체중體中으로 되돌아가게 하고 외물에 의지하지 않게 할 수 있으며, 그 외부에는 시든 바가 없고 내부에는 아끼는 바가 없으므로 자연스럽게 생성되면서도 생성된 까닭을 알지 못하고, 함께 있고 같이 얻으면서도 그 얻게 된 바를 알지 못한다. 지금 망량과 그림자가 서로 말미암는 것은 구름이 함께 생기는 것과 같이 서로 의지한 것이 아니다. 비록 만물이 모여서 천지자연이라는 전체를 이루지만 그들 모두 하나하나가 자연스럽게 스스로 드러나는 것이다. 그러므로 망량은 그림자에 의해서 견제되는 것이 아니고, 그림자는 형체에 의해서 사역된 것이 아니며, 형체는 무엇에 의해서 변화된 것이 아니니, 변화와 변화하지 않음, 그러함과 그러하지 않음, 다른 사람에 따르는 것과 스스로 말미암는 것은 스스로 그러하지 않는 것이 없는데, 내가 어찌 그 까닭을 알 수 있으랴! 그러므로 그것들을 그저 맡겨두고 조장하지 않으면 본말내외가 막힐 바 없이 얻게 되고, 저절로 자취도 없을 것이다. 만약 사물이 그렇게 된 것을 가까운 원인에서 찾고 스스로 그렇게 됨을 망각한다면 이는 사물의 종주를 외부에 두고 그 내부의 주인을 잃은 것이니, 사랑함과 숭상함이 생겨날 것이다. 비록 그것을 다듬고 가지런히 히고자 하지만 숭상한 바가 이미 가슴속에 존재하니, 어찌 이미 있는 것을 버릴 수 있겠는가!(「제물론주」)

무릇 사물과 사태의 가까운 것에 대해서는 혹 그 까닭을 알 수 있으나, 그 근원을 찾아서 지극한 바에 이르게 되면 모두 아무런 까닭 없이 스스로 그러함을 알게 될 것이다. 스스로 그러하기 때문에 그 까닭을 물을 수 있는 데가 없지만 그에 순종할 수밖에 없다.(「天運注」)

애초에 아무것도 없었는데 홀연히 유가 생겼다. 그러므로 사물의 시초에서 노닐 수 있어야 사물이 무엇에 의해서가 아니라 스스로 있게 된 바를 알 수 있을 것이다.(「田子方注」)

그렇다면 사물에 앞서 존재하는 자는 누구인가? 그 앞에는 또한 사물이 있으니, 이대로 물으면 끝이 없다. 그러므로 사물의 자연함을 밝히는 것은 유가 그러하게 만드는 것이 아니다.(「지북유주」)

죽음이나 삶, 그리고 나아가는 것이나 들어오는 것은 모두 홀연히 스스로 그러하게 된 것이지 무엇으로 말미암는 것이 아니기 때문에 그 형체를 찾아볼 수가 없다.(「경상초주」)

무릇 유가 생겨나지 않으면 무엇으로 생겨나게 할 수 있는가? 그러므로 스스로 있게 된 것이니, 어찌 유가 모든 유를 생기게 할 수 있겠는가?(「경상초주」)

유가 유를 있게 할 수 없고 스스로 있을 따름이라는 말은 무가 유를 있게 할 수 있음을 말하는 것이 아니다.(「경상초주」)

하늘의 문(天門)이라는 것은 만물의 이름을 아울러서 말하는 것이다. 그것을 하늘의 문이라고 부르는 것은 마치 모든 오묘함의 문이라고 말하는 것과 같다. (「경상초주」)

죽음이나 삶, 그리고 나아가는 것이나 들어오는 것은 모두 홀연히 스스로 그러하게 된 것이지, 그것을 그렇게 되게 하는 자는 없다. 모이고 흩어지고 숨겨지고 드러나는 것이 있으므로 나아가거나 들어오는 이름(名)이 있다. 오직 이름만 있고, 나아가고 들어오는 것이 없다면 문은 어디에 있겠는가? 그러므로 무를 문으로 삼는다. 무를 문으로 삼으면 문이 없게 된다.(「경상초주」)

뿌리도 없고 문도 없이 홀연히 스스로 그러하므로 그것을 보지 못한다. 오직 그 생生을 없게 하고, 그 나아가는 것을 없앨 수 있는 자만이 그 문을 보고 그 뿌리를 가늠할 수 있다.(「則陽注」)

무릇 유가 없으면 무엇으로 세울 수 있겠는가? 항상된 유가 없음으로써 세우면 사물들이 스스로 세워진다는 것을 밝힐 수 있을 것이다.(「天下注」)

천지로부터 모든 사물에 이르기까지 모두가 각기 스스로 얻을 따름이니, 거기에는 다른 수식이 없다. 이것이 태일太一로써 주재하는 것이 아니겠는가!(「천하주」)

이러한 서술들에서 천지만물의 본원 또는 본체에 대한 곽상의 사상을 충분히 알 수 있을 것이다. 이 속에서 우리는 곽상의 어쩔 수 없는 심정을 짐작할 수 있다. 그가 본체의 문제를 아무리 추궁하더라도 유나 무는 모두 사물의 본체로서 성립될 수 없었다. 그렇다면 본체는 도대체 무엇이며, 어떻게 그것을 밝혀낼 수 있을까? 곽상에 따르면 천지만물의 존재에는 애초부터 본원이라는 것이 없다. 그리고 이처럼 본원이 없다면 만물의 존재는 스스로를 근거로 삼는 것이 된다. 다시 말해서 자기가 존재하는 모습이 곧 그렇게 존재하게 되는 모습의 원인이며, 현상이 곧 본질이라는 것이다. 이것을 가리켜 '자생自生', '자이自爾', '자연自然'이라고 부른다. 곽상은 만물이 스스로 존재하는 실상에 대해 여러 번 반복해서 강조하고 있다.

만물은 모두 스스로 존재하는 것이지 무가 낳은 것은 아니다.(「칙양주」)

만물이 존재하는 것은 스스로 그러한 것이니, 누가 그 원인을 알 수 있겠는가!
(「칙양주」)

모든 사물의 있음은 스스로 그러함에 따른 것이지 무가 그것을 있게 한 것이
아니다.(「칙양주」)

쇠퇴하거나 번성하는 것은 모두 그 스스로에 따른 것이지 어떠한 본원에 따른
것이 아니다.(「칙양주」)

존재하는 사물들은 서로를 사역할 수는 있지만 이는 또한 그들이 스스로 그러
하기 때문이다. 그러므로 그것들을 있게 하는 사물은 따로 없다. 모든 사물은
모두 '하지 않음'(莫爲)으로 인해 세상에 존재하다가 사라진다.(「칙양주」)

전국시대에 계진季眞이라는 사람이 '막위설莫爲說'을 내세웠는데, 그에 따
르면 천지만물의 배후에는 그것들을 지배하는 자가 따로 없다. 곽상은 이
러한 계진의 설에 동조하면서 "사물의 존재는 스스로 그러함에 따른 것이
지, 무엇이 그것을 있게 하는 것은 아니다. 이로 미루어보면 계진의 말은
참으로 타당하다"(「칙양주」)라고 했다.

천지만물의 존재에는 어떠한 지배자나 주재자가 없다. 그래서 곽상은
"세상에 나와 있는 사물은 그 자체로 실재한 것이지, 어떠한 본원의 구멍에
서 빠져나온 것이 아니다"(「경상초주」)라고 하였다. 만약 어떠한 지배자가 없
다면 만물의 존재는 곧 자생함으로 인한 것이다. 이것을 가리켜 "홀연히
스스로 생겨나는 것이지, 어떤 근원이 있는 것은 아니다", "홀연히 스스로
죽는 것이지, 어떤 근원이 있는 것은 아니다", "모두 홀연히 스스로 그러한
것이지, 그 유래한 바가 없다", "모두 홀연히 스스로 그러한 것이지, 그렇게

되게 하는 자가 없다"(이상「성상초주」)라고 부를 수 있으며, '사물이 처음 생겨난 것은 스스로 생겨난 것'이라고 표현할 수 있다. 곽상은 천지만물의 자생이나 자이의 본성을 표현하기 위해 자기만의 독특한 개념을 내세웠는데, 그것이 바로 독화이다. 곽상은 이렇게 말했다.

만약 그 의지하는 바를 꾸짖으면서 말미암는 바를 찾으려면 그 꾸짖음과 탐색은 끝이 없을 것이니, 마침내 의지하는 바가 없는 경지에 이르러야 독화의 이치를 알게 될 것이다.(「제물론주」)

뱀의 비늘과 매미의 날개는 그 유래한 바가 특별한 것이 아니므로 알고자 한다면 어렵지 않게 알 것이다. 그러나 지금 만물이 유래한 바를 알지 못하는 것은 그것들이 뱀의 비늘이나 매미의 날개와 같은 경우와 달리 스스로 변화한(獨化) 것이기 때문이다.(「제물론주」)

그러므로 사물의 영역에 이르게 되면 비록 그것이 망량罔兩일지라도 현명玄冥에서 스스로 변화하지(獨化) 않은 것이 없다.(「제물론주」)

도는 할 수 있는 것이 없다. 이 말은 도에서 얻는 것은 실로 스스로 얻는 것(自得)임을 밝히기 위해서이다. 스스로 얻는 것이지 도가 얻도록 해줄 수는 없다. 내가 얻지 않았다면 얻음이라고 할 수 없다. 그렇다면 얻은 자는 외부의 도에 의해서 얻은 것도 아니고 내면의 자기에 의해서 얻은 것도 아니므로 홀연히 스스로 얻으면서 독화할 따름이다. 무릇 삶이라는 어려움은 독화에 의해서 스스로 얻는 것과 같으니, 일단 삶을 얻었다면 어찌 그 삶에서 얻지 못함을 걱정할 필요가 있겠는가! 그러므로 인위로써 삶을 영위하는 것은 삶을 온전히 할 수 없으며, 삶은 스스로가 인위적으로 하는 것에 의해서 비롯된 것이 아니니, 인위적으로 무엇을 하면 참된 삶을 해칠 것이다.(「대종사주」)

무릇 죽는 것은 스스로 변화하여 죽는 것이고, 어떤 것이 그것을 낳은 것은 아니다.(「지북유주」)

살아 있는 것도 스스로 변화하여 살아 있게 된 것이다.(「지북유주」)

독화는 곽상현학의 핵심범주이다. 통계에 따르면 곽상은 『장자주』에서 모두 여덟 차례에 걸쳐 독화를 언급했는데, 위에서 나열한 여섯 번을 제외하면 하나는 「지북유」에 나오는 "캄캄하고 희미하며 무심하여 함께 도모할 수 없는 이가 도대체 누구인가?"라는 말에 "스스로 변화하는 자이다"라고 말한 것이고, 다른 하나는 같은 편에 나오는 "삶과 죽음이 기대한 바가 있는가?"라는 말에 대해 "스스로 변화함에 족하다"라고 말한 것이다. 이처럼 독화에 대한 곽상의 논의는 비슷한 유형의 개념인 자생自生이나 자이自爾, 특히 자연自然 등에 비해 그 횟수가 훨씬 적지만 그 개념이 지니는 역할은 매우 중요하다. 독화란 무엇인가? 곽상 자신은 이에 대해 그 어떠한 해석이나 규명을 하지 않았다. 그러나 그가 독화 개념을 사용하는 바에 따라 짐작해 보면 독화란 천지만물이 각자 독립적으로 존재하고 변화하는 것을 가리킨다. 다시 말해서 모든 사물은 이러한 방식으로 존재하고 변화하며, 그 사물이 그러한 바(所然)가 곧 그 사물이 그러하게 된 바(所以然)이며, 자신이 곧 자기존재의 근본이라는 것이다.

곽상이 말한 독화는 실제로 자생이나 자이, 자연과 같은 유형의 개념이며, 그것들은 모두 천지만물의 존재가 스스로 그러하다는 것을 가리킨다. 그러므로 곽상의 독화 개념을 이해하려면 그가 말한 스스로 그러함, 즉 자연개념에 관한 논의를 살펴볼 필요가 있다.

천지는 만물을 총칭하는 이름이다. 천지는 만물을 체體로 하고 만물은 반드시 자연을 바름(正)으로 삼는데, 자연이라는 것은 인위로써 하지 않기 때문에 자연이다. 그러므로 봉새가 높이 나는 것, 매미나 작은 비둘기가 밑에 있는 것, 춘목椿木이 수명이 긴 것, 아침에 생겨나는 버섯이 수명이 짧은 것은 모두 자연이 그렇게 하는 것이지 인위로써 할 수 없는 것이다. 인위로써 하지 않고 스스로 할 수 있는 것이기 때문에 바름이라고 한다.(「소요유주」)

사물의 생겨남은 홀연히 스스로 생겨나지 않은 것이 없다.(「제물론주」)

사물은 각기 저절로 그러한 것인데, 저절로 그러한 까닭을 알지 못한다. 그러므로 사물의 형태는 서로 다르지만 저절로 그렇다는 점에 있어서는 동일하다.(「제물론주」)

무릇 천지만물은 날로 변화하고 때와 함께 나아가는데, 어떻게 새로운 사물이 생겨나는가? 저절로 그러할 뿐이다.(「제물론주」)

만 가지 사물에는 만 가지 정황이 있으며, 그것들의 나아감과 머묾이 각각 다르다. 만약 참된 주재(眞宰)의 징조와 흔적을 탐색하려고 해도 끝내 그것을 얻을 수 없으니, 사물을 밝게 하는 것은 모두 저절로 그러한 것이지, 다른 어떤 것이 아니다.(「제물론주」)

자연에서 받은 것이라면 이미 그 이치가 충분한 것이다. 비록 깊이 생각하여 재난을 면하거나, 또는 계율에 밝아서 화를 피할 수 있더라도 사물은 천리에 따라 그러한 것이며, 모두가 우주만물의 지극한 이치에 따른 것이다.(「덕충부주」)

하늘은 자연이고 인간도 자연이기 때문에 다스려짐과 혼란함, 성공과 실패, 만남과 만나지 못함이 모두 인위적인 것이 아니라 자연적인 것이다.(「대종사주」)

사물은 스스로 그러한 것(自然)이고, 무위한 것이다.(「대종사주」)

고요하고 어둡고 희미하고 잠잠한 것은 모두 허무이다. 그렇다면 노자와 장자는 무엇 때문에 자주 무에 대해서 이야기하는가? 그것은 사물을 낳은 자는 아무엇도 없고, 스스로가 낳은 것임을 밝히기 위해서이다. 스스로 낳은 것이지 다른 무엇이 낳은 것은 아니기 때문에 어찌 스스로 무엇을 낳는다고 할 수 있겠는가!(「재유주」)

하늘이 곧 자연이다. 자연의 이치가 밝아지면 사물은 그 도를 얻을 수 있다.(「천도주」)

무릇 천이라고 하는 것은 모두 무위자연을 밝히는 것이다.(「산목주」)

사물을 사물이 되게 하는 자(物物者)가 사물이 아님을 밝히고, 또한 사물은 스스로 사물이 될 수 없음을 밝혔는데, 그렇다면 사물을 사물이 되게 하는 자는 도대체 누구인가? 홀연히 스스로 그렇게 된 것(自爾)일 뿐이다.(「지북유주」)

곽상이 보기에 자연이란 곧 스스로(저절로) 그러함을 가리키며 그 어떠한 지시자도 없는 상태를 의미한다. 이러한 맥락에서 그는 "자연이라고 말한 것은 스스로 그러하다는 것이니, 사람은 어찌 이와 같은 자연함을 갖출 수 있는가? 그것도 또한 스스로 그러하기 때문에 성性이라고 부른다"(「산목주」)라고 했다. 여기에서의 자연은 스스로 그러함, 곧 자기가 자기의 주재자라는 것이며, 이것이야말로 천지만물이 존재하는 본성이라는 것이다. 그러므로 곽상이 말한 자연은 겉으로 보기에는 만물이 존재하는 자연스러운 상태이지만 실제로는 사물의 본질 또는 본성이다. 그러므로 곽상은 "도는 자연에 있다"(「지북유주」), "자연은 사물들이 존숭하는 바이다"(「천도주」)라고 말했다. 만물은 바로 자기 스스로 그러한 본성의 작용으로 인해 비로소 스스로 그러한 존재가 될 수 있고, 비로소 "하늘의 뜻은 스스로 그러함이니, 앉거나 서는 것이 의지하는 바가 없으며"(「제물론주」), 나아가 비로소 "그 스스로 나아가게 맡기므로 나아가지 못함이 없고, 스스로 맞이하게 맡기므로 맞이하지 못함이 없으며, 스스로 무너지게 맡기므로 무너지지 않음이 없고, 스스로 이루게 맡기므로 이루지 못함이 없게"(「대종사주」) 되는 것이다. 이를 가리켜 "천리가 곧 자연이고"(「각의주」), "만물이 모두 스스로 그러함에 의해서 만들어졌으며"(「달생주」), "스스로의 변화에 맡기고"(「산목주」), "어둡고 희미하게 스스로 나아간다"(「산목주」)라고 한다. 요컨대, 만물은 모두 그 자체의 자연이라는 본성에 따라 존재하고 변화하는데 이것을 사물의 독화라고 부른다. 이와 같은 독화가 바로 천지만물의 근본이며, 곽상이 자각적으로 본체 문제를 사유한 끝에 내린 결론이자 결과이다.

3. 독화 개념의 내재적 구조

얼핏 보기에 곽상의 독화 개념은 지나치게 단순하여 철학 본체론에 관한 개념처럼 보이지 않는데, 여기에는 대략 세 가지 원인이 있다. 첫째, 독화 개념이 마치 현상계에 한정되어 있는 것 같기 때문이다. 즉 독화는 사물이 독립적으로 존재하고 변화하는 상태와 정황을 가리키는 개념이기 때문에 그것은 현상계를 벗어나지 않았고, 또한 사물 존재의 상태를 떠나지 않고 있다는 뜻이다.

둘째, 곽상이 제기한 독화 개념은 사물의 본체에 대한 부정의 결과인 것 같기 때문이다. 곽상은 본체 문제에 관해 심각하게 고민했는데, 그에 따르면 무와 유는 모두 만물의 본체로서 성립될 수 없고, 세상에는 애초에 조물자라는 존재가 없었으며, 있는 것은 오직 사물이 스스로 그러하듯이 존재하고 변화하는 실태, 즉 독화뿐이다. 그러므로 곽상이 "현명에 스스로 독화하지 않은 자가 없고"(「제물론주」), "이러한 종류들과 달리 스스로 독화하기 때문이다"(「제물론주」)라고 말했을 때, 분명히 어쩔 수 없는 심정을 지녔을 것이다. 다시 말해서 그가 혼신의 힘을 다하여 본체 문제에 대해 추궁하였음에도 아무런 결론을 도출하지 못했기 때문에 어쩔 수 없는 심정으로 사물들이 단지 스스로 존재하고 변화하는 실태를 인정할 수밖에 없었다는 것이다.

셋째, 곽상이 독화 개념을 파악하는 방식은 마치 이론적 추론에 의해서가 아니라 경험적 직관에 기반한 것 같기 때문이다. 곽상은 "무가 이미 무이면 유를 낳을 수 없고, 유가 생겨나지 않으면 생도 있을 수 없다. 그렇다면 생을 있게 하는 자는 도대체 누구인가?"(「제물론주」)라고 물으면서 본체에 대한 이성적 사변을 시도했다. 그러나 그가 마침내 만물이 '현명에 스스로 독화하지 않은 자가 없다'라고 말했을 때는 이성적 사변이나 심미적 이성에 의해서가 아니라 경험적 직관을 통해서이다. 즉 그는 경험적 관찰을 통해 만물이 독립적으로 존재하고 변화하는 것을 깨달았다는 것이다. 그러나 이는 우주운행의 외용에 구애되지 않고, 한 걸음 더 나아가 천지만물의 본체, 즉 탕용동湯用彤의 표현처럼 '존재 근본의 진실에 몰두하는 것'(ontology or theory of being)을 탐구하는 위진현학의 취지와 어긋나는 것이다.

이러한 세 가지 독화의 특징을 종합해 보면 다음과 같은 결론이 나올 법하다. 첫째, 곽상의 독화 개념은 왕필의 무 개념보다 추상적인 깊이를 지니지 못한 것 같다. 둘째, 그것은 또한 혜강이나 완적의 자연 개념처럼 격조 있고 표일飄逸한 것도 아닌 것 같다. 셋째, 곽상의 독화 개념은 심지어 배위의 유론보다도 못한 것 같다. 왜냐하면 배위는 적어도 유의 개념에 대해 분석하고 논술하였는 데 반해 곽상은 독화를 너무 단순하게 내세웠으므로 철학적 본체로서의 가치나 자격을 갖출 수 없는 것처럼 보이기 때문이다.

그러나 이러한 특징들은 곽상의 독화 개념을 지나치게 피상적으로 본 결과이며, 초보적인 이해에 불과하다. 실제로 곽상의 독화 개념에는 깊은 뜻이 들어 있다. 곽상이 그것을 스스로 인지했는지는 모르겠지만 이와 같은 독화 개념에는 그 내재적 구조가 있다. 그리고 바로 이러한 독화의 내재적 구조의 논리로 인해 그것이 만물존재의 본질을 드러낼 수 있었던 것이다. 더욱이 독화 개념의 내재적 논리는 곽상 이전의 무본론과 유본론을 사상적으로 종합하고 있으며, 나아가 우주론에 관한 위진현학에서의 사상을 완성된 형태로 구현했다.

곽상의 현학은 배위의 현학과 유사한 시작을 보인다. 즉 이 두 사람은 모두 현실세계의 유로부터 사유를 전개하는 공통점을 지닌다. 예를 들면 곽상은 「지북유주」에서 "천지가 항상 존재한다고 말하는 것은 아무것도 없는 때가 없다는 것이다"라고 했고, "오직 무가 변화하지 않아서 유가 되는 것이 아니고, 또한 유가 변화하지 않아서 무가 되는 것이 아니다. 무릇 사물로서의 유는 비록 항상 변화하면서도 하나로 고정되지 않으므로 무가 될 수 있다. 하나로 고정되지 않아 무가 되므로 애초부터 아무것도 없는 때가 없었다"(「지북유주」)라고 하였으며, 나아가 "무릇 유는 변화하지 않으므로 무가 된다. 그러므로 한 번 형체를 얻게 되면 그 변화는 무궁무진하게 이어진다"(「전자방주」)라고 하였다. 여기에서 나타나듯 곽상에게 있어서 천지만물이 모두 유라는 믿음은 확실하다. 그러나 '만물이 어떻게 생겨났는가?'라는 질문은 여전히 남아 있다.

배위는 "치우치는 사물에는 자족함이 있을 수 없으므로 외부의 사물에 의지할 수밖에 없다"(「숭유론」)라고 하면서 '외부 사물에 의지함', 즉 외자外資 개념을 내세웠다. 이는 한 사물이 다른 사물과 함께 존재할 수밖에 없다는 구조를 내세운 셈이다. 곽상에게도 이와 비슷한 생각이 있는데, 그것이 바로 상인론相因論이다. 이에 관해서는 뒤에서 곽상의 방법론을 다룰 때 구체적으로 논의하도록 하고 다만 여기에서 지적해야 할 것은 곽상의 상인은 내상인內相因과 외상인外相因으로 나뉘는데, 그 중 외상인의 경우는 배위의 외자개념과 상당히 유사한 것으로 천지만물에 관한 외부적 사물의 존재구조를 나타낸 것이다. 그러나 곽상은 배위처럼 외상인의 차원에만 머물지 않고 한 걸음 더 나아가 내상인까지 논의하였다.

바로 이와 같은 내상인의 영역까지 논의함으로써 사물은 더 이상 외부 사물과 상호 의존의 관계에만 한정되지 않고 각각 자신의 내재적 본성상에서의 상인, 즉 상호관계를 맺게 된다. 사물은 그 자신의 내성적 상인에 의거하게 되는데, 이것이 바로 사물이 스스로 자기 근본이자 자기 원인의 존재인 것이며, 바로 곽상이 말하는 독화이다. 그래서 곽상은 "무릇 상인의 공功에 대해서 알려면 독화의 지극함으로 아는 것보다 더 나은 것이 없다"(「대종사주」)라고 말했던 것이다. 이는 상인의 공효가 곧 독화의 드러남과 같음을 의미하는 것이다. 그러므로 곽상의 독화는 사물의 외면에 입각하여 제기한 것이 아니라, 내면적 성질을 가리켜 입론한 것이라고 할 수 있다. 이와 같이 독화론이 사물의 내성에 입각하여 입론한 것이라면 논리적으로 보았을 때, 거기에는 반드시 내부적 구조가 있다는 결론이 도출될 수밖에 없다.

그렇다면 독화의 내재적 구조는 도대체 어떠한가? 이 문제에 관해서는 무엇보다도 외상인에서 내상인으로 전향하는 과정, 즉 내화內化과정을 통해 접근해야 한다. 곽상의 현학과 배위의 현학은 그 출발점에서 일치하지만, 곽상의 이론이 한층 더 진보했다고 할 수 있는 이유는 그의 이론이 배위가 주장한 것처럼 한 사물과 다른 사물의 외부적 관계구조에만 머물러 있는 것이 아니라 그것을 넘어서서 사물 자체의 내성, 즉 사물의 내재적 구조까지 들어갔기 때문이다. 그렇다면 이와 같은 전향은 어떻게 이루어졌는가?

만약 한 사물이 다른 사물과 상호 의존관계에 놓여 있다면 그 사물과 다른 사물 사이에는 필연적으로 어떤 작용이나 영향이 일어나게 마련이다. 그렇다면 한 사물의 내부에서는 내성이 다른 사물의 성질과 통일되는 사태가 일어나게 될 것이다. 이런 경우 사물의 내부에는 본래 자기에게 속한 자아성自我性뿐만 아니라 다른 사물의 영향으로 인한 비자아성, 즉 타성他性이 함께 갖추어지게 된다. 이렇게 보면 사물은 한편으로 자아성을 갖추고 있기 때문에 그 자체가 다른 어떤 것이 아닌 곧 자기이므로 '독獨'의 상태가 확보된다. 그리고 다른 한편으로 그 사물에는 비자아적인 타성도 함께 들어 있기 때문에 변화할 수밖에 없으며, 이러한 경우 '화化'의 가능성도 성립된다. 이와 같이 사물의 내면에 들어 있는 자아성과 비자아적 타성의 통일을 사물의 내성 또는 본성, 나아가 내재적 구조라고 부른다.

이제 이러한 사물의 내성을 위진 시기 현학의 용어로 표현하면 '유·무성'이라고 일컬어질 수 있다. 그렇다면 우주와 그 속에 존재하는 모든 존재자들에 대해서 모두 유·무성이라는 말로 표현할 수 있게 된다. 여기에서 사물들에게 유의 성질이 주어지므로 그들은 있을 수 있고, 또한 있어야 한다. 이것이 바로 사물 각자의 존재상태, 즉 '독'의 상태이다. 그리고 무의 성질이 주어지면 우주 속에 있는 사물들은 없어질 수 있고, 또한 없어져야만 한다. 이것이 바로 유에서 무, 또는 존재에서 비존재로의 변화이며, 곧 '화'의 표상이다. 이런 입장에서 보면 우주 속에 있는 모든 사물들은 단순한 유도 아니고 그렇다고 해서 무도 아니다. 즉 그것들은 항상 유의 상태에만 있을 수도 없고, 또 반대로 무의 상태에만 있을 수도 없다는 것이다. 만약 그것들이 항상 유의 상태에만 머물러 있다면 우주와 사물들은 죽어 있는 것과 같을 것이고, 항상 무의 상태에만 머물러 있으면 마치 증발된 것처럼 허무로 되어버린다. 다시 말해서 현실의 우주는 모두 유에서 무로 또는 무에서 유로 이행하는 과정이며, 이러한 과정에서 유와 무는 서로를 낳고, 이 과정이 끝없이 이어진다는 것이다. 이것이 바로 우주의 유-무성이고, 그 본성이자 본체이다. 그러므로 이와 같은 유-무성이 바로 독화범주의 내재적 구조이다.

곽상은 『장자』를 주석하면서 여러 차례에 걸쳐 스스로 그 성을 채운다는 '자족기성自足其性'에 대해서 언급했는데, 여기에서 말하는 자족의 성이 곧 유-무성이라는 내성이다. 이에 관해 곽상은 "자연이라는 말은 스스로 그러함을 뜻한다. 사람이 어찌 이러한 자연함을 이룰 수 있는가? 스스로 그러하기 때문에 그것을 또한 성이라고 부른다"(「산목주」)라고 했고, "스스로 그러하게 된 바를 모르는 것이 성이 아니고 무엇이겠는가!"(「칙양주」)라고 했다. 곽상의 현학에서 언급되는 자연과 자생, 자성自性 등의 개념들은 실제로 독화와 동일한 차원의 개념에 속한다. 곽상은 확실히 독화와 자연이 사물의 성, 또는 자성과 연관된 것으로 보았다. 실제로 곽상은 『장자』를 주석하면서 이러한 성에 대해서 여러 번 언급하였다.

무릇 크고 작은 것이 비록 완전히 다른 것이라 하더라도 '자득自得'의 경지에 처함으로써 사물을 각기 그 본성에 맡기고, 일은 그 가능성에 따라 가리며, 각기 그 분별에 마땅하게 되어 소요逍遙할 뿐이다. 어찌 그 사이에서 이기고 지는 다툼이 생겨날 수 있겠는가?(「소요유주」)

무릇 붕새는 한 번 날아오르면 반년이 지나 천지에 이르러서야 쉰다. 그런데 작은 새는 한 번 날면 반나절 밖에 날지 못하며 기껏해야 느릅나무나 박달나무 정도 밖에는 미치지 못한다. 하지만 이런 비교가 가능한 것은 차별이 있기 때문이며, 그 본성에 있어서는 각자에게 적합한 것이다.(「소요유주」)

이것은 모두 붕새가 높이 날 수 있는 것은 날개가 크기 때문이라는 것을 밝히기 위해서이다. 무릇 몸이 작은 새는 큰 날개를 지닐 필요가 없고, 몸이 큰 새가 작은 날개를 쓰면 안 된다. 그러므로 이치에는 분별함이 있고 사물에는 정해진 본성의 한계가 있으니 각각 자기에 알맞은 일에 힘쓴다면 그 이룸은 같을 것이다. 만약 '삶을 잊은 삶'(忘生之生)을 잃어 지극히 마땅함을 벗어나 삶을 영위한다면 일은 힘쓰는 대로 이루어지지 않을 것이고 움직임이 정황에 들어맞지 않을 것이며, 비록 하늘을 뒤덮을 정도의 큰 날개가 있어도 무궁할 수 없고, 아무리 힘껏 날아도 고민이 없을 수 없다.(「소요유주」)

사물은 각기 본성이 있고 그 본성에는 각각의 한계가 있으니, 그것은 마치 사계절이 일 년이라는 것을 아는 것과 같으니, 어찌 억지로 얻으려 한다고 해서 미칠 수 있겠는가!(「소요유주」)

사물의 본성에는 모두 그 한계가 있다. 그 한계를 알면 조금이라도 어긋남을 행하지 않으니, 천하에 슬플 만한 일이 더 이상 무엇이 있겠는가!(「소요유주」)

사물의 본성에는 모두 한계가 있으니, 그 본성대로 맡기면 순조로울 것이다. (「소요유주」)

각기 부여받은 본성을 마땅히 여기고 스스로 다함을 한계로 삼아야 한다.(「소요유주」)

각각의 본성을 편안하게 여기면 하늘의 이치가 저절로 베풀어진다.(「소요유주」)

본성에는 각각의 한계가 있으므로 진실로 그 한계를 족하게 여기면 천하의 재물은 남고도 남을 것이다.(「소요유주」)

사물은 각각 마땅한 바가 있으니 진실로 그 마땅한 바를 얻는다면 어찌 소요의 경지에 이르지 않겠는가!(「소요유주」)

무릇 소리의 궁음과 상음에는 다양한 변화가 있고, 그것을 부르고 화합하는 것에도 크고 작음이 있으나, 그 부여받은 바에 걸맞지 않거나 분수에 들어맞지 않는 것이 없다.(「제물론주」)

본성에는 각각의 구분이 있으니 그것을 아는 자는 죽을 때까지 그 앎을 지키고, 모르는 자는 모른 채로 죽기에 이르니, 어찌 중간에서 그 본성이 바뀔 수 있겠는가!(「제물론주」)

이치는 만 가지로 다르지만 본성은 각기 똑같이 얻은 것이다.(「제물론주」)

형태로 말하자면 큰 산은 가는 털보다 크다. 그러나 만약 그 본성에서 본다면 사물은 모두 그 한계가 있으니 형체가 크다고 해서 여유가 있다고 할 수 없고, 형체가 작다고 해서 부족하다고 할 수 없다. 만약 각각 자기의 본성에 만족한다면 가는 털이라도 홀로 그 작음을 작음이라고 여기지 않고, 큰 산도 홀로 그 큼을 큼이라고 여기지 않을 것이다. 그렇다면 만약 본성을 족히 여긴다는 것을 큼이라고 한다면 천하의 족함이 가는 털만큼 되는 것이 없다. 그리고 본성의 족함을 크지 않다고 여긴다면 비록 큰 산일지라도 또한 작다고 할 수 있다.(「제물론주」)

만약 모든 사물이 자신의 본성을 펼치고 각자 자기가 처한 바에 편안하게 있으며, 멀고 가까움이 없이 그윽하게 저절로 그러한 것에 따르면 모두가 그 지극함을 얻을 것이니, 그렇게 되면 저것은 마땅하지 않음이 없게 되고, 나 또한 즐거워하지 않음이 없을 것이다.(「제물론주」)

곽상은 「소요유」와 「제물론」을 주석하면서 '성性', '성분性分', '극極'과 같은 개념에 대해 논의했다. 위에서 인용한 문장들로만 보더라도 본성 문제에 대해 그가 얼마나 중시했는지를 짐작할 수 있을 것이다. 곽상의 현학에서 성性·성분性分·극極·의宜 등과 같은 개념은 사실상 동일한 차원이라고 보아도 무방할 것이다. 그리고 그가 말하는 성은 포괄적인 것으로 사물의 물성物性을 가리킬 뿐만 아니라 인간의 재능이나 품수한 인성의 의미도 들어 있다. 아무튼 곽상이 사물존재의 성을 인지하고 있었다는 사실은 분명하다. 물론 사물의 존재는 형태(形)를 떠날 수는 없다. 그런데 그것들은 왜 특정한 형태를 지니고 있으며, 하나의 형태를 갖추면 다른 형태를 갖출 수 없게 되는가? 하나의 형태는 다른 형태와 어떻게 구분되는가? 곽상에 따르면 이와 같은 상태는 그 사물의 외부적 형태에 의해서가 아니라 그 내성에 의해서 결정된다. 다시 말해서 한 사물이 다른 사물과 구분되는 것은 그 사물이 자신의 내재적 규정, 곧 질質을 갖추고 있기 때문이다. 만약 사물에 이러한 질 또는 성이 결여되면 그것을 구분할 길이 없을 것이고, 나아가 그 사물은 존재할 수 없을 것이다. 그러므로 사물들이 스스로 그러함에 의해 존재하고 변화하는 것, 즉 독화의 상태로 있을 수 있는 것은 모두 사물의 내성이 곧 자연 또는 독화이기 때문이다.

독화의 내재적 구조는 유-무성이다. 곽상은 『장자』를 주석하면서 자생과 자이, 자연 등의 표현을 통해 이와 같은 유-무성의 구조를 여러 가지 방식으로 표현했다. 그에 따르면 만물은 모두 "홀연히 스스로 생겨난 것이고"(「제물론주」), "스스로 그렇게 된 것이며"(「제물론주」), "맡겨진 대로 스스로 그렇게 되니 인위적으로 한 것이 아니고"(「제물론주」), "맡긴 채 스스로 변화하는 것이며"(「대종사주」), "맡긴 채 스스로 나아가고"(「대종사주」), "맡긴 채 스스로 소멸되며"(「대종사주」), "맡긴 채 스스로 이루어지고"(「대종사주」), "담연히 스스로 살아가고"(「경상초주」), "담연히 스스로 죽으며"(「경상초주」), "담연히 스스로 그렇게 된 것이다."(「경상초주」) 여기에서 말하는 스스로(自)가 바로 만물이 갖추고 있는 본성을 가리킨다. 그리고 사물의 존재적 측면을 가리켜 말하자면 이러한 본성은 곧 사물의 유성(有性)을 의미한다. 이와 같은 유성을 갖췄으므로 사물은 존재할 수 있으며, 이는 또한 논리적인 필연이다.

이러한 유성을 지니면 사물은 존재할 수 있게 되고, 그 독(獨)의 측면이 드러나게 된다. 그러나 단지 유성만을 지닌다면 사물은 항상 존재하고 변화할 수 없으며 나아가 죽은 사물과 별 다를 바가 없게 되므로 현실적인 사물이 될 수 없다. 현실에 존재하는 사물은 살아 있는 것이며, 항상 쉬지 않고 변화를 거듭한다. 이에 대해 곽상은 "무릇 천지만물은 날로 새로이 변화하고, 때와 함께 나아간다"(「제물론주」)라고 했고, "삶에서 죽음으로의 변화는 마치 춘하추동이 되풀이되는 것과 같다"(「제물론주」)라고 했다. 이러한 변화무상한 사물에 대해 곽상은 "사물이 스스로 변화하는 데 맡겨야 한다"(「덕충부주」)라고 주장했다. 곽상이 보기에 만물은 변화하고 있을 뿐만 아니라, 스스로 변화(自遷)하고 있다. 그렇다면 이와 같은 스스로 변화함이 어떻게 가능한가? 존재론 또는 본체론적으로 말하면 이는 사물 자체가 무성(無性)을 갖추고 있기 때문이다. 사물은 이러한 무성으로 인해 유에서 무로 변화하고, 존재에서 비존재로 변화하며, 신진대사와 같은 변화과정을 거듭할 수 있다.

겉으로 보기에 곽상은 사물의 유성에 관해서는 긍정적인 태도를 보이지만 반대로 무성에 관해서는 부정적인 태도를 지니고 있는 것처럼 보인다. 왜냐하면 그는 "무가 없는 것이라면 유를 낳을 수 없다"(「제물론주」), "만약 무가 유를 낳을 수 있으면 어찌 무라고 할 수 있겠는가?"(「경상초주」), "오직 무가 변화하지 않아서 유가 되는 것이 아니고, 또한 유가 변화하지 않아서 무가 되는 것이 아니다. 무릇 사물로서의 유는 비록 항상 변화하면서도 하나로 고정되지 않으므로 무가 될 수 있다. 하나로 고정되지 않아 무가 되므로 애초부터 아무것도 없는 때가 없었다"(「지북유주」)라고 분명히 말하고 있기 때문이다.

이러한 언급들은 분명히 무에 대한 부정적 시각으로 볼 수밖에 없다. 그러나 실제로 여기에서 말하는 무는 지극한 무, 또는 허무의 뜻이다. 그것은 왕필의 무본론에서 언급되는 무가 아니라 명교를 포기하고 순수한 자연 그대로에 맡기자는 죽림현학의 무이다. 이와 같은 무는 이미 그들의 자연 개념에 의해 퇴색된 것이므로 당연히 생명력이 없는 허무한 무에 불과하므로 포기하는 것이 마땅하다. 곽상이 인정하는 무는 '참된 무'(眞無), 곧 '살아있는 무'(活無)이다. 그래서 그는 "무가 유에 의지하지 않은 그러한 무를 밝힌다"(「대종사주」)라고 했고, "현명(玄冥)은 무의 이름을 지어줄 수 있으면서도 무가 아니다"(「대종사주」)라고 했던 것이다.

곽상은 여기에서 무를 두 가지로 구분하고 있다. 하나는 유와 상대되는 무, 즉 배위가 「숭유론」에서 "허무는 유라고 부를 만한 것 이외의 것이다"라고 말한 그러한 무이며, 이는 허무 또는 없음이라고 할 수 있다. 다른 하나는 유에 의지하지 않은 무인데, 이는 당연히 '유라고 부를 만한 것 이외의 것'은 아니므로 여전의 유에 속한다. 그렇다면 그것은 어떠한 유인가? 곽상에 따르면 그것은 곧 현명, 즉 '무의 이름을 지어줄 수 있으면서도 무가 아닌 것'이다. 이러한 현명에 대해서는 뒤에서 서술하도록 하겠다. 여기서 말하고자 하는 것은 곽상현학에서의 무는 허무나 지극한 무도 아니고 없음도 아니며 오히려 일종의 유라는 것이다. 이와 같은 '유로서의 무'가 바로 사물의 무성이며, 그것은 사물의 외형적 모습의 없음을 가리키는 것이 아니라 그 내재적 가변성을 의미하는 것이다. 즉 그것은 사물이 존재하는 상태에서 비존재로 변화하는 과정을 나타내기 위한 것이다.

이렇게 보면 현실 속에 사물이 존재할 수 있는 이유는 바로 그 사물이 유와 무라는 두 가지 본성을 동시에 지니고 있기 때문이다. 유의 본성으로 인해 그들은 자연스럽게 존재할 수도 있고 존재해야만 하는데, 이를 가리켜 사물의 독獨이라고 한다. 그리고 무의 본성으로 인해 그들은 없어질 수도 있고 없어져야만 하며 유에서 무로 변화해야만 하는데, 이를 가리켜 사물의 화化라고 한다. 모든 사물은 이러한 유성과 무성을 통일적 형태로 갖추고 있다. 곧 모든 사물은 그것이 현실적으로 존재하려면 반드시 유와 무의 규정성을 함께 지녀야 한다는 것이다. 그렇기 때문에 사물의 존재상태를 독과 화의 통일, 즉 독화라고 할 수 있다. 따라서 유·무성은 곧 사물의 내성 또는 내재적 구조이며, 독화라는 철학범주의 내재적 구조이기도 하다.

독화범주의 내재적 구조를 알면 그것이 위진현학에서 지니는 위상에 대해서도 어느 정도 쉽게 파악할 수 있을 것이다. 독화가 유와 무의 통일을 이루어냈기 때문에 그것은 현학의 유본론과 무본론을 지양하여 통합할 수 있었다. 그러므로 우리는 독화론을 위진현학 본체론의 논리적 총결이자 현학발전의 정점이라고 할 수 있다. 사람들은 위진현학과 한대경학의 결정적 차이를 논하면서 항상 그것을 우주운행의 외용에 구애되지 않고, 한 걸음 더 나아가 천지만물의 본체에 머무는 본체론이라고 평가하는데, 이러한 본체론은 바로 곽상의 독화론을 가리켜 말하는 것이다.

그에 따르면 우주 전체는 하나의 본체로서 독화라는 본성을 지니고 있다. 한편으로 우주는 유성을 갖추고 있으므로 그것은 하나의 있음, 곧 존재로서 독의 본성을 지니고 있다. 그러나 이와 같은 있음은 항상 지속될 수 없으며, 만약 그렇다면 우주는 하나의 죽은 사물이 되어버리므로 현실적 우주의 실태와 다르다. 다른 한편으로 우주는 무성을 지니고 있으므로 끊임없이 변화하는데, 이를 가리켜 우주의 화라고 부른다. 물론 이러한 무성도 항상 지속될 수 없다. 왜냐하면 만약 우주가 무의 상태로 지속된다면 그것은 없음, 즉 증발된 것과 다름이 없기 때문이다. 다시 말해서 우리가 살고 있는 우주는 어떤 것에서 유래되고 또한 어떤 것으로 변화하는 존재이고, 그것은 허무도 아니며 증발될 수도 없기 때문에 무성을 갖추는 동시에 유성도 함께 지닌다. 우주는 유에서 무, 무에서 유로 끊임없이 되풀이되며 잠시도 쉬지 않고 무엇인가를 낳는 존재이다. 즉 실재 우주는 독화의 본성을 지닌 우주이다. 이와 같이 위진현학은 우주존재의 유-무성 또는 독화의 본성을 제시함으로써 하나의 우주본체론을 구축하는 데 성공했다.

이상으로 우리는 곽상 독화론의 내재적 논리구조에 대한 분석을 마쳤다. 위진현학은 왕필의 무본론으로부터 시작하여 죽림현학의 자연론과 원강 시기 배위의 유본론을 거쳐 곽상의 독화론에 이르러서 유와 무의 논리적 통일을 이루면서 우주본체론에 관한 논의를 완성했다. 곽상 독화 본체론의 내부구조를 좀 더 쉽게 이해하기 위해 유무 개념의 논리에 관한 헤겔의 설명을 살펴볼 필요가 있다. 헤겔은 『논리학』에서 순수한 있음(純有)과 순수한 없음(純無)에 대해 논의했다. 그는 "그러므로 순수한 있음과 순수한 없음은 동일한 것이다. 여기에서의 진리는 있음도 아니고 없음도 아니다. 이미 없음으로 이행하는 있음(또는 그 반대로), 즉 없음 속의 있음과 있음 속의 없음이다. 그러나 여기에서 진리는 두 범주의 차이가 없다는 것이 아니라 아직 통일적 관계를 이루지 못했다는 것이다. 이 둘 사이에는 차이가 있지만 동시에 분리되지도 않고 분리될 수도 없으며, 그 중 하나가 다른 하나 속에서 소실된다. 그러므로 그들의 진리는 하나가 다른 하나 속에 소실되는 운동 즉 변화이다. 이러한 운동 속에서 둘 사이에는 차이가 생기지만 이러한 차이도 역시 두 범주가 자신을 지양함에 따라 생긴 것이다"라고 말했고, "그 어떠한 사태, 즉 어떠한 사물이나 사상에서도 이와 같은 있음과 없음의 통일을 쉽게 찾아볼 수 있다. 이상으로 직접성과 매개성(매개성은 일종의 관계이므로 부정성을 지님)에 관한 논의, 그리고 있음과 없음에 관해서 말할 수 있는 것은 있음과 없음은 반드시 동일한 것, 즉 어디에서든 그 자체에 있음과 없음을 겸유兼有하지 않은 것은 없다"[8]라고 지적했다. 여기에서 헤겔은 있음과 없음이 변화 속에서 통일을 이루며, 이러한 변화야말로 참된 진리임을 주장하고 있다. 이와 같은 헤겔의 생각이 곽상의 독화론을 이해하는 데 도움이 된다는 것은 의심할 여지가 없다.

4. 독화론의 사상체계

독화는 곽상현학 사상의 핵심범주이다. 그의 현학사상은 독화론을 기

■ 8) 黑格爾(헤겔), 楊一之 譯, 『邏輯學』 上卷, 商務印書館, 1966, p.70, 72~73.

준으로 통일될 수 있는데, 이는 또한 독화론의 사상체계 문제와 연관된다. 이 문제에 대해 처음 검토한 대표적 학자는 탕용동湯用彤이다. 그는『숭유론과 상수, 곽상의 학설(崇有之學與向郭學說)』[9]에서 독화의 문제를 다섯 가지 측면에서 다루었는데, '유有', '독화獨化', '무생無生', '성분性分', '불위이상인不爲而相因'이 그것이다. 그렇다면 5가지 측면이 바로 독화론의 사상체계인가? 이에 대해서는 탕용농도 확실한 답을 내놓지 않았다. 그러나 이에 뒤이어서 현명玄冥에서 독화를 이루는 경지(獨化於玄冥之境)에 대해 논의할 때, 그는 "독화에는 세 가지 뜻이 있다. 첫째는 사물의 자연 또는 자생의 의미이다. 이는 곧 사물은 따로 그것을 낳게 하는 궁극적인 원인이 없고 스스로 존재하며 변화한다는 뜻이다. 둘째는 다원多元적이면서도 변화한다는 의미이다. 왕필의 학설은 일원적인데, 그것은 곧 천을 온전한 하나(全一)로 이해한다. 그러나 곽상은 천을 다원적이라고 보고 있으며, 또한 그것(천)을 만물의 총명總名이라고 주장한다. 그리고 셋째는 스스로 무엇을 행하지 않고 서로 말미암는다(不爲而相因)는 뜻이다"라고 말했다. 이와 같은 독화의 세 가지 뜻을 독화론의 사상체계라고 보아도 무방할 것이다.

다음으로 탕일개湯一介는『곽상과 위진현학(郭象與魏晉玄學)』(증보판)의 11장에서 곽상의 철학체계를 분석하여 서로 관련되는 여덟 가지 부분으로 나누었는데 유有, 자성自性, 자생自生, 무대無待, 자연自然, 무심無心, 순물順物, 독화獨化가 그것이다. 이에 대해 그는 "유는 곽상 철학 체계의 기본개념으로서 유일한 존재를 뜻하며, 그 존재의 근거는 자기 밖에 있는 것이 아니라 스스

---

9) 이것은 원래 탕용동 선생의 강의록이었으나 후에 내용 정리를 거처 1984년 출간된 『燕園論學集』에 수록되었다.

로의 자성自性에 있다. 모든 사물은 스스로의 자성에 의해 존재하기 위해 반드시 자생自生과 무대無待, 자연 등의 조건을 전제로 삼아야 한다. 사물의 존재는 비록 무대이지만, 그 무대에 집착한다면 또한 유대有待가 되므로 반드시 무심無心하여 집착하는 바가 없어야만 비로소 무대라고 할 수 있다. 그리고 자연은 사물에 따라 스스로 그러함을 뜻하므로 당연히 순물順物하게 되는데, 이것은 항상 무심함으로써 자연함에 맡긴다는 뜻이다. 만약 사물이 각각 스스로의 본성을 지닌다는 자성과 사물의 존재형식인 자생과 무대, 자연 등의 관점을 끝까지 견지하면 반드시 독화의 개념에 이를 수밖에 없다"라고 해설하였다. 탕일개가 보기에 유를 비롯한 여덟 가지 개념 중에서 독화는 전체를 통합하는 개념이다. 즉 여타 개념들은 모두 독화 개념의 하위범주라는 것이다. 이렇게 되면 독화의 사상적 체계가 형성된 셈이다. 이와 같이 탕용동과 탕일개의 분석으로 인해 독화 개념의 사상적 체계가 더욱 분명해졌다.

곽상의 독화론은 하나의 사상적 체계이다. 그러나 이러한 체계가 과연 탕용동과 탕일개가 말한 체계와 동일한 것인가? 물론 그렇다고는 할 수 없다. 사실 이는 곽상의 사상에 대한 이해와 관련된 것이다. 즉 곽상사상에 대한 이해의 차이로 인해 그 독화론의 사상적 체계에 관한 인식도 다를 수밖에 없다는 것이다. 나는 곽상의 현학사상이 두 부분으로 이루어졌다고 본다. 하나는 우주론이고, 다른 하나는 (정치와 인생을 포함한) 사회론이다. 우주론의 측면에서 곽상은 천지만물이 모두 그 자체의 본성이나 자성에 의해서 존재한다고 주장한다. 다시 말해서 "그것을 얻은 자는 밖으로는 도에 의지하지 않고, 안으로는 스스로에 말미암지 않기에 홀연히 자득하고 독화할 뿐이다"(「대종사주」)라는 것이 사물들의 자생과 자이, 그리고 자연의 존재형태를 나타낸다는 것이다. 그러나 사회론의 측면에서 곽상은 사람들이 자신의 인의(仁義)의 본성에 따라 존재하고 행동한다고 주장한다. 사람은 이러한 본성적 인의에 따라 행동할 때에만 자유롭다고 할 수 있다. 즉 인의에 따라 행동해야만 인간은 독립적이고 자유로운 정신적 경지에 이를 수 있고, 공을 세워 천하를 이롭게 할 수 있다는 것이다. 곽상은 이러한 경지를 "안(內)과 밖(外)이 서로 명합(冥合)하기 때문에 밖의 극치에서 노닐면서 안과 명합하지 않는 것이 없고, 안과 명합하면서도 밖에서 노닐지 않는 것이 없다. 그러므로 성인은 항상 밖에서 노닐면서도 안과 명합하고, 무심으로써 사물에 순응한다. 그렇기 때문에 종일토록 형체를 움직여도 정신에는 변함이 없고, 만 가지 기틀을 살펴볼 수 있지만 항상 담연(淡然)함을 유지할 수 있다"(「대종사주」)라고 표현했고, "비록 몸은 조정에 있더라도 그 마음은 산림 속에 있을 때와 다르지 않다"(「소요유주」)라고 표현했는데, 바로 이러한 경지가 내성과 외왕의 통일이자 자연과 명교의 통일이라고 주장했다.

이와 같이 독화는 우주론뿐만 아니라 사회론에서도 이론적 기초의 역할을 담당하고 있다. 곧 자연계에서의 만물도 스스로의 본성에 따라 독화하고, 사회에서의 인간도 스스로의 본성에 따라 독화한다는 것이다. 그리고 자연에서의 독화와 사회에서의 독화를 매개하는 것이 바로 성(性), 자성(自性), 또는 성족(性足)이다. 이와 같은 성은 물성(物性)이면서 또한 인성(人性)이기 때문에 내성의 측면에서 사물의 본성과 인간의 본성을 통일시킬 수 있었다. 이러한 곽상현학 사상의 독화는 다음과 같이 체계화될 수 있을 것이다.

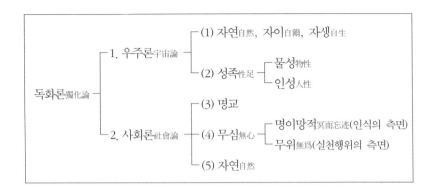

이제 이러한 독화론의 체계에 대해 좀 더 자세히 설명해 보기로 하겠다.

첫째는 자생과 자이, 자연 등의 개념에 대한 것이다. 여기에서 자연 등의 개념은 모두 천지만물의 존재상태를 나타낸 것들이다. 곽상의 우주론은 배위의 그것과 유사하게 모두 현실의 사물, 즉 유를 논리적 출발점으로 삼는다. 곽상은 "천지는 항상 존재하며, 아무것도 있지 않을 때가 없다"(「지북유주」), "오직 무가 변화하지 않아서 유가 되는 것이 아니고, 또한 유가 변화하지 않아서 무가 되는 것이 아니다. 무릇 사물로서의 유는 비록 항상 변화하면서도 하나로 고정되지 않으므로 무가 될 수 있다. 하나로 고정되지 않아 무가 되므로 애초부터 아무것도 없는 때가 없었고, 그러한 상태가 항상 존재해 왔다"(「지북유주」), "무릇 유는 변화하지 않으므로 무가 된다. 그러므로 한 번 형체를 얻게 되면 그 변화는 무궁무진하게 이어진다"(「전자방주」), "애초에 아무것도 없었는데 홀연히 유가 생겼다. 그러므로 사물의 시초에서 노닐 수 있어야 사물이 무엇에 의해서가 아니라 스스로 있게 된 바를 알 수 있을 것이다"(「전자방주」), "무와 유를 같은 것으로 보면 그들은 모두 무가 된다. 무가 없음이라면 유는 스스로 담연히 생겨났다는 것이 자명하다"(「경상초주」), "서로 다른 기氣가 스스로 존재하기에 항상 존재할 수 있다. 만약 그것이 무에 근본하고 하늘이 부여한 것이라면 유는 때에 따라 쇠퇴할 것이다"(「칙양주」), "무와 유는 어떻게 세워지는가? 항상된 무와 유에 의해서 세워진 것이다. 그러므로 유는 스스로 세워진 것이다"(「천하주」), "천지로부터 만물에 이르기까지 모두가 각기 스스로 얻었을 따름이니, 그 속에 다른 것에 의한 수식이 섞여 있지 않다. 이는 어찌 태일太一에 의해서 수재된 것이 아니겠는가!"(「천하주」) 등과 같은 표현을 되풀이 하면서 만물의 시작이 유에 있다는 생각을 강조했다. 이러한 언급들은 천지만물이 모두 유, 즉 존재라는 것을 말하고 있으며, 태초부터 아무것도 없을 때란 없었음을 시사한다.

천지만물은 모두 유이며, 천지의 시작부터 항상 존재했다. 그렇다면 만물의 유는 어떻게 있을 수 있었고, 항상 존재했다는 것은 또한 어떻게 존재할 수 있었다는 말인가? 곽상에 따르면 그들은 모두 자생, 자이, 자연에 의해서 존재했다. 곽상은 이렇게 말했다.

> 만물은 반드시 자연을 바름으로 삼는데, 자연은 인위적으로 하지 않고 저절로 그러한 것이다.(「소요유주」)
>
> 사물의 생겨남은 홀연히 자생하지 않은 것이 없다.(「제물론주」)
>
> 그렇다면 생을 낳는 자는 도대체 누구인가? 문득 저절로 생겨난 것이다. 저절로 생겨난 것일 뿐이지 내가 낳은 것이 아니다. 내가 사물을 낳을 수 없고, 사물도 나를 낳을 수 없기 때문에 나는 저절로 그렇게 된 것(自然)이다. 저절로 그러함을 일컬어 천연天然이라 부르고, 천연은 인위적인 것이 아니므로 천으로써 말한다.…… 그러므로 사물들은 각각 자생하여 말미암는 바가 없다. 이것을

일컬어서 천도天道라고 한다.(「제물론주」)

사물은 모두 자득하는 것일 따름이니, 누가 그렇게 되도록 시킨 것이겠는가!
(「제물론주」)

사물은 각기 스스로 그러한 것이니, 그러하게 된 까닭을 모르더라도 그러한
것이다.(「제물론주」)

무릇 천지만물은 날로 변화하고 때와 함께 나아가는데, 어떻게 새로운 사물이
생겨나는가? 저절로 그러한 것일 따름이다.(「제물론주」)

무릇 다양한 사물들은 모두 저절로 그러하게 된 것이다.(「제물론주」)

만 가지 사물에는 만 가지 정황이 있으며, 그것들의 나아감과 머묾이 각각 다
르다. 만약 참된 주재(眞宰)의 징조와 흔적을 탐색하려고 해도 끝내 그것을 얻
을 수 없으니, 사물을 밝게 하는 것은 모두 저절로 그러한 것이지, 다른 어떤
것이 아니다.(「제물론주」)

자연에 맡기면 모두 존재하지 않을 수 없다.(「제물론주」)

기뻐하지 않으면서도 스스로 존재하며, 행하지 않으면서도 스스로 자생한다.
(「제물론주」)

저절로 그러하도록 맡기는 것이지 인위적으로 하는 것이 아니다.(「제물론주」)

여기에서는 「소요유」와 「제물론」의 주석들만 인용했지만 문제의 핵심
은 분명하다. 즉 곽상은 천지만물에는 주재자가 없을 뿐더러 있을 필요조
차 없다는 것을 명확히 지적하고 있는 것이다. 왜냐하면 그들은 모두 자생,
자시自是, 자정自正, 자위自為, 자이自爾, 자연의 형태로 존재하기 때문이다.
이를 가리켜 "담연히 자생하고, 담연히 스스로 소멸되며, 담연히 스스로 그

러하나"(「경상조수」)라고 하고, "사연이야말로 만물이 존숭하는 바이다"(「천도주」)라고 말한다. 이와 같이 만물은 모두 자연의 형태, 즉 독화의 형태로 존재한다.

둘째는 성족性足에 대한 것이다. 성족이란 '그 본성에 만족한다'(足於其性) 또는 '스스로 그 본성을 만족시킨다'(自足其性)는 것을 가리키는데, 곧 만물이 각각 스스로의 내성에 만족함을 의미한다. 천지만물은 모두 사생, 사이, 사연의 형태로 존재하고, 이러한 존재형태를 천지만물의 독화상태라고 부른다. 그렇다면 만물은 어떻게 이러한 상태를 갖출 수 있는가? 이는 그것들의 본성이 그러하기 때문이다. 곽상에 따르면 사물의 존재에는 주재자가 따로 없고, 사물 그 자체가 스스로의 존재 원인 또는 근거가 되며, 이 원인이나 근거를 또한 사물의 본성 또는 바탕(質)이라고 부른다. 사물이 자신의 본성과 바탕을 갖춘 이상, 그것은 사물 그대로의 모습으로 존재하고 드러나야 한다. 이에 관해 곽상은 다음과 같이 지적하고 있다.

무릇 크고 작은 것이 비록 완전히 다른 것이라 하더라도 자득自得의 경지에 처함으로써 사물을 각기 그 본성에 맡기고, 일은 그 가능성에 따라 가리며, 각기 그 분별에 마땅하게 되어 소요逍遙할 뿐이다. 어찌 그 사이에서 이기고 지는 다툼이 생겨날 수 있겠는가?(「소요유주」)

무릇 장자의 대의는 소요의 경지에서 자유롭게 노닐고, 인위적으로 행하지 않아도 스스로 얻는 데 있다. 그러므로 크고 작음의 지극함을 통해 본성의 분수에는 각기 적합한 바가 있음을 밝히는 것이다.(「소요유주」)

진실로 그 본성에 만족하면 비록 큰 붕새일지라도 스스로 작은 새보다 존귀하다고 여기지 않을 것이고, 작은 새일지라도 천지天池를 부러워하지 않을 것이며, 영예와 소원하는 바가 남음이 있을 것이다. 그러므로 작은 것과 큰 것이 비록 다르더라도 그 소요의 경지는 동일한 것이다.(「소요유주」)

사물은 각기 본성이 있고 그 본성에는 각각의 한계가 있으니, 그것은 마치 사계절이 일 년이라는 것을 아는 것과 같으니, 어찌 억지로 얻으려 한다고 해서 미칠 수 있겠는가!(「소요유주」)

그러므로 붕새가 높이 나는 것이나 매미나 작은 비둘기가 그 아래에서 날아다니는 것, 춘목椿木이 수명이 긴 것이나 아침에 생겨나는 버섯이 수명이 짧은 것 등은 모두 저절로 그렇게 된 것이지 인위로써 할 수 없는 것이다. 인위로써 하지 않고 저절로 그렇게 된 것이기 때문에 '바름'이라고 한다. 그러므로 천지의 바름을 탄다는 것은 만물의 성을 그대로 따른다는 것이다.(「소요유주」)

형태로 말하자면 큰 산은 가는 털보다 크다. 그러나 만약 그 본성에서 본다면 사물은 모두 그 한계가 있으니 형체가 크다고 해서 여유가 있다고 할 수 없고, 형체가 작다고 해서 부족하다고 할 수 없다. 만약 각각 자기의 본성에 만족한다면 가는 털이라도 홀로 그 작음을 작음이라고 여기지 않고, 큰 산도 홀로 그 큼을 큼이라고 여기지 않을 것이다. 그렇다면 만약 본성을 족히 여긴다는 것을 큼이라고 한다면 천하의 족함이 가는 털만큼 되는 것이 없다. 그리고 본성의 족함을 크지 않다는 것이라고 여긴다면 비록 큰 산일지라도 또한 작다고 할 수 있다. 그러므로 천하에는 가는 털의 끝머리보다 큰 것이 없고, 큰 산도 또한 작은 것이라고 말하는 것이다.(「제물론주」)

앞에서 이미 우리는 성족性足이나 자성自性에 관한 곽상의 논의를 많이 인용한 바가 있다. 여기에서 인용된 구절들도 이와 같은 취지를 지니고 있다. 즉 곽상이 보기에 천지만물이 자생과 자이, 자연의 형태로 존재할 수 있는 것은 모두 그 자체의 자성 때문이고, 이러한 자성은 또한 사물들이 각자 그렇게 존재할 수밖에 없도록 결정한다. 예를 들면 붕새가 구만 리를 날아서 남명南冥의 천지에 이를 수 있는 것은 곧 그 본성에 의해서 결정된 것이다. 이에 관해 곽상은 "남명의 큰 바다여야만 그 몸을 실을 수 있고, 구만 리 높이의 공기여야만 그 날개를 띄울 수 있으니, 이것이 어찌 신기한 일일 수 있겠는가! 큰 사물은 반드시 큰 데에서 자라고, 큰 데에는 반드시 큰 사물이 태어나는 것이 자연의 이치이니, 크고 작음으로 인한 득실을 걱정하지 않으면 마음을 그 사이에 둘 필요가 있겠는가!"(「소요유주」)라고 말했다. 다시 말해서 대붕으로 하여금 작은 새처럼 "힘껏 날아올라 느릅나무나 박달나무 가지 위에 머무르되, 때로는 혹 거기에도 이르지 못하고 땅바닥에 떨어지게 하는"(「소요유」) 것은 불가능하다는 것이다. 왜냐하면 "큰 날개를 가지고 있으니 어찌 힘껏 날아 겨우 몇 길 정도만에 떨어지게 할 수 있겠는가! 이는 모두 그러하게 될 수밖에 없는 것이지 원해서 그렇게 되는 것이 아니기"(「소요유주」) 때문이다. 그러므로 사물이 자생하고 자연의 상태로 존재하는 것은 모두 자성 또는 성족에 의해서 결정되는 것이라고 할 수 있다.

여기에서 더 생각해 보아야 할 것은 '곽상이 말한 성족의 성이 도대체 무엇인가?' 하는 것이다. 실제로 그것은 바로 유와 무의 통일성, 즉 유무성이다. 이에 관해서는 이미 앞에서 충분히 살펴본 바가 있으므로 더 이상 부연하지 않겠다.

곽상에 따르면 성은 사물의 내재적 성질이다. 그렇다면 이에 대해서 논의할 때는 반드시 물성과 인성이라는 두 측면에서 진행해야 한다. 만약 위에서 인용된 구절들이 물성, 즉 우주론에 있어서 자연범주의 성에 관한 것이라면 곽상은 또한 사회정치적 범주에서 인성을 논의한 바가 있다. 곽상은 인성을 곧 인간이 지닌 인의의 본성이라고 규정했다. 이에 관해서는 앞서 그의 명교관을 다룰 때 이미 서술한 바가 있다. 하지만 여기에서는 곽상의 현학체계를 더욱 자세하게 이해하기 위해 몇 구절 더 인용하고자 한다.

> 무릇 인의는 인간의 정성情性이므로 그대로 맡겨두어야 한다.(「변무주」)
>
> 인의가 인간의 정情이 아니라는 우려는 참으로 불필요한 우려이다.(「변무주」)
>
> 예禮라는 것은 세상 사람들이 스스로 행하는 것이지 내가 만든 것이 아니다. (「대종사주」)
>
> 형刑이라는 것은 다스림의 체體이지 내가 행하는 것이 아니다.(「대종사주」)
>
> 덕이라는 것은 자기와 남이 따르는 바이지 내가 만든 것이 아니다.(「대종사주」)
>
> 무릇 성性은 본래 인仁에서 자라난다. 그러나 이런 성이 자라나지 않으면서도 도리어 그것에 연연하는 사람이 있다. 연연함으로써 생겨난 인은 결국 인위적인 거짓 인이 된다.(「변무주」)

실제로 곽상은 『장자』의 문맥에 따라 인의에 대해 주석을 달았을 뿐, 그 스스로 따로 인의에 대해 많이 논의하지는 않았다. 그러나 다만 이러한 몇몇 안 되는 주석만으로도 인의에 관한 그의 생각을 읽어낼 수 있다. 곽상이 보기에 인간이 금수와 달리 인간이라고 할 수 있는 것은 그 본성에 인의라는 규정이 있기 때문이다. 그러므로 인의를 행하는 것은 다른 사람들로부터의 강압 때문이 아니라 스스로의 본성에 따라 그렇게 할 수밖에 없는 것이다. 인성에 관한 이와 같은 논의를 기점으로 곽상현학의 우주론은 사회론으로 이행되었다. 그리고 그의 사회론에서 가장 먼저 다루어야 할 문제는 바로 명교에 관한 것이다.

그러므로 셋째는 명교에 대한 것이다. 이에 관한 논의는 곽상의 사회정치 사상을 대변한다. 앞선 장에서 이미 명교에 관해 충분히 다루었기 때문에 여기에서는 곽상 명교사상의 주요 취지만 짚어볼 것이다. 곽상은 무엇보다도 사회 명교의 합리성을 긍정하고 있는데, 그것은 두 가지 측면에서 나타난다. 하나는 군주의 존재와 필요성을 긍정하는 측면이고, 다른 하나는 인의예지와 같은 강상윤리의 존재필요성을 긍정하는 측면이다. 이와 같이 명교의 위상을 지키고자 하는 측면에서 보자면 곽상과 배위의 생각은 일치한다. 그러나 배위와 달리 곽상은 명교에 대해 아무런 분석 없이 그것을 무조건적으로 칭송하거나 긍정하지는 않는다. 그는 통치자가 명교라는 이름을 빌어 실제로는 그에 위배되는 거짓 명교를 행하는 것에 대해 단호하게 반대했으므로 이런 점에서는 오히려 죽림명사의 품격에 가깝다고 해야 할지도 모른다.

넷째는 무심에 대한 것이다. 이 무심 역시 곽상의 사회정치 사상 범주에 속한다. 무심에는 인식적 측면과 행위-실천적인 측면이 있다. 왜 갑자기 명교의 논의에서 무심으로 옮겨가는가? 다시 말해서 무심은 곽상 독화론의 현학 체계에서 어떠한 지위와 역할을 차지하고 있는가? 한마디로 무심은 사람들이 천지만물의 독화 본성을 파악하는 데 필요할 뿐만 아니라 자각적으로 명교를 실행하는 데에도 필요한 것이기 때문이다.

무심의 의의와 작용은 우선 인식적 측면에서 나타난다. 이러한 인식은 천지만물의 자연 또는 독화의 본성에 관한 인식과 인간의 인의라는 본성에 관한 인식을 포함한다. 천지만물의 측면에서 곽상은 그것들이 자연 또는 독화의 상태로 존재함을 긍정한다. 그렇다면 인간은 어떻게 천지만물이 다른 상태가 아니라 독화의 상태로 존재한다는 것을 단언할 수 있는가? 이는 당연히 천지만물에 대한 인식의 결과로 인한 것이다. 다시 말해서 천지만물의 독화를 파악하려면 인식주체인 심心의 작용을 벗어날 수 없다는 것이다. 심은 인간의 주체적 자아로서 그것이 이성적인 인지로 존재하는 형식이 바로 사思, 곧 인식활동이다. 그러나 심이 자기 눈앞의 대상을 인식할 때, 심은 항상 대상과 이원화된 구조에 처하게 된다. 이러한 이원화된 구조 속에서 심이 대상을 인식하고 파악한다. 하지만 이렇게 파악된 대상은 결국 의식의 추상체에 불과하다. 왜냐하면 이런 구조에서 심은 대상과 합일될 수 없으며, 실제로 존재하는 대상의 성과 정을 체득할 수 없기 때문이다.

물론 우리는 천지만물과 같은 대상을 심의 앞에 두고 일련의 분석과 고찰을 거쳐 독화 개념을 파악함으로써 그것들이 자연 또는 독화의 상태로 존재한다는 인식을 갖출 수는 있다. 그러나 천지만물이 도대체 어떻게 자연 또는 독화의 상태로 존재하고 있는지에 대해서는 대답할 수 없을 것이다. 왜냐하면 이때의 심은 자연 또는 독화를 느낄 수 없고, 그 상태에 처해 있지도 않기 때문이다. 지금 상태에서 진정 필요한 것은 심이 자연 또는 독화의 상태를 느낄 수 있도록 하는 것이다. 그렇다면 어떻게 해야 심으로 하여금 천지만물의 독화를 느끼도록 할 수 있는가? 그것은 바로 심 자체가 자연 또는 독화의 상태로 존재해야만 가능하며, 이런 상태를 가리켜 무심이라고 하는 것이다. 곽상의 말로 표현하면 무심은 곧 '아득하면서 자취를 잊은 상태'(冥而忘迹)이다. 곽상은 이렇게 말한다.

무릇 옳음(是)과 그름(非)이 있다는 것은 유가와 묵가가 옳다고 생각하는 것이다. 옳음과 그름이 없다는 것은 유가와 묵가가 그르다고 생각하는 것이다. 지금 유가와 묵가가 그르다고 한 바를 옳다고 하고, 유가와 묵가가 옳다고 한 바를 그르다고 한다면 옳음도 없고 그름도 없음을 밝히려는 것과 같다. 옳음과 그름이 없다는 것을 밝히려면 유가와 묵가로 하여금 서로에게 되돌려서 밝히는 것만한 것이 없다. 서로에게 되돌려서 밝힐 수 있다면 그들이 옳다고 한 것이 옳지 않음이 되고, 그르다고 한 것이 그르지 않음이 된다는 것을 알 것이다. 그른 것을 그르다고 하면 그름이 없고, 옳은 것을 그르다고 하면 옳음이 없다.(「제물론주」)

사물은 모두 스스로 이것이니, 그러므로 이것이 아닌 것이 없다. 사물은 모두 서로 저것이니, 그러므로 저것이 아닌 것이 없다. 저것이 아닌 것이 없으면 천하에는 이것이 아닌 것도 없다. 이것이 아닌 것이 없으면 천하에는 저것도 아닌 것이 없다. 저것도 없고 이것도 없으니, 사물은 모두 현동玄同하다.(「제물론주」)

무릇 삶과 죽음의 변화는 마치 춘하추동의 사계절이 운행하는 것과 같다. 그러므로 삶과 죽음의 상태는 비록 다르지만 그 각각 처하는 바에 안安하는 것은 동일하다. 지금 살아 있는 자는 스스로 살아 있음을 일컬어 삶이라 하고, 죽은 자는 스스로 살아 있음을 일컬어 죽음이라고 한다면 삶은 없을 것이다. 그리고 살아 있는 자가 스스로 죽은 것을 일컬어 죽음이라 하고, 죽은 자가 스스로 죽은 것을 일컬어 삶이라고 한다면 죽음도 없을 것이다. 삶도 없고 죽음도 없으며, 가可함도 없고 가하지 않음도 없다. 그러므로 나는 유가와 묵가의 논변에 대해서는 동의할 수 없으나, 사물이 각기 그 구분에 명합한다는 것에 대해서는 반대할 수가 없다.(「제물론주」)

무릇 드넓고 막힘이 없는 자는 천하의 시비로 인해 스스로 시비관념을 갖지 않는다. 그러므로 시비의 길로 말미암지 않고, 시비로 근심하여 마땅함을 잃지 않는 사람은 곧바로 그 천연天然을 밝히니, 무엇을 빼앗으려고 하지 않는다.(「제물론주」)

저것과 이것은 서로 대립하고 있지만 성인은 그 둘에 모두 순응한다. 그러므로 무심으로써 사물과 명합하니 천하와 대립한 적이 없다. 이를 가리켜 지도리의 중심에 머무르고, 현극玄極과 합치하며, 하늘의 무방無方함에 감응한다고 한다. (「제물론주」)

고리의 중간은 비어 있다. 지금 옳고 그름을 고리에 비유하면 그 중간을 얻은 자는 옳음도 없고 그름도 없게 된다. 옳음도 없고 그름도 없기 때문에 모든 시비에 응할 수 있다. 시비가 끝이 없으므로 그 응하는 것 역시 끝이 없다.(「제물론주」)

내가 옳고 저 사람이 그르다고 생각하는 것은 저 사람과 나의 상정常情이다. 그러므로 내가 가리키는 것으로 저 사람이 가리키는 바를 깨우치려고 한다면 저 사람이 가리키는 바와 내가 가리키는 바가 모두 정확하게 가리키는 것이 아니게 된다. 이를 가리키는 바로써 가리키지 않은 바를 깨우친다고 한다. 만약 반대로 저 사람이 가리키는 바로 내가 가리키는 바를 깨우치려고 한다면 또한 내가 가리키는 바와 저 사람이 가리키는 바가 모두 정확하게 가리키는 바가 아니게 된다. 이것을 가리키지 않은 바로써 가리키지 않은 바를 가리킨다고 한다. 만약 옳고 그름이 없음을 밝히려면 서로에게 되돌려서 깨우치는 것만한 것이 없다. 서로에게 되돌려서 깨우칠 수 있다면 저 사람과 나는 스스로가 옳다는 데에서도 같고, 남을 그르다고 하는 데에서도 같다는 것을 알 것이다. 똑같이 남이 그르다고 한다면 천하에는 옳은 것이 없을 것이고, 똑같이 스스로가 옳다고 한다면 천하에는 그른 것이 없을 것이다. 그렇게 된다면 무엇으로 참된 모습을 밝힐 수 있겠는가? 만약 옳음을 과연 옳음이라고 한다면 천하에는 그것도 그르다고 하는 자가 나타날 것이고, 만약 그름을 과연 그르다고 한다면 천하에는 또한 그것도 옳다고 하는 자가 나타날 것이다. 지금 세상에 옳고 그름이 정해지지 않고 혼란스러운 것은 모두 떳떳하지 못하고 구차한 자들이 동일하게 각각의 편견에만 매몰되어 있기 때문이다. 위를 보아도 아래를 보아도 그렇지 않은 자가 없다. 그러므로 지인至人은 천지가 하나를 가리키고, 만물이 한 말에 타고 있기 때문에 드넓은 우주에서 만물이 각각 그 분수에 맞게 살고, 그 자득함에 있어서 같으며, 옳음도 없고 그름도 없다는 것을 안다. (「제물론주」)

지금 옳음(是)과 그름(非)이 없다고 말하는데, 그 말은 옳음과 그름이 같다는 것인가, 아니면 같지 않다는 것인가? 그것이 같은 것이라고 하면 내가 무를 옳음이라고 하고 그대가 무를 그름이라고 한다는 것은 같지 않은 것이 된다. 그러나 여기에서 옳음과 그름이 서로 다르지만 둘은 모두 옳음과 그름이 있다는 틀에서 벗어나지 않았기 때문에 또한 같은 것이 된다. 그러므로 같음과 같지 않음이 또한 서로 같은 것이 되므로 그대와 나는 다르지 않다. 그렇다면 이러한 '크게 보면 다르지 않음'의 경지에 이르려면 무심함보다 나은 것이 없다. 무심함으로써 옳고 그름을 버리고, 그 버림을 또한 버리며, 나아가 버리고 또 버리면 버림이 없는 데까지 이르게 되면서 버릴 것도 없고 버리지 않을 것도 없는 경지에 이르게 된다. 이 경지에 이르게 되면 옳고 그름이 저절로 없어질 것이다.(「제물론주」)

여기에서 말하는 '옳고 그름을 버리고, 그 버림을 또한 버리는 것'이 곽상의 쌍유법雙遺法, 곧 무심법無心法이다. 옳고 그름을 분별하는 것은 심의 정상적인 판단 형식이자 인지활동이다. 이러한 인지활동은 기본적으로 주체와 객체를 구분하는 구조, 즉 유심有心의 상태에서 수행된다. 그러므로 곽상은 우선 옳고 그름과 같은 인식대상을 버릴 것을 강조한다. 그렇게 되면 인식대상이 제거됨으로써 주체와 객체의 이분법적 구조가 소실된다. 이렇게 인식대상이 사라지면 이로 인해 인식주체인 심도 없어지기 때문에 무심의 경지에 이르게 된다. 그러나 이는 지극히 일반적인 상황에서 말해지는 것에 불과하다. 왜냐하면 이런 상황 자체도 주체와 객체의 이분법적 구조에 종속되어 있기 때문이다. 다시 말해서 옳고 그름이 버려질 때, 아직 버림이라는 활동이 남아 있는데, 이 경우에 인식주체인 심은 아직도 버림이라는 인식활동 속에 처해 있고, 있는 그대로의 자신을 드러내지 못한 상태에 있다는 것이다. 만약 심이 있는 스스로를 드러내지 않았다면 무심이라고 할 수 없다. 그러므로 곽상은 옳고 그름을 버리고 나서 또한 그 버림 자체를 버려야 한다고 주장하는데, 이것이 곧 '버림을 또한 버리는 것'이다. 이와 같이 버림을 버리고 나면 심은 곧 버릴 것도 없고 버리지 않을 것도 없는, 곧 아무런 인식이 없는 상태에 이르게 되는데, 이것을 가리켜 심의 자연, 독화, 무심의 상태라고 부른다.

이러한 무심의 상태는 일종의 경지라고 할 수 있는데, 곽상은 그것을 망忘 또는 망적忘迹이라고 부른다. 이러한 경지를 가리켜 곽상은 "그 자취를 잊고, 그 자취가 그렇게 된 바를 잊으면 안으로는 한 몸이라는 것을 느끼지 못하게 되고, 밖으로는 천지가 있는 것도 모르게 되면서 홀연히 변화와 일체가 되어 통通하지 않은 바가 없게 된다"(「대종사주」)라고 말했다. 나아가 곽상은 또한 무심의 상태에 대해서 "사물에 무심하여 그 마땅함을 빼앗지 않기 때문에 사물에는 마땅하지 않음이 없으므로 그 지극함을 알지 못하게 된다"(「대종사주」)라고 말했고, "무릇 안과 명합하는 자라야 밖에서 노닐 수 있다. 오직 밖에서 노닐면서도 안과 명합할 수 있는 자가 만물을 자연 그대로 맡길 수 있고, 사물 각각의 천성을 족하게 할 수 있으며 제왕의 도를 이루게 할 수 있다. 이를 가리켜 인간과 다르지만 천과 같다고 부른다"(「대종사주」)라고 말했다. 이와 같은 경지에 이르게 되면 인간의 심은 사물의 독화와 같은 구조를 지니게 되어 일체가 되면서 천지만물의 존재 실상, 즉 자연과 독화의 상태를 파악할 수 있게 된다.

무심, 또는 심의 자연 상태와 독화 상태는 심이 천지만물의 자연 또는 독화 상태를 파악할 수 있는 선결조건이자 동시에 명교를 파악할 수 있는 전제조건이다. 물론 심은 명교를 파악할 수 있고, 그것을 인식할 수 있다. 그러나 이때의 명교는 심의 인식대상으로서의 명교일 뿐이다. 이런 명교는 인간에게서 외재적인 것이며, 인간의 자각적 행위의 준칙이 되지 못한다. 그렇다면 명교를 외재적 규범으로부터 인간의 자각적이고 자연적인 행위의 준칙으로 승화시키려면 여전히 명교를 버리고 또 그 버림을 버려야 하는 과정을 거쳐야 한다. 다시 말해서 먼저 명교를 버리고, 그 다음으로 명교의 버림을 버림으로써 버릴 것도 없고 버리지 않을 것도 없는 상태에 이르면 심은 자연스럽게 자연 또는 독화의 상태에 도달할 수 있게 된다는 것이다. 이렇게 해야만 심이 있는 그대로의 본성과 본질을 드러내고, 자연이나 독화의 상태에 머물러 자각적으로 인의의 본성을 외화시킬 수 있는데, 이 경지가 바로 진정한 명교화의 경지이다. 이런 경우에만 인간은 명교에 대한 파악을 지知로부터 행行으로 옮길 수 있고, 명교를 하나의 이념이 아니라 일상생활에서의 실천으로 이행할 수 있다.

곽상은 이러한 경지에 대해 "무릇 성인의 마음은 음양의 변화에 지극하고, 만물의 오묘한 수數를 궁구하므로 어떠한 변화에도 합치할 수 있고, 올바르지 않은 데로는 가지 않으며, 만물을 두루 감싸고 있으니 어떤 것도 그러하지 않은 것이 없다. 세상 사람들은 어지러움으로써 자아(我)를 찾으려 하지만 자아는 본래 무심無心한 것이다. 자아가 진실로 무심한 것이라면 또한 무엇 때문에 세상에 응하지 않겠는가! 그러므로 현玄을 체득하여 지극한 오묘함에 이른 사람은 만물의 본성에 회통會通하여 온 세상의 변화를 주재하고, 요순의 이름을 이룸으로써 항상 무위로써 행동할 따름이다. 이 것이 어찌 정신을 수고롭게 하고 힘들게 생각하여 세상의 일을 일거리로 삼으면서 할 수 있는 일이겠는가!"(「소요유주」)라고 표현했다. 이것이 바로 '무위이무불위無爲而無不爲'이자, '불위이위지不爲而爲之'의 경지이다. 이러한 '무 위이무불위'의 경지에 대해 곽상은 여러 방식으로 설명하였는데, 예를 들 면 다음과 같다.

무릇 천하를 다스린다 함은 천하를 다스리지 않는 것이다. 그러므로 요임금은 다스리지 않는 것으로 다스린 것이며, 다스리고자 해서 다스린 것은 아니다. 지금 허유가 다스려졌다고 말한 것은 더 이상 대신할 만한 것이 없다는 뜻이 다. 다스림은 실제로 요임금에 의해서 이루어진 것이므로 '그대가 천하를 다스 린다'고 말한 것이니, 마땅히 글자만 보지 말고 그 상황을 잘 살펴야 한다. 그 런데 어떤 사람이 말하기를 "다스리기 위해서 다스리는 것이 요堯임금이고, 요 임금에 의해 다스려진 바를 더 이상 다스리지 않는 것이 허유許由이다"라고 했 는데, 이 해석은 아주 멀리 벗어난 것이다. 무릇 다스림은 다스리지 않는 것(不 治)에서 말미암고, 인위적으로 하는 것은 무위에서 비롯된다. 이 뜻을 요임금에 게서 취해도 충분할 것인데, 어찌 허유에게서 따로 빌릴 필요가 있겠는가! 만 약 산림 속에서 아무것도 하지 않고 묵묵히 살고 난 다음에야 무위라고 할 수 있다면 이것이야말로 노장의 말이 그 당시의 사람들에게 제대로 받아들여지지 않은 이유이다.(「소요유주」)

무릇 스스로에 맡기는 자는 사물을 상대할 때, 사물에 순응하여 그와 대립하지 않는다. 그러므로 요임금은 천하와 함께 있지만 천하와 더불어 대립하지 않았 고, 허유는 직稷, 설契과 함께 필부가 되었다.…… 만약 홀로 높은 산의 정상에 서 있는 것은 그 사람이 자기 스스로를 지키는 데 집중하는 것이 아니라 다만 일가一家의 편벽된 설을 고집하는 것에 불과하니, 어찌 온전함을 얻었다고 할 수 있겠는가! 이러한 사람은 속세 중의 일물一物에 불과하고, 요임금의 외신外臣이 될 수 있을 따름이다. 만약 외신으로써 내주內主를 대신한다면 이는 군주라는 이름만이 있을 뿐, 군주의 실질을 담당할 수 없을 것이다.(「소요유주」)

군주의 재능이 백관에 미치지 못하므로 백관으로 하여금 각각 일을 맡게 한다. 그러면 눈이 밝은 자는 보는 일을 맡고, 귀가 좋은 자는 듣는 일을 맡으며, 지혜로운 자는 모략을 맡고, 용맹한 자는 막는 일을 맡는다. 그렇다면 군주는 무엇을 행할 필요가 있겠는가? 다만 현묵玄黙함을 지킬 뿐이다. 일을 맡은 여러 사람들이 그 마땅함을 잃지 않는다면 군주의 재능 없음은 신하들의 재능이 의존하는 바가 된다. 그러므로 천하의 사람들은 재능 있는 사람에게 양보하는 것을 좋아하게 되고, 만물을 다스리면서 해롭지 않을 것이다.(「인간세주」)

무위를 행하면 재능 있고 품성이 좋은 사람들이 모이게 되며, 각각에게 일을 맡겨 스스로 그 책임을 떠맡게 할 수 있다. 그러므로 "위대하구나, 요순이여! 천하를 소유하면서도 그에 참여하지 않네!"라는 말은 바로 이것을 가리킨 것이다.(「천도주」)

무릇 무위의 체體는 크고도 크니 천하 사람들이 어떻게 무위하는 바이겠는가! 그러므로 군주가 총재冢宰의 일에 참견하지 않으면 이伊와 여呂는 조용히 맡은 일을 잘할 것이다. 총재가 백관의 일에 참견하지 않으면 백관은 조용히 맡은 일을 잘할 것이다. 백관이 백성들의 일에 참견하지 않으면 백성들은 편안히 자신의 업에 종사할 것이다. 백성들이 너와 나의 능력을 거스르지 않으면 천하의 너와 나는 모두 조용히 자득할 수 있을 것이다. 그러므로 천자로부터 평민, 그리고 좀벌레에 이르기까지 누가 유위로써 일을 성사시킬 수 있겠는가! 그러므로 무위하면 무위할수록 존귀해진다.(「천도주」)

무릇 공인工人은 나무를 베는 데는 무위하지만 도끼를 쓰는 데는 유위하다. 그리고 군주는 몸소 일을 하는 데는 무위하지만 신하를 부리는 데는 유위하다.

그러므로 신하는 몸소 일을 하는 데 능하고 군주는 신하를 부리는 데 능하며, 도끼는 나무를 베는 데 능히고 공인은 도끼를 쓰는 데 능하다. 각각 능한 바에 맡기면 천리에 따르는 것이니, 이는 인위적으로 하는 것이 아니다. 만약 군주가 신하의 일을 대신 행하면 군주가 아니고, 신하가 군주의 일을 받들고 행하면 신하가 아니다. 그러므로 각자가 자기에 마땅한 일을 맡게 되면 모두 얻을 것을 얻을 수 있으니, 무위의 이치에 걸맞은 경지에 이를 것이다.(「천도주」)

무위라는 말에 대해 깊이 성찰하지 않으면 안 된다. 무릇 천하를 쓰임으로 삼는 자는 또한 유위를 쓰임으로 삼는다. 그러나 이 유위를 자득하고 본성에 따라 움직이면 또한 무위라고 할 수 있다. 지금 천하를 쓰임으로 삼는 자는 또한 자득한 자이다. 그러나 아래 있는 사람은 반드시 몸소 일을 행하므로 비록 그가 요임금이나 순임금, 우임금과 같은 사람일지라도 여전히 유위를 행해야 한다. 그러므로 위아래에 있어서 군주는 멈추고 신하가 움직이며, 고금에 있어서 요임금과 순임금은 무위하고 탕왕과 무왕은 몸소 일을 했다. 그러나 각각의 본성을 쓰임으로 하면 하늘의 비밀이 발현되므로 고금의 군신들이 모두 무위를 행한 것이지, 누가 유위를 행하였겠는가!(「천도주」)

곽상은 위의 인용문들을 통해 두 가지 입장을 강조하고자 했다. 첫째, 무위라는 것은 출세간적 태도, 즉 홀로 산속에서 살고 거만하게 우뚝 서 있는 것이 아니라 현실세계와 일상생활 속에서 자연이연自然而然의 상태로 무엇을 행하는 것이다. 둘째, 무위는 일종의 처세방략이자 위정爲政의 도道이다. 즉 그것은 군주는 무위해야 하고 신하는 유위해야 하며, 위에서는 무위해야 하고 아래에서는 유위해야 함을 가리킨다. 그러나 이런 경우에도 위에 있는 사람은 인위적으로 아래 있는 사람의 일에 참견하지 않고 그들로 하여금 자연의 본성에 따라 행동할 수 있도록 해야 한다. 그렇게 하면 무위가 이루어지고 천하가 다스려진다. 나아가 위아래 사람이 모두 무위로써 맡은 일에 임한다면 사회와 개인은 모두 자연의 경지에 이를 수 있다.

다섯째는 자연에 대한 것이다. 여기에서의 자연은 곽상의 사회정치 사상이자 또한 그의 인생사상이다. 즉 그것은 곽상의 사회적 이상과 목표, 희망이면서 동시에 그의 인생 목표이다. 그러므로 이러한 이상 또는 목표로시의 자연은 사회에서의 자유와 인생에서의 자유의 통일이다. 곽상은 사회속의 사람들이 각각 자성을 깨닫고 성족의 경지에 이르게 되면 자각직으로 스스로 해야 할 바에 힘쓸 것이고, 자기가 처해야 할 위치에 머무를 것이며, 나아가 질서정연한 사회를 이룰 수 있다고 생각했다. 곽상은 이렇게 말했다.

> 신하와 첩妾의 자질을 지니고 있으면서도 그 자리의 분수를 지키지 않으면 잘못이다. 그러므로 군신 사이의 상하관계, 손과 발의 내외관계는 곧 천리의 자연함이니, 어찌 진인이 만든 것이겠는가!(「제물론주」)

> 무릇 신하와 첩은 각각 분수에 맞는 일을 맡아야 하며, 부족하다고 해서 서로 다스리려고 하면 안 된다. 서로 다스린다는 것은 마치 손과 발, 귀와 눈, 그리고 사지四肢와 백체百體가 각각 맡은 바가 있음에도 서로의 역할을 대신하려는 것과 같다.(「제물론주」)

> 무릇 때가 현명하다고 높이는 자는 군주이고, 재능이 세상에서 제대로 대접받지 못하는 자는 신하이다. 만약 하늘이 스스로 높다고 하고, 땅이 스스로 낮다고 하며, 머리가 스스로 위에 있다고 하고, 발이 스스로 밑에 있다고 한다면 어찌 엇갈리는 일이 생기겠는가! 비록 누군가가 그것들이 꼭 마땅하다고 하지 않더라도 스스로 마땅할 것이다.(「제물론주」)

> 참된 성을 얻고 그것을 스스로 행하는 자는 비록 하급 관리나 노예일지라도 영예와 치욕에 신경 쓰지 않고 스스로의 업을 편안히 여길 것이다. 그러므로

그들은 지혜로움과 그렇지 않음에 대해 모두 태연자약하다. 만약 부귀와 행복의 길을 억지스레 열려고 하면 사물은 그 참됨을 잃고 사람은 그 근본을 망각하게 될 것이니, 영예와 치욕 사이를 이리저리 쳐다보면서 갈피를 잡지 못할 것이다.(「제물론주」)

무릇 위에 있는 사람은 무위를 행하면서 신하가 하는 일을 대신 하지 못하는 것을 걱정한다. 그러면 구요咎繇는 명백한 결단을 내릴 수 없고, 후직后稷도 파종할 법을 베풀 수 없으며, 재능 있는 사람들은 모두 그 맡을 바를 잃어버리고, 군주는 곤궁함에 시달리게 될 것이다. 그러므로 면류관을 쓰고 천하 사람들에게 맡기면 그들은 각각 스스로 알아서 행할 것이니, 이것을 가리켜 무위를 행하면서도 무불위를 이룬 자라고 한다. 그러므로 위에 있는 사람과 아래 있는 사람은 모두 무위해진다. 다만 위에 사람의 무위는 신하를 쓰는 데 있고, 아랫사람의 무위는 스스로를 쓰는 데 있을 뿐이다.(「천도주」)

무릇 인간의 한 몸은 친근함이 없다. 그러나 머리는 위에 있고, 발은 아래에 있으며, 오장육부는 안에 있고, 피부와 털은 밖에 있다. 내외상하에 있는 것의 존비귀천은 나누어지지만, 그것들이 신체의 각 부분에서 작용을 다하는 데에는 특히 친근하게 여길 만한 것이 없다. 그러므로 인이 지극함에 이르면 오친육족五親六族이나 현명하고 우매하며 멀고 가까운 이도 각각 천하에서 얻을 만한 것을 적절하게 얻을 수 있는데, 이는 이치의 자연함이니 어찌 굳이 친근한 쪽에서 취할 필요가 있겠는가!(「천운주」)

여기에서 강조된 것은 사회에는 반드시 서로 다른 분업이 있게 마련이고, 모든 사람에게는 필연적으로 능력의 차이가 있으므로 그것을 인정해야 한다는 것이다. 그러므로 사회는 다양한 재능을 갖춘 사람들이 서로 다른 분업에 종사하면서도 각자 스스로의 본성을 다하는 것을 필요로 한다. 이것을 가리켜 사회의 조화로운 통일이라고 부른다. 그렇지 않으면 사회는 반드시 혼란에 빠져들고 말 것이다. 이와 같은 개인의 역할이 분명한 조화로운 사회를 묘사하면서 곽상은 "성인은 홀로 세상과 다르게 산 적이 없고, 반드시 때와 함께 나아가며 사라진다. 그러므로 군주일 때는 군주의 노릇을 하고, 왕일 때는 왕의 노릇을 하니, 어찌 속세를 거스르면서 자기를 쓴 적이 있겠는가!"(「천지주」)라고 했고, "존비선후의 질서를 밝히는 것은 없어서는 안 되는 것이다"(「천도주」)라고 했으며, "다스림의 도를 우선 밝히면 하늘이 그 상벌을 버리지 않는다. 그러나 그 선후의 질서를 잃지 말아야 한다"(「천도주」)라고 말했다.

이러한 언급들은 통치계급을 위한 곽상의 찬송가가 아닌가? 물론 그렇게 볼 수도 있다. 그러나 이와 같은 존비귀천의 질서구분이 사회유지에 있어서 반드시 필요하다는 점만큼은 부정할 수 없다. 곽상에 따르면 사회의 존비귀천은 다름이 아니라 인간의 본성에 근거한 것이다. 이에 대해 그는 "본성은 각각 분수된 바가 있으므로 지혜로운 자는 그 지혜로움을 가지고 끝까지 살고, 우둔한 자는 그 우둔함을 안고 죽는데, 어찌 그 중간에서 본성을 바꿀 수 있겠는가!"(「제물론주」)라고 했다. 이 말은 다소 과도하기는 하지만 그 이치는 타당하다. 즉 각각의 개인이 자신만의 본성과 자질을 갖추고 있다면 반드시 그 본성에 따라 존재하고 행동해야 하는데, 이것이 곧 자연이자 천리라는 것이다. 그러므로 곽상은 "그 스스로의 그러함에 맡긴다면 인위라고 할 수 없다"(「제물론주」)라고 주장했던 것이다. 그리고 곽상은 성인이 천하를 다스림에 있어서 사람의 본성을 바꾸어가면서 하는 것이 아니라 그것에 순응하면서 행할 뿐이라고 했다. 그가 "성인의 도는 곧 백성의 마음을 쓰는 데 있다"(「천지주」)라고 말한 것이 바로 성인의 무위지도無爲之道를 표현한 것이다. 이와 같은 상태가 바로 사회의 자연스러운 상태이다.

모든 사람, 특히 성인이나 통치자가 본성에 따라 자연 또는 무위이무불의의 상태로 삶을 영위한다면 천하는 조화로울 것이다. 이것이 바로 성왕의 업적이며, 외왕의 도이다. 그리고 본성에 따라 스스로 그러함의 상태로 살면 인간의 마음은 자연 또는 독화의 상태를 유지할 수 있고, 비로소 무심으로써 사물에 순응할 수 있다. 이와 같은 상태가 바로 이상적이면서도 현실적인 경지이고, 인생의 자유로운 경지이며, 인격의 독립성과 의존성을 두루 갖춘 경지이고, 입세간적 태도와 출세간적 태도가 통일된 경지이다. 나아가 이는 곧 성왕의 도와 덕, 즉 외왕의 도와 통일된 내성지도內聖之道이다. 곽상은 이렇게 말했다.

무릇 스스로에 맡기는 자는 사물을 상대할 때, 사물에 순응하여 그와 대립하지 않는다. 그러므로 요임금은 천하와 함께 있지만 천하와 더불어 대립하지 않았고, 허유는 직稷, 설契과 함께 필부가 되었다. 어째서 그렇게 말할 수 있는가? 무릇 사물과 더불어 명합하는 자는 사물의 무리가 그를 떠날 수 없다. 그러므로 무심으로써 사물에 현응玄應하고, 오직 감응한 바에 따르며, 매어 있지 않은 배와 같이 떠 있고, 동쪽이나 서쪽이 모두 스스로의 것으로 삼지 않으니, 그러므로 행하지 않아서 백성과 더불어 함께하지 않는 자는 또한 나아가지 않아서 천하의 군주가 되지 않는 것이다. 이와 같이 임금 노릇을 하는 자는 마치 하늘이 저절로 높아지는 것과 같으니, 이것이 참다운 임금의 덕이다.(「소요유주」)

무릇 신인神人이란 바로 지금의 성인을 가리킨다. 성인은 비록 몸이 관직에 있더라도 그 마음은 산림 속에서 있는 것과 다르지 않다는 것을 세상 사람들이 또한 어찌 알 수 있겠는가! 세상 사람들은 오직 헛된 황금으로 치장된 집과 패옥만을 보고서 성인의 마음을 어지럽히기에 족하다고 말하고, 산천山川을 편력하고 백성과 함께 생활하는 것을 보고 그 정신을 초췌하기에 족하다고 말하는데, 그들이 어찌 지극한 경지에 이른 사람은 이런 것들로 인해 그 마음이 손상되지 않음을 알 수 있겠는가!(「소요유주」)

무릇 이치에는 지극함이 있고 안(內)과 밖(外)이 서로 명합冥合하기 때문에 밖의 극치에서 노닐면서 안과 명합하지 않는 것이 없고, 안과 명합하면서도 밖에서 노닐지 않는 것이 없다. 그러므로 성인은 항상 밖에서 노닐면서도 안과 명합하고, 무심으로써 사물에 순응한다. 그렇기 때문에 종일토록 형체를 움직여도 정신에는 변함이 없고, 만 가지 기틀을 살펴볼 수 있지만 항상 담연淡然함을 유지할 수 있다. 그러므로 형체만 보고 신명함에 이르지 못하는 것이 천하 사람들이 얽매인 바이다.(「대종사주」)

여기에서 묘사되는 성인은 밖에서 노닐고 무심으로써 사물에 순응하며, 몸은 조정에 있더라도 마음은 항상 산속에 있으며, 속세에 처해 있으나 정신은 항상 그것을 초월해 있다. 곽상은 이러한 성인이 바로 성왕, 즉 내성과 외왕을 서로 통일시키는 군주의 이상적인 모습이라고 주장한다. 이와 같은 경지에 이르러야만 사람은 진정한 자유를 누릴 수 있다. 곽상은 이 경지를 드러내기 위해 여러 가지 생동적인 언어를 사용했다. 예를 들어 "다른 사람을 버리고 나를 잊으며, 서로 다른 사물들과 명합한다"(「소요유주」), "오직 사물과 명합하여 큰 변화에 따른다"(「소요유주」), "각각 자신의 본성에 따르면 하늘의 비밀은 스스로 드러난다"(「소요유주」), "무심으로써 현응하고 감정이 가는 대로 따르며, 마치 매여 있지 않은 배와 같이 떠돌아다닌다"(「소요유주」), "음양의 이기를 타고 육기의 기운을 거느리며, 사람들과 같이 하고 만물을 다스린다"(「소요유주」), "한적한 모습으로 모든 것을 버리고, 마음을 현명의 경지에서 노닐게 한다"(「소요유주」), "천인을 같게 하고, 너와 나를 같게한다"(「제물론주」), "호연하게 조용히 있으며,…… 자득함에 동화하여 옳음도 없고 그름도 없다"(「제물론주」), "천지를 잊고 만물을 버리며, 밖으로는 우주에 대한 통찰이 없고, 안으로는 스스로에 대한 지각이 없으므로 드넓게 얽매이지 않는 마음으로 사물과 같이 나아갈 수 있고, 감응하지 못하는 바가 없다"(「제물론주」), "사랑을 잊고 사심을 포기하여, 너와 나를 현동하게 한다"(「제물론주」), "드넓게 트여 있어 그 마음에는 하찮은 일이 티끌만큼도 없다"(「제물론주」), "지인의 마음은 거울과 같아 사물을 숨김없이 드러내기 때문에 맑으며, 차고 비어지는 변화가 없다"(「제물론주」), "무심으로써 일을 행하기 때문에 순응하지 않는 바가 없다"(「제물론주」), "변화와 일체가 되기 때문에 삶과 죽음을 같은 것으로 여긴다"(「제물론주」), "어리석고 무지한 것처럼 앞으로 나아가 변화와 일체가 된다"(「제물론주」), "초연하여 매이는 바가 없이 삶과 죽음을 현동하게 여긴다"(「제물론주」), "삶과 죽음을 현동하게 하여…… 시비를 두루 관통하기 때문에 옳고 그름, 삶과 죽음을 같게 여긴다"(「인간세주」), "홀연히 지극한 마땅함과 함께한다"(「인간세주」), "드넓게 사물을 자득한 바에 풀어놓는다"(「인간세주」), "빛과 먼지를 현동하게 한다"(「인간세주」), "사물과 명합하여 자취를 남기지 않는다"(「인간세주」), "홀연히 시세時世와 일체를 이룬다"(「인간세주」), "홀연히 천하와 하나가 된다"(「인간세주」) 등과 같은 내용이 그것이다. 이와 같은 문구들에서 자연의 경지에 대해 곽상이 얼마나 중시했는지를 알 수 있다. 그에 따르면 바로 이러한 자연의 경지에서 비로소 사회의 필연과 자유가 통일될 수 있다.

요컨대 곽상의 현학은 천지만물의 독화로부터 시작하여 사회와 인생의 독화에 이른다. 즉 이러한 방식을 통해 그는 독화를 근간으로 천지만물과 사회, 그리고 인간을 하나의 체계에 결합하는 사상을 구축한 것이다.

제3장

장자와 곽상의 본체론

    철학에 대한 현대인들의 일반적인 분류에 따르면 노자와 장자에 의해 제기된 도론道論은 본체론에 속하지만 중국철학의 맥락에서는 그것을 본원론이라고 부른다. 철학에서의 본체론은 내용면에서 두 가지 측면을 포함하고 있다. 하나는 천지만물의 기원에 관한 문제이고, 다른 하나는 천지만물이라는 존재의 근거 또는 원인에 관한 문제이다. 전자는 일반적으로 우주발생론 또는 우주론이라고 불리고, 후자는 우주본체론 또는 본체론이라고 일컬어진다. 중국 고대의 본체론 또는 본원론에는 이와 같은 두 가지 측면의 내용이 항상 구분 없이 혼재되어 있는데, 특히 노자와 장자가 살았던 선진시대의 경우에는 더욱 그러했다.

    장자의 사상적 취지는 평민사인의 처세지도處世之道에 집중되어 있으며, 이를 구체화한 것이 바로 그의 '유세遊世', '안명安命', '소요逍遙' 등과 같은 처세의 방략이다. 그러나 철학자로서 장자가 처세지도만을 있는 그대로 다룬 것이 아니라 그것을 소요의 경지로 승화시키면서 거기에다 소이연所以然의 근거를 부여하고자 했다. 이렇게 함으로써 그는 사회와 인생의 문제를 본체론의 문제로 끌어올렸는데, 이것이 바로 그의 도론道論이다. 이러한 도는 장자철학의 가장 중요한 핵심범주의 위치를 차지하게 되었다.

서진시대의 곽상은 『장자』에 대해 주석하면서 셀 수 없을 만큼 많이 도에 대해 언급했다. 하지만 그의 사상적 특징은 도론에 있는 것이 아니라 독화론에 있다. 곽상현학에 입각해서 보면 그의 사상은 장자와 마찬가지로 사회와 인생의 문제로부터 시작된다. 다시 말해서 곽상도 내성외왕의 처세 방략을 내세우고, 그것을 처세지도와 사회적 이상, 그리고 인생의 목표로 삼았다. 그렇다면 곽상에게 인간은 어떻게 해야 내성외왕의 경지에 이를 수 있는가? 그에 따르면 인간은 무심, 곧 심心을 스스로 그러함(自爾)의 자연 상태에 머물게 해야 하는데, 이것이 곧 그의 독화론이다. 즉 심이 독화의 상태에 있을 때, 인간은 다른 사람이나 사물과 현합玄合하는 천인합일의 경 지에 이를 수 있다는 것이다. 그리고 독화의 경지에서 천지만물을 보면 그 들은 모두 자족과 자득, 그리고 자이의 자연 상태, 곧 독화의 상태로 존재 한다는 것을 알게 될 것이다.

이렇게 보면 독화는 천지만물 존재의 본체일 뿐만 아니라 인간의 심의 본체이기도 하다. 그러나 곽상의 독화론은 그의 인생사상에서 도출된 것이 아니라, 본체론에 대한 직접적 사고에서 비롯된 것이다. 이와 같은 독화사 상을 파악하고 그 경지에 이르려면 심의 독화, 또는 심의 현명지경玄冥之境 이나 절명지경絶冥之境에 대한 깨달음 없이는 불가능하다. 그러므로 논리적 으로 보면 곽상의 사상체계에서는 심의 독화가 전제되어야 사물의 독화를 파악할 수 있게 된다.

지금까지의 논의에 이어 다음으로 세 가지 측면에서 장자와 곽상의 본 체론을 비교해 보고자 한다.

1. 본체론의 제기 목적

본래 철학적 영역에서 말하는 본체론은 천지만물의 존재원인, 또는 그 근거를 규명하는 것이다. 그러므로 철학에서의 본체론은 자연철학이나 또는 저어도 자연철학의 형식으로 드러난 것이어야 한다. 그러나 중국 고대 철학의 경우는 이와 다르다. 선진철학을 비롯한 중국 고대철학에는 순수한 자연철학이나 자연철학자가 없었다. 다시 말하면 중국 고대철학에는 자연 철학에 관련된 내용이 어느 정도 있기는 했지만 이론적 체계는 존재하지 않았다. 중국 고대철학에서 다루었던 자연의 문제와 자연철학에 관한 사상 은 모두 사회정치 또는 인생의 문제와 밀접하게 연결되어 있으며, 모두 사 회와 인생의 문제를 해결하기 위해서 제기된 것이다. 『장자』「제물론」에 따르면 "육합 이외의 사물들에 대해 성인은 보존하되 직접 논하지 않는다" 라고 하였다. 이 말은 물론 장자의 생각이지만 그것은 또한 중국의 고대 사상 및 철학의 기본적 출발점이자 원칙이라고 할 수 있다.

장자가 제기한 본체론은 그의 사회 및 인생사상과 관련이 있다. 물론 『장자』에는 자연이나 자연철학에 관한 사상도 포함되어 있다. 예를 들어 『장자』「천운」의 시작 부분에는 "하늘은 움직이는가?"라는 말이 있는데, 이는 분명 자연철학에 관한 언급이다. 그리고 『장자』「지북유」에는 "육합 이 크다고 하지만 그 안을 떠나지 않으며, 가을철의 가는 털이 작다고 하지 만 그것을 얻어 몸체를 이룬다. 천하 만물은 예외 없이 모두 부침浮沈을 되 풀이해서 죽을 때까지 옛 모습 그대로 있지 아니하며, 음양이기나 춘하추 동의 사계절은 끊임없이 운행하지만 각각 그 차례를 지킨다. 도는 어렴풋 하게 존재하지 않는 듯 실존하고, 느긋하게 모습을 드러내지 않으면서도 신묘하게 작용하며, 만물은 그에 의해 길러지면서도 스스로 그 사실을 알지 못하는데, 이것을 일컬어 천하 만물의 근본이라고 하니, 그것을 하늘에서 살펴볼 수 있다"라는 말이 있다. 여기에서 제기된 근본 개념은 본원 또는 본체의 의미를 가지는데, 이것은 바로 만물존재의 원인과 근거에 대한 사색, 곧 자연철학의 문제와 관련된 것이다. 장자에 따르면 만물은 모두 이 본원에 의해서 생겨난다. 그렇다면 그들은 어떻게 생겨나는가?

이러한 질문에 대해 『장자』는 두 곳에서 답을 내놓은 바가 있다. 하나는 「천지」편에서 "태초에는 무無만 있었고 존재하는 것이란 아무것도 없었으며, 이름조차 없었다. 그리고 미분화의 하나(一)가 여기서 생겨났으니, 하나는 있었으나 아직 형체는 없었다. 이윽고 만물이 이 하나를 얻어서 생겨났는데, 이것을 덕德이라 한다. 아직 형체가 정해지지 않은 상태 속에서 구분이 있기는 하지만 그러나 분명하게 보이는 큰 틈바구니는 없는 것, 이것을 명命이라 한다. 움직여서 만물을 낳는데 물物이 이루어져 리理가 나타나는 것, 이것을 형形이라고 한다. 이 형체가 정신을 보유해서 각각의 고유한 법칙성을 가지게 되는데 이것을 성性이라 한다. 성이 닦여져 덕으로 돌아가면 덕이 처음과 같아짐에 이르게 된다"라는 언급에서 찾을 수 있다. 이에 따르면 태초에 도가 하나(일)를 낳고, 그 하나(곧 精氣)가 유행하면서 만물을 낳았으므로 만물이 형체와 성을 갖게 되었다는 것이다.

다른 하나는 「지북유」에 나오는 답인데, "무릇 밝은 것은 어두운 것에서 생기고, 모양이 있는 것은 모양이 없는 것에서 생기며, 정신은 도에서 생기고, 모습은 본래 정기에서 생긴다. 만물은 모양을 갖추고 생성하니, 무릇 구멍이 아홉 개인 것들은 태胎에서 생겨나고, 여덟 개인 것들은 알에서 생겨난다. 올 때에는 자취가 없고, 갈 때에는 끄트머리가 없으며, 문도 없고 방도 없어서 사방으로 탁 트여 있을 뿐이다.…… 하늘이 그것을 얻지 못하면 높아질 수 없고, 땅이 그것을 얻지 못하면 넓어질 수 없으며, 해와 달이 그것을 얻지 못하면 운행되지 못하고, 만물이 그것을 얻지 못하면 융성할 수 없으니, 이것이 바로 도이다'라는 말이 그것이다. 여기에서 말하는 정신은 곧 정기를 가리키는데, 이는 "정신은 사방으로 통달하고, 널리 유행하여 세상 끝 어디까지든지 가지 않는 곳이 없어서, 위로는 하늘에 나다르고 아래로는 땅속 깊이 서려 있으며, 만물을 화육하지만 그 모습을 알 수 없으니, 그 이름을 동제同帝라고 부른다"(「각의」)에서의 정신과 같은 뜻이다. 이러한 말들이 드러내고자 하는 것은 도가 정기를 낳고, 정기가 만물을 낳으며, 만물이 형形으로써 상생한다는 것이다. 그리고 여기에서 알 수 있는 것은 『장자』에는 천지만물의 존재에 관한 본원사상이 확실히 들어 있다는 사실이다.

이와 같은 사상이 바로 장자의 도론, 곧 도−하나(정기)−형(만물)의 순서로 이어지는 우주생성론이다. 이처럼 장자의 도론은 일종의 우주생성론이라고 할 수 있다. 그의 본체론도 이러한 생성론을 통해서 나타나는데, 이는 그에게서 본체론과 생성론의 구분이 아직 명확하지 않다는 것을 말해준다.

『장자』 속에 자연철학에 관한 사상이 들어 있다는 것은 틀림없다. 그러나 장자를 비롯한 선진철학자들은 고대 그리스의 자연철학자들처럼 만물존재의 아르케(arche)를 규명하려고 하지 않았다. 위에서 인용된 자연철학에 관한 장자의 논의들은 모두 그 외편에 있는 내용들이다. 그래서 그것들에 대해서는 장자 본인의 사상이라기보다는 그 후학들의 사상이라고 보는 것이 더욱 적절할지도 모른다.

장자 본인의 생각에 입각해서 보면 그는 자주 도에 대해 언급했는데, 예를 들어 「제물론」에는 "그러므로 그것을 명백히 하기 위해서 작은 풀줄기(弱)와 큰 기둥(强), 문둥이(醜)와 서시西施(美)를 들어서 대조해 보면 매우 괴이한 대조이지만 도의 입장에서는 다 같이 하나가 된다"라는 말이 있고, 「대종사」에는 "도에는 정情과 신信이 있지만, 무위하고 형체가 없으므로, 전해줄 수는 있지만 받을 수는 없고, 터득할 수는 있지만 볼 수는 없으니, 스스로를 근본으로 삼아 아직 천지가 있기 이전에 예로부터 이미 엄연히 존재하여 온 것이다. 귀신과 상제上帝를 신령神靈하게 하고, 천지를 생성하며, 태극太極보다 앞서서 존재하면서도 높은 척하지 않고, 육극六極의 아래에 머물면서도 깊은 척하지 않으며, 천지보다 앞서 존재하면서도 오래된 척하지 않고, 상고上古보다 오래되었으면서도 늙은 척하지 않는다"라는 말이 있다. 이 두 구절에서 말해지는 도를 철학적 용어로 표현하면 모두 본근지도本根之道, 즉 천지만물 본원의 도라고 할 수 있다. 그리고 이 도는 장자가 자연에 대한 고찰을 통해서 얻은 것이 아니라, 사회와 인생을 아우르는 전반적인 성찰에서 제기된 것이다. 왜냐하면 「제물론」의 전반적 취지는 자연의 본원을 밝히는 데 있지 않기 때문이다.

곽상 역시 이 편의 제목에 대해서 주석을 할 때, "무릇 스스로를 옳다고 하고 다른 것을 그르다고 하며, 스스로를 아름답다고 하고 다른 사람을 추악하다고 하니, 사물은 모두 그러하지 않음이 없다. 그러므로 장자는 옳고 그름은 다르지만 다른 사람과 나는 균일하다는 것을 강조한다"라고 말했다. 또한 「대종사」의 취지도 자연의 문제에 있는 것이 아니라 사회와 인생의 문제에 초점이 맞춰져 있다. 그래서 곽상은 이 편의 제목에 대해서도 "비록 천지는 크고, 만물은 부유하지만, 그들이 우두머리로 높이 받드는 바는 무심이다"라고 주석하였다. 그러므로 장자사상의 전반적 취지는 사회와 인생이론에 있는 것이고, 그것은 소요유의 사상으로 대변된다고 할 수 있다.

선진의 사상 중에서 장자사상의 의의와 가치는 평민사인에게 처세하고 생존할 수 있는 적절한 길을 제시한 데 있다. 전국시대의 사회적 상황은 복잡하고 잔혹하며 험악하고 고통스러웠지만 그래도 인간은 계속 살아가야 하고, 그 살아가는 법을 익혀야 했다. 이런 상황 속에서 그저 한탄하면서 옛날의 평화시대를 흠모하거나, 아니면 분개하면서 통치자를 비판하거나, 또는 망상에 사로잡혀 신선됨을 환상하거나 하는 것은 아무 소용이 없으며, 오직 어떻게 처세를 해야 하는지를 알아야만 생명을 보존할 수 있다. 이와 같은 문제의식이 바로 장자의 주된 관심사이자 그의 철학적 과제이다.

그렇다면 장자는 처세지도를 어떻게 구현했는가? 분명 장자는 송나라 조상曹商처럼 권력에 의지하여 "한 번 만승 대국의 군주를 깨닫게 하여 따르는 수레가 100대나 되게 할 수도 있었고"(「열어구」), 맹자처럼 "만일 천하를 태평하게 다스리려 한다면 지금 세상에 나 말고 그 누가 할 수 있겠는가?"(『맹자』, 「公孫丑下」)라고 외치면서 제후를 설득하여 평천하의 포부를 펼칠 수도 있었으며, 양주楊朱처럼 "자기의 털 하나를 뽑아서 천하를 이롭게 할 수 있다 하더라도 하지 않는"(『맹자』, 「盡心上」) 은둔자로 살 수도 있었고, 노자처럼 물러남으로써 나아가고 부드러움으로써 강직함을 이기는 처세방법을 행할 수도 있었다. 그러나 장자는 이와 같은 길들을 선택하지 않았다. 그는 권력에 의지하여 아부하는 자를 '치질을 핥는 자'라고 풍자하고(「열어구」 참조), 맹목적으로 권위를 쫓는 자를 '썩은 쥐를 주워 먹는 자'라고 비난하면서 그들과는 길을 달리했다(「추수」 참조). 그리고 제후에게 유세하여 재상 자리를 얻어서 천하를 평정하는 것도 장자가 원하는 바가 아니었다. 왜냐하면 그는 당시 통치자들의 어리석음을 보고서 자신이 보좌할 만한 사람이 되지 못한다고 생각했기 때문이다. 만약 통치자를 보좌하는 길에 나선다면 그것은 마치 생명을 함정에 빠뜨리는 것과 같으니, 그는 초나라 왕의 사신에게 "차라리 살아서 진흙 속을 꼬리를 끌며 다니기를 바란다"(「추수」)라고 말했다. 그렇다면 양주처럼 사는 것은 어떠할까? 물론 장자는 그렇게 하지 않았고, 또 하려고 하지도 않았다. 왜냐하면 그는 양주보다 세상의 사태에 대해 더 명확하게 통찰했기 때문이다. 장자에 따르면 양주의 위아설爲我說은 현실사회 속에서는 행해질 수 없다. 위아爲我의 위爲는 반드시 사회적 관계 속에서만 가능한 것이고, 만약 사회를 벗어나서 위아를 주장하고 은둔을 강조한다면 인간은 동물과 다름없는 존재가 되어버리기 때문에 당연히 처세지도를 알 수 없게 된다.

그렇다면 노자가 말한 부드러움으로써 강직함을 이기는 권모술수적 처세의 도는 어떠한가? 물론 장자는 이러한 처세술도 거부했다. 왜냐하면 장자는 권모술수를 쓰다 보면 궁극적으로 자기가 다칠 수밖에 없다는 사실을 알았기 때문이다. 장자는 「산목」에서 제자들에게 "나는 쓸모 있음과 쓸모 없음의 사이에 머물 것이다"라고 말하면서, 이러한 처세지도가 세속의 번거로움을 면치 못할 것이라고 했는데, 왜냐하면 그는 "만물의 실정과 인간 세상사의 변화는 그렇지 않다. 그래서 합하였다 하면 이윽고 분열하고, 완성되었다 하면 이윽고 파괴되고, 날카롭게 모가 났다 하면 어느새 꺾이고, 존귀하게 되었다 하면 어느새 몰락하고, 훌륭한 행동을 하는 인간이다 싶으면 무너지고, 현명하면 모함에 걸리고, 어리석으면 기만당하게 되니 어떤 방법으로도 세상의 번거로움을 면할 수 없을 것"(「산목」)이기 때문이다. 이것이 바로 장자가 본 현실의 인간사회이다. 이런 사회에서는 개성이 있으면 좌절하게 되고, 숭고하면 무너지며, 무엇을 행하려고 하면 꺾어버리고, 현능하면 다른 사람의 음모에 걸리며, 능력이 없으면 모욕당하기 마련이다. 그래서 장자는 여타 사상가들의 처세지도를 모두 거부했는데, 그렇다면 그가 선택한 길은 어떠한 것인가?

장자가 최종적으로 선택한 것은 바로 소요유, 즉 정신의 절대적 자유경지를 추구하는 것이다. 그리고 소요유의 처세지도를 터득하려면 반드시 유세-안명-소요와 같은 과정을 거쳐야 한다. 그러나 장자는 유세를 행하고자 해도 사회관계라는 큰 테두리 안에서 벗어나지 못한다는 것을 알았다. 그러므로 유세의 방법은 아직 유대有待의 단계에 머물러 있기 때문에 자유로운 경지라고 할 수 없다. 유세가 제한적인 것이라면 다음은 안명의 단계로 나아가야 할 것이다. 그렇다면 여기에서 말하는 어쩔 수 없는 명命이란 도대체 어떤 것인가? 결국 이 역시도 일종의 사회관계, 즉 사회와 역사의 필연성이므로 안명의 결과도 또한 사회관계 속에 묶여 있을 수밖에 없으며, 따라서 진정으로 자유롭다고는 할 수 없다. 이처럼 유세와 안명으로는 절대적 자유의 경지에 이르지 못한다. 도대체 이와 같은 인생을 어떻게 하면 좋겠는가? 이에 대한 장자의 사색 결과는 바로 소요유에 있다. 이러한 소요유를 심유心遊 또는 유심遊心이라고 부를 수 있는데, 그것은 정신의 자유로운 노닒을 가리킨다. 이런 경지에 이른 자에 대해 장자는 "천지 사방을 자유로이 출입하며, 지상의 세계를 마음껏 노닐고 다니되, 홀로 가고 홀로 올 것이니, 이런 경지를 홀로 존재함이라고 하니, 이 홀로 존재하는 경지에 이른 사람을 일러 지극히 귀한 존재라고 한다"(「재유」)라고 말했다. 이와 같이 장자는 소요유의 경지를 통해 인간에게 자유로운 공간을 마련했다.

이렇게 하여 인간의 정신은 자유의 경지에 이르렀는데 그것을 어떻게 다스릴 수 있는가? 다시 말해서 인간의 심心은 자신의 초월적 경지를 어떻게 파악할 수 있는가? 이에 대해 장자는 두 가지 길을 제시했다. 하나는 문학과 예술의 길이다. 이러한 길은 굴원屈原이 「이소離騷」를 지어 "옥으로 된 규룡과 봉황을 타고, 바람을 따라 하늘로 치솟는다"라고 말한 것과 마찬가지로 모두 사회현실에 대한 어쩔 수 없는 심정을 정신적 자유를 통해 해소하려는 것이다. 그러나 이러한 길은 예술의 길이지 철학의 길은 아니다. 정신은 예술화된 형상들 속에서 안정되지만 그것은 순수하게 초월적이고 환상적인 것에 불과하며, 현실과 접목될 수 없다.

장자도 이와 비슷한 말을 여러 군데에서 하고 있다. 예를 들어 그는 「소요유」에서 "막고야藐姑射의 산에는 신인들이 살고 있는데, 그 피부는 빙설처럼 희고 몸매는 처녀처럼 부드러우며, 곡식은 일체 먹지 않고 바람을 들이키고 이슬을 마시고서 구름 기운을 타고 비룡飛龍을 몰아 사해四海 밖에서 노닌다"라고 했고, 「제물론」에서 "지인은 신통력을 가진 존재이다. 못가의 수풀 우거진 곳이 불에 타도 그를 뜨겁게 할 수 없고, 황하黃河나 한수漢水가 얼어붙을 정도로 춥더라도 그를 춥게 할 수 없으며, 격렬한 우레가 산을 쪼개도 그를 상하게 할 수 없고, 바람이 바다를 뒤흔들지라도 그를 놀라게 할 수 없다. 그와 같은 사람은 구름을 타고 해와 달을 몰아서 사해의 밖에서 노닌다"라고 했는데, 이것은 바로 굴원이 말한 '옥으로 된 규룡과 봉황을 타고, 바람을 따라 하늘로 치솟는' 것과 같은 것이 아닌가!

바로 이런 점 때문에 『장자』가 문학작품으로 읽히는 경우도 많이 있다.

청淸나라의 공자진龔自珍은 다음과 같은 시문을 남겼다. "명리名理는 서로 다른 꿈을 품게 하고, 아름다운 어구는 춘심春心에 새긴다. 『장자』와 「이소」는 신령한 귀신과 같아 가슴속 깊은 곳에서 도사린다."(『定菴文集補編』, 「古今體詩」) 이는 『장자』의 문학적 가치가 「이소」에 비해 손색이 없다는 것을 말해 준다. 그러나 장자는 소요유의 경지에 대해 형상화된 예술적 묘사의 단계에서 그치지 않았다. 만약 장자의 학문이 이 정도로 그치게 되면 그 사상의 가치는 대폭 수축될 것이고, 나아가 철학적 의미를 지니지 못하게 되므로 철학자로서의 이름을 얻지 못했을 것이다. 또한 만약 예술적 묘사만으로 정신의 자유를 표현한다면 그것은 일종의 심리적 위안에 불과하고 나아가 인간의 생명 자체를 안정시킬 수 없을 것이다.

그러므로 장자는 소요유의 경지를 파악하는 다른 하나의 길, 즉 철학적 심미의 길을 제시하여 자유의 정신철학을 일종의 경지 또는 심미적 의경意境으로 승화시켰다. 이러한 경지가 바로 장자가 말한 옳고 그름을 제일齊一하고, 사물과 주체를 제일하며, 고대와 현재를 제일하는 천인합일의 경지이다. 이와 같은 경지 속에서 인간의 마음은 사물과 일체가 되고, 모두 자연함에 따라 움직인다. 곽상의 말을 빌리자면 이때의 마음과 사물은 모두 독화하고 있다. 이것이 바로 장자가 말한 진정한 소요의 도이다. 장자 철학의 취지와 목적은 이와 같은 소요의 도를 구축하는 데 있다. 다만 이러한 도에 대한 구축이나 이론적 서술이 과연 엄밀한 것인지, 그리고 그 사상적 체계가 과연 성숙한 것인지에 대한 평가는 다른 문제로 취급해야 한다.

그렇다면 곽상이 독화의 본체론을 제기했을 때, 그의 철학적 목적은 어디에 있었을까? 사람들은 자주 위진현학을 한대경학에 대한 반발로 생겨난 것이라고 규정한다. 만약 본체론이라는 시각에서 보면 한대철학의 내용은 주로 우주의 발생론에 집중되어 있는 반면에 위진현학의 내용은 그 본체의 문제 자체에 치중되어 있다. 그리고 우주본체론에 관한 현학에서의 논의는 왕필王弼을 대표로 하는 정시현학正始玄學의 무본론無本論으로부터 시작하여 죽림현학의 자연론自然論과 서진西晉 중기 배위裴頠의 유본론有本論으로 전개되고 확장되었다. 본체론에 관한 곽상의 철학적 목적은 바로 이처럼 유와 무로 분리되어 있는 본체론을 정합하고 통일시켜 하나의 새로운 우주본체론을 구현하는 데 있었다. 나아가서 곽상은 깊이 있는 자각적 사유를 바탕으로 그 전에 있었던 유무론을 정합하여 독화론을 제기했고, 우주본체론을 구축하려는 위진현학의 목적을 달성했다.

겉으로 보기에 곽상 독화론의 제기는 우주의 존재 본원이나 본체 문제를 해결하려는 것처럼 보인다. 하지만 이러한 독화론적 현학사상의 이론적 중심은 어디까지나 자연에 있는 것이 아니라 인간사회에 있다. 다시 말해서 곽상의 독화론은 실제로 내성內聖과 외왕外王의 통일, 곧 자연과 명교名敎를 합일시키는 사회적 이상을 실현하기 위해 고안된 것이다. 그러므로 곽상의 본체론을 우주본체론이라고 부르기보다는 사회본체론이라고 일컫는 것이 더욱 적절할지도 모른다. 곽상 독화론의 최종적 귀착점은 '피아현동彼我玄同'과 '수감이응隨感而應'에 있다. 그리고 무심의 경지를 강조하는 것을 감안하면 그것은 장자 소요유의 경지와 일치한다고 볼 수 있다. 그러나 곽상 독화론의 사상적 내포는 분명 장자의 소요유보다 풍부하다. 더욱이 현실적 실행가능성의 측면에서도 곽상의 독화론은 장자의 소요유보다 한층 뛰어나며 이상과 현실의 통일을 이룬 것이라고 할 수 있다. 이것이 바로 곽상 독화론의 진정한 목적이자 사상적 취지이다.

여기에서 약간의 해석이 필요한 부분이 있다. 앞서 살펴보았듯이 한대

철학의 우주생성론에 비해 위진현학은 일종의 우주본제론, 즉 우주의 존재원인과 그 근거에 관한 이론이다. 그러나 곽상이 독화론을 제기한 목적이나 동기가 우주론에 있는 것이 아니라 사회와 인생의 문제에 집중되어 있다고 말한 것은 무엇 때문인가? 이렇게 곽상의 독화론을 규정할 수 있는 이유는 두 갈래로 나누어 봐야 한다. 중국 고대의 형이상학 및 본체론의 발전과정에서 보자면 한대철학은 분명 우수의 발생론과 생성론을 주된 논의대상으로 삼았다. 그리고 그것은 우주가 어디에서 어떻게 비롯되고, 무엇으로 구성되었는가와 같은 문제에 집중했다. 그러나 위진현학은 생성된 우주에 관한 논의를 이어가면서 그것이 왜 이렇게 존재하고, 또한 왜 이렇게 존재해야만 하는가를 다루었다. 이것은 우주가 지금의 모습으로 존재한다는 것은 반드시 그렇게 존재해야만 하는 이유와 원인이 있다는 것을 말해준다. 그렇지 않으면 우주의 존재는 임의적으로 이루어진 것일 수밖에 없을 것이다. 이와 같이 철학에서는 우주의 존재원인과 그 원인에 대한 논의를 가리켜 본체론이라고 부른다. 위진현학의 취지도 바로 이러한 본체론에 있다. 그러나 고대 중국에서는 철학이라는 학문이 없었고, 또한 사람들은 '육합 이외의 사물들에 대해 성인은 보존하되 직접 논하지 않는다'는 사상적 경향성을 지니고 있었다. 그러므로 중국 고대철학에서 문제의 제기와 논의는 모두 정치나 인생에 집중되어 있었다. 즉 중국의 고대철학은 사회와 인생의 문제 및 내용을 논의하는 형식으로 진행되었다는 것이다. 따라서 장자와 곽상의 본체 사상 역시 모두 사회와 인생의 문제를 해결하는 데 목적이 있었다고 할 수 있다.

2. 본체론의 형식과 내용

장자는 자주 도에 대해서 언급했다. 그렇다면 그가 말한 도는 어떠한 것일까? 앞서 서술했듯이 장자가 말한 도는 크게 두 종류로 구분될 수 있고, 그것들은 또한 네 가지 형식으로 나눌 수 있다. 장자가 말한 두 종류의 도는 자연계의 천도天道와 인간사회의 인도人道이다. 이 천도와 인도는 도를 횡적으로 나눈 것이다. 나아가 이러한 천도와 인도에는 각각 두 가지 표층적 의미와 심층적 의미가 있는데, 그것들은 모두 종적으로 도를 분류한 것이다. 그러므로 장자가 말한 천도에는 두 가지 의미가 있게 된다. 첫째는 천지만물의 존재에 관한 상상지도狀象之道이다. 이는 천지만물이 어떻게 존재하고 변화하며, 나아가 그것들이 무엇으로 구성되어 있는지를 규정하는 도이다. 예를 들어 "천하를 통틀어 하나의 기(一氣)일 뿐이다"(「지북유」)라는 말이 바로 이러한 도를 가리켜 말한 것이다. 장자가 말한 이러한 유형의 도나 리理는 모두 같은 뜻으로 사물의 존재와 운동 그리고 변화과정의 필연성과 법칙성을 의미한다. 둘째는 천지만물이 존재하는 원인 및 근거를 가리키는 도인데, 장자는 그것을 본원의 도라고 부른다. 본원의 도는 우주존재의 본체론적 도이다. 또한 장자의 인도에도 두 가지 유형이 있다. 하나는 처세방법과 사회이상, 그리고 인생 목표 등을 가리키는 사회존재의 도이다. 그리고 다른 하나는 인간생명의 궁극적 관심과 자유를 뜻하는 도인데, 이는 또한 인간존재의 본체 문제를 가리키는 도, 즉 본체의 도라고 부른다. 장자는 이러한 인생의 본체의 도를 가리켜 소요의 도라고 불렀다. 이와 같은 소요의 도는 인간 정신의 절대적 자유경지를 뜻하고, 인간존재의 본체를 의미한다.

장자에게 본원의 도와 소요의 도는 어떠한 관계를 형성하고 있는가? 만약 이와 같은 두 가지 도가 모두 본체의 자격과 성질을 지니고 있다면 그 중 하나를 본체로 삼으면 되는데, 왜 하필이면 두 가지 형식의 도를 내세워야만 했는가? 다시 말해서 장자는 자신의 체계 속에서 왜 동시에 두 가지 형식의 도를 주장해야만 했을까? 그리고 이것은 장자사상의 인식적 수준과 사상적 성숙 정도를 얼마만큼 반영하는가? 이러한 질문에 내해 다음과 같은 대답이 가능할지도 모른다. 즉 장자의 도를 본원의 도와 소요의 도로 나누는 것은 연구자들의 인위적인 연구결과에 따른 것이지, 장자의 사상적 본의가 아니라는 것이다. 물론 장자는 실제로 도를 본원의 도와 소요의 도로 나누지 않았고, 그러한 결과는 결국 연구자들이 구분한 것이다. 연구자들이 그것을 구분한 이유는 장자의 사상 속에 그렇게 구분할 만한 근거가 있기 때문이지 일부러 장자를 왜곡하기 위해 그런 것은 아니다. 이러한 점은 앞서 다루었던 도의 종류 부분에서 언급된 바가 있다. 그런데 더욱 중요한 것은 장자에게서 도의 의미가 한 가지가 아니라 두 가지로 나뉘는 것이『장자』속에 들어 있는 사상적 내용에 기반한 것이라는 사실이다. 그리고 바로 이러한 점이야말로 우리가 고찰해야 할 문제이다.

철학적 본체 문제에 관한 고찰은 인간의 고유한 본성이다. 헤겔이 "하나의 문화를 갖추고 있는 민족에게 형이상학이 없다는 것은 마치 어떤 신전이 모든 면에서 화려하게 꾸며져 있으나 모시는 신神이 없는 것과 같다"[10]라고 말한 것은 바로 형이상학 및 본체론 문제에 대한 탐구가 인간의 본성임을 강조한 것이다. 그렇다면 인간은 왜 이러한 본성을 지니게 되

---

10) 黑格爾(헤겔), 楊一之 譯,『邏輯學』,「第1版序言」, 商務印書館, 1966, p.2.

었는가? 인간이란 무엇인가? 물론 이런 물음에 대해 이성적인 동물이라거나, 또는 언어를 사용할 수 있는 동물, 그리고 정치적 동물, 생산도구를 만들고 사용할 줄 아는 동물 등과 같은 다양한 대답이 가능할지도 모른다. 그러나 인간에 대한 다양한 정의가 있음에도 불구하고 그것은 결국 두 가지의 본질적 측면으로 귀결된다. 하나는 인간의 동물성과 자연성을 가리키는 측면이고, 다른 하나는 동물성이나 자연성과 구분되는 초월성을 의미하는 측면이다. 전자는 인간이 육체를 가지므로 자연세계와 연관성을 지니며, 나아가 어느 정도 자연에 종속되어 있음을 강조한다. 그러나 후자는 인간이 자연성을 초월하여 인간만의 세계, 즉 인류사회를 형성했다는 점을 강조한다.

인간은 도대체 어디에서 비롯되었는가? 생물학적 진화론에 따르면 인간은 유인원으로부터 진화된 것이고, 유인원은 또한 그보다 저급한 동물의 종에서 비롯된 것이다. 그렇다면 인간이라는 존재에는 항상 그에 선행하는 존재가 있으며, 무에서 생겨난 것은 아니게 된다. 종교적 측면에서 인간은 신에 의해 창조되었다고 주장하기도 한다. 예를 들어 서구의 신화에 따르면 인간은 근심의 여신 쿠라에 의해 흙으로 만들어진 것이다.(하이데거, 『존재와 시간』 제42절 참조) 그리고 중국 고대의 신화에서도 여와女媧가 황토로 인간을 만들어냈다는 설이 있다.(『太平御覽』 권78, 한대의 「風俗通」을 인용한 부분 참조) 나아가 『성경』 「창세기」에서도 신이 인간을 창조했다는 내용이 등장한다. 이와 같은 종교 및 신화에서는 모두 인간이 흙을 재료로 하여 창조되었고, 무로부터 나온 것이 아니라고 주장하고 있다. 다시 말해서 인간은 육체적 존재로서 자연과 완전히 분리될 수 없고, 그것은 특정한 의미에서 자연적 사물의 변형이라는 것이다.

그러나 인간의 본질은 여기에 있지 않다. 우주적 차원에서 인간의 탄생이 획기적인 사건이라고 할 수 있는 이유는 인간이 자신만의 세계인 인문세계를 구축했기 때문이다. 만약 군이 이러한 인문세계가 어디에서 비롯되었는지를 묻는다면 그것은 당연히 무로부터 창조되었다고 할 수밖에 없다. 왜냐하면 자연세계에는 애초에 인문세계라는 것이 없었고, 그 어디에서나 인문세계의 단초를 찾아볼 수 없기 때문이다. 설령 인문세계가 하나님에 의해서 창조되었다고 하더라도 이러한 하나님의 세계는 또한 자연세계 그대로가 아님은 분명하다. 그러므로 자연세계는 자연세계일 뿐이고, 그 속에는 인문세계의 자취가 없다. 하나님이 흙으로 인간의 육신을 만들어낼 수 있지만 그것으로 인문세계를 만들어낼 수는 없다. 설사 그가 자신이 살고 있는 세계에 따라 인문세계를 만들었다고 하더라도 자연세계 속에 인문세계가 있다는 것을 증명해 내지는 못한다. 본래 존재하지 않았던 인문세계가 실제로 생겨났다면 그것은 무로부터 비롯되었다고 할 수 있지 않겠는가!

인간과 동물의 차이는 바로 인간이 동물과 달리 인문세계에 살고 있다는 데 있다. 인간이 자신이 살고 있는 인문세계를 떠나게 되면 그것을 곧 죽음이라고 하고, 나아가 거세去世·서세逝世·과세過世·사세辭世 등으로 표현한다. 그런데 인간이 죽어도 육체는 아직 남아 있다. 그리고 이러한 육체는 분자와 원자를 비롯하여 더욱 세분화된 입자로 분해되는데, 이는 여전히 유이지 무가 아니다. 그러나 인간이 생존하고 있는 인문세계는 그렇지 않다. 인간이 죽으면 인문세계는 그에 대해서 무에 불과하다. 그렇다면 인간이 죽고 나서 그에 대한 인문세계는 도대체 어디로 갔을까? 그것은 진실로 천당이나 지옥으로 바뀌었을까? 물론 종교적 신자들은 이에 대해 여러 가지 설을 내세울 수 있겠지만 우리는 잘 모른다. 우리가 알고 있는 것은 오직 인간이 죽으면 생전의 세계는 그에 대해 무에 불과하다는 사실뿐이다. 그렇다면 이러한 인문세계가 본래 무로부터 비롯되고, 또한 궁극적으로 무로 되돌아간다는 것이 명백해진다. 무로부터 비롯되고 무로 되돌아간다는 것은 무엇을 시사하는가? 이는 인간이 살고 있는 인문세계 그 자체가 하나의 본체임을 의미한다. 다시 말해 무로부터 비롯되고 무로 되돌아가는 인문세계야말로 그것을 제한하는 자를 갖지 않으므로 진정한 절대자이자 유일자이며, 자기 스스로를 원인으로 삼는 자이자 자기 스스로에 근본하는 자이다. 따라서 인문세계는 그 어디에서 유래된 것이 아니고 그 무엇으로 변화하지도 않기 때문에 스스로를 근거나 원인으로 삼는 자이다.

인간의 세계는 바로 이와 같은 방식으로 존재하는 것이다. 무엇이 그것을 존재하게끔 하였는가? 바로 무, 즉 그를 존재하도록 한 것은 아무것도 없었고, 모든 것이 인간 스스로에 의해서 결정된 것이다. 그러므로 철학적으로 보면 인문세계는 유가 아니라 무이고, 이러한 무의 본질적 내포는 무제한성, 곧 자유이다. 그리고 자유는 또한 스스로 말미암는다는 뜻으로 인간 스스로가 인문세계를 결정한다는 것을 의미한다. 이와 같은 인문세계야말로 진정한 본체이자 절대자이다. 그러므로 본체라고 말한다면 그것은 반드시 자연세계가 아닌 인문세계를 가리켜야 한다. 나아가 인문세계의 본질이 곧 무 또는 자유이기 때문에 인간에게는 무엇보다도 그 본체나 본원을 필요로 한다. 그리고 이러한 본체는 인간사회가 존재하는 기준이자 효시이며, 그것은 인간사회가 마땅히 어떤 모습으로 존재하고 그렇게 존재해야만 하는지를 결정한다.

인간은 자신이 살고 있는 인문세계 속에서 시시각각 본체에 대해 추구하고 알고 싶어 한다. 예를 들어 우리가 매일 사용하고 있는 도량형의 단위가 바로 그것이다. 인간은 일찍이 자나 저울과 같은 도량형을 사용할 수 있었다. 그리고 이러한 도량형의 제작 과정에서 그들은 바로 본체의 문제와 부딪치게 된다. 달리 말하면 자로 사물의 길이를 잴 때, 이 자는 어디에서 비롯된 것인가? 상제(하나님)가 자를 만들어서 인간에게 하사한 것인가? 물론 아니다. 자는 인간이 생활하는 과정에서 만들어진 것이다. 다시 말해서 길이가 있는 사물이라면 그 내면에 반드시 하나의 자가 있기 마련이다. 그러나 이와 같은 내면적인 자를 드러내는 것은 그리 쉬운 일이 아니다. 왜냐하면 그것은 자의 본성 또는 그 본체 확립의 문제와 직결되기 때문이다.

일척一尺은 도대체 어느 정도의 길이를 의미하는가? 그리고 얼마만큼의 길이를 일척이라고 말할 수 있는가? 이는 당연히 인위적으로 정해진 것이다. 즉 인간이 합의를 통해 일정한 길이를 일척으로 정했다는 것이다. 실제로 일척이라는 길이는 하나의 공리公理이다. 철학적 용어로 말하자면 공리는 스스로를 근본으로 삼는 '자본자근성自本自根性'이다. 바로 이러한 자본자근성으로 인해 일척이라는 길이는 절대성을 지니게 되고, 천하 사물의 길이를 재는 기준으로 사용할 수 있게 되며, 하늘의 끝까지 뻗어 있는 긴 사물에서부터 털끝만큼 짧은 사물의 길이를 잴 수 있게 되고, 모든 사물의 길이는 일척을 본원으로 삼지 않을 수가 없게 된다.

마찬가지로 무게와 부피를 재는 한 근(一斤)과 한 말(一斗)이라는 단위도 이와 같은 이치로 해명될 수 있다. 나아가 일상생활에서부터 과학적 지식의 영역에 이르기까지 모든 것은 이러한 이치를 따르고 있다. 예를 들어 기하학에서도 반드시 더 이상 증명할 필요 없는 자명한 공리가 있어야 하는데, 유명한 유클리드 기하학은 바로 5개의 공리로 이루어진 것이다. 그리고 수학에서의 숫자나 연산법칙도 모두 공리에 의거한다. 나아가 뉴턴 역학에서의 관성법칙과 아이슈타인 물리학에서 협의의 상대성 원리, 그리고 광속불변의 원리도 모두 공리에 기반한 것이다. 따라서 모든 학문체계의 성립은 모두 특정 공리에 의거해야 하며, 그것이 없으면 학문이 성립될 수 없다. 마지막으로 일상생활 속에서 무엇에 대해 말하려고 할 때, 우리는 무의식적으로 비교하는 방식을 취하게 되는데, 이러한 비교마저도 자명한 본체를 찾아서 그것을 근본으로 삼아야 한다.

인간은 일상생활에서 자기도 모르는 사이에 본원이나 본체를 확립하는데, 철학사상에 있어서는 더더욱 그러하다. 그래서 만약 인간이 일상생활에서 자발적으로 본체를 확립하고자 한다면 그들이 철학에서 본체를 찾고자 하는 것은 지극히 당연한 일일지도 모른다. 그렇다면 철학에서 인간은 어떻게 본체를 확립하는가? 물론 철학에서 행해지는 방법은 일상생활에서의 그것과는 다소 다르겠지만 그 원리는 동일하다고 할 수 있다. 즉 철학에서의 본체의 확립도 천지만물 속에서 하나의 절대자, 또는 공리를 확립하는 것이다. 그리고 이러한 본체 확립의 방법에는 두 가지가 있다.

첫째는 이성을 통해 공리 또는 절대자를 추상해 내는 방법이다. 이 방법은 고대 그리스 철학에서 비롯되었고 이후 서양철학 전체에 걸쳐 쓰였다. 피타고라스의 수, 파르메니데스의 존재, 플라톤의 이데아와 독일철학의 집대성자인 헤겔의 절대이념은 모두 이러한 방법을 사용한 것이다. 그리고 이와 같은 방법은 실제로 인간이 일상생활에서 도량형을 확정하는 방법과 거의 똑같다. 자(尺)의 본원을 확립할 때, 사람들은 일정한 길이를 지닌 실물의 단위를 그 사물로부터 독립시켜 불변의 기준으로 삼는다. 철학에서 본체를 확립할 때도 이와 비슷하다. 예를 들어 고대 그리스 철학의 시작 단계에서 탈레스는 물을, 헤라클레이토스는 불을, 아낙시메네스는 공기를, 데모크리토스는 원자를 천지만물의 근원으로 삼았는데, 모두 이와 똑같은 이치에 근거한 것이 아닌가! 다만 후세 철학자들이 이러한 감각적 직관에 의거한 추상법을 이성의 추상법으로 승격시키고 존재자들 속에 내재하는 공통성을 추출하여 이성적 기호로서의 존재(being)와 같은 본체론을 정립했을 뿐이다. 여기에서 말하는 존재는 하나의 개념 또는 범주로서 순수한 형식이나 추상적 하나임을 가리킨다. 그리고 그것에는 그 어떠한 개별자의 특성이 섞여 있지 않으므로 마치 척尺이라는 단위가 그 어떠한 확정적 길이를 갖지 않은 것과 유사하다. 이와 같은 개념으로서의 존재는 현실 세계에서 존재자의 기준이 되므로 모든 개별적 존재자의 존재를 포섭하면서 그들의 본원이 된다. 따라서 서양철학에서 제기한 존재론적 본체론은 현실 생활과 이론적 영역에서 모두 충분한 근거를 지닌 것이라고 할 수 있다.

그러나 이성을 통해 존재를 추상해 내는 방법에는 결함이 있다. 첫째, 이와 같은 방법으로 추상해 낸 존재는 인간의 이성에만 존재할 뿐이지 현실에서는 존재하지 않는다. 둘째, 존재의 근원은 존재자의 외부에 존재하므로 그것을 존재자의 근본이라고 말할 수 없다. 셋째, 이와 같은 존재는 이성적 차원의 하나 또는 일반을 가리키므로 그것은 변화하지 않을 뿐더러 시간성과 역사성을 지니지 않기 때문에 역동적인 것이 아니라 정지되어 있다. 따라서 독일의 현대철학자 하이데거는 서양전통의 본체론을 근본이 없는 것이라고 비꼬았다.

철학에서 본체를 확립하는 두 번째 방법은 존재에 대한 묘사법이다. 이러한 방법은 중국의 전통사상 속에 등장하는 본체론에서 많이 쓰이는데, 곽상의 독화론이 바로 이에 속한다. 그렇다면 어떻게 존재자에 대해 묘사하여 그 본원을 확립할 수 있는가? 이러한 질문에 관해 우리는 여전히 도량형의 예로 설명할 수 있다. 사물의 길이를 측정할 때 쓰이는 자에는 일정한 길이가 있다. 그러나 그 본원을 확립하려면 일정한 길이를 무화시켜야만 한다. 다시 말해서 구체적인 길이를 실제로 잴 수 없는 길이, 즉 길이의 단위로 파악해야 한다는 것이다. 그리고 이와 같은 단위의 개념에는 실제의 길이가 없으므로 구체적인 길이에서 분리될 수 있으며, 하나의 기준 또는 본원으로 작용할 수 있다. 따라서 척이라는 단위는 특정한 길이가 있음과 길이가 없음의 통일, 즉 유와 무의 통일이라고 할 수 있다.

또한 이에 관해 다른 측면에서 접근해 볼 수 있는데 우선 척이 어디에 있는가라는 질문에 대해 살펴보도록 하자. 실제로 천하의 사물들은 길이가 없는 것이 없으므로 척은 모든 사물에 잠재되어 있다고 할 수 있다. 그러나 다른 한편으로 각각의 사물에 척이 있기 때문에 그 사물들은 사물을 측정하는 객관적 기준이 될 수 없다. 따라서 그들에게 잠재되어 있는 척을 드러내야만 모든 사물을 측정할 수 있는 도량 단위를 얻을 수 있다. 그렇다면 이와 같이 잠재되어 있는 척을 어떻게 드러낼 수 있는가? 일상생활에서 사람들은 일정한 길이를 공리로 설정하여 그것을 확정한다. 그러나 이러한 방법이 일상생활에서는 가능할지 몰라도 철학 또는 사물의 존재적 영역에서는 불가능하다. 왜냐하면 사물에 잠재되어 있는 척을 추출하여 독립시킨다면 그것은 불변한 것, 곧 죽어 있는 것으로 전락되기 때문이다. 또한 천하의 사물들이 모두 이와 같다면 그것들은 모두 개별적 존재이지 다른 존재의 본원이 될 수 없다.

그렇다면 존재의 본원은 도대체 어디에 있는가? 지금의 상태로는 존재의 본원이 각각의 사물들 속에 내재되어 있다는 것만을 확정할 수 있을 것이며, 철학의 과제는 곧 그것을 찾아내는 것이라고 말할 수 있다. 그렇다면 어떻게 찾아낼 것인가? 고대 그리스의 탈레스가 제기한 아르케설이 하나의 방법이라고 할 수 있는데, 그것은 본원을 하나의 구체적 사물로 규정하는 것이었다. 그러나 이는 실제로 사람들이 일상생활에서 척과 같은 도량 단위를 규정하는 방법과 유사한 것에 불과하다. 이와 달리 파르메니데스는 구체적인 사물이 아닌 존재를 본원으로 추상해 내는 방법을 사용했다. 방법론적으로 보면 이와 같은 추상법은 일정한 설득력을 지니고 있으며 사물존재의 본원을 파악하는 데 필요한 것임에 틀림없다. 왜냐하면 오직 이러한 추상법을 통해서만이 사물의 외연적 개별성을 제거하고 공통적으로 지니는 내면적 속성을 추출해 내며, 통일시킬 수 있기 때문이다.

그러나 이와 같은 추상법은 사물의 존재를 현실에서 독립시켜 인간의 이성적 기호의 차원에만 머물면 안 된다. 왜냐하면 이렇게 독립된 존재는 죽은 개념이므로 이것이 사물의 진정한 본원으로 작용할 수 없기 때문이다. 그러므로 사물 속의 본원을 확립하려면 한편으로는 각각의 사물 속에서 존재 또는 유有를 추상해 낼 수 있을 뿐만 아니라 다른 한편으로는 이와 같은 존재 또는 유를 추상적 기호로서 이성의 차원에만 머물러 있게 하면 안 되고, 개개의 사물 속에 살아 있는 것으로 규정해야 한다. 그렇다면 사물을 떠나지 않은 이와 같은 존재 또는 유는 도대체 어떠한 것인가? 한마디로 그것은 참된 무無, 즉 유와 긴밀히 연결된 '유-무성'이다.

하이데거는 『형이상학이란 무엇인가?』라는 저술의 말미에서 "왜 존재자만 있고 무는 있을 수 없는가?"라는 질문을 한 바가 있다. 이에 대해 우리는 바로 무가 있을 수 없기 때문에(사물을 떠나 독립적으로 존재할 수 없기 때문에) 있을 수 있는 것은 존재자일 수밖에 없다고 답할 수 있을 것이다. 그러므로 사물의 무가 지니는 은폐성으로 인해 유의 확실성이 있고, 유의 확실성으로 인해 무의 은폐성이 있을 수 있다는 말이 성립된다. 따라서 사물의 유무가 지니는 각자의 속성이 서로 어울리고 보완하면서 사물의 존재가 확정될 수 있고, 나아가 상호보완적인 사물의 유·무성이 곧 사물존재의 본원이 될 수 있다. 사물의 존재 또는 유를 이성적 추상법에 따른 본체론이라고 한다면, 사물의 유·무성을 존재에 대한 묘사법에 따른 본체론이라고 할 수 있다. 이른바 존재에 대한 묘사법은 사물의 존재 본성에 대해 유·무성에서부터 출발하는 이성의 직관적인 묘사방법이다.

존재의 본체 확립에 관한 이론을 명확하게 판별한 다음 현재의 우리는 다시 장자의 도론으로 돌아와 도가 어떠한 형식의 본체인지를 밝혀야 한다. 장자는 분명히 "어렴풋하게 존재하지 않는 듯하면서도 실존하며, 느긋하게 모습을 드러내지 않으면서도 신묘하게 작용하며, 만물은 그에 의해 길러지면서도 스스로 그런 사실을 알지 못하는"(「지북유」) 본원을 찾고자 했다. 그리고 이러한 본원은 "스스로를 근본으로 삼아 아직 천지가 있기 이전에 예로부터 이미 엄연히 존재하여 온 것이다. 귀신과 상제上帝를 신령神靈하게 하고, 천지를 생성하며, 태극太極보다 앞서서 존재하면서도 높은 척하지 않고, 육극六極의 아래에 머물면서도 깊은 척하지 않으며, 천지보다 앞서 존재하면서도 오래된 척하지 않고, 상고上古보다 오래되었으면서도 늙은 척하지 않는 것"(「대종사」)이므로, 장자는 이를 일컬어 도道라고 불렀다. 그렇다면 어떠한 존재가 스스로를 근본으로 삼고, 천지가 생기기 이전부터 존재할 수 있는가? 앞서 서술했듯이 이와 같은 본원적 존재는 일종의 이성적 추상을 통한 하나(一) 또는 일반이며, 유·무성의 방식으로 표현하자면 유와 무가 일체가 된 존재이다. 그렇다면 장자가 말한 도는 이 중에서 어떤 것에 속하는가?

한편으로 장자가 말한 도는 이성적 추상의 방식과 유사한 점이 있다. 그는 「제물론」에서 "가는 풀줄기와 큰 기둥, 문둥이와 서시西施를 들어서 대조해 보면 매우 괴이한 대조이지만 도의 입장에서는 다 같이 하나로 된다"라고 했는데, 여기에서 말하는 도가 바로 이성을 통해 추상화된 존재이다. 맹자는 "사물의 가지런하지 않음이 사물의 실정이다"(『맹자』, 「등문공상」)라고 말한 적이 있다. 물론 이 말은 맹자가 물물교환의 상황을 가리켜 말한 것이지만, 그것은 일반 사물의 본성에도 들어맞는 듯하다. 즉 만물은 본래 가지런하지 않다는 것이다. 그렇다면 장자는 어떻게 그것을 가지런하게 만들 수 있었는가? 그것은 바로 형태가 서로 다른 사물들 속에서 하나의 절대자를 확립함으로써 가능할 수 있었는데, 장자는 이를 일컬어 도라고 불렀다. 그에 따르면 풀줄기와 큰 기둥, 문둥이와 아름다운 서시는 비록 외연적으로 많이 달라도 도의 입장에서는 하나로 통한다. 그러므로 장자가 말한 본원의 도는 추상적인 의미와 성질을 지닌다고 할 수 있다.

「지북유」에는 도에 대한 태청泰淸과 무시無始의 대화가 실려 있다. 즉 태청이 무시에게 도는 알 수 있는 것인지를 물었을 때, 무시는 "도는 들을 수 없는 것이니 만약 들을 수 있다면 도가 아니며, 도는 볼 수 없는 것이니 만약 볼 수 있다면 도가 아니며, 도는 말할 수 없는 것이니 말할 수 있다면 도가 아니다. 드러난 모습을 드러나 보이게 하는 것은 보이지 않는다는 사실을 아는가? 도는 이름을 붙일 수 없는 것이다"라고 대답했다. 여기에서 알 수 있듯이 도는 들을 수도 없고 볼 수도 없으며 말할 수도 없으므로 감각적인 경험을 초월한 것이다. 이러한 의미에서 도는 유가 아니라 무이다. 그렇다면 이와 같은 무는 어떠한 성질을 지닌 무인가? 「지북유」에는 또한 광요光耀와 무유無有의 이야기가 실려 있는데, 광요는 무유의 모습을 보고 "지극하구나! 그 누가 이런 경지에 도달할 수 있겠는가? 나는 무가 있는 경지까지만 도달할 수 있고 무조차 없는(無無) 경지에는 도저히 이를 수가 없구나! 무도 없는 경지에 이른다는 것, 어떻게 이런 경지에 도달할 수 있겠는가!"라고 감탄했다.

여기에서는 두 가지 무가 논의되고 있는데, 하나는 유와 상대되는 무이다. 예를 들어 원래 있었던 만년필이 없어진 경우나 특정한 외연이 있고 중간만 비어 있는 그릇의 경우가 유와 상대되는 무의 경우이다. 이들은 실제로는 무가 아니라 모두 유에 속하며, 서진 시기의 배위의 표현에 따르면 그것들은 모두 '유에서 남겨진 부분'이다. 그리고 다른 종류의 무는 유와 상대되거나 감각으로 포착할 수 있는 무가 아니라 그것을 초월한 '무조차도 없는 무'(無無)이다. 이러한 무무가 일종의 이성적 추상이며, 바로 도이다. 이처럼 장자의 도 또는 본원의 도는 이성적 추상의 형식과 성질을 지닌 것이다.

그러나 다른 한편으로 장자의 도는 유무성과 연관된 측면도 있다. 장자가 소요의 경지를 표현할 때, "하늘과 땅의 바른 기를 타고 육기의 변화를 조종하여 끝없는 경지에 노닌다"(「소요유」), "구름 기운을 타고 비룡飛龍을 몰아 사해 밖에서 노닌다"(「소요유」), "천지 사이에서 노닌다"(「대종사」), "만물이 끝나고 시작하는 도의 세계에서 노닌다"(「달생」), "만물의 시초에서 자유롭게 노닌다"(「산목」) 등과 같은 표현들을 사용했는데, 그것들은 모두 자유로운 마음의 노닒, 즉 "사물의 자연스러움을 타고 마음을 자유롭게 노닐게 하고"(「인간세」), "마음을 덕의 융화 속에서 노닐게 하며"(「덕충부」), "마음을 담담한 곳에 노닐고, 기를 적막한 곳에 부합시키며"(「응제왕」), "홀로 천지의 정묘하고 신묘한 작용과 함께 일체가 되어 왕래하는"(「천하」) 초월적 성지를 가리킨다. 그렇다면 어떻게 해야 이러한 경지에 이를 수 있는가?

이에 대해 장자는 어느 정도의 문학적 표현방법으로써 신선이라는 인물형상을 그려내기도 했다. 하지만 『장자』라는 저술이 철학적 저술이기 때문에 본질적으로 장자는 이런 초월적 경지에 대해 마음의 소요의 경지, 즉 유-무성을 지닌 심의 존재상태 또는 경지로 규정했다. 장자에 따르면 심이 존재의 유-무성을 파악하고 감응할 수 있다면 그것은 사물과 동일한 구조에 있게 되며, 나아가 만물제일萬物齊— 또는 천인합일의 경지에 이를 수 있게 된다. 한마디로 정신의 자유로운 소요의 경지에 이르려면 심과 사물은 모두 유-무성의 존재상태에 있어야 한다는 것이다. 장자의 소요의 도는 바로 이러한 경지를 가리켜 말한 것이다.

그러나 장자의 철학은 본체로서의 본원의 도와 소요의 도의 문제를 제대로 해결하지는 못했다. 즉 그의 철학에서 본원의 도는 단지 본원의 내용만을 지닐 뿐이지 그 형식을 지니지 못한다는 것이다. 즉 본원의 도는 이성적 추상으로서의 내용을 갖추고 있지만 그에 걸맞은 논리적 추론방법이 결여되어 있다. 마찬가지로 그의 소요의 도 역시 소요의 형식을 지닐 뿐 소요의 내용을 갖추지는 못한다. 즉 그것은 형식적으로 자유롭지만 소요의 내용을 유-무성에까지 귀착시키지는 못했다는 것이다. 이렇게 되면 장자의 철학에서 본원의 도의 내용은 소요의 도의 형식을 차용한 셈이 된다. 그 결과 장자의 도론은 겉보기에는 본체론이라고 할 수 있지만 실제로는 본체론의 기능을 수행할 수 없는 것이 된다. 그러므로 사람들이 본원의 도에 입각하여 장자의 도론을 이해하려고 들면 그것이 너무나 황홀한 것이어서 인식에 잡히지 못하게 되는 한편, 소요의 도에 입각하여 그것을 이해하려고 하면 추상적 개념에 의해 제한되고 그 속에서 빠져나오지 못하게 된다. 그래서 장자의 도는 비록 내용이 풍부하고 생동적이기는 하지만 사실상 성숙한 철학적 본체론이라고는 할 수 없다.

장자의 도론에 비해 곽상의 독화론은 형식적으로나 내용적으로나 보다 완전한 것이라고 할 수 있다. 실제로 곽상은 『장자』를 주석하면서 마땅히 그의 도론을 계승하고 확장해야 했다. 그러나 곽상은 그렇게 하지 않았다. 곽상의 철학체계에서 도는 지극히 평범한 범주일 뿐이고, 또한 곽상은 그 것을 천지만물의 존재본체로 설정하지도 않았다. 왜 그랬을까? 곽상은 "누가 사물에 앞서 존재하는 자가 될 수 있는가?…… 나는 지극한 도를 그것으로 삼는다. 그러나 지극한 도는 지극한 무이다. 그렇다면 무가 되면 어찌 사물에 앞서 존재할 수 있는가!"(「지북유주」)라고 하였는데, 여기에서 곽상은 도를 지극한 무, 즉 '지무至無'로 규정했다. 그리고 곽상은 지무가 허무, 공무, 없음을 의미하는데, 그것이 어떻게 천지만물의 본원으로 작용할 수 있는지를 묻고 있다.

곽상은 다른 곳에서도 이미 "무가 이미 무이면 유를 낳을 수 없고"(「제물론주」), "무가 어찌 사물을 만들어낼 수 있단 말인가!"(「제물론주」)라고 말한 적이 있다. 그러므로 곽상은 "도는 무능하다. 이 말은 도에서 얻는 것은 실로 스스로 얻었음(自得)을 밝히기 위해서이다. 스스로 얻은 것이지 도가 얻게 해줄 수는 없다. 내가 얻지 않았다면 얻음이라고 할 수 없다. 그렇다면 얻은 자는 외부의 도에 의해서도 아니고 내면의 자기에 의해서도 아니므로 홀연히 스스로 얻으면서 독화할 따름이다"(「대종사주」)라고 표현했던 것이다.

이와 같이 곽상은 장자의 도론과 결별하여 스스로 "삶을 낳게 하는 자

(生生者)가 누구이고"(「제물론주」), "사물에 앞서 존재하는 자가 누구인가?"(「지북유주」)를 물으면서 본체 문제에 대해 사색했다. 이러한 사유의 전환은 곽상이 장자를 주석할 때 나타나는 중요한 사상적 경향이다. 철학의 본체론적 시각에서 보면 이와 같은 사유방식은 본체 문제에 대한 접근방식을 이성을 통한 추상법에서 존재묘사법으로 전향시킴으로써 중국 전통철학의 발전 맥락과 상통하게 했다. 나아가 그러한 결실이 바로 독화론으로 나타나게 된다.

곽상의 독화론은 묘사적이기 때문에 이성적 추상의 원칙과 방법으로써는 파악될 수 없다. 그는 끊임없이 "삶을 낳게 하는 자는 누구이고"(「지북유주」), "사물을 낳게 하는 자는 누구인가?"(「지북유주」)를 물으면서 사물의 본원이 도대체 무엇인가에 대해 사색했다. 그것은 음양인가? 아니다. 왜냐하면 "음양도 또한 한갓 사물에 지나지 않기 때문이다."(「지북유주」) 그렇다면 그것은 자연인가? 그것도 아니다. 왜냐하면 "자연도 사물이 스스로 그러한 것이기 때문이다."(「지북유주」) 그렇다면 그것은 지극한 도(至道)인가? 그것도 아니다. 왜냐하면 "지극한 도는 곧 지극한 무이다. 이미 무라면 그것이 어찌 사물에 앞서 존재할 수 있겠는가?"(「지북유주」) 이처럼 끊임없이 거듭 사색한 결과 곽상은 사물의 본원이 각각의 사물 외부에 존재할 수 없고, 반드시 개별적 사물 속에 존재해야 함을 깨닫게 되었다. 그것이 바로 개별적 사물의 독(獨)이자, 그것들의 자생, 자이, 자연이다. 그리고 곽상의 이와 같은 사유방식은 앞서 서술했던 것처럼 사람들이 일상에서 도량형의 단위를 추출하는 방식과 동일한 것이다.

이와 같이 곽상은 사물의 독을 확정했지만 그렇다고 해서 그것이 곧 본체가 되는 것은 아니다. 왜냐하면 이러한 독은 본체의 형식만을 갖췄을 뿐이고 아직 본체의 내용을 지니지는 못하기 때문이다. 독은 단지 사물의 존재본원이 그 사물 속에 있음을 드러냈을 뿐 그 본원이 구체적으로 사물 자체 속의 무엇인지에 대해서는 말해주지 않았다. 이러한 지점에서의 곽상 현학은 이성적 추상이나 감각적 직관으로 전향되기 쉽다. 즉 그것은 이성 적 추상법으로 사물의 공통성을 추출한 왕필의 무론으로 이행될 수도 있 고, 각각의 사물을 관찰하여 그들의 모습을 직관적으로 파악한 배위의 유 론으로 전향될 수도 있는 것이다. 그러나 곽상은 이와 같은 두 가지 길에 접어들지 않고 존재에 대한 묘사법을 사용하여 사물존재가 독과 화의 통일 임을 주장했다.

사물의 독獨은 사물이 그 사물임을 의미하며, 이것은 사물의 유의 측면 이다. 그러나 사물에 독의 측면만 있다면 그것은 결국 죽은 사물에 불과하 며, 실질적으로 존재할 수 없게 된다. 사물이 존재할 수 있고, 나아가 독으 로 드러날 수 있는 것은 사물에게 또한 화化의 측면이 있기 때문이다. 화가 있으므로 사물이 살아나고 변화할 수 있으며, 역사성과 시간성을 지닐 수 있다. 이러한 화를 가리켜 사물의 무의 측면이라고 한다. 따라서 사물이 자생, 자이, 자연의 상태 또는 독화의 상태로 있을 수 있는 것은 그 사물 자체에 유-무성이라는 본질이 존재하기 때문이다.

3. 장자와 곽상 본체론의 특성과 의의

이른바 본체론의 성질 문제는 곧 이러한 종류의 본체론이 유물론적인 가 아니면 관념론적인가 하는 것이다. 만약 어떤 본체론이 유물론적이라면 그것은 소박하고 기계적이며 변증적인 본체론임을 말하고, 반대로 관념론적이라면 그것은 주관 관념론적이거나 객관 관념론적인 것임을 의미한다. 한 철학자의 사상적 성질을 이와 같이 분류하고 규명하는 것은 그 사상을 깊이 있게 파악하는 중요한 수단이기도 하다.

그렇다면 장자의 도는 어떠한 성질을 지닌 철학적 이론인가? 대략적으로 보면 그것은 일종의 객관적 관념론에 속한다. 이러한 규정을 할 수 있는 것은 "무릇 도는 정情이 있고 신信이 있으며, 무위하고 형태가 없다"(「대종사」)라는 말에서 근거를 찾을 수 있다. 여기에서 말하는 도는 '무위하고 형태가 없으며', '보이지 않으면서도 천지가 있기 전부터 존재해 왔으며', '귀신과 상제를 신묘하게 하고 하늘과 땅을 낳는' 존재이므로 당연히 관념적일 수밖에 없다. 또한 그것이 천지가 있기 전부터 존재해 왔기 때문에 인간의 주관적 마음이나 정신일 수는 없고, '태극의 위'에 그리고 '육극의 아래'에 항상 존재해 왔으며 '오랜 옛날보다 더 오래된' 존재이므로 객관적인 관념일 수밖에 없다. 「지북유」에서 동곽자東郭子가 장자에게 "이른바 도는 어디에 있는가?"라고 물었을 때, 장자는 "그 어디에도 없는 곳이 없다"라고 대답했다. 여기에서 볼 수 있듯이 장자가 말한 도는 객관적 관념론에 속한다.

그런데 이와 같이 장자의 도를 규정하는 것은 완전한 잘못이라고까지 할 수는 없지만 여전히 부정확한 측면이 있다. 왜냐하면 이는 나무만 보고 숲을 보지 못하는 잘못을 범하고 있기 때문이다. 그러므로 장자의 도의 성질을 규명하기 위해서는 전체적인 틀에서 착안해야 할 것이다. 전체적인 틀에서 착안한다는 것은 실제로 장자의 본원의 도와 소요의 도의 관계를 제대로 파악하는 것과 연관된다. 장자가 장자일 수 있는 가장 중요한 요인은 무엇보다도 그의 철학이 당시 피지배층이었던 평민사인을 위한 길을 여는 데 있고, 그 결과로 제시한 것이 바로 소요유라는 점이다. 이러한 소요유는 사람의 마음을 절대적 자유의 경지에서 노닐게 하면서 생명의 안정을 얻는 것이다. 그러므로 장자의 사상적 취지를 대변할 수 있는 것은 본원의 도가 아닌 소요의 도이다. 또한 이와 같은 두 가지 도에 대한 언급의 완성도에 입각해서 보면 장자의 중심은 여전히 소요의 도에 있다고 해야 할 것이다.

본원의 도는 천지만물의 본원에 대한 논의이다. 그렇다면 어떤 것이 만물의 본원으로 작용할 수 있을까? 이에 관해서 장자는 만물을 하나로 가지런히 하여, "가는 풀줄기와 큰 기둥, 문둥이와 서시西施를 들어서 대조해 보면 매우 괴이한 대조이지만 도의 입장에서는 다 같이 하나로 된다"(「제물론」)라고 지적한 바가 있다. 이와 같은 하나를 얻으려면 반드시 이성적 추상법을 사용하여 서구철학에서 말하는 존재와 같은 본체론적 체계를 구축해야만 한다. 그러나 장자는 이와 같은 작업을 수행하지는 않았다. 그는 만물을 제일齊一함으로써 하나로서의 도를 얻고자 했으나 성공하지 못했다. 왜냐하면 그는 논리적 추론을 기반으로 하는 사변의 방법 대신 '성인은 시비를 조화하여 천균天鈞 속에서 쉰다'와 같은 양행兩行이나 천부天府의 경지로 접어들었기 때문이다.

이에 비해 소요의 도에 대한 장자의 논의는 훨씬 명확하다. 그는 소요의 도가 일종의 경지임을 분명하게 지적했고, 나아가 소요의 주체는 인간의 정신, 곧 심이라는 것을 분명히 언급했다. 그에 따르면 인간의 심은 "사물의 시초"(「전자방」)와 "덕의 조화"(「덕충부」), 그리고 "육합의 밖"(「서무귀」) 등에서 노닐어야 한다. 이와 같이 장자가 말하는 소요의 도는 실행의 주체와 목적이 아주 명확하다. 따라서 장자사상의 정수는 마땅히 소요의 도에 있다고 보아야 할 것이다.

장자의 사상적 요지가 소요의 도에 있음이 확정되면 그 철학적 성질도 일종의 주관적 관념론임이 분명해진다. 그러나 이러한 심은 어떠한 의지를 가리키는 것이 아니라 자유로운 노닒 상태에 있는 심체心體를 말하며, 정신의 자유로운 경지를 의미하므로 일종의 심미적 성질과 기능을 지닌다. 장자학이 사람들로 하여금 정신적 상쾌함이나 초탈함을 느끼게 할 수 있는 이유도 바로 이와 같은 심미적 성질을 지닌 소요의 도와 연관된 것이다.

그렇다면 곽상의 독화론은 어떠한 철학적 성질을 지닌 본체론인가? 이 문제에 관해서는 지금도 논의가 계속 진행되고 있다. 어떤 사람은 곽상의 현명지경玄冥之境에 입각하여 독화사상을 일종의 신비주의적 세계관이라고 규정한다.[11] 또한 어떤 사람은 그것을 지극한 허무, 또는 상제上帝의 다른 이름이라고 주장한다.[12] 나아가 그것을 추상적이고 형상이 없으며, 파악할 수도 없는 천리와 성명의 피안세계에 대한 모식이라고 하기도 하고,[13] 절대정신의 본체라고도 하며,[14] 인과관계를 부정하는 일종의 무인론無因論이라고 하기도 하고,[15] 곽상의 독화론 또한 일종의 정교한 신앙주의에 불과한 관념주의 본체론이라고도 하며,[16] 명이망적冥而忘迹의 인식사상을 기초로 일종의 신비적 색채가 가득 찬 불가지론으로 보는[17] 학자들도 있다.

11) 任繼愈 主編, 『中國哲學史』第二册, 人民出版社, 1979, p.212.
12) 孫叔平, 『中國哲學史稿』上, 上海人民出版社, 1980, p.432.
13) 樓宇烈, 「郭象哲學思想剖析」, 『中國哲學』第1輯.
14) 余敦康, 『郭象』, 『中國古代著名哲學家評傳』第2卷.
15) 蘭喜竝, 「試釋郭象的"玄冥之境"」, 『中國哲學史研究』, 1986, 第2期.
16) 蕭萐父, 李錦全 主編, 『中國哲學史』上卷, 人民出版社, 1982, pp.382~385.
17) 蕭萐父, 李錦全 主編, 『中國哲學史』上卷, 人民出版社, 1982, pp.382~385.

실제로 곽상의 독화론은 유물론과 관념론이라는 이분법으로 간단하게 취급될 수 없다. 예를 들어 곽상이 "세상 사람들은 망량罔兩이 그림자에 의존하고, 그림자는 형체에 의존하며, 형체는 조물자造物者에 의존한다고 말한다. 그렇다면 묻건대 조물자는 유인가 아니면 무인가? 만약 그것이 무라면 어찌 사물을 만들어낼 수 있겠는가? 그렇다고 해서 그것이 유라면 사물의 모든 형태를 충족시킬 수 없을 것이다. 그러므로 모든 사물의 형태를 충족시킬 수 있으면서도 스스로가 사물임을 밝게 한 뒤에야 조물자에 대해서 이야기할 수 있다. 그래서 사물들의 영역을 넘나들고, 비록 망량까지 포함해서라도 현명玄冥에서 독화하지 않은 것이 없다. 그러므로 조물자의 주재 없이 사물들은 각자 스스로 만들어진다"(「제물론주」)라고 말하고, "누가 사물에 앞서 존재할 수 있는가? 나는 음양이 사물에 앞서 존재하는 자라고 본다"(「지북유주」)라고 말했을 때, 그가 마주하는 세계는 물리적 세계가 아닌가? 그가 말한 '만물이 현명지경에서 독화한다'는 독화론은 물리적 존재를 가리켜 말한 것이 아닌가? 만약 그렇다면 곽상이 제기한 사물의 자연스러운 존재상태 및 성질을 과연 관념주의나 신비주의로 규정할 수 있는가?

다른 한편으로 곽상은 또한 심에 대해서 논의한 바가 있다. 예를 들어 그가 "무릇 사물과 더불어 명합하는 자는 사물의 무리가 그를 떠날 수 없다. 그러므로 무심으로써 사물에 현응玄應하고, 오직 감응한 바에 따르며, 매여 있지 않은 배와 같이 떠 있고, 동쪽이나 서쪽이 모두 스스로의 것으로 삼지 않으니, 그러므로 행하지 않아서 백성과 더불어 함께하지 않는 자는 또한 나아가지 않아서 천하의 군주가 되지 않는 것이다"(「소요유주」)라고 말하고, 나아가 "무릇 성인의 마음은 음양의 변화에 지극하고, 만물의 오묘한 수數를 궁구하므로 어떠한 변화에도 합치할 수 있고, 올바르지 않은 데로는 가지 않으며, 만물을 두루 감싸고 있으니 어떤 것도 그러하지 않은 것이 없다"(「소요유주」)라고 말했는데, 이러한 언급을 통해서 곽상이 마음, 즉 심을 매우 중시하고 있음을 알 수 있다. 그가 도달하려고 한 것은 이러한 성인의 '무심현응無心玄應'의 경지인 것이다. 이처럼 심을 강조한 것에서 보면 곽상은 관념주의자라고 할 수 있을 것이다. 또한 이러한 관념은 이미 주관적 관념이면서도 동시에 객관적 관념이라고도 할 수 있는 것이다.

그렇다면 곽상의 독화론은 도대체 어떠한 성질을 지닌 철학적 이론인가? 그것은 애초부터 주관과 객관을 분리하는 사고방식에 의해 구축된 것이 아니므로 어느 것이 주관이고 어느 것이 객관인지 판정할 수 없다. 그것은 실제로 천인합일의 구조에 따른 것이므로 구체적인 존재자에 대한 묘사를 통해서만이 스스로 드러나도록 할 수 있다. 곽상이 여러 차례에 걸쳐 사물들이 독화하는 것이라고 되풀이해 말하는 것도 바로 모든 사물이 스스로 자신을 드러나게 하는 실태를 강조한 것이다. 그는 여러 가지 묘사적인 어휘를 사용하여 이러한 상태에 대해 서술했는데, '초연하게 모두 갖추어짐', '홀연히 자생함', '명연히 있지 않은 곳이 없음', '탈연하여 매이는 바가 없음', '스스로 그러함', '민연히 자취가 없음'(이상 모두 「제물론주」 참조) 등과 같은 표현이 그것이다.

사물의 이와 같은 상태를 과연 유물론과 관념론이라는 이분법적 범주를 통해 판정할 수 있는가? 물론 그것은 불가능하다. 실제로 독화론은 사물이 본래부터 유-무성을 지닌 존재라는 점을 제시하고자 한다. 즉 모든 개별적 사물은 있으면서도 없고, 없으면서도 있으며, 그 있음과 없음은 서로 낳으면서 끊임없이 존재의 과정 속에서 되풀이된다는 것이다. 그리고 사물의 독화에 대해 이야기할 때, 사람의 심도 자연스럽게 독화에 이르게 되면서 사물과 일체를 이루게 된다. 곽상이 여러 번 '초연', '돌연', '괴연', '혼연' 등 독화와 관련된 수사적 어휘를 사용하는 것도 바로 이러한 인간의 자득적 경지를 묘사하는 것이 아니겠는가!

지금까지 다룬 내용들은 장자의 도론과 곽상 독화론의 철학적 성질에 관한 문제들이다. 그렇다면 이제부터 장자의 도와 곽상의 독화론이 지니는 사상적 의의 또는 가치에 대해 살펴보도록 하겠다.

장자의 본원의 도는 천지만물의 존재적 본원을 의미한다. 그런데 장자에게 있어서 이러한 본원의 도는 비록 본체의 내용을 갖추고는 있지만 그 형식을 결여하고 있다. 다시 말해서 장자는 세상의 온갖 이상한 것을 관통해서 하나로 되게 하는 도를 구축하고자 했으므로 그것은 이성의 추상범주, 즉 플라톤의 '이데아'나 적어도 파르메니데스의 '존재'와 같은 것이어야 한다. 그러나 장자는 이러한 작업을 제대로 수행하지 못한 채, 본원의 도의 내용을 소요의 도의 형식 속에 편입시켜 버렸다. 그러므로 장자의 본원의 도로 천지만물의 존재에 대해 해명하는 것은 다소 허황되게 느껴진다. 따라서 장자의 본원의 도는 우주본체론의 체계를 형성하지 못했으므로 중국철학사에서 본체로서의 작용을 제대로 수행했다고 할 수 없다.

그러나 장자의 소요의 도는 어느 정도 본체론적 의미를 구축해 냈다. 이와 같은 소요의 도는 인간 삶의 쉼터이자 생명의 궁극적 안식처이다. 이것이 바로 소요의 도가 지닌 가치이기도 하다. 사회적 가치의 맥락에서 보면 소요의 도는 유가의 수신제가치국평천하의 도와 상호보완하여 중화민족의 문화심리를 형성했을 뿐만 아니라 중화민족의 (종교가 아닌) 유사종교적 정신세계를 구축했다. 우리는 유가와 도가가 상호보완적이라는 말을 자주 듣곤 한다. 여기에서의 상호보완은 도가사상이 유가사상에 대해 그 형이상학적인 측면의 내용을 보충하고, 유가사상이 도가사상에 대해 그 입세간적 현실성에 대한 보완을 수행한다는 뜻이다. 바로 이러한 두 가지 측면이 서로 어우러져 중국 역대 평민사인의 인생이상으로 자리 잡게 되었다. 유가의 입세간주의에 초월적 성격을 부여할 수 있는 것이 바로 장자의 소요의 도이다.

유가는 입세간주의, 즉 현실사회에 능동적으로 참여함으로써 인생의 가치를 실현하는 것을 강조한다. 이는 적극적이고 유위의 태도를 강조하는 바람직한 생활방식임에 틀림없다. 그러나 이와 같은 태도는 인생의 한 측면에 불과하다. 인간사회는 매우 복잡하거니와 나아가 인간은 태생적으로 다양한 사회관계 속에 얽매여 각종 속박을 받기 마련이다. 그러므로 인간에게 있어서 그의 이상은 항상 현실과 일치하지 않을 수 있다. 그렇다면 인간은 이와 같은 와중에 어떻게 해야 하는가? 이상을 포기하고 그대로 현실에 순응해야 하는가? 물론 그럴 수도 있겠지만 만약 그렇게 된다면 스스로의 양심적 가책에 시달릴 것이다. 그렇다면 현실에 맞서서 이상을 구제해야 하는가? 그럴 수도 있겠지만 실제로 그러기에는 힘이 미치지 못하는 것이 대부분일 것이다. 그렇다면 도연명陶淵明처럼 '돌아가리라!'(歸去來今)를 외치면서 은둔생활을 해야 하는가? 물론 그럴 수도 있지만 은둔한 후의 인간은 과연 먹고 사는 데에만 관심을 두고 살 수 있단 말인가? 물론 그렇지 않을 것이다. 이러한 경우에 장자철학의 힘이 발휘될 수 있다. 그것은 종교를 대신하여 인간의 마음을 위로할 수 있으며, 나아가 인간의 정신에 안식처를 제공할 수 있다. 실제로 2000년 동안 중국의 평민 지식인들은 종교를 만들어내지 않았다. 비록 도교와 불교가 중국 본토에서 어느 정도의 영향력을 발휘했지만 그것은 시종 일반 지식인 계층의 지침으로 작용하지는 못했다. 그 원인이 바로 지식인들에게는 장자의 소요의 도가 있었기 때문이다. 중국 지식인들에게 있어서 자리를 얻을 경우에는 유가사상으로 천하를 구제하고, 자리를 얻지 못할 때에는 도가의 사상으로 그 몸을 깨끗이 하곤 했다. 이로 미루어보면 장자의 소요의 도가 중화민족의 문화심리를 형성하는 데 아주 큰 영향을 미쳤음은 비교적 분명하다고 할 수 있다.

여기서 두 가지 점에 대해 지적해 둘 필요가 있다. 첫째, 장자의 소요의 도는 철학적 본체론이지 문학예술론이 아니다. 그러므로 비록 장자가 말한 소요유가 굴원이 「이소」에서 제기한 유遊의 형식과 비슷하고, 심지어 경우에 따라 굴원의 그것보다 더욱 풍부한 예술적 가치를 지니지만 그것들 사이에는 질적으로 다른 부분이 있다. 그것은 장자의 사상적 깊이와 영향력이 굴원을 훨씬 뛰어넘고 있다는 것이다. 둘째, 본체론으로서 소요의 도는 아직 성숙하지 못한 점이 있다. 즉 그것은 소요의 도가 일정한 형식을 지니고 있으나 그 내용을 결여하고 있기 때문이다. 그러므로 장자의 소요유 사상은 일종의 정신적 노닒의 경지이자 거울 속에 비치는 아름다운 꽃과 같은 이상에 대한 소망이라고 할 수 있다.

장자의 도론에 비해 곽상의 독화론은 두 가지 측면의 의의가 있다. 첫째, 독화론은 일종의 우주본체론이다. 그것은 우주존재에 관한 소이연의 근거 문제를 해결했다. 우주론에서 한대철학은 우주발생론에 속하지만 위진현학은 우주본체론에 속한다. 왕필의 무본론에서부터 죽림현학의 자연론을 거쳐 배위의 유본론에 이르기까지 위진의 학자들은 모두 우주본체론의 체계를 세우려고 했으나 그들 누구도 그것을 완성하지 못했다. 그리하여 곽상은 여러 방면으로 사색함으로써 최종적으로 독화론을 제기했다. 그리고 이러한 독화론은 사물 자체의 유-무성을 제시하고, 현학에서 논쟁이 되었던 유본론과 무본론을 정합하여 새로운 우주본체론을 구축했다.

둘째, 독화론은 인간의 경지론이자 자유론이다. 이러한 점이 바로 곽상의 독화론이 장자의 소요의 도를 뛰어넘는 부분이다. 즉 독화론은 이상의 단계에 머물러 있던 소요의 도를 현실화하는 데 성공했다는 것이다. 장자의 소요의 도는 절대적 정신의 자유를 주장하면서 높고 심원한 경지를 시사하고 있지만 그것은 결국 이상에 불과하다. 그러나 곽상이 독화론은 인간의 경지로서 소요유의 사상을 인간 세상에 놓이게 하였으며, 인간이 현실의 삶에서 실현가능한 경지로 규정했다. 앞서 지적했듯이 곽상의 독화론은 이성적 추상이 아니라 존재에 대한 묘사이고, 그것은 사물 자체의 유·무성을 드러낸 것이다. 그리고 인간이 사물의 이러한 유·무성을 파악하게 되면 그 자체의 마음도 독화의 경지에 머무르게 되는데, 이것이 바로 곽상이 말한 무심의 경지이다.

여기에서의 무심은 곧 심의 자연 상태로서 곽상이 말한 "무심으로써 사물과 현응하고, 감정이 가는 대로 따르며, 마치 매여 있지 않은 배와 같이 떠돌아다녀, 서쪽이나 동쪽이 모두 자기 것으로 삼지 않는"(「소요유주」) 상태이다. 이러한 상태에 머물게 되면 사람은 "음양의 지극함에 이르고, 만물의 오묘한 수를 추궁하는 데 이를 수 있으며"(「소요유주」), "그 어떠한 변화에도 합치할 수 있고, 올바르지 않은 데로 갈 수가 없으며, 만물을 혼연하게 일체로 만들고 그러하지 않은 것이 없게 할 수 있다."(「소요유주」) 그리고 곽상이 말하는 "홀연히 무지함을 지키고", "시비를 하나로 꿰뚫으며"(「제물론주」), "천지를 체득하고 변화에 명합한 것", "자득의 장에서 노니는 것"(「대종사주」) 등은 모두 이 무심현응無心玄應의 경지를 묘사한 것이다.

나아가 이와 같은 무심현응의 경지는 이상이 아니라 현실이며, 사람이 현실사회의 생활 속에서 충분히 실현할 수 있는 소요의 경지이다. 곽상은 "만약 산속에서 아무것도 하지 않고 숨어서 사는 것을 무위라고 한다면, 노자와 장자의 담론은 지금 세상에서 사라졌을 것이다"(「소요유주」), 그리고 "홀로 높은 산의 정상에 서 있는 것은 그 사람이 자기 스스로를 지키는 데 집중하는 것이 아니라 다만 일가 家의 편벽된 설을 고집하는 것에 불과하니, 어찌 온전함을 얻었다고 할 수 있겠는가! 이러한 사람은 속세 중의 일물 物에 불과하고, 요임금의 외신 外臣이 될 수 있을 따름이다"(「소요유주」) 등과 같이 여러 번에 걸쳐 사람이 사회를 벗어나 살 수 없음을 강조했다. 그에 따르면 사람이 애초부터 벗어날 수 없는 사회를 억지로 벗어나 자유를 추구한다면 오히려 사회에 얽매이게 되고 자유를 얻지 못한다. 따라서 사람은 오히려 사회관계에 순응하고, 무심으로써 사물과 현응하고, 감정이 가는 대로 따라야만 사회관계로 인해 상처받지 않고 자연스럽게 현실 속에서 자유를 획득할 수 있다.

곽상이 말하는 무위는 산속에서 홀로 살거나 세속적인 인간사에 무관심한 태도를 취하는 것이 아니라 그와 반대로 유위와 사회적 필연관계 속에서 진정한 자유를 성취하는 것이다. 이렇게 되면 소요의 경지는 현실에서도 실현할 수 있게 된다. 이러한 경지가 바로 "성인은 비록 몸이 관직에 있더라도 그 마음은 산림 속에서 있는 것과 다름없는"(「소요유주」) 경지이고, "성인은 항상 밖에서 노닐면서도 안과 명합하고, 무심으로써 사물에 순응한다. 그렇기 때문에 종일토록 형체를 움직여도 정신에는 변함이 없고, 만가지 기틀을 살펴볼 수 있지만 항상 담연 澹然함을 유지할 수 있는"(「대종사주」) 경지이며, 내성과 외왕의 통일이자 명교와 자연이 일치를 이룬 경지이다.

장자의 제물과 곽상의 상인 Ⅳ

"천하에는 가을철의 가는 털끝만큼 큰 것이 없으며, 큰 산도 또한 작은 것이다."

-『장자』, 「제물론」

제1장

장자의 제물론

『장자』 속에는 '도의 경지에 이르다'(登假於道)(「대종사」), '도를 듣다'(聞道)(「대종사」), '도를 지킨다'(守道)(「대종사」), '도를 체득한다'(體道)(「지북유」), '도를 본다'(睹道)(「칙양」) 등과 같이 도를 파악하는 방법이 있다. 이러한 방법들은 모두 깨달음과 이성적 직관을 통해 도를 인식할 수 있다는 측면에서 그 실질이 같은 것이다. 실제로 장자사상의 대표적 개념 가운데 하나인 좌망坐忘도 여기에 속하는데, 사람들은 대개 이에 근거하여 장자가 말하는 '도를 얻는 방법'에 대해 논의한다. 그러나 도를 체득하는 데 있어서 좌망을 유일한 방법으로 삼아서는 안 된다. 왜냐하면 장자가 말하는 도의 의미는 매우 다양하며, 그에 따라 체득의 방법도 각기 다를 수밖에 없기 때문이다. 결론부터 말하자면 좌망을 통해서는 소요의 도를 파악할 수 있지만 오히려 본원의 도에는 접근할 수 없다. 그렇다면 장자철학의 방법론은 구체적으로 어떠한 것인가?

1. 장자의 상대설

1) 사물을 관찰하는 방법

우선 장자가 사물을 관찰하는 방법에 대해 살펴보도록 하자. 장자는 특정한 역사와 사회적 조건 하에서 살았던 사람이기 때문에 그에게도 자연과 사회에 대한 특정한 현실적 감각과 고찰이 있기 마련이다. 그는 자연과 사회생활을 관찰하기 위한 특정한 방법과 시각을 지니고 있었다. 「소요유」에서는 유대有待와 무대無待의 시각에서 정신의 절대적 자유를 고찰했고, 「제물론」에서는 천지만물의 다양한 차별성, 곧 부제성不齊性과 도의 보편성, 즉 제일성齊 性(도의 입장에서는 모든 것이 하나로 된다)의 시각에서 고찰을 시작했으며, 「인간세」에서는 심재心齋를 말함으로써 타인과 나의 관계에 입각하여 고찰하였다. 이처럼 매우 다양한 시각에서 사회를 고찰하였으므로 장자에게는 여러 가지 도의 의미가 있을 수 있고, 나아가 그에 대한 접근방법도 여러 갈래로 나누어질 수 있었던 것이다.

그렇다면 장자는 도대체 어떻게 사물을 관찰했는가? 즉 장자가 사물을 관찰하는 구체적 방법은 무엇인가? 장자는 이렇게 말했다.

도의 관점에서 보면 사물에는 귀천이 없다. 그런데 사물의 관점에서 보면 모두 자기를 귀하게 여기고 상대를 천하게 여긴다. 세속의 관점에서 보면 귀하거나 천한 것이 나에게 달려 있지 않다. 차별이라는 관점에서 보면 사람들이 각자 크다고 여기는 것을 기준으로 하여 그것이 크게 되므로 만물이 크지 않은 것이 없고, 사람들이 각자 작다고 여기는 것을 기준으로 그것이 작은 것이 되므로 만물이 작지 않은 것이 없다. 그래서 천지가 쌀알처럼 작은 것이 될 수 있음을 알고, 털끝이 언덕이나 산처럼 큰 것이 될 수 있음을 알게 되면 차별의 이치를 볼 수 있게 될 것이다. 공효의 관점에서 보면 사람들이 각자 유용하다고 판단하는 기준에 근거하여 어떤 사물을 유용하다고 하면 만물이 모두 유용하지 않은 것이 없고, 사람들이 각자 무용하다고 판단하는 기준에 근거하여 어떤 사물을 무용하다고 하면 만물이 모두 무용하지 않은 것이 없게 된다. 그래서 동과 서가 서로 반대편에 있지만 서로 없어서는 안 된다는 것을 알면 사물 각각의 효용성이 명확하게 될 것이다. 취향의 관점에서 보면 사람들이 각자 그렇다고 하는 것을 근거로 그렇다고 하면 만물이 모두 그렇지 않은 것이 없고, 사람들이 각자 그렇지 않다고 하는 것을 근거로 그렇지 않다고 하면 만물이 그렇지 않다고 할 것이 없게 된다. 그래서 요堯와 걸桀이 자기를 그렇다고 하고 상대방을 그렇지 않다고 여기는 것을 알게 되면 취향의 근거를 볼 수 있을 것이다.(「추수秋水」)

여기에서 언급된 내용과 「제물론」에 나오는 "천하에 가는 털의 끝보다 큰 것이 없고, 큰 산은 작으며, 일찍 죽은 아이보다 오래 산 사람이 없고, 팽조彭祖는 일찍 죽었다", 그리고 「덕충부」에서 나오는 "다른 것을 기준으로 보면 간과 쓸개도 그 차이가 초나라와 월나라처럼 멀고, 같은 것을 기준으로 보면 만물이 모두 하나이다"라는 말은 모두 장자가 사물을 관찰하는 방법에 관한 논의이다. 이러한 방법을 범주로 나누어 보면 6가지가 있는데, 도관道觀·물관物觀·속관俗觀·차관差觀·공관功觀·취관趣觀이 그것이다. 이러한 범주에 입각해서 보면 「제물론」에서 말하는 '가는 털이 산보다 크다'는 것과 '일찍 죽은 아이가 팽조보다 오래 산 것이다.', 그리고 「덕충부」에서 말하는 '다름을 기준으로 보는 것' 등은 모두 차관差觀에 분류될 수 있고, 「덕충부」에서 말하는 '같음을 기준으로 보는 것'은 도관道觀에 귀속될 수 있다.

도관법道觀法은 도의 관점이나 도의 입장에서 사물을 관찰하는 방법이고, 그 목적은 만물에 귀함과 천함의 차별이 없음을 통찰하는 것이다. 곽상은 이처럼 도의 관점에서 보는 것에 대해 '각기 자족自足하는 것'이라고 주석했다. 여기에서의 자족은 '자족기성自足其性', 즉 만물은 본성에 있어서 스스로 충족되어 있으며, 도에 합치하고 있다는 뜻이다. 그리고 성현영成玄英은 이 말에 대해 "도는 허령하지만 두루 통하는 오묘한 이치요, 물物은 질을 지닌 거친 사물이다. 거친 것의 관점에서 오묘한 것을 보기 때문에 크고 작음이 생기고, 오묘한 것의 관점에서 거친 것을 보기 때문에 귀함과 천함이 없어진다"라고 소疏를 달았다.

물관법物觀法은 사물의 입장이나 관점에서 사물을 관찰하는 방법이다. 천하의 사물들은 각기 스스로의 질과 규정성을 지닌다. 그렇게 되면 사물은 스스로를 귀하게 여기고 다른 것을 천하게 여기기 마련이다. 이에 대해 성현영은 "무릇 사물은 정황을 뒤집고 시비를 제대로 가리지 못하니, 모두 스스로를 귀하게 여기고 다른 것을 천하게 여기려고 한다. 이는 다른 것에 있어서도 마찬가지이다. 스스로와 다른 것이 서로 현혹되어 있기에 상대됨(相)을 말하게 된다"라고 소를 달았다.

속관법俗觀法은 세속의 관점에서 사물을 관찰하는 방법이다. 실제로 세속적인 견해에는 여러 가지 편견과 시기가 들어 있다. 예를 들어 세속적인 소인배는 사물의 귀천을 판단할 때 항상 스스로가 아니라 외부 조건에 따라 우왕좌왕하게 된다. 곽상은 이 말에 대해 "이것을 가리켜 뒤바뀜(倒置)이라고 부른다"라고 주석하였고, 성현영은 "부귀영화와 치욕은 우연히 생긴 일인데, 속된 소인배들은 그것을 보고 부러움과 불만에 빠진다. 그래서 거기에 기대는 것을 귀함이라고 생각하고, 얻는 것을 총애라고 생각하며, 기대지 못한 것을 천함이라고 생각하고, 잃은 것을 치욕이라고 생각한다. 이는 총애와 치욕을 밖에서 찾는 것이니, 어찌 귀천이 스스로에서 말미암는 것이라고 할 수 있겠는가!"라고 소를 달았다.

차관법差觀法은 차이나 차별의 관점에서 천지만물을 관찰하는 방법이다. 성현영은 "차差란 곧 차별이다"라고 하면서 그것이 만물의 한 측면이라고 주장했다. 천지만물은 각기 다른 특질과 모양, 그리고 기능을 지닌다. 그래서 차이의 관점에서 보면 그것들은 당연히 같을 수가 없고 상대적일 수밖에 없다. 그래서 사물의 크고 작음에는 절대적 기준이 없다. 이 말에 대해 곽상은 사물이 각기 스스로의 본성을 충족한다는 관점에서 "크다는 것은 족함이고, 작다는 것은 남음이 없다는 것이다. 그래서 그 스스로의 본성을 가리켜 크다고 말하면 털끝과 큰 산은 이름이 바뀔 수 없다. 그리고 남음이 없다는 것을 작다고 말하면 천지와 쌀알은 다르게 불려야만 한다. 만약 차이를 관찰하는 데 있어서 도에 따르지 않으면 차이는 더욱더 커지고 작은 차이라도 서로 크게 보이기 때문에 사물의 실상을 제대로 통찰할 수 없다"라고 주석하였다. 나아가 성현영은 이에 대해 "스스로 충족하는 자를 가리켜 크다고 하면 털끝과 큰 산은 모두 크다. 남음이 없는 것을 가리켜 작다고 하면 천지와 쌀알은 모두 작다. 그러므로 털끝을 크다고 하기 때문에 천하에는 크지 않은 것이 없고, 천지를 작다고 하기 때문에 만물에는 작지 않은 것이 없다. 그러므로 비록 사물은 천차만별이고, 그 수도 서로 다르지만 이러한 시각에서 본다면 그 이치가 보일 것이다"라고 소를 달았다.

공관법功觀法은 사물의 공효라는 관점에서 사물을 관찰하는 방법이다.

천하의 사물들은 각기 나름대로의 효용이 있을 뿐만 아니라 어떤 사물의 경우에는 겉으로 보기에는 아무런 효용이 없는 것 같지만 실제로 그것이야말로 진정한 효용, 즉 무용지용無用之用일 수도 있다. 그렇기 때문에 세상 사물들은 서로 연결되어 작용하고 있으므로 모두 서로 대립되지만 다른 한편으로는 서로가 이루어주는 관계에 놓여 있다. 이에 대해 곽상은 "천하의 사물들은 이것과 저것이 함께 있지 않은 것이 없는데, 이것과 저것이 항상 자기만을 위해 무엇을 하는 것처럼 보이기 때문에 동쪽과 서쪽의 상반됨이 생긴다. 그런데 이것과 저것이 함께 있는 것은 입술과 치아의 관계와 같다. 입술과 치아는 서로를 위해 무엇을 하지 않지만 입술이 없어지면 치아도 시리게 된다. 그러므로 저것의 스스로 위함은 사실은 나의 공功을 이루는 것이요, 그 공이 서로 반대로 될 수는 있지만 그 관계 자체가 없어질 수는 없다"라고 주석하였고, 성현영은 "무릇 동쪽과 서쪽은 방향이 다르고 뜻이 상반되지만 동쪽을 부정하면 서쪽도 성립될 수 없으니, 이것이 서로 반대 되지만 서로 없을 수 없다는 뜻이다. 만약 가까이 자신의 몸에서 보면 눈은 보고 귀는 들으며, 손은 붙잡고 발은 걸어가며, 오장육부와 사지백체四肢百體는 모두 각각의 공효를 갖고 있고 품부된 분수를 지니고 있는데, 어찌 눈은 귀를 위해서 보고, 발은 손을 위해서 걸어간다고 할 수 있겠는가?…… 이와 같이 공효와 쓰임은 각기 있는 것이고, 분수는 각기 정해진 것이다"라고 소를 달았다.

취관법趣觀法은 정취情趣의 관점에서 사물을 관찰하는 방법이다. 만물은 모두 그러함(是)의 측면을 갖추고 있고 그러하지 않음(非)의 측면도 갖추고 있다. 만약 그러함의 측면에서만 사물을 바라본다면 사물에는 그러하지 않음이 없고, 그러하지 않음의 측면에서 사물을 본다면 어떤 사물에도 그러함이 없게 된다. 그러므로 세상의 그러함과 그러하지 않음 사이에는 절대적인 기준이 없다. 이에 대해 곽상은 "사물은 모두 스스로 그러하기 때문에 그러하지 않음이 없다. 사물은 모두 서로 그러하지 않다고 하기 때문에 그러함이 없다. 그러하지 않음이 없으면 그러함도 없을 것이다. 그러함이 없으면 그러하지 않음도 없을 것이다. 그러함과 그러하지 않음이 없는 자는 요임금이고, 그러함과 그러하지 않음이 있는 자는 걸이다. 그러나 이 두 임금은 각각 하늘로 받은 바가 있으니 서로를 위함이 없다. 그러므로 요임금과 걸이 자기의 정취에 따라 천하를 바라보기 때문에 그 서로의 위함이 없는 것도 분명하다"라고 주석하였고, 성현영은 "연然은 그러함을 뜻한다. 그러므로 사물이 스스로 그러하다고 하면 그러하지 않음이 없고, 스스로 그러하지 않다고 하면 그러함이 없다. 그러하지 않음이 없으면 천하에는 그러함도 없다. 그러함이 없으면 천하에는 그러하지 않음이 없다. 따라서 사물의 정취로써 사물을 바라본다면 스스로 그러하기 때문에 만물이 모두 그러하지 않음이 되고, 스스로 그러하지 않기 때문에 만물이 모두 그러함이 된다"라고 소를 달았다.

  장자의 사물을 관찰하는 여섯 가지 방법 중에서 속관법은 사실 사물을 관찰하는 태도와 입장에 관한 것이므로 방법론적 의미가 비교적 적은 것이다. 그 이외에 도관은 천지만물의 같음(同)을 보는 것으로서 도의 입장에서 만물을 관찰하는 것이다. 가령 도를 어미에 비유하면 만물은 자식이 되니, 도의 입장에서 만물은 모두 같아 보일 것이고 그래서 귀천의 차이가 생길 수 없다. 그리고 물관은 천지만물의 다름(異), 즉 천지만물이 각자 지니고 있는 차별성을 관찰하는 것이다. 차관은 천지만물의 크고 작음을 보는 것인데, 이러한 크고 작음은 공간적인 양적 규정이지만 「제물론」에 나오는 어린아이와 팽조의 예로 보았을 때, 또한 시간적인 양적 규정까지도 포함한다. 다음으로 공관은 사물의 공효와 작용을 보는 것인데, 이러한 방법을 통해 주로 사물 간의 상호작용과 연결성을 관찰할 수 있다. 마지막으로 취관은 사물의 그러함이나 그렇지 않음, 즉 사물의 가치와 사람들의 시비관을 관찰하는 방법이다. 이와 같은 5가지 사물을 관찰하는 방법은 여러 가지 각도에서 사물을 관찰하기 때문에 전형적인 방법론의 의미를 지니고 있다.

사람들은 흔히 장자의 이러한 관찰 방법을 상대주의라고 규정한다. 물론 이것은 틀린 말이 아니다. 하지만 방법론이라는 관점에서 보면 그것들은 구체적인 방법을 가리키는 것이지 아직 상대주의의 성질을 지니지 못한 것들이다. 실제로 방법으로서 제시된 장자의 관물법을 상대주의라고 규정할 수는 없다. 반대로 거기에는 일정한 변증법적 사유형식이 포함되어 있다. 즉 그것은 인간의 인식이 어떻게 사물에 접근하는지를 다루고 있는 것이다. 사물에는 다양한 속성이 있고, 또한 다양한 관계 속에 처해 있으므로 그것들에 대한 관찰은 마땅히 여러 가지 각도나 방법을 통해 이루어져야 한다. 만약 하나의 방법으로만 다양한 사물을 관찰하게 된다면 그것이야말로 공허한 형이상학으로 전락될 것이다. 이런 의미에서 장자의 관물법은 단일한 방법에 구애되지 않고 여러 가지 시각을 통해 사물을 관찰하고 있기 때문에 일종의 변증법이라고 할 수 있다.

사물들이 다양한 속성을 지니므로 서로 다른 방법을 활용할 수 있어야만 그것을 제대로 관찰할 수 있다. 만약 사람들이 한 가지의 관물법에만 집착하게 되면 그것을 절대화하기 마련이고, 나아가 상대주의적 궤변론에 빠지게 될 것이다. 장자의 인식론에 상대주의적인 시각이 들어 있는 것은 사실이지만 그것은 방법에 있어서가 아니라 인식적 결론에 있어서 그러한 것이다. 이런 결과가 나타난 이유는 장자가 지나치게 도관법을 중시했기 때문이다. 즉 그는 많은 경우에 도관법으로써 다른 방법을 대체하고자 하였으며, 그것을 유일한 기준으로 삼아 천지만물을 재단하려 했기 때문에 편차가 생겼다는 것이다.

이상의 내용은 장자철학의 일반적 방법론에 관한 것이다. 그렇다면 도를 파악하는 데 있어서 이러한 방법들은 어떻게 사용되고 있는가? 장자에게는 여러 가지 도의 종류가 있으므로 그것을 파악하는 데 사용되는 방법도 다양하다. 천도天道와 인도人道를 구분하는 맥락에서 보면 여기에서의 도는 모두 구체적인 사물의 도로서 자연현상과 사회현상의 규정성을 의미한다. 그러므로 그것을 파악하는 데에는 보다 구체적인 방법이 필요할 것이다. 이런 경우에 장자는 주로 차관법을 사용하고, 나아가 물관법이나 공관법, 그리고 취관법을 보조적으로 사용했다. 실제로 차관법을 주로 삼은 장자의 관찰법에는 큰 결함이 없다. 왜냐하면 다른 방법보다는 차관법을 통해서 공간적이고 시간적인 차이를 지닌 자연현상과 사회현상을 관찰하는 것이 더욱 전면적이기 때문이다. 그러나 문제는 장자가 모든 관찰법의 상위 범주 또는 준칙을 도관법이라고 규정한 데 있다. 그는 도로써 차관법을 평가하고 재단하였는데, 그 결과 관찰된 차이가 절대화되면서 상대주의로 전락하게 되는 것이다. 그러므로 결국 상대주의적 시각이 바로 장자가 현상계를 관찰하는 방법과 원칙이 되고 만다.

또한 장자의 본원의 도는 "스스로를 근본으로 삼고, 천지가 존재하기 이전부터 항상 있어 왔던 것이며"(「대종사」), 시간이 흘러도 변하지 않는 것이다. 그리고 그것은 "상제와 귀신을 신령하게 하고 천지를 낳으며"(「대종사」) 만물의 근원으로서 존재한다. 형식적으로 보면 그것은 천지 사이의 모든 것을 포섭하며, "만물을 싣고 있는 자이다."(「천도」) 따라서 이와 같은 본원의 도는 보편성을 지닌 '하나'이므로 추상적 개념으로 파악되어야 한다. 비록 장자 자신이 명확하게 말하지는 않았지만, 그의 만물을 가지런히 하여 하나에 귀일시킨다는 '제만물위일齊萬物爲一'의 사상에는 분명히 이러한 사고방식이 들어 있다. 그러므로 철학적 내용으로 보면 '만물을 제일함'이라는 것은 추상적 하나, 즉 도라고 할 수 있다. 따라서 장자에게 있어서 「제물론」의 내용이 곧 본원의 도를 파악하는 방법과 원칙이라고 할 수 있다.

장자의 소요의 도는 인간 정신의 절대적 자유경지, 즉 인간의 심이 "육합六合을 넘나들고, 구주九州에서 노닐며, 스스로 오가는"(「재유」) 경지를 가리킨다. 이와 같은 경지는 당연히 어떤 깨달음이 필요한 것이며, 개념적으로 추상화하는 제물법齊物法을 통해서는 얻을 수 없는 것이다. 장자가 여러 차례에 걸쳐 '체도體道', '수도守道', '문도聞道', '도도睹道'를 말하였고, "도는 들을 수 없고", "도는 볼 수 없으며", "도는 말할 수 없고"(이상 모두 「지북유」 참조) 등과 같은 표현을 하였는데, 이것은 모두 이러한 경지의 도를 체득하여 깨닫는 방법이다. 그리고 이와 같은 도의 체득법을 탐구하고 표현하는 방식이 바로 장자가 말하는 좌망법坐忘法이다. 그 외에도 장자는 또한 조철朝徹이나 견독見獨 등과 같은 방법을 말하기도 했다. 그러므로 좌망법은 장자가 소요의 도를 파악하기 위해 사용하는 방법과 원칙이라고 할 수 있을 것이다.

2) 장자의 상대론

상대론은 장자의 인식론 사상 가운데 매우 특징적이고 선명한 특색을 지닌다. 장자가 지식의 상대성을 주장한 이유는 결코 지식의 불가지론을 옹호하기 위해서도 아니고 참된 지식이 존재하지 않는다는 것을 강조하기 위해서도 아니다. 비록 그는 "내 삶에는 끝이 있지만, 지식에는 끝이 없다"(「양생주」)라고 말했지만 여기에서도 지식에는 끝이 없다고 말한 것이지 지식 자체가 존재하지 않는다고 말한 것은 아니다. 장자가 지식의 상대성을 주장한 이유는 제한적인 지식을 초월해야 한다는 취지에서 비롯된 것이다. 왜냐하면 그는 차관법 등을 통해 획득한 지식은 모두 불확실하고, 그것들은 모두 본원의 도에 대한 지식이 아니라고 생각했기 때문이다.

장자의 상대론에 관해서 우리는 다음과 같은 두 가지 문제에 대해 논의할 필요가 있다.

장자 상대론의 사상적 내용

장자의 상대론 사상은 주로 「제물론」에서 전개되고 있는데, 다른 편에서 부분적으로 드러나기도 한다. 그것을 개괄적으로 분류하면 다음과 같다.

하나는 대상의 측면에서 보는 상대론 사상이다. 장자는 눈앞의 사물을 관찰하면서 대상 자체가 지니고 있는 불확정성을 발견했다. 장자는 이렇게 말한다.

천하에는 가을철의 가는 털끝만큼 큰 것이 없으며, 큰 산도 또한 작은 것이다. (「제물론」)

사람들이 각자 크다고 여기는 것을 기준으로 하여 그것이 크게 되므로 만물이 크지 않은 것이 없고, 사람들이 각자 작다고 여기는 것을 기준으로 그것이 작은 것이 되므로 만물이 작지 않은 것이 없다. 그래서 천지가 쌀알처럼 작은 것이 될 수 있음을 알고, 털끝이 언덕이나 산처럼 큰 것이 될 수 있음을 안다.(「추수」)

여기서 나오는 말들은 모두 사물의 공간적 상대성을 강조한 것이다. 이와 같은 말에 대해서는 앞서 장자의 사물을 관찰하는 방법을 다룰 때에도 인용한 바가 있으며, 거기서 장자의 사물을 관찰하는 방법이 상대론이 아님을 논의한 바가 있었다. 그러나 이와 같은 사물을 관찰하는 방법을 방법으로서가 아니라 사물을 관찰한 결과로 보게 되면 그것은 다분히 상대주의적 성격을 지니게 된다. 장자가 만물을 관찰할 때 그것들이 나름대로의 크기를 가지고 있다는 점을 부인하지는 않았다. 그래서 그는 곤鯤이나 붕새, 조蜩, 학구學鳩, 호접胡蝶 등과 같은 사물에 대해 언급할 때, 모두 그것들에는 크고 작음이 있음을 강조했다. 그렇다면 장자는 왜 또 만물에는 큰 것도 없고 작은 것도 없다는 상대성을 주장했을까? 그가 근거로 삼는 바는 또한 무엇인가? 실제로 장자에게 보이는 것은 척도 기준의 상대성 및 그것이 사물에게서 드러나는 양상이다.

사람은 어떻게 사물의 크고 작음을 알고 그러한 관념을 형성할 수 있는가? 이것은 감각경험으로써는 불가능하다. 일반 동물들도 크고 작음을 구분할 수 있으나 그것은 대체로 본능에 의한 것이지, 특정 관념을 형성하여 그렇게 규정한 것은 아니다. 실제로 인간이 크고 작음에 대한 관념을 가질 수 있는 것은 일상생활 속에서 이미 척도라는 기준을 사용하고 있기 때문이다. 이러한 척도 기준을 갖고 있으므로 사람들은 그것을 통해 사물을 관찰하여 한 사물이 다른 사물보다 크거나 작다는 관념을 형성한다. 따라서 크고 작음의 관념 형성은 척도 기준과 밀접한 관련이 있음이 분명하다. 그렇다면 사물들의 크기를 측정하고, 그것들의 크고 작음을 비교하는 데 쓰이는 척도 기준은 도대체 얼마나 큰가? 다시 말해서 사람들이 자로 사물의 길이를 잴 때, 이 자의 단위인 척尺 자체가 얼마나 긴가? 이러한 점이 바로 불확정적이고 상대적인 점이다. 왜냐하면 일척一尺이라는 길이는 객관적으로 존재하는 것이 아니라 인위적인 규정에 의해 생긴 척도 기준이기 때문이다. 이러한 이치를 파악할 수 있다면 우리는 장자가 말한 가을철의 가는 털이나 큰 산에 관한 이야기를 이해할 수 있을 것이다.

장자가 보기에 일상에서 사람들은 큰 산을 크다고 하고 가을철의 가는 털을 작다고 하지만 만약 가을철의 가는 털을 척도 기준으로 삼는다면 산이 아무리 크더라도 그것은 또한 수많은 가을철의 가는 털이 모인 것에 불과할 것이다. 반대로 우리가 큰 산을 척도 기준으로 삼는다면 가을철의 가는 털이 아무리 작다고 해도 그것은 산의 분자이며 그것의 몇 분의 일에 불과할 것이니, 어떻게 그것을 작다고만 할 수 있는가? 그러므로 척도 기준의 상대성에 입각하여 말하자면 "사람들이 각자 크다고 여기는 것을 기준으로 하여 그것이 크게 되므로 만물이 크지 않은 것이 없고, 사람들이 각자 작다고 여기는 것을 기준으로 그것이 작은 것이 되므로 만물이 작지 않은 것이 없다. 그래서 천지가 쌀알처럼 작은 것이 될 수 있음을 알고, 털끝이 언덕이나 산처럼 큰 것이 될 수 있음을 알게 된다."(「추수」) 나아가서 장자는 또한 이렇게 말했다.

조균朝菌은 한 달을 알지 못하고, 쓰르라미는 봄과 가을을 알지 못하니, 이것이 짧은 수명의 예이다. 초나라 남쪽에 명령冥靈이라는 나무가 있으니 5백 년을 봄으로 하고 5백 년을 가을로 삼는다. 옛날 상고上古에 대춘大椿이라는 나무가 있었으니 8천 년을 봄으로 하고 8천 년을 가을로 삼았다. 그런데 팽조는 지금 장수로 유독 유명하여 세상 사람들이 그와 비슷하기를 바라니 또한 슬프지 아니한가!(「소요유」)

일찍 죽은 아이보다 오래 산 사람이 없고, 팽조는 일찍 죽었다.(「제물론」)

나란히 살고 나란히 죽으며, 나란히 죽고 나란히 산다.(「제물론」)

사람이 천지 사이에서 사는 것은 마치 하얀 말이 틈새를 지나가는 것과 같이 순식간이다.(「지북유」)

이와 같은 인용문들은 모두 시간의 상대성에 대한 언급이다. 각각의 사물은 모두 존재의 시간 단계가 있으며, 그 생성과 소멸은 모두 이러한 과정이다. 장자는 이러한 점을 잘 알고 있었다. 그래서 그는 이른바 초나라 남쪽 지방의 신령한 거북이가 천 년 동안 살 수 있고, 옛날의 대춘나무가 만 육천 년 동안 살았다는 비유를 들었는데, 이것은 모두 존재의 수명과 과정을 설명하는 것이다. 물론 이러한 예시나 비유를 통해서 시간에 관한 장자의 상대론적 사상을 볼 수는 없다. 그러나 위에서 인용한 '나란히 살고 나란히 죽으며, 나란히 죽고 나란히 산다'는 언급은 확실히 전형적인 상대주의적 사상을 내포하고 있다. 그렇다면 장자가 수명의 전체과정에서 시간적 상대주의를 주장한 것은 무엇 때문인가? 이는 공간적 상대성을 주장한 그의 사상과 유사하게 척도 기준에 입각하여 얻은 생각이다.

감성적 관찰에 입각하면 인간과 일반 동물들은 시간의 길고 짧음을 느낄 수 있다. 그러나 길다 혹은 짧다는 관념을 형성하려면 반드시 그에 대한 척도 기준을 설정해야만 한다. 사람들은 습관적으로 시時를 시간과정의 측정 단위로 사용한다. 그러면 시時는 도대체 얼마나 된 시간길이를 의미하는가? 그것도 또한 인위적으로 규정된 것이다. 즉 그것은 본래 일정한 단위를 지니는 것이 아니라 조금 길 수도 있고 짧을 수도 있는 상대성을 지닌 것이다. 그렇다면 이와 같은 상대성을 지닌 시의 관념을 사물에 부사하면 그 사물도 시간적인 상대성을 드러낼 것이다.

예를 들어 우리가 년年을 단위로 삼는다면 갓 태어나서 죽은 아이를 수명이 짧다고 하고, 팔백 년 동안 산 팽조에 대해서는 수명이 길다고 말할 수 있다. 그러나 만약 시나 분을 단위로 삼는다면 팽조의 수명은 일찍 죽은 아이가 살았던 수명의 양적 누적밖에 안 되며, 나아가 그 본질은 사실상 같은 것이 된다. 반대로 팽조의 수명을 시나 분으로 삼는다면 아이가 아무리 짧게 살았더라도 그는 팽조의 몇 분의 일을 산 것이 되며, 팽조의 수명과 질적으로 동일하게 된다. 그러므로 조균을 시로 삼으면 모든 것이 조균의 기준에 의해 규정되고, 쓰르라미를 시로 삼으면 모든 것이 쓰르라미의 기준에 의해 정해진다. 이런 식으로 말한다면 "각자 길다고 여기는 것을 기준으로 하여 그것이 길다고 여기게 되므로 만물이 길지 않은 것이 없고, 각자 짧다고 여기는 것을 기준으로 하여 그것이 짧다고 여기게 되므로 만물이 짧지 않은 것이 없다"(「추수」)라고도 할 수 있을 것이다. 그러므로 천하의 만물은 일찍 죽은 아이가 될 수도 있고, 팽조가 될 수도 있으며, 모두 신령스러운 거북이가 될 수 있고, 또 대춘이 될 수 있지 않겠는가? 장자는 또한 이렇게 말했다.

다른 것을 기준으로 보면 간과 쓸개도 그 차이가 초나라와 월나라처럼 멀고, 같은 것을 기준으로 보면 만물이 모두 하나이다.(「덕충부」)

각자 있음(有)의 판단 기준에 근거하여 어떤 사물을 있음이라고 한다면 만물이 모두 있지 않은 것이 없고, 없음(無)의 판단 기준에 근거하여 어떤 사물을 없음 이라고 한다면 만물이 모두 없지 않은 것이 없게 된다.(「추수」)

여기에서의 인용문은 사물의 질적 규정성의 상대성을 표현한 것이다. 각각의 사물에 있어서 그것들은 모두 자신의 질적 규정성을 갖고 있으며, 나아가 그것을 유지하려는 경향을 지니고 있다. 그러나 사물의 규정성은 다른 사물과의 관계 속에서만 존재하고 표현된다. 즉 하나의 사물이 그 자 체로만 존재한다면 그에 대한 (다른 사물과의 구분을 통한) 질적 규정이 불가능할 것이다. 만약 한 사물이 다른 사물과의 관계 속에서 그것이 곧 그것일 뿐이고 다른 것이 아님을 표현할 때는 그 사물의 개별성, 즉 다름 (異)이 드러난다. 그러나 다른 한편으로 그것이 다른 사물과 전체 관계 속 에 놓여 있다는 것을 표현할 때는 그것의 보편성, 즉 같음(同)이 드러나게 된다. 그러므로 특정한 관계 속에 놓여 있는 사물들은 모두 이러한 다름과 같음의 두 측면을 지니고 있으며, 이는 또한 사물에는 일정한 변증성이 존 재한다는 것을 말해준다. 그러나 만약 이러한 사물의 다름과 같음을 따로 분리해서 본다면 사물에는 당연히 같음과 다름의 상대성이 생겨나기 마련 이다.

장자가 말한 "다른 것을 기준으로 보면 간과 쓸개도 그 차이가 초나라 와 월나라처럼 멀고, 같은 것을 기준으로 보면 만물이 모두 하나이다"라는 말은 바로 동일성과 차이성을 구분하여 사물을 본 결과이다. 차별성의 측면에서 보면 인체기관인 간과 쓸개는 다를 수밖에 없지만, 동일성의 면에서 보면 그것들은 모두 인체기관에 속하기 때문에 하나라고 할 수 있다. 마찬가지로 있음의 면에서만 보면 만물은 있지 않은 것이 없고, 없음의 면에서만 보면 만물은 없지 않은 것이 없다. 이와 같이 사물의 동일성과 차별성이 분리되면, 그것의 질은 당연히 상대적으로 될 수밖에 없다. 나아가 장자는 이렇게 말했다.

> 옛날 요와 순은 임금 자리를 사양함으로써 제왕이 되었는데, 연燕나라의 재상 자지子之와 연왕燕王 자쾌子噲는 같은 방법으로 나라를 멸망시켰다. 또 탕왕湯王과 무왕武王은 무력으로 다투어 왕이 되었는데, 초나라의 백공白公은 같은 방법으로 다투다가 살해당해 자멸했다. 이로써 살펴본다면 다툼과 선양禪讓의 예禮나 요와 걸의 행동은 어떤 것을 귀한 것으로 여기고 어떤 것을 천하게 여기는지가 때에 따라 다르고, 그 어느 하나를 일정한 법칙으로 삼을 수 없는 것이다. 대들보와 마룻대 같은 큰 나무로는 성벽을 쳐부술 수 있지만 조그만 구멍을 틀어막을 수는 없으니, 이는 도구의 용도가 다름을 말한 것이다. 기기騏驥, 화류驊騮와 같은 천리마는 하루에 천리를 달리지만 쥐 잡는 일에는 살쾡이만도 못하니, 이는 가지고 있는 기능이 다름을 말한 것이다. 올빼미는 캄캄한 밤에도 벼룩을 잡을 수 있고 털끝을 살필 수 있지만, 낮에 나와서는 눈을 크게 부릅뜨고서도 커다란 산과 언덕을 보지 못하니, 이는 타고난 본성이 다름을 말한 것이다. 그 때문에 '옳은 것을 스승으로 삼고 그른 것은 무시해 버리며, 치治를 존숭하고 난亂은 무시해 버리면 좋지 않겠는가?'라고 말하는 것은 아직 천지의 이치와 만물의 실정을 잘 알지 못하는 것이다.(「추수」)

여기에서는 사물의 공효에 관한 상대성을 논의하고 있다. 「추수」에 나온 이 말은 도관을 비롯한 여섯 가지 관물법을 이은 것이고, 구체적인 관물법에 대한 설명이라고 할 수 있다. 여기에 나오는 자지와 자쾌가 멸망한 이야기, 그리고 백공이 다투다가 멸망한 이야기에 관해서 우리는 이미 앞에서 그에 대한 주석을 살펴본 적이 있다. 나아가 여기에서 나온 선양과 쟁탈의 역사적 문제는 모두 추상적인 사례가 아니라 구체적인 사회나 역사적 맥락과 연결된 것이다. 만약 구체적 역사의 맥락을 벗어나 추상적으로 관물을 행한다면 그 결과는 반대로 나올 것이다. 그래서 장자는 "제왕들은 선양하는 방법을 달리했으며 삼대의 왕위를 계승하는 방법도 달랐으니, 그 시대와 다르고 그 풍속과 어긋나는 자는 찬탈한 자라 일컫고, 그 시대에 합당하고 그 풍속을 따른 자는 의로운 무리라고 일컬어진다"(「추수」)라고 말했다. 이 말은 역사발전의 시각에서 사회와 역사의 구체성을 강조한 것이다. 그러나 "대들보와 마룻대 같은 큰 나무로 성벽을 쳐부술 수는 있지만 조그만 구멍을 틀어막을 수는 없다"와 같은 말은 사물의 특수성에 입각하여 그 공효를 강조한 것이다. 여기에서 말하는 역사와 사물이 지닌 공효의 구체성에는 상대주의적인 시각이 들어 있지 않다. 그러나 전체적 맥락과 연결해서 보면 앞에서 언급된 부분들은 긍정적인 측면에서 사물의 상대성을 논의한 것이라면, 여기에서는 부정적인 측면에서 그 상대성을 논의한 것이라고 할 수 있다. 즉 역사적 사건과 사물의 공효에 대해 모두 구체적인 조건에서 접근해야만 그것을 제대로 파악할 수 있다는 것이다. 만약 그것들을 추상화하여 구체적인 조건에서 이탈시켜 버리면 그것들은 모두 절대화되면서 그 자체의 의미를 상실할 뿐만 아니라 상대주의로 전락될 위험이 있다.

지금까지 다룬 내용은 장자가 대상의 측면에서 드러나는 상대성에 관해 논의한 것들이다. 이러한 사상은 모두 인간이 인식과정에서 지니는 모순접, 즉 인식이 심화되는 과정에서 부딪힐 수 있는 문제들에 관한 것이나. 그러나 간과할 수 없는 것은 인식의 결과에 있어서 장자는 다소 그 상대적인 측면을 과도하게 강조한 측면이 있다는 점이다. 바로 이러한 점이 장자의 사상을 상대주의로 전락하게 만들 수도 있다.

장자사상이 지닌 상대성의 또 다른 측면은 주체인 인간에게서 드러난다. 대상을 관찰하는 데 있어서 주체는 반드시 존재해야만 한다. 그리고 주체는 대상의 상대적 요소를 관찰하는 동시에 자신에게도 상대적 요소가 있다는 것을 알 수 있다. 장자는 대상에 존재하는 상대성을 발견했을 뿐만 아니라, 주체도 상대성을 지니고 있음을 발견했다. 장자는 이렇게 말했다.

설결齧缺이 왕예王倪에게 물었다. "선생께서는 모든 존재가 다 옳다고 인정되는 것에 대해서 아십니까?" 왕예가 대답했다. "내가 어떻게 그것을 알겠는가?" "선생께서는 선생이 알지 못한다는 것에 대해 아십니까?" 왕예가 대답했다. "내가 어떻게 그것을 알겠는가?" "그렇다면 모든 존재에 대해 알지 못한다는 것입니까?" 왕예가 대답했다. "내가 어떻게 그것을 알겠는가? 비록 그렇지만 시험 삼아 말해보겠다. 내가 이른바 안다고 하는 것이 알지 못하는 것이 아님을 어찌 알겠으며, 내가 이른바 알지 못한다고 하는 것이 아는 것이 아님을 어찌 알겠는가? 또 내가 시험 삼아 너에게 물어보겠다. 사람은 습한 데서 자면 허리병이 생기고 반신불수가 되는데 미꾸라지도 그러한가? 사람은 나무 꼭대기에 머물면 벌벌 떨며 두려워하게 되는데 원숭이도 그러한가? 이 세 가지 중에서 누가 올바른 거처를 아는가? 사람은 소와 양, 개와 돼지를 먹고, 사슴은 풀을 뜯어 먹고, 지네는 뱀을 달게 먹고, 소리개와 까마귀는 쥐를 즐겨 먹는다. 이 네 가지 중에서 누가 올바른 맛을 아는가? 암컷 원숭이를 수컷 원숭이가 자신의 짝으로 여기고, 사슴은 사슴 종류와 교미하고, 미꾸라지는 물고기와 함께 헤엄치며 노닌다. 모장毛嬙과 여희麗姬를 보고 사람들은 누구나 아름답다고 여기지만

물고기는 그들을 보면 물속으로 깊이 도망쳐 버리고, 새는 그들을 보면 하늘로 높이 날아가고, 사슴은 그들을 보면 힘껏 달아난다. 이 네 가지 중에서 누가 천하의 올바른 아름다움을 아는가? 내 입장에서 살펴본다면 인의의 단서와 시비의 길이 복잡하게 얽혀서 어수선하고 어지럽다. 그러니 내가 어찌 그 구별을 알 수 있겠는가!"(「제물론」)

여기에서 장자가 강조하고자 한 것은 주체의 존재방식의 상대성과 인식방식의 상대성이다. 여기에서 나오는 대부분의 문장들은 사람들의 귀에 익숙한 것들이 많은데, 그 이유는 문장의 어휘가 아름다울 뿐만 아니라, 그것이 인식주체의 주관성과 상대성을 생동감 있게 보여주기 때문이다. 인간은 생명체로서 각자의 존재방식과 사물을 관찰하는 방식을 지니고 있다. 그런데 한 사람이 사물을 관찰할 때 느끼는 것을 다른 사람도 똑같이 느낀다는 보장은 어디에도 없다. 또한 사물을 감지할 때 우리는 감각기관을 동원해야 하고, 각각의 감각기관은 그 나름대로의 기능을 지니고 있다. 예를 들어 눈은 형태와 색깔을 관찰할 수 있지만 소리와 냄새를 감지하지 못한다. 나아가 이와 같은 인간의 감각기관은 다른 동물들에 비하면 매우 제한적이다. 그러므로 인식주체로서의 인간이 감지하고 인식하는 것은 매우 제한적일 수밖에 없고 상대적일 수밖에 없다. 이러한 면에서 보면 장자의 말은 어느 정도 이치에 들어맞는 것이다.

그러나 장자의 관점에는 미흡한 점이 있다. 첫째, 그는 인간의 감각을 동물의 감각과 비교했는데, 이는 후기 묵가에서 말하는 이른바 "종이 다른 것 사이의 비교는 불가능하다"(『墨辯』, 「經下」)는 비교원칙의 오류를 범하고 있다. 둘째, 장자는 인간의 감각을 자연성에서만 찾고 있으며 인간이 사회적 동물임을 인식하지 못했다. 다시 말해서 인간의 감각에는 사회적 기초가 존재하고, 거기에는 폭넓은 사회성이 깃들어 있다. 만약 인간의 감각을 단지 자연성에서 찾는다면, 그것은 감각을 동물의 수준에 국한시킴으로써 인간의 역량을 격하시키는 셈이 된다. 셋째, 장자는 감각의 사회성을 인식하지 못했으므로 그것이 인간의 인지기능에 있어서 가장 기초단계에 있음을 파악하지 못했다. 인간에게는 감각 이외에도 이성이 있고, 그것은 감각을 통솔하여 대상의 본질을 더욱 전면적으로 파악할 수 있게 한다. 그러므로 감각의 유한성과 상대성에 입각하여 얻은 "내 입장에서 살펴본다면 인의의 단서와 시비의 길이 복잡하게 얽혀서 어수선하고 어지럽다. 그러니 내가 어찌 그 구별을 알 수 있겠는가!"라는 상대주의적 결론은 타당하지 못한 것이다. 인의와 시비는 사회적 규정에 속하며, 그것들에는 일정한 사회적 평가 기준이 있으므로 '복잡하게 얽혀서 어수선하고 어지러운' 것이 아니다.

장자는 또한 「제물론」에서 '망량문경罔兩問景'의 우화를 소개하면서 이렇게 말했다.

> 망량이 경에게 이렇게 물었다. "조금 전에는 그대가 걸어가다가 지금은 그대가 멈췄으며, 조금 전에는 그대가 앉아 있다가 지금은 그대가 일어나 있으니, 어찌 그다지도 일정한 지조가 없는가?" 경이 말했다. "내가 무언가 의지하는 것이 있어서 그러한가? 내가 의지하고 있는 것도 또 무언가 의지하고 있는 것이 있어서 그렇게 되는 것인가? 나는 뱀의 비늘이나 매미의 날개와 같은 어떤 무엇에 의지하는가? 어떻게 그런 줄 알며, 어떻게 그렇지 않은 줄 알겠는가?"(「제물론」)

여기에서 장자가 강조한 것은 주체의 존재조건의 상대성과 인식조건의 상대성이다. 세상의 모든 사물은 그 존재에 있어서 반드시 외물을 전제조건으로 삼아야 하며, 홀로 존재할 수 있는 것은 아무것도 없다. 장자는 망량과 경의 우화를 통해 이러한 점을 은유적으로 드러냈다. 곽상의 주석에 따르면 망량은 곁그림자를 뜻한다. 그리고 그것의 움직임은 모두 그림자에 따라야만 한다. 나아가 그림자의 움직임도 또한 스스로가 결정하는 것이 아니라 그것의 실물이 움직이는 동작에 따라야만 한다. 그리고 그림자를 낳은 실물도 또한 다른 사물에 의존해야만 한다. 이와 같이 세상의 모든 사물은 타자와의 관계 속에서만 존재할 수 있으므로 그들의 존재조건은 모두 상대적일 수밖에 없다.

주체의 존재조건과 마찬가지로 그 인식조건도 상대적이다. 인식주체는 대상에 의해서 제한받을 뿐만 아니라 주체 스스로에 의해서도 제한받고 있다. 이러한 제한조건에는 생리적인 것도 있고 심리적인 것도 있으며, 교육과 사회조건에 의해서 형성된 것도 있다. 이와 같은 다양한 제한을 받고 있기 때문에 인식과정에서의 주체는 제한적이고 상대적일 수밖에 없다. 나아가 장자는 또 이렇게 말했다.

모든 사물은 저것이(彼) 아닌 것이 없으며 이것이(是) 아닌 것이 없다. 저것의 입장에서는 저것이 보이지 않으니, 스스로를 알려고 하면 자신이 저것이라는 사실을 알 수 있다. 그래서 저것은 이것에서 나오고 이것은 또한 저것에서 말미암는다고 말한다. 이것이 바로 저것과 이것이 상호 간에 성립한다는 주장이다.…… 이처럼 이것과 저것의 구분이 사라진 상태에서는 이것 또한 저것이 될 수 있으며, 저것 또한 이것이 될 수 있으므로 저것도 또한 시비가 하나로 되고, 이것도 또한 시비가 하나로 된다. 그렇다면 과연 저것과 이것의 구분이 과연 있는 것인가? 과연 저것과 이것의 구분이 없는 것인가?……… 손가락을 가지고 손가락이 손가락 아님을 밝히는 것은 손가락 아닌 것을 가지고 손가락이 손가락 아님을 밝히는 것만 못하고, 말馬을 가지고 말이 말 아님을 밝히는 것은 말이 아닌 것을 가지고 말이 말 아님을 밝히는 것만 못하다. 천지도 한 개의 손가락이고, 만물도 한 마리의 말이다.(「제물론」)

세속에서 옳지 않다고 하는 것을 옳다고 여기고, 세속에서 그렇지 않다고 하는 것을 그렇다고 여기는 것이다. 이 절대적인 옳음이 과연 정말 옳다면 이 절대적인 옳음이 세속 세계에서 옳지 않다고 하는 것과 다른 것임은 또한 말할 것도 없이 분명하다. 만물제동에 입각하여 그렇다고 한 것이 과연 정말 그런 것이라면 그렇다고 한 것이 세속 세계에서 그렇지 않다고 하는 것과 다른 것임은 또한 말할 필요도 없다.(「제물론」)

그 때문에 유가와 묵가의 시비가 생겨나게 되어 상대학파가 그르다고 하는 것을 옳은 것이라고 주장하고, 상대학파가 옳다고 하는 것을 그른 것이라고 주장한다. 상대가 그르다고 하는 것을 옳은 것이라 하고, 상대가 옳다고 하는 것을 그른 것이라고 주장하려면 밝은 인식을 통해서 판단하는 것이 최상의 방법이다.(「제물론」)

여기에서 강조되는 것은 주체의 시비관념의 상대성이다. 주체가 대상을 인식할 때, 그 대상이 무엇인가를 아는 것 이외에도 그 대상이 어떤지에 대해 평가해야 하는데, 그것이 바로 호오와 시비 등의 관념이다. 그런데 이와 같은 시비관념은 획일적이고 절대적인 것인가? 당연히 그렇지 않다. 왜냐하면 시비관념에 대한 가치 평가는 평가 주체의 개인성향과 연관되어 있고, 특히 그가 선호하는 것이나 소속되어 있는 집단세력의 이해와 연관되기 때문이다. 그러므로 동일한 사회적 사건에 대해 두 사람이 완전히 다른 평가를 내릴 수도 있다.

전국시대에 살고 있었던 장자는 유가와 묵가를 비롯한 집단의 시비관념에 냉담한 태도를 보였다. 그에 따르면 그들은 모두 상대가 그르다고 하는 것을 옳은 것이라 하고, 상대가 옳다고 하는 것을 그른 것이라고 주장하는 무리들이고, 그들이 제기한 결과에 대해 우리는 단지 밝은 인식을 통해서 판단해야 할 뿐이다. 장자에 따르면 유가와 묵가의 시비논쟁은 모두 시비를 가리려고 하는 것일 뿐이지 그 자체로 이치에 들어맞는 것은 아니다. 심지어 그들 자체도 자기가 논쟁하고 있는 바에 대해서 잘 모르는 경우가 있는데, 제삼자로서의 다른 사람은 그에 대해 더더욱 혼미해질 것이다.

장자는 위의 인용문에서 이것과 저것이 서로 원인이 된다는 피시상인彼是相因의 이치를 설파했다. 그에 따르면 세상 사물은 모두 이것과 저것으로 나뉘고, 이 둘의 사이는 반드시 서로 의존적인 관계에 놓여 있다. 그러므로 이것과 저것 각각에 대하여 시비판단을 내리는 것은 부정확하고 상대적인 것이 된다. 이와 같은 시비관념의 상대론에 입각하여 장자는 또한 공손룡公孫龍의 지물론指物論과 백마론白馬論에 대해 평가를 내렸다. 그에 따르면 손가락으로써 손가락 아님을 비난하고, 말로써 말이 아님을 비난하는 것보다는 손가락 아님을 손가락으로 보고, 말이 아님을 말로 보는 제시비齊是非의 시각에서 사태를 보아야 한다. 이와 같은 시비관념에 관한 장자의 통찰은 일정한 이치를 지닌다. 그러나 그것을 바탕으로 모든 시비관념을 부정하고 인간사회의 가치판단을 무화시켜 버린다면 그것 역시 오류에 빠지게 된다. 왜냐하면 시비관념은 단지 인식적인 관념이 아니라 인간사회를 지탱하는 사회관이고 가치관이며, 거기에는 인류역사의 두터운 문화가 실려 있으므로 완전히 무화시킬 수는 없기 때문이다. 장자는 또 이렇게 말했다.

가령 내가 그대와 논쟁을 했는데, 그대가 나를 이기고 내가 그대를 이기지 못했다면 그대는 참으로 옳고 나는 참으로 그르단 말인가? 내가 그대를 이기고 그대가 나를 이기지 못했다면 나는 참으로 옳고 그대는 참으로 그르단 말인가? 아니면 어느 한쪽이 옳고 또 다른 한쪽이 그르단 말인가? 아니면 양쪽이 모두 옳거나 양쪽이 모두 그르단 말인가? 나와 그대가 서로 알 수 없다면 다른 사람들이 참으로 어둠 속에 빠지고 말 것이니, 내가 누구로 하여금 바로잡게 할 수 있겠는가! 그대와 의견이 같은 사람으로 바로잡게 한다면 이미 그 사람은 그대와 같은 사람이니 어찌 바로잡을 수 있겠는가! 나와 의견이 같은 사람으로 하여금 바로잡게 한다면 이미 나와 같은 사람이니 어찌 바로잡을 수 있겠는가! 나와 그대 모두와 의견이 다른 사람으로 하여금 바로잡게 한다면 이미 나와 그대 모두와 다르니 어찌 바로잡을 수 있겠는가! 나와 그대 모두와 의견이 같은 사람으로 하여금 바로잡게 한다면 이미 나와 그대 모두와 의견이 같으니 어찌 바로잡을 수 있겠는가! 그렇다면 나와 그대, 그리고 다른 사람까지도 모두 알 수 없을 것이니 또 다른 사람을 기다려야 할 것인가?(「제물론」)

여기에서 강조되는 것은 시비를 판단하는 주체가 갖고 있는 상대성이다. 장자가 아무리 주관적으로 시비관념에 대한 판단을 지양하려고 하지만 현실 속의 대표적인 시비관념은 그리 쉽게 없어지지 않는다. 그렇다면 인간 사이에서도 시비관념에 대한 논쟁이 또한 끊이지 않을 것이다. 그리고 시비에 대한 논쟁이 생겨나면 그에 대한 평가 또한 나타날 것이다. 그렇다면 평가의 기준이나 척도도 마련되어야 할 것이다. 여기에서 장자는 시비를 평가하는 기준에 대해서 묻는다. 그것이 과연 절대적이고 확정적인 것인가? 이에 대한 장자의 대답은 부정적이다. 왜냐하면 시비의 논쟁이 발생할 때 그 논쟁은 당사자에 의해 해결될 수 없고, 다른 사람을 요청하여 평가를 해도 쉽게 마무리될 수 없기 때문이다. 즉 시비판단을 중재하는 다른 사람에게도 주관적인 경향이 있으므로 논쟁을 중재해 줄 수 있는 객관적 기준이 될 수 없다는 것이다. 나아가 이러한 중재자에 대한 요청을 무한적으로 수행하더라도 그들이 갖고 있는 주관적 경향으로 인해 시비판단은 제대로 이루어질 수 없다는 것이 장자의 생각이다.

위에서 다룬 내용은 모두 장자가 주체의 측면에서 논의한 상대성 사상이다. 실제로 이러한 사상은 대상의 측면에서나 주체의 측면에서 모두 나름대로 일리가 있다. 그러나 장자의 한계는 인식의 상대성으로부터 출발하여 고찰된 현상에 대한 완전한 부정으로 나아갔다는 것이다.

장자 상대주의의 특징

레닌은 상대주의 사상을 비판하면서 "인식론의 기초로서의 상대주의는 인간지식의 상대성을 인정했을 뿐만 아니라, 우리의 상대적 인식과 인간주체의 주관의지에 의존하지 않은 객관적 영역의 지식까지도 부정했다"[1]라고 지적했다. 장자가 주장한 상대주의적 사상이 바로 이러한 것이다. 즉 그것은 지식의 상대성만을 인정하는 것이 아니라, 나아가 인간의 의지와 무관한 객관적 지식까지 부정했다는 것이다. 물론 장자가 사물의 구성이나 운동 등 현상세계에 대한 풍부한 인식을 지녔음은 틀림없다. 그러나 그의 전체적 사상에 입각해서 보면 그는 현상세계에 대한 깊이 있는

---

1) 『列寧選集』, 第2卷, 人民出版社, 1995, p.97.

고찰을 긍정적으로 생각하지 않았고, 이러한 점이 바로 상대주의로 연결된다는 것이다.

그렇다면 장자의 상대주의 사상은 어떠한 특징 또는 성질을 지니는가? 현재 대부분 중국사상사에 관한 저술은 레닌의 생각을 바탕으로 장자의 사상을 불가지론, 주관적 회의론, 주관적 관념론 등으로 규정한다. 그러나 장자의 사상을 좀 더 깊이 있게 고찰해 보면 그것이 불가지론이 아님을 알게 될 것이다. 이 점에 대해서 장자의 사상을 서양철학의 데이비드 흄이나 칸트의 사상과 비교하면 더욱더 분명해질 것이다. 그리고 장자는 궤변론자도 아니다. 비록 그가 인식의 상대성을 논의했지만 그것은 공손룡이나 혜시惠施를 비롯한 궤변론자의 명제와는 확실히 구분된다. 나아가 장자는 주관주의자도 아니다. 왜냐하면 그가 인식의 상대성을 논의할 때는 항상 주체와 대상에 대한 분석에서부터 출발했으며 주관적 편견으로부터 출발한 것이 아니기 때문이다. 따라서 레닌의 상대주의 비판을 그대로 장자사상에 대한 비판으로 차용하는 것은 문제가 있다.

헤겔은 『철학사 강의록』에서 다음과 같이 말한 바가 있다. "일반적인 불확정의 의미를 가리키는 회의론은 오래전부터 있어 왔다. 특히 감성적 사물의 불확정성은 오래된 신념이다. 이는 철학을 연구하지 않은 대중들뿐만 아니라 기존의 철학자들에게 있어서도 그러했다."[2] 나아가 헤겔은 흄을 비롯한 근대의 회의론과 고대의 회의론을 비교하면서 "회의론 속에서의 사유는 개별적인 자아의식의 형식을 지닌다. 하지만 고대의 회의론은 이와 다르고, 현재(근대)의 회의론은 현실에 대한 믿음을 기초로 삼는다. 또한 고

---

2) 黑格爾(헤겔), 『哲學史講演錄』, 第3卷, 商務印書館, 1959, p.109.

대의 회의론은 개별적 의식으로 복귀하고 있기 때문에 그가 보기에 개별의식은 진리가 아니다. 다시 말해서 그것은 자기가 얻은 결론을 선언하지 않았고, 적극적인 의의를 획득하지 못했다. 그러나 근대에서는 이와 같은 절대적 실체성 또는 즉자적인 자기의식의 통일을 기초로 삼고 있기 때문에 회의론은 다음과 같은 형식을 띠게 되었다. 즉 그것은 관념론, 곧 자아의식 또는 대자적 확신을 전체의 진리라고 선포했다는 것이다."[3] 여기에서 헤겔이 말한 고대의 회의론은 고대 그리스 시기의 회의론을 가리키는 것으로 개별적 의식의 불확정성을 주장하며, 그 어떠한 문제에 대해서도 긍정적인 답을 내놓지 않는 회의론이다. 그리고 근대의 회의론은 주로 흄의 불가지론을 가리키며 그 특징은 현실을 확신하는 것을 기초로 삼아 자아의식 또는 대자적 확신을 전체의 진리라고 선포한다는 데 있다. 이러한 회의론에 관한 헤겔의 구분을 기준으로 삼으면 장자의 인식적 상대론은 고대의 것에 가깝다.

고대 회의론으로서의 장자 인식론은 일정한 긍정적 의의를 지닌다. 왜냐하면 그것은 인식과정에서 수반되는 감각의 불확정성을 제기하며 인식의 진보를 추진했기 때문이다. 헤겔에 따르면 "회의론은 일종의 교양의식이다."[4] 그러므로 장자의 회의론도 바로 이러한 교양의식이 내포된 것이라고 할 수 있다.

---

3) 黑格爾(헤겔), 『哲學史講演錄』, 第4卷, 商務印書館, 1978, p.198.
4) 黑格爾(헤겔), 『哲學史講演錄』, 第3卷, 商務印書館, 1959, p.110.

2. 장자의 제물론

상대론은 장자 인식사상의 한 측면에 불과하다. 그가 감각의 상대성을 주장하는 이유는 감각에 의한 인식의 불확실성을 드러내고 궁극적으로는 그것을 초월하여 본원의 도를 파악하기 위해서이다. 이것이 바로 그의 제물법이다. 『장자』 속의 「제물론」편이 바로 제물법에 대해 논의한 부분이고, 상대성에 관한 사상도 실제로 제물법의 일환으로 논의된 것이다. 그렇다면 장자는 구체적으로 제물법에 대해 어떻게 논의했을까?

1) 「제물론」 해제

「제물론齊物論」이라는 이름을 장자가 스스로 정한 것인지, 아니면 한대 유향劉向에 의해서 붙여진 것인지는 분명하지 않지만 제물론이라는 이름이 이 편의 중심 내용을 개괄적으로 잘 나타내고 있다는 것에 대해서는 이론의 여지가 없다. 실제로 사람들은 제물론이라는 이름에 대해 여러모로 다르게 이해해 왔다. 구체적으로 어떤 사람은 그것을 제물에 대한 이론('제물'론), 즉 만물을 가지런히 하는 이론이라고 풀이했고, 어떤 사람은 그것을 제'물론', 즉 사물에 관한 사상 및 학설의 가지런함이라고 이해했다. 전자는 만물을 가지런히 한다는 의미에서 우주론과 본체론 사상에 속한다. 그에 비해 후자는 시비를 가지런히 한다는 의미에서 인식론과 방법론에 속한다. 이러한 두 가지 해석은 모두 일리가 있다. 왜냐하면 「제물론」에는 이 두 방면의 내용이 모두 들어 있기 때문이다. 그러나 제물론을 단지 이와 같은 두 가지 의미로만 풀이할 수 있는가? 장자사상의 전체적 맥락에서 보면 제물론은 마땅히 세 가지 뜻으로 이해되어야 한다.

첫째는 '제물'론이다. 만물은 본래 서로 다른데도 불구하고 장자는 왜 그것을 가지런히 하려고 했는가? 그리고 어떻게 가지런히 할 수 있는가? 「제물론」에서 중심적으로 논의된 것이 바로 이와 같은 문제들에 관한 것이다. 장자가 제물을 논하는 것은 그것을 통해 본원의 도를 파악하기 위해서이다. 만물은 서로 다르지만 도는 그것을 가지런히 할 수 있다. 만약 그렇지 않다면 도는 도라고 불릴 수 없으며, 만물의 본체로서 존재할 수 없다. 그래서 장자는 「제물론」에서 "가는 풀줄기와 큰 기둥, 문둥이와 서시西施를 들어서 대조해 보면 매우 괴이한 대조이지만 도의 입장에서는 다 같이 하나로 된다"라는 전형적인 서술을 남겼다. 여기에서 언급된 풀줄기와 큰 기둥, 문둥이와 서시는 비록 외연적으로 큰 차이가 있고, 도저히 가지런히 할 수 없는 존재들이지만 도에 의해서 하나로 통하게 된다. 이러한 도가 바로 천지만물의 존재 근거인 본원의 도이다. 왜냐하면 이와 같은 본원의 도만이 천지만물의 본성이나 본질을 추상적인 하나로 개괄할 수 있기 때문이다.

둘째는 제'물론'이다. 이는 사물에 관한 다양한 논의나 주장을 가지런히 한다는 뜻이다. 「서무귀」에는 다음과 같은 장자와 혜시의 대화가 실려 있다.

장자가 말했다. "활을 쏘는 자가 미리 표적을 정해두지 않고 무엇에 적중하였다고 할 때, 그것을 두고 활을 잘 쏜다고 말한다면 온 천하 사람이 모두 옛날 활쏘기의 명수인 예羿가 되는 것인데, 그렇게 말해도 되는가?" 혜시가 말했다. "그렇게 말할 수 있다." 장자가 말했다. "천하에 누구나 다 옳다고 하는 진리가 있는 것이 아니고, 각자 자기가 옳다고 생각하는 것을 옳다고 하는 것을 인정한다면 천하 사람들이 모두 요와 같은 성인이 되는 것이니, 그렇게 말해도 되는가?" 혜자가 말했다. "그렇게 말해도 된다." 장자가 말했다. "그렇다면 유가와 묵가와 양주와 공손룡의 네 학파에다가 당신을 합쳐 다섯 학파가 되는 것인데, 이 가운데 과연 어느 학파가 옳은 것인가?"

이 대화는 장자의 사상을 반영하는 전형적인 진술이다. 여기에서 언급된 유가, 묵가, 양주, 공손룡, 혜시, 그리고 장자를 합치면 결국 그 당시 학술계의 전체모습이 드러난다. 이 대화에서 장자는 우선 활을 쏠 때 표적이 있어야 하는 것과 마찬가지로 사상이론에도 일정한 기준이 있어야 한다고 말했다. 그렇지 않으면 각자가 자기 말만 하는 꼴이 되므로 이론은 모호해질 수밖에 없다. 그렇다면 장자가 말한 이 기준은 어떠한 것인가?

천하에 도술道術을 추구하는 사람은 많다. 그런데 모두가 자기가 닦고 있는 도술이 더 보탤 것이 없는 최고의 학문이라고 생각한다. 그러니 옛날의 이른바 도술이라고 하는 것은 과연 어디에 있는가? 말하자면 있지 않은 곳이 없다.……모두가 하나에 근원한다.…… 천하가 크게 어지러워지자 현인과 성인이 모습을 감추었고, 도와 덕이 하나로 통일되지 못해서 천하 사람들이 일부만 알고 스스로 만족하는 경우가 많아졌다.…… 전부를 포괄하거나 두루 미치지 못하여 일부분밖에 알지 못하는 일곡지사一曲之士들이다. 그들은 본래 하나인 천지의 아름다운 덕을 멋대로 가르고, 본래 하나인 만물의 이치를 쪼개며, 고대 사람들이 체득했던 도술의 전체를 산산조각 내어버렸으므로 천지의 아름다움을 갖추고 천지의 신묘하고 밝은 모습에 꼭 맞출 수 있는 이가 적다. 이 때문에 내면으로는 성인이면서 밖으로는 제왕이 되는 내성외왕內聖外王의 도가 어두워져 밝게 드러나지 못하고, 막혀서 나타나지 못하여 천하의 모든 사람들이 각각 자기가 하고 싶은 대로 하면서 그것을 스스로 방술方術이라고 여기니 또한 슬프지 아니한가! 제자백가들은 각자 앞으로 나아가기만 할 뿐 도의 근본으로 돌아오지 않으니 설내로 도와 만나지 못할 것이다. 후세의 학자들은 불행히도 천지의 순수함과 고대 사람들의 대체人體를 보지 못할 것이니, 도술이 천하 사람들 때문에 바야흐로 찢겨질 것이다.(「천하」)

여기에서 알 수 있듯이 장자가 말한 하나의 기준은 곧 도술이다. 그에 따르면 제자백가들이 각자의 의견만을 내세워 나아가기만 하고 도의 근본으로 되돌아오지 못하는 것은 도술이 찢겨진 결과이다. 그러므로 혼란한 학술세계를 바로잡으려면 우선 도술에 대해서 밝혀야 한다. 이처럼 「제물론」의 또 하나의 목적은 바로 도술을 밝히는 데 있다. 「제물론」에는 "모든 사물은 저것이(彼) 아닌 것이 없으며 이것이(是) 아닌 것이 없다. 저것의 입장에서는 저것이 보이지 않으니, 스스로를 알려고 하면 자신이 저것이라는 사실을 알 수 있다. 그래서 저것은 이것에서 나오고 이것은 또한 저것에서 말미암는다고 말한다. 이것이 바로 저것과 이것이 상호 간에 성립한다는 주장이다"와 같은 말이 있다. 이 말은 이것과 저것, 그리고 옳음과 그름이 본래 정해진 것이 아니라고 주장하면서 유가와 묵가의 학설을 비판하고 있는데, 그 목적은 진정한 도술을 밝히는 데 있다. 그렇다면 어떠한 도술을 밝히려고 하는가?

이에 대해 장자는 "옛사람들은 그 지혜가 지극한 곳까지 이르렀다. 어디에까지 이르렀는가? 애초에 그 어떠한 사물도 아직 없다고 생각한 사람이 있었으니, 지극하고 극진하여 이보다 더 나을 수 없었다. 그 다음은 사물이 있기는 하지만 아직 구별은 없다고 생각했다. 그 다음은 사물과 사물의 구별은 있지만 아직 시是와 비非는 없다고 생각했다. 시비가 나타나는 것은 도가 무너지는 까닭이다"(「제물론」)라고 말했다. 여기에서 알 수 있듯이 장자가 밝히려는 도술은 '애초에 그 어떠한 사물도 아직 없다'는 도술이다. 만약 이와 같은 도술을 밝히고 펼칠 수 있다면 천하 사람들은 한쪽만의 의견을 붙잡고 시비를 가리지 않을 것이다. 왜냐하면 "도는 본시 구별이 있지 않았고, 말은 본시 고정불변의 일정한 의미가 있지 않았으며"(「제물론」), "큰 도는 일컬어지지 않고, 큰 말은 말하지 않으므로"(「제물론」) 시비를 가릴 필요가 없게 되기 때문이다. 이렇게 되면 세상에는 그 어떠한 시비관념에 관한 것은 존재하지 않을 것이다. 그래서 장자는 "만일 이것을 안다면 그 지혜는 하늘의 창고(天府)라고 일컬을 것이니, 아무리 부어대도 가득차지 않을 것이고, 아무리 퍼내도 마르지 않을 것이지만 그 유래를 알지 못한다. 이를 일컬어 밝은 빛을 안으로 감춘다(葆光)고 한다"(「제물론」)라고 말했다.

셋째는 제'물'론'이다. 이는 사물(物)과 다양한 주장과 학설(論)을 모두 가지런히 한다는 뜻이다. 여기에서 물은 만물을 가리키고, 논은 시비를 가리는 논쟁, 주장 등을 의미한다. 장자에 따르면 이것들은 현실세계에서 모두 가지런하지 못한 상태로 존재하고 있다. 「제물론」에는 "도의 관점에서 하나로 통하게 한다"라는 말이 있고, "과연 이것과 저것의 구분이 있는 것인가? 과연 저것과 이것의 구별이 없는 것인가? 이것과 저것이 상대를 얻지 못하는 것을 도의 지도리(道樞)라고 한다"라는 말이 있는데, 그 목적은 모두 도에 이르는 것이다. 그렇다면 이러한 도는 어떠한 성질을 지닌 것인가?

이와 같은 도는 분명히 천도나 인도와 같은 구체적인 도가 아니다. 왜

나하면 그것들은 「제물론」에서 논의하는 대상이 아니기 때문이다. 그리고 그것은 본원의 도를 가리키는 것도 아닐 것이다. 비록 본원의 도가 「제물론」의 중심 내용인 것은 틀림없지만 여기에서 말하는 도가 본원의 도를 의미한다면 장자는 단지 '제물'론에 대해서만 언급하더라도 충분했을 것이며, 제'물론'에 대해 다시 언급할 필요가 없었을 것이다. 왜냐하면 장자의 본원의 도는 형식적으로 천지만물의 본체에 속하는 것이지, 사회평가와 같은 시비관념에 속한 것이 아니기 때문이다. 그러므로 장자가 제기한 제물' '론'에서의 도는 마땅히 소요의 도로 보아야 할 것이다.

소요의 도는 본원의 도와 달리 일종의 경지 또는 심미의식을 가리키는 개념이다. 이러한 경지에서 인간의 마음과 정신은 사물의 존재형식과 다를 뿐만 아니라, 일반적인 의식형식과도 다르다. 즉 그것은 마음과 정신이 스스로가 스스로를 대상화하여 드러나게 하는 경지이다. 따라서 이와 같은 경지는 '제물'론도 아니고, 제'물론'도 아니며, '물'과 '론'을 함께 가지런히 하여 주관과 객관을 통일시키는 제'물"론'이다. 「제물론」의 마지막 부분에서 진술된 호접몽의 우화가 바로 이러한 경지를 나타낸 것이다. 여기에서 장자는 "알지 못하겠다. 장주의 꿈에서 장주가 나비가 된 것인가, 아니면 나비의 꿈에 나비가 장주가 된 것인가를. 세속의 입장에서 보면 장주와 나비는 분명한 구별이 있다. 그렇지만 이처럼 장주가 나비가 되고 나비가 장주가 되는 것을 바로 물화物化라고 한다"(「제물론」)라고 하면서 장자와 나비가 합일되는 경지를 암시했다. 바로 이러한 경지가 장자사상의 특징이라고 할 수 있을 것이다.

2) 장자의 제물론

장자의 사상적 취지는 정신의 절대적 자유, 즉 소요유의 경지를 실현하는 데 있다. 그러므로 「소요유」뿐만 아니라, 「제물론」도 이러한 취지에 부합하는 것으로 보아야 한다. 그러나 이와 같은 주제에 대한 서술은 각 편마다 그 치중하는 바가 조금씩 차이가 있다. 가령 「소요유」에서는 구체적 사물들의 정신이 유대有待한 단계에서 무대無待한 자유의 경지로 이행하는 것을 강조했다면 이와 달리 「제물론」에서는 '물'과 '론'에 대한 내용이 많이 포함되어 있으며, 그 사상은 만물을 가지런히 하는 '제물'론과 시비관념을 가지런히 하는 제'물'론', 그리고 장자가 전문적으로 논설하지는 않았으나 '제물'론과 제'물'론'에 대한 언급 속에서 표현되는 것으로서 천인일체의 경지에 이르는 제'물'론'으로 나타난다. 그렇다면 지금부터 우리는 위의 여러 내용을 묶어서 '제물론'이라는 말로 통칭되는 측면에 대한 장자의 사상을 살펴보도록 하자.

『장자』 속에 드러나 있는 '제물'에 관한 사상은 대체로 다음과 같은 열 가지 측면을 포함하고 있다.

첫째는 기氣의 가지런함(氣之齊)이다. 이는 장자가 말한 제물 중에서 비교적 낮은 단계에 속한 것이며, 사물의 구성적인 측면을 가지런히 한다는 의미이다. 장자에 따르면 다양한 사물들은 모두 음양이기陰陽二氣로 구성되어 있다. 「전자방」에 나오는 "순수한 음기는 고요하고 차며, 순수한 양기는 밝게 빛나고 뜨거우니, 고요하고 찬 음기는 하늘에서 나와 땅으로 내려오고 밝게 빛나고 뜨거운 양기는 땅에서 나와 하늘로 올라가는데, 이 두 기가 서로 통해서 혼합하고 화합을 이루어 만물이 생겨난다"라는 말이 바로 이를 가리킨 것이다. 또한 「지북유」에는 "사람의 삶은 기가 모인 것이니 모이면 태어나고 흩어지면 죽게 된다.…… 그 때문에 '천하를 통틀어 일기—氣일 뿐이다'라고 말한다"라는 말이 있는데, 이는 사람의 생명도 기에 의해서 구성되었다는 뜻이다. 그리고 「지락」에서 아내를 잃은 장자가 북을 치면서 노래를 부르고 있는 모습을 본 혜시가 이를 비판하자 이에 대해 장자는 "그 삶의 처음을 살펴보았더니 본래 삶이 없었고, 삶이 없었을 뿐만 아니라 본래 형체도 없었고, 형체가 없었을 뿐만 아니라 본래 기조차 없었다. 황홀한 가운데에 섞여서 변화하여 기가 나타나고, 기가 변화하여 형체가 이루어지고, 형체가 변하여 삶이 이루어졌다가 지금 또 변화해서 죽음으로 갔으니, 이것은 서로 봄여름가을겨울의 사계절이 운행하는 것과 같다"라고 말했다는 내용이 나온다. 이와 같은 예시들에서 장자는 결국 인간을 포함한 만물이 기氣로 이루어졌음을 강조하고자 했다. 고대 중국에서는 물질이라는 개념 대신 그와 유사한 기 개념을 많이 사용했다. 따라서 기를 가지런히 한다는 사상은 사물의 구성적인 면에서 그것을 가지런히 하여 만물의 통일을 이루는 것이라고 할 수 있다.

둘째는 어두움에서 밝음이 생기는 가지런함(昭昭生於冥冥之齊)이다. 이는 우주론적 측면에서 이루어지는 제물사상을 가리킨다. 「지북유」에는 "무릇 밝은 것은 어두운 것에서 생기고, 모양이 있는 것은 모양이 없는 것에서 생기며, 정신은 도에서 생기고, 모습은 본래 정기精氣에서 생기며, 만물은 모두 모양을 갖추고 생성된다"라는 말이 있고, 「천지」에는 "태초에는 무만 있었고, 존재하는 것(有)이란 아무것도 없었고, 이름조차 없었다. 그리고 하나(一)가 여기서 생겨났는데, 하나는 있었으나 아직 형체는 없었다. 이윽고 만물이 이 하나를 얻어서 생겨났는데 이것을 덕德이라 한다. 아직 형체가 정해지지 않은 상태 속에서 구분이 있기는 하지만 분명하게 보이는 큰 틈 바구니는 없는 것, 이것을 명命이라 한다. 움직여서 만물을 낳는데 물이 이루어져 리理가 나타나는 것, 이것을 형形이라 한다. 이 형체(육체)가 정신을 보유해서 각각 고유한 법칙성을 가지게 되는데 이것을 성性이라 한다. 성이 닦여 덕으로 돌아가면 덕이 처음과 같아짐에 이르게 될 것이다"라는 내용이 있다. 이러한 두 진술은 모두 우주만물의 생성에 관한 것이다. 즉 장자에 따르면 우주만물은 도 − 기(정기) − 형 − 성의 과정을 거쳐 생겨난 것이다. 또한 도가 만물을 생성하는 과정은 실제로 도가 분화하는 과정이기도 하다. 만물이 이와 같이 도에서 분화되었다면 반대로 만물이 도로 통일된다고 말할 수 있다. 위의 진술에서 어두운 것은 곧 도를 가리키고, 그것이 모양도 없고 이름도 없기 때문에 명명冥冥이라고 부르는 것이다.

셋째는 본원의 가지런함(本根之齊)이다. 이것은 또한 도의 입장에서 하나가 되는 가지런함(道通爲一之齊)이라고도 할 수 있다. 앞에서 말한 제물은 도로부터 만물에 이르는 하향식의 제물론임에 비해, 여기에서의 제물은 만물로부터 그것의 본원을 추적해 가는 상향식 제물론이다. 장자는 "육합六合이 크다고 하지만 그 안을 떠나지 않으며, 가을철의 가는 털이 작다고 하지만 그것을 얻어 몸체를 이루며, 천하 만물은 예외 없이 모두 부침浮沈을 되풀이해서 죽을 때까지 옛 모습 그대로 있지 아니하며, 음양이기나 춘하추동 사계절은 운행하지만 각각 그 차례를 지킨다. 그런데 도는 어렴풋하게 존재하지 않는 듯하면서도 실존하며, 느긋하게 모습을 드러내지 않으면서도 신묘하게 작용하며, 만물은 그에 의해 길러지면서도 그러한 사실을 알지 못하니, 이것을 일컬어 천하 만물의 근본이라고 하며, 그것을 오직 하늘에서 살펴볼 수 있다"(「지북유」)라고 말했고, "모든 사물은 진실로 그러한 바가 있으며, 모든 사물은 가능한 바가 있으니, 어떤 사물이든 그렇지 않은 바가 없으며, 어떤 사물이든 가능하지 않은 바가 없다. 그 때문에 이를 위해서 가는 풀줄기와 큰 기둥, 문둥이와 서시西施를 들어서 대조해 보면 매우 괴이한 대조이지만 도의 입장에서는 다 같이 하나로 된다. 하나인 도가 분화하면 상대적 세계의 사물이 성립되고, 상대적 세계의 사물이 성립되면 그것은 또한 파괴된다. 따라서 모든 사물의 성립과 파괴는 도에 의해 다시 통해서 하나가 된다"(「제물론」)라고 말했다.

이러한 진술들에서 언급되는 만물은 천차만별이고 가지런하지 못하다. 그렇다면 그것들을 어떻게 하나로 가지런히 할 수 있을까? 장자에 따르면 이는 만물의 존재적 본성에 입각해야만 한다. 즉 만물은 서로 다르고 그 구조도 복잡하지만 반드시 하나의 공통된 본질적 속성을 갖는다는 것이다. 오늘날의 유물변증론 철학은 만물의 공통적 본질을 객관실재성, 즉 물질의 개념으로 규정한다. 장자는 이러한 인식수준에는 도달하지 못했지만 만물에는 하나의 본원이 있다는 것을 명확히 제시했다. 그에 따르면 전체 우주만큼 큰 존재와 가을철의 가는 털처럼 작은 존재에 이르기까지 모두 이와 같은 본원을 벗어날 수 없다. 그리고 만물의 형태는 항상 변화하지만, 본원은 변화하지 않는다. 그렇다면 이러한 본원은 도대체 무엇인가? 장자에 따르면 그것이 곧 도이다. 여기에서 볼 수 있듯이 장자가 말한 본원의 도는 그 철학적 성질에 있어서는 일종의 추상적 개념 또는 관념적 실체이다.

넷째는 두루 널리 모든 것의 가지런함(周遍咸之齊)이다. 이는 도일분수道一分殊의 의미상에서 말하는 제물론이다. 「지북유」에는 장자와 동곽자東郭子 사이의 대화가 실려 있는데, 동곽자가 도가 어디에 있는지를 묻자 장자는 그 어디에든 도가 있지 않은 곳이 없다고 대답했다. 동곽자가 제대로 이해하지 못하여 또한 장자에게 도의 범위에 대해서 물었다. 그러자 장자는 벌레에서부터 똥오줌에 이르기까지 모두 도가 있다고 대답했다. 나아가 장자는 침묵하는 동곽자에게 "그대가 물은 것은 본디 본질에 미치지 못한 것이다. 돼지 잡는 정확正獲이 시장 관리인에게 물을 때 돼지의 넓적다리를 밟아보는 것은 아래쪽으로 내려갈수록 살진 것을 알기가 쉽기 때문이다. 그대가 어떤 사물에 도가 있느냐고 꼭 집어서 말하지 않으면 도가 어떤 물건에서든 떠날 수 없을 것이니, 지도至道는 이와 같고 훌륭한 말도 또한 그러하다. '두루', '널리', '모두' 이 세 가지는 명칭은 다르지만 실제의 내용은 같으니 그 뜻은 마찬가지이다"라고 말했다. 이 말은 도가 그 어떠한 사물도 벗어나지 않음을 뜻한 것이다. 장자에 따르면 도는 만물의 본원으로서 반드시 만물에 존재해야만 하며, 나아가 이러한 도는 또한 갈기갈기 찢겨진 채로 죽은 것처럼 만물에 있는 것이 아니라, 하나의 전체로서 각각의 사물에 존재해야 한다. 이와 같은 도의 존재적 형식을 도일분수라고 부르며, 나아가 그것도 제물사상의 한 측면이라고 할 수 있다.

다섯째는 주재자가 있다는 주장과 주재자가 없다는 주장의 가지런함(或使莫爲之齊)이다. 이는 천지의 존재와 운행의 측면에서 말해지는 제물론이다. 「천운」의 시작 부분에는 천지운행에 대한 질문이 한꺼번에 14개나 나열되어 있는데, "하늘은 움직이는가? 땅은 멈추어 있는가? 해와 달은 자리를 다투는가? 혹시 그 누군가 이 일을 주재하고 있는가? 그 누군가 천지일월에 질서를 부여하고 있는가? 그 누군가 스스로 무위無爲의 일에 머물러 있으면서 천지일월을 밀어서 움직이는 것인가? 혹시 기계에 묶여서 그만두지 못하는 것인가? 아니면 저절로 굴러가기 때문에 스스로 그치지 못하는 것인가? 구름이 저절로 내려 비가 되는 것인가? 비가 스스로 올라가 구름이 되는 것인가? 혹은 누군가 이 운우雲雨의 순환을 맡아서 처리하는가? 누군가 무위의 일에 머물러 조화造化의 음락淫樂에 빠진 채 이것을 권하는 것인가? 바람은 북방에서 일어나 한 번은 서쪽으로 불고 한 번은 동쪽으로 불며, 또 높이 올라가 이리저리 방황하는데, 누군가 이 바람을 호흡하며 누군가 무위의 일에 머물러 이 바람을 부채질하는 것인가? 감히 묻노니 이것이 무슨 까닭인가?" 하는 것이 그것이다. 이와 같은 문제의 제기는 타당하다고 할 수 있는데, 장자는 「천운」편에서 더 이상의 논의를 진행하지 않았다. 오히려 그는 「칙양」편에서 이 문제에 대해 다시 논의했다.

이 편에서 장자는 소지少知의 입을 빌려 "동서남북 사방의 세계와 상하 사방 육합의 무한한 우주 속에서 만물이 생성되어 나오는 것은 어디에서 일어나는 것인가?"라는 질문을 제기했다. 그 당시에 이러한 문제에 대한 답은 대체로 두 가지로 나누는데, 하나는 계진季眞의 막위설莫爲說이고, 다른 하나는 접자接子의 혹사설或使說이다. 그래서 소지가 대공조大公調에게 "이 두 사람의 주장 중 어느 쪽이 사실에 맞고 어느 쪽이 도리에 벗어난 것인가?"라고 묻자, 대공조는 "그러니 그렇게 하도록 시키는 주재자가 있다는 주장(혹사설)과 그렇게 하도록 시킨 주재자가 따로 없다는 주장(막위설)은 현상에 얽매인 사물의 세계를 벗어나지 못한 것이므로 결국 모두 잘못된 것이다. 접자의 주장처럼 시키는 것이 있다고 하면 실實이 되고, 계진의 주장처럼 주재자가 없다고 하면 곧 허虛에 빠지고 만다.…… 누군가 시켰다는 주장이나 아무도 그렇게 하지 않았다는 주장은 사물의 일부분을 가리킬 뿐이니, 이것을 가지고서야 도대체 어떻게 대도大道를 닦을 수 있겠는가?"라고 대답했다. 여기에서 대공조는 혹사나 막위를 모두 부정하며 "말로 다 표현할 수 있는 것과 지혜로 다 아는 것은 기껏 만물의 성질을 규명한 것일 따름이다. 참다운 도를 통찰하는 사람은 만물이 사멸해 가는 이 세상 밖의 것을 추구하지 않고, 만물이 생성해 나오는 기원을 탐구하지 않는다. 이것이 바로 논의가 멈추어야 할 영역이다"(「칙양」)라는 뜻을 표명했다.

한마디로 장자는 사물에 얽매인 혹사설이나 막위설을 통해서는 우주의 존재와 그 운행에 관한 참된 근원을 찾을 수 없다고 주장한 것이다. 우주의 참된 근원은 다름 아닌 도이다. 그러나 도를 근원으로 삼거나 아니면 막위설이나 혹사설을 근원으로 삼든지 간에 어쨌든 우주의 근원을 나름대로 확립할 수 있고, 나아가 천지의 운행을 가지런히 할 수 있다. 여기에서 장자는 대공조의 입을 빌려 혹사설과 막위설에 의문을 던졌으나 실제로 이는 그가 본원의 도가 지닌 철학적 성질에 대해 제대로 파악하지 못하고 있음을 의미한다. 본원의 도는 한편으로는 추상적 개념이지만 다른 한편으로는 보편자와 특수자의 통일이다. 장자가 이러한 점을 제대로 파악하지 못했기 때문에 한편으로 도에는 형체가 없다고 말하면서 다른 한편으로는 그것이 천지를 낳고 귀신을 신명하게 만든다는 어리둥절한 말을 했던 것이다.

여섯째는 있음과 없음의 가지런함(有無之齊)이다. 이는 구체적 사물의 유한성으로부터 우주존재의 무한성에 이르는 제물론이다. 「제물론」에도 유무에 관한 직접적인 논의가 있는데, "처음이라는 말이 있었고, 처음에 '처음이라는 말'이 아직 있지 않았다는 말이 있었으며, 처음에 '처음에 처음이라는 말이 아직 있지 않았다는 말'도 아직 있지 않았다는 말이 있다. 유라는 말이 있었고, 무라는 말이 있었으며, 처음에 '무라는 말'이 아직 있지 않았다는 말이 있었고, 처음에 '처음에 무라는 말이 아직 있지 않았다는 말'이 아직 있지 않았다는 말이 있었다. 이처럼 언어가 생기자 이윽고 무가 있게 된 것이다. 그런데 나는 아직 알지 못하겠다. 유와 무 중에서 과연 어느 것이 있고 어느 것이 없는 것인지를"이라는 내용이 그것이다.

여기에서 추궁하고자 하는 것은 우주의 유한성과 무한성의 문제이다. 하나의 사물에 있어서 그것에는 시작이 있기 마련이다. 그렇다면 그 시작에는 또한 시작이 있고, 이와 같은 시작에 대한 소급은 무한으로 이어질 것이다. 이와 유사하게 하나의 구체적 사물은 유이다. 그리고 이러한 유는 그것이 나타나기 이전의 무에서 비롯된다. 그러나 이와 같은 무가 있게 되면 또한 이런 무를 낳게 하는 무가 있어야 한다. 이렇게 되면 유도 무에서 비롯되고, 무도 또한 무에서 비롯되며, 나아가 무에 대한 추궁도 무한히 소급될 수 있다. 이러한 추궁에 대해 결국 장자도 곤혹에 빠지면서 "그런데 나는 아직 알지 못하겠다. 유와 무 중에서 과연 어느 것이 있고 어느 것이 없는 것인지를"이라고 말했다. 실제로 장자가 추궁하고 있는 무한은 유한과 독립된 무한, 즉 부정성의 무한이므로 구체적인 결과에 이를 수 없는 것이다. 그러나 이러한 추궁은 나름대로의 의미를 지닌다. 즉 그것을 통해 장자는 유한을 무한으로 전환하며, 우주가 무한한 형식과 의미에서 가지런하게 될 수 있는 길을 열었다.

일곱째는 이룸이나 이지러짐이 없는 가지런함(無成與虧之齊)이다. 이것은 도의 완전함(全)이라는 의미에서 말하는 제물론이다. 「제물론」에는 "옛사람들은 그 지혜가 지극한 곳까지 이르렀다. 어디에까지 이르렀는가? 처음에 사물이 아직 없다고 생각한 사람이 있었으니, 지극하고 극진하여 이보다 더 나을 수 없다. 그 다음은 사물이 있기는 했지만 아직 구별은 없었다. 그 다음은 사물과 사물의 구별은 있지만 아직 옳고 그름은 없었다. 시비가 나타나는 것은 도가 무너지는 까닭이고, 도가 무너지는 것은 사사로운 사랑이 생성되는 까닭이다. 그렇다면 과연 이룸(成)과 이지러짐(虧)이 있는 것인가? 아니면 이룸과 이지러짐이 없는 것인가? 이룸과 이지러짐이 있는 것은 저 소씨昭氏가 거문고를 연주하는 것과 같고, 이룸과 이지러짐이 없는 것은 저 소씨가 거문고를 연주하지 않는 것과 같다"라는 내용이 나온다. 이 진술은 이룸과 이지러짐이 없는(無成與虧) 도에서부터 이룸과 이지러짐이 있는(有成有虧) 만물로 이행하는 과정에 관한 것이다. 우선 "옛사람들은 그 지혜가 지극한 곳까지 이르렀다. 어디에까지 이르렀는가? 처음에 사물이 아직 없다고 생각한 사람이 있었으니, 지극하고 극진하여 이보다 더 나을 수 없다"라는 말에 대해 곽상은 "이렇게 천지를 잊고, 만물을 포기하며, 밖으로는 우주를 통찰하지 않고, 안으로는 자신의 몸을 자각하지 않기 때문에 광활하게 묶인 바가 없고, 사물과 더불어 나가며, 어떤 것에 응하지 않는 바가 없다"(「제물론주」)라고 주석했다. 이것이 바로 도가 지니는 이룸과 이지러짐이 없음, 곧 완전함을 가리키는 말이다. 그러나 그 뒤로부터 도는 점차 만물로 이행하면서 그 완전함을 상실하게 된다.

여기에서 장자가 강조하고자 하는 것은 완전함이라는 도의 특징이다. 그 어떠한 구체적 사물에도 이룸이 있으면 이지러짐이 있게 마련이다. 이는 거문고를 타는 경우와 유사하다. 아무리 기교가 뛰어나다고 해도 거문고를 타는 순간 특정한 음이 나올 것이고, 그 음이 나오면 동시에 다른 음을 낼 수는 없게 된다는 것이다. 마찬가지로 도道도 일단 사물에 관여하게 되면 그것에는 이지러짐이 생기게 되면서 본래의 완전함을 잃게 된다. 오직 사물에 관여하지 않은 도만이 천하의 모든 사물을 포섭하여 완전함을 유지할 수 있다. 여기에서는 도로부터 만물에 이르는 과정에 대해 논의하고 있지만, 실제로 그것도 도를 본원으로 삼는 제물론의 한 유형이다.

여덟째는 이것과 저것의 가지런함(彼是之齊)이다. 이는 시비관념에 관한 제물사상이다. 장자는 "도는 작은 성취 때문에 숨어버렸고, 참된 말은 화려한 꾸밈 때문에 숨어버렸다. 그 때문에 유가와 묵가의 시비가 생겨나게 되어, 상대학파가 그르다고 하는 것을 옳은 것이라고 주장하고, 상대학파가 옳다고 하는 것을 그른 것이라고 주장한다. 상대가 그르다고 하는 것을 옳은 것이라 하고, 상대가 옳다고 하는 것을 그른 것이라고 주장하려면 밝은 인식을 통해서 판단하는 것이 최상의 방법이다"(「제물론」)라고 말했다. 여기에서 말하는 것처럼 시비관념은 도가 작은 성취(小成)에 의해 가려짐으로써 생겨난 결과이다. 그렇다면 작은 성취는 무엇을 가리키는가? 성현영의 소에 따르면 "작은 성취는 인의를 비롯한 오덕五德을 가리키는 것이다. 작은 도에 의해 덕을 성취한 것을 작은 성취라고 부른다." 그렇다면 이미 생겨난 시비관념에 어떻게 대처해야 하는가?

장자는 "모든 사물은 저것이(彼) 아닌 것이 없으며 이것이(是) 아닌 것이 없다. 저것의 입장에서는 저것이 보이지 않으므로 스스로를 알려고 하면 자신이 저것이라는 사실을 알 수 있다. 그래서 저것은 이것에서 나오고 이것은 또한 저것에서 말미암는다고 말한다. 이것이 바로 저것과 이것이 상호 간에 성립한다는 주장이다.…… 이처럼 이것과 저것의 구분이 사라진 상태에서는 이것 또한 저것이 될 수 있으며, 저것 또한 이것이 될 수 있으므로 저것도 또한 시비가 하나로 되고, 이것도 또한 시비가 하나로 된다. 그렇다면 과연 저것과 이것의 구분이 과연 있는 것인가? 과연 저것과 이것의 구분이 없는 것인가? 이것과 저것이 상대를 얻지 못하는 것을 '도의 지도리'라고 한다. 이렇게 되면 이것도 또한 하나의 무궁이고 저것도 또한 하나의 무궁이다. 그래서 밝은 인식으로 판단하는 것이 최상이라고 말한 것이다"(「제물론」)라고 말했는데, 여기에서 우리는 장자의 변증법적 사고방식을 엿볼 수 있다. 다시 말해서 그는 이것과 저것이 서로의 원인 됨에서 출발하여 그 대립을 해소하여 이것과 저것이 초래하는 시비관념을 가지런히 했다는 것이다. 이에 대해 곽상은 "사물은 모두 스스로 이것이니, 이것이 아닌 것이 없다. 사물은 모두 서로 저것이니, 저것이 아닌 것이 없다. 저것이 아닌 것이 없으면 천하에는 이것이 아닌 것도 없다. 이것이 아닌 것이 없으면 천하에는 저것도 아닌 것이 없다. 이것도 없고 저것도 없으니, 사물은 모두 현동玄同하다"(「제물론주」)라고 주석했다. 여기에서 말하는 현동이란 바로 사물을 가지런히 한 결과이다.

아홉째는 참다운 지배자(주재자)의 가지런함(眞君之齊)이다. 이는 인간의 심리와 신체구조의 측면에서 말하는 마음의 가지런함(心之齊)이다. 장자는 「제물론」에서 "대지大知는 한가하고 너그럽지만 소지小知는 사소한 일을 또박또박 따지며, 대언大言은 담담하여 시비에 구애받지 않지만 소언小言은 수다스럽기만 하다"라고 말하면서 인간의 심리를 생동감 있게 묘사했다. 이어서 그는 이렇게 말했다.

저것이 아니면 나라는 주체를 확인할 수 없고, 내가 아니면 희노애락喜怒哀樂의 감정이 나타날 수 있는 주체가 없어진다. 이와 같은 견해는 진실에 가깝지만 그렇게 하도록 시키는 것이 무엇인지 알지 못한다. 참다운 주재자(眞宰)가 있는 것 같지만 그 조짐을 알 수 없으며, 작용으로서의 존재 가능성은 아주 분명하지만 그 형체는 볼 수 없으니, 작용의 실상(情)은 있으나 그 구체적 형태(形)는 없다.(「제물론」)

인간의 몸은 백 개의 뼈마디와 아홉 개의 구멍과 여섯 개의 장부臟腑를 갖추고 있는데 나는 그중 어느 것과 가장 가까운가? 그대는 그것들 모두를 사랑할 것인가? 아니면 그중 어느 하나만을 사사로이 사랑할 것인가? 이와 같이 만약 신체의 어느 하나가 전체의 지배자가 될 수 없다면 그것들 모두를 신첩臣妾으로 삼을 것인가? 신첩은 서로 다스리기에는 부족한가? 차례대로 돌아가면서 서로 군주가 되고 신첩이 될 수도 있는가? 아니면 어디에 참다운 지배자(眞君)가 존재하는 것인가? 그 실상을 알든 모르든 간에 그것은 참다운 진실에 아무런 영향도 미치지 못한다.(「제물론주」)

여기에서 장자는 질문하는 식의 어투로 인간의 심리를 추궁하면서 참다운 지배자가 있는지를 묻고 있다. 즉 장자는 인간의 신체기관을 지배하는 주재자가 있는지를 묻고 있는데, 그에 대한 답이 확실하지 않다. 그러나 앞뒤 문맥을 자세히 살펴보면 장자는 그러한 참다운 주재자로서의 진군이나 진재가 존재한다고 주장하고 있음을 알 수 있다. 또한 「제물론」의 시작 부분에는 '멍하니 몸이 해체된 듯이 자기 짝을 잃어버린 것 같은' 남곽자기南郭子綦라는 인물이 등장한다. 그 모습을 보면 그의 형체는 죽어 있는 것 같았다. 그러나 그의 심心은 죽지 않았다. 만약 그의 심까지 죽었다면 안성자유顔成子游가 그에게 "어떻게 육체는 진실로 시든 나무와 같아질 수 있으며, 마음은 진실로 불이 꺼진 재와 같아질 수 있는가?"라고 묻는 것이 무의미해질 것이다. 그래서 장자는 백 개의 뼈마디를 비롯한 신체기관에 대해 서술한 뒤 "사람은 한 번 백 개의 뼈마디, 아홉 개의 구멍, 여섯 개의 장부를 갖춘 몸을 받으면 곧장 죽지는 않더라도 소진되기를 기다리는 것인데, 공연히 사물과 더불어 서로 다투어서 소진시키는 것이 말달리는 것과 같아서 멈추게 하지 못하니 또한 슬프지 아니한가?…… 그 육체가 죽어서 다른 사물로 변하면 그 심도 육체와 더불어 그렇게 될 것이니, 큰 슬픔이라 말하지 않을 수 있겠는가!"라고 말했던 것이다. 이것은 심의 존재를 인정하는 것이라고 할 수 있다. 나아가 장자는 바로 이와 같은 심의 주재작용을 통해 인간의 육체와 심리정감을 통일시켜 제물론의 한 측면의 내용을 형성했다.

열째는 마음이 자유롭게 노니는 가지런함(遊心之齊)이다. 이는 사물을 가지런히 하는 제물의 차원을 초월하여 '물'과 '론'의 통일을 지향하는 정신의 절대적 자유경지를 가리킨다. 장자는 이렇게 말했다.

> 지인은 신통력을 가진 존재이다. 못가의 수풀 우거진 곳이 불에 타도 그를 뜨겁게 할 수 없고, 황하黃河나 한수漢水가 얼어붙을 정도로 춥더라도 그를 춥게 할 수 없으며, 격렬한 우레가 산을 쪼개도 그를 상하게 할 수 없고, 바람이 바다를 뒤흔들지라도 그를 놀라게 할 수 없다. 그와 같은 사람은 구름을 타고 해와 달을 몰아서 사해의 밖에서 노닌다. 죽음과 삶도 자신을 변화시키지 못하는데 하물며 이해득실과 같은 말단 따위이겠는가!(「제물론」)

이러한 말은 인간 정신의 경지를 강조한 것이지만, 장자는 지극히 문학적인 표현으로 그것을 인간화시켰다. 나아가 장자는 또한 「제물론」의 마지막 부분에서 장자가 나비로 되었는지 아니면 나비가 장자로 되었는지를 구분할 수 없는 꿈을 설정하여 하나의 물화物化 상태를 그려냈는데, 이것도 역시 정신의 자유로운 경지에 이르러 사물과 인간이 일체됨(物我齊一)을 강조한 것이다.

지금까지 다룬 것이 장자 제물론의 대략적 내용이다. 실제로 만물은 본래 가지런하지 못하다. 헤겔은 『소논리학』에서 상이율相異律이라는 개념을 제기하면서 "어떤 것이 사물인 이상 다르지 않을 수가 없고", "세상에는 완전히 똑같은 사물이란 존재하지 않는다"[5]라고 말했다. 나아가 그는 이와 같은 상이율을 설명하면서 다음과 같은 이야기를 했다. "라이프니츠가

궁정에서 상이율을 제기하자 궁녀와 신하들은 모두 공원에 가서 똑같은 나뭇잎을 찾아서 그의 이론을 전복시키려고 했다."⁶⁾ 물론 그 결과는 궁녀와 신하들의 실망으로 귀결되었을 것이다. 왜냐하면 세상에는 똑같이 생긴 두 개의 나뭇잎이 존재할 리가 없기 때문이다. 그렇다면 장자는 왜 제물사상을 제기했을까? 또 그것은 어떻게 가능할까? 그것은 바로 구체적인 사물 속에서 공통성을 추출하여 개념화시킴으로써 범주로 규정하는 형식으로 성취될 수 있는데, 이것이 곧 장자의 본원의 도이다.

5) 黑格爾(헤겔), 『小邏輯』, 商務印書館, 1980, p.251.
6) 黑格爾(헤겔), 『小邏輯』, 商務印書館, 1980, p.253.

제2장

곽상의 상인론

독화론獨化論은 곽상이 『장자』를 주석하면서 제기된 이론이다. 그리고 그것은 『장자』를 주석한 곽상의 철학적 방법론과 연결되어 있다. 곽상은 장자를 주석하면서 언어에 기탁하여 뜻을 드러내고, 명리名理를 구분하여 분석하는 등과 같은 방법을 사용했다. 그러한 방법은 『장자』를 해석하는 데 있어서 중요하게 활용되었지만 독화의 본체론을 구축하는 데에는 충분히 사용되지 못했다. 분명한 것은 곽상에게 독화론을 구축하는 나름대로의 방법이 있었다는 점이다. 의식적이든 그렇지 않았든 간에 곽상은 『장자』에 관한 견해를 내세우고 자신의 독화론을 정립하는 과정에서 스스로의 특징을 지닌 현학방법을 고안해 냈다. 만약 그렇지 않았다면 그는 자신만의 현학적 관점을 가질 수 없었을 것이다. 그렇다면 방법적인 측면에서 곽상의 현학사상과 이론은 어떠한 것인가?

1. 곽상의 외상인 사상 : 대생설

　곽상 독화론의 기본적 사상은 천지만물이라는 존재가 모두 스스로 생성되고 독립적으로 존재하며, 자연스럽게 변화를 거듭한다는 것이다. 그렇다면 천지만물이 이와 같은 상태로 존재할 수 있는 까닭은 무엇인가? 그것들은 왜 생성과 소멸을 거듭할 수 있는가? 곽상이 이러한 문제들에 접근해 가는 출발점은 배위裴頠와 유사하다. 즉 그들은 모두 있음(有)의 영역에서부터 문제를 풀어나갔다. 그러므로 곽상의 독화사상에 관련된 방법론적 문제를 다루기 전에 배위의 사상, 즉 그의 유론有論을 미리 살펴볼 필요가 있다. 배위는 「숭유론崇有論」의 시작 부분에서 다음과 같이 말했다.

　　무릇 총체적으로 뒤섞여 무리지어 있는 것의 근본이 종극의 도道이고, 틀이
　　지워지고 무리로 나누어진 것이 모든 종류의 사물이다. 그리고 형상이 드러나
　　는 것이 생명이 있는 형체이고, 변화와 감응이 착종된 것이 자취로 드러난 이
　　치의 근원이다. 여러 사물로 나누어지고 무리지어지면 종극의 도에서 갈라져
　　나온 바탕이 치우치게 된다. 치우치면 자족自足함이 없으므로 외부의 바탕에
　　의지하게 된다. 이것은 사물이 생장하는 데에서 찾아볼 수 있으니, 그것을 이
　　치라고 부른다. 이치에 의지해서 드러난 형체가 있음(有)이며, 있음이 의지하
　　는 것을 바탕이라고 한다. 그런데 바탕은 합치하는 바가 있으니, 그것을 곧
　　합당함(宜)이라고 한다. 그리고 그 합당함을 택하는 것을 이른바 실정(情)이라
　　고 한다.

　배위현학의 입각점은 현실세계의 사물, 즉 군유群有이다. 그러나 이러한 군유는 어떻게 있게 되었는가? 배위는 군유 속의 개별자들이 모두 자기

만의 형상과 질을 갖고 있음을 보았다. 그렇다면 이와 같은 개별자들은 예외 없이 완전한 것일 수 없고, 특정한 쪽으로 치우친 것이 된다. 그리고 존재방식에 있어서 만약 그것들이 모두 치우친 것이라면 스스로에 의지할 수 없고 어느 정도 특정한 타자, 즉 외부의 조건에 의존해야만 한다. 바로 이와 같이 외부의 조건에 의존함으로써 군유는 존재할 수 있고 생멸을 거듭할 수 있으며, 그 속의 이치가 탐구되고 인식될 수 있게 된다. 따라서 배위가 말한 '치우치면 자족自足함이 없으므로 외부의 바탕에 의지하게 된다'라는 말이 곧 만물이 어떻게 존재할 수 있는가에 대한 규명이다.

실제로 배위는 이러한 논의를 통해 뭇 존재자들을 위해 하나의 존재론적 바탕구조를 제공하려고 했으며, 그것이 곧 개별자와 타자 사이의 상호 병존 관계이다. 배위에게 있어서 세상에는 독립적으로 존재할 수 있는 것은 아무것도 없다. 예를 들어 가령 우주 속의 모든 존재자를 무화시키고 하나의 존재자만 남긴다면 그것은 과연 존재할 수 있을까? 만약 그렇다면 그 존재자는 오직 허무 속에서만 존재할 수 있고, 그것이 곧 허무가 될 것이다. 이러한 사고를 바탕으로 다른 예를 들어보도록 하자. 한 존재자가 우리 앞에 놓여 있을 때, 우리는 그것의 길이나 넓이, 그리고 높이나 색상 등과 같은 규정성을 통해 그것을 인식한다. 그리고 그러한 인식이 진행되는 과정에서 우리는 무의식적으로 그것을 다른 것과 비교하게 된다. 만약 이러한 비교를 진행하지 않으면 우리는 그것이 다른 것과 어떻게 다른지에 대해 말할 수 없을 것이다. 따라서 아무런 비교를 거칠 필요가 없는 독립적 존재는 있을 수 없고, 인식될 수도 없다.

이와 같은 이치를 존재론적 영역에 적용하면 그 어떠한 독립적 존재도 존재할 수 없을 뿐더러 더욱이 변화도 불가능해진다. 왜냐하면 변화는 상태의 달라짐을 의미하므로 유일한 독립적 존재에게는 있을 수 없기 때문이다. 따라서 세상에는 독립적인 존재기 있을 수 없다. 하나의 존재자가 존재하려면 그것은 외부의 존재자와 관련될 수밖에 없고, 그것을 존재의 전제조건으로 삼을 수밖에 없다. 물론 이는 다른 존재자에게 있어서도 마찬가지이다. 바로 이와 같은 상호 관련된 존재구조에서 현실세계의 존재자들은 각자의 형태를 갖추고 존재할 수 있는 것이다. 이러한 존재자와 다른 존재자 사이의 상호 병존적 관계를 '외적 존재구조'(外存在構架)라고 부른다.

곽상이 존재자의 존재를 관찰할 때도 배위와 유사하게 '치우치면 자족함이 없으므로 외부의 바탕에 의지하게 된다'는 것을 출발점으로 삼았는데, 이것이 곧 그의 상인법相因法이다. 상인이란 두 사물 간의 상호 의존을 가리키며 존재론적으로 사물과 다른 사물이 상호 병존하는 존재의 구조를 의미한다. 곽상은 이렇게 말했다.

무릇 사물의 치우침은 모름지기 다른 사물이 보이는 바를 보지 못하면서, 자기가 알고 있는 것만 안다는 것을 가리킨다. 자기가 아는 것만 안다면 자기 스스로만 옳다고 생각할 것이다. 자기 스스로만 옳다고 생각하면 다른 것은 모두 그르다고 생각할 것이다. 그러므로 저것은 이것으로 인해 생기고, 이것은 또한 저것으로부터 말미암으니, 이것과 저것이 서로 원인이 되면서(相因) 존재한다. (「제물론주」)

세상 사람들은 망량罔兩이 그림자에 의존하고, 그림자는 형체에 의존하며, 형체는 조물자造物者에 의존한다고 말한다.…… 그러므로 너와 나는 서로 원인이 되며, 형태와 그림자는 함께 존재한다.(「제물론주」)

사람의 삶은 비록 형체가 시들어가도 오상을 지닌다. 따라서 하찮은 몸을 지닐지라도 여전히 천지를 받들고 그것을 높일 수 있다. 그러므로 천지만물과 같은 존재자들은 하루라도 서로가 없으면 안 된다. 한 사물을 갖추지 못하면 살아 있는 자는 삶을 제대로 얻을 수 없고, 하나의 이치에 이르지 못하면 천 년을 제대로 누릴 수 없다.(「대종사주」)

빌림(假)은 말미암음(因)이다. 삶과 죽음, 기의 취산聚散은 변화무상하고 모두 다른 것이다. 다름이 없으면 빌릴 필요도 없기 때문에 빌린 것은 다르지만 만물은 그것을 통해 일체를 이룬다.(「대종사주」)

변화가 쇠퇴하고 세상사는 흘러가는데, 갈 수도 없고 말미암지 않을 수도 없다.(「응제왕주」)

강물을 고갈시키는 것은 협곡을 비우기 위함이 아니지만 협곡이 비워지고, 산을 평탄하게 하는 것은 늪을 채우기 위함이 아니지만 늪이 채워지며, 성인을 없애는 것은 도적을 없애기 위함이 아니지만 도적이 없어진다.(「거협주」)

자기와 천하는 서로 말미암는 것이다. 지금 스스로의 뜻으로만 천하를 전제專制하니, 천하가 어찌 형통할 수 있겠는가! 그러므로 스스로의 몸가짐이 이루어지지 못하면 세상만물은 여유로움을 잃을 것이다.(「재유주」)

세상의 모든 것은 서로에게 너와 나의 관계에 있지 않은 것이 없고, 너와 나는 모두 스스로만을 위해 무엇을 하면서 마치 동쪽과 서쪽이 반대되는 것과 같다. 그러나 너와 나는 입술과 치아의 관계와 같다. 입술과 치아는 서로를 위해 무엇을 하지 않았는데도 입술이 사라지면 치아도 시리게 된다. 그러므로 너의 스스로를 위함은 나의 공功을 이루게 되니, 이는 반대로 성립될 수도 있지만 없을 수는 없다. 그러므로 그가 스스로를 위함을 행해서 공이 없다고 하는 것은 천하 모두에 공이 없다는 것을 말하는 것과 같다. 서로 없을 수 없기 때문에 공이 있다고 한다면 천하의 공은 모두에게 있는 것이 된다.(「추수주」)

하늘과 땅, 그리고 음과 양은 상호 대생對生의 관계에 있고, 옳음(是)과 그름(非),

다스림(治)과 어지러움(亂)은 상호 의존하여 존재는 것이니, 어찌 그 중 하나를 없앨 수 있겠는가!(「추수주」)

곽상이 보기에 사물들은 모두가 서로 연결되어 있다. 물론 그는 "사물과 사물은 스스로 구분되고, 사태와 사태는 스스로 구별된다"(「제물론주」)는 사물 간의 차이성에 대해서도 인식하고 있었다. 그러나 사물과 사태가 스스로 구분될 수 있는 것은 또한 원인이 있기 때문인데, 곽상은 이를 "무릇 사물의 존재는 모두 말미암는 바가 있다"(「외물주」)라고 표현했다. 여기에서의 말미암음(由)이 곧 사물 간의 상호 관련을 의미하는 것인데, 곽상은 이를 "종류(類)가 모이고 무리(群)가 구분되는 것은 자연의 도이다"(「덕충부주」)라고 표현했다. 바로 이와 같은 '종류가 모이고 무리가 구분되는' 과정에서 사물들은 각자 스스로가 될 수 있고, 스스로 존재하고 변화할 수 있다.

곽상은 심지어 천지 사이의 사물을 모두 연결시켜 한마디로 그 관계를 개괄했는데, "하늘과 땅, 그리고 음과 양은 상호 대생對生의 관계에 있고, 옳음과 그름, 다스림과 어지러움은 상호 의존하여 존재하는 것이니 어찌 그중 하나를 없앨 수 있겠는가!"(「추수주」)라는 말이 그것이다. 이 말은 음과 양, 옳음과 그름이 존재론적으로 각자의 전제가 된다는 것을 강조한 것이다. 그러므로 천하의 모든 사물은 "서로가 반대로 성립될 수는 있지만 서로가 없을 수는 없다."(「추수주」) 이와 같이 곽상은 배위에 못지않게 사물존재에 관한 외적 존재구조를 구축했다. 이것을 가리켜 곽상의 외상인外相因이라고 부른다. 곽상은 또 이렇게 말했다.

무릇 서로 말미암는 공효 중에서도 독화만큼 지극한 것이 없다. 그러므로 사람이 말미암는 바가 하늘이고, 하늘이 낳은 것이 독화이다. 사람은 모두 하늘을 아버지로 삼기 때문에 밤과 낮, 그리고 여름과 겨울의 변화를 싫어하지 못하고 편안히 따를 뿐이다. 그렇다면 어찌 스스로를 독화에 맡겨 현명지경玄冥之境에 이르는 것을 맡기지 않을 수 있겠는가!(「대종사주」)

그러므로 너와 나는 서로 말미암고, 형체와 그림자는 항상 같이 있으며, 비록 그것들이 되풀이하면서 현합하지만, 서로가 서로에게 의존한 것은 아니다. 이러한 이치를 알면 만물들로 하여금 각기 스스로가 그 근원인 체중體中으로 되돌아가게 하여 외물에 의존하지 않는다. 그렇게 되면 밖으로는 시들지 않고, 안으로는 병들지 않으며, 유연히 살면서도 그렇게 된 바를 모르고, 같이 얻으면서도 그렇게 된 바를 모른다.(「제물론주」)

여기에서 '무릇 서로 말미암는 공효 중에서도 독화만큼 지극한 것이 없다'는 말은 독화가 곧 상인相因의 기능 또는 공효임을 가리킨다. 다시 말해서 사물이 독화할 수 있는 것은 그들 사이에 상인이라는 전제조건이 있기 때문이라는 것이다. 이와 같은 사물 간의 상인을 외상인이라고 부른다. 그러나 이와 같은 외상인을 통해 드러난 것이 사물과 사물 간의 병존관계이므로 여기에서는 독獨의 문제가 제기되지 못한다. 그렇다면 곽상이 말한 '무릇 서로 말미암는 공효 중에서도 독화만큼 지극한 것이 없다'는 말은 어떻게 이해되어야 할까? 실제로 이 점이 바로 곽상사상의 특징이 드러나는 지점이다. 즉 그의 사상적 특징은 외상인에서 내상인內相因으로, 사물의 외재적 존재구조에서 내재적 존재구조로 이행하는 데 있다는 것이다.

2. 곽상의 내상인 사상 : 성족설

곽상은 「제물론주」에서 "그 말미암는 바를 모르고 스스로 말미암는 것을 도라고 부른다"라고 말하는데, 여기에서의 '스스로 말미암는 것', 즉 자인(自因)은 비록 일차적으로 다른 사물과의 상인을 전제로 두고 있지만 그것은 사물 자체의 내재적 관계를 의미한다. 다시 말해서 그것은 외상인이 아니라 사물의 내재적 관계를 나타내는 내상인을 말하는 것이다. 그러므로 내상인은 사물 각자가 스스로 지니고 있는 내재적 본성, 즉 내성(內性) 사이의 상인을 의미한다. 이것이 바로 곽상의 '자족기성(自足其性)' 또는 '성족(性足)'의 사상이다.

곽상현학에 있어서 성(性)·극(極)·의(宜)·분(分)·리(理)·명(命)·정(情) 등의 개념은 모두 같은 층위의 개념으로서 간혹 자성(自性) 또는 성분(性分)이라고도 불린다. 그것들은 모두 사물이 그 사물로 되는 본질 또는 본성을 의미한다. 곽상은 일반적으로 성과 자성을 두 가지 의미로 사용한다. 하나는 사회적 위계질서를 논증하기 위해 사용된 인성의 근거를 의미하고, 다른 하나는 현상계 사물의 존재질서를 논증하기 위해 사용된 사물존재의 근거 및 본체를 의미한다. 전자의 의미와 관련해서 곽상은 다음과 같이 말했다.

무릇 크고 작은 것이 비록 완전히 다른 것이라 하더라도 자득(自得)의 경지에 처함으로써 사물을 각기 그 본성에 맡기고, 일은 그 가능성에 따라 가리며, 각기 그 분별에 마땅하게 되어 소요(逍遙)할 뿐이다. 어찌 그 사이에서 이기고 지는 다툼이 생겨날 수 있겠는가?(「소요유주」)

무릇 붕새가 한 번 날아오르면 반년이 지나 천지에 이르러서야 쉰다. 그런데 작은 새는 한 번 날면 반나절밖에 날지 못하며 기껏해야 느릅나무나 박달나무 정도밖에는 미치지 못한다. 하지만 이런 비교가 가능한 것은 차별이 있기 때문이며, 그 본성에 있어서는 각자에게 적합한 것이다.(「소요유주」)

이것은 모두 붕새가 높이 날 수 있는 것은 날개가 크기 때문이라는 것을 밝히기 위해서이다. 무릇 몸이 작은 새는 큰 날개를 지닐 필요가 없고, 몸이 큰 새가 작은 날개를 쓰면 안 난다. 그러므로 이치에는 분별함이 있고 사물에는 정해진 본성의 한계가 있으니 각각 자기에 알맞은 일에 힘쓴다면 그 이룸은 같을 것이다. 만약 '삶을 잊은 삶'(忘生之生)을 잃어 지극히 마땅함을 벗어나 삶을 영위한다면 일은 힘쓰는 대로 이루어지지 않을 것이고 움직임이 정황에 들어맞지 않을 것이며, 비록 하늘을 뒤덮을 정도의 큰 날개가 있어도 무궁할 수 없고, 아무리 힘껏 날아도 고민이 없을 수 없다.(「소요유주」)

진실로 그 본성에 만족하면 비록 큰 붕새일지라도 스스로 작은 새보다 존귀하다고 여기지 않을 것이고, 작은 새일지라도 천지天池를 부러워하지 않을 것이며, 영예와 소원하는 바가 남음이 있을 것이다. 그러므로 작은 것과 큰 것이 비록 다르더라도 그 소요의 경지는 동일한 것이다.(「소요유주」)

사물의 본성에는 모두 그 한계가 있다. 그 한계를 알면 조금이라도 어긋남을 행하지 않으니, 천하에 슬플 만한 일이 더 이상 무엇이 있겠는가!(「소요유주」)

각기 부여받은 본성을 마땅히 여기고 스스로 다함을 한계로 삼아야 한다.(「소요유주」)

사물은 각각 마땅한 바가 있으니 진실로 그 마땅한 바를 얻는다면 어찌 소요의 경지에 이르지 않겠는가!(「소요유주」)

무릇 크고 작은 사물이 진실로 그 한계를 잊으면 이로움과 해로움의 이치가 균등해질 것이고, 그 합당한 바에 쓰이게 되면 사물이 모두 소요의 경지에 이를 것이다.(「소요유주」)

위의 말들은 모두 「소요유주」에 나오는 성과 성분에 관한 논의들이다. 곽상에 따르면 인간의 행실은 그 내성에 의해 결정된다. 곽상은 성에 따라서 행동하면 소요의 경지에 이를 수 있지만 그렇지 않고 억지로 성에 역행하여 행동하면 스스로가 다치게 된다고 주장한다. 『장자』에는 다음과 같은 말이 있다.

도가 밝게 드러나면 도답지 않게 되고, 말이 논변으로 나타나면 미치지 못하며, 인仁이 일정하면 이루어지지 않고, 청렴함이 분명하게 드러나면 사람들이 믿지 않으며, 용맹스러움이 사나워지면 이루어지지 않게 된다. 이 다섯 가지는 둥글고자 하면서도 도리어 모난 데로 나아가는 것에 가깝다.(「제물론」)

여기에서는 도가 분명하게 규정되면 그것은 이미 도가 아닌 것이 되고, 말이 논변으로 나타내면 뜻을 이루지 못하게 되며, 인이 항상 고정불변하면 이룰 수 없게 되고, 청렴함이 분명하게 드러나면 진실하지 못하게 되며, 용맹스러움이 사람을 해치는 것으로 되면 용맹함이 아니게 됨을 강조하고 있다. 장자는 오직 이 다섯 가지를 두루 통하게 해야 도에 가까워질 수 있다고 한 것이다. 이에 대해 곽상은 '이 다섯 가지는 둥글고자 하면서도 도리어 모난 데로 나아가는 것에 가깝다'라는 구절을 주석하면서, "이 다섯 가지는 모두 유위有爲로써 원래의 것을 상하게 하는 것이니, 본성에 머무르지 못하고 밖에서 구하고자 하는 것일 따름이다.…… 이것들은 배워서 얻을수록 본성을 더 잃기 마련이다"(「제물론주」)라고 했다. 즉 사물이 본성에 따르지 않고 행동하는 것은 마치 동그라미가 네모를 배우는 것처럼 배우면 배울수록 더 악화될 수밖에 없다는 것이다.

이처럼 주어진 본성에 그대로 따르면 소요의 경지에 이를 수 있다는 사상이 현실사회에 적용되면 각자가 자기의 위치를 편안하게 여겨야 한다는 사상으로 전환된다. 곽상은 이렇게 말한다.

신하와 첩妾의 자질을 지니고 있으면서도 그 자리의 분수를 지키지 않으면 잘못이다. 그러므로 군신 사이의 상하관계, 손과 발의 내외관계는 곧 천리의 자연함이니, 어찌 진인이 만든 것이겠는가!(「제물론주」)

무릇 신하와 첩은 각각 분수에 맞는 일을 맡아야 하며, 부족하다고 해서 서로 다스리려고 하면 안 된다. 서로 다스린다는 것은 마치 손과 발, 귀와 눈, 그리고 사지四肢와 백체百體가 각각 맡은 바가 있음에도 서로의 역할을 대신하려는 것과 같다.(「제물론주」)

무릇 때가 현명하다고 높이는 자는 군주이고, 재능이 세상에서 제대로 대접받지 못하는 자는 신하이다. 만약 하늘이 스스로 높다고 하고, 땅이 스스로 낮다고 하며, 머리가 스스로 위에 있다고 하고, 발이 스스로 밑에 있다고 한다면 어찌 엇갈리는 일이 생기겠는가! 비록 누군가가 그것을 꼭 마땅하다고 하지 않더라도 스스로 마땅할 것이다.(「제물론주」)

참된 성을 얻고 그것을 스스로 행하는 자는 비록 하급 관리나 노예일지라도 영예와 치욕에 신경 쓰지 않고 스스로의 업을 편안히 여길 것이다. 그러므로 그들은 지혜로움과 그렇지 않음에 대해 모두 태연자약하다. 만약 부귀와 행복의 길을 억지스레 열려고 하면 사물은 그 참됨을 잃고 사람은 그 근본을 망각하게 될 것이니, 영예와 치욕 사이를 이리저리 쳐다보면서 갈피를 잡지 못할 것이다.(「제물론주」)

본성에는 각각의 구분이 있으니 그것을 아는 자는 죽을 때까지 그 앎을 지키고, 모르는 자는 모른 채로 죽기에 이르니, 어찌 중간에 그 본성이 바뀔 수 있겠는가!(「제물론주」)

여기에서 강조하고자 하는 것은 사람마다 본성이 다르므로 그 본성에 따라 자신의 위치를 편안히 여겨야 한다는 것이다. 이렇게 되면 인간도 소요의 경지에 이를 수 있고 사회도 안정된다. 사실 이와 같은 곽상의 사상에 대해 일종의 숙명론이라고 하더라도 지나친 말은 아니다. 그러나 그것에 대해 일방적으로 비판하기보다는 그 속에 내재되어 있는 합리적인 부분을 추출해 내는 것이 더 중요하다.

다른 한편으로 곽상은 성과 성분을 사물의 지위를 평등하게 하는 근거로 사용했다. 사물들은 외연적으로 구분되며, 그에 따른 각자의 지위나 가치도 다르게 매겨진다. 그러나 곽상에 따르면 사물의 외연은 모두 내성에 의해 그렇게 된 것이며, 나아가 그 내성에서 보면 사물 사이에는 차별이 없기 때문에 본질적 측면에서 모든 사람은 평등한 것이다. 곽상은 이렇게 말했다.

형태로 말하자면 큰 산은 가는 털보다 크다. 그러나 만약 그 본성에서 본다면 사물은 모두 그 한계가 있으니 형체가 크다고 해서 여유가 있다고 할 수 없고, 형체가 작다고 해서 부족하다고 할 수 없다. 만약 각각 자기의 본성에 만족한다면 가는 털이라도 홀로 그 작음을 작음이라고 여기지 않고, 큰 산도 홀로 그 큼을 큼이라고 여기지 않을 것이다. 그렇다면 만약 본성을 족히 여긴다는 것을 큼이라고 한다면 천하의 족함이 가는 털만큼 되는 것이 없다. 그리고 본성의 족함을 크지 않은 것이라고 여긴다면 비록 큰 산일지라도 또한 작다고 할 수 있다. 그러므로 천하에는 가는 털의 끝머리보다 큰 것이 없고, 큰 산도 또한 작은 것이라고 말하는 것이다. 큰 산이 작은 것이라면 천하에는 큰 것이 없을 것이고, 가는 털이 큰 것이라면 천하에는 작은 것이 없을 것이다. 크고 작은 것이 없고, 장수하고 요절하는 것이 없다면 매미는 큰 참죽나무의 장수함을 부럽게 여기지 않고 자득할 것이며, 비둘기도 천지天池를 귀하게 여기지 않고 스스로의 족함에 기댈 것이다. 진실로 하늘의 자연스러운 바를 족하게 여기고 성명性命이 그러한 바대로 편안하게 있으면 천지와 같이 천수를 누리지 못하더라도 나와 아울러 살아 있을 것이고, 만물의 차이와 같게 되지 않더라도 나와 함께 얻을 수 있을 것이니, 천지 사이에 살아 있는 것이 어울리지 않은 것이 무엇이 있겠으며, 만물 사이에 얻는 것이 하나가 되지 않는 것이 무엇이 있겠는가!(「제물론주」)

무릇 세상 사람들은 고르지 않음을 걱정한다. 그러므로 형체가 큰 자가 작은 자를 보고 부족하다고 말하고, 형체가 작은 자가 큰 자를 보고 넘친다고 말하는 것이다. 그래서 위아래가 서로 자랑하느라 발돋움치고, 위아래로 쳐다보면서 스스로를 잃게 되니, 이것이 사람들이 미혹된 바이다. 미혹된 자는 올바름을 구해야 한다. 그리고 올바름을 구하는 것은 먼저 그 차이의 지극함에 이르고 난 다음에 그렇게 말한 바를 아는 것보다 나은 것이 없다. 이른바 큰 것이란 족함에 이른 것을 말하기 때문에 천지 사이에서 조금도 더 보탤 것이 없는 것이 된다. 그리고 이른바 작은 것이란 남는 것이 없는 것이므로 천지 사이에서 조금도 지나침이 없는 것이 된다. 이런 것을 알고 나면 미혹되었던 자가 되돌아와서 사물의 지극함을 각각 파악하고, 사물이 각각 분수에 따른 것이라는 것을 알게 되어 나아가서 소요의 경지에 이른 자와 같이 그 근본을 쓰임으로 삼고 자득自得한 곳에서 노닐 수 있다. 이는 참으로 장자가 말한 덕음德音이다. 만약 미혹된 자가 말하는 것처럼 크고 작은 것이 서로 바뀐다는 뜻이라면 바뀌는 것이 무수히 많을 것이다. 만약 큰 것을 보고 작은 것을 편안하게 여기지 않고, 적은 것을 보고 스스로 많다고 여긴다면 종일 승부의 경쟁에 시달리게 되고 스스로의 거만함을 조장할 것이니, 어찌 장자가 의미하는 뜻에 이를 수 있겠는가!(「추수주」)

위의 인용문에는 사물을 관찰하는 방법이 있을 뿐만 아니라 사물을 관찰한 결과도 들어 있다. 그리고 그러한 방법과 결론은 모두 사물의 성과 성분에 근거하고 있다. 곽상에 따르면 외연적으로 보면 큰 산과 가는 털의 크기는 현격히 다르고, 그 작용이나 지위도 다르다. 그래서 미혹된 자는 이를 보고 '위아래가 서로 자랑하느라 발돋움치고, 위아래로 쳐다보면서 스스로를 잃게 되어' 혼미한 상태에 빠지게 된다. 그러나 사물의 외연을 꿰뚫어서 그 본성을 볼 수 있다면 그 차이는 소멸되고 모든 것이 평등하게 드러난다. 이것을 가리켜 곽상은 "그 본성에서 본다면 사물은 모두 그 한계가 있으니 형체가 크다고 해서 여유가 있다고 할 수 없고, 형체가 작다고 해서 부족하다고 할 수 없다"라고 말했던 것이다.

그렇다면 왜 사물의 내성을 꿰뚫어보면 그 외연적 차이가 소멸될 수 있는가? 또한 왜 사물은 외연에 있어서 부족하지만, 그 내성에 있어서는 자족할 수 있는가? 그 까닭은 사물의 외연은 외상인으로써 존재하고, 내성은 내상인으로써 존재하기 때문이다. 외상인에서 한 사물은 다른 사물과 연관되며, 서로 비교가 된다. 이러한 경우 한 사물의 외연적 차이는 다른 사물의 형태를 근거로 삼고 있으므로 비교되는 사물이 바뀌면 그 차이도 또한 바뀐다. 그러므로 외상인에 있어서 그 비교의 결과는 항상 상대적일 수밖에 없다. 그러나 내상인에서 사물은 스스로의 자성自性과 타성他性, 곧 유와 무의 본성과 관련된다. 이와 같은 상반된 두 가지 본성은 동시에 이루어지며, 각각 서로의 전제로서 정립되어 있기 때문에 사물의 내재적 '유-무성'을 구성한다. 따라서 사물의 내성에 있어서 그것은 자족할 수 있는 것이다. 즉 그것은 존재의 근거를 외면에서 찾는 것이 아니라 스스로의 내면에 갖추고 있다. 바로 이러한 점으로 인해 사물의 내성은 절대적인 것이 된다. 왜냐하면 어느 한 가지 성을 척도로 삼더라도 사물은 여전히 자족한 면을 드러낼 수 있기 때문이다. 따라서 곽상은 "진실로 사물이 각각 그 본성을 족足하다고 여긴다면, 가는 털처럼 아무리 작은 것이라도 그 작음을 홀로 작다고 여기지 않을 것이고, 큰 산도 그 큼을 홀로 크다고 여기지 않을 것이다"라고 말했던 것이다.

사물은 바로 '유-무성'의 작용으로 인해 스스로를 드러내고, 나아가 독화의 상태를 나타낼 수 있다. 우주만물은 모두 유-무성을 지니며 독화의 상태로 존재한다. 앞서 언급했던 곽상의 말, 즉 '무릇 서로 말미암는 공효 중에서도 독화만큼 지극한 것이 없다'는 말은 실제로 사물 자체 속에 있는 유-무성의 상인을 가리킨 것이다. 이와 같은 유-무성의 상인은 유와 무가 유기적으로 통일되고, 그중 하나가 결여된 것이 아니라 서로 속에 서로가 있는 쉼 없는 상생相生과정을 의미한다.

위진현학의 발전사에 있어서 곽상의 독화론은 현학본체론 사상의 정점이라고 할 수 있다. 독화론은 사물의 유-무성에 입각하여 유론有論과 무론無論의 한계를 극복하고 그것들을 정합하여 통일시켰으며, 우주존재에 관한 진정한 본체론을 구축함으로써 위진현학 본체론의 역사적 사명을 완수할 수 있었다.

제3장

제물론과 상인론 : 장자사상의 계승과 발전

철학은 세계관이자 방법론이다. 방법론이란 대상을 어떤 방식이나 방법을 통해 파악하는지를 다루는 이론이다. 철학에서 방법론은 항상 본체론 및 인식론과 연결되어 있다. 다시 말해 방법론이 결여된 인식론과 본체론은 있을 수 없고, 인식론과 본체론이 결여된 방법론은 있을 수 없다는 것이다.

장자가 상대성의 문제와 그것으로부터 제물로 나아가는 문제에 대해 깊이 있게 다룬 이유는 도道와 관련된다. 마찬가지로 곽상이 상인의 문제와 그것으로부터 자성自性 또는 성족性足으로 나아가는 문제에 대해 다룬 이유도 독화와 관련된다. 이러한 점은 장자와 곽상의 방법론과 본체사상이 긴밀하게 연결되어 있다는 것을 잘 보여준다. 동시에 장자와 곽상이 그들의 방법론을 통해 도와 독화에 대한 인식문제를 다룰 때, 그들의 방법론은 또한 인식론과 연결된다. 그러나 인식론에 있어서는 약간의 복잡한 점이 존재한다. 왜냐하면 장자와 곽상이 제시한 도와 독화는 득도의 상태나 독화를 이룬 상태와 같은 의미가 아니기 때문이다. 전자는 도와 독화에 대한 논의이고 이때의 도와 독화는 인간의 이성, 즉 심心의 대상이므로 그것들은 인간과 구분된 것이다. 그러나 후자는 도와 독화에 대한 체득과 깨달음을 가리키는 것으로 이때의 도와 독화는 인간의 심과 일체를 이룬 피아현동彼我玄同의 경지이다. 여기에서 우리는 주로 방법론과 본체론이 상호 연관된 의미에서 장자와 곽상의 방법론을 검토할 것이며, 그와 더불어 도와 독화에 관한 인식의 문제에 대해서도 논의할 것이다.

장자는 이렇게 말했다.

무릇 도는…… 스스로를 근본으로 삼아 아직 천지가 있기 이전에 예로부터 이미 엄연히 존재하여 온 것이다. 귀신과 상제上帝를 신령神靈하게 하고, 천지를 생성하며, 태극太極보다 앞서서 존재하면서도 높은 척하지 않고, 육극六極의 아래에 머물면서도 깊은 척하지 않으며, 천지보다 앞서 존재하면서도 오래된 척하지 않고, 상고上古보다 오래되었으면서도 늙은 척하지 않는다.(「대종사」)

만물이 그에게 가서 의지하지만 부족해지지 않으니, 이것이 진정한 도가 아니겠는가!(「지북유」)

하늘이 그것을 얻지 못하면 높아질 수 없고, 땅이 그것을 얻지 못하면 넓어질 수 없으며, 해와 달이 그것을 얻지 못하면 운행되지 못하고, 만물이 그것을 얻지 못하면 창성昌盛할 수 없으니, 이것이 바로 도이다.(「지북유」)

여기에서는 도가 만물의 본체임이 강조되고 있다. 그렇다면 도는 어떻게 만물의 본체가 될 수 있는가? 이에 대해 장자는 "가는 풀줄기와 큰 기둥, 문둥이와 서시西施를 들어서 대조해 보면 매우 괴이한 대조이지만 도의 입장에서는 다 같이 하나로 된다"(「제물론」)라고 말했다. 여기에서의 도는 모든 구체적 사물의 규정과 한계를 초월한 '하나'이기 때문에 세상의 모든 사물을 포섭할 수 있고, 본체의 자격을 지닐 수 있다. 나아가 장자는 또한

"도를 기준으로 살펴보면 만물에는 귀천이 없으니, 무엇을 귀하다고 하고 무엇을 천하다고 하겠는가! 이것을 일러 반연反衍이라고 한다"(「추수」)라고 말했는데, 곽상은 이에 대해 "귀함과 비천함의 도는 반복하여 서로를 찾는다"(「추수주」)라고 주석했다. 즉 여기에서 말해지는 도는 궁극적 하나이고 시비와 피차彼此, 그리고 물아物我를 초월한 것이기 때문에 당연히 귀천의 구별이 없다. 장자가 말한 상대나 제물은 모두 이와 같은 본체로서의 도와 밀접한 관계를 맺고 있다.

장자가 사물의 상대성에 대해 논의한 것은 다양한 사물을 하나로 가지런히 하려는 의도에서 비롯되었다. 그리고 사물을 가지런히 함, 즉 제물의 목적은 또한 본체로서의 도, 곧 본원의 도를 파악하는 데 있었다. 실제로 장자의 상대주의나 제물사상에 관해서는 이미 앞에서 서술한 바가 있으므로 여기에서는 단지 두 가지 점만을 지적하고자 한다.

첫째, 비록 장자가 제기한 사물의 상대성에는 인간의 존재와 삶의 방식을 저급한 동물과 일치시켜 버림으로써 인간의 사회성을 외면한 것과 같은 치우친 문제점이 있기는 하지만 전체적으로 그것은 사물 사이의 구분을 명시적으로 드러냄으로써 인식의 수준을 심화시켰다. 사물의 인식에 있어서 가장 중요한 것은 그것을 다른 사물과의 관계 속에서 파악하는 것이다. 마찬가지로 사물의 존재에 있어서도 타자와의 관계 속에서 파악되어야 한다. 그러므로 철학과 과학에서는 사물 간의 관계를 확립하고 그 사이의 존재적 구조를 정립하는 것이 매우 중요하다. 예를 들어 유클리드 기하학의 다섯 번째 공리(평행선 공리)와 뉴턴 역학의 관성법칙이 바로 기하학적 언어와 역학적 언어를 통해 사물과 다른 사물간의 관계나 존재구조를 정립한 것이다. 철학에서도 마찬가지로 천지와 만물을 관찰하고 그 존재에 대해 파악하려면 무엇보다도 존재의 구조를 명확히 확정해야 한다. 이러한 의미에서 장자의 상대성 사상은 매우 중요한 방법론적 가치를 지닌다. 그러한 맥락에서 본다면 나중에 그가 상대성의 일면을 지나치게 부각시킨 것에 대해서는 마땅히 너그럽게 평가해 줄 여지가 있다.

둘째, 장자의 상대성 사상은 그의 제물사상을 이해하기 위한 전제조건이자 기초이다. 장자가 상대성 사상에 대해 논의한 목석은 그것을 초월하여 절대자인 본원의 도에 접근하는 데 있었다. 그러므로 장자의 상대론이 없으면 그의 제물론도 있을 수 없다. 나아가 제물은 만물을 하나로 가지런히 한다는 것을 의미한다. 그렇다면 이와 같은 하나는 어떻게 존재할 수 있는가? 만약 이러한 하나가 순수한 하나라면, 그것은 추상적 이성 개념에 불과하고 나아가 본체로서의 기능을 수행할 수 없게 된다. 실제로 여기에서의 하나를 곧 도 또는 본체라고 부를 수 있는 것은 그것에 특정한 구조가 있기 때문이다. 그렇다면 그 구조는 어떠한 것인가? 그것이 바로 사물과 다른 사물이 병존할 수 있는 존재구조의 내화內化, 즉 사물 자체 속에 들어 있는 자성과 타성他性의 통일 또는 유有-무無의 성性이라는 본성이다.

본체는 스스로를 근본으로 삼고, 스스로가 스스로의 존재적 원인이 되며, 그 존재에 있어서 외물에 기탁하지 않는다. 본체가 이러할 수 있는 이유는 무엇일까? 현상세계의 사물은 독립적인 '독獨'의 형태로 존재할 수 없고, 항상 다른 사물과 관계되는 '다多'의 존재구조에 놓여 있는 데 반해, 본체는 '다'가 아니라 '독' 또는 '하나'의 존재구조를 지닌다. 이와 같은 '독'의 구조를 지닌 본체는 어떻게 존재하는가? 그것은 외물에 의지하지 않고 오직 그 자체가 지니는 유-무성에 의해 존재한다. 유-무성에 있어서 유와 무는 상반되면서도 서로 이루어주는데, 이것이 바로 하나, 곧 본체가 존재하는 원인과 근거이다. 그러므로 장자가 만물을 하나로 가지런히 한다고 말했을 때, 이 하나인 도는 내재적 구조를 지닌 것이다. 그리고 그 내재적 구조로서의 유무성은 그저 나타난 것이 아니라 사물과 다른 사물의 병존적 존재구조에 대한 내화에서 비롯된 것이다. 이렇게 보면 장자의 상대론과 제물론에는 긴밀한 연관성이 있고, 제물론은 곧 상대론의 발전과 심화라고 할 수 있게 된다.

그러나 장자는 스스로 상대론과 제물론 사이의 이러한 관계를 제대로 파악하지 못했다. 내재적 논리로 보면 상대론은 제물론의 전제조건이지만 장자는 그것을 언급하지도 않았고, 나아가 제물론을 그러한 위치에 설정하지도 않았다. 더욱이 그는 제물론을 바탕으로 본원의 도를 파악하는 데 있어서 가장 중요한 도의 내재적 구조, 즉 유무성을 발견하지 못했다. 이것이 바로 장자 방법론이 지닌 가장 결정적인 결함이다.

이와 같은 장자의 방법론적 결함은 곽상의 상인론에 의해서 두 가지 측면에서 보완되었다.

첫째, 장자가 제기한 상대론의 기본적인 사상 경향은 부정성을 지닌다. 즉 그는 상대성을 통해 긍정적인 측면에서 사물의 존재적 본성을 밝혀내려고 한 것이 아니라 그것을 기반으로 현상세계 사물의 존재적 합리성을 주장하고, 그 사물들의 상대적 절대성에 집착하지 않음으로써 만물을 가지런히 하고자 했던 것이다. 그러나 곽상은 이와 달랐다. 그는 상인론을 통해 긍정적으로 사물이 존재하게 되는 전제에서 출발하여 그 존재적 근거들을 모색하려고 했다. 따라서 곽상은 "하늘과 땅, 그리고 음과 양은 상호 대생 對生의 관계에 있고, 옳음(是)과 그름(非), 다스림(治)과 어지러움(亂)은 상호 의존하여 존재하는 것이니, 어찌 그 중 하나를 없앨 수 있겠는가!"(「추수주」)

라고 하면서 사물의 존재에 대한 긍정적 입장을 표명했다. 그가 보기에 천지와 음양, 시비와 치란은 모두 상반되면서도 서로를 이루어주는 것이므로 분리될 수 없다. 그렇지 않다면 반대적 사물들에는 공존할 수 있는 존재론적 조건이 아예 없을 것이다. 이러한 논의를 통해 곽상은 천지를 비롯한 사물들이 실제로 상호병존의 존재론적 구조를 지니고 있음을 밝혔다. 이와 같은 존재론은 만물의 존재를 위해 확고한 존재론적 기틀을 마련한 셈이다. 이러한 점은 실제로 배위裴頠의 작업과 일치하며, 그것들은 모두 장자 사상에 대한 위진현학의 계승과 발전이라고 할 수 있다.

둘째, 장자가 제물을 내세운 것에 비해 곽상은 성족性足 또는 자성自性을 내세웠는데, 이는 장자의 방법론에 대한 심화와 발전이라고 할 수 있다. 앞서 서술했듯이 상대론에서 제물론으로 나아가는 장자의 사상은 일종의 진보라고 할 수 있다. 그러나 장자의 사상이 비록 상대성에서 제물론으로 나아가기는 했지만 기본적으로는 부정적 경향성을 지니고 있으므로 결론적으로는 도를 아무런 내재적 구조를 지니지 않은 추상적 개념으로 전락시키고 말았다. 이와 달리 곽상은 천지와 음양의 대생관계를 나타내는 외상인外相因에 대해서 분석했을 뿐만 아니라, 사물의 존재구조를 정초시키기 위해 사물의 내상인內相因에 대해서도 논의함으로써 사물들이 실제로 내성에 있는 유·무성으로 말미암아 각각 자족하게 홀로 살아갈 수 있다는 독화론을 주장했다.

실제로 철학적 성질에서 보면 본체로서의 독화는 본원의 도와 유사한 특징을 지니고 있다. 즉 그것들은 모두 스스로를 근본으로 삼으며, 스스로 말미암아 존재하는 것이다. 그러나 둘 사이에는 그 내포의 측면에서 결정적 차이가 있다. 그것은 곧 곽상의 독화는 내재적 구조를 지니는 반면 장자의 본원의 도는 그렇지 않다는 점이다. 따라서 곽상의 독화론에 대해 우주존재의 본질을 밝힘으로써 새로운 우주론을 정립하여 위진현학의 본체사상을 통일한 것이라고 평가할 수 있다면, 그에 비해 장자의 본원의 도는 우주존재의 구조를 추상적인 하나로 규정해 버림으로써 그 존재자들의 살아 있음을 제대로 설명하지 못한 것으로 평가해야 마땅할 것이다. 바로 이러한 점들을 종합적으로 고찰하여 우리는 마땅히 곽상의 현학사상을 장자사상에 대한 초월이자 동시대의 배위 등 현학사상에 대한 심화와 발전이라고 평가할 수 있다.

장자의 망과 곽상의 현명

"무심함으로써 옳고 그름을 버리고,
그 버림을 또한 버리며, 나아가 버리고 또 버리면
버림이 없는 데까지 이르게 되면서
버릴 것도 없고 버리지 않을 것도 없는 경지에 이르게 된다."
-『장자주』, 제물론주

제1장

장자의 망

　장자는 표면적으로 사물의 상대성(相對性)과 제물론(齊物論)의 사상을 내세웠으나 그 최종 목적은 정신의 절대적 자유경지인 소요의 도(逍遙之道)에 이르는 데 있었다. 이러한 경지에 이르려면 사물의 상대성을 파악하는 방법론과 추상적 제물의 방법론을 초월하여 직관적인 깨달음을 통해야만 가능하다. 왜냐하면 소요의 도는 언어와 형상을 초월한 경지로서 오직 이성적 직관을 통해서만 접근 가능하기 때문이다. 장자에게는 '도의 경지에 이르다'(登假於道), '도를 지킨다'(守道), '도를 듣다'(聞道), '도를 본다'(睹道) 등과 같은 개념이 있는데, 이것들은 모두 소요의 도에 대한 체험을 의미하는 것이다. 이와 같은 도를 체험하는 방법들 중에서 가장 대표적인 것이 바로 좌망법 坐忘法이라고 할 수 있다.

1. 장자의 좌망坐忘

1) 좌망이란 무엇인가?

『장자』「지북유」의 시작 부분에는 다음과 같은 이야기가 나온다.

지知가 북쪽으로 현수 물가에 놀러 가서 은분隱弅의 언덕에 올랐다가 마침 무위위無爲謂를 만났다. 지가 무위위에게 이렇게 말했다. "제가 당신에게 묻고 싶은 것이 있습니다. 어떻게 생각하고 고민해야 도를 알 수 있습니까? 어떻게 처신하고 일해야 도에 편안히 머물러 있을 수 있습니까? 무엇을 따르고 무엇을 말미암아야 도를 터득할 수 있습니까?" 세 번이나 물었으나 무위위는 대답하지 않았다. 대답하지 않은 것이 아니라 대답할 말을 몰랐던 것이다. 지가 더 이상 물어보지 못하고 백수의 남쪽으로 돌아와서 호결狐閱의 언덕 위에 올라서 광굴狂屈을 만났다. 지가 앞에서와 같은 말을 광굴에게 물어보자 광굴이 말했다. "아하! 내가 그것을 안다. 이제 너에게 일러주겠다"라고 말을 막 하려던 중에 말하고자 하던 것을 잊어버렸다. 지가 더 이상 물어보지 못하고 황제黃帝의 궁궐로 돌아가서 황제를 만나 물었더니 황제가 이렇게 말했다. "아무것도 생각하지 말고 고민하지 말아야 비로소 도를 알게 되고, 아무것도 처신하지 말고 행동하지 않아야 비로소 도에 편안히 있을 수 있으며, 아무것도 따르지 말고 말미암지 않아야 비로소 도를 터득할 수 있을 것이다." 그러자 지가 황제에게 다시 물었다. "나와 당신은 도에 대해서 알지만 저 무위위와 광굴은 알지 못하니, 누가 옳은 것일까요?" 황제가 말했다. "저 무위위는 정말 제대로 아는 자이고, 광굴은 비슷하게 아는 자이며, 나와 당신은 끝내 도에 가까이 갈 수 없는 사람들이다. 무릇 아는 자는 말하지 않고 말하는 자는 알지 못하니, 그 때문에 성인은 말하지 않는 가르침을 베푸는 것이다."

여기에서 다루는 것은 바로 득도得道에 관한 문제이다. 어떻게 해야 도를 얻을 수 있는가? 무위위는 어떻게 말해야 할지를 몰라서 침묵했고, 광굴은 말을 하려고 했으나 그 말을 잊어버리고 말았으며, 황제는 비록 말했으나 오히려 도에서 멀어졌다. 이는 도가 말로 표현될 수 없는 것임을 강조한 것이다. 왜냐하면 도에 대해서 말하는 순간 도는 주체인 나, 혹은 심과 분리되어 대상의 위지에 놓이게 되기 때문이다. 도와 나가 분리되어 서로 다른 위치에 놓이면 이때의 나는 도를 파악할 수 없게 된다. 「지북유」에는 또한 다음과 같은 이야기가 실려 있다.

태청泰淸이 무궁無窮에게 물었다. "그대는 도를 아는가?" 무궁이 대답했다. "나는 모른다." 태청이 다시 무위無爲에게 묻자 무위가 말했다. "나는 도를 안다." 태청이 말했다. "그대가 도를 아는 데에는 특별한 방법이라도 있는가?" 무위가 말했다. "있다." 태청이 말했다. "그 방법은 어떠한가?" 무위가 말했다. "나는 도가 귀해질 수도 있고, 천해질 수도 있으며, 묶을 수도 있고, 흩뜨릴 수도 있다는 것을 안다. 이것이 내가 도를 아는 방법이다." 태청이 이 이야기를 무시無始에게 하면서 물었다. "만약 그렇다면 무궁이 알지 못하는 것과 무위가 아는 것 중에서 어떤 것이 옳고 어떤 것이 그른가?" 무시가 말했다. "알지 못한다고 하는 것은 도를 깊이 체득했기 때문이고, 안다고 하는 것은 도를 얕게 알고 있기 때문이다. 알지 못하는 것은 도를 내면에 둔 것이고, 아는 것은 도를 밖에 두고 있는 것이다." 이에 태청이 크게 탄식하며 이렇게 말했다. "알지 못하는 것이 아는 것이고, 아는 것이 알지 못하는 것인가! 누가 알지 못하는 것이 아는 것임을 알겠는가!" 무시가 말했다. "도는 들을 수 없는 것이니, 만약 들을 수 있다면 도가 아니며, 도는 볼 수 없는 것이니, 만약 볼 수 있다면 도가 아니며, 도는 말할 수 없는 것이니, 말할 수 있다면 도가 아니다. 드러난 모습을 드러나 보이게 하는 것은 보이지 않는다는 사실을 아는가? 도는 이름을 붙일 수 없는 것이다." 무시가 또 말했다. "도를 물었을 때 대답하는 자는 도를 알지 못하는 자이니, 비록 도에 관해 묻더라도 도가 무엇인지 들을 수 없다. 도는 물을 수 없는 것이며, 그 물음에는 대답할 수 없는 것이다. 물을 수 없는 것인데 물으니, 이것은 물음이 다한 것이다. 대답할 수 없는데 대답한다면 이것은 도가 안에 없는 것이다. 안에 없는데 물음이 다한 것을 기다리니, 이 같은 자는 밖으로는 우주를 보지 못하고 안으로는 태초가 무엇인지 알지 못하는 자이다. 이 때문에 곤륜산을 지나가지 못해서 태허에서 노닐지 못한다."

여기에서는 어떻게 하면 도를 파악할 수 있는지에 대해 다루고 있다. 인용문의 논의에 따르면 도는 언어로써 포착할 수 없다. 그것은 언어를 초월한 것이므로 들을 수 없는 것이니, 만약 들을 수 있다면 도가 아니며, 도는 볼 수 없는 것이니, 만약 볼 수 있다면 도가 아니며, 도는 말할 수 없으니, 말할 수 있다면 도가 아니다. 이것을 가리켜 '알지 못한다고 하는 것은 도를 깊이 체득했기 때문이고, 안다고 하는 것은 도를 얕게 알고 있기 때문이다. 알지 못하는 것은 도를 내면에 둔 것이고, 아는 것은 도를 밖에 두고 있는 것이다'라고 말한다. 나아가 「추수」에는 도를 파악하는 문제에 관해서 "말로 설명할 수 있는 것은 만물 가운데 조잡한 것(粗)이고, 마음으로 이해할 수 있는 것은 만물 가운데 정미한 것(精)이니, 말로도 설명할 수 없고 마음으로 이해할 수도 없는 것은 조잡한 것과 정미한 것을 초월한 것이다"라는 언급이 있다. 이는 언어와 마음의 이해력으로는 정신의 절대적 자유경지인 소요의 도에 이를 수 없고, 오직 깨달음과 체득을 통해서만 그에 도달할 수 있음을 강조한 것이다.

그렇다면 어떻게 소요의 도의 경지를 체득할 수 있는가? 그 체득의 방법은 무엇인가? 장자는 이렇게 말한다.

남백자규南伯子葵가 여우女偊에게 물었다. "당신의 나이는 상당히 많은데도 안색이 마치 어린아이와 같은 것은 무엇 때문입니까?" 여우가 말했다. "나는 도를 들었다." 남백자규가 말했다. "도라는 것이 배워서 터득할 수 있는 것입니까?" 여우가 말했다. "아! 어찌 배울 수 있겠는가! 그대는 그런 사람이 아니다. 복량의卜梁倚 같은 사람은 성인의 재능은 가지고 있지만 성인의 도는 없고, 나는 성인의 도는 지니고 있지만 성인의 재능은 없다. 그래서 내가 복량의에게 성인의 도를 가르쳐주고자 하는데, 그가 과연 성인이 될 수 있을 것인가! 비록 그렇게 되지 않는다 하더라도 성인의 도를 성인의 재능이 있는 사람에게 일러주는 것은 또한 쉬운 일이다. 나는 그래도 차근차근히 지켜보면서 그에게 일러주었는데, 3일이 지난 뒤에 천하를 잊어버렸고, 이미 천하를 잊어버리자 내가 또 그를 지켜보니 7일이 지난 뒤에 모든 사물을 잊어버렸고, 이미 모든 사물을 잊어버리자 내가 또 그를 지켜보니 9일이 지난 뒤에 자기의 삶을 잊어버렸고, 이미 삶을 잊어버린 이후에 아침 햇살과 같은 경지에 도달하였고, 아침 햇살과 같은 경지에 도달한 이후에는 홀로 우뚝 선 도를 볼 수 있었고, 홀로 우뚝 선 도를 본 뒤에는 시간의 흐름을 다 잊어버릴 수 있었고, 시간의 흐름을 잊은 이후에 죽지도 않고 살지도 않는 경지에 들어갈 수 있었다. 살아 있는 것을 사멸死滅시키는 존재는 그 자신이 사멸하지 않으며, 살아 있는 것을 생성하는 존재는 그 자신이 생성되지 않는다. 사물을 보내지 않음이 없고 맞이하지 않음이 없으며, 허물어뜨리지 않음이 없고 이루지 않음이 없으니, 그 이름을 영녕攖寧이라고 한다. 영녕이라고 하는 것은 어지럽게 어울린 뒤에 대상 사물과 함께 조화로운 관계를 이루는 것이다." 남백자규가 말했다. "홀로 어디에서 그런 것을 들었습니까?" 여우가 말했다. "나는 그것을 부묵副墨의 아들에게서 들었다. 부묵의 아들은 그것을 낙송洛誦의 손자에게서 들었고, 낙송의 손자는 그것을 첨명瞻明에게서 들었고, 첨명은 그것을 섭허聶許에게서 들었고, 섭허는 그것을 수역需役에게서 들었고, 수역은 그것을 어구於謳에게서 들었고, 어구는 그것을 현명玄冥에게서 들었고, 현명은 그것을 참료參寥에게서 들었고, 참료는 그것을 의시疑始에게서 들었다."(「대종사」)

여기에서는 득도의 방법에 대해 논의하고 있다. 장자에 따르면 도를 얻는 데에 있어서 가장 중요한 것은 바로 '수守' 곧 지키는 것이다. 여우는 남백자규에게 자기가 도를 얻은 과정이 바로 지킴의 과정이라고 말했다. 무엇을 지키는가? 성현영의 소疏에 따르면 "무릇 뛰어난 사람(上土)이 도를 들으면 부지런히 행行에 힘쓴다. 만약 그렇지 않으면 도의 경지에 이를 리가 없다. 그러므로 가르침을 받았더라도 반드시 그것을 닦아서 배워야 하고(修學), 현명한 도에 가까이 다가가는 것을 목표로 하고 성인됨을 결심해야 한다. 그렇지 않으면 가르침은 쉬우나 그것을 닦고 지키는 것(修守)이 어려우므로 이루기 힘들다. 그래서 여우는 지극한 도를 들은 지 오래되었고, 마음은 고요하여 도를 전하려고 할 때조차도 스스로 지키고 있다.…… 그러므로 도를 아는 것이 어려운 것이 아니라, 그것을 행하는 것이 어렵다"는 것이다. 여기에서 알 수 있듯이 도를 지키는 과정이 곧 도를 닦는 과정이다. 그리고 이 닦음(修)은 가르침을 듣는 것이 아니라 몸소 행하는 것, 곧 도에 대한 체험이자 체찰體察이며 체오體悟이다. 나아가 성현영에 따르면 이러한 도를 지키고 닦으며 체험하는 데 있어서 천하를 잊고(外天下), 사물을 잊고(外物), 삶과 죽음을 잊고(外生), 아침 햇살처럼 밝고(朝徹), 홀로 우뚝 서고(見獨), 시간의 흐름을 초월하고(無古今), 죽지도 않고 살지도 않는(不死不生) 등의 과정을 단계적으로 수행해야 한다. 이 일곱 가지의 과정은 도를 점진적으로 체득하고 깨달음을 얻어가는 과정이다.

그렇다면 도를 체득하고 그것을 깨달을 때, 깨닫는 주체는 어떠한 상태에 놓이게 되는가? 이에 대해 장자는 좌망이라는 용어를 통해 개괄적으로 표현하였다. 장자는 안회와 공자의 대화를 빌려 와서 이렇게 말한다.

안회顏回가 말했다. "저는 더 나아간 것 같습니다." 중니仲尼가 말했다. "무슨 말이냐?" 안회가 말했다. "저는 인의를 잊어버렸습니다." 중니가 말했다. "좋기는 하지만 아직은 멀었다." 다른 날 안회가 다시 공자를 뵙고 말했다. "저는 더 나아간 것 같습니다." 중니가 말했다. "무슨 말이냐?" 안회가 말했다. "저는 예악禮樂을 잊어버렸습니다." 중니가 말했다. "좋기는 하지만 아직은 멀었다." 다른 날 다시 공자를 보고 말했다. "저는 더 나아간 것 같습니다." 중니가 말했다. "무슨 말이냐?" 안회가 말했다. "저는 좌망의 경지에 도달했습니다." 중니가 깜짝 놀라 얼굴빛을 고치면서 말했다. "무엇을 좌망이라 하는가?" 안회가 말했다. "지체肢體를 다 버리고, 귀와 눈의 감각작용을 물리치며, 육체를 떠나고 지각작용을 없애서 대통大通의 세계와 같아졌을 때, 이것을 좌망이라 합니다." 중니가 말했다. "대통의 세계와 같아지면 좋아하고 싫어하는 것이 없게 되며, 큰 도의 변화와 함께하면 집착이 없게 되니, 너는 과연 현명하구나! 나는 청컨대 너의 뒤를 따르고자 한다."(「대종사」)

좌망坐忘이란 곧 도와 일체가 된 주체의 몸과 마음의 상태, 즉 '지체를 다 버리고, 귀와 눈의 감각작용을 물리치며, 육체를 떠나고 지각작용을 없애 버린' 상태이다. 다시 말해 좌망은 밖으로는 형체를 떠나고, 안으로는 마음의 지혜를 버리는 몸과 마음의 완전한 비움상태이다. 이러한 상태가 바로 「제물론」의 시작 부분에서 묘사되었던 바 "남곽자기가 팔뚝을 안석에 기대고 앉아서, 하늘을 우러러보며 길게 한숨을 쉬는데, 멍하니 몸이 해체된 듯이 자기 짝을 잃어버린 것 같은" 상태이며, 「대종사」에서 묘사되는 "진인眞人의 마음은 한 곳에 머물러 있고, 모습은 고요하며, 이마는 넓고 평평하니, 서늘함은 가을과 같고 따스함은 봄과 같아서, 희노애락의 감정이 사계절四季節과 통하고 사물과 적절하게 어울려서 그 끝을 알지 못하는" 것과 같은 상태이다. 그리고 이러한 상태는 분명히 일종의 경지를 가리킨다.

2) 좌망의 심리적 구조

장자가 말한 좌망은 도를 체험하고 깨닫는 방식이다. 그렇다면 지금부터 논의해야 할 것은 과연 좌망법으로써 도를 얻을 수 있는가에 관한 문제이다. 장자에 따르면 좌망을 행할 때 "지체를 다 버리고, 귀와 눈의 감각작용을 물리치며, 육체를 떠나고 지각작용을 없애야 하고"(「대종사」), "육체는 진실로 시든 나무와 같아질 수 있고 마음은 진실로 불씨가 꺼진 재와 같아질 수 있어야 한다."(「제물론」) 실제로 인간의 육체는 선정禪定과 같은 방법을 통해서 시든 나무와 같아질 수가 있다. 그러나 그 마음을 불씨가 꺼진 재와 같이 하는 것은 거의 불가능에 가깝다.

맹자는 일찍이 "귀와 눈의 기능은 생각하지 못하고,…… 심의 기능은 생각하는 것이다"(『맹자』, 「告子上」)라고 지적한 바가 있다. 이 말은 심이라는 기관의 본질이 생각함에 있고, 생각하지 않으면 심이 아니라는 것이다. 순자도 역시 "심에는 여러 가지가 쌓여 있지 않은 적이 없다", "심은 여러 가지를 생각하지 않은 적이 없다", "심은 계속해서 움직이지 않은 적이 없다", "인간은 태어나면서부터 지각이 있고, 지각이 있으면 지향하는 바가 있고, 지향하는 바가 있으면 여러 가지가 쌓이게 된다", "심은 생겨나면서 지각이 있고, 지각이 있으면 여러 가지를 분별하게 되고, 분별하는 것은 또한 여러 가지를 아울러 알게 하고, 아울러 알게 되면 또한 앎이 나누어지게 된다", "심은 누워서 잠잘 때는 꿈을 꾸고, 아무런 일 없이 있을 때는 스스로 아무 곳에나 가며, 그것을 부리면 생각하게 되므로 움직이지 않을 때란 없다"(이상 모두 『순자』, 「解蔽」 참조)와 같은 말들을 통해 심은 본질적으로 생각하고 움직이는 것이라고 역설했다.

만약 이와 같은 심의 움직임을 억지로 멈춘다면 인간은 식물인간이 되고 말 것이니 어떻게 도를 파악할 수 있겠는가? 또한 과연 그러한 상태를 가리켜 정신의 절대적 자유경지라 할 수 있는가? 물론 그렇지 않다. 그러므로 장자는 도를 얻은 외연의 모습을 "멍하니 몸이 해체된 듯이 자기 짝을 잃어버린 것 같다"(「제물론」)라고 묘사하기는 했지만, 심이 곧 불씨가 꺼신 재라고는 분명하게 서술하지 않았다. 즉 「제물론」에서 "육체는 진실로 시든 나무와 같아질 수 있으며 마음은 진실로 불씨가 꺼진 재와 같아질 수 있는가?"라고 한 말은 득도자인 남곽자기의 입으로 진술된 것이 아니라, 그것을 보고 있는 안성자유顔成子游의 입을 통해 말해진 것이다. 이는 분명히 의문이 섞인 어투가 아닌가? 그러므로 성현영이 좌망에 대해 마음이 불씨가 꺼진 재와 같다고 해석한 것은 장자의 의도를 잘못 이해한 것이다.

이에 대해 곽상은 "무릇 좌망이라는 것이 어찌 잊지 않는 바이겠는가! 그 자취를 잊으면 그 자취가 있게 된 까닭도 잊고, 안으로는 그 스스로가 한 몸임을 잊고, 밖으로는 천지가 있다는 것을 잊은 뒤, 바야흐로 홀연히 천지의 변화를 본체로 삼아 통하지 않는 바가 없게 된다"(「대종사주」)라고 주석했다. 여기에서 곽상은 단순히 인간의 심을 불씨가 꺼진 재로 취급한 것이 아니라 오히려 그것을 살아 있게 만들었다. 그는 심의 상태를 잊음(忘)으로 해석하고, 그 잊음의 결과를 "안으로는 그 스스로가 한 몸임을 잊고, 밖으로는 천지가 있다는 것을 잊은 뒤, 바야흐로 홀연히 천지의 변화를 본체로 삼아 통하지 않은 바가 없게 된다"(「대종사주」)라고 해석했다. 이러한 경지야말로 참된 정신의 자유경지이다. 만약 심을 죽은 것이라고 해석한다면 홀연히 천지의 변화를 본체로 삼아 통하지 않은 바가 없는 것과 같은 경지는 있을 수 없을 것이다.

심은 죽은 상태에 있어서도 안 되고, 일반적인 상황처럼 대상과 주체를 이원화하는 상태에 있어서도 안 된다. 그렇다면 좌망 속에서 주체인 나의 심은 어떠한 방식으로 존재하는가? 다시 말해서 죽어서도 안 되고, 대상과 이분화되어서도 안 되는 심은 어떻게 살아 있어야 하는가? 이것은 곧 좌망의 심적 구조와 연관된 문제이다. 장자는 이렇게 말했다.

> 안회가 말했다. "감히 심을 재계하는 것(心齋)이 무엇인지 여쭙고자 합니다." 공자가 말했다. "너는 뜻을 한결같이 해야 한다. 사물의 소리를 귀로 듣지 말고 심으로 들으며, 또 심으로 듣지 말고 기(氣)로 들어야 한다. 귀는 감각적인 소리를 듣는 데에 그치고, 심은 지각에서 멈추지만, 기는 심을 비워서 사물을 기다리는 것이다. 도는 오직 심을 비우는 곳에 응집된다. 심을 비우는 것이 심을 재계하는 것이다."(「인간세」)

여기에서는 심을 비우는 법, 즉 심재에 대해서 논의하고 있다. 장자에 따르면 사물에 마주할 때 뜻을 하나로 하여(一志), 귀로 듣지 말고 심으로 체험해야 한다. 그리고 이와 같은 심의 체험은 곧 기로 감응하는 것이다. 귀의 기능은 외물을 듣는 데 그치고 심의 기능은 현상을 감응하는 데 멈추지만 기는 비어 있으므로 모든 사물을 포섭할 수 있다. 즉 심을 제대로 비우면 지극한 도를 품을 수 있다는 것이다. 이것이 바로 심의 비움, 곧 심재이다.

기로써 듣는다는 것은 무엇을 말하는가? 듣는다는 것은 본래 귀가 특수하게 지니고 있는 기능인데, 여기에서 장자는 오히려 귀로 듣지 말고 심으로 들으라고 말한다. 심은 본래 생각하는 것인데 어떻게 들을 수 있단 말인가? 귀는 육체적 감각을 통해 듣는 기능을 수행하지만 감각의 한계를 벗어난 말이나 소리에 대해서는 아무 역할을 하지 못한다. 그러므로 감각 기관의 지각으로부터 돌이켜 내심의 사려 작용에 이르게 되는 것이다. 하지만 심 또한 서로 다른 지각으로 인해 부합하지 못하게 되면 이때의 심은 사려할 수도 없고, 들어도 들을 수 없게 되므로 '심으로 듣지 말고 기로 들어야 한다'라고 한 것이다. 기의 특징은 비어 있는 것이므로 두루 모든 사물에 응할 수 있는 것이다. 만약 심이 자신의 감정에 치우쳐 응하게 되면 이때의 심은 기와 존재의 본질상에서 서로 다르게 통하므로 심으로 듣지 말고 오히려 기로 들어야 한다고 하는 것이다. 이와 같은 심재법은 곧 좌망의 과정에서 심이 어떻게 잊음의 경지에 이르게 되는지 그 방식을 보여주는 것이다. 그렇다면 구체적으로 심은 어떻게 잊음의 경지에 이를 수 있는가? 이는 좌망의 심리적 구조 문제와 연관된다.

장자에 따르면 좌망의 심리적 구조에서 심은 기에 따라 유동하는 것이다. 어떤 사람은 인간의 생각은 신체의 기에 따라 흐른다고 말한다. 이러한 흐름 속에서 심은 한편으로는 죽지 않고 살아 있는 것으로서 항상 무언가를 사유하는 활동을 수행하고 있다. 그러나 다른 한편으로는 이와 같은 심의 사유 활동은 사유하면서도 사유하지 않는 것과 같은 상태에 있다. 다시 말해서 심은 일반적인 사유의 상태처럼 외물을 대상화하여 사유하지 않는다는 것이다. 이때의 심은 그 어떠한 외물을 사유의 대상으로 삼지 않고 사유 그 자체를 대상으로도 삼지 않은 상태에 있으며, 오직 신체의 기의 흐름에 따라 자연스럽게 흐른다.

후대의 도교에서 높이는 도기법導氣法과 양기법養氣法도 대부분 이러한 생각에서 비롯되었고, 그것은 인간의 생각을 산만하게 밖으로 내보내지 않으면서 살아 있는 채로 유지하고자 한다. 실제로 『장자』 속에는 이와 같은 양기법에 대한 직접적 진술들이 있는데, "중앙의 맥을 따라 경經으로 삼는다"(「양생주」), "진인의 호흡은 발꿈치로 한다"(「대종사」), "숨을 급히 쉬거나 천천히 쉬고, 숨을 토하거나 숨을 들이마시면서 호흡하여, 묵은 기를 토해 내고 새로운 기를 받아들이며 곰처럼 직립하거나 새처럼 목을 펴면서 장수하는 일에 몰두할 따름이다. 이 같은 태도는 도인道引(호흡법을 가미한 유연한 체조)하는 사람, 육체를 기르는 사람, 팽조彭祖처럼 장수를 추구하는 사람들이 좋아하는 태도이다"(「각의」) 등과 같은 내용이 그것이다. 여기에서 강조하는 것은 결국 양기나 도기 등의 방법을 통해 인간의 심을 '사유하지 않는 사유'의 자연 상태로 이끌어야 잊음(忘)의 경지에 이를 수 있다는 것이다.

3) 좌망과 상象

좌망의 심리적 구조에서 우리는 좌망을 행할 때, 심이 움직이는 상태와 방식에 대해 다루었는데, "지인至人의 마음 씀씀이는 마치 거울과 같아서, 사물을 보내지도 않고 맞이하지도 않으며, 비추어주기만 하고 모습을 간직하지는 않는다. 그 때문에 만물의 위에 군림君臨하면서도 다치지 않을 수 있다"(「응제왕」)라는 말이 이를 잘 표현한다. 그러나 심의 사려가 없는 이와 같은 상태는 일종의 특수한 상태에 속한다. 하지만 본래의 성질이라는 측면에서 보자면 비록 이러한 상태에 있는 심이라도 여전히 사려와 지각이 필요한데, 만약 정말로 사려와 지각이 없어진다면 심은 자기의 본성을 잃어버리게 되고, 그 존재의 의미와 가치도 잃게 될 것이다. 거듭 말하지만 좌망에 있어서 심이 도달하고자 하는 것은 일종의 경지이다. 만약 심이 이러한 경지에 대해서 정말로 알지 못한다면 결국에는 이 경지에 대해 말할 수도 없을 것이다. 당연히 심이 이와 같은 경지에 이르렀을 때, 심은 자기가 그 경지에 이르렀음을 알게 될 것이다. 예를 들어 장자가 "사물의 자연스러움을 타고 심을 자유롭게 노닐게 한다"(「인간세」), "심을 덕의 융화 속에서 노닐게 한다"(「덕충부」), "심을 담담한 곳에 노닐게 하고, 기를 적막한 곳에 부합시킨다"(「응제왕」)라고 말했을 때, 이것은 모두 심이 자유로운 경지에 이르고, 또한 스스로 그 경지에 이르렀음을 알고 있다는 것을 의미한다.

그렇지만 심의 사유는 그 사유를 싣는 매개가 필요하다. 일반적으로 사유의 매개는 언어이다. 만약 언어가 없으면 인간은 사유를 전달할 수 없다. 어떤 사람은 사유를 전달하는 데에는 언어나 문자가 필요하지만 스스로 묵상하는 데 무슨 언어가 필요한지를 물을 수도 있다. 하지만 실제로 혼자서 묵상하는 것에도 언어가 필요하다. 만약 모든 언어와 연관된 개념을 제거한다면 어떠한 사유도 불가능할 것이다. 이러한 상황에서 인간은 생각조차 할 수 없게 된다. 그러므로 생각이나 사유는 언어 없이는 성립될 수 없다. 그러나 장자에 따르면 소요의 도에 이른 상태는 언어와 형상을 초월한 경지, 즉 언어로써 표현할 수 없는 경지이다. 예를 들어 「지북유」에서는 이러한 경지를 "도는 들을 수 없는 것이니 만약 들을 수 있다면 도가 아니고, 도는 볼 수 없는 것이니 만약 볼 수 있다면 도가 아니며, 도는 말할 수 없는 것이니 말할 수 있다면 도가 아니다. 드러난 모습을 드러나 보이게 하는 것은 보이지 않는다는 사실을 아는가! 도는 이름을 붙일 수 없는 것이다"라고 묘사한 바가 있다. 그렇다면 이와 같은 경지에 대해 심은 사유를 하되 정상적인 매개를 통해서 사유하면 안 되는 상황에 놓여 있게 되는데, 어떻게 해야 하는가? 여기에서 제기된 방법이 바로 언어적 사유를 상象적 사유로 전환하는 것이다. 다시 말해서 그것은 언어를 매개로 하여 사유하는 것이 아니라, 상으로써 심이 작용하도록 한다는 뜻이다.

그렇다면 이와 같은 상이란 도대체 어떠한 것인가? 그것은 실상實象도 아니고 추상抽象도 아니면서 실상과 추상의 특성을 모두 갖춘 것이다. 즉 그것은 실상의 실을 지니고 있지 않지만 그 상을 지니고 있고, 추상의 추를 지니고 있지 않지만 그 상을 지니고 있는 상이다. 그러므로 그것은 상이 아닌 상(非象而象), 곧 형상形象이다. 형상은 실상과 추상의 특성을 모두 갖추고 있으므로 이 둘의 통일이라고 할 수 있다. 예를 들어 동그란 모양의 공이 있다고 하자. 여기서 공은 실물이며 실상이다. 그리고 동그란 모양을 나타내는 동그라미는 아무런 실체를 가지지 않은 명칭이자 기호이며, 하나의 추상이다. 그러나 기하학에서 개념적으로 정의된 원은 한편으로는 실상을 지니지 않고, 다른 한편으로는 추상적 기호가 아님에도 실상과 추상의 성질을 모두 나타낼 수 있다. 그러므로 개념적으로 정의된 원은 곧 실상인 동그란 공과 추상인 동그라미를 이어주는 매개체라고 할 수 있다.

매개로서의 역할이라는 점에 있어서 상은 언어보다 우월하다. 언어는 추상적인 기호이다. 그리고 그 기호의 의미는 그것을 만들어내는 사람에 의해서 주어질 뿐이고, 그 자체로서는 아무런 사물을 드러낼 수 없다. 그러나 이와 달리 비록 같은 기호적 기능을 갖고 있지만, 상은 누군가에 의해서 주어진 것이 아니라, 그 자체로서 대상을 나타내는 것이다. 예를 들어 인간을 뜻하는 '사람'(人)이라는 기호는 사람들의 규정에 의해서 의미를 갖는 것이지, 그 자체가 사람이라는 사물을 직접 가리키는 것은 아니다. 그러므로 우리는 약속에 의해 '사람'(人)을 다른 사물이나 동물을 가리키는 기호로 얼마든지 바꿀 수 있다. 그러나 인간과 유사한 상, 예를 들어 갑골문에서 나타난 사람처럼 생긴 기호를 통해 인간을 표시한다면 인간의 의미는 그 기호 속에서 스스로 나타날 것이다. 그러므로 상에는 애초부터 현상을 드러내는 성질이 포함되어 있다.

상은 한편으로는 사물을 기호 속에서 드러나게 함으로써 추상적 기호에 감성적 의미를 부여하는 이성적 감성화의 기능을 지니고 있는 동시에, 다른 한편으로는 사물의 실제적 모습을 어느 정도 추상화시키는 감성적 이성화의 기능도 지니고 있다. 이렇게 보면 상은 이성과 감성의 동일이자 돌 사이를 잇는 매개이다. 바로 이 때문에 상에 대한 사유에는 심미적 감성이 깃들어 있게 된다. 즉 그것은 감성의 형식과 내용을 초감성적으로 나타낼 수 있을 뿐만 아니라 초감성적 형식과 내용을 감성의 형식으로 드러낼 수도 있다. 예를 들어 우리가 "이 꽃이 아름답다"라고 말했을 때, 이 꽃의 외연에는 이미 인간의 사상과 감정이 깃들게 된다는 것이다.

장자의 소요의 도는 바로 이러한 상에 속한다. 정신의 자유로운 경지로서의 소요의 도는 초감성적이고 초현실적인 것이다. 그러나 그것은 하나의 추상적 기호가 아니라 사람들에 의해 체험될 수 있는 경지이다. 만약 소요의 도가 단지 추상적 기호로서만 존재한다면 그것에는 초현실적인 부분이 보존될 수 있을지는 모르지만 대신에 현실감이 사라짐으로써 죽은 사물과 다르지 않게 될 것이다. 소요의 도는 마땅히 현실을 초월하면서도 현실성이 있어야 하고, 현실을 이상으로 끌어올리면서도 이상을 현실 속에 투사하게 할 수 있어야 한다. 정신의 절대적 자유경지를 묘사한 장자의 소요의 도는 바로 이러한 것이 아니겠는가? 그렇지 않다면 장자의 소요의 도에는 정신의 자유도 없고, 경지도 없으며, 이상도 없을 것이다.

장자는 지인至人, 진인眞人, 신인神人, 성인聖人 등과 같은 여러 가지 인격 형상에 대해 생동감 있게 묘사했다. 예를 들어, "막고야藐姑射의 산에는 신인神人들이 살고 있는데, 그 피부는 빙설처럼 희고 몸매는 처녀처럼 부드러우며, 곡식은 일체 먹지 않고 바람을 들이키고 이슬을 마시고서 구름 기운을 타고 비룡飛龍을 몰아 사해四海 밖에서 노닌다"(「소요유」), "지인至人은 신통력을 가진 존재이다. 못가의 수풀 우거진 곳이 불에 타도 그를 뜨겁게 할 수 없고, 황하黃河나 한수漢水가 얼어붙을 정도로 춥더라도 그를 춥게 할 수 없으며, 격렬한 우레가 산을 쪼개도 그를 상하게 할 수 없고, 바람이 바다를 뒤흔들지라도 그를 놀라게 할 수 없다. 그와 같은 사람은 구름을 타고 해와 달을 몰아서 사해의 밖에서 노닌다. 죽음과 삶도 자신을 변화시키지 못하는데 하물며 이해득실과 같은 말단 따위이겠는가!"(「제물론」), "옛날의 진인眞人은…… 높은 데 올라가도 두려워 떨지 않고, 물속에 들어가도 젖지 않으며, 불속에 들어가도 뜨겁지 않으니, 이것은 지혜가 도의 경지에 오름이 이와 같은 것이다"(「대종사」) 등은 모두가 상을 통한 묘사 방식이다.

이와 같은 신인과 지인, 진인 등은 모두 현실사회를 초탈하면서도 현실사회를 그대로 느낄 수 있는 존재들이다. 바로 이러한 상에 의한 사유로 인해 장자는 독특한 소요의 도를 내세울 수 있었고, 나아가 그러한 정신의 자유경지를 표현할 수 있었다. 장자철학을 미학이라고 부르는 이유도 이러한 상에 대해서는 오직 심미적 시각으로만 이해될 수 있기 때문이다. 후세의 도교는 장자가 말한 상을 실상으로 표현하여 그것을 신선이라고 불렀는데, 이는 장자의 원래 사상에서 크게 이탈한 것이다.

좌망의 방법은 일종의 사유방식으로서 철학적 성질에서 보면 심미적이지만, 내용과 방식의 관점에서 보면 그것은 인간의 심령과 의념을 이끄는 방법, 즉 인간의 마음에서 일어나는 의념에 대한 일종의 심리적 정돈방법이다. 그러므로 단지 좌망법만으로는 천인합일天人合一의 정신적 자유경지에 이를 수 없다. 구체적으로 살펴보면 거기에는 세 가지 이유가 있다.

첫째, 마음에서 일어나는 의념에 대한 심리적 정돈방법으로서의 좌망은 그 자체도 생각으로 되어 있기 때문에 개인의 심리상태나 감정에 의해 커다란 영향을 받을 수 있다. 그리고 인간의 심리상태와 감정은 또한 외부환경의 제약을 받을 수 있다. 그렇다면 본래 인간의 마음(생각)을 "마치 거울과 같아서, 사물을 보내지도 않고 맞이하지도 않으며, 비주어주기만 하고 모습을 간직하지는 않는"(「응제왕」) 경지로 승화시키고자 하는 좌망법은 오히려 자유롭지 못한 사회현실에 의해 제약받게 되고, 끝내 그것을 초월하지 못하는 상황에 놓이게 된다.

둘째, 좌망법 속에 들어 있는 심미적인 성향은 그것을 예술창작의 방법으로 한정해버린다. 다시 말해서 인간의 심은 좌망법을 통해 오직 예술창작과 실천의 영역 속에서만 자유로운 경지 및 진정으로 정돈된 심리상태에 이를 수 있다는 것이다. 이는 마치 직접 그림을 그리는 과정과 결과 속에서만 비로소 진정으로 그 그림을 감상할 수 있고, 그림을 그릴 줄 모르는 사람은 평생 동안 그것을 진정으로 감상할 수 없다고 말하는 것과 같다. 그렇게 되면 좌망법은 그 특성상 마땅히 실천화되고 예술화된 맥락에서만 이해되어야 할 것이다. 만약 좌망법을 정신세계를 정돈하는 방법으로 간주하게 되면 그것은 심을 정신세계에 가두면서도 초현실적인 존재, 즉 "구름 기운을 타고 비룡을 몰아 사해 밖에서 노니는"(「소요유」) 신인으로 형상화시키게 된다. 그러나 이와 같은 신인의 형상은 겉보기에는 자유로운 것 같지만 실로 일종의 환상에 불과한 것이므로 인간 정신의 자유 문제를 해결할 수 없다.

셋째, 좌망법은 단지 개인적 차원에서의 심리적 정돈법이다. 그것은 설령 인간의 정신적 자유를 성취하게 할 수 있다고 하더라도 인간생명의 궁극적인 문제를 해결해 줄 수는 없다. 다시 말해서 인간은 이러한 방법을 통해 정신적 자유의 경지에 이르게 된다고 하더라도 대신에 자신을 동물적 차원으로 강등시킨 대가를 치러야 한다는 것이다. 왜냐하면 이와 같은 개인적 차원에서 다루어진 좌망법은 인간으로 하여금 사회관계로부터 벗어나게 만들기 때문이다. 동물에게는 사상이나 정신이 없을 뿐만 아니라 인간과 같은 삶에 대한 감수성도 없으므로 사회관계를 형성할 수 없거니와 완전히 자연의 지배를 받을 수밖에 없다. 만약 좌망법이 인간의 정신적 자유를 성취하게 해준다고 해서 인간으로 하여금 사회를 벗어나게 한다면 그것은 인간을 동물과 같은 저급한 자연적 존재로 강등시키는 것이 아니겠는가!

이와 같은 세 가지 점을 종합적으로 고려해 보면 정신적 자유를 성취하는 좌망법에는 심각한 결함이 존재한다는 것을 부정하기 어렵다. 결국 이러한 좌망법을 통해서는 진정한 자유를 획득할 수 없다는 것이다. 그렇다면 어떻게 해야 하는가? 실제로 장자는 정신적 자유를 성취하기 위해 더욱 깊은 차원의 방법을 제시했는데, 그것이 바로 도망법道忘法이다.

2. 장자의 도망

1) 도망이란 무엇인가?

이른바 도망道忘이란 '도술道術의 세계에서 서로를 잊는다'는 의미이다. 이는 「대종사」에서 제기된 생각인데, 그것은 자상호子桑戶와 맹자반孟子反,

그리고 자금장子琴張이라는 세 사람의 이야기를 통해 전개되었다. 이 세 사람은 모두 방외에서 노니는 사람이므로 "각자의 마음에 거슬리는 바가 없게 되어 마침내 서로 벗이 되었다." 그러다가 자상호가 죽자 공자는 자공子貢으로 하여금 문상하러 가게 했다. 자공이 문상을 하러 갔을 때, 맹자반과 자금장은 한 사람은 노래를 부르고 나머지 한 사람은 거문고를 타면서 서로 화답하면서 노래하고 있었다. 이를 본 자공은 "시신을 앞에 두고 노래하는 것이 예禮입니까?"라고 물었다. 그러자 두 사람이 자공을 보며 말하기를 "이 사람이 어찌 예의 참뜻을 알겠는가?"라고 하고, 서로 마주보면서 웃기만 했다. 이 일을 겪은 자공은 돌아가서 공자에게 이러한 일에 대해 말하면서 그들이 어떠한 사람인지를 물었다. 이에 공자는 "저들은 예법의 테두리 밖(方外)에서 노니는 사람들이고 나는 예법의 테두리 안(方內)에서 살아가는 사람이다.…… 저들은 바야흐로 조물자와 벗이 되어 천지 사이에서 노닐고, 저들은 생生을 쓸데없이 붙어 있는 사마귀 정도로 생각하고, 죽음을 종기가 터지는 일 정도로 생각한다. 그 같은 사람들이 또 어찌 생사와 선후의 소재所在를 알려고 하겠는가!…… 무심히 티끌과 때에 오염된 세속 밖에서 이리저리 노닐며, 아무것도 하지 않는 일에 소요하니, 저들이 또 어찌 번거롭게 세속의 예를 갖추어 뭇 사람들의 귀와 눈에 보이게 하겠는가!"(이상 모두 「대종사」 참조)라고 말했다. 이 말을 들은 자공이 공자에게 "그렇다면 선생님은 방내인입니까? 아니면 방외인입니까?"라고 물었다. 공자는 자기가 태생적으로 예의에 의해 사로잡혀 있기 때문에 하늘로부터 형륙을 받은 사람(天之戮民)이라고 대답하고, 마땅히 방외의 도(方外之道)를 추구해야 한다고 말했다. 그러자 자공은 이어서 어떻게 하는 것이 방외지도를 추구하는 것인지를 물었는데, 이에 대해 공자는 이렇게 대답했다.

물고기는 함께 물에 나아가고, 사람은 함께 도에 나아간다. 함께 물에 나아가는 경우에는 연못을 파주면 넉넉히 기를 수 있고, 함께 도에 나아가는 경우에는 간섭하는 일이 없으면 삶이 안정된다. 그 때문에 "물고기는 강과 호수 속에서 서로를 잊고, 사람은 도술의 세계에서 서로 잊고 산다"라고 말하는 것이다. (「대종사」)

여기에서 나온 '사람은 도술의 세계에서 서로 잊고 산다'라는 말이 곧 도술 속에서 잊음의 경지, 즉 도망道忘의 경지에 이르는 것을 의미한다. 이와 같은 도망은 사람들이 세속의 제한을 벗어나는 방외지도를 추구하는 길이자 방법이다. 여기서 이른바 세속의 제한을 벗어난다는 것은 앞의 인용문에서 말한 '무심히 티끌과 때에 오염된 세속 밖에서 이리저리 노닐며, 아무것도 하지 않는 일에 소요하는' 정신의 절대적 자유의 경지이다. 그러므로 도망법도 또한 소요의 도를 파악하는 한 방법이다.

공자가 도망법에 대해 이야기할 때, 직접적으로 '사람은 도술의 세계에서 서로 잊고 산다'라고 말하지 않고 '물고기는 강과 호수 속에서 서로를 잊고 산다'라는 비유를 먼저 든 이유는 무엇일까? 흥미로운 것은 이외에도 『장자』속에는 물고기에 관한 비유가 여러 번 등장한다는 사실이다. 예를 들어 「추수」에는 "피라미가 나와서 한가로이 놀고 있으니 이것이 바로 물고기의 즐거움일세"라는 말이 있는데, 이는 물고기가 자기에게 쾌적한 환경에서 자유롭게 노니는 상태를 묘사한 것이다. 또한 「대종사」에는 "샘이 마르면 물고기들이 땅 위에 남아서 서로 습기를 뿜어내며 서로를 거품으로 적셔주지만, 이는 강과 호수에서 서로를 잊고 사느니만 못하다"라는 말이 나온다.

나아가 「외물」에는 감하후監河侯의 조롱에 맞서 장자가 내세운 '학철지부涸轍之鮒¹의 우화도 있다. 여기에서는 물고기가 자기에게 맞지 않은 육지에서 살다가 고통 받는 상황에 대해 묘사했다. 물고기는 본래 물속에서 살아야 하므로 이 물은 곧 물고기에게 가장 적절하고 쾌적한 환경, 곧 그의 장場이자 경境이다. 이러한 본래의 장 속에서 살아야만 물고기는 스스로의 천성에 따라 자유롭게 노닐 수 있고, 동시에 자기가 살고 있다는 자체에 무심할 수 있으며, 나아가 생존을 위한 생존을 추구하지 않으므로 스스로의 자연스러운 모습을 드러낼 수 있다. 그러나 만약 이러한 상황에서 벗어나게 되면 물고기는 '서로 습기를 뿜어내며 서로를 거품으로 적셔주면서' 살 수밖에 없다. 이 경우에 물고기는 물이 없음을 알게 될 것이고, 자신의 생명도 곧 없어질 것임을 알게 되므로 생존을 위한 생존을 추구해야만 한다. 따라서 물고기가 스스로의 천성에 따라 살 수 있으려면 반드시 그에 맞는 장, 즉 물이 있어야 하며, 그 속에서 살아야 한다.

물고기의 예와 유사하게 사람도 도道 속에서 살아야 한다. 도가 바로 인간에게 맞는 생존의 장場인 것이다. 도라는 장에서 살아야만 인간은 본성에 따라 유유자적하게 자유를 누릴 수 있고, 생존을 위한 생존을 하지 않아도 된다. 도에서 벗어난 이와 같은 삶을 살게 되면 인간도 또한 물고기와 유사하게 고통 속에서 삶을 영위할 수밖에 없다. 다시 말해서 물고기가 땅 위에 남아서 서로 습기를 뿜어내며 서로를 거품으로 적셔주는 것과 마찬가지로 인간 역시 도에서 벗어나면 비록 인의예지와 같은 도덕규범이 있더라도 삶의 참된 자유를 누릴 수 없다는 것이다.

물고기가 물속에서 자기의 본성에 따라 사는 것을 물고기의 잊음(忘)이라고 한다면, 마찬가지로 인간이 도술 속에서 본성에 따라 자유롭게 사는 것을 인간의 잊음(忘)이라고 할 수 있다. 그렇다면 인간 삶의 장으로서 도술은 도대체 무엇인가? 실제로 그것은 바로 인간사회의 생존방식을 가리킨다. 장자가 살던 시대의 사람들은 이와 같은 생존 또는 삶의 본질에 괸한 문제를 풀 수가 없었다. 그들은 오직 인류사회가 어떠한 거대 그물에 씌워져 있는 것처럼 느꼈고, 나아가 그 속에서 개개인이 그물 속에서 몸부림칠 수밖에 없다는 것을 깨달았을 뿐이다. 이에 대해 장자는 여러 차례에 걸쳐 "어찌할 수 없음을 알아 마음을 편안히 하고 천명을 따르는 것이 덕의 지극함이다"(「인간세」), "예羿가 활 쏘는 사정射程 안에서 놀면 그 과녁의 한가운데는 화살이 적중하는 자리이다. 그런데도 화살에 맞지 않는 것은 운명이다"(「덕충부」), "그래서 나를 이렇게 만든 존재를 찾아보았지만 알 수 없었다. 그러니 내가 이 지경에 이르게 된 것은 운명일 것이다"(「대종사」), "그렇게 된 원인을 알 수 없이 그렇게 된 것이니, 이것이 명이다"(「달생」)라고 말하면서 한탄했다.

오늘날의 우리는 생활방식이 곧 사회의 생산방식을 의미하고, 그것은 생산력과 생산관계의 모순, 그리고 경제적 기초와 상층구조의 모순에 의해 결정된다는 것을 알고 있다. 그리고 바로 이러한 모순관계가 인류의 사회를 존재하게 만들고, 그것은 또한 인류의 주관의지에 의해 바뀌지 않는 필연적인 힘이다. 다시 말해서 이러한 모순관계가 바로 인류사회의 도이다. 나아가 오직 이러한 도 속에서만 인간은 삶을 영위할 수 있고, 자연스럽게 존재할 수 있다. 이것이 바로 인간에의 도망이다.

2) 도망의 함의

도망道忘은 좌망坐忘과는 다르다. 앞서 서술했듯이 좌망은 인간의 생각을 인도하고 규정하는 것으로서 각 개체의 심리적 훈련활동에 속한다. 그러나 도망은 인간의 생존방식, 즉 인류사회의 생산방식에 근원하므로 본질적으로 일종의 사회적 행위이며 조작이 가능한 생산 활동이자 생활 활동이라고 할 수 있다.

인간과 다른 동물의 생존방식에는 본질적인 차이가 있다. 동물의 생존방식은 유전적인 본능과 태생적인 신체기능에 기초한다. 특히 태생적인 신체능력에 있어서 동물의 발달정도는 실로 인간을 뛰어넘고 있다. 그러나 신체가 아무리 발달하다라도 그것은 여전히 자연적 차원에 머물러 있는 것이므로 자연적 필연성의 지배를 받기 마련이다. 인간의 경우 신체적인 측면에서는 오히려 동물에 비해 많이 열등하다. 예를 들어 인간의 눈은 매의 눈만큼 멀리 보지 못하고, 귀는 박쥐의 귀만큼 잘 들을 수 없으며, 코는 개의 코보다 냄새를 잘 맡지 못하고, 다리는 말보다 빨리 달릴 수 없다. 그러나 인간은 자연적인 신체능력으로 생존하는 것이 아니라 생산도구를 만들어냄으로써 삶을 영위한다. 이와 같은 생산도구의 발명으로 인해 인간은 자연적인 신체가 지니고 있는 한계를 극복하고 동물을 뛰어넘어 많은 것을 창조하고 발명해 낸다. 이것이 인간의 세계이자 인간 생존의 세계이다. 이렇게 보면 '도에서 잊음'(道忘)에서 잊음(忘)이 근거로 삼는 도는 인간의 생산방식, 즉 생산도구와 본질적으로 연결되어 있음에 틀림없다. 다시 말해서 이와 같은 '도에서 잊음'의 잊음은 도구의 사용에 의해서 진행되고, 그것은 실제로 도구에 대한 조종 또는 기술에 대한 사용을 의미하는 것이다.

철학적으로 말하자면 도구에 대한 인간의 사용은 주체가 객체에 작용을 가하는 과정이고, 이러한 과정은 또한 주체의 객체화와 객체의 주체화의 유기적 통일이다. 한편으로 주체는 생산도구를 통해 자신의 목적과 계획 등 주관적 의도를 객체에 전달하여 주관적인 의도를 객관적인 사물에서 실현되도록 한다. 동시에 다른 한편으로 객체는 생산도구를 통해 자신의 존재적 속성과 특질을 주체에게 전달한다. 이러한 과정에서 객체는 주체로 하여금 그것을 인식하고 파악하게끔 하고, 나아가 자신의 정보를 추상적 기호로써 인간의 이성에 머물게 하여 객관적인 것을 주체에게 추상적 형태로 실현하도록 한다. 이러한 과정은 동시에 진행되며, 서로 반대되지만 서로 이루어주는 유기적 과정이다. 생산도구의 사용과정에서 나타난 이와 같은 주체의 객체화와 객체의 주체화는 유기적인 통일이론으로서 의미 있는 형식, 즉 의경意境이나 경지로 표현되는데, 이것은 곧 일종의 천인합일을 의미한다. 장자가 말한 "천지도 나와 나란히 생生하고 만물도 나와 하나이다"(「제물론」)와 같은 물화物化는 바로 이러한 상태를 가리킨 것이다.

일반적으로 도구를 사용한다고 할 때, 그것은 하나의 수단이다. 그러나 그 도구 사용이 입신의 경지에 이르면 그것은 단순한 물질이라는 의미에서 벗어나 일종의 의미 있는 형식으로 승화되면서 인간은 그 대상인 도구와 일체를 이루게 된다. 그러므로 이러한 경지에서 도구를 단순히 기술적인 차원에서뿐만 아니라 예술적인 차원으로 승화시켜 사용하는 것이 곧 장자 도망법의 실질적 내용이다. 장자는 이렇게 말한다.

> 포정庖丁이 문혜군文惠君을 위해서 소를 잡는데, 손으로 쇠뿔을 잡고, 어깨에 소를 기대게 하고, 발로 소를 밟고, 무릎을 세워 소를 누르면, 칼질하는 소리가 처음에는 획획하게 울리며, 칼을 움직여 나가면 쐐쐐 소리가 나는데 모두 음률에 맞지 않음이 없어서 상림桑林의 무악舞樂에 부합되었으며, 경수經首의 박자에 꼭 맞았다. 문혜군이 말했다. "아! 훌륭하구나! 기술이 어찌 이런 경지에 이를 수 있는가!"(「양생주」)

여기에서는 포정이 칼을 사용하는 기술에 대해 묘사하고 있다. 장자는 포정이 소를 잡을 때 쓰는 칼이라는 도구를 통해 포정과 소를 연결시켰다. 일반적으로 소를 잡는 사람과 소는 두 개의 독립된 존재인데, 칼의 사용이 입신의 경지에 이르게 되면 인간과 소는 일체가 되면서 예술의 경지에 이르게 된다. 문혜군의 칭찬에 대해 포정은 다음과 같이 말했다.

제가 좋아하는 것은 도道인데, 이것은 기술에서 더 나아간 것입니다. 처음 제가 소를 해부하던 때에는 눈에 비치는 것이 오로지 온전한 소뿐이었습니다. 그런데 3년이 지난 뒤에는 온전한 소는 보이지 않게 되었습니다. 지금은 제가 신神을 통해 소를 대할 뿐이지 눈으로 보지 않습니다. 감각기관의 지각 능력이 활동을 멈추고 대신 신묘한 작용이 움직이면 자연의 결을 따라 커다란 틈새를 치며, 커다란 공간에서 칼을 움직이되 본시 그러한 바를 따를 뿐인지라 경락經絡과 긍계肯綮가 칼의 움직임을 조금도 방해하지 않는데 하물며 큰 뼈이겠습니까? 솜씨 좋은 백정은 일 년에 한 번 칼을 바꾸는데 살코기를 베기 때문이고, 보통의 백정은 한 달에 한 번씩 칼을 바꾸는데 뼈를 치기 때문입니다. 지금 제가 쓰고 있는 칼은 19년이 되었고, 그동안 잡은 소가 수천 마리인데도 칼날이 마치 숫돌에서 막 새로 갈아낸 듯합니다. 뼈마디에는 틈이 있고 칼날 끝에는 두께가 없습니다. 두께가 없는 것을 가지고 틈이 있는 사이로 들어가기 때문에 넓고 넓어서 칼날을 놀리는 데 반드시 남는 공간이 있게 마련입니다. 이 때문에 19년이 되었는데도 칼날이 마치 숫돌에서 막 새로 갈아낸 듯합니다. 비록 그러하지만 매양 뼈와 근육이 엉켜 모여 있는 곳에 이를 때마다 저는 그것을 처리하기 어려움을 알고 두려워하면서 경계하여 시선을 한 곳에 집중하고 손놀림을 더디게 합니다. 그 상태로 칼을 매우 미세하게 움직여서 스르륵 하고 고기가 이미 뼈에서 해체되어 마치 흙덩이가 땅에 떨어지는 듯하면 칼을 붙잡고 우두커니 서서 사방을 돌아보며 머뭇거리는데, 이윽고 제정신으로 돌아오면 칼을 닦아서 간직합니다.(「양생주」)

여기에서는 포정이 칼을 사용하는 방법에 대해 묘사하고 있다. 만약 일반적인 소 잡는 사람처럼 칼을 사용한다면 이때의 칼은 단순한 물질에 불과하다. 그리고 이 경우에 소를 잡는 사람과 칼이 작용한 소는 결국 물리적으로 연결되어 있기 때문에 사람과 소는(즉, 주체와 객체는) 서로 둘로 분리되어 있다. 그러나 칼이 기술을 넘어서 예술적으로 사용된다면 그것은 단순히 도구가 아니라 의미 있는 형식으로서 실상에서 상象으로 승화되는 과정과 같이 사람과 소를 같은 구조에 놓이게 한다. 이런 경우 칼에는 심미성이 부여되고, 인간은 도의 경지에 이르게 된다. 장자는 또 이렇게 말했다.

환공桓公이 당상에서 책을 읽고 있었는데, 윤편輪扁이 당 아래에서 수레바퀴를 깎고 있다가 망치와 끌을 내려놓고 위로 환공을 올려다보며 물었다. "감히 묻습니다. 임금께서 읽고 계시는 것은 어떤 말입니까?" 환공이 대답했다. "성인의 말씀이다." 윤편이 말했다. "성인이 지금 살아 있습니까?" 환공이 말했다. "이미 죽었다." 윤편이 말했다. "그렇다면 임금께서 읽고 계시는 것은 옛사람의 찌꺼기로군요!" 환공이 말했다. "과인이 글을 읽고 있는데 수레기술자 따위가 어찌 논의하는가! 납득할 만한 이유를 댄다면 괜찮겠지만 그렇지 못하면 죽임을 당할 것이다." 윤편이 말했다. "신은 신이 하는 일로 살펴보겠습니다. 수레바퀴를 여유 있게 깎으면 헐거워서 견고하지 못하고, 너무 꼭 맞게 깎으면 빡빡해서 돌아가지 않으니, 여유 있게 깎지도 않고 너무 꼭 맞게 깎지도 않는 것은 손에서 터득하여 마음으로 호응하는 것이어서 입으로 말할 수가 없습니다. 교묘한 기술이 그 사이에 있으니 저도 그것을 제 자식에게 깨우쳐줄 수 없고, 제 자식도 그것을 저에게서 받아갈 수 없습니다. 이 때문에 나이가 칠십에 이르러 늙을 때까지 수레바퀴를 깎고 있습니다. 옛사람도 말로는 전할 수 없는 것을 함께 가지고 죽었을 것입니다. 그렇다면 임금께서 읽고 있는 것은 옛사람의 찌꺼기일 따름입니다."(「천도」)

　여기에서는 망치(椎)를 사용하는 기술에 대해 묘사하고 있다. 그러나 실제로 이 우화는 고대 성인의 글을 읽을 때에는 그 글자에 매달리지 말고 의미를 파악하는 데 집중해야 한다는 것을 경계하고 있다. 글자는 단지 성인이 뜻을 전달하기 위해 사용한 도구에 불과하고, 또한 그것은 뜻을 온전히 전할 수 없으므로 성인의 참된 사상을 그대로 드러낼 수 없다는 것이다. 장자는 이와 같은 의미를 70세의 노인 윤편의 체험을 통해 전하고 있다. 수레바퀴를 만들려면 당연히 망치와 끌 같은 도구가 필요하다. 그렇다면 실제로 바퀴를 만들 때 그것을 어떻게 사용해야 하는가? 수레바퀴를 여유 있게 깎으면 헐거워서 견고하지 못하고, 너무 꼭 맞게 깎으면 빡빡해서 돌아가지 않기 때문에 반드시 그것을 깎을 때는 여유 있게 깎지도 않고 그렇다고 해서 너무 꼭 맞게 깎지도 않는 것이 중요한데 윤편은 이를 가리켜 교묘한 기술, 즉 수(數)라고 말했다. 이러한 수가 바로 도구를 사용하는 기술, 또는 예술을 가리키는 말이다. 만약 수레바퀴를 만드는 사람이 이와 같은 수를 파악할 수 있다면 도구를 입신의 경지에 이를 정도로 사용할 수 있을 것이다. 이런 경우에 수레바퀴를 만드는 인간은 도구인 망치를 통해 바퀴와 일체가 되는 천인합일의 경지에 이르게 된다. 나아가 장자는 또 이렇게 말한다.

　중니(仲尼)가 초나라로 갈 때, 어떤 숲속을 지나가다가 곱사등이 노인이 매미를 마치 물건을 줍는 것처럼 손쉽게 잡는 것을 보았다. 중니가 말했다. "재주가 참 좋군요! 무슨 비결이라도 있습니까?" 노인이 대답했다. "비결이 있지요. 대여섯 달 동안 손바닥 위에 둥근 구슬 두 개를 포개놓아도 떨어뜨리지 않을 정도가 되면, 매미를 잡을 때 잡는 경우보다 놓치는 경우가 적어지고, 구슬 세 개를 포개놓아도 떨어뜨리지 않을 정도가 되면, 매미를 잡을 때 놓치는 경우가 열 번에 한 번 정도가 되고, 구슬 다섯 개를 포개놓아도 떨어뜨리지 않을 정도가 되면, 마치 땅에 떨어진 물건을 줍는 것처럼 매미를 잡게 됩니다. 그때 나는 내 몸을 나무 그루터기처럼 웅크리고 팔뚝은 시든 나무의 가지처럼 만들어서 비록 천지가 광대하고 만물이 많지만 오직 매미날개만을 알 뿐입니다. 나는 돌아보지도 않고 옆으로 기울지도 않아서 만물 중 어느 것과도 매미날개와 바꾸지 않으니 어찌하여 매미를 잡지 못하겠습니까!" 공자가 제자들을 돌아보며 말했다. "뜻을 한 가지 일에 집중하여 꼭 귀신과 다를 것이 없는 사람이란 바로 이 곱사등이 노인을 두고 한 말일 것이다!"(「달생」)

여기에서는 막대기를 사용하는 기술에 대해 묘사하고 있다. 한 곱사등이 노인이 막대기로 매미를 잡는데 마치 손으로 줍는 것처럼 쉽게 잡고 있으며, 막대기는 그의 손에서 기묘하게 사용되었다. 이 경우에 막대기는 노인의 정신에 의해서 움직이는 것이며, 노인과 매미를 일체로 만든다. 나아가 노인이 '나는 내 몸을 나무 그루터기처럼 웅크리고 팔뚝은 시든 나무의 가지처럼 만들어서 비록 천지가 광대하고 만물이 많지만 오직 매미날개만을 알 뿐입니다'라고 말한 것은 분명히 일종의 천일합일의 경지를 표현한 것이다. 이어서 장자는 이렇게 말했다.

안연顏淵이 중니에게 물었다. "언젠가 제가 상심觴深의 못이라고 불리는 물살이 센 곳을 건넌 일이 있었는데, 뱃사공이 배를 모는 솜씨가 마치 귀신같았습니다. 그래서 제가 '배 젓는 일은 배워서 되는 것입니까?' 하고 물었더니, 사공이 대답하여 말하기를, '되지요. 헤엄을 잘 치는 사람은 배 젓는 것을 빨리 익힐 수 있습니다. 이를 테면 잠수부 같은 사람은 배를 한 번 보지도 않고 바로 배를 저을 수 있지요'라고 했습니다. 제가 그 까닭을 물어보았지만 저에게 말해주지 않았습니다. 감히 여쭈어보겠습니다만, 그게 무슨 뜻인지요?' 중니가 말했다. "헤엄을 잘 치는 사람이 빨리 배울 수 있다는 것은 그가 물을 잊어버리기 때문이다. 그런데 잠수부 같은 사람이 배를 한 번 보지도 않고 바로 배를 저을 수 있다는 것은 그가 깊은 연못을 마치 언덕과 같이 보고 배가 뒤집히는 것을 마치 수레가 뒤로 가는 정도와 같이 여기기 때문이다. 배가 전복되거나 뒤로 가는 등과 같은 여러 가지 일들이 눈앞에 펼쳐지더라도 그것이 그의 마음을 어지럽히지 못하니, 어디에 간들 여유가 있지 않겠는가! 물건을 던져 승부를 가릴 때, 별 가치가 없는 기왓장을 경품景品으로 걸고 던지는 경우에는 승부에 얽매이지 않으므로 아주 잘 던질 수 있지만 이보다 가치가 있는 은銀이나 동銅으로 만든 혁대 고리를 걸고 던지는 경우에는 마음이 약간 떨려 두려워하게 되고, 황금을 걸고 던지는 경우에는 완전히 마음이 어두워져 혼란에 빠지므로 잘 맞추지 못한다. 그런 까닭은 기술은 같지만 놓치면 아깝다고 생각하는 집착심이 생기게 되면 외물을 중시하여 거기에 마음을 빼앗기기 때문이다. 무릇 외물을 중시하는 경우에는 내면의 마음이 소홀하게 된다."(「달생」)

여기에서는 뱃사공이 배를 모는 기술에 대해 묘사하고 있다. 뱃사공이 배를 입신의 경지로 몰 때, 그와 배 그리고 물은 일체가 된다. 실제로 이 경우에는 뱃사공이 배를 몬다는 표현도 적절하지 않게 된다. 왜냐하면 뱃사공과 배는 이미 하나가 되었으므로 일종의 심미적 경지에 이르렀기 때문이다. 또한 여기에서는 뱃사공의 말과 중니의 해석을 통해 배 모는 기술을 익히는 과정에 대해 설명하고 있다. 뱃사공에 따르면 헤엄을 잘 치는 자는 빨리 배울 수 있고, 잠수부는 배를 본 적이 없더라도 배를 몰 줄 안다. 이에 대해 공자는 헤엄을 잘 치는 사람은 물의 성질을 잘 알고, 잠수부는 물속의 상황을 잘 알기 때문에 이는 마치 육지에 있는 사람이 길의 굴곡을 잘 보는 것과 같아서 당연히 배를 잘 몰게 될 수밖에 없다고 설명했다.

실제로 배를 잘 모는 것은 곧 물의 성질과 물속의 높고 낮음을 잘 파악하는 것을 의미한다. 만약 물의 성질과 물속의 상황을 잘 파악하면 배를 모는 것은 오직 배를 물의 성질에 따라 움직이게 하는 것과 다름이 없으므로 배와 물은 같아지고, 인간과 배도 또한 같아진다. 그렇다면 배를 몰기 위해서 어떻게 물의 성질을 파악할 수 있는가? 이는 다른 사람의 말을 듣는다고 해서 알 수 있는 것도 아니고, 강가에서 세밀하게 관찰한다 해도 익힐 수 없다. 오직 실제로 물에 들어가서 직접 배를 몰아보아야만 한다. 이 경우에 배는 하나의 도구이고, 배를 모는 과정이 곧 도구를 사용하는 과정이다. 처음 시작단계에서는 배를 제대로 몰 수 없으므로 배를 모는 주체와 배 그리고 물은 각각 분리된 존재이다. 그러나 배를 몰면 몰수록 기술이 숙달됨으로써 배와 배를 모는 사람 그리고 물은 일체가 되어 같은 경境 또는 세勢에 있게 된다.

여기에서 공자는 또한 도박의 심리에 대해 설명했는데, 이것도 도구 사용의 기술성과 연관된다. 도박을 할 때, 거는 물건에 따라 인간의 심리는 달라진다. 이를 다르게 표현하면 황금을 거는 도박판에서 기술이 좋지 않은 사람은 부담감이 엄청 클 것이고, 그보다 약간 나은 사람은 부담감이 약간 줄어들 것이고, 기술이 신묘한 경지에 이르는 사람의 심리는 평소와 별로 다르지 않을 것이다. 이것으로 보면 대상에 대한 파악 및 심리적 느낌이 도달할 수 있는 경지는 단순한 심리의 정돈 문제가 아니라 도구 사용의 기술성 및 예술성과 본질적 관계를 지니고 있다. 장자는 또 이렇게 말했다.

공자가 여량呂梁을 노닐며 유람하였는데, 떨어지는 폭포의 높이가 30길이나 되고 물보라 치는 급류急流는 40리里를 흘러가므로 큰 거북이와 악어, 물고기와 자라도 헤엄칠 수 없는 곳이었다. 그런데 한 사내가 헤엄치고 있는 것을 보고, 공자는 무엇인가 괴로움이 있어 죽으려고 뛰어든 것이라 생각하여 제자들로 하여금 물길과 나란히 따라가면서 그를 건지게 하였다. 그러자 사내는 몇 백 걸음의 거리를 헤엄쳐 내려간 뒤 물에서 나와 머리를 풀어헤친 채로 걷다가 노래하면서 뚝방 아래를 왔다 갔다 하고 있었다. 공자가 뒤쫓아 가서 이렇게 물었다. "나는 그대가 헤엄치는 모습을 보고 그대를 귀신이라고 여겼는데 자세히 살펴보니 역시 인간이구려. 묻건대 물속을 헤엄치는 데에 무슨 비결이라도 있는 것이오?" 사내가 대답했다. "없소. 나에게는 비결이 따로 없소. 나는 본디 타고난 그대로에서 시작하고, 습성 속에서 자라나며, 자연의 이치에 따라 이루어서 소용돌이와 함께 물속으로 들어가고, 솟는 물과 함께 물 위로 떠올라서 어떠한 경우에도 물의 법칙을 따를 뿐 제멋대로 움직이지 않을 뿐이오. 이것이 내가 헤엄을 잘 치는 방법이오." 공자가 말했다. "무엇을 일러 본디 타고난 그대로에서 시작하고, 습성 속에서 자라나며, 자연의 이치를 따라 이룬다고 하는 것이오?" 사내가 대답했다. "나는 언덕에서 태어났는데 언덕을 편안하게 여겼으니, 이것이 본디 타고난 그대로의 것이고, 물속에서 자라면서 물속을 편안하게 여겼으니 이것이 습성이고, 내가 그러한 까닭을 알지 못하고 저절로 그러한 것이 명이오."(「달생」)

여기에서는 헤엄치는 기술에 대해 묘사하고 있다. 사람은 배를 모는 것처럼 특정 도구를 이용하여 물 위를 떠다닐 수도 있지만 직접 물을 도구로 삼아 그 위에서 헤엄을 칠 수도 있다. 공자가 거북이와 악어, 물고기와 자라도 헤엄칠 수 없는 곳에서 헤엄치는 사내를 보고 경악하면서 헤엄치는 데에 특별한 비결이 있는지를 물었을 때, 그 사내는 그런 비결이 따로 없다고 대답하면서 나아가 자기는 다만 물의 성질을 잘 따를 뿐이라고 말했다.

또한 그에 덧붙여서 자신이 다만 '본디 타고난 그대로에서 시작하고, 습성 속에서 자라나며, 자연의 이치에 따라 이루었다'고 말했다. 이는 헤엄을 잘 치는 사내는 장기적으로 물에서 자라나고, 물의 성질을 잘 알며, 나아가 그 자연스러운 흐름을 탈 수 있기 때문에 물속에서 자유롭게 노닐 수 있음을 말해준다. 물이라는 도구가 이 사내에 의해 신묘하게 다루어지고, 나아가 이러한 과정 속에서 그는 물과 일체가 되어 천인합일의 경지에 이른 것이다. 또 장자는 이렇게 말했다.

목수인 경慶이 큰 나무를 깎아서 거鐻를 만들었는데, 거가 완성되고 나자 그것을 본 사람들은 모두 놀라서 마치 귀신과 같은 솜씨라고 하였다. 노나라 임금이 보고 물었다. "그대는 어떤 기술로 이것을 만들었는가?" 경이 대답했다. "신은 목수일 뿐인데 무슨 특별한 기술이 있겠습니까! 비록 그러하나 이런 것 한 가지는 있습니다. 신이 거를 만들 때에는 지금까지 체내의 기를 소모한 적이 없어서, 반드시 재계齋戒하여 마음을 고요하게 하는데 3일간 재계를 하면 감히 상으로 받는 물건이나 작록爵祿 따위를 마음에 품지 않게 되고, 5일간 재계를 하면 자기 작품에 대한 세상의 훼예毁譽나 작품의 잘되고 못됨에 대한 생각을 마음에 품지 않게 되며, 7일간 재계를 하면 가만히 움직이지 않은 채로 내가 사지四肢와 육체를 가지고 있다는 것조차 잊어버리고 맙니다. 이때가 되면 조정의 권세도 마음에 없게 되기 때문에 기술이 전일專一하게 되고 방해가 완전히 소멸됩니다. 그런 뒤에 산속으로 들어가서 나무의 자연스러운 성질과 모양이 가장 좋은 것을 관찰합니다. 그런 뒤에 드러난 거를 마음속에서 완성합니다. 그런 뒤에 그 나무에 손을 댑니다. 그렇지 않을 경우에는 거를 만드는 일을 그만둡니다. 거를 만드는 일은 자연스러운 본성을 가지고 나무의 자연스러운 본성과 일치하게 하는 것이니, 제가 만든 기물이 귀신같은 솜씨로 인정받는 까닭은 바로 이 때문일 것입니다!"(「달생」)

여기에서는 조각하는 데 사용하는 칼의 기술에 대해 묘사하고 있다. 거鐻는 일종의 악기를 의미하고, 사마표司馬彪에 따르면 그것은 가대架臺에 놓인 종鐘과 같은 것이다. 경이라고 불리는 조각장인이 나무로 거를 만들었는데, 사람들은 그것을 보고 모두 경탄하였다. 이 우화는 포정해우庖丁解牛에서 포정이 칼을 신묘하게 사용하는 맥락과 매우 유사하다. 그러나 포정해우에서 강조된 바는 포정이 칼을 사용하는 과정인 데 비해 여기에서는 경이 칼을 신묘하게 사용하여 만들어낸 작품의 결과를 강조하고 있다. 즉 그것은 칼의 신묘한 사용으로 인해 경과 그의 작품이 일체를 이루었다는 것을 생생하게 보여주고 있다. 또한 여기에서는 경이 실제로 작품을 만들기 전에 행하는 재계 등의 심리 훈련의 과정에 대해서도 묘사하고 있는데, 바로 그러한 결과로 그와 작품이 천인합일의 경지에 이를 수 있음을 강조했다. 장자는 이렇게 말한다.

> 동야직東野稷이 마차를 모는 솜씨를 가지고 노나라 장공莊公을 만났다. 그가 마차를 몰고 말을 부릴 때 나아가고 물러남이 먹줄에 꼭 들어맞았으며 좌우左右로 도는 것이 그림쇠에 들어맞았다. 장공은 옛날 말을 잘 부리던 사람인 조부造父도 이보다 나을 수 없다고 하면서 그로 하여금 백 바퀴를 반복해서 돌게 하였다.(「달생」)

여기에서는 마차를 모는 기술에 대해 묘사하고 있다. 동야직이라는 사람이 마차를 모는 솜씨로 소문이 나서 노나라 장공을 만났다. 장공이 그로 하여금 재능을 보여달라고 하니 그는 마차를 몰면서 말의 움직임이 먹줄에 꼭 들어맞도록 했고, 그 자리에서 도는데도 그림쇠에 들어맞을 정도로 정밀했기에 장공이 매우 감탄하였다. 그래서 장공은 그로 하여금 그 자리에서 백 바퀴를 더 돌게 하였다. 실제로 이 우화는 동야직의 말이 돌다가 끝내 힘이 없어져 쓰러지는 것으로 끝나지만, 마차를 모는 신묘한 경지를 명백하게 보여준 것은 분명하다. 여기에서 마차는 당연히 도구이고, 그것이 동야직의 기술로 인해 그와 일체의 경지에 이른 것이다. 장자는 또 말했다.

공수工倕는 물건을 만들 때 손을 움직이면 그림쇠와 곱자를 씌운 듯 딱 들어맞았다. 그의 손가락은 나무나 쇠 등의 재료와 일체가 되어 사심으로 이것저것 따지는 일이 없다. 그 때문에 마음이 한결같아서 막히는 일이 없는 것이다. 발을 잊어버리는 것은 신발이 꼭 맞기 때문이고, 허리를 잊어버리는 것은 허리띠가 꼭 맞기 때문이다. 이와 마찬가지로 우리의 지혜가 시비선악의 판단을 잊어버릴 수 있는 것은 마음이 대상과 꼭 맞기 때문이다. 마음에 흔들림이 없고 외물에 끌려가는 일이 없는 것은 일이 기회에 꼭 맞기 때문이다. 대상과 꼭 맞는 데서 시작하여 어떤 경우에도 꼭 맞지 않음이 없는 것은 꼭 맞게 행동하는 것이 꼭 맞는다는 것조차도 잊어버리는 경지이다.(「달생」)

여기에서는 손가락을 부리는 솜씨에 대해 묘사하고 있다. 손가락은 사람의 신체 일부로서 도구를 사용하는 데 매우 중요한 역할을 담당하고 있다. 여기에는 특정한 도구가 없이 손가락이 바로 도구의 역할을 한다. 이우화에 나오는 공수라는 사람은 요임금 시기의 장인으로 알려져 있다. 전설에 따르면 그는 아무런 도구의 도움 없이 손으로 동그라미와 네모를 그릴 수 있었는데 그것들은 마치 자나 컴퍼스 등과 같은 도구를 사용하여 재는 것만큼 정확했다고 한다. 그의 손가락은 사물에만 따라 변화하고 항상 마음의 계산을 하지 않는 경지에 이르렀다. 따라서 그의 손가락은 다양한 사물과 함께 물화의 경지에 이르고, '마음이 한결같아서 막히는 일이 없는' 경지에 이를 수 있었다.

흥미로운 것은 여기에서 잊음(忘)에 대해 여러 차례 강조했는데, '발을 잊어버리는 것은 신발이 꼭 맞기 때문이고, 허리를 잊어버리는 것은 허리띠가 꼭 맞기 때문이다. 이와 마찬가지로 우리의 지혜가 시비선악의 판단을 잊어버릴 수 있는 것은 마음이 대상과 꼭 맞기 때문이다'라는 말이 그것이다. 이 말은 마음이 시비관념을 잊으면 그 마음이 시비도 없고 아무 걱정도 없는 경지에 머물게 되고, 이 경지 속에서 사람들은 자기가 무엇을 잊고 있는지 그 자체도 잊어버리게 되면서 진정한 천인합일의 경지에 이른다는 것을 의미한다. 나아가 이러한 경지를 가리켜 '대상과 꼭 맞는 데서 시작하여 어떤 경우에도 꼭 맞지 않음이 없는 것은 꼭 맞게 행동하는 것이 꼭 맞는다는 것조차도 잊어버리는 경지'라고 하였다. 장자는 또 이렇게 말했다.

대사마大司馬를 위해 갈고리를 담금질하는 장인이 있었는데, 나이가 80세가 되었는데도 조금도 차질이 없자 대사마가 말했다. "그대의 기술은 참으로 뛰어나구나! 무슨 도라도 있는 것인가?" 장인이 말했다. "신은 지키는 도가 있습니다. 신의 나이가 20세에 이르렀을 때부터 병기를 단련하는 것을 좋아했는데, 사물을 볼 때 다른 것은 보지 않고 병기가 아니면 살피지 않았습니다. 유용하게 쓰이는 것은 쓰이지 않는 것을 빌렸음에도 그 쓰임을 크게 얻을 수 있는데, 하물며 쓰이지 않는 것조차 없는 경우는 어떠하겠습니까! 무엇인들 그에 의지하지 않겠습니까!"(「지북유」)

여기에서는 갈고리를 다루는 기술에 대해 묘사하고 있다. 대사마의 집에 80세가 넘는 장인이 있었는데, 그의 갈고리를 만드는 기술이 아주 뛰어났다. 그의 기술은 도구를 신묘하게 사용함으로써 드러난다. 도구를 신묘하게 사용하는 경지에 이르면 그 사람은 자기가 만든 갈고리와 합일의 경지에 이른다. 대사마가 이에 경탄하여 갈고리를 만드는 데 어떤 도가 있는지를 물었는데, 그 장인은 지키는(守) 도가 있다고 대답했다. 여기에서의 지키는 도는 곧 마음을 전일하게 유지하는 것이다. 그는 평생 동안 갈고리 만드는 일에만 몰두하였고, 다른 것에는 전혀 신경을 쓰지 않았으므로 갈고리와 일체하는 경지에 이를 수 있게 되었다. 장인이 말하는 지키는 도는 갈고리를 만드는 과정, 즉 도구를 사용하는 과정에서 드러난다. 즉 도구를 사용하는 과정에서 그는 항상 마음의 전일함을 유지하였기 때문에 그 도구의 사용이 입신의 경지에 이를 수 있었고, 갈고리와 합일의 경지에 이를 수 있었다는 것이다. 마지막으로 장자는 이렇게 말했다.

장자가 송장送葬하려고 혜자惠子의 묘 앞을 지나가다가 따르는 제자를 돌아보고 말했다. "영郢 땅 사람 중에 자기 코끝에다 백토를 파리날개만큼 얇게 바른 다음 장석匠石에게 그것을 깎아내게 하자 장석이 도끼를 바람소리가 날 정도로 휘둘러 백토를 깎았는데, 백토는 다 깎여졌지만 코는 다치지 않았고, 영 땅 사람도 똑바로 서서 모습을 잃어버리지 않았다. 송宋나라 원군元君이 그 이야기를 듣고 장석을 불러 '어디 시험 삼아 내게도 해 보여주게'라고 하자 장석은 '제가 이전에는 그렇게 할 수 있었지만, 지금은 그 기술의 근원이 되는 상대가 죽은 지 오래되었습니다'라고 대답했다. 지금 나도 혜시가 죽은 뒤로는 장석처럼 상대가 없어져서 더불어 이야기할 사람이 없어졌다."(「서무귀」)

여기에서는 도끼를 사용하는 기술에 대해 묘사하고 있다. 아울러 장자는 이 이야기를 통해 자신의 논변 상대였던 혜시가 죽었으므로 자기의 논변 기술이 더 이상 쓰이는 곳이 없음을 한탄하고 있다. 그러나 장자의 취지가 어떠하든 간에 그가 묘사한 장석의 기술은 포정의 신묘한 기술과 거의 비슷하다. 성현영의 주석에 따르면 여기에서 등장한 영 땅 사람은 초나라에서 백토로 그림을 그리는 사람이다. 이 사람이 그림을 그리는 과정에서 파리날개만큼 얇은 백토를 코끝에 묻혔는데, 도끼를 잘 쓰는 장석이 나타나 코에 아무런 상처를 남기지 않은 채로 그것을 남김없이 깎아버렸다고 한다. 비록 장자는 이 우화를 이야기하면서 영 땅의 사람이 똑바로 서서 모습을 잃어버리지 않았음을 강조하지만 실제로는 장석의 도끼를 사용하는 기술이 더욱 중요한 역할을 한다. 만약 도끼를 이러한 경지까지 사용할 수 있다면 장석은 이미 도끼와 일체가 된 경지에 이르렀다고 할 수 있을 것이다.

위에서 언급한 열 가지의 우화는 장자가 도구를 매우 중시했음을 말해 준다. 즉 그는 도구의 기술적·예술적 사용을 특별히 강조했다는 것이다. 물론 장자가 이와 같은 우화를 통해 전달하려는 구체적인 목적은 그때그때 다를 수 있다. 또한 그는 생산도구의 주객관계와 매개관계에 입각하여 도구가 사회발전의 생산력을 결정한다는 시각에서 그 사용상의 의미를 다룰 수는 없었다. 그러나 그는 도구의 중요성을 분명히 강조했다. 이러한 강조는 전국시대에 들어서면서 철제 농기구가 생산에 직접적으로 보급된 사실과 무관하지 않을 것이다. 「칙양」에는 "깊이 밭을 갈고 뿌린 씨에 정성껏 흙을 덮어주었더니, 그 벼가 무성하게 자라서 열매가 더욱 많이 맺혔다"라는 말이 나오는데, 이것이 바로 전국시대 경작기술의 발전을 보여주는 것이다. 그리고 농경기술의 발전과 철제 농기구의 사용은 이러한 사실과 본질적으로 연결되어 있다.

기술적으로 도구를 사용하는 묘미를 발견했으므로 장자는 의식했든 아니든 간에 자신이 그토록 추구했던 정신적 자유를 실현할 수 있는 현실적 방도를 찾을 수 있었다. 인간은 본래 사회적 관계에 놓여 있는 사회적 동물이다. 만약 누군가가 그것을 벗어나 천지사방을 자유로이 출입하고, 지상의 세계를 마음껏 노닐며 다니되, 홀로 가고 홀로 오는 것을 지향한다면, 그것은 실현 불가능한 환상에 불과할 것이다. 바로 이러한 이유로 장자의 좌망법은 인간의 정신적 자유의 문제를 해결할 수 없었다. 왜냐하면 그러한 방법을 통해 인간의 심리를 정돈하는 것은 결국 인간을 동물과 같은 존재로 전락시켜 버리기 때문이다. 이는 분명히 인간이 나아갈 길이 아니다.

　　인간의 자유, 즉 아무것에도 의지하지 않는 무대의 정신적 자유경지는 반드시 사회관계 속에서 이루어져야 한다. 그리고 이와 같은 사회관계는 사회의 생산방식을 기초로 삼는다. 또한 사회의 생산방식의 결정적 요소는 생산력에 있다. 나아가 생산력의 발전수준은 생산도구를 통해서 밝혀진다. 따라서 인간이 참된 자유를 추구하는 길은 오직 생산도구를 바탕으로 한 노동을 통해서만이 가능하다. 또한 생존만을 위해서 도구를 그대로 사용했을 때, 인간은 도구와 일체가 되는 것이 아니라 따로 분리되어 존재한다. 그러나 만약 입신의 경지에서 도구를 사용하고, 그것을 기술적-예술적으로 활용했을 때, 도구는 주객을 일체화시키는 매개로 작용하면서 심미적 가치와 의의를 지니게 된다. 이런 경우 인간은 대상과 합일하는 경지에 이르게 된다. 이것이 바로 장자가 애써 추구하려던 정신의 소요의 도이고, 도에서 잊음(道忘)이 아니겠는가?

　　이렇게 보면 도망의 본질적 내용은 도구를 기술적이고 예술적으로 사용하는 데 있다. 서양 현상학의 대표자인 하이데거에 따르면 이와 같은 예술적 도구 사용이 곧 현상적인 것이다. 하이데거는 이렇게 말했다.

> 각기 그때마다 도구에 맞춰진 왕래─이 안에서 도구가 오직 유일하게 진짜로 그것의 존재에서 자신을 내보일 수 있다─는, 예를 들면 망치를 들고 망치질을 함은 이 존재자를 주체적으로 앞에 놓여 있는 사물로서 파악하지도 않으며, 예컨대 도구 구조 그 자체의 사용을 알고 있지도 않다. 망치질은 순전히 추가로 망치의 도구 성격에 대한 지식을 더 가지고 있는 것이 아니다. 오히려 망치질은 이 망치를 더 적합하게는 가능하지 않을 정도로 그렇게 자기 것으로 만든다. 그러한 사용하는 왕래에서 배려는 그때마다 도구를 구성하는 '하기 위한'에 예속된다. 망치라는 물건을 그저 멀거니 바라보지만 말고 손에 잡고 활기차게 사용하면 할수록 그것과의 관계가 보다 더 근원적이 될 것이고 보다 더 가려지지 않은 채로 그것을 그것이 무엇인 바로 그것으로서, 즉 도구로서 만나게 될 것이다. 망치질을 함 자체가 망치의 독특한 '편의성'(손에 익음)을 발견한다.[1]

난해한 현상학적 용어를 떠나서 우리가 하이데거의 '편의성'(손에 익음)을 도구 사용의 기술성과 예술성으로 이해한다면, 장자의 도망道忘 사상 속에 들어 있는 현상성을 분명하게 읽어낼 수 있을 것이다.

1) 마르틴 하이데거, 『존재와 시간』, 이기상 옮김, 까치글방, 2018, 101쪽.

제2장

곽상의 현명

곽상은 독화獨化에 관해서 논의하면서 이미 서로가 말미암는(相因) 공효에 대해서 말했지만 동시에 또한 현명玄冥 또는 현명지경玄冥之境에 대해서도 언급했다. 예를 들어 그는 「장자서莊子序」에서 "그러므로 신령한 기물은 현명지경에서 독화한다"라고 했고, 「제물론주」에서도 "그러므로 사물의 영역에 이르게 되면 비록 그것이 망량罔兩일지라도 현명에서 독화하지 않은 자가 없다"라고 말했다. 그렇다면 곽상은 왜 현명에 대해 언급했을까? 현명과 독화 사이에는 어떠한 관계가 놓여 있는가?

결론적으로 말하자면 만약 곽상의 상인론相因論이 독화의 객관적 조건, 즉 독화를 파악하는 방법론에 관한 것이라면 현명은 독화의 주관적 조건, 즉 주체가 어떻게 하면 독화를 얻을 수 있는가에 관한 것이라고 할 수 있다. 비록 독화가 사물 존재에 관한 문제이고, 그것은 사물 자체가 지니고 있는 자생自生, 자이自爾, 자연自然의 존재상태를 드러내는 것이지만, 인간이 그에 대해 언급하는 한 우리는 그것을 얻을 수 있어야 한다. 왜냐하면 독화는 사물 자체의 존재상태일 뿐만 아니라 전체 우주에 관한 본체론적 사상이기도 하고, 나아가 이러한 철학적인 본체론은 자연사물의 존재에 관한 사상이면서도 인문세계의 존재에 관한 사상이기도 하기 때문이다. 또한 인간이 자연세계에 관한 본체론을 구축하는 것은 인문세계의 문제이지 자연 스스로의 문제가 아니다. 그러므로 장자의 도나 곽상의 독화와 같은 본체론 사상은 단순한 자연철학의 사상이 아니라 사회 및 인생의 문제와 긴밀히 연관된 것이다. 따라서 장자의 도와 곽상의 독화는 단순히 논의의 수준에 머물러 있는 것이 아니라 인간으로 하여금 도와 일체가 되는 경지에 이르도록 하는 것을 목표로 한다. 이런 점에서 곽상이 강조한 현명지경 또한 바로 이와 같은 경지론의 맥락에서 이해하여야 한다.

1. 무심

모든 존재자가 자생, 자이, 자연의 상태로 독화한다는 것은 본래 존재자의 존재 본성에 관해 인간이 밝혀낸 것이다. 그러므로 존재자의 문제에 있어서 어떤 논의의 방식을 취하든지 간에 모두 인간이라는 논의자가 있어야 있다. 그렇기 때문에 존재자의 존재 문제를 파악하려면 존재자의 본성인 독화뿐만 아니라 인간의 심心에 있어서의 본성인 독화도 밝혀내야 한다. 만약 여기에서 후자에 관한 논의가 결여되면 우리는 특히 철학적인 측면에서 존재자의 존재성을 밝혀낼 수 없을 것이다.

그렇다면 심의 독화란 무엇인가? 심이 또한 어떻게 독獨하고 화化할 수 있는가? 이에 관한 곽상의 답은 바로 무심無心이라는 사상에 있다. 무심이란 심이 특정한 사려가 없이 자기와 타자를 현동하게 생각하는 경지를 의미하는데, 이것이 곧 현명지경이다. 맹자孟子는 "심의 기능은 생각하는 것이다"(『맹자』,「告子上」)라고 말하였는데, 이는 심의 본질이 곧 생각함(思)에 있다는 것을 뜻한다. 심이 있으면 생각해야 하고, 생각하지 못하면 그것은 존재하지 않는 것과 같다. 그러므로 심이 무엇을 생각한다고 할 때, 심은 생각하는 대상과 이원적 구조에 놓인다. 이러한 경우에 심은 단지 '무엇은 무엇이다'라는 식의 생각만 할 수 있을 뿐, 스스로의 생각함 자체에는 주목할 수 없다. 또한 심이 사려작용을 할 때는 언어와 개념을 비롯한 수단에 의존할 수밖에 없다. 그러나 언어와 개념은 단지 존재자의 형상─곽상의 말로는 적迹─만을 파악할 수 있을 뿐이며, 적이 적으로 되는 까닭(所以爲迹)에 대해서는 파악할 수 없다. 따라서 곽상은 "밝은 것은 어두운 것의 흔적(迹)이므로 언어에 의지하는 흔적을 버려야 한다"(「산목주」)라고 말했다. 여기에서 '언어에 의지하는 흔적을 버려야 한다'는 것은 언어와 형상을 초월하여 새로운 경지에 들어서야 함을 의미한다. 그러므로 이를 통하여 인간의 심이 존재자를 파악할 때, 결국 두 가지 방식이 있음이 분명하게 드러난다. 하나는 특정한 사려와 생각이 있는 주객분리식으로 파악하는 방식이고, 다른 하나는 아무런 사려와 생각 없는 천인합일식으로 파악하는 방식이다. 그리고 곽상의 무심론은 바로 후자를 가리켜 말하는 것이다.

불완전한 통계에 따르면 『장자』를 주석할 때, 곽상은 '무심無心'을 50회 이상 언급했다. 앞서 독화론을 논의하는 과정에서 그 중 일부를 살펴본 바가 있으나, 지금은 곽상의 현명사상을 중심으로 중요한 문구를 다시 한 번 살펴보고자 한다.

무릇 사물과 더불어 명합하는 자는 사물의 무리가 그를 떠날 수 없다. 그러므로 무심으로써 사물에 현응玄應하고, 오직 감응한 바에 따르며, 매여 있지 않은 배와 같이 떠 있고, 동쪽이나 서쪽이 모두 스스로의 것으로 삼지 않는다.(「소요유주」)

무릇 성인의 마음은 음양의 변화에 지극하고, 만물의 오묘한 수數를 궁구하므로 어떠한 변화에도 합치할 수 있고, 올바르지 않은 데로는 가지 않으며, 만물을 두루 감싸고 있으니 어떤 것도 그러하지 않은 것이 없다. 세상 사람들은 어지러움으로써 자아(我)를 찾으려 하지만 자아는 본래 무심無心한 것이다. 자아가 진실로 무심한 것이라면 또한 무엇 때문에 세상에 응하지 않겠는가!(「소요유주」)

세상 사람들은 요를 으뜸으로 삼지만 요가 있기 전에 이미 천하가 있었다. 그러므로 요는 황홀하게 천하를 잊고 그 마음은 절명지경絶冥之境에서 노닐기 시작했으며, 비록 만물의 위에 있을지라도 소요하지 않음이 없었다.(「소요유주」)

무릇 자연에 맡기고 시비를 잊은 사람의 요체는 오직 하늘의 본성에 맡기는 것일 따름이니, 그 외에 또한 무엇이 있겠는가! 그러므로 그가 서 있는 모습은 마른 나무와 같고, 움직이는 모습은 말라비틀어진 가지와 같으며, 앉아 있는 모습은 타고 남은 재와 같고, 걷는 모습은 티끌이 떠다니는 것과 같다. 움직이고 멈추는 모습은 내가 하나로 할 수 없는 것이며, 무심히 자득自得하는 모습은 내가 둘로 나눌 수 없는 것이다.(「제물론주」)

이것과 저것은 서로 대립하지만, 성인은 둘을 모두 따른다. 그러므로 무심한 사람은 사물과 명합하고, 천하와 대립하여 산 적이 없다.(「제물론주」)

지인至人의 마음은 거울과 같아서 사물을 비추고 숨기지 않으므로 광활하니 가득 채우거나 비우는 변화가 없다.(「제물론주」)

신인神人은 무심으로써 사물에 순응하는 자이다.(「인간세주」)

항상 무심으로써 대상에 순응하기 때문에 좋은 것과 나쁜 것, 선한 것과 악한 것, 나와 대상이 둘이 아니게 된다.(「대종사주」)

성인은 항상 밖에서 노닐면서도 안과 명합하고, 무심으로써 사물에 순응한다. (「대종사주」)

무릇 무심으로써 스스로의 변화에 맡기는 자가 마땅히 제왕帝王이 되어야 한다.(「응제왕주」)

무심하면 사물은 각기 스스로 자신의 지혜를 주재할 수 있다.(「응제왕주」)

태충太沖의 지극함에 처하고 드넓게 마음을 노닐면서 만방萬方과 현동하므로 이기고 지는 것이 그 사이에 끼어들 수 없게 된다.(「응제왕주」)

물결은 항상 무심하고 부드럽게 외물에 순응하므로 비록 그것이 흐르고 멈추지만, 돌고래가 몸을 뒤척이고 용이 뛰놀아도 연못은 스스로 같은 모습을 유지하고 그 고요함을 잃지 않는다. 무릇 지인이 그것을 쓰면 움직이고 버리면 멈추니, 움직임과 멈춤이 비록 다르더라도 모두 하나(一)에 현묵玄默할 따름이니, 이는 세 가지 다른 것을 열거하여 밝힌 것이다. 비록 물길은 아홉 번 변하고 혼란함을 다스리는 것이 번잡하지만 그 지극함에 처하면 담연하게 자득할 수 있고, 초연하게 인위를 잊게 된다.(「응제왕주」)

무심으로써 사물에 따라 변화한다.(「응제왕주」)

나가거나 들어갈 때 침묵을 지켜, 무심으로써 스스로 그러함에 맡긴다.(「재유주」)

토土는 무심한 것이다. 무심에서 자랐기 때문에 마땅히 되돌아가 무심을 지켜 스스로 오가야 한다.(「재유주」)

세상 사람들은 모두 마음을 달리하나, 무심한 자만이 그 주主가 될 수 있다.(「천지주」)

움직이거나 나아갈 때 무심으로써 하므로 만물은 그를 따른다. 이를 가리켜 드넓다고 한다.(「천지주」)

항상 무심하므로 천하의 왕이 되더라도 지질 바가 없다.(「전노주」)

움직이거나 멈출 때, 무심으로써 오직 음양의 조화에 맡긴다.(「각의주」)

하늘의 덕(天德)을 잇는 자는 무심으로써 모든 사물을 아우른다.(「각의주」)

성인은 무심하여 세상이 스스로 이루어지도록 맡기니, 그것이 두텁거나 얇게 이루어지는 것은 모두 성인이 한 것이 아니다. 성인은 세상이 스스로 얻도록 맡길 따름이니 어찌 세상으로 하여금 그 성스러움을 얻게 할 수 있겠는가!(「선성주」)

그 마음이 비어 있으므로 모든 실재하는 사물을 통솔할 수 있다.(「달생주」)

풀과 나무는 무심하기 때문에 새와 금수들은 그것을 두려워하지 않는다.(「산목주」)

변화하거나 변화하지 않음을 모두 그것에 맡길 따름이니, 이것이 곧 무심이다.(「지북유주」)

무심으로써 직접 스스로의 변화에 맡기는 것이지, 그것을 맞이하여 인위적으로 순종하는 것이 아니다.(「지북유주」)

무릇 무심으로써 변화에 맡기는 것이 뭇 성인들의 노니는 바이다.(「지북유주」)

마음이 평정하고 무심하며 드러나는 모습을 시든 나무처럼 하기 때문에 오랫동안 살 수 있다.(「서무귀주」)

무욕하고 무심한 자는 다른 무리들이 스스로 관장하는 바에 맡기기 때문에 그 이름의 흔적은 다른 것 속에서도 함께 드러난다.(「칙양주」)

그러므로 무심한 자는 도에 순응한다.(「칙양주」)

그러므로 지인은 무심으로써 사물에 현응하고, 오직 변화에 따라 적절하게 노닐 뿐이다.(「외물주」)

이상과 같은 언급들이 모두 『장자』를 주석하는 과정에서 나타난 무심에 관한 곽상의 생각이다. 그리고 이러한 논의들에서 어떤 것은 정치적 방략과 같은 사회정치에 관한 것이고, 어떤 것은 인식방법과 같은 지식의 문제에 관한 것이며, 또 어떤 것은 인간의 심과 대상이 일체가 되는 정신적 경지에 관한 것인데, 이것들은 모두가 무심을 바탕으로 삼는다. 나아가 우리는 무심 자체에 대해서는 더 이상 설명할 필요가 없겠으나 독화의 본체를 체득하는 문제와 관련해서는 두 가지 문제에 주목할 필요가 있다. 첫째, 곽상은 왜 무심을 제기하였으며, 무심의 목적 또는 결과는 어떠한 것인가? 그리고 둘째, 어떻게 하면 무심의 경지에 이를 수 있는가?

곽상은 왜 무심을 제기했는가? 이는 독화론의 전체적 맥락에 입각하여 제기된 것이라고 할 수 있다. 인간이 독화를 체득하려면 결국 그것과 일체를 이루어야 한다. 즉 인간의 심 자체가 독화와 같은 구조에 놓여 있어야 한다는 것이다. 그렇지 않으면 인간의 심은 독화를 체득할 수 없다. 나아가서 심이 독화를 한다는 것은 심 자체가 스스로를 드러내는 것이며, 이 과정을 곧 무심이라고 부른다. 그리고 곽상은 "무심하면 순응하지 못하는 바가 없다"(「제물론주」), "심을 비우면 지극한 도는 품에 모인다"(「인간세주」), "무심하면 사물의 변화에 따를 수 있다"(「응제왕주」), "오직 무심한 자만이 스스로 멀리서 노닐 수 있다"(「달생주」), "스스로 그 심을 무화시키면 사물과 함께 있을 수 있다"(「경상초주」) 등과 같은 말을 통해 무심을 표현하고자 했다. 이러한 말들은 모두 무심을 통해서만이 태연(蛻然)하게 얽매인 바가 없이, 타자와 나를 현동하게 하는 경지에 이를 수 있음을 강조한 것이다. 다시 말해서 곽상은 이와 같은 묘사들을 통해 인간으로 하여금 일상적인 사유 활동에서 벗어나 아무런 사려가 없고 얽매이는 바가 없는 상태에서 독화를 체득하게 하고자 했던 것이다. 만약 이러한 과정에서 인식하기 위한 심적 상태로써 사유를 한다면 인간은 결국 독화를 체득하지 못할 것이다.

무심은 곧 심을 독화의 상태로 드러나게 하는 것이고, 사물의 독화와 같은 구조에 놓여 있게 하는 것이다. 실제로 곽상이 이와 같은 이론을 제기한 목적은 아주 분명하지만 해결하기 어려운 것은 '어떻게 해야 무심의 경지에 이를 수 있는가?' 하는 문제이다. 앞서 서술했듯이 인간의 심은 신체가 영양분을 흡수하는 것처럼 반드시 사유를 하게 되어 있다. 그러므로 무심이라고 해서 사유 자체를 아예 제거하여 인간을 식물인간으로 만들어서는 안 된다. 무심의 심은 반드시 죽어 있어서는 안 되고, 살아 있는 심이어야 한다. 그렇다면 살아 있으면서 사유를 하는 심을 어떻게 무심이라고 말할 수 있는가? 이런 경우 심은 무엇을 사유하고 있어야 하는가? 아니면 어떻게 심을 사려가 없는 상태에 놓이게 할 수 있는가? 실제로 곽상은 이와 같은 문제에 대해 명확한 서술을 남기지 않았다. 그러나 그는 무심의 경지에 이르기 위한 방법, 즉 '시비관념을 버리고, 그 버림(遣)을 버리며, 나아가 버리고 또 버린다'는 쌍견법雙遣法을 명확히 제기했다. 곽상은 이렇게 말했다.

지금 옳음(是)과 그름(非)이 없다고 말하는데, 그 말은 옳음과 그름이 같다는 것인가, 아니면 같지 않다는 것인가? 그것이 같은 것이라고 하면 내가 무를 옳음이라고 하고 그대가 무를 그름이라고 한다는 것은 같지 않은 것이 된다. 그러나 여기에서 옳음과 그름이 서로 다르지만 둘은 모두 옳음과 그름이 있다는 틀에서 벗어나지 않았기 때문에 또한 같은 것이 된다. 그러므로 같음과 같지 않음이 또한 서로 같은 것이 되므로 그대와 나는 다르지 않다. 그렇다면 이러한 '크게 보면 다르지 않음'의 경지에 이르려면 무심함보다 나은 것이 없다. 무심함으로써 옳고 그름을 버리고, 그 버림을 또한 버리며, 나아가 버리고 또 버리면 버림이 없는 데까지 이르게 되면서 버릴 것도 없고 버리지 않을 것도 없는 경지에 이르게 된다. 이 경지에 이르게 되면 옳고 그름이 저절로 없어질 것이다.(「제물론주」)

옳음과 그름이 있는 상태는 정상적인 인지활동에 처해 있을 때 가지는 생각이다. 그러나 지금 누군가가 '옳음도 없고 그름도 없다'라고 말한다면 비록 그것이 옳음과 그름에 대한 부정이라고 할지라고 역시 옳음과 그름이 있는 것이다. 우리가 옳음과 그름이 있다고 말할 때는 시비판단을 대상으로 두고 말하기 때문에 심은 대상과 분리된 상태에 있다. 마찬가지로 우리가 옳음과 그름이 없다고 말할 때에도 심은 여전히 시비관념에 사로잡혀 있으므로 그것을 대상으로 보는 것이며, 이 또한 분리된 상태에 있는 것이다. 그러므로 옳음과 그름이 있다고 하든지, 아니면 반대로 없다고 하든지 간에 심은 어느 쪽이든 모두 인식대상에 사로잡혀 있는 것이며, 대상과 둘로 분리된 상태에 있는 것이 분명하다. 지금 곽상은 무심으로써 옳음과 그름의 판단을 근원적으로 없애고, 심으로 하여금 주객이분의 구조에서 벗어나 사려가 없는 경지에 이르도록 하고자 한다. 그리고 이와 같은 경지에 이르기 위해 제기된 것이 바로 쌍견법이다.

쌍견법에 따르면 인간은 우선 옳음과 그름, 즉 대상에 관한 시비관념의 인식을 버려야 한다. 실제로 인식대상이 존재하지 않으면 인식주체의 심도 의미를 상실하게 되고 나아가 주객이분의 인식적 구조가 해체된다. 그러나 여기에서 문제가 생기게 된다. 그것은 시비관념을 버릴 때 그것을 버리는 주체, 즉 시비를 버리려는 심은 항상 존재한다는 것이다. 그리고 이러한 심이 존재하는 한 심과 시비 사이의 주객분리의 구조는 근원적으로 해소되지 않는다. 그러므로 시비관념을 버리는 것 이상으로 나아가 시비관념을 버리는 것까지도 버려야 하는데, 이를 가리켜 '시비관념에 대한 버림의 버림'이라고 부른다. 즉 인식의 대상을 버리고, 그 버림 자체까지도 버리며, 버리고 또 버려서 버림이 없는 데까지 이르게 되어버릴 것도 없고 버리지 않을 것도 없는 경지에 이르러야 한다는 것이다.

이와 같은 상태에 있는 심이야말로 시비관념이 없고 사려도 없는 심, 즉 잊음(忘)의 경지에 이른 심이라고 할 수 있다. 이러한 잊음의 경지에 대해 곽상은 "그 구체적인 것을 잊는 것은 그 구체적인 것을 잊는 까닭을 잊는 것만 못하다"(「대종사주」)라고 했고, "무릇 좌망이라는 것이 어찌 잊지 않는 바이겠는가! 그 자취를 잊으면 그 자취가 있게 된 까닭도 잊고, 안으로는 그 스스로가 한 몸임을 잊고, 밖으로는 천지가 있다는 것을 잊은 뒤, 바야흐로 홀연히 천지의 변화를 본체로 삼아 통하지 않는 바가 없게 된다"(「대종사주」)라고 했다. 이것은 또한 망(芒)이라고도 한다. 곽상은 "모두가 스스로 그렇게 되는 까닭을 모르기 때문에 이 상태를 망(芒)이라고 부른다. 지금 알지 못하는 자는 모두가 어떻게 아는지를 모르면서 스스로 아는 것이고, 살아 있는 자는 모두가 어떻게 삶이 주어졌는지 모르면서 스스로 살아 있는 것이다. 만물은 비록 다르지만 살아 있는 것이 지식으로 말미암지 않는 데에 있어서는 다르지 않은 자가 없으므로 천하에는 망(芒)의 상태에 있지 않은 자가 없다"(「제물론주」)라고 말했다. 이러한 망(忘)과 망(芒)의 경지에 이르게 되면 심은 무의 경지에 놓여 있을 수 있으며, 나아가 독화를 체득하고 현명지경에서 노닐 수 있게 된다.

지금까지 살펴본 것은 곽상의 무심론에 대한 이론적인 설명이다. 실제로 인간의 심이 대상을 제거해야 한다면, 더욱이 자기 자신을 제거해야 한다면 상당히 곤란한 처지에 빠지게 될 것이다. 어떻게 버릴 수 있는가? 버릴 것도 없고 버리지 않을 것도 없는 경지에 처한 인간은 식물인간이 아닌가? 당연히 그렇지 않다. 이때의 인간은 맑게 깨어 있으며, 그의 심 역시 살아 있는 것이다. 이미 살아 있는 것이라면 이때의 심은 어떠한 심리적 구조에 놓여 있는가? 앞에서 장자의 좌망 사상을 논의했을 때, 우리는 잊음(忘)의 심리적 구조 문제에 대해 언급했는데, 이것은 후대 불교의 좌선법이나 도교의 운기법에 적용되었다. 또한 장자의 '도에서 잊는'(道忘) 경지를 논의할 때, 우리는 입신의 경지에서 도구를 사용함으로써 인간과 대상의 일체화에 도달하는 과정을 설명하였는데, 이 또한 심과 대상의 일체화로서 무심의 경지라고 할 수 있다. 그렇다면 곽상이 여기에서 무심을 말했을 때. 그 심리적 구조는 어떤 것인가? 나는 이때의 심리적 구조가 사회관계에도 적용될 수 있다고 생각한다. 사실 이 말은 이상하게 들릴지도 모른다. 사회관계에 어떻게 사용한다는 말인가?

　　도구를 사용할 때, 그 도구에 대한 기술의 정도에 따라 입신의 정도를 가늠할 수 있는 것처럼 사회관계에서도 이것을 적용할 수 있을 것이다. 다만 사용의 방식과 사용하는 도구가 다를 뿐이다. 이른바 사회관계에서 사용한다는 것은 바로 사회적 관계 속에서 '마음의 노닒'을 이루어내는 것을 말한다. 사회관계에 있어서 입신의 경지에서 도구를 사용하는 것과 동일한 차원은 인간의 심을 무無, 혹은 무화無化에 처하게 하는 것이다. 이것이 바로 곽상의 내성외왕의 도이다. 곽상의 무심론이 지니는 심리적 구조 또한 바로 여기에 있다. 이것은 장자의 '도에서 잊는'(道忘) 경지에 대한 사회적 운용이자 발전이다.

2. 현명지성

곽상의 현명, 또는 현명지경玄冥之境에 관한 사상은 그의 무심 사상과 연결되어 있다. 다시 말해서 무심 사상이 현명의 경지에 이르는 수단 또는 방법이라고 한다면 현명지경은 무심 사상이 도달하게 되는 최종적 결과이자 그 귀속이다.

현명지경이라는 개념에서 '현'과 '명'은 모두 형용사이다. 『설문해자說文解字』「현부玄部」에서는 현에 대해 "검붉은 색을 일컬어 현이라고 하고", "어둡고 심원한 것을 현이라고 한다"라고 풀이했다. 또한 『설문해자』「명부冥部」에 따르면 명은 어둡다는 뜻이다. 그러므로 현명은 모두 어둡고 심원한 상태를 가리키는 말이다. 곽상은 "현명은 무를 무라고 부르는 까닭이지만 그 자체는 무가 아니다"(「대종사주」)라고 했고, 성현영은 "현은 심원함을 일컫는 말이고, 명은 어둡고 고요한 것을 가리킨 말이다"라고 풀이하였다. 전체적으로 곽상은 사물과 주체가 현동하는 물아일체의 상태를 묘사하는 것으로 현명이라는 개념을 사용했는데, 그 구체적인 의미는 다음과 같은 세 가지로 나눌 수 있다.

첫째는 독화의 존재구조를 가리키는 것이다. 앞서 우리는 독화의 구조에 대해 설명했는데, 그것은 바로 사물이 지니고 있는 유-무성이다. 그러나 사실 곽상은 이러한 구조에 대해 정확하게 파악하고 있지는 못하고 있었고, 따라서 제대로 설명하지도 못했다. 이처럼 비록 유-무성의 구조에 대해 잘 알지 못했음에도 곽상은 사물들이 독화하는 본성을 지니고 있다는 것을 믿었고, 나아가 독화는 독과 화의 유기적 통일임을 확신했다. 그래서 그는 현명 또는 현명지경이라는 말을 사용하여 사물이 독화하는 심원한 경지를 표현하고 묘사했다. 다시 말해서 곽상은 사물의 독화라는 배후에 어떤 기초가 있다는 것을 알았지만, 그에 대해 설명할 방법이 없어서 현명이라는 개념을 사용했다는 것이다.

둘째는 인간의 무심 상태를 가리키는 것이다. 인간이 사물의 독화를 체득하려면 무심의 경지에 이르러야 한다. 그리고 무심의 경지에 이르려면 지식을 버리고 그 버림을 또한 버리는 쌍견법을 사용해야 한다. 나아가 이와 같은 쌍견법을 통해 심은 담연하고 사려가 없는 상태에 머무르게 되는데, 곽상은 바로 이런 상태를 가리켜 현명이라는 말을 사용했다.

셋째는 심의 독화와 사물의 독화가 일체임을 가리키는 것이다. 인간이 무심의 상태에 이르렀을 때, 심은 사물의 독화와 합치되면서 심의 독화와 사물의 독화는 하나가 된다. 이것을 가리켜 심과 사물의 현합, 또는 명합 상태라 하고, 사물의 현명과 심의 현명의 합일상태라고 부른다.

곽상이 현명지경에 대해 논의할 때는 대부분 그 입각점을 현명의 세 번째 의미, 즉 심과 사물이 일체를 이루어 함께 존재하는 혼연명합渾然冥合의 상태에 두고 있다. 예를 들어 그가 제시한 현명지경, 절명지경絶冥之境, 심근명극深根冥極, 반명물극反冥物極 등의 용어는 모두 사물과 심의 일체상태를 가리키는 말이다. 이렇게 보면 현명지경은 곧 곽상의 현학이 지향하는 최고의 경지이고, 내성內聖과 외왕外王, 그리고 명교名教와 자연自然을 통일시키는 사회정치 사상의 본체론적 표현임에 틀림없다. 따라서 곽상의 경지론과 사회인생 사상은 둘이 아니라 합치된 하나이다.

대략적인 통계에 따르면 곽상은 심과 사물의 일체에 관한 현명지경에 대해 50여 곳에서 논의하였다. 앞서 독화론의 사상체계를 다룰 때 일부 인용된 구절과 더불어 심물일체心物一體의 현명지경에 관한 곽상의 논의를 다음과 같이 정리할 수 있다.

사물은 각기 본성이 있고 그 본성에는 각각의 한계가 있으니, 그것은 마치 사계절이 일 년이라는 것을 아는 것과 같으니, 어찌 억지로 얻으려 한다고 해서 미칠 수 있겠는가!…… 그러므로 붕새가 높이 나는 것이나 매미나 작은 비둘기가 그 아래에서 날아다니는 것, 춘목椿木이 수명이 긴 것이나 아침에 생겨나는 버섯이 수명이 짧은 것 등은 모두 저절로 그렇게 된 것이지 인위로써 할 수 없는 것이다. 인위로써 하지 않고 저절로 그렇게 된 것이기 때문에 '바름'이라고 한다. 그러므로 천지의 바름을 탄다는 것은 만물의 성을 그대로 따른다는 것이고, 육기六氣의 변화를 조종한다는 것은 변화 속에서 자연스럽게 노닌다는 것이다. 이렇게 된다면 어디로 가든 끝이 있겠는가! 또한 만나는 것과 타는 것에 의지할 필요가 있겠는가! 이것이 바로 지극한 덕을 지닌 사람이 나와 타자의 현동玄同을 이루는 소요의 경지이다.(「소요유주」)

무릇 사물과 더불어 명합하는 자는 사물의 무리가 그를 떠날 수 없다. 그러므로 무심으로써 사물에 현응玄應하고, 오직 감응한 바에 따르며, 매어 있지 않은 배와 같이 떠 있고, 동쪽이나 서쪽이 모두 스스로의 것으로 삼지 않는다.(「소요유주」)

무릇 성인의 마음은 음양의 변화에 지극하고, 만물의 오묘한 수數를 궁구하므로 어떠한 변화에도 합치할 수 있고, 올바르지 않은 데로는 가지 않으며, 만물을 두루 감싸고 있으니 어떤 것도 그러하지 않은 것이 없다. 세상 사람들은 어지러움으로써 자아(我)를 찾으려 하지만 자아는 본래 무심無心한 것이다. 자아가 진실로 무심한 것이라면 또한 무엇 때문에 세상에 응하지 않겠는가!(「소요유주」)

세상 사람들은 요를 으뜸으로 삼지만 요가 있기 전에 이미 천하가 있었다. 그러므로 요는 황홀하게 천하를 잊고 그 마음은 절명지경絶冥之境에서 노닐기 시작했으며, 비록 만물의 위에 있을지라도 소요하지 않음이 없었다.(「소요유주」)

이것과 저것은 서로 대립하지만, 성인은 둘을 모두 따른다. 그리므로 무심한 사람은 사물과 명합하고, 천하와 대립하여 산 적이 없다.(「제물론주」)

그러므로 성인은 그러한 경지를 티끌의 바깥에 해당하는 것으로 하고, 보고 듣는 표면에 그윽하게 합치하여, 하늘의 도리로써 비추어보면서 거슬러서 헤아리지 않고, 있는 그대로 맡겨 더 이상 미루어 밝히지 않는다.(「제물론주」)

탈연히 얽매인 바가 없으며, 삶과 죽음을 현동한다.(「제물론주」)

그러므로 사물의 영역에 이르게 되면 비록 그것이 망량일지라도 현명에서 독화하지 않은 것이 없다.(「제물론주」)

그러므로 너와 나는 서로 말미암고(相因), 형체와 그림자는 함께 생겨나며, 비록 현묘하게 합치되는 바가 있으나 서로 의지한 것은 아니다. 이러한 이치에 밝으면 만물들로 하여금 그 종주가 되는 체중體中으로 되돌아가게 하여 외물에 의지하지 않게 할 수 있으며, 그 외부에는 시든 바가 없고 내부에는 아끼는 바가 없으므로 자연스럽게 생성되면서도 생성된 까닭을 알지 못하고, 함께 있고 같이 얻으면서도 그 얻게 된 바를 알지 못한다.(「제물론주」)

지금 현묘함에 통하고 변화에 합치하는(玄通合變) 경지에 이른 사람은 어느 때나 불안함이 없고, 어떤 곳에서도 순응하지 못할 것이 없으며, 아득히 천지의 조화와 하나가 되니, 어디를 가더라도 내가 아닌 것이 없다. 얻을 것도 없고 잃을 것도 없으며, 삶도 없고 죽음도 없을 것이다.(「양생주주」)

그러므로 대인大人은 나를 드러내지 않으면서도 저것을 비추어주며. 저것의 스스로 밝아짐에 맡기고, 나의 덕으로써 다른 사람을 다스리지 않고 사람이 스스로 얻는 것에 맡기기 때문에 만물에 두루 관통하여 다른 사람과 현동玄同하여 혼연히 천하와 하나가 되니 내외가 함께 복福되는 것이다.(「인간세주」)

명연히 체득하지 못하는 바가 없다.(「덕충부주」)

지知와 변화가 함께 되면 가는 곳마다 명합하지 않는 바가 없으니, 이것을 지의 전일함이라고 한다. 심이 생사生死에 순응하면 때가 없어지므로 심은 항상 죽지 않은 것과 같다.(「덕충부주」)

숨기는 바 없이 스스로 그러함에 맡기면 사물과 명합하지 않는 바가 없고, 변화와 일체가 되지 않는 바가 없으니, 안팎이 없고, 삶과 죽음도 없으며, 천지를 몸소 느끼고 변화와 합치된다.(「덕충부주」)

초연하게 독화하여 현명지경에 이르면 어찌 스스로에 맡기는 것을 얻지 않을 수 있는가!(「대종사주」)

무릇 사물과 명합하는 자는 사물이 얽히면 같이 얽히므로 편안하지 않은 때가 없다.(「대종사주」)

그는 자기의 몸을 내면에 두면서 외면의 사물과 명합하여 뭇 사물과 혼연히 일체를 이루니, 그대로 맡겨두더라도 지극함에 이르지 못할 바가 없는 사람이다.(「대종사주」)

만물을 체로 삼으면 허虛에서 노닐 수 있다. 그러나 사물과 명합하지 못하면 사물에 대처할 여유조차 없는데 어찌 허에서 노닐 여유가 있겠는가!(「응제왕주」)

태충太沖의 지극함에 처하고 드넓게 마음을 노닐면서 만방萬方과 현동하므로 이기고 지는 것이 그 사이에 끼어들 수 없게 된다.(「응제왕주」)

무릇 지인이 그것을 쓰면 움직이고 버리면 멈추니, 움직임과 멈춤이 비록 다르더라도 모두 하나(一)에 현묵玄默할 따름이니, 이는 세 가지 다른 것을 열거하여 밝힌 것이다. 비록 물길은 아홉 번 변하고 혼란함을 다스리는 것이 번잡하지만 그 지극함에 처하면 담연하게 자득할 수 있고, 초연하게 인위를 잊게 된다.(「응제왕주」)

위에서 인용된 구절들은 모두 현명지경의 사상에 관한 것이다. 우선 현명지경에 대해서 곽상은 그것을 사물 자체의 현명함을 가리키는 의미로 "물물자物物者는 사물이 아니면서도 사물을 사물이 되게 하는 자이다. 사물을 사물이 되게 하므로 그것을 현명이라고 한다"(「지북유주」)라고 했고, 또한 "지극한 이치에는 그 극이 있는데, 그 현명함을 알면 그 핵심을 얻을 수 있다"(「서무귀주」)라고 했다. 다음으로 곽상은 현명지경을 인식주체로서 심의 현명함이라고 해석한 경우도 있는데, "무심한 사람은 사물과 명합하여 천하와 맞선 적이 없다"(「제물론주」)라는 말과 "알지 못하고 인식하지도 못하지만 스스로 그러함에 명합한다"(「천지주」)라는 말이 이러한 부류에 속한다. 그러나 무엇보다도 곽상은 현명지경을 심물일체, 또는 천인합일의 경지로 해석하는 경우가 월등히 많은데, 그가 말한 지인이나 신인, 그리고 성인이 바로 이러한 경지를 성취한 사람들이다. 예를 들어 "지인은 무심으로써 사물에 현응하고, 오직 변화에 따라 적절하게 노닐 뿐이다"(「외물주」), "지인은 희노애락이 없고, 오직 드넓게 조화와 일체를 이룬다"(「대종사주」), "신인은 사물을 쓰임으로 삼지 않고…… 사물과 명합하여 자취를 드러내지 않으므로 속세의 폐해에서 벗어나고 영원한 아름다움에 머물 수 있다"(「인간세주」), "그러므로 성인은 이것을 드러내 그것을 비추지 않고, 스스로를 버려 사물을 쫓지 않으며, 사물을 각각 있는 대로 맡김으로써 스스로 능하는 바에 명합하도록 하기 때문에 곡曲을 이루되 버리지는 않는다"(「제물론주」) 등과 같은 언급들이 모두 이러한 의미를 가리킨 것이다.

비록 곽상은 심물일체心物一體, 피아현동彼我玄同, 천인합일의 경지로서의 현명지경에 대해 이론적으로 충분히 설명하지는 못했으나 여러 가지 어휘를 동원하여 그 경지에 대해 설명하고자 했다. 예를 들어 "내외를 모두 잊으면 초연히 얻을 수 있다"(「제물론주」), "이것도 없고 저것도 없으므로 현동할 수 있다"(「제물론주」), "탈연히 얽매인 바가 없고 삶과 죽음을 현동한다"(「제물론주」), "만물을 스스로 그러하게 맡기고, 지극히 마땅한 이치와 하나가 된다"(「양생주주」), "명연히 조화와 하나가 되며, 아무리 변화해 가도 나 아닌 것이 없다"(「양생주주」), "민연悶然히 어두운 밤과 같이 빛과 먼지를 모두 현동한다"(「인간세주」), "사물과 명합하여 흔석을 남기지 않는다"(「인간세주」), "만물에 두루 관통하여 다른 사람과 현동하여 혼연히 천하와 하나가 된다"(「인간세주」), "탈연히 얽매인 바가 없이 너와 나를 현동한다"(「덕충부주」), "명연히 체득하지 못하는 바가 없다"(「덕충부주」), "자득한 바에서 노닐고, 놓으면 이르지 못한 바가 없다"(「덕충부주」), "무정無情하되 홀로 본성을 이룬다"(「덕충부주」), "변화와 함께한다"(「대종사주」), "태연히 스스로 그러함에 맡긴다"(「대종사주」), "하늘과 인간을 같게 하고, 너와 나를 같게 한다"(「대종사주」), "천지를 체찰體察하여 변화에 명합한다"(「대종사주」), "내외를 현동하고, 고금을 관통하며, 변화와 같이 날로 새로워지는데 어찌 내가 있는 바를 알 수 있겠는가!"(「대종사주」), "태충太沖의 지극함에 처하고 드넓게 마음을 노닐면서 만방萬方과 현동한다"(「응제왕주」), "담연히 자득한다"(「응제왕주」), "하늘의 이치와 현응한다"(「응제왕주」), "무심으로써 사물에 따라 변화한다"(「응제왕주」), "너와 나를 현동하면 만물은 스스로 받아들여질 것이다"(「천지주」), "탈연히 어느 곳에도 머물지 않는다"(「천지주」), "알지 못하고 인식하지도 못하지만 스스로 그러함에 명합한다"(「천지주」), "하늘의 이치가 그윽하게 발현된다"(「천도주」), "혼연히 얽매여 있지 않고, 무리를 따라 함께 생성한다"(「천운주」), "민연히 바른 이치와 함께 간다"(「각의주」), "드넓게 자득한다"(「선성주」), "천균天均에 맡기고, 양행兩行에 맡긴다"(「추수주」), "민연히 자득한다"(「추수주」), "괴연

塊然히 하는 바를 잊고 스스로 움직이는 바에 맡긴다"(「추수주」), "명연히 변화와 함께 날로 새로워진다"(「달생주」), "혼연히 대동大同하게 된다"(「산목주」), "드넓게 얽매이는 바 없이 너와 나를 현동한다"(「전자방주」), "홀연히 자득한다"(「전자방주」), "문득 깨닫지 못하는 사이에 이른다"(「지북유주」), "드넓게 집착하는 바가 없으니, 삶이 온전하고 형체가 안정된다"(「경상초주」), "박연泊然히 무심하다"(「서무귀주」), "괴연히 집착하는 바가 없다"(「외물주」), "민연히 변화와 함께한다"(「열어구주」), "신명神明이 관통하여 비추어준다"(「천하주」) 등의 서술이 그것이다. 곽상은 이와 같은 말들을 통해 천일합일, 피아현동彼我玄同, 시비명합是非冥合의 경지를 묘사했고, 지인과 신인 같은 존재들이 이러한 경지에서 만물과 함께 독화하는 모습을 그려냈다.

실제로 이러한 천인합일의 경지에 대해 묘사하는 것은 그리 어려운 일이 아니다. 정작 어려운 것은 그 경지에 이른 인간의 심리적 구조를 밝히는 것이다. 앞서 우리가 곽상의 무심 사상을 다룰 때 이러한 문제에 대해 논의한 바가 있다. 여기에서 덧붙여 말하자면 곽상이 말한 피아현동의 현명지경은 예술적인 관점으로 사회관계를 바라보는 시각에서 얻어진 것이다. 다시 말해서 인간의 심은 사회적 관계를 예술적으로 바로보고 사용하는 가운데 무심의 민연泯然, 태연蛻然, 민연悶然, 요연窅然, 둔연芚然, 혼연混然, 영연嬴然, 유연誘然, 역연歷然, 괴연塊然, 창연暢然, 광연曠然, 훈연熏然, 적연寂然, 박연泊然, 안연晏然, 혈연絜然, 오연傲然, 만연悗然, 퇴연憒然, 퇴연憒然 등과 같은 아무런 사려가 없는 상태에 도달하게 되는데, 이때의 심은 당연히 죽어 있는 것이 아니라 본연의 살아 있는 상태로서 사회관계와 함께 자연스럽게 움직이는 과정에서 지향하는 바를 얻는다는 것이다. 이러한 사회관계 속에서 인간이 입신의 경지에 이르도록 도구를 사용하게 되면 인간과 생산도구는 합일의 경지에 이르게 되는데, 이것이 바로 장자가 말하는 '도에서 잊음'(道忘)이자 '소요의 도'이다.

　마찬가지로 인간이 사회관계 자체를 입신의 경지에서 바로보고 사용할 수 있다면 사회관계는 인간에게 도구나 대상이 되기 때문에 인간과 일체를 이룰 수 있게 된다. 나아가 이러한 인간과 사회가 일체를 이루는 경지에서 인간은 주어진 사회 속에서 자신의 이상과 자유를 실현할 수 있다. 즉 인간은 자신과 사회가 본래 합일적 존재임을 앎으로써 스스로가 지향하는 소요유의 인생경지가 사회현실에서 실현가능함을 깨달을 수 있다는 것이다. 이것이 바로 곽상의 내성외왕(內聖外王)의 도道가 도달하고 실현하고자 하는 현명지경의 참뜻이다.

제3장

좌망과 현명 : 장자사상의 계승과 발전

넓은 의미에서 철학에서의 경지론은 인식론의 범주에 속한다. 그러나 실제로 경지론은 본체론과 더욱 밀접하게 연결된 것이다. 왜냐하면 경지론은 일반적인 지식에 대한 인식을 의미하는 것이 아니라 본체에 대한 인식을 가리키기 때문이다. 그리고 본체론은 대상의 근원에 관한 문제뿐만 아니라 인간존재의 근원 문제와도 연결되어 있기 때문에 본체에 대한 인식은 인간의 이성으로써 고찰되거나 파악되는 데에서 그쳐서는 안 되고 반드시 그것을 얻어 합일의 상태에 이르러야 하는데, 이를 가리켜 경지론이라고 부르게 된다. 그러므로 철학에서의 경지론은 인식론과 방법론을 융합한 인식론적 본체론 또는 본체론적 인식론으로 이해되어야 한다.

앞선 두 장에서 우리는 장자와 곽상의 경지사상에 대해 논의했다. 그러면 지금부터는 전체적인 맥락에서 이 둘의 연관성을 파악하는 데 초점을 맞춰야 할 것이다. 나아가 이와 같은 작업은 장자와 곽상의 경지론이 지니는 장단점을 평가하고, 그것이 우리에게 어떠한 지침을 제시해 줄 수 있는지에 대해 분석하는 것으로 진행될 것이다.

장자철학에서 설정된 최고의 경지는 '소요逍遙의 도'이다. 이러한 도는

'본원의 도'와는 구별된다. 본원의 도는 천지만물의 존재적 본원에 관한 문제이므로 인간의 이성 또는 심心 앞에 놓여 있는 것으로 설정된다. 그리고 이와 같은 본원의 도에 대해 논의할 때, 인간의 주체는 그것과 분리된 상태에 놓여 있다. 바로 이러한 철학적 특징으로 인해 본원의 도는 언어로써 말해질 수 있는 것이다. 장자는 바로 이러한 본원의 도의 맥락에서 제물론을 주장했다. 방법론적으로 말하자면 본원의 도에 기반한 제물론은 이성적 추상법에 속한다. 그것은 가지런하지 못한 만물 중에서 공통된 존재 본성을 추출하는 것을 의미하는데, "작은 풀줄기와 큰 기둥, 문둥이와 서시西施를 들어서 대조해 보면 매우 괴이한 대조이지만 도의 입장에서는 다 같이 하나가 된다"(「제물론」)라는 말이 그 예이다.

이와 같은 본원의 도에는 얻음(得)이나 깨달음의 문제가 없고, 경지의 문제도 발생하지 않을 것이다. 그러나 이와 달리 소요의 도는 천지만물의 존재적 본원에 관한 문제만이 아니라 인간 스스로의 존재적 본원 또는 본체에 관한 문제를 가리킨다. 이와 같은 도에 대해서는 이성적 추상법으로 접근할 수 없다. 왜냐하면 이성적 추상법으로는 본원의 도는 얻을 수 있을지라도 소요의 도를 얻을 수는 없기 때문이다. 그리고 이러한 도를 얻지 못한다면 그것은 인간존재의 본체로서 정립될 수 없다. 그러므로 소요의 도에 있어서 가장 중요한 문제는 그것을 얻는 문제에 있다. 나아가 소요의 도를 얻는다는 것은 인간과 도가 합일되어 피아현합彼我玄合의 경지에 이른다는 것을 의미한다. 이와 같은 경지는 자기와 사물의 구분이 없는 주객합일의 경지이므로 인식적으로 고찰될 수 없으며 오직 깨달음으로만 접근이 가능하다. 또한 그것은 개념으로써 설명될 수 없으며, 오직 묘사적 어휘로써 표현될 수 있을 뿐이다. 장자가 말한 남곽자기南郭子綦의 "육체는 진실로 시든 나무와 같고, 마음은 진실로 불씨가 꺼진 재와 같은"(「제물론」) 상태가 바로 소요의 도를 얻은 상태라고 할 수 있다.

경지로서의 소요의 도를 얻는 방법은 당연히 본원의 도를 얻는 이성적 추상법과는 다르다. 소요의 도를 얻는 것은 체득을 통해서만 가능한데, 이것이 바로 장자가 말하는 망忘의 방법론이다. 그리고 이러한 망은 소요의 도를 얻는 방법론이자 본체의 경지이다. 나아가 장자에 따르면 망에는 두 가지 유형이 있는데, 하나는 좌망坐忘이고, 다른 하나는 도망道忘이다. 이와 같은 두 가지 방법을 통하면 모두 소요의 도를 획득할 수 있지만 그 획득된 가치와 효과는 차이가 있다.

앞서 서술했듯이 좌망은 일종의 심리적 훈련 또는 정돈법으로서 심 또는 의념을 기氣에 따라 자연스럽게 흐르게 하고, "신체를 다 버리고, 귀와 눈의 감각작용을 물리치고, 육체를 떠나고, 마음의 지각작용을 없애서 대통大通의 세계와 같게 하는"(「대종사」) 천인합일, 또는 물아일체의 효과를 지향하는 방법론이다. 그러므로 좌망법에는 근본적인 한계가 있다. 첫째는 심의 작용을 제한하고, 그것을 적극적으로 발휘하지 못하게 하는 소극성을 지닌다는 점이다. 둘째는 좌망법의 작용과 가치가 매우 제한적이라는 점이다. 즉 사회적 관계 속에 놓여 있는 일반사람들에게는 좌망할 여유가 없으므로 그것을 모든 사람들에게 적용하기 힘들다는 것이다. 셋째는 설령 좌망법이 보편적으로 적용될 수 있다 하더라도 그 효과는 실제에 들어맞을 수 없다는 점이다. 왜냐하면 좌망의 과정에서 주체는 인의仁義와 예악禮樂 같은 사회적 규범, 즉 인간이 인간으로서 존재할 수 있는 사회적 규범을 잊어야 하는데, 이는 실제로 인간을 동물적 차원으로 추락시키는 것과 다름이 없기 때문이다. 이렇게 되면 설령 소요의 경지에 이른다고 하더라도 무슨 의미가 있겠는가? 따라서 좌망을 통해 소요의 도를 획득하는 것에는 한계가 있다고 판단하지 않을 수 없다.

다행히도 장자에게는 좌망 이외에도 다른 유형의 망, 즉 도망 사상이 있다. 도망은 '도 속에서 잊음'을 가리킨다. 사실 여기에서 한 가지 의문이 제기될 수도 있다. 즉 이치에 따르면 인간은 먼저 잊어야 소요의 도를 얻을 수 있고, 그와 일체가 될 수 있는데, 지금 도 속에서 잊어야 한다고 말하는 것은 모순된 말이 아닌가? 실제로 이와 같은 사상은 모순이라고 할 수는 없다. 잊음은 도의 전제이기는 하지만 그 잊음의 과정 자체가 도의 밖에 있다는 것은 아니다. 즉 도를 얻는 것이 곧 잊음 속에서 이루어지고, 잊음이 곧 도 속에 있다는 것인데, 이는 동일한 과정에서의 두 가지 측면을 가리켜 말하는 것이다. 이러한 점이 바로 도망이 좌망과 구별되는 점이다. 즉 도망은 도 속에서의 망이고, 망 속에서 도를 얻는다는 것을 의미한다.

그렇다면 이와 같은 도망법에서 도와 망이 어떻게 통일될 수 있는가? 좌망법과 달리 그것은 도구의 사용을 통하여 실현될 수 있다. 즉 도구를 입신의 경지까지 다루게 되면 인간은 대상과 합일을 이루고 피아현동의 소요의 도라는 경지에 이를 수 있다는 것이다. 이러한 도망법은 좌망법에 비해 더욱 적극적인 의미를 지닌다. 그것은 정좌하여 사유하는 것이 아니라 적극적인 도구적 활동을 통해 이루어지는 것이기 때문이다. 그리고 이러한 활동은 바로 인간의 행위나 생존방식과 직결되면서 보편적 의미를 지니게 된다. 나아가 인간은 이와 같은 활동을 통해 자연스럽게 도와 망의 작위 속에 놓여 있게 되며, 매일 도구를 사용하면서도 그 도의 존재를 잘 모르지만 도의 자연성과 본질성을 그대로 드러나게 할 수 있다. 이러한 도망이 곧 이론을 실재로 전환하는 가장 적절한 방식이 아니겠는가?

따라서 도망에 입각해서 보아야만 장자가 제기한 소요의 도가 지닌 의의와 가치가 명확하게 드러날 수 있다. 하나의 경지이자 인간생명의 궁극적 목표로서 소요의 도는 바로 현실 속에 있고, 그것은 곧 인간의 일상 활동 속에서 자기도 모르게 드러나는 것이므로 거기에는 "구름의 기운을 타고 비룡飛龍을 몰아 사해四海의 밖에서 노니는"(「소요유」) 초월이 없을 뿐만 아니라 인간세상을 초탈한 신선도 없다. 이와 같은 소요의 도는 바로 현실 속에 있으므로 그에 입각해서 보면 이상이 곧 현실이고, 그 현실이 곧 도이다. 이러한 맥락에서 보면 장자의 소요의 도는 매우 탁월한 인생철학이자 특징 있는 철학본체론이라고 할 수 있다. 그러나 장자의 도망 사상은 우리가 그의 진술을 분석하면서 종합해 낸 것이다. 다시 말해서 장자는 스스로 도망 사상에 대해 명확하게 주장한 적이 없다는 것이다.

장자는 소요의 도를 이야기하면서 그것을 인생 목표 및 최고의 경지로 삼았다. 그리고 이와 같은 경지에 이르는 방법으로서 좌망법을 내세웠다. 그러므로 장자에게 있어서 좌망은 도에 이르는 유일한 방법이다. 나아가 이러한 좌망법에는 여러 가지 한계가 있기 때문에 그것을 바탕으로 얻은 소요의 도에도 한계가 있을 수밖에 없다. 요약하자면 좌망법에 근거한 인생 목표로서의 소요의 도는 너무나도 추상적이고 환상적이다. 『장자』를 읽을 때, 우리는 비록 그의 소요의 도에 내포되어 있는 고원한 정취나 원대한 이상, 그리고 드넓은 기세를 느낄 수는 있지만 현실성을 보지는 못한다. 다시 말해서 장자의 소요의 도는 심원한 이상의 경지를 그려냈지만 그것은 생각될 수는 있으나 현실화할 수는 없는 경지이다. 그러므로 역사적으로도 오랫동안 장자철학의 가치에 대해 심미적으로 인정하지 않은 사람은 없었으나 모두 그 상태에 머물러 있기만 했다. 그들에 따르면 장자사상은 유가

의 수신제가치국평천하 사상과 상호보완적 관계를 지닌다. 즉 사대부士大夫
들이 조정에서 자신의 이상을 제대로 실현하지 못하고 은거의 생활을 택할
때, 항상 장자의 사상으로써 마음을 위로하는 데 쓴다는 것이다. 물론 장자
사상에 이와 같은 측면이 있는 것은 사실이고, 실제로 그렇게 사용되었던
것도 사실이다. 그렇다 하더라도 그의 소요의 도에 내포되어 있는 이상성
理想性은 긍정적으로 평가될 수 있다. 실제로 장자사상이 유가사상의 보완
적인 성격을 지니는 것은 바로 이러한 이상성의 특성으로 인해 가능한 것
이다.

장자의 소요의 도에 비해 곽상의 현명지경은 같은 경지로서 강한 현실
성을 지닌다. 그것은 장자의 소요의 도보다 더 쉽게 현실에 적용되고 실현
될 수 있다. 겉으로 보면 곽상의 현명은 장자의 좌망 경지보다 풍부하지도
못하고, 명확하지도 않으며, 나아가 심원하지도 못한 것처럼 보인다. 장자
의 좌망 사상은 아주 풍부하고 집중적이다. 우선 이러한 좌망에는 특정한
과정(忘仁義-忘禮樂-좌망)과 명확한 결과(지체와 총명을 근절하고 형체와 지혜를 버리
며 대통과 같게 된다)가 있다. 그리고 좌망에는 분명한 방법론이 있다. 비록
그것이 일종의 심리적 정돈법에 속하고, 또 도망법처럼 적극적인 성격을
지니고 있지 않더라도 어느 정도의 인식론과 방법론적인 가치를 지니고는
있다. 그러나 이러한 좌망 사상에 비해 곽상의 현명 사상은 그다지 집중적
이지 못하다.

우선 곽상은 현명에 대해 여러모로 진술했으나 그 진술들은 대부분 문
맥에 따라 창조적으로 발휘된 것일 뿐, 분명한 해석이나 설명이 없다. 다음
으로 현명지경은 곽상에 의해 직접 설정된 것이지, 그에 이르는 구체적 과
정에 관한 이론적 설명은 없다. 마지막으로 현명지경에 이르는 방법론이

없으므로 그것은 아주 강한 신비적 색채를 띤다. 우리는 앞서 곽상의 현명 사상을 다룰 때, 그의 무심설無心說에 대해 논의한 적이 있으며, 이러한 무심설이 곧 현명의 경지에 이르는 방법이라고 분석한 바가 있다. 그러나 이와 같은 결론은 우리의 분석에 의해서 종합해 낸 것이지 곽상이 직접 주장한 것은 아니다.

실제로 『장자주』를 살펴보면 곽상이 거의 무심과 현명을 같은 차원의 뜻, 즉 천인합일이나 피아현동의 경지로 사용하고 있음을 발견할 수 있다. 즉 그것은 "그 흔적을 잊고, 그 흔적이 있게 된 까닭도 잊으며, 안으로는 자신의 몸을 느끼지 못하고, 밖으로는 천지가 있는 줄을 모른 채, 변화와 함께 일체를 이루는"(「대종사주」) 상태나 결과를 가리킨다. 만약 굳이 무심과 현명의 차이에 대해서 말하고자 한다면 무심은 주로 현명지경에 이른 주체의 측면을 묘사한 것이고, 현명은 현명이라는 경지 자체를 표현한 것이라고 할 수 있다. 그리고 사상적 성질에서 보면 이 둘은 모두 피아현동의 경지를 가리킨 것이다. 물론 곽상도 "옳고 그름을 버리고, 그 버림을 또한 버리며, 나아가 버리고 또 버리면 버림이 없는 데까지 이르게 되면서 버릴 것도 없고 버리지 않을 것도 없는"(「제물론주」) 쌍견법雙遣法을 주장하고 있고, 이것을 그의 무심설과 연결시키면 방법론적 의미를 지닐 수는 있다. 그러나 곽상은 이와 같은 쌍견법을 무심설과 직접 연결시키지 않았을 뿐만 아니라 그것을 현명지경에 이르는 방법이라고 서술한 적도 없다. 따라서 피상적으로 보면 곽상의 현명은 장자의 좌망보다 풍부하지도 못하고 또 명확하지도 못하다고 말할 수 있다.

그런데 이와 같은 논의는 모두 피상적인 측면에서 이루어진 것이다. 실제로 곽상의 현명 사상은 장자의 좌망보다 더욱 깊은 차원의 풍부한 의미를 지닌다. 그리고 이러한 풍부함은 곧 현명 사상이 지니는 현실성과 실현가능성에 의해 드러나게 된다. 앞서 우리는 좌망이 일종의 경지로서 대단히 드넓은 기세와 심미적 가치를 지니고 있지만 결국 환상에 가까운 것이라는 점을 밝힌 바가 있다. 그러나 곽상의 현명지경은 (비록 그것에는 신비적 요소가 섞여 있다고 할지라도) 일종의 의경意境으로서 현실적으로 실현가능한 것이다. 왜냐하면 무엇보다도 곽상의 사상적 입각점은 항상 사회관계에 놓여 있기 때문이다. 여러 가지 사회관계에 직면했을 때, 곽상은 그것을 부정하거나 초월하는 길을 선택하지 않았다. 즉 그는 (완적阮籍이나 혜강嵇康 등의) 죽림현사들처럼 '명교를 넘어 자연에 맡기는' 길을 선택하지 않았고 항상 사회관계를 긍정하고자 했다.

곽상이 보기에 사회관계는 인간이 살아갈 수 있는 본질적 토대이며, 그것을 벗어나게 되면 인간은 아예 생존조차도 할 수 없다. 곽상이 『장자』「대종사」에 나오는 "물고기는 함께 물에 나아가고, 사람은 함께 도에 나아간다"는 구절을 주석할 때, "조造는 예詣, 즉 이른다는 뜻이다. 물고기가 이르고자 하는 바는 자기 본성에 들어맞는 깊은 물속이 아닐 수가 없고, 인간이 이르고자 하는 바는 뜻意의 극치인 도술 속이 아닐 수가 없다. 비록 이 둘의 정황은 다르더라도 그 이치는 똑같다"(「대종사주」)라고 말했다. 이는 물고기가 자기의 본성에 맞는 깊은 물속에 들어가야 자유롭게 살 수 있는 것처럼, 인간도 도술 속에서만이 자유로운 삶을 누릴 수 있다는 생각을 보여준다.

그렇다면 여기에서 말하는 도술은 어떤 뜻인가? 곽상의 현학사상을 종합적으로 고려해 보면 그것은 사회관계에 대한 통솔과 이용을 가리키는 것이고, 그의 내성외왕의 도를 의미하는 것이다. 곽상은 『장자』를 주석하면서 특히 그 사상이 지니고 있는 허무성을 바로잡아 현실에 정착할 수 있도록 노력했다. 곽상은 이렇게 말했다.

어떤 사람이 말하기를 "다스리기 위해서 다스리는 것이 요堯임금이고, 요임금에 의해 다스려진 바를 더 이상 다스리지 않는 것이 허유許由이다"라고 했는데, 이 해석은 아주 멀리 벗어난 것이다. 무릇 다스림은 다스리지 않는 것(不治)에서 말미암고, 인위적으로 하는 것은 무위에서 비롯된다. 이 뜻을 요임금에게서 취해도 충분할 것인데, 어찌 허유에게서 따로 빌릴 필요가 있겠는가! 만약 산림 속에서 아무것도 하지 않고 묵묵히 살고 난 다음에야 무위라고 할 수 있다면 이것이야말로 노자와 장자의 말이 그 당시의 사람들에게 제대로 받아들여지지 않은 이유이다.(「소요유주」)

무릇 이치에는 지극함이 있고, 내외가 서로 명합하니, 밖의 극치에서 노닐면서도 안에 명합하지 못하는 자가 없고, 능히 안에 명합하면서도 밖에서 노닐지 못하는 자가 없다.…… 어찌 곧바로 성인이 그렇지 않다는 것을 말하는 것이겠는가? 반드시 지극한 이치가 이렇지 않다는 것을 말하는 것이다. 그러므로 장자는 장차 지류支流를 밝히고 종주로써 그것을 통합하며, 천하의 사람들로 하여금 깨달을 수 있도록 해석하고자 한 것이다. 공자가 직접 이러하다고 말하거나, 자기가 본 바에 근거하여 그것을 배척하는 것은 성인 내면의 자취를 넘어서서 방외方外의 술사術士들에게 기탁하는 것이다. 그 기탁한 바를 적절하게 잊고 저술의 대의를 다듬어보면 밖에서 노닐면서 안과 명합하는 이치가 자명할 것이므로 『장자』라는 책은 현실세계와 긴밀하게 관계된 담론을 하고 있는 것이다.(「대종사주」)

어떤 사람은 말(馬)의 본성에 맡긴다는 말을 듣고서는 그것을 풀어놓고 타지 않는 것이라고 말하고, 무위無爲의 기풍을 듣고서는 걸어 다니는 것이 누워 있는 것만 못하다고 말한다. 세상에 어떻게 가버리기만 하고 돌아오지 않는 이치가 있겠는가! 이는 장자의 본래 뜻과는 멀리 벗어난 것이다.(「마제주」)

장자가 이 때문에 요임금의 폐해를 밝혔는데, 이러한 폐해는 요임금에서 시작되고 그 허물은 우임금에서 이루어졌으니, 성인이 없는 후세에 이르러서는 더욱 그러하지 않았겠는가! 그러므로 오래된 성인의 자취를 자고子高에 기탁하여, 천하를 포기하고 다스림을 행하지 않으며, 장차 성인을 근절하고 하나로 되돌아가는 것으로써 지혜를 폐기하고 안정을 이루고자 하였던 것이다. 그 실제상황에 대해서는 더 이상 듣지 못했다. 그래서 장자의 말에 대해서 한쪽으로만 따질 수 없고, 황제黃帝의 자취로써 요순의 발걸음이 모자라다고 하는 것은 어찌 오직 요임금만을 귀하게 여기고 우임금을 폄하하는 것으로 이해할 수 있겠는가! 그러므로 마땅히 장자가 기탁한 바를 이어서 그가 말한 '성인을 끊고 지혜를 버린다'(絶聖棄智)는 말의 의미를 파악해야 한다.(「천지주」)

이것이 장자가 덕음德音을 말한 까닭이다. 만약 미혹된 사람들이 말하는 것처럼 크고 작은 것이 서로 바뀐다는 뜻이라면 바뀌는 것이 무수히 많을 것이다. 만약 큰 것을 보고 작은 것을 편안하게 여기지 않고, 적은 것을 보고 스스로 많다고 여긴다면 종일 승부의 경쟁에 시달리게 되고 스스로의 거만함을 조장할 것이니, 어찌 장자가 의미하는 뜻에 이를 수 있겠는가!(「추수주」)

옛날의 해석에 따르면 장자는 죽음을 좋아하고 삶을 싫어한다고 하는데, 이는 참으로 황당한 학설이다. 만약 그렇다면 무엇 때문에 '가지런히 함'(齊)을 말했겠는가? 가지런히 한다는 것은 살아 있을 때에는 삶을 편안히 여기고 죽을 때는 죽음을 편안히 여긴다는 뜻인데, 삶과 죽음에 대한 감정이 이와 같이 가지런하게 된다면 삶을 마땅하게 여기고 죽음을 걱정하는 일이 일어나지 않을 것이다. 이것이 장자가 말한 요지이다.(「지락주」)

무릇 장자는 천하의 공평함을 추구하려고 했기 때문에 매번 빗대어 하는 말로써 뜻을 전하였는데, 공자를 비난하고 노담老聃을 천하게 만들며, 위로는 삼황까지 비판하고 아래로는 그 자신의 몸을 병들게 만들었다.(「산목주」)

이러한 말들에는 모두 장자가 보여주는 허무한 담론과 사상 내용을 현실로 끌어내리려는 곽상의 의도가 담겨 있다. 특히 '이것이 장자가 덕음德音을 말한 까닭이다'라는 말에서의 덕음은 장자의 말이 아니라 곽상 자신의 말이다. 이와 같이 곽상의 경지론은 장자가 보여준 경지론의 초현실성과 달리 항상 현실적 사회관계 속에서 인간의 자유와 소요를 실현하고자 한다.

곽상에 따르면 현실사회 속에서 자유를 획득하여 현명지경에 이를 수 있는 방법은 인간이 처해 있는 사회관계를 다듬어나가는 과정 속에서 실현될 수 있다. 즉 인간이 사회관계를 다듬어나가는 과정에서 그것을 통솔할 수 있고, 나아가 사회관계와 일체가 되어 자유로운 독화의 경지, 즉 현명지경에 이를 수 있다는 것이다. 이러한 사상은 장자의 좌망 사상을 계승하여 발전시킨 것임에 틀림없다. 그것은 장자의 환상적인 좌망 사상을 현실 속에 안착시켰을 뿐만 아니라 도망 사상이 지니고 있는 특징까지도 발굴해 냈다. 물론 이러한 이론은 곽상 스스로의 진술에 의해서 제기된 것은 아니다.

우리가 곽상의 사상이 장자의 도망 사상을 발굴하고 계승했다고 말하는 것은 둘 사이의 사상적 발전논리에 입각하여 얻은 결론이다. 다시 말해서 장자 스스로가 도망 사상을 제기했는지, 또는 곽상 스스로가 장자의 도망 사상을 직접 계승했는지를 따지는 문제는 그다지 중요하지 않다는 것이다. 정작 중요한 것은 두 사람의 사상적 논의에서 그 연결고리를 발견하여 더 깊은 차원에서 둘 사이의 내부적 논리의 발전관계를 명확히 보여주는 것이다.

실제로 도망의 망은 도구에 대한 신묘한 사용을 가리키고, 도구를 사용하는 것은 또한 인간만이 지니는 특수한 능력이다. 육체의 측면에서 말하자면 인간은 생존에 있어서 동물과 별다르지 않게 모두 먹이를 필요로 한다. 그러나 다른 동물들과 달리 먹이를 획득하는 데 있어서 인간은 자연적으로 타고난 육체에만 의존하지 않고 생산도구를 이용한다. 만약 먹이를 찾는 데 인간이 다른 동물과 유사하게 신체 능력에만 의존한다면 인간은 일찍이 멸망했을 것이다. 왜냐하면 인간의 신체나 여러 감각기관은 동물만큼 발달되어 있지 않으므로 생존경쟁에서 도저히 승자가 될 수 없기 때문이다. 레닌에 따르면 "오직 사회관계를 생산관계에 귀결시키고, 생산관계를 생산력에 귀결시켜야만 사회형태의 발전을 자연역사의 발전과정으로 볼 수 있는 확실한 근거를 얻을 수 있다."[2] 이 말은 인간사회의 다양한 관계가 아무리 복잡하더라도 그것은 결국 생산관계의 반영이라는 것이다. 그리고 생산관계는 생산력에 의해서 결정되고, 생산력은 또한 인간이 자연을 개조하는 역량이기도 하다. 나아가 이러한 역량은 자연적인 육체로써 이루어지는 것이 아니라 생산도구를 통해 실현되는 것이다.

생산도구의 제작과 사용으로 인해 인간은 다른 동물과 본질적으로 구분되면서 사회를 이룩해 내고 사회적 관계를 형성할 수 있었다. 이러한 의미에서 도구에 대한 사용은 그 자체가 사회성을 지니며, 나아가 사회관계의 형성과 이용을 내포한다. 즉 도구의 사용은 사회관계의 형성 및 이용과 논리적으로 연결되어 있다는 것이다. 그러므로 장자의 도망 사상과 곽상의 현명 사상은 논리적으로 연결될 수 있다.

나아가 곽상의 현명 사상이 장자의 도망 사상보다 한 걸음 나아갔다고 판단할 수 있는 이유는 그것이 사회를 벗어난 정신의 안일함을 추구하는

2) 『列寧選集』第一卷, 人民出版社, 1972, p.8.

것이 아니라 항상 사회관계를 어떻게 다루어야 할 것인지를 핵심으로 삼고 있기 때문이다. 그렇다면 어떻게 사회관계를 다루어야 하는가? 실제로 이 문제는 철학, 사회학, 정치학 등과 모두 연결되어 있는 아주 복잡한 문제이므로 곽상도 이에 대해 명확한 진술을 남기지는 않았다. 그러나 그의 사상 속에는 상당히 긍정되어야 할 부분이 충분히 있다. 앞서 우리가 장자의 도망 사상에 대해 논의할 때, 그것이 좌망 사상보다 우월한 이유를 현실화의 가능성, 즉 도구를 입신의 경지에까지 승화시켜서 사용하는 데에서 찾았다. 도구를 사용하는 것과 그것을 입신의 경지에서 사용하는 것은 모두 이해하기 쉽고 설명하기도 쉽다. 그러나 사회관계를 다듬고 사용하는 것은 그다지 쉽게 설명되지는 않는다. 왜냐하면 도구는 눈에 보이는 실체적 존재인 데 반해 사회관계는 보이지 않는 것이기 때문이다.

그렇다면 사회관계를 어떻게 사용할 수 있다는 말인가? 실제로 이와 같은 사회관계도 사용할 수 있다. 그것은 언제 어디서나 사회의 구성원들에 의해 이미 사용되고 있으며, 인간은 태어나면서부터 죽을 때까지 그렇게 하고 있다. 사람들이 흔히 말하는 정치가의 정치예술은 실제로 사회관계에 대한 조작술을 가리키는 것이고, 군사가의 군사예술 또한 마찬가지이다. 이러한 사회관계를 다듬고 조작하고 사용하는 기술은 도구의 사용처럼 분명하지 않지만 그것이 사회관계에 대한 사용임은 틀림없다. 나아가 사회관계에 대한 사용은 도구의 사용보다 더 많은 기술과 더 깊은 지혜를 필요로 한다. 그렇게 때문에 도구의 사용에 기술성과 예술성이 존재하듯이 사회관계의 사용에도 기술성과 예술성이 존재한다. 그리고 바로 이와 같은 사회관계의 사용에 존재하는 기술성과 예술성으로 인해 철학, 사회학, 정치학, 군사학, 법학 등의 학문이 서로 다른 가치와 효용을 지니게 된다.

이 중에서도 철학은 다른 학문과 달리 인간과 사회의 전체적 관계에 입각하여 사회관계를 다듬는 것을 목적으로 삼는다. 그렇다면 인간과 사회의 전체적 관계란 무엇인가? 그것은 바로 인간과 사회관계의 근원적 조화와 통일을 가리키는 것이며, 곧 곽상이 말한 내성외왕의 도이다. 다시 말해서 그것은 인간의 내면적 인격과 외면적 행위의 합일이면서 사상과 행동의 합일이고, 이상과 현실의 합일이면서 명교와 자연의 합일이며, 개체와 공동체의 합일이면서 개인과 사회의 합일이다. 이렇게 보면 곽상의 사상에 내포되어 있는 현실적 의미는 더더욱 부각될 수 있을 것이다.

지금까지의 논의를 살펴보면 사회관계를 다듬는 것과 사용하는 것은 오직 인간과 인간 사이에서 이루어지는 것처럼 보이고 자연과 별다른 연계가 없는 것처럼 보일지도 모른다. 그러나 사회관계를 다듬는 것은 본질적으로 인간과 자연의 관계 문제와 연결될 수밖에 없다. 왜냐하면 인문세계에 처해 있는 인간은 신이 아닌 이상 자연세계에서 존재할 수밖에 없기 때문이다. 따라서 인간이 사회관계를 제대로 다듬으려면 사회관계의 조절과 더불어 자연과의 관계를 조화롭게 처리해야 한다. 그렇다면 철학에서 사회관계를 조절하는 데에는 두 가지 차원의 문제가 생기게 마련이다. 하나는 자연관계와 사회관계를 각각 다듬는 차원의 문제이고, 다른 하나는 자연관계와 사회관계를 연결시켜 다듬는 차원의 문제이다. 이에 대해 곽상의 논의는 대부분 사회정치적 측면에 치중되어 있다. 그럼에도 불구하고 이와 같은 논의는 마땅히 사회관계에만 국한되지 않고 자연관계로 확장되어야 할 필요가 있는데, 여기에서는 이것을 향후의 연구 주제로 남겨두고자 한다.

중국 고대 형이상학과 본체론의 발전과정 ‖ VI

장자와 곽상의 사상에 대한 연구를 마무리하면서 우리는 무엇보다도 그들의 사상이 지니는 역사적 위상에 대해 살펴볼 필요가 있다. 본격적인 논의에 들어가기 전에 우선 두 가지 문제에 관해 미리 설명할 필요가 있다. 하나는 장자와 곽상의 사상을 평가하는 시각에 관한 문제이다. 즉 지금의 시각에서 우리는 왜 장자와 곽상의 형이상학 및 본체론에 관한 사상을 논의해야 하는가? 이에 대한 답은 여전히 헤겔과 칸트의 진술에서 찾아야 할 것이다. 헤겔에 따르면 "하나의 문화를 갖추고 있는 민족에게 형이상학이 없다는 것은 마치 다른 모든 장식과 화려한 신당까지 꾸며진 신전에 정작 모시는 신神이 없는 것과 같다."[1] 또한 칸트는 형이상학 연구에 관해 "인간의 정신은 한 번의 고생으로 영원히 편안해지려고 형이상학의 연구를 그만두었는데, 이것은 목이 멘다고 먹기를 그만두는 것과 다름없으니 반드시 지양되어야 할 태도이다. 세계는 언제나 형이상학을 필요로 한다. 그뿐만 아니라 개개인, 특히 사고를 즐기는 개개인에게는 모두 형이상학이 있어야

　1) 黑格爾(헤겔), 楊一之 譯, 『邏輯學』, 「第1版序言」, 商務印書館, 1966, p.2.

하며, 거기에는 일정한 기준이 없으므로 각자 나름대로 자기가 선호하는 형이상학을 구축해야만 했다. 지금까지의 형이상학은 사고를 즐기는 사람들로 하여금 충분히 만족하게 하지는 못했지만 그렇다고 해서 그것을 포기한다는 것 또한 결코 취할 수 없는 태도이다"[2]라고 말했다.

이와 같은 진술들에 따르면 형이상학과 본체론은 문화를 지닌 민족에게는 영혼과 같은 존재이며, 만약 한 민족에게 형이상학이 없다면 그것은 사람이 영혼을 잃은 것과 다름이 없다. 따라서 유구한 문명과 역사를 지닌 중화민족에게 자기만의 형이상학과 본체론 사상이 없을 수는 없다. 이러한 시각에서 보면 비록 장자와 곽상의 사상에 여러 가지 내용이 포함되어 있고, 또한 각 부분의 사상들이 모두 중요한 의미를 지니고 있지만 그래도 형이상학과 본체론 방면의 사상이 여전히 그들 사상의 핵심내용임은 부인할 수 없다. 그러므로 장자와 곽상의 사상을 연구하고 비교하는 데 있어서 그들의 형이상학을 기준으로 삼는 것이 마땅할 것이다.

다른 하나는 중국고대 형이상학 및 본체론 문제에 관한 것이다. 실제로 철학과 형이상학, 그리고 본체론 등과 같은 용어와 학문 분과는 모두 중국이 아닌 외부에서 수용된 용어들이다. 그렇다면 왜 하필이면 여기에서 형이상학이나 본체론의 문제를 논의해야 하는가? 이러한 용어들을 그대로 받아들여 중국사상에 적용해도 괜찮은가? 형이상학이라는 개념은 영어의 'metaphysics'를 의역한 것이다. 이 개념의 유래가 시사하는 바에 따르면 그것은 경험을 초월한 추상적인 영역을 연구하는 것이다. 아리스토

2) 康德, 龐景仁 譯, 『任何一種能夠作爲科學出現的未來形而上學導論』, 商務印書館, 1982, p.163.

텔레스는 『형이상학』의 제4권 1장에서 "'있음' 그 자체와 그것이 지니는 속성을 전문적으로 연구하는 학문이 있다. 이러한 학문은 특수과학들과는 다르다. 왜냐하면 특수과학에서는 그 어떠한 학문도 '있음' 자체에 대한 연구를 수행하지 않는다. 그것들은 '있음'의 한 부분을 취하여 그 부분적인 속성만 연구한다. 예를 들어 수리과학이 바로 그러한 학문이다. 지금 우리가 본원 내지 최초의 원인을 따져 묻는다면 본성적으로 이러한 원인을 지닌 어떤 것이 있기 마련이다. 만약 존재하는 사물의 원소를 추구하는 사람이 이러한 본원을 추구하고 있다면 그것은 필연적으로 '있음'의 원소일 수밖에 없다. 그리고 '있음'에 이러한 원소들이 들어 있는 까닭은 우연적인 것이 아니라, 바로 그것이 '있음'이기 때문이다. 그러므로 우리는 반드시 '있음' 그 자체의 최초 원인을 알아야 한다"라고 말했다.[3] 이렇게 보면 형이상학은 본래 '있음' 자체를 연구하는 학문이다. 따라서 형이상학은 본체론의 문제와 긴밀하게 연결되어 있다고 할 수 있을 뿐만 아니라, 그것의 핵심내용이 곧 천지만물의 존재적 근원을 연구하는 본체론이라고 규정할 수도 있을 것이다.

중국 고대철학에는 서양철학에서 말하는 본체론의 형식이 없었다는 말은 기본적으로 타당하다. 그러나 그렇다고 해서 중국 고대철학에 본체론 자체에 관한 사상, 또는 형이상학이 없었다는 견해는 옳지 않다. 다시 말해서 중국 고대철학에는 서양철학에서 말하는 'ontology'의 이론적 형식은 없었으나 자신만의 형이상학 및 본체론의 형식을 갖추고 있었다는 것이다.

---

3) 北京大學哲學系外國哲學史教研室 編譯, 『西方哲學原著選讀』 上卷, 商務印書館, 1981, p.122.

홉스는 일찍이 "많은 민족에게는 우리의 동사에 해당하는 'is'란 표현이 없다. 그러나 그들은 하나의 명사를 다른 명사의 뒤에 직접 붙임으로써 명제를 구사해 낸다. 예를 들어 그들은 '인간은 생명을 지닌 동물이다'라는 말 대신에 '인간, 생명을 지닌 동물'이라는 말을 자주 하곤 한다. 이러한 구조에서 그들은 명사의 배열 차례가 그 사이의 관계를 나타낼 수 있다고 생각한다. 그들의 철학명제도 이와 같은 형식으로 마치 'is'가 있듯이 연결되어 있다"[4]라고 지적한 바가 있다. 여기에서 하나의 명사를 다른 명사에 뒤에 직접 붙임으로써 명제를 구사해 낸다는 말은 중국 고대철학에서 수없이 나타나는 전형적 서술형식인데, 예를 들어 "~자者, ~야也"라는 표현형식이 그것이다. 고대의 중국에서는 바로 이와 같은 형식으로 본체론 사상을 표현했다. 그러므로 고정된 형식에만 집착해서 따지는 태도를 벗어나 내용을 중심으로 보면 중국 고대에도 비교적 성숙한 형이상학과 본체론 사상이 있었음에 틀림없다.

그렇다면 지금부터는 역사의 발전과정에 입각하여 중국 고대 형이상학 및 본체론의 발전양상을 살펴보고자 하는데, 이러한 과정을 통하여 장자와 곽상의 본체사상이 지니는 위상과 가치에 대해 규명하고자 한다.

1. 선진철학과 중국 고대의 형이상학

춘추전국시대라는 격변의 시기를 겪으면서 중국철학은 제자백가의 시

---

4) 胡適, 『先秦哲學史』, 學林出版社, 1983, p.41 재인용.

대를 맞이하게 되었다. 여기에서 말하는 제자백가는 일종의 전문용어로서 학파의 대략적 수치를 나타내는 명사이다. 반고班固는 『한서』「예문지藝文志」에서 춘추전국시대의 학파를 유가儒家, 도가道家, 음양가陰陽家, 법가法家, 명가名家, 묵가墨家, 종횡가縱橫家, 잡가雜家, 농가農家, 소설가小說家 등 열 개의 학파로 나누었다. 그런데 이 중에서 나름대로의 철학적 사상체계를 갖추고 있는 학파는 유가, 도가, 음양가, 법가, 명가, 묵가 등이 있고, 특히 형이상학 및 본체론에 대해 언급한 학파는 유가와 도가뿐이다. 유가는 주로 심성心性의 문제를 다루면서 심성본체론을 구축한 반면 도가는 도에 대해 논의하면서 우주적 본체론을 구현했다. 그러나 그들의 논의는 모두 형이상학의 문제를 제시하는 데에 그치고 있다.

유가 사상은 세상 사람들에게 인간됨을 가르치기 위해 고안된 학문이다. 그 창시자인 공자의 가장 중요한 사상은 바로 인仁 개념을 제기한 것에 있다. 주공周公은 예악을 제정하여 상고시대의 무술巫術을 보다 규범적인 틀에 놓이게 함으로써 노예제의 예의규범을 마련했다. 이러한 기초 위에서 공자는 인을 제기하여 예禮의 심성적 바탕을 구축하였으며, 그것을 인간 심리의 정감에 기반하는 것으로 정초시켰다. 『논어』「양화陽貨」에 실려 있는 공자와 재여宰予의 삼년상에 관한 논의는 바로 이러한 맥락에서 이해하여야 한다. 삼년상을 치르는 것은 그 당시 사회의 보편적 규범, 곧 예이다. 그렇다면 왜 이러한 예를 제정해야만 하는가의 문제가 제기될 수 있다. 공자에 따르면 그것은 부모와 자식 간의 혈연적 정감에 기반한 것이므로 겉으로는 외재적 규범인 것처럼 보이지만 실제로는 인간 본성의 자연스러운 발현이다. 즉 인간의 내면적 본성은 인이라는 것이다. 『논어』에서 인에 관해 언급된 구절은 무려 109곳이나 되고, 그것들은 대부분 특정한 상황에 따른 맥락적 서술이다. 그러나 그 중에서 가장 중요한 것은 공자가 인을 인간됨의 본성이나 본질, 그리고 인간이 존재하는 본원이나 본체로 삼았다는 점이다.

공자의 뒤를 이은 유가의 대표자는 맹자孟子이다. 맹자는 인정仁政을 실행하는 기초로서의 선한 마음(善心)이나 선한 본성(善性)에 대해 강조했는데, 그에 따르면 인정을 실현할 수 있는 인간 본성의 근거는 바로 인간이 선천적으로 지니는 선한 심心 또는 성性에 있다. 그리고 이와 같은 선한 심은 곧 측은지심惻隱之心, 수오지심羞惡之心, 사양지심辭讓之心, 시비지심是非之心 등을 가리킨다. 여기에서 분명한 것은 맹자가 말한 심 또는 성은 공자가 말한 인과 마찬가지로 모두 인간존재의 본원 또는 본체를 가리킨다는 점이다. 따라서 공자와 맹자로 대변되는 선진유가에서는 심성을 기반으로 하는 본체를 내세웠다고 할 수 있다.

그러나 공자의 인 사상과 맹자의 심 사상은 본체론의 원칙을 내세웠을 뿐 아직 그 체계를 완성하지 못했다. 다시 말해서 인과 심은 단지 인간의 내면적 본성을 규명했을 뿐이지, 인간과 천天 또는 자연세계와의 관계를 밝혀주지 못했다는 것이다. 비록 맹자는 「진심상盡心上」에서 진심盡心-지성知性-지천知天이라는 심천통일心天統一의 길을 제시했지만, 여기에서의 천은 애초부터 인격화된 것이므로 심이나 성과 동질적인 존재로 보아야 한다. 그러므로 여기에서의 심천통일은 실제로 천인합일이 아닌 인인합일人人合一이다. 따라서 인격화된 천을 인간과 합일시키는 것은 진정한 천인합일의 본체론이 아니다. 그러므로 선진유가는 심성론적 본체를 내세우는 데에는 성공했지만 이론적 체계를 갖춘 본체론 사상을 구축하는 데에는 실패했다고 평가할 수밖에 없다.

여기에서 덧붙여 말하자면 선진유가에는 아직 순자荀子의 사상이 남아 있다. 순자가 말한 천은 맹자처럼 인격화된 천이 아니라 자연 또는 자연세계의 필연성을 가리킨다. 또한 순자는 인人에 관해서도 논의했는데, 그에 따르면 인은 심성적 존재가 아니라 사회적 존재이며 그 본질은 예와 의義를 드러낼 수 있는 것이다. 만약 그가 이와 같은 천과 인을 합일시킬 수 있었다면 '윤리학적 본체론5)'을 세울 수 있었을 것이다. 그리고 이러한 형태의 본체론이 바로 중국 고대철학에서 실현하고자 했던 형이상학 및 본체론의 궁극적 형태이다. 그러나 순자는 이 과제를 수행하지 못했다. 물론 그는 "천명天命을 제정하여 쓰임으로 삼아야 한다"(『순자』, 「天論」)라고 말하면서 천과 인을 결합시키려고 했으나 그 결합은 단지 행위적인 측면에서 이루어진 것이지 이론적인 측면에서 성취된 것은 아니다. 즉 순자가 말한 천과 인의 합일은 현상적인 측면에서의 합일인데, 진정한 천인합일은 현상이 아닌 본체적인 차원에서 이루어져야 한다는 것이다. 그러므로 순자는 천(자연적 필연성을 지닌 존재)과 인(자각적이고 자율적인 존재)이 합일될 수 있는 방향을 제시하기는 했지만6) 그 임무를 제대로 수행하지는 못했다. 그러므로 본체론의 차원에서 보았을 때, 선진유가의 공헌은 심성본체를 제기하는 데 그쳤다고 할 수 있다.

선진유가가 심성본체를 제기했다고 한다면 선진도가는 우주본체를 제기했다고 할 수 있다. 노자老子와 장자는 모두 도를 강조했다. 그렇다면 도란 무엇인가? 유가가 사회와 인생의 문제에서 출발하여 심성본체를 내세

---

5) 윤리학적 본체론은 윤리관계를 본체화하는 이론을 의미하는데, 그것은 기본적으로 우주존재의 필연성(所以然)과 인간존재의 윤리성(所當然)이 동일함을 주장한다.
6) 실제로 이와 같은 순자의 관점은 한대철학의 논리적 출발점으로 작용했다.

우는 것과 마찬가지로 도가도 사회와 인생의 문제에 입각하여 도에 관한 사상을 제기했다. 그러므로 도가의 사상적 출발점도 역시 현실사회에 있다. 그러나 유가가 혈연적 정감을 바탕으로 한 인륜 문제에 관심을 둔 데 비해 도가는 일반적 사회관계에 초점을 맞추고 있으며, 심지어 그 사회관계를 '관계' 자체의 문제로 이끌었다. 여기에서 관계란 연계聯系, 곧 비교를 의미한다. 사물의 존재는 타자와의 관계 속에서 가능하다. 그리고 인간의 인식도 사물을 기준으로 삼고 비교를 거쳐야 가능해진다.

노자는 바로 이 부분, 즉 세상의 사물들이 결국은 서로 연결되어 있는 관계 속에 놓여 있다는 점을 발견했다. 그는 "유有와 무無는 서로를 낳고, 어려움과 쉬움은 서로를 이루며, 긴 것과 짧은 것은 서로 비교되고, 높음과 낮음은 서로 기울이며, 소리와 울림은 서로 어울리고, 앞과 뒤는 서로 따른다"(『노자』 제2장)라고 말하면서 대소大小, 고하高下, 전후前後, 생사生死, 난이難易, 진퇴進退, 고금古今, 시종始終, 지우智愚, 교졸巧拙, 정기正奇, 강약强弱, 강유剛柔 등을 모두 관계의 관점으로 바라보았다. 그렇다면 이와 같이 모든 것을 관계의 관점으로 바라보는 데에는 어떠한 의도가 있을까?

실제로 노자는 이러한 사물들의 관계를 통해 서로 반대되는 것이 서로 이루어주고(相反相成), 화와 복이 서로 뒤바뀔 수 있다는 사물의 변증성을 주장하였으며, 그것을 인간의 처세방략에 차용할 뿐만 아니라 군주의 통치술에도 적용하고자 했다. 그러나 노자는 정치가나 군사가가 아니라 사상가이자 철학자이다. 그래서 그는 사물의 관계 속에 지니는 변증성을 그대로 처세방략에만 국한시킨 것이 아니라 그것을 초월하는 절대성의 차원으로 승화시켰는데, 이것이 바로 도이다. 노자가 말한 도의 철학적 성질이 어떻든 간에 그것은 상대관계를 초월한 절대자임이 틀림없다. 만약 도가 절대자라면 그것은 본원이자 본체이며, 스스로를 근본으로 삼고 스스로를 원인으로 삼는 존재가 된다. 나아가 그에 따르면 바로 이와 같은 도가 인간의 생존 및 처세방략의 최종 근거가 된다.

장자 역시 도에 관해서 논의했는데, 그것은 노자가 말한 도에 대한 계승이자 발전이다. 장자가 말한 도가 노자의 도를 계승했다고 말하는 이유는 장자의 도 역시 일종의 절대성, 즉 "도의 관점에서는 통하여 하나기 된다"(「제물론」)와 같은 제물齊物의 도를 가리키기 때문이다. 이러한 제물의 도에 내포된 논리는 노자의 도와 유사하며, 모두 사물의 관계에 입각하여 고찰된 것이다. 특히 장자는 노자보다 상대성의 문제를 더욱 강조했다. 그러나 이러한 강조는 사물의 상대성을 통해 불가지론이나 회의론을 주장하고자 한 것이 아니라 상대성을 초월한 절대자, 즉 도를 발견하고자 한 것이다. 「제물론」에서 "도의 관점에서는 통하여 하나가 된다"라는 말에서의 하나(一)가 바로 모든 사물을 포섭하고, 그것을 가지런하게 하면서도 상대성을 초월하는 절대자를 가리키는 것이다. 바로 도의 이러한 절대성으로 인해 그것은 만물의 본원이나 본체가 된다. 또한 장자가 노자의 도를 발전시켰다고 말하는 이유는 그가 노자의 도에 내포된 권모술수적 요소를 일종의 인생의 경지로 승화시켰기 때문이다. 장자는 인간이 처해 있는 사회관계에 입각하여 어떻게 하면 이러한 관계적 속박에서 벗어날 수 있을지를 고민한 끝에 유심游心이라는 정신적 자유경지를 발견했는데, 이것이 바로 그의 소요의 도이다.

노자와 장자가 제기한 도에 관한 사상은 모두 유가의 인이나 심의 사상과 유사하게 인간존재와 연관된 인생철학의 문제를 다루고 있다. 그러나 본체론적인 측면에서 보면 도는 심성본체가 아니라 우주본체에 속한다. 즉 노자와 장자가 제기한 도는 우주만물의 존재본원 또는 본체를 가리키는 것이지, 인간이라는 존재만의 본원이나 본체를 가리키는 것은 아니다. 실제로 노자가 도를 제기하고, 그것을 인간의 처세방략이나 통치술의 측면에 적용했지만 이는 인간본원의 문제와 직접 연관된 것은 아니다. 또한 장자는 도를 일종의 자유로운 정신적 경지로 설정했는데, 이도 역시 인간의 본원문제와는 크게 관련이 없다. 장자에 의해서 제기된 소요의 도는 근본적으로 현실에 존재하지 않는 환상적인 경지이고, 거기에는 최소한의 사회적 기반이 결여되고 있으므로 인간의 현실적 문제를 해결할 수 없기 때문에 애초부터 인간존재의 본체로서 정립될 수 없다.

따라서 노자와 장자의 도 사상은 일종의 우주존재에 관한 본체론이지 인간존재에 관한 본체론이 아니다. 순자는 장자의 사상을 평가하면서 "장자의 사상은 하늘에 가려져서 인간을 알지 못했다"(『순자』, 「解蔽」)라고 말했다. 여기에서 '인간을 알지 못했다'라는 말이 곧 장자 도론의 성격을 단적으로 요약한 것이다. 그러므로 노자와 장자의 도론은 일종의 우주본체론으로서 본체론의 문제를 제기했으나 인간존재의 본원이 무엇인지에 대해서는 설득력 있는 결론을 내세우지 못했다.

이렇게 보면 중국 고대의 형이상학 및 본체론은 선진 시기에 어느 정도 제기되기는 했으나 아직 이론체계가 제대로 구축되지는 못했다. 하지만 바로 이러한 문제가 후세 철학자들에게 계승되면서 중국의 형이상학 및 본체론이 점차 구축되기 시작했다.

2. 한대경학과 우주발생론

사람들은 흔히 '경학經學'이라는 말로 양한兩漢 시기의 사상과 문화를 개괄하면서, 그것이 유가경전에 대한 번쇄한 고증과 해석과정이라고 규정한다. 그래서 사람들은 한대철학에 대해 한편으로는 선진철학처럼 넓은 사상적 폭과 두터운 깊이를 지니지 못하고, 다른 한편으로는 위진현학의 사상만큼 사변적이거나 추상적이지도 못하며, 다만 중첩된 경험을 특색으로 삼고 있다고 평가한다. 이와 같은 평가는 어느 정도 타당한 면이 있기는 하지만 완전히 합리적인 것은 아니다. 서한제국西漢帝國은 향후 중국 사회 전체에 영향을 미칠 정도로 경제, 정치, 사상문화 등 모든 측면에서 새로운 법도를 세웠다. 마찬가지로 철학적인 측면에서도 천과 인의 관계를 구명하려는 새로운 시도를 일으켜 새로운 관점에서 인간과 천의 관계를 규정하고자 했는데, 동중서董仲舒의 천인감응론天人感應論이 바로 그 대표 이론이라고 할 수 있다.

중국의 봉건사회는 전국 시기와 진나라의 폐망을 거쳐 서한 시기에 이르러 완전히 정형화되었다. 특히 봉건적 경제와 정치체제는 '문경文景의 치治'를 거쳐 한무제漢武帝 시기에 이르러 완전히 확립되었다. 그리고 경제와 정치체제의 대통합 국면을 맞이하여 사상적인 통합에 관한 이론이 요청되었는데, 그러한 과정에서 '다른 제자백가의 사상을 물리치고 오직 유학만을 존숭한다'는 구호가 제기되면서 유학이 유일한 관학으로 승격되었다. 형이상학과 본체론의 시각에서 보자면 서한에서 대통합 사상을 구현하는 과정은 실제로 한족漢族이 자기 자신만의 형이상학 및 본체론을 구축하려는 과정이다. 형이상학이 없는 민족은 영혼이 없는 민족이라는 헤겔의 말이 시사하듯 형이상학의 구축은 한족에 있어서는 진정한 문화가 있는 민족으로 도약하고, 민족정신과 영혼을 정립하기 위한 매우 중요한 문제였다. 그 당시의 현량으로서 동중서는 웅대한 포부를 가졌던 한무제가 인재를 선발하기 위한 책문冊問으로 제기한 '큰 도의 핵심과 지극한 이론의 극치가 무엇인가'라는 물음에 대한 해답으로 천인감응의 목적론 체계를 구축했다.(『한서』, 「董仲舒傳」 참조) 이러한 사례를 통해서 한대의 사상적 과제와 목표가 선진 시기의 그것과는 사뭇 다르다는 것을 발견할 수 있으며, 나아가 동중서 사상의 역사적 의의도 바로 이러한 목표를 성공적으로 수행하고자 노력한 데에 있다.

동중서는 어떻게 천인감응의 이론을 구축했는가? 그는 "유類로써 합치하면 천과 인은 하나이다"(『春秋繁露』, 「陰陽義」. 이하 편명만 표기)라고 말하면서 천과 인을 같은 부류로 통일시켰다. 실제로 이와 같은 통일은 음양, 오행五行, 사시四時, 물후物候, 정사政事, 인륜人倫, 도덕道德, 정감情感 등을 모두 통합하여 하나의 우주론적 체계에 수렴하는 천인합일이론이다. 전국 시기에 활동했던 음양오행가에 따르면 같은 종류의 사물은 상호 감응할 수 있다. 동중서는 이러한 사상을 받아들여 "오음五音이 서로 본뜨면서 각자의 소리를 내는 것은 신묘함이 있는 것이 아니라 본래의 수數가 그러하기 때문이다. 아름다운 사물은 아름다운 것을 불러들이고, 추악한 사물은 추악한 것을 불러들이며, 종류가 비슷한 것들이 서로 감응하여 일어나는 것은 말의 울음소리에 말이 응하고, 소의 울음소리에 소가 응하는 것과 같다.…… 그러므로 사물은 비슷한 종류끼리 서로 불러들이게 마련이다"(「同類相動」)라고 하면서 유사한 사물 사이에서 일어나는 감응관계를 자연스러운 이치라고 주장했다.

천과 인이 같은 종류에 속한다면 당연히 그 사이에서 감응이 일어나게 되는데, "하늘에는 음양이 있고, 인간에게도 또한 음양이 있다. 천지에서 음의 기운이 일어나면 인간에게도 음의 기운이 감응하여 일어나게 되고, 인간에게서 음의 기운이 일어나게 되면 하늘에도 음의 기운이 따라 일어나게 되는데, 그 도는 같은 것이다"(「동류상동」)라는 말이 바로 이를 가리키는 것이다. 여기에서 '그 도는 같은 것이다'라는 말은 곧 천과 인이 하나라는 뜻이다. 그리고 이와 같은 '하나'에 대해 동중서는 여러 각도에서 설명을 덧붙였다.

예를 들어 그는 인간의 신체적 구조와 천의 유사성에 입각하여 "천지의 조짐과 음양의 부본副本은 항상 몸에 배어 있으므로 인간의 몸은 하늘과 같다.…… 하늘은 종세終歲의 수로써 인간의 몸을 이룬다. 그러므로 인간의 몸에 있는 작은 뼈마디 366개는 일수日數를 따른 것이고, 큰 뼈마디 12개는 월수月數를 따른 것이며, 오장은 오행의 수를 따른 것이고, 사지四肢는 사시의 수를 따른 것이다.…… 인간의 몸은 모두 천수天數를 따른 것이니, 천과 인은 하나이다"(「人副天數」)라고 말했고, 정감이나 덕성이 천과 유사하다는 점을 강조하여 "인간의 형체는 천수에 따라 이룸(成)이 되고, 혈기血氣는 천지天志에 따라 인仁이 되며, 덕행은 천리天理에 따라 의義가 된다. 그리고 호오好惡는 하늘의 따스함과 싸늘함에 따른 것이고, 희노喜怒는 하늘의 뜨거움과 차가움에 따른 것이며, 수명受命된 바는 사시의 운행에 따른 것이다. 인생에 희노애락이 있듯이 하늘에는 춘하추동이 있다.…… 하늘의 부본이 인간에 있으니 인간의 성정性情은 하늘을 따른 것이다"(「爲人者天」)라고 했다.

또한 동중서는 인간사회의 정치적인 면과 하늘의 관련성에 대해 "인간은 아래로는 만물을 관장하고, 위로는 하늘을 본받는다. 그러므로 다스려지는 것과 혼란한 것, 움직이는 것과 멈추는 것은 모두 음양의 손익損益 변화에 따라 세상에 베풀어진 것이다"(「天地陰陽」)라고 했다. 이와 같은 여러 가지 유비추리를 통해 동중서는 천과 인을 하나의 체계로 통합시켰다. 비록 그는 견강부회의 유비를 통하여 억지로 인간과 하늘을 연결시켰지만 어쨌거나 그 체계 속에 내포된 신학적 목적론은 분명하다. 따라서 이러한 천인감응론에 의한 천인합일은 철학사상이라기보다는 종교적 가르침에 더 가깝다. 그러므로 한대철학의 천인감응론은 형이상학과 본체론의 구축을 제대로 실현하기에는 부족하다고 평가할 수밖에 없다.

실제로 한대漢代 철학으로부터 중국철학의 특징적인 본체론적 성향, 즉 윤리학적 본체론의 성향이 결정되었다. 이는 중국 봉건사회의 존재양상과 밀접한 관계를 갖고 있다. 중국의 봉건제도는 전국 시기에 처음 구축되었고, 진秦이 나머지 여섯 나라를 통일하고 나서 초보적인 형태를 갖추게 되었으며, 서한제국에 이르러 성숙한 단계에 진입했다. 실제로 이와 같은 봉건제는 상앙변법商鞅變法의 시기부터 기본적 형태를 갖추면서 유럽의 봉건제와 달리 토지의 사적 소유와 자유매매를 허용했다. 이러한 토지소유제도와 더불어 군현제郡縣制와 같은 중앙집권적 정치체제가 생겨나고, 자연경제와 소농경제小農經濟를 기반으로 한 자급자족의 농업형태가 생겨났다.

그러므로 중국의 봉건사회에는 고도로 집중된 중앙권력과 분산된 소농경제 사이의 모순이 생기게 마련이다. 그리고 중국고대 사회의 경제, 정치, 사상문화 내지 철학은 모두 이러한 모순을 중심으로 전개되었다. 나아가 이 모순을 해소하기 위해 서한초기에는 '효제역전孝悌力田'의 기본 국책國策이 제정되었다. 이와 같은 국책은 사회생산의 기본 전제인 가족관계를 강화하는 데 목적을 두고 있다. 그래서 혈연적 유대관계를 기반으로 가족관계를 중시하는 유학이 봉건사회의 주도적 사상으로 자리 잡게 되었다. 나아가 유학을 주도적 사상으로 삼은 것은 일종의 국가적 방침이자 정책인데, 그것을 형이상학 및 본체론의 측면에서 말하자면 곧 윤리학 본체론을 구축하는 것이다. 다시 말해서 그것은 일상적인 윤리적 관계를 우주적 차원의 관계로 승화시켜 필연성을 지닌 본체론으로 구축한다는 것이다. 실제로 이와 같은 본체론은 송명리학宋明理學에 이르러서야 완전한 형태로 구축되었는데, 그것은 이른바 인간윤리의 당위적 측면과 우주존재의 필연적 측면을 동일시하는 이론이다.

동중서도 이러한 목적을 갖고 윤리학적 본체론을 구축하려고 했으나 그것을 제대로 수행하지는 못했다. 그의 천인감응론은 외연적으로는 천과 인을 연결시켰지만 심층적 차원에서 양자의 통일을 이룩하지 못했다. 왜냐하면 천과 인의 심층적 통일은 반드시 본체적 차원에서 이루어져야 하기 때문이다.

아무튼 한대부터 중국 봉건사회의 철학적 임무는 윤리학적 본체론을 구축하는 것으로 전향되었다. 그리고 이와 같은 본체론을 완성하려면 우선 천과 인의 근원이 무엇인가에 관한 문제, 즉 우주발생론이나 생성론의 문제를 먼저 해결해야만 한다. 다음으로는 우주존재의 원인과 근거에 관한 문제, 즉 우주가 생겨났음에도 불구하고 왜 이러한 형식으로 존재하는지를 밝혀야 하는데, 이것이 우주본체론에 관한 문제이다. 그 다음으로는 인간이 존재하는 원인이나 근거에 관한 문제, 즉 인간은 무엇이고 왜 이렇게 존재해야 하는가의 문제를 밝혀야 한다. 실제로 육체적 또는 물질적인 면에서 보면 인간의 근원은 우주만물과 다를 바 없다. 그러나 우주 속 특수한 존재로서의 인간은 그 나름의 인문세계를 구축했으므로 스스로 존재의 근거를 갖춰야만 하는데, 이 부분을 해명하는 것이 바로 심성본체론이다. 이와 같은 우주발생론과 우주본체론, 그리고 심성본체론이라는 세 방면의 문제가 해결되어야만 본체론적 차원에서 천과 인을 통일시킬 수 있다. 실제로 중국고대 철학에서부터 송명리학에 이르는 과정은 곧 천인합일의 윤리학적 본체론을 구현하는 과정이라고 해도 과언이 아니다.

이러한 의미에서 보면 동중서가 제기한 천인감응의 신학적 목적론과 왕충王充이 제기한 원기론元氣論의 자연설은 모두 진정한 본체론 사상이 아니다. 전체 철학사의 흐름에 입각해서 보면 한대철학의 사상적 임무는 두 가지가 있다. 하나는 천인합일의 구조를 구현하는 것이고, 다른 하나는 인간을 포함한 우주만물의 발생문제, 즉 우주발생론을 구축하는 것이다. 이런 의미에서 동중서의 천인감응론은 전자, 즉 천인합일의 구조를 밝힌 것이라고 할 수 있다. 그리고 후자의 경우, 즉 우주발생의 문제에 대해서는 한대의 과학사상에 의해서 어느 정도 규명된다고 할 수 있다. 물론 동중서가 주장한 천인의 유類적 통일과 왕충이 주장한 원기의 자연운행 사상 속에는 우주의 구조와 구성요소, 그리고 기원에 관한 논의가 포함되어 있지만 아직 온전한 우주발생론이라고는 할 수 없다. 그러나 동중서에서 왕충에 이르는 사상의 발전과정을 보면 그것은 분명 한대사상의 발전논리와 합치되는 것이다.

우주는 어떻게 생겨났는가? 우주의 생성 문제를 구체화한 사람이 바로 동한의 과학자이자 천문학자인 장형張衡이다. 그는 우주의 형성과정을 세 단계로 나누었다. 그에 따르면 우주의 생성과정에 있어서 첫째 단계는 명행溟涬이고, 둘째 단계는 방홍厖鴻이며, 셋째 단계는 태원太元이다. 여기에서 첫째 단계는 무無의 단계로서 도의 근본이다. 이 근본이 확립됨으로써 무에서 유有가 생겨나고 태소太素가 싹트기 시작했다. 나아가 태소가 있게 되어 우주생성은 둘째 단계로 진입했다. 이 단계에서 태소는 싹트기 시작했지만 아직 형체를 이루지 못하고 단지 기와 연결되어 혼돈渾沌의 상태로 있는데, 그 상태를 가리켜 방홍이라고 하고 도의 큰 줄기라고 부른다. 나아가 원기가 분화하여 우주생성은 셋째 단계로 이행했다. 이 단계에서 원기가 분화하여 강유剛柔가 생기고, 천지가 분리되어 서로 교합하는 가운데서 만물이 생겨났다. 이러한 단계를 가리켜 태원이라고 부르는데, 그것은 곧 도의 결실이다.(『후한서』, 「天文志」 참조)

현대 천문학과 물리학의 입장에서 보면 장형의 우주생성론은 일종의 억측에 불과하지만 노자의 "도가 하나를 낳았다"(『노자』 제42장)는 사상이나 장자의 "밝은 것은 어두운 것에서 생기고, 모양이 있는 것은 모양이 없는 것에서 생긴다"(「지북유」)는 사상, 그리고 『회남자淮南子』의 "도는 허확虛霩에서 시작되었고, 허확이 우주를 낳으며, 우주가 원기를 낳는다"(『회남자』, 「天文訓」)와 같은 사상보다는 진일보한 것이다. 한마디로 중국고대 형이상학은 한대에 이르러 우주발생론으로 정립되었고, 이것이 바로 한대경학의 진정한 철학적 가치라고 할 수 있다.

3. 위진현학과 우주본체론

위진현학은 시대적 사조로서 풍부한 내용을 지니고 있다. 형이상학 및 본체론의 시각에서 보면 그것은 우주본체론에 속한다. 다시 말해서 위진현학은 우주가 이처럼 존재하는 원인과 근거에 대해서 논의하는 학문이라는 것이다. 실제로 한대의 우주발생론에서 위진 시기의 우주본체론에 이르는 과정은 사상발전에 있어서의 필연적 논리과정이다.

우리는 이미 곽상의 독화론獨化論에 대해 다루면서 위진현학의 우주본체 사상이 발전하는 과정을 살펴본 바가 있다. 현학이 우주본체론을 구축하는 과정은 다음과 같다. 즉 그것은 왕필王弼의 무본론無本論으로부터 시작하여 죽림현학의 '명교를 넘어 자연에 맡긴다'는 자연론과 서진西晉 혜제惠帝 시기의 배위裵頠가 제기한 유본론有本論을 거쳐 곽상이 유와 무의 논쟁을 종합하여 '유有-무無의 성性'을 지닌 독화범주를 제시하는 데 이르면서 비로소 완성되었다.

곽상의 독화사상은 위진현학이 구현하고자 하는 우주본체론을 완성시키면서 우주의 존재본질을 합리적으로 밝혔을 뿐만 아니라 앞선 시대에서 성취하지 못했던 본체 개념에 석합한 사상을 정립했다. 다시 말해서 그의 독화는 유와 무를 통일시키는 유-무성을 내재적 구조로 삼으면서 우주존재의 본체성을 제시했거니와 본체 자체의 존재에 대해서도 해명했다는 것이다. 사람들은 흔히 본체는 마땅히 자본자근성自本自根性, 즉 스스로가 스스로의 존재원인 및 근거를 지녀야 한다고 말한다. 그렇다면 본체는 왜 이러한 존재적 본성을 지닐 수 있는가? 그것은 바로 존재자 스스로가 지니는 유-무성 때문이다. 존재자가 지니는 유-무성의 구조로 인해 그것은 자신의 존재 근거를 외부에서 구하는 것이 아니라, 스스로의 내부에서 찾을 수 있다는 것이다. 이와 같은 곽상의 독화사상을 헤겔이 『논리학』 시작 부분에서 제시한 '있음-없음-됨'의 사상과 비교해 보면 그 가치가 더욱더 부각될 것이다. 요컨대 위진현학의 우주본체사상은 곽상의 독화론에 이르러서야 비로소 논리적으로 완성되었다고 말할 수 있다.

4. 수당불학과 심성본체론

　인도불교는 양한兩漢 사이에 최초로 중국에 전래되었고, 동한에서 위진 남북조에 이르는 약 500년의 시간을 거치면서 크게 발전하였으며, 수당 시기에 이르러서는 중국적인 특색을 지닌 불교 종파로 발전하였는데, 그 사상은 중국 형이상학 및 본체론의 발전에 큰 영향을 미쳤다. 수당시대는 유·불·도 삼교가 상호보완하고 경쟁하는 시대로 평가되지만 사상문화의 측면에서 보면 불교의 발전수준이 가장 높다. 그러므로 수당 시기의 철학사상에 대해 논의할 때, 사람들은 흔히 '수당불학'이라는 용어로 그 당시 불교를 지칭한다.

　불교는 사람들로 하여금 성불成佛하도록 가르친다. 그러나 성불함에 있어서 우선 직면하게 될 이론적 문제는 인간이 성불할 수 있는 가능성 혹은 근거를 갖고 있는가 하는 것이다. 만약 인간이 애초부터 성불의 가능성을 갖고 있지 않다면 그 어떠한 가르침이든 모두 허무한 것에 불과할 것이다. 이에 대해 불교는 인간뿐만 아니라 생명이 있는 모든 것은 성불의 가능성을 지니고 있다고 주장한다. 그래서 불교는 모든 인간에게 불성佛性이 있음을 강조하면서 이를 그들이 성불할 수 있는 근거로 삼는다. 그리고 이와 같은 불성의 문제는 인간에게 심성의 문제로 부각되기 시작했다.

　수당 시기의 불교종파들은 그 이론적 측면에서 각기 다르지만 하나의 공통점을 지니고 있다. 즉 그들의 이론은 모두 인간의 심성 문제와 연관된다는 것이다. 다만 종파의 차이로 인해 심성 문제에 접근하는 방식이 다소 다를 뿐이다. 임계유任繼愈에 따르면 "위진현학은 중국철학을 원기자연론의 단계로부터 끌어올려 본체론의 단계에 이르게 했다. 그리고 남북조 시기의 중국철학은 본체론에서 심성론으로 발전하게 되었다. 이러한 인식의 발전 과정은 인류인식의 발전논리를 잘 보여준다. 한대철학이 우주만물의 생성론을 탐구하는 데 비해 위진현학은 한걸음 더 나아가 세계의 본체에 관해 고찰했다. 그리고 이러한 본체론에 대한 사람들의 고찰이 깊이 있게 진행됨에 따라 점차 심성론의 탐구에 이르게 되었다.······ 수당 시기 철학의 가장 특출한 점은 심성론의 연구를 새로운 차원으로 끌어올린 데 있다.”[7] 또한 뢰영해賴永海에 따르면 “수당 시기 불교종파의 이론들을 종합적으로 조망해 보면 그들에게는 하나의 공통점이 있다. 즉 그들이 말하는 불성은 모두 추상적 본체라는 점이다.······ 천태종天台宗의 실상實相과 화엄종華嚴宗의 청정심淸淨心은 이미 인도의 전통불교에서 말하는 그것과 달리 추상적 본체를 강조하는 데에서 점차 심, 심지어 각심覺心으로써 불심佛心을 논의하는 것으로 변화했다. 예를 들어 천태종은 ‘심이 제법諸法의 근본이며, 심이 곧 모든 것이다’(『華嚴玄義』 권1)라고 주장하면서, 성불의 관건은 ‘되돌아 심의 본성을 관조하고’(反觀心性) ‘되돌아 심의 본원을 관조하여’(反觀心源) 각심으로써 불성을 깨달을 수 있는 데 있음을 강조했다. 그리고 화엄종은 천태종에 비해 유심唯心을 더욱 강조했다. 화엄종에 의해 제기된 원융圓融이론은 곧 ‘심에 따라 의意를 돌리고 무애無碍의 경지로 들어간다’는 것을 근거로 삼아 징관澄觀, 심지어 영묘한 지각의 심으로 각심을 해석했다. 실제로 이와 같은 해석은 심이 더욱 구체적인 의미를 지니도록 기여했다.”[8] 이렇게 보면 수당 시기 불학의 기본적 특징과 실질은 바로 심성 문제를 중시한 것에 있다

---

7) 任繼愈主編, 『中國哲學發展史』(隋唐), 人民出版社, 1994, pp.22~23.
8) 賴永海, 『佛學與儒學』, 浙江人民出版社, 1992, p.42.

고 말할 수 있다.

그렇다면 수당불학은 어떻게 성불을 목적으로 삼아 심성 문제를 탐구하여 심성본체론을 구축했는가? 천태종은 수당불학의 가장 이른 종파로서 '일념삼천一念三千', '일심삼관一心三觀', '삼제원융三諦圓融' 등의 사상을 주장했다. 여기에서 일념삼천은 천태종의 기본적 세계관이며, 그것이 곧 천태종 형이상학의 심체론이라고 해도 과언이 아니다. 일념삼천의 세계관에 따르면 세상에 존재하는 다양한 사물들은 모두 일심에 귀결되는데, 그것은 '삼천세계의 사물들은 모두 일념심一念心에 있다. 그것은 마치 심이 없는 것(無心) 같지만, 사실상 심이 있는 것(有心)이며, 그 심에는 삼천세계가 모두 갖춰져 있다'라는 말로 표현된다.

이와 같은 천태종의 학설에는 일리가 있다. 명나라의 왕양명王陽明이 『전습록傳習錄』에서 "나의 영명함이 곧 천지와 귀신의 주재主宰이다. 만약 하늘이 나와 같은 영명함이 없으면 누가 그것을 우러러 처다보겠는가?"라고 말한 것 또한 바로 이와 유사한 의미에서이다. 여기서 왕양명이 말한 영명함은 곧 인간의 심을 뜻한다. 그에 따르면 만약 우주 속에 인간이 없다면 우주는 우주대로 존재할 수는 있으나 거기에는 아무런 가치나 의미가 없을 것이다. 즉 인간이 존재해야만 우주는 특정한 의미와 가치를 지닐 수 있다는 것이다. 이러한 의미에서 보면 삼천세계가 일심에 있다는 학설은 어느 정도의 합리성을 지녔다고 할 수 있다. 일념삼천에 대한 사람들의 해석이 어떻든지 간에 그것은 분명히 세계에 관한 일종의 심본론心本論을 구축하고 있음이 틀림없다.

그러나 천태종에서 주장한 일념삼천설은 아직 수당불학에서 이룩하려는 심성본체의 최종 형태에는 미치지 못한다. 천태종이 주장한 일념삼천설은 존재하는 사물을 모두 심에 포섭시켰지만 이러한 심은 아직 대상화되어 있는 심으로서 살아 있는 심(活心)이 아니라는 것이다. 오직 살아 있는 심이야말로 진정한 본체가 될 수 있다. 따라서 천태종에서 말한 심 또는 염念은 주체와 객체가 둘로 분리되는 구조 속에서 전개되므로 스스로를 근본으로 삼는 본체라고 할 수 없다. 그래서 우리는 마땅히 천태종의 일념삼천설을 수당 심성본체론의 시작단계로 보아야 한다. 다만 이와 같은 일념삼천설은 수당불학의 심성본체론에서 중요한 의미를 지닌다. 왜냐하면 그것은 존재하는 사물을 모두 심에 포섭시켰을 뿐만 아니라, 심이 실제로 존재하고 활동하는 가운데서 지니는 주객분리의 결함을 드러냈기 때문이다. 그렇다면 천태종에게 남은 과제는 어떻게 심의 존재적 분리구조를 해소하고 그것을 참된 본체, 즉 스스로를 근본으로 삼는 본체로 승화시킬 것인가 하는 문제이다.

수당불학 심성본체론 사상의 발전논리에 입각해서 보면 유식종唯識宗이 천태종의 문제를 이어받아 심의 주객분리의 문제를 해결하기 위해 나섰다. 유식종의 핵심 사상은 '유식무경唯識無境'이라는 '팔식설八識說'이다. 유식종에서 가장 기본적인 문제는 만법萬法이 어떻게 식識으로 귀결될 수 있는가 하는 것이다. 인도의 유식학은 원시불교에서 말한 안식眼識, 이식耳識, 비식鼻識, 설식舌識, 신식身識, 의식意識의 기초 위에 말나식未那識(범어 Manas의 음역)과 아뢰야식阿賴耶識(범어 Alaya의 음역)을 덧붙여 팔식설을 구축했다. 유식종에 따르면 안식, 이식, 비식, 설식, 신식과 같은 다섯 가지 식은 사물을 구별하는 식으로서 그들을 통해 형체가 있는 사물의 색色, 성聲, 향香, 미味 등과 형체가 없는 사물의 법칙을 구분할 수 있다. 그리고 여섯 번째 식인 의식은 사물의 다름을 구분하는 것 이외에도 사물들 간의 관계를 파악하는 기능을 갖추고 있다. 그러나 여섯 번째 식인 의식도 여전히 외부 사물에 의존함으로써 세계를 대상으로 삼는 식이다. 이와 달리 일곱 번째 식, 즉 말나식은 여섯 번째 식의 근원으로서 그 작용은 여덟 번째 식인 아뢰야식에 의지하여 실아實我(자아의식)를 일으키는 것이다. 다시 말해서 의식이 외부의 사물을 일삼는 것과 달리 말나식은 항상 사물과 '나'를 구분하는 것을 일삼는다는 것이다. 그렇기 때문에 말나식은 또한 '아집식我執識'이라고 불리기도 하는데, 그 특징은 의식처럼 외부 사물에 의해 지속되거나 중단되지 않고 항상 내적인 자아연속성을 유지하는 것이다. 마지막으로 여덟 번째 식인 아뢰야식은 세계의 진정한 본원으로서 '근본식根本識'이라고도 불린다. 범어 Alaya는 본래 '감추어져 있음', 즉 장藏이라는 의미로서 능장能藏, 소장所藏, 집장執藏과 같은 세 가지 의미로 해석될 수 있다. 유식종에서는 이와 같은 아뢰야식이야말로 세계의 진정한 본원이라고 주장한다. 그리고 그에 따르면 만물은 모두 아뢰야식에 의해서 드러난 것인데, 그것을 가리켜 '아뢰야 연기설'이라고 부른다.

여기에서 지적해야 할 것은 팔식설이 곧 유식종의 세계관이라는 점이다. 그런데 이러한 세계관은 분명 천태종의 그것과는 다르다. 천태종은 심 또는 염과 세계의 관계 속에서 만물을 관조하여 존재하는 사물을 모두 심에 포섭시키는 일념삼천설을 강조한다. 그러나 유식종은 심과 세계의 관계 자체를 심에 포섭시켜 그것을 '식'이라고 규정하면서 식 자체 속에서 세계를 관조해야 한다고 주장한다. 그리고 이러한 식에 의한 관조의 결과를 '유식무경' 또는 '만법유식萬法唯識'과 같은 말로 표현한다. 실제로 식속에서 세계를 관조하는 것은 심성본체론의 구축에 있어서 큰 진보라고 할 수 있지만 여전히 심성본체를 성공적으로 구현해 내지는 못했다. 왜냐하면 여기에서의 식은 천태종의 심과 마찬가지로 여전히 철학적인 성질에서 주객을 분리시키고 있기 때문이다.

유식종이 안식, 이식, 비식, 설식, 신식과 같은 다섯 가지 식에 대해서 말할 때, 그것은 항상 대상세계를 지향하고 있다. 의식에 대해서 말할 때에도 항상 앞선 다섯 가지 식의 종합을 의미하는 한에서 여전히 외부세계를 지향하고 있다. 그러므로 이와 같은 여섯 가지 식은 모두 대상세계에 관한 인식으로서 진정한 주체의 심성 문제와 연결된 것이라고 하기 어렵다. 이와 달리 말나식과 아뢰야식에 이르러서야 비로소 주체의 심과 그 철학적 성질의 문제가 부각된다. 유식종에 따르면 아뢰야식은 전체 우주의 본원이자 심의 본체이다. 그러나 이와 같은 본체의 문제는 아뢰야식과 말나식의 관계에 의해서 부각된다. 만약 말나식과 아뢰야식이 동질적인 것이라면 말나식은 아뢰야식을 대상화하지 못하므로 그 작용을 잃게 됨으로써 없어도 되는 존재로 전락하고 만다. 반대로 말나식과 아뢰야식이 이질적인 것이라면 말나식은 비록 아뢰야식을 대상화할 수는 있지만 아뢰야식이 왜 이질적인 말나식의 작용에 의해 대상화되는가 하는 문제가 발생한다.

이것은 아뢰야식 자체에 말나식과의 동질 및 이질의 대립이 존재한다는 것을 의미한다. 유식종에 있어서 이와 같은 말나식과 아뢰야식 사이에서 발생하는 모순은 '식'과 '경境'의 관계 문제에서도 드러난다. 유식종에 따르면 경은 식으로부터 변화된 환상적인 존재이며, 오직 참된 것은 식밖에 없다. 그러나 문제는 참된 식이 어떻게 환상적인 경을 낳을 수 있는가 하는 것이다. 다시 말해서 만약 경이 공허한 것이라면 식은 어떻게 실질적인 것이 될 수 있는가? 또한 참된 존재가 어떻게 거짓된 존재를 낳을 수 있는가? 그러므로 유식종은 비록 아뢰야식을 심의 본체로 삼고 있지만 그 자체가 자아성과 대상성의 모순 속에 놓여 있기 때문에 참된 본체라고 할 수 없다.

그러나 유식종의 아뢰야식 속에 내포되어 있는 주객분리의 구조는 수당불교 심성본체론의 발전에 크게 기여했다. 왜냐하면 그것은 천태종에 이어 심이라는 본체 속에 들어 있는 이중성을 드러냈고, 이러한 모순을 드러냄으로써 또한 그 해결의 전제조건이 되기 때문이다. 그렇다면 유식종에 이어 남겨진 문제는 어떻게 하면 심 (또는 식) 속에 들어 있는 주객의 분리성을 해소할 수 있는가 하는 것이다. 이와 같은 문제를 해결하려면 우선 심을 대상화한 다음 그것의 대립구조 속에서 통일을 모색해야 하는데, 화엄종이 바로 이러한 문제의식을 가지고 본체사상을 전개했다.

화엄종은 '법계法界'를 본체로 삼았다. 이에 대해 법장法藏은 "연기緣起를 밝히는 것은 티끌을 보는 것과 같으니, 이 티끌은 심으로써 관조해야 한다. 그리고 이 티끌이 심에서 드러나니 심을 떠나서는 어떠한 법法도 있을 수 없다"(『華嚴經義海百門』)라고 말했고, 또한 "위에서 말한 십현문十玄門은 모두 여래장청정심 자체의 작용이고 다른 어떤 사물이 아니다. 그러므로 이름은 오직 심에 따라 돌고 있으니, 마땅히 이를 사색하고 깨달아야 한다"(『華嚴一乘敎義分齊章』 권4)라고 말했다. 이와 같은 묘사에서 알 수 있듯이 본체로서의 법계는 결국 심을 본체로 삼고 있다. 그러므로 화엄종 불학의 초점은 여전히 수당불학의 심성론에 맞춰져 있다고 할 수 있다. 화엄종에 따르면 '일진법계一眞法界'는 본래 언어와 형체를 초월하는 것으로서 현묘하여 사유만으로는 접근할 수 없다. 그러나 이와 같은 일진법계를 깨달으려면 인간은 또한 사유를 동원할 수밖에 없다. 그래서 일진법계는 '소증지경所證之境'과 '능증지지能證之智'로 나누어진다. 나아가 능증지지는 일종의 법계관法界觀을 가리키고 소중지경은 법계의 존재방식 및 법계가 표현되는 방식을 의미하는데, 여기에서 등장한 것이 바로 사법계설四法界說이다.

종밀宗密은 『법계관문法界觀門』의 주석에서 다음과 같이 말했다. "일진법계란 만유萬有를 포섭하는 일심一心이다. 그리고 일심이 만유를 융합하여 네 가지 법계를 형성한다. 첫째는 사법계事法界이니, 여기에서의 계界는 차별의 뜻이므로 사법계는 현상이 낱낱이 차별되는 법계를 가리킨다. 둘째는 리법계理法界이니, 여기에서의 계는 성性을 의미하므로 리법계는 사물의 본성이 동일하다는 법계를 가리킨다. 셋째는 리사무애법계理事無碍法界이니, 그것은 본성과 현상이 서로 방해되지 않는 법계를 가리킨다. 넷째는 사사무애법계事事無碍法界이니, 그것은 모든 현상이 걸림 없이 서로가 서로를 받아들이고 서로가 서로를 비추면서 융합하고 있는 법계를 의미한다." 실제로 이와 같은 4법계설이 바로 화엄종의 전체 세계관이자 그것의 심성본체론이다.

수당불학의 다른 종파들과 달리 화엄종은 모순의 대립과 통일을 분명하게 강조했는데, 그 논의는 두 가지 측면에서 이루어지고 있다. 하나는 리理와 사事의 대립과 통일이다. 이에 관해 법장은 "사事는 다른 사에 의해서 생기는 것이 아니라 모두 리理에 의해서 생겨난 사이다"(『華嚴發菩提心章』)라고 말했고, 또한 "…… 하나하나의 사 속의 리는 그 자체로 온전하게 들어 있는 것이지 나누어진 형태로 들어 있는 것이 아니라고 한 것은 무엇 때문인가? 참된 리는 나누어질 수 없기 때문이다. 그러므로 하나하나의 티끌에도 무궁한 참된 이치가 내포되어 있으니, 족하지 않은 바가 없다"(『화엄발보리심장』)라고 말했다. 이는 리가 나누어진 형태로 사물에 들어 있는 것이 아니라 모든 사물에 온전한 형태로 들어 있다는 뜻으로 리와 사의 통일을 의미하는 것이다.

모순의 대립과 통일에 관한 화엄종의 다른 한 측면의 논의는 사와 사의 대립과 통일에 입각해서 이루어진다. 여기에서 화엄종은 '육상원융六相圓融', '일다의지一多依持', '이체상즉異體相卽', '이문상입異門相入' 등과 같은 변증법적 사상을 내세웠다. 이러한 맥락에서 법장은 "총상總相이란 무엇인가? 대답하기를 그것은 버림(舍)이다. 하나의 연緣은 항상 다른 연을 기다리기 마련인데, 어떻게 버림을 행할 수 있는가? 대답하기를 연이 곧 버림이다. 어째서 그러한가? 온전한 연은 스스로 버릴 수 있기 때문이다. 연을 떠나게 되면 버림이 이루어지지 못하고, 연을 얻는 것이 곧 버림을 얻은 것이다"(『화엄일승교의분제장』)라고 말했고, 나아가 "일一이 곧 십十이라고 하는 것은 무엇 때문인가? 연이 이루어졌기 때문에 일은 십이 된다. 어째서 그렇게 말할 수 있는가? 십이 없으면 일도 있을 수 없기 때문이다.…… 일이 곧 십이 아니면 십은 있을 수 없고, 십이 있을 수 없으면 일이 또한 있을 수 없게 된다. 왜 그러한가? 만약 십이 없으면 누가 일이 되는가? 지금 일을 얻었으니, 그것이 곧 십이라는 것을 알아야 한다"(『화엄일승교의분제장』)라고 말했다. 여기에서 강조된 것은 총상과 별상別相, 일과 다多의 대립 및 통일의 관계이다. 이러한 관계를 가리켜 사사무애事事無碍라고 부르며, 그것이 곧 화엄종이 제기한 변증법의 사상이다. 나아가 이와 같은 변증법의 사상이 바로 심성본체론을 구축하는 데 있어서 화엄종이 지니는 가치이다.

지금까지의 논의를 간단히 정리하면 다음과 같다. 천태종은 심이라는 본체 개념을 정립했지만 그 속에 내포되어 있는 주객분리의 모순으로 인해 진정한 본체론을 완성시킬 수 없었다. 그러나 천태종에 의해 제기된 심은 그 속에 들어 있는 주객분리의 모순을 드러냄으로써 향후 그것의 통일을 위한 길을 열어놓았다. 그래서 천태종을 이은 유식종과 화엄종은 이미 드러난 심체 속의 이러한 모순을 극복하는 데 몰두하게 되었다. 유식종은 천태종이 제시한 주객분리의 모순을 식 속에 포섭시켰고, 화엄종은 리와 사의 형식, 특히 리사무애와 사사무애의 형식으로 유식종이 식으로 포섭한 주객의 분리를 다시 현상(事)으로 드러나게 하여, 변증법적 방법으로써 그 대립을 해소하고자 했다. 이와 같은 작업들은 모두 수당불학이 최종적으로 완성된 심성본체론을 구축할 수 있는 조건을 제공했다.

천태종과 유식종, 그리고 화엄종에 의한 여러 가지 노력의 결실은 최종적으로 선종禪宗에 의해 귀결되었다. 선종 사상의 핵심은 '직지인심直指人心', 그리고 '견성성불見性成佛'에 있다. 예를 들어 혜능惠能은 "최상의 지혜를 얻으려면 스스로의 본심을 깨달아야 하고, 스스로의 본성을 보아야 하며, 그것에 생멸이 없다는 것을 알아야 한다"(『壇經』, 「行由」), "만법은 스스로의 성을 떠나지 않는다.…… 본심을 알지 못하면 불법을 배워도 도움이 되지 않고, 본심을 알고 본성을 볼 수 있으면 곧바로 조어장부調御丈夫, 천인사天人師, 불세존佛世尊이 된다"(『단경』, 「행유」), "본성이 곧 부처이니, 성을 떠나 따로 부처가 있는 것이 아니다"(『단경』, 「행유」) 등과 같은 말로 이러한 선종의 사상을 단적으로 표현했다. 혜능이 보기에 부처는 곧 자기 자신이며, 그것은 곧 자기의 심성에 대한 깨달음이다. 이것이 바로 선종에서 강조하는 돈오법頓悟法이다.

혜능에 따르면 돈오법으로써 자성自性 또는 자심自心을 깨달으면 그 심 또는 성은 무념무상無念無相의 상태에 있게 된다.(『단경』, 「定慧」 참조) 그리고 여기에서의 무념은 심을 비워 아무것도 없는 상태에 머물게 한다는 뜻이 아니다. 왜냐하면 그렇게 되면 심은 곧 죽은 존재가 되기 때문이다. 실제로 선종에서의 무념은 심을 감응하는 바에 따라 현응하게 하고, 무엇에 집착하는 사려가 없는 경지에 처하게 하는 것을 가리킨다. 이렇게 되면 심은 스스로를 근본으로 삼는 진정한 본체가 된다. 그러나 이와 같은 경지에 실천적으로 이른다는 것은 매우 어려운 일이다. 도대체 심이 어떻게 해야 무념無念, 무주無住, 무상無相에서 말하는 무의 경지에 이를 수 있는가? 사실 이러한 문제는 중국고대 철학에서 말하는 망忘이나 노자가 제기한 손損, 장자가 주장한 좌망坐忘, 곽상에 의해 논의된 무심無心이나 명이망적冥而忘迹의 문제와 동일한 문제에 속하는 것이다.

그렇다면 선종 사상의 실질적 근거는 도대체 무엇인가? 이것은 실제로 선종의 진정한 사상적 비밀이 놓여 있는 곳이다. 이에 대해 이택후李澤厚는 "선종에서 말하는 이른바 초월의 경지에 이르면서도 감성을 떠나지 않은 돈오는 도대체 어떠한 것인가? 그리고 '호시절好時節'과 '본무번뇌本無煩惱', '홀연성오忽然省悟'는 무엇을 의미하는가? 내가 보기에 그것들의 가장 특출한 점은 시간에 대한 신비로운 체험에 있다. 즉 그것은 '영원이 곧 찰나이며, 찰나가 곧 영원이다'라는 직관적 체험이다. 이것이 바로 선종의 철학적 비밀 가운데 하나일 것이다"9)라고 말했다. 여기에서 이택후는 시간에 대한 신비로운 체험으로써 선禪의 의미를 풀이했는데, 이는 상당히 의미 있는 견해이다. 그런데 인간은 어떻게 해야 시간의 본질을 깨달을 수 있고, 찰나가 곧 영원이라는 것을 깨달을 수 있는가? 이와 같은 문제를 풀려면 여러 가지의 논증이 추가적으로 필요할 것이다.

내가 보기에 이른바 선禪의 본질, 선종의 비밀, 돈오, 시간에 대한 신비로운 체험 등은 모두 끊임없이 생성하고 번성하는 천지만물의 생명의 활

---

9) 李澤厚, 「莊玄禪宗漫述」, 『中國古代思想史論』, 人民出版社, 1986, p.207.

기, 즉 생기生機를 파악하는 것에 지나지 않는다. 다시 말해서 선이란 심이 만물의 생기에 녹아들어 그것들과 일체가 되어 함께 변화하는 것을 의미한다는 것이다. 이렇게 되면 심은 우주의 큰 변화와 함께 흐르게 되면서 천지만물과 우주가 살아 있는 한 인간의 자아 또는 심도 영원히 사라지지 않을 것이며, 인간은 천지와 함께 존재하고 그 생명도 궁극적 안정을 얻을 수 있을 것이다.

이와 같이 수당불학은 천태종과 유식종, 그리고 화엄종을 거쳐 최종적으로 선종에 이르면서 심성본체론을 완성했다. 이때의 심은 스스로 드러나게 되어 있기 때문에 독화의 상태로 존재하고 있다.

5. 송명리학과 윤리학 본체론

앞서 서술했듯이 중국고대의 형이상학과 본체론은 선진 시기에 처음 제기되었고, 양한 시기의 우주발생론과 위진 시기의 우주본체론을 거쳐 수당 시기의 심성본체론으로 발전되었다. 그리고 이러한 발전은 송명 시기에 이르러 완전한 형태를 갖춘 형이상학 및 본체론을 구축할 수 있는 계기가 되었다. 실제로 송명 시기의 리학자理學者들은 이러한 사상적 사명을 어느 정도 인지한 것처럼 보인다.

예를 들어 소옹邵雍은 "어떤 학문(學)이 하늘과 사람을 이어주지 못한다면 그것은 학문이라고 할 수 없다"(『皇極經世』, 「觀物外篇」), 또 "건乾을 모르면 성명性命의 이치를 알 수 없다"(『황극경세』, 「관물외편」)라고 말했고, 장재張載는 "사람을 알고 하늘을 모르며, 현인이 되기만을 원하고 성인이 되기를 원하지 않는 것이 진한秦漢 이래로 학자들의 큰 병폐이다"(『송사』, 「張載傳」)라고 지적했다. 또한 남송의 주희朱熹는 "진한 이래로 도는 천하에 밝혀지지 않고, 선비들은 배움의 까닭을 몰랐다. 천에 대해서 논하는 자는 인간을 버림으로써 쓰임이 없게 되었고, 인간에 대해서 논하는 자는 천에 이르지 못해 근본이 없게 되었다. 하학下學에 힘쓰는 자는 상달上達을 알지 못하고 형기形器의 단계에만 머물러 있다. 상달을 기약하는 자는 하학에 힘쓰지 않고, 공허에 빠져 있다. 스스로를 제대로 다스리는 자는 타인에게 미루어 다스리는 데 이르지 못하고, 세속에 따라 명예를 성취한 자는 반드시 스스로에 근본하여 타인에게 미루어나가 다스리는 자가 아니다. 이와 같이 천리는 밝혀지지 않고 인욕만 불타오르는 상황이 되었다. 도학은 전해지지 않고 이단異端의 학설이 홍기하여 사람들은 사적인 영특함으로써 평생 동안 질주하며 늙어 죽을 때까지 멈추려고 하지 않으니, 끝내 그 잘못됨을 깨닫지 못한다"(『주자문집』, 「韶州州學濂溪先生祠記」)라고 말했다. 이와 같이 천인의 학문을 두루 섭렵하여 성명의 이치와 천도의 법칙을 통일하려는 것이 송대학자들의 기본 취지이다.

리학은 북송오자北宋五子를 시작으로 남송의 주희에 이르러 집대성되었다. 주돈이周敦頤는 송명리학의 창시자이다. 그는 「태극도설太極圖說」에서 윤리학과 우주론을 아우르는 천인합일의 사상적 체계를 구축했다. 그에 따르면 인간을 포함한 만물의 존재는 태극－음양－오행－만물－인간과 같은 순서로 파생된다. 이러한 체계에서 주돈이는 음양오행의 이치와 인의예지仁義禮智 및 강유선악剛柔善惡의 도, 즉 천도天道와 인도人道를 통합시켜 우주존재의 필연성과 인간사회의 당위성을 통일시켰다. 리학의 창시자로서 주돈이는 이처럼 우주론과 윤리학을 통일시키는 방향을 제시했으나 그것을 완성시키는 합리적인 본체론을 내세우지는 못했다. 왜냐하면 그가 본체론을 생성론의 단계로 소급시켰기 때문이다. 주돈이는 우주생성의 과정을 통해 천지만물과 인간사회의 소이연所以然과 소당연所當然을 연결하여 설명했는데, 이는 철학적 본체론의 길에서 벗어난 것이다. 따라서 주돈이의 사상적 체계에 대해서는 리학본체론의 준비단계로 보는 것이 마땅한 견해이다.

주돈이가 도교道敎의 태극도를 수용하고 참고하여 자신의 도를 구축했다면 소옹은 유학의 역학易學 및 상수학象數學의 이론을 바탕으로 자신의 도를 구축했다. 이러한 소옹의 상수학을 가리켜 '합일연만合一衍萬의 선천상수학'이라고 부른다. 소옹은 문왕文王의 『역易』을 후천역後天易이라 하고 복희伏羲의 『역』을 선천역先天易이라고 규정했다. 나아가 그는 「복희시화팔괘도伏羲始畵八卦圖」를 비롯한 열 몇 가지의 그림을 통해 자신의 선천상수학 사상을 구축했다. 소옹에 따르면 "태극은 하나인데 움직이지 않고도 둘을 낳으며, 둘이면 신묘해진다. 신묘함은 수數를 낳고, 수는 상象을 낳으며, 상은 기器를 낳기"(『皇極經世』, 「觀物外篇」) 때문에 "하나는 둘로 나누어지고, 둘은 넷으로 나누어지며, 넷은 여덟로 나누어지고, 여덟은 열여섯으로 나누어지며, 열여섯은 서른둘로 나누어지고, 서른둘은 예순넷으로 나누어진다."(「관물외편」) 이것이 바로 소옹의 상수학적 도식, 즉 태극(一)–신神(二)–수數–상象–기器의 우주론적 도식이다. 그리고 이러한 소옹의 우주론적 도식에서 주목할 만한 것은 '태극은 하나인데 움직이지 않고도 둘을 낳으며, 둘이면 신묘해진다'라는 사상이다.

소옹에 따르면 태극은 하나이지만 그 하나에는 이미 둘이 포함되어 있다. 나아가 둘은 천지, 음양, 동정과 같은 서로 반대되면서도 서로를 이루어주는 개념을 가리키므로 소옹은 이를 신묘함이라고 표현했다. 또한 그는

"태극이 움직이지 않은 상태가 성性이다. 발현하면 신묘해지고, 신묘함은 수를 이루며, 수는 상을 이루고, 상은 기가 되며, 기는 변화하면서 다시 신묘함으로 되돌아간다"(「관물외편」)라고 말했는데, 여기에서의 신묘함은 신비로운 힘을 의미하는 것이 아니라 태극 자체가 지니고 있는 것, 즉 반대되는 사물을 서로 이루어주게 하는 신묘한 기능을 의미한다.

이러한 신묘한 기능에 대해 주돈이도 "태극이 움직여서 양陽을 낳고, 이 움직임이 극에 이르면 멈춰지는데, 멈춰지면 음陰을 낳는다. 멈춤이 극에 이르면 다시 움직인다. 한 번 움직임과 한 번 멈춤이 서로 뿌리가 된다"(「태극도설」)라고 말한 것을 보면 리학자들이 본체론을 구축하는 과정에서 본체가 지니는 상반상성相反相成의 성질을 매우 중시하고 있음을 알 수 있다. 그러나 이와 같은 소옹의 상수학적 체계는 주돈이의 체계보다 발전된 것이기는 하지만 여전히 우주생성론의 단계에 머물러 있다. 다시 말해서 그것은 단지 '가일배법加一倍法'으로써 주돈이의 생성론을 보다 구체적으로 추연推演한 것에 불과한 것이다. 따라서 소옹의 선천상수학도 주돈이의 태극론과 마찬가지로 마땅히 리학본체론의 준비단계로 자리매김되어야 할 것이다.

리학이 도를 구축하는 과정에는 또한 장재라는 인물이 존재한다. 앞서 다룬 두 명의 리학자보다 장재는 더욱 자각적으로 우주본체의 문제에 관해 탐구했다. 장재에 따르면 우주의 본체는 노자가 말한 무無일 수도 없고, 불교에서 말하는 허虛일 수도 없다. 왜냐하면 이러한 무나 허는 물질세계와 거리가 있는 것으로 물질세계의 존재를 설명할 수 없기 때문이다.(『正蒙』, 「太和」 참조) 그렇다면 우리가 생존하고 있는 물질세계는 무엇으로 통일될 수 있는가? 다시 말해서 물질세계의 본원 또는 본체는 무엇인가? 이에 관해 장재는 경험적 직관에서 출발하여 어느 정도의 이성적 추리를 통해 허기상즉虛氣相卽의 기본론氣本論을 내세웠다. 그에 따르면 우주 속에 유일하게 실존한 것은 기氣이며, 그것은 두 가지의 존재형태를 지닌다. 하나는 허虛(太虛)이고, 다른 하나는 실實(萬物)이다. 그리고 전자는 형체가 없는 맑은 기를 의미하고, 후자는 형체가 있고 감지될 수 있는 기를 가리킨다. 나아가 장재가 허기상즉이라고 말했을 때, 허虛는 기가 맑게 통하고 형상이 없는 상태, 즉 기의 추상성을 가리킨다. 그리고 허기상즉의 기氣는 기가 모여 형상을 이루는 상태, 즉 기의 구체성을 가리킨다. 그러므로 장재가 말한 기의 범주는 실제로 추상성과 구체성이 통일된 범주를 의미하며, 이러한 범주에는 항상 구체성이 내포되어 있다고 평가할 수 있다. 그러나 바로 이러한 구체성으로 인해 장재의 기론을 완전한 본체론이라고 평가하기 어렵게 된다. 하지만 장재는 천지지성天地之性과 기질지성氣質之性, 견문지見聞知와 덕성지德性知, 일물양체설一物兩體說과 천리인욕설天理人欲說 등과 같은 사상을 제기함으로써 후세의 리학에서 리본론理本論적 본체론을 구축하는 데 큰 영향을 미쳤다.

리理라는 본체를 본격적으로 내세운 사람은 정호程顥와 정이程頤 형제이다.10) 우선 이정二程은 주돈이가 제기한 무극이태극無極而太極의 사상을 계승하면서도 그 발생론적 체계를 수정했다. 그리고 그들은 장재의 기본론이 지니는 한계를 간파하여 리 또는 천리의 개념을 제시했다. 정호는 스스로

---

10) 실제로 二程 형제의 사상에 있어서 정호의 사상은 心學적 성향이 강한 데 비해, 정이의 사상은 리학적 색채가 농후하다. 그러나 여기에서는 논의의 진행상 편리를 감안하여 정호와 정이의 사상적 차이를 구분하는 대신 두 사람을 하나로 묶어서 서술하겠다.

"나의 학문에는 사승한 점이 있더라도, 천리라는 두 글자만은 스스로 세세히 체득해 낸 것이다"(『二程外書』권12)라고 하였다. 이와 같이 이정은 기본적으로 리를 하나의 실체로 보았다. 예를 들어 그들은 "무는 우주본원의 리일 수 없으니, 오직 리는 실질이 되는 것이다"(『二程粹言』권1), "리는 실질이며 만물의 근본이다"(『二程遺書』권11), "만물이 일체라고 말하는 것은 모두 이 리를 지니고 있기 때문이며, 모든 것이 리로부터 말미암는다"(『이정유서』권2), "천하에는 리보다 더 실한 것이 없다"(『이정유서』권3)라고 반복적으로 강조했다.

이정에 따르면 리는 존재하는 모든 실유實有의 본本이자 체體이며, 그것들이 존재하는 근거이다. 또한 이정은 리를 체와 용用을 지닌 체용일원體用一源의 존재라고 보았다. 실제로 이러한 생각은 용의 측면에서 리의 특징 내지 규정성을 강조한 것이다. 다시 말해서 리가 곧 그 자체로 만물인 것은 아니지만 만물을 벗어나 홀로 있지 않고 항상 만물 속에 깃들어 있다는 것이다. 이정은 이렇게 말했다.

> 실유實有가 곧 리이기 때문에 실유는 또한 사물(物)이다. 실유가 곧 사물이기 때문에 또한 실유는 작용(用)이다. 그리고 실유가 리이기 때문에 실유는 또한 심이다. 실유가 곧 심이기 때문에 실유는 또한 일(事)이다. 이것은 모두 시작에 근원하고 끝의 중요함을 살펴서 말한 것이다.(『程氏經說』권8)

> 리가 있고 나서 상象이 있게 되고, 상이 있고 나서 수數가 있게 된다. 『역易』은 상으로써 리를 밝힌 것이니, 상으로 말미암아 수를 알게 된다. 그 의리(義)를 얻으면 상과 수는 모두 그 속에 있게 된다.(『伊川文集』,「答張閎中書」)

> 음양을 떠나서 따로 도가 있을 수 없다. 음양을 음양이 되게 하는 자는 도이고, 음양은 기이다. 기는 형이하자이고 도는 형이상자이다.(『이정유서』권15)

여기에서 말하고자 하는 것은 리가 비록 "불이 뜨거운 까닭이고, 물이 차가운 까닭"(『이정유서』 권19)이고, "하늘이 높고 땅이 깊은 까닭"(『이정유서』 권15)으로서 곧 사물의 소이연이지만 이와 같은 소이연의 리는 결코 사물을 떠날 수 없으며, 반드시 사물 속에 내재되어 있어야 한다는 것이다. 또한 본체로서의 리는 사물존재의 소이연적 측면뿐만 아니라 인간사회의 소당연적 측면을 포함하고 있으므로 필연과 당연의 통일이다. 이정에 따르면 리는 "천지에 바탕을 두고 삼왕三王의 변하지 않은 이치를 고찰하는 것이어야 한다."(『이정유서』 권2) 이는 리가 천과 인을 모두 통섭한다는 뜻이다. 다시 말해서 리의 입장에서 보면 존재의 필연과 인간사회의 당연이 동일하다는 것이다. 일찍이 서한의 동중서가 신비로운 신학적 체계를 내세우면서 "왕도王道의 삼강三綱은 하늘로부터 구할 수 있다"(『춘추번로』, 「基義」)라고 말했는데, 이정은 이러한 사상을 철학적 본체론의 형식으로 드러냄으로써 송명리학의 리본론을 본격적으로 정초시켰다.

송명리학의 리본론은 북송의 주돈이와 소옹, 그리고 장재의 노력을 거쳐 이정 형제에 이르러 기본적 형태를 갖추게 되었다. 실제로 철학적 성질에서 보면 이정의 리본론은 이미 윤리학적 본체론의 의미와 형태를 어느 정도 갖추었다고 할 수 있다. 그러나 이와 같은 이정의 리본론에는 아직 리의 내용 체계가 미흡하기 때문에 그것을 완성된 윤리학적 본체론이라고 하기는 어렵다.

주희는 이정의 리사상을 주로 계승하는 동시에 주돈이의 태극설, 소옹의 상수설, 장재의 기론, 화엄종의 리사설理事說을 모두 흡수하여 방대한 리본론의 체계를 구축했다. 주희는 이렇게 말했다.

모든 사물에는 각기 그 지극함이 있으니, 이것은 곧 도리道理의 지극함이다. 장원진蔣元進이 말하기를 "예를 들어 임금의 인仁과 신하의 경敬이 그 지극함이다"라고 하자 이에 선생께서 "그것들은 한 가지 일이나 한 가지 사물에서의 지극함을 말한 것이고, 천지만물을 총괄하는 리는 곧 태극이다. 태극은 본래 이름 붙일 수 없는 것이지만 그 덕을 표현하여 태극이라는 이름을 붙인 것이다"라고 말씀하셨다.(『주자어류』권94)

우주 사이에는 오직 하나의 리가 있을 뿐이다. 하늘은 그것을 얻어 하늘이 되고, 땅은 그것을 얻어 땅이 되며, 천지 사이에 살아 있는 모든 존재는 또한 각기 그것을 얻어 각각의 본성性이 된다. 그 이치가 베풀어져 삼강이 되고, 그 벼리가 오상이 된다. 대개 이 리가 유행함에 있어 한 곳에 머물러 있지 않지만, 있지 않은 곳이 없다.(『주자문집』권70)

성이 곧 리다. 그것이 심에 있으면 성이라고 부르고, 사물에 있으면 리라고 부른다.(『近思錄集註』권1)

여기에서 주희는 리를 자연현상과 사회현상의 형이상자形而上者로서, 또한 사물존재의 규율과 법칙(예를 들면 배와 마차가 있으면 배나 마차가 움직이는 이치가 있고, 의자에는 반드시 의자의 리가 있는 것 등)이자 인간사회의 윤리적 기본준칙(예를 들면 부모는 자애롭고 자식은 효성스러운 것이나, 군주는 인자하고 신하는 충성스러운 것 등)으로 규정하고 있다. 더욱 중요한 것은 주희가 우주존재의 소이연의 리를 인간사회의 강상윤리와 동일시한다는 점인데, 이는 우주존재의 필연이 곧 인간사회의 당연이라는 것을 의미한다. 이러한 과정을 거쳐 주희는 인간사회의 윤리강상에 형이상학적인 근거를 부여했다. 이에 관해 이택후는 "주희의 방대한 체계의 핵심은 결국 하나의 공식公式을 만들어내는 데 있으며, 그것은 곧 '당위(인간윤리)=필연(우주법칙)'이라는 공식이다. 그리고 그의 리는 바로 이러한 공식을 성립시키기 위해 설정된 개념이다. 다시 말해서 모든 사물의 소이연(필연)은 곧 사람들이 따라야 할 규율 및 법칙(당연), 즉 천리라는 것이다. 여기에서 리는 비록 항상 만물과 함께 존재하지만 존재론적－논리적 선재성先在性을 지니고 있으므로 만물의 본체로서 정립된다"[11]라고 말했다. 이와 같이 주희에 이르러서야 윤리학적 본체론 또는 주체성의 윤리학적 본체론이 비로소 구축되었다고 할 수 있다. 그리고 이러한 윤리학적 본체론이야말로 중국 고대철학이 추구하고자 하는 형이상학 및 본체론의 이상적인 형태이다.

실제로 송명리학 리본론의 구축은 중국 고대철학 본체론의 완성을 의미한다. 왜냐하면 리본론은 윤리관계의 본체화를 가능하게 하고, 혈연적 유대관계를 기초로 중국 봉건사상의 근간으로 작용하는 유가철학에 합리적인 근거를 제공하였기 때문이다. 또한 봉건사회의 발전에 따라 리본론은 한대부터 기획된 천인합일의 이론을 철학적인 형식으로 구현해 냈기 때문에 본체론의 형식 및 내용적인 측면에서 모두 고대철학을 완성시킨 것이라고 할 수 있다. 그러나 이와 같은 리본론에 들어 있는 리라는 본체는 그 실천적인 측면에서 아직 미흡한 점이 있다. 실제로 인문세계를 만들어낸 인간에게는 특정한 존재적 목적과 의식, 그리고 의지가 내재되어 있다. 나아가 이러한 점이 곧 인문세계와 자연세계의 본질적 차이이기도 하다. 그러므로 인문세계의 산물로서의 윤리는 무엇보다도 인간의 자율성에 기초해야 한다. 그러나 리학 속에서의 리본론은 인간의 윤리적 준칙들을 우주적 존재와 같은 필연적 영역으로 승화시켜 버림으로써 그것을 일종의 객관

11) 李澤厚, 「宋明理學片論」, 『中國古代思想史論』, 人民出版社. 1986, pp.232~233.

적 법칙과 같은 것으로 만들었다. 물론 이러한 작업이 도덕적 법칙으로서의 리의 필연성을 강화시켰다는 점에 대해서는 부인할 수 없다. 그러나 동시에 그것이 인간 자율성의 측면을 상당히 약화시킨 것도 또한 사실이다. 나아가 만약 윤리학적 본체론에서 행위주체의 자율성이 지나치게 약화된다면 그 실천적 측면에서 반드시 문제가 생길 수밖에 없다. 이러한 까닭에 주희는 리본론의 거대한 체계를 완성함과 동시에 같은 시대를 살았던 육구연陸九淵에게 비판받을 수밖에 없었다.

남송의 육구연과 명나라의 왕수인王守仁을 대표[12]로 하는 심학은 리학에서 제기된 리의 본원성 자체에 대해서는 따로 이의를 제기하지 않았다. 왜냐하면 육구연 역시 "온 우주에 가득 찬 것이 오직 하나의 리일 뿐이다"(『象山先生全集』, 「與趙詠道」)라고 말했기 때문이다. 육구연과 왕수인이 문제로 삼는 것은 이와 같은 리가 어디에 있고, 또한 어떻게 있는가 하는 것이다. 주희는 리를 객관적인 이치로 규정하고 그것이 주체의 마음 밖에도 존재한다고 생각하는 데 반해 육구연과 왕양명은 리를 주체의 마음속에 귀속시켜 '심이 곧 리'(心卽理)라고 주장했다. 이에 대해 그들은 다음과 같이 말했다.

사람은 모두 심을 가지고 있고 심은 모두 리를 갖추고 있으므로 심이 곧 리이다.(『상산선생전집』, 「與李宰」)

심은 곧 하나의 심이며, 리도 곧 하나의 리이므로 마땅히 하나로 귀결되어야하니, 그 정밀한 뜻에 둘은 없다. 그래서 심과 리 사이에는 둘이 있음을 허용하지 않는다.(『상산선생전집』, 「與曾宅之」)

12) 논의의 편의상 여기에서는 육구연과 왕수인의 사상적 차이에 대해서는 구분하지 않기로 한다.

만물이 나란히 방촌方寸 사이에 존재하고, 심으로부터 발현되어 온 우주를 가득 채우는 것은 이러한 리가 아닌 것이 없다.(『상산선생전집』, 「語錄上」)

우주 안에서 일어나는 일이 곧 자기 안에서 일어난 일이고, 자기 안에서 일어난 일이 곧 우주 안에서 일어나는 일이다.(『상산선생전집』, 「年譜」)

우주는 곧 나의 마음이고, 나의 마음은 곧 우주이다.(『상산선생전집』, 「연보」)

마음 밖에는 사물도 없고, 마음 밖에는 사태도 없으며, 마음 밖에는 리도 없고, 마음 밖에는 의義도 없으며, 마음 밖에는 선善도 없다.(『王文成公全書』, 「與王純甫」)

마음이 곧 리이다. 마음 밖에 또다시 사물이 있거나 리가 있겠는가!(『전습록』上)

리란 마음의 조리이다. 이 리가 부모에게 발현되면 효孝가 되고, 임금에게 발현되면 충忠이 되며, 친구에게 발현되면 신信이 된다. 끊임없이 변화하여 그 끝이 없더라도 나의 일심에서 발현되지 않는 것이 없다.(『왕문성공전서』, 「書諸陽卷」)

이러한 육구연과 왕수인의 진술은 한편으로는 심과 리를 둘로 나누는 정주리학程朱理學에 대한 비판이면서 동시에 심즉리라는 원칙을 강조하는 논설이기도 하다. 총괄해서 말하면 육구연과 왕수인에게 있어서 리는 심 속에 귀결되며, 둘은 합일되어 있는 존재이다. 그리고 리를 심 속에 귀결시키는 것은 틀림없이 주체의 힘을 강화시키고, 리의 실천적 가능성을 부각시키는 것이다.

그러나 이러한 육구연과 왕수인의 심학에도 문제가 없는 것은 아니다. 즉 그들은 리를 심에 귀속시킴으로써 주체의 자율성을 강화하였지만 리의 외재적 권위성을 상당히 훼손시켰기 때문에 그 본체로서의 힘을 약화시켰다. 이러한 이유로 인하여 양명심학은 명나라 말기에 이르러서 인간의 자연적 욕망을 부추기는 쪽으로 몰락하였으며, 이탁오李卓吾의 '동심설童心說'과 '무사즉무심설無私則無心說'을 낳게 되었다.

이렇게 보면 송명리학의 윤리학적 본체론에서는 윤리관계의 외재적 권위를 강조하더라도 리의 본체성이 훼손될 수 있고, 이와 반대로 주체의 자율성을 강조하더라도 또한 리의 본체성이 훼손될 수 있다. 실제로 송명리학에 내포되어 있는 이러한 양가적 문제는 중국 고대철학이 지닌 시대적 한계로 인해 비롯된 것이며, 그것은 윤리학적 본체론이 고대를 극복하여 근대로 이행할 것을 요구하게 되었다.

지은이

康中乾

陝西省 鳳翔縣 출신. 南開大學에서 哲學博士學位를 받았다. 현재 陝西省師範大學의 교수로 있으면서 동 대학 마르크스주의학원의 박사지도교수를 맡고 있다. 주요 연구영역은 魏晉玄學 및 중국 전통철학의 형이상적 본체사상이다. 『有無之辨 - 魏晉玄學本體思想再解讀』, 『魏晉玄學』, 『中國古代哲學的本體思想』 등 6종의 저서를 출판했으며 그 외 50여 편의 논문을 발표했다.

옮긴이

황지원黃志源

계명대학교 철학과를 졸업하고 동 대학원에서 철학박사 학위를 받았다. 현재 계명대학교에 출강하고 있다. 주요 저술로는 『단계 하위지, 목숨은 가볍게 의리는 중하게 여긴 사육신』, 『중국회화의 기운론』, 『김정희의 철학과 예술』(공저) 등이 있고, 번역서로 『역대명화기』, 『성리학의 개념들』(공역) 등이 있으며, 주요 논문으로 「송당학파의 도학정신에 내재된 사상적 특성」, 「『맹자』에 대한 漢代 訓詁學과 宋代 朱子學의 해석 차이와 그 철학사적 의미」, 「조선후기 회화의 예술적 창의성과 그 한계」 등이 있다.

정무鄭懋

중국 黑龍江省 牡丹江市 출신. 일본 도시샤대학(同志社大學) 商學科를 거쳐 계명대학교 철학과에서 학사 및 석사 학위를 취득하고 박사과정(동양철학)을 수료하였다. 현재 서울대학교 미학과 박사과정(동양미학)에 있다. 주요 논문으로는 「동중서 유학의 음양설 수용에 관한 연구」(석사학위논문)가 있다.

예문서원의 책들

역학총서

주역철학사 (周易研究史) 廖名春・康學偉・梁韋弦 지음, 심경호 옮김, 944쪽, 45,000원
송재국 교수의 주역 풀이 송재국 지음, 380쪽, 10,000원
송재국 교수의 역학담론 ─하늘의 빛 正易, 땅의 소리 周易 송재국 지음, 536쪽, 32,000원
소강절의 선천역학 高懷民 지음, 곽신환 옮김, 368쪽, 23,000원
다산 정약용의 『주역사전』, 기호학으로 읽다 방인 지음, 704쪽, 50,000원
주역과 성인, 문화상징으로 읽다 정병석 지음, 440쪽, 40,000원
주역과 과학 신정원 지음, 344쪽, 30,000원
주역, 운명과 부조리 그리고 의지를 말하다 주광호 지음, 352쪽, 30,000원
다산 정약용의 역학서언 주역의 해석사를 다시 쓰다 ─고금의 역학사를 종단하고 동서 철학의 경계를 횡단하다 방인 지음, 736쪽, 65,000원

한국철학총서

조선 유학의 학파들 한국사상사연구회 편저, 688쪽, 24,000원
조선유학의 개념들 한국사상사연구회 지음, 648쪽, 26,000원
유교개혁사상과 이병헌 금장태 지음, 336쪽, 17,000원
쉽게 읽는 퇴계의 성학십도 최재목 지음, 152쪽, 7,000원
홍대용의 실학과 18세기 북학사상 김문용 지음, 288쪽, 12,000원
남명 조식의 학문과 선비정신 김충열 지음, 512쪽, 26,000원
명재 윤증의 학문연원과 가학 충남대학교 유학연구소 편, 320쪽, 17,000원
조선유학의 주역사상 금장태 지음, 320쪽, 16,000원
심경부주와 조선유학 홍원식 외 지음, 328쪽, 20,000원
퇴계가 우리에게 이윤희 지음, 368쪽, 18,000원
조선의 유학자들, 켄타우로스를 상상하며 理와 氣를 논하다 이향준 지음, 400쪽, 25,000원
퇴계 이황의 철학 윤사순 지음, 320쪽, 24,000원
조선유학과 소강절 철학 곽신환 지음, 416쪽, 32,000원
되짚어 본 한국사상사 최영성 지음, 632쪽, 47,000원
한국 성리학 속의 심학 김세정 지음, 400쪽, 32,000원
동도관의 변화로 본 한국 근대철학 홍원식 지음, 320쪽, 27,000원
선비, 인을 품고 의를 걷다 한국국학진흥원 연구부 엮음, 352쪽, 27,000원
실학은 實學인가 서영이 지음, 264쪽, 25,000원
선사시대 고인돌의 성좌에 새겨진 한국의 고대철학 윤병렬 지음, 600쪽, 53,000원
사단칠정론으로 본 조선 성리학의 전개 홍원식 외 지음, 424쪽, 40,000원
국역 주자문록 ─고봉 기대승이 엮은 주자의 문집 기대승 엮음, 김근호・김태년・남지만・전병욱・홍성민 옮김, 768쪽, 67,000원

성리총서

송명성리학 (宋明理學) 陳來 지음, 안재호 옮김, 500쪽, 17,000원
주희의 철학 (朱熹哲學研究) 陳來 지음, 이종란 외 옮김, 544쪽, 22,000원
양명 철학 (有無之境─王陽明哲學的精神) 陳來 지음, 전병욱 옮김, 752쪽, 30,000원
정명도의 철학 (程明道思想研究) 張德麟 지음, 박상리・이경남・정성희 옮김, 272쪽, 15,000원
송명유학사상사 (宋明時代儒學思想の研究) 구스모토 마사쓰구(楠本正繼) 지음, 김병화・이혜경 옮김, 602쪽, 30,000원
북송도학사 (道學の形成) 쓰치다 겐지로(土田健次郞) 지음, 성현창 옮김, 640쪽, 32,000원
성리학의 개념들 (理學範疇系統) 蒙培元 지음, 홍원식・황지원・이기훈・이상호 옮김, 880쪽, 45,000원
역사 속의 성리학 (Neo-Confucianism in History) Peter K. Bol 지음, 김영민 옮김, 488쪽, 28,000원
주자어류선집 (朱子語類抄) 미우라 구니오(三浦國雄) 지음, 이승연 옮김, 504쪽, 30,000원
역학과 주지학 ─역학은 어떻게 주지학을 만들었는가? 주광호 지음, 520쪽, 48,000원

불교(카르마)총서

유식무경, 유식 불교에서의 인식과 존재 한자경 지음, 208쪽, 7,000원
박성배 교수의 불교철학강의: 깨침과 깨달음 박성배 지음, 윤원철 옮김, 313쪽, 9,800원
불교 철학의 전개, 인도에서 한국까지 한자경 지음, 252쪽, 9,000원
인물로 보는 한국의 불교사상 한국불교원전연구회 지음, 388쪽, 20,000원
은정희 교수의 대승기신론 강의 은정희 지음, 184쪽, 10,000원
비구니와 한국 문학 이향순 지음, 320쪽, 16,000원
불교철학과 현대윤리의 만남 한자경 지음, 304쪽, 18,000원
유식삼십송과 유식불교 김명우 지음, 280쪽, 17,000원
유식불교, 『유식이십론』을 읽다 효도 가즈오 지음, 김명우・이상우 옮김, 288쪽, 18,000원
불교인식론 S. R. Bhatt & Anu Mehrotra 지음, 권서용・원철・유리 옮김, 288쪽, 22,000원
불교에서의 죽음 이후, 중음세계와 육도윤회 허암 지음, 232쪽, 17,000원
선사상사 강의 오가와 다카시(小川隆) 지음, 이승연 옮김, 232쪽, 20,000원
깨져야 깨친다 ─불교학자 박성배 교수와 제자 심리학자 황경열 교수의 편지글 박성배・황경열 지음, 640쪽, 50,000원

동양문화산책

주역산책(易學漫步)　朱伯崑 외 지음, 김학권 옮김, 260쪽, 7,800원
동양을 위하여, 동양을 넘어서　홍원식 외 지음, 364쪽, 8,000원
서원, 한국사상의 숨결을 찾아서　안동대학교 안동문화연구소 지음, 344쪽, 10,000원
안동 풍수 기행, 와혈의 땅과 인물　이완규 지음, 256쪽, 7,500원
안동 풍수 기행, 돌혈의 땅과 인물　이완규 지음, 328쪽, 9,500원
영양 주실마을　안동대학교 안동문화연구소 지음, 332쪽, 9,800원
예천 금당실·맛질 마을 ─정감록이 꼽은 길지　안동대학교 안동문화연구소 지음, 284쪽, 10,000원
터를 안고 仁을 펴다 ─퇴계가 굽어보는 하계마을　안동대학교 안동문화연구소 지음, 360쪽, 13,000원
안동 가일 마을 ─풍산들가에 의연히 서다　안동대학교 안동문화연구소 지음, 344쪽, 13,000원
중국 속에 일떠서는 한민족 ─한겨레신문 차한필 기자의 중국 동포사회 리포트　차한필 지음, 336쪽, 15,000원
신간도건문록　박진관 글·사진, 504쪽, 20,000원
선양과 세습　사라 알란 지음, 오만종 옮김, 318쪽, 17,000원
문경 산북의 마을들 ─서중리, 대상리, 대하리, 김룡리　안동대학교 안동문화연구소 지음, 376쪽, 18,000원
안동 원촌마을 ─선비들의 이상향　안동대학교 안동문화연구소 지음, 288쪽, 16,000원
안동 부포마을 ─물 위로 되살려 낸 천년의 영화　안동대학교 안동문화연구소 지음, 440쪽, 23,000원
독립운동의 큰 울림, 안동 전통마을　김희곤 지음, 384쪽, 26,000원
학봉 김성일, 충군애민의 삶을 살다　한국국학진흥원 기획, 김미영 지음, 144쪽, 12,000원

중국철학총서

공자의 인, 타자의 윤리로 다시 읽다　伍曉明 지음, 임해순·홍린 옮김, 536쪽, 50,000원
중국사상, 국학의 관점에서 읽다　彭富春 지음, 홍원식·김기주 옮김, 384쪽, 55,000원
유가철학, 감정으로 이성을 말하다　蒙培元 지음, 주광호, 임병식, 홍린 옮김, 800쪽, 70,000원

중국학총서

중국문화정신　張岱年·程宜山 지음, 장윤수·한영·반창화 옮김, 544쪽, 50,000원

노장총서

不二 사상으로 읽는 노자 ─서양철학자의 노자 읽기　이찬훈 지음, 304쪽, 12,000원
김항배 교수의 노자철학 이해　김항배 지음, 280쪽, 15,000원
서양, 도교를 만나다　J. J. Clarke 지음, 조현숙 옮김, 472쪽, 36,000원
중국 도교사 ─신선을 꿈꾼 사람들의 이야기　牟鐘鑒 지음, 이봉호 옮김, 352쪽, 28,000원
노장철학과 현대사상　정세근 지음, 384쪽, 36,000원
도가철학과 위진현학　정세근 지음, 464쪽, 43,000원

남명학연구총서

남명사상의 재조명　남명학연구원 엮음, 384쪽, 22,000원
남명학파 연구의 신지평　남명학연구원 엮음, 448쪽, 26,000원
덕계 오건과 수우당 최영경　남명학연구원 엮음, 400쪽, 24,000원
내암 정인홍　남명학연구원 엮음, 448쪽, 27,000원
한강 정구　남명학연구원 엮음, 560쪽, 32,000원
동강 김우옹　남명학연구원 엮음, 360쪽, 26,000원
망우당 곽재우　남명학연구원 엮음, 440쪽, 33,000원
부사 성여신　남명학연구원 엮음, 352쪽, 28,000원
약포 정탁　남명학연구원 엮음, 320쪽, 28,000원
죽유 오운　남명학연구원 엮음, 368쪽, 35,000원
합천지역의 남명학파　남명학연구원 엮음, 400쪽, 38,000원

예문동양사상연구원총서

한국의 사상가 10人 ─원효　예문동양사상연구원/고영섭 편저, 572쪽, 23,000원
한국의 사상가 10人 ─지눌　예문동양사상연구원/이덕진 편저, 644쪽, 26,000원
한국의 사상가 10人 ─퇴계 이황　예문동양사상연구원/윤사순 편저, 464쪽, 20,000원
한국의 사상가 10人 ─율곡 이이　예문동양사상연구원/황의동 편저, 600쪽, 25,000원
한국의 사상가 10人 ─하곡 정제두　예문동양사상연구원/김교빈 편저, 432쪽, 22,000원
한국의 사상가 10人 ─다산 정약용　예문동양사상연구원/박홍식 편저, 572쪽, 29,000원
한국의 사상가 10人 ─수운 최제우　예문동양사상연구원/오문환 편저, 464쪽, 23,000원

인물사상총서

한주 이진상의 생애와 사상　홍원식 지음, 288쪽, 15,000원
범부 김정설의 국민윤리론　우기정 지음, 280쪽, 20,000원

경북의 종가문화

사당을 세운 뜻, 고령 점필재 김종직 종가 정경주 지음, 208쪽, 15,000원
지금도 「어부가」가 귓전에 들려오는 듯, 안동 농암 이현보 종가 김서령 지음, 225쪽, 17,000원
종가의 멋과 맛이 넘쳐 나는 곳, 봉화 충재 권벌 종가 한필원 지음, 193쪽, 15,000원
한 점 부끄럼 없는 삶을 살다, 경주 회재 이언적 종가 이수환 지음, 178쪽, 14,000원
영남의 큰집, 안동 퇴계 이황 종가 정우락 지음, 227쪽, 17,000원
마르지 않는 효제의 샘물, 상주 소재 노수신 종가 이종호 지음, 308쪽, 22,000원
의리와 충절의 400년, 안동 학봉 김성일 종가 이해영 지음, 199쪽, 15,000원
충효당 높은 마루, 안동 서애 류성룡 종가 이세동 지음, 210쪽, 16,000원
낙중 지역 강안학을 열다, 성주 한강 정구 종가 김학수 지음, 180쪽, 14,000원
모원당 회화나무, 구미 여헌 장현광 종가 이종문 지음, 195쪽, 15,000원
보물은 오직 청백뿐, 안동 보백당 김계행 종가 최은주 지음, 160쪽, 15,000원
은둔과 화순의 선비들, 영주 송설헌 장말손 종가 정순우 지음, 176쪽, 16,000원
처마 끝 소나무에 갈무리한 세월, 경주 송재 손소 종가 황위주 지음, 256쪽, 23,000원
양대 문형과 직신의 가문, 문경 허백정 홍귀달 종가 홍원식 지음, 184쪽, 17,000원
어질고도 청빈한 마음이 이어진 집, 예천 약포 정탁 종가 김낙진 지음, 208쪽, 19,000원
임란의병의 힘, 영천 호수 정세아 종가 우인수 지음, 192쪽, 17,000원
영남을 넘어, 상주 우복 정경세 종가 정우락 지음, 264쪽, 23,000원
선비의 삶, 영덕 갈암 이현일 종가 장윤수 지음, 224쪽, 20,000원
청빈과 지조로 지켜 온 300년 세월, 안동 대산 이상정 종가 김순석 지음, 192쪽, 18,000원
독서종자 높은 뜻, 성주 응와 이원조 종가 이세동 지음, 216쪽, 20,000원
오천칠군자의 향기 서린, 안동 후조당 김부필 종가 김용만 지음, 256쪽, 24,000원
마음이 머무는 자리, 성주 동강 김우옹 종가 정병호 지음, 184쪽, 18,000원
문무의 길, 영덕 청신재 박의장 종가 우인수 지음, 216쪽, 20,000원
형제애의 본보기, 상주 창석 이준 종가 서정화 지음, 176쪽, 17,000원
경주 남쪽의 대종가, 경주 잠와 최진립 종가 손숙경 지음, 208쪽, 20,000원
변화하는 시대정신의 구현, 의성 지암 이민환 종가 이시환 지음, 248쪽, 23,000원
무로 빚고 문으로 다듬은 충효와 예학의 명가, 김천 정양공 이숙기 종가 김학수 지음, 184쪽, 18,000원
청백정신과 팔련오계로 빛나는, 안동 허백당 김양진 종가 배영동 지음, 272쪽, 27,000원
학문과 충절이 어우러진, 영천 지산 조호익 종가 박학래 지음, 216쪽, 21,000원
영남 남인의 정치 중심 돌밭, 칠곡 귀암 이원정 종가 박인호 지음, 208쪽, 21,000원
거문고에 새긴 육현내고, 청도 탁영 김일손 종가 강정화 지음, 240쪽, 24,000원
대를 이은 문장과 절의, 울진 해월 황여일 종가 오용원 지음, 200쪽, 20,000원
처사의 삶, 안동 경당 장흥효 종가 장윤수 지음, 240쪽, 24,000원
대의와 지족의 표상, 영양 옥천 조덕린 종가 백순철 지음, 152쪽, 15,000원
군자불기의 임청각, 안동 고성이씨 종가 이종서 지음, 216쪽, 22,000원
소학세가, 현풍 한훤당 김굉필 종가 김훈식 지음, 216쪽, 22,000원
송백의 지조와 지란의 문향으로 일군 명가, 구미 구암 김취문 종가 김학수 지음, 216쪽, 22,000원
백과사전의 산실, 예천 초간 권문해 종가 권경열 지음, 216쪽, 22,000원
전통을 계승하고 세상을 비추다, 성주 완석정 이언영 종가 이영춘 지음, 208쪽, 22,000원
영남학의 맥을 잇다, 안동 정재 류치명 종가 오용원 지음, 224쪽, 22,000원
사천 가에 핀 충효 쌍절, 청송 불훤재 신현 종가 백운용 지음, 216쪽, 22,000원
옛 부림의 땅에서 천년을 이어오다, 군위 경재 홍로 종가 홍원식 지음, 200쪽, 20,000원
16세기 문향 의성을 일군, 의성 회당 신원록 종가 신해진 지음, 296쪽, 30,000원
도학의 길을 걷다, 안동 유일재 김언기 종가 김미영 지음, 216쪽, 22,000원
실천으로 꽃핀 실사구시의 가풍, 고령 죽유 오운 종가 박원재 지음, 208쪽, 21,000원
민족고전 「춘향전」의 원류, 봉화 계서 성이성 종가 설성경 지음, 176쪽, 18,000원

기타

다산 정약용의 편지글 이용형 지음, 312쪽, 20,000원
유교와 칸트 李明輝 지음, 김기주·이기훈 옮김, 288쪽, 20,000원
유가 전통과 과학 김영식 지음, 320쪽, 24,000원
조선수학사 ─주자학적 전개와 그 종언 가와하라 히데키 지음, 안대옥 옮김, 536쪽, 48,000원
중국수학사 李儼·杜石然 지음, 안대옥 옮김, 384쪽, 38,000원